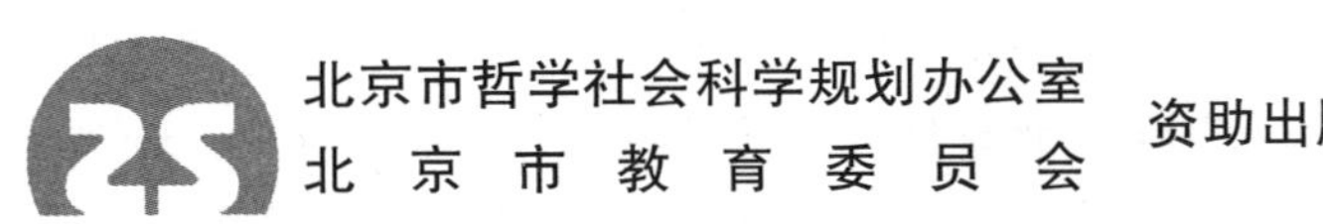
北京市哲学社会科学规划办公室
北　京　市　教　育　委　员　会　资助出版

北京现代物流研究基地年度报告（2014）

北京现代物流研究基地　编

中国财富出版社

图书在版编目（CIP）数据

北京现代物流研究基地年度报告.2014／北京现代物流研究基地编.—北京：中国财富出版社，2016.1

ISBN 978-7-5047-6036-4

Ⅰ.①北… Ⅱ.①北… Ⅲ.①区域—物流—物资管理—研究报告—北京市—2014 Ⅳ.①F259.271

中国版本图书馆CIP数据核字（2016）第054543号

策划编辑 葛晓雯　**责任编辑** 葛晓雯
责任印制 何崇杭　**责任校对** 饶莉莉　**责任发行** 斯　琴

出版发行 中国财富出版社
社　　址 北京市丰台区南四环西路188号5区20楼　**邮政编码** 100070
电　　话 010-52227568（发行部）　010-52227588转307（总编室）
010-68589540（读者服务部）　010-52227588转305（质检部）
网　　址 http：//www.cfpress.com.cn
经　　销 新华书店
印　　刷 北京京都六环印刷厂
书　　号 ISBN 978-7-5047-6036-4/F·2552
开　　本 787mm×1092mm　1/16　**版　　次** 2016年1月第1版
印　　张 25.25　**印　　次** 2016年1月第1次印刷
字　　数 614千字　**定　　价** 120.00元

编写人员名单

（按姓氏笔画排序）

王旭东　白晓娟　刘　江　刘玉奇　刘丙午　安久意
李俊韬　张志勇　周三元　翁心刚　唐秀丽　梁　晨

前言

物流业是融合运输、仓储、货代、信息等产业的复合型服务业，是国民经济的基础性、先导性产业，对区域经济发展、社会进步以及民生改善都具有重要的支撑作用。随着信息技术的进步、电子商务的发展以及京津冀协同发展、"一带一路"、长江经济带等国家战略的快速推进，我国物流业发展出现了前所未有的蓬勃局面。特别是京津冀协同发展战略的推出，更是直接催生了北京物流如何在京津冀协同背景下一体化发展的现实话题。叠加其他几个国家战略的影响，京津冀物流业的发展遇到了前所未有的新机遇和新挑战。当然，也给我们物流人提供了千载难逢的施展舞台。

北京现代物流研究基地作为北京的物流特色研究平台，通过开展政府、协会、企业以及高校院所间的思想交流、观点碰撞，凝聚共识、探讨问题，推动京津冀物流业的协同一体化发展，为区域经济社会的发展服务，做了大量的工作。《北京现代物流研究基地年度报告（2014）》就是一年来物流研究基地相关工作的总结。

当前，经济全球化趋势深入发展，网络信息技术革命带动的新业态不断涌现，新型城镇化和农业现代化进程持续推进，产业结构调整和居民消费升级步伐不断加快，我国物流业发展空间越来越广阔。加快北京现代物流业发展，对于促进产业结构调整、转变发展方式、提高国民经济竞争力和建设生态文明具有重要意义。在京津冀协同发展的背景下，北京作为首都，人口迅速增长、土地资源稀缺、交通压力巨大，北京物流业目前已拥有了一定的仓储、运输等物流基础设施，并形成了以高速公路为基础，铁路、航空为远程辐射，海运为重要补充的交通运输网络。

经济社会的协同，离不开物流的支撑。如何充分融合京津冀三地物流资源的优势特点，实现物流资源的跨域整合和优化配置，形成一体化的物流发展新格局，满足三地产业需要，是三地政府、企业的共同期盼。我们认为，在顶层设计逐渐明确、思路不断清晰的今天，狠抓落实显得尤为重要。既要重视产业、交通、通信等硬件设施的建设落实，更要重视体制、机制、规划、政策等软件体系的完善优化。要从政府、企业、协会、高校、院所等多种维度、多个层面考虑问题。

北京市政府在北京的现代物流发展进程中，起到了很好的服务、推动和政策导向作用，主要包括加强立法、加强政策导向、加大对物流企业的扶持力度，引导国有物流企业向现代物流企业转型、整合物流资源、加强设施建设、加强物流人才资源开发和培训、加强物流标准化和信息建设等方面的工作。北京市的现代物流正在朝着与北京市的城市功能定位相适应和在全国的中心地位相一致的方向快速迈进。北京市物流业实现平稳较快发展，物流基础设施日益完善，社会物流规模迅速增长，运行效率不断提高，高端物流集聚效应逐渐显现，物流发展的总体水平居国内领先，物流业呈现持续快速发展势头。

《北京现代物流研究基地年度报告（2014）》共十四章，分为三篇。上篇介绍北京物流发展的政策环境、北京物流市场运行环境等；中篇介绍分析北京物流市场发展现状及趋势；下篇以专题的形式介绍北京物流发展的关键问题及重点区域市场运行形势。其中，第一、二、九章由北京物资学院张志勇、白晓娟负责编写；第三章由北京物资学院白晓娟、张志勇、王旭东负责编写；第四章由北京物资学院梁晨负责编写；第五章由北京物资学院白晓娟负责编写；第六章由北京物资学院安久意、刘丙午、李俊韬负责编写；第十章由北京物资学院翁心刚、安久意负责编写；第十一章由北京物资学院安久意、翁心刚负责编写；第七章由北京物资学院唐秀丽负责编写；第八章由北京物资学院刘玉奇负责编写；第十二章由北京物资学院周三元负责编写；第十三章由北京物资学院刘丙午、李俊韬负责编写；第十四章中的第一、二、三节由北京物资学院刘江、王旭东负责编写；第十四章中的第四、五节由北京物资学院王旭东、刘江负责编写。北京物资学院研究生陆园园、吕洁云、吴庆胜、史小红、周晓睿分别负责了报告第一、二、三、五、九章中的大部分资料整理及各章第一节的主要编写工作。全书由张志勇、白晓娟两位同志统纂定稿。

本研究报告数据主要采用国家统计数据，北京市统计数据，问卷调查数据，商务部采集数据等数据库。本书受到北京市哲社办 2014 年《研究基地年度报告》出版经费资助。报告一定还存在许多的不足，敬请各有关方面的专家、学者提出宝贵意见。

北京现代物流研究基地

二〇一五年九月

目　录

上篇　总述

中篇　行业物流

下篇　专题

Contents

Title Ⅰ Executive Summary

Title Ⅱ Logistics in Industries

Title Ⅲ Specific Themes

上篇 总述

第一章

北京物流环境

进入 21 世纪后，得益于中国经济“引擎”提供的强劲动力，物流业由弱到强，已成为国民经济的支柱产业之一。发达的工商业、旺盛的需求，以及密集的交通运输网络……北京发展现代物流业可谓得天独厚。作为全国重要的交通枢纽和全国性的物流节点城市，经过多年的发展，北京物流业目前已拥有了一定的仓储、运输等物流基础设施，并形成以高速公路为基础，铁路、航空为远程辐射、海运为重要补充的交通运输网络。已经成为首都经济的重要组成部分，在促进经济增长、调整产业结构、增加就业机会、增强城市竞争力等方面做出重要贡献。大力发展现代物流业有利于带动产业升级、降低流通成本、提高资源利用率、加快资金周转率、提高经济运作效益。与此同时，随着全市物流业“十一五”“十二五”发展规划等重点规划的相继出台，北京物流业的发展环境持续优化。当前，为了应对宏观经济增长放缓的考验，北京物流正朝着专业化、集约化的方向稳步前行。

众所周知，影响物流环境的因素有很多，例如：经济环境、政策环境、产业结构、法律政策、技术环境等。在本章中，我们仅通过对北京物流环境的现状、北京物流环境存在的问题、北京的政策的描述来具体谈一下它们对北京物流环境的影响。首先，我们先介绍一下北京经济发展的历程、北京的经济及产业的特点以及它们对物流需求的影响。其次，我们又对北京经济运行现状做一次总结，通过对经济运行现状中出现的一些问题来谈一下它们对物流的具体影响。最后，介绍一下北京的物流业现状，在物流方面出现的政策对物流环境的影响。

第一节　北京物流环境的现状

一、北京经济环境现状

现代物流业作为专门提供现代物流服务的行业，其发展对于满足企业和社会日益增长的现代物流需求、提高物流服务的供给质量和社会化程度、降低物流成本等具有重要意义。现代物流产业支撑着规模巨大的物资实体在全球范围内的合理流通，没有物流产业的高度发展，没有物流产业的现代化，经济发展也就失去了重要基础。北京经济近20年来一直保持着快速增长的态势，特别是20世纪90年代以来，北京市经济与社会各个方面都发生了显著变化，其国际大都市的地位逐步得到确立。随着北京经济水平的提高和消费结构的变化，现代物流需求逐步增大，培育和发展现代物流业成为北京经济建设的一项重要内容。首先，针对北京经济、产业作一次具体的研究，北京经济研究包括对北京经济的说明、北京经济的发展历程、2014年北京经济的特点及北京经济运行的情况等。对于北京产业的研究主要从产业特点、产业结构对物流需求的影响，以及产业结构变化对物流客户类型的影响等。然后，再根据北京经济情况对北京的物流需求作一定的探索。

（一）北京经济的发展历程

1. 20世纪80年代前，以重工业为核心的经济发展战略

北京市在新中国成立后，迅速由一个以消费为主的城市发展为以重工业为主的城市，这是由当时的历史条件和新中国首都发展的需要决定的。“一五”“二五”期间，以实现“消费城市向生产城市的转变”为中心，实行优先发展重工业，形成了北京工业体系的雏形；“三五”“四五”时期，燕化新建、扩建和首钢扩建等，表明北京重工业继续发展，基本形成了以化工、机械、冶金为支柱的重型工业结构，形成了较为明显的“二、三、一”产业发展格局。1980年，北京重工业产值占工业总产值的64%，比1949年提高了18.1%，仅次于辽宁而居全国第二。北京市第三产业增加值占GDP的比重在20世纪80年代以前一直维持在40%以下，较同期发达国家首都的平均水平低20～30个百分点。大力发展重化工业，很大程度上改变了北京纯消费城市的地位，对于吸纳劳动力起到了积极作用，但同时也导致了环境污染、交通拥堵、第三产业发展滞后等一系列问题。

2. 20世纪90年代中期，北京经济实现“三、二、一”发展格局

1980年4月，中央书记处在关于首都建设方针的重要指示中明确指出，北京是全国的政治中心和文化中心，要求北京基本上不发展重工业。1983年，《中共中央、国务院关于对〈北京城市建设总体规划方案〉的批复》中进一步提出，北京不再发展重工业，而应着重发展高精尖的、技术密集型的工业。1988年，国务院批复《北京市新技术产业开发试验区暂行条例》，中关村科技园区在中关村电子一条街的基础上成立，有力促进了北京市高新技术产业的发展。1993年，中共中央、国务院对《北京城市总体规划》的批复中强调指出：北京不要再发展重工业。北京的第三产业得到长足的发展，比重从20世纪80年代初期在国民经济中的不到27%到1989年的接近37%，已经提高了将近10个百分点，到1994年，北京第三产业在国民经济中的比重首次超过第二产业，北京产业结构由“二、三、一”发展格局提升为“三、二、一”的发展格局；到1995年，北京第三产业在国民经济中的比重已经突破了50%。

3. 20世纪90年代中期以后，“首都经济”战略推动向服务经济转型

进入20世纪90年代，虽然北京的第三产业超过了第二产业，但第三产业还不够发达，第二产业仍然过于庞大且受环保和自然资源（如水资源奇缺）的限制无法可持续发展，经济基础的结构仍然不合理。在这种背景下，1997年北京市第八次党代会首次提出“首都经济”的战略。在“首都经济”战略的指导下，北京经济得到又好又快的发展，产

业结构不断优化升级，实现了由制造型经济向服务型经济的转型。北京的第三产业飞速发展，到20世纪末，北京的第三产业占国内生产总值的比重已经超过了63%。

4. 21世纪初期，北京进入后工业经济时代

进入21世纪以来，2001年北京市“十五”国民经济和社会发展计划提出发展科技型经济、服务型经济、文化型经济和开放型经济四种类型的首都经济；2006年北京市“十一五”国民经济和社会发展规划明确提出“走高端、高效、高辐射力”的产业发展之路。到2006年，北京第三产业占国民经济的比重突破70%，第三产业就业人口占总就业人口的70%，第三产业税收占比超过80%，北京已经率先于全国其他地区进入了以服务性经济为主的后工业经济时代。到2008年年底，北京第三产业比重已经达到73.2%，远远领先于全国其他地区。1978年北京三次产业结构为5.2：71.1：23.7，到2007年，北京的三次产业结构发展为1.1：26.8：72.1。

（二）2014年的北京经济的特点

经过了多年的经济高速增长和大规模城市建设，北京已经走过了工业化增长阶段和规模城市化的高速增长阶段。经济高速增长、城市快速建设过程中累积的资源紧张、规模受限、功能冲突、成本提升等刚性约束全面凸显，既有发展路径下北京经济“增长的边际”已经见顶。随着国际国内环境的变化特别是2008年以来国内外形势的深刻变化，北京经济形态显著改变，现代服务业占GDP比重超过50%，北京国际都市经济发展阶段特点日益鲜明，首都职能型、枢纽型、约束型、前置型经济发展呈现出新的样式、体现出新的要求。在此阶段下，基于发展效率的提升、增长边际的扩展，北京经济发展呈现出以下六个方面的特点：

1. 北京经济进入增长动力转型期

具体表现为投资推动向消费拉动主导转型、投资与消费的内化集聚向外向集散转型、国际贸易通道向国际要素枢纽转型。

2. 北京经济进入产业结构调整期

具体表现为北京主要贡献产业结构中，金融业等高端服务业在国家加快服务业、金融市场化发展背景下稳步扩张发展，以批发与零售、商务服务业为核心的枢纽经济加快发展，工业、房地产业伴随工业化、城市化进程的结束在约束中逐步发展收缩，科技产业的加速发展形成了创新经济的发展特征。

3. 北京经济进入空间格局优化期

具体表现为都市整体格局从专业化、集群化的增长布局进入融合化、生态化的扩散布局优化阶段，从单一功能目标的非均衡发展进入综合化的功能布局优化阶段，从独立的都市经济增长进入协同一体的都市圈发展阶段。

4. 经济运行在较高的增长平台上，人均GDP接近中上等发达国家平均水平

按常住人口计算，2014年全市人均地区生产总值达到99995元，按年平均汇率折合为16278美元。

5. “三、二、一”产业格局得到巩固，第三产业对全市经济增长贡献突出

根据最新的三次产业划分规定，第一产业实现增加值159亿元，同比下降0.1%；第二产业实现增加值 4545.5 亿元，增长 6.9%；第三产业实现增加值 16626.3 亿元，增长 7.5%。三次产业比重为 0.7∶21.4∶77.9。与上年相比，第一产业比重下降 0.1 个百分点，第二产业比重下降 0.3 个百分点，第三产业比重提升 0.4 个百分点。

6. 现代服务业主要行业增长较快，具有较大提升空间

从分产业看，第一产业增加值 159 亿元，下降 0.1%；第二产业增加值 4545.5 亿元，增长 6.9%；第三产业增加值 16626.3 亿元，增长 7.5%。三次产业结构由 2013 年的 0.8∶21.7∶77.5 调整为 2014 年的 0.7∶21.4∶77.9。

（三）2014 年北京市经济运行情况

初步核算，全年实现地区生产总值 21330.8 亿元，比上年增长 7.3%。其中，第一产业增加值 159 亿元，下降 0.1%；第二产业增加值 4545.5 亿元，增长 6.9%；第三产业增加值 16626.3 亿元，增长 7.5%。

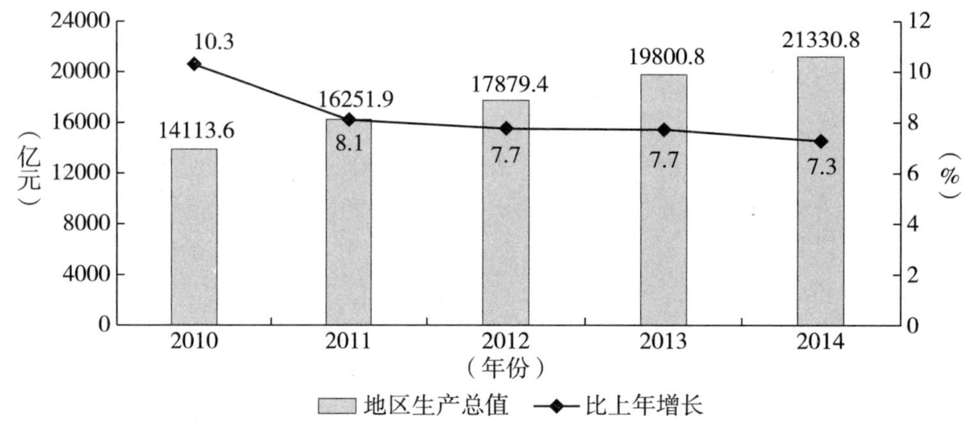

图 1－1　2010—2014 年地区生产总值及增长速度

1. 农业生产增势稳定，都市型农业稳步发展

2014 年，北京市农林牧渔业总产值 420.1 亿元，同比下降 0.4%，扣除价格因素实际与上年持平，实际增速同比回落 2.1 个百分点。

造林占地使粮食和蔬菜面积大幅下降。全年粮食播种面积 180.3 万亩，同比减少 58.1 万亩，下降 24.4%；全市蔬菜及食用菌播种面积 86.2 万亩，同比减少 6.8 万亩。同时，受“倒春寒”、干旱及雹灾等极端天气影响，粮食、蔬菜、瓜果等主要农产品减产。全年粮食产量 63.9 万吨，同比下降 33.5%；蔬菜产量 236.2 万吨、瓜果产量 25.2 万吨，同比分别下降 11.5% 和 15.4%。

平原造林 35.5 万亩，累计完成平原造林面积 97.4 万亩，百万亩平原造林工程基本完成。平原造林成为向上拉动农业增长的主要因素，林业全年实现产值 90.7 亿元，同比增长 19.5%，增速回落 18.9 个百分点。林业产值占农林牧渔业总产值的比重达 21.6%，比平原造林前的 2011 年上升 16.4 个百分点。

北京民俗旅游总收入达到 11.3 亿元，同比增长 10.4%；接待游客 1914 万人·次，同比增长 6%。会展农业异军突起，全市共举办 4 项农业会展活动和 27 项农事节庆活动，其中，农业会展接待游客 110.7 万人·次，总收入 5021.7 万元；农事节庆活动接待游客 233.4 万人·次，总收入 18130 万元。

2. 工业、服务业增势平稳，企业效益总体表现较好

2014 年，全市规模以上工业增加值按可比价格计算，比上年增长 6.2%。其中，战略性新兴产业增长 17.9%，快于规模以上工业平均增速 11.7 个百分点。重点行业对全市工业增长发挥了明显的支撑作用，计算机、通信和其他电子设备制造业增长 17%，汽车制造业增长 12.3%，医药制造业增长 9%，3 个行业对全市工业增长的贡献率达到 74.2%，如图 1-2 所示。

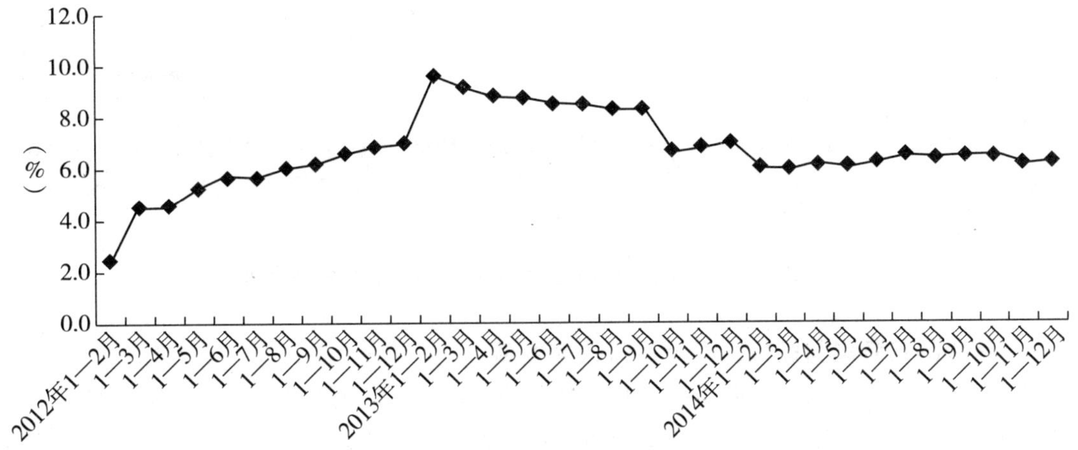

图 1-2 北京市 2012 年以来规模以上工业增加值累计增速

2014 年，全市第三产业增加值按可比价格计算，比上年增长 7.5%。重点行业中，金融业增加值 3310.8 亿元，增长 12.3%；信息传输、软件和信息技术服务业增加值 2062 亿元，增长 11.7%；科学研究和技术服务业增加值 1662.6 亿元，增长 11.1%，这 3 个行业增长较快。此外，租赁和商务服务业增加值 1700.2 亿元，增长 5.8%；批发和零售业增加值 2447.7 亿元，增长 5.5%；房地产业增加值 1329.2 亿元，下降 2.2%。

1—11 月，全市规模以上工业企业实现利润 1215.3 亿元，比上年同期增长 10.1%。规模以上第三产业企业实现利润 16940 亿元，比上年同期增长 12.3%。

3. 固定资产投资稳步增长，商品房销售面积降幅收窄

2014 年，全市完成全社会固定资产投资 7562.3 亿元，比上年增长 7.5%。其中，完成基础设施投资 2018.1 亿元，增长 13%。分产业看，第一产业完成投资 163.9 亿元，下降 6.6%；第二产业完成投资 716.8 亿元，下降 5.1%；第三产业（含房地产开发）完成投资 6681.6 亿元，增长 9.5%。

全年完成民间投资 2620.7 亿元，比上年增长 8.3%，快于全社会固定资产投资增速 0.8 个百分点，占全社会固定资产投资的比重为 34.7%，比上年提高 0.3 个百分点。

全年完成房地产开发投资 3911.3 亿元，比上年增长 12.3%。其中，完成住宅投资 1962 亿元，增长 13.8%。12 月末，商品房施工面积 13641.5 万平方米，比上年年末下降

1.8%；其中，商品住宅施工面积6999.7万平方米，下降5.5%。商品房销售面积1459万平方米，比上年下降23.3%，降幅连续4个月收窄；其中，商品住宅销售面积1141.3万平方米，下降16.3%。如图1－3所示。

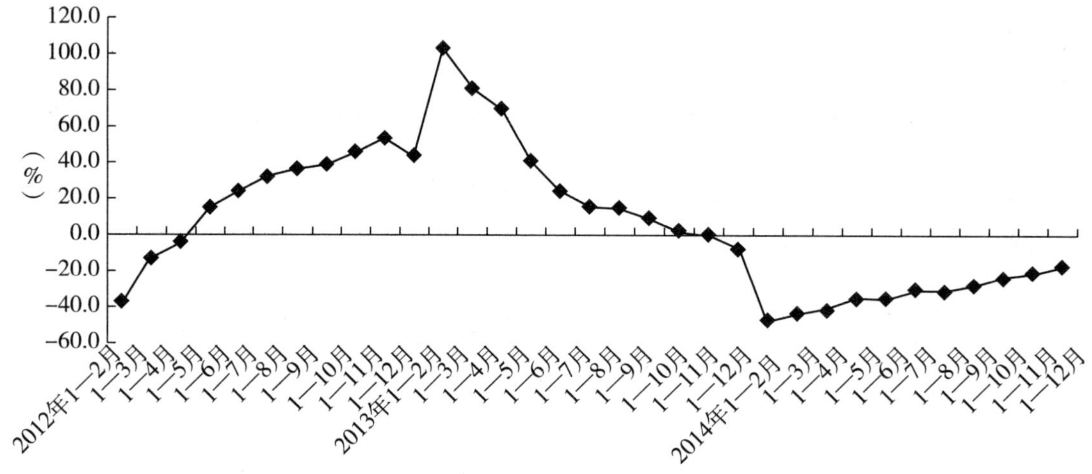

图1－3　北京市2012年以来商品住宅销售面积累计增速

4. 消费品市场增势较好，网上零售快速发展

2014年，全市实现社会消费品零售总额9098.1亿元，比上年增长8.6%。按消费形态分，商品零售额8385.1亿元，增长9.5%；餐饮收入713亿元，下降0.8%。从商品类值看，限额以上批发零售企业通信器材类和文化办公用品类商品零售额增长较快，分别比上年增长93.8%和15.3%，金银珠宝类，服装鞋帽、针、纺织品类商品零售额分别下降7.9%和3.2%。

2014年，限额以上批发零售企业实现网上零售额1456.9亿元，比上年增长69.7%，对社会消费品零售总额增长的贡献率超过8成，占社会消费品零售总额的比重为16%，比上年提高4.9个百分点。如图1－4所示。

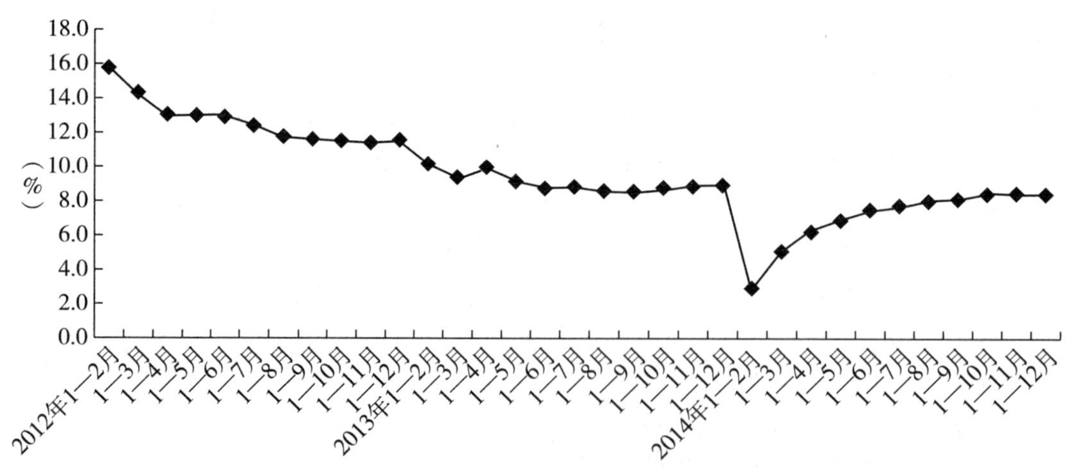

图1－4　北京市2012年以来社会消费品零售总额累计增速

5. 进出口规模略有收缩

据北京海关统计，2014 年北京地区进出口总值 4156.6 亿美元，比上年下降 3.3%。其中，进口总值 3533.1 亿美元，下降 3.7%；出口总值 623.5 亿美元，下降 1.2%。

6. 居民消费价格涨幅低位运行，工业生产者价格持续下降

2014 年，全市居民消费价格比上年上涨 1.6%。八大类商品和服务价格五升三降，其中食品上涨 3.2%，娱乐教育文化用品及服务上涨 3.2%，居住上涨 1.4%，衣着上涨 0.4%，家庭设备用品及维修服务上涨 0.3%，交通和通信下降 0.8%，烟酒及用品下降 0.3%，医疗保健和个人用品下降 0.1%。12 月，居民消费价格比上年同月上涨 0.8%。如图 1－5 所示。

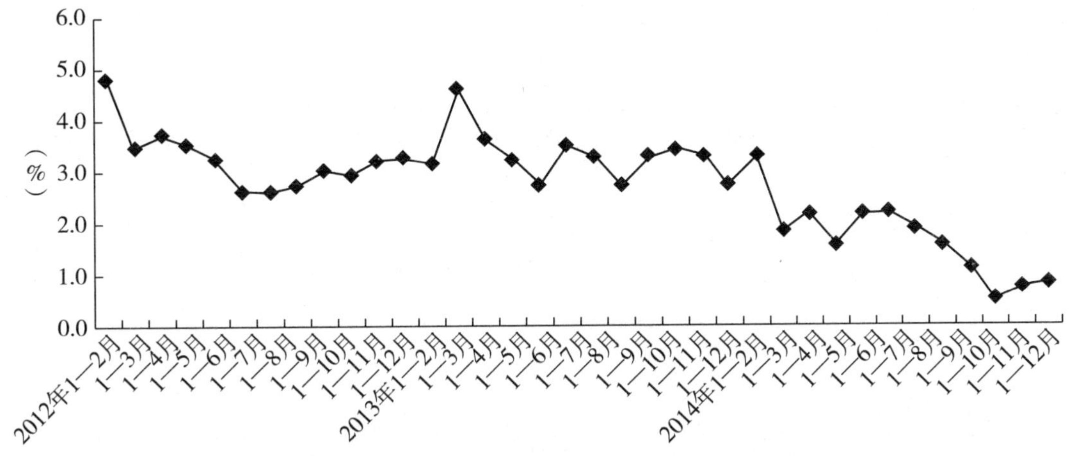

图 1－5　北京市 2012 年以来居民消费价格当月同比涨跌幅度

2014 年，全市工业生产者出厂和购进价格分别比上年下降 0.9% 和 1.2%。12 月，工业生产者出厂和购进价格比上年同月下降 0.9% 和 3.7%。

7. 居民收入稳步增加

2014 年，全市城镇居民人均可支配收入 43910 元，比上年增长 8.9%。农村居民人均纯收入 20226 元，增长 10.3%。

8. 固定资产投资稳步增长，民间投资比重上升

2014 年，北京市完成全社会固定资产投资 7562.3 亿元，比上年增长 7.5%。全社会投资中，城镇投资完成 6926.6 亿元，增长 9%，其中，房地产开发投资完成 3911.3 亿元，增长 12.3%；农村投资完成 635.7 亿元，下降 6.5%。基础设施投资增势较好。全市基础设施投资完成 2018.1 亿元，比上年增长 13%，占全社会投资的比重为 26.7%，比上年提高 1.3 个百分点。其中，交通运输业完成投资 756.5 亿元，增长 13.9%；公共服务业完成投资 502.5 亿元，增长 11.3%。民间投资比重上升。全市民间投资完成 2620.7 亿元，比上年增长 8.3%；占全社会投资的比重为 34.7%，比上年提高 0.3 个百分点。第三产业投资较快增长。第一产业完成投资 163.9 亿元，下降 6.6%，占全社会投资比重为 2.2%；第二产业完成投资 716.8 亿元，下降 5.1%，占全社会投资比重为 9.5%，其中，工业投资完成 711.9 亿元，下降 4.7%；第三产业完成投资 6681.6 亿元，增长 9.5%，占

全社会投资比重为88.4%。各功能区投资稳步增加。首都功能核心区完成投资455.9亿元，增长11.7%；城市功能拓展区完成投资3073.5亿元，增长5.7%；城市发展新区完成投资3188.2亿元，增长8.2%；生态涵养发展区完成投资844.7亿元，增长9.7%。如图1-6所示。

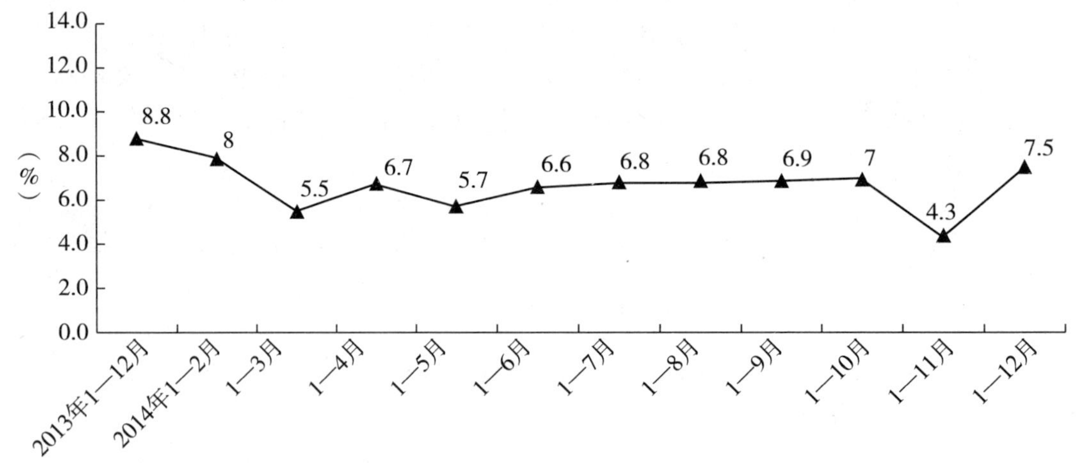

图1-6 北京市全社会固定资产投资增长情况

（四）经济发展对物流的影响

从经济和物流发展关系分析，在经济活动中产业结构的变化对物流的发展有深远的影响，又由于各区域产业结构不同，对于物流的需求和总量也会有较大的影响。从北京经济的发展历程可以看出，北京的经济现在处于后工业经济时代，已经进入了以科技型经济、服务型经济、文化型经济和开放型经济等为主要支撑的经济状态。北京把主要精力放在了服务产业，经济的转移使得服务产业迅猛发展，众所周知物流作为服务业，服务产业的发展在一定程度上优化物流环境，给了北京物流一个蓬勃发展的契机。

北京经济的快速发展给了物流需求一个数量上优化，影响的是物流的大环境，而北京产业的特点则是使物流需求在质量得到优化，影响的是物流产业的内在环境，是由量到质的改变，对物流环境的优化起到的作用更明显，但是产业结构的改变是在经济发展一定阶段才可以形成一定的影响，进而随着北京经济的发展，产业结构得到发展，而对物流环境也由宏观的大环境到微观的小环境，物流产业也由量到质产生一种质变。

从物流生产的形态分析，物流是物品从供应地向接收地的实体流动过程。根据实际需要，将运输、储存、装卸、搬运、包装、流通加工、配送、信息处理等基本功能实施有机结合。从产生物流量的物品初次来源看，一定时期内，能够进入社会物流领域，需要经过社会物流服务送达最终用户的物品，主要有以下五个方面：①进入社会物流领域的农林牧副渔产品，即农产品；②进入社会物流领域的工业产品；③进出口产品；④进入社会物流领域的再生资源产品；⑤社会公众生活中的需要通过社会物流服务的物品。对这五类物品的产业进行归类，可以将其归并于经济结构中的各类产业结构中：①属于国民经济的第二产业，②、④属于国民经济第一产业，③、⑤属于国民经济的第三产业中的交通运输业和批发零售贸易业。从上述归类分析，北京物流的总量与一个区域中的国民经济产业结构有相当大的联系，我们在北京经济运行现状中可以清楚地知道2014北京经济中与物流有关的①、②、③、④、⑤在一定程度上有一定的发展。这也直接说明了北京的经济运行现状在很大程度上产生了较之以往更大的物流总量，为物流业的快速发展提供了有力保障。

二、北京产业结构的现状

2014年第一产业增加值159亿元，下降0.1%；第二产业增加值4545.5亿元，增长6.9%；第三产业增加值16626.3亿元，增长7.5%。第三产业超越第二产业成为北京经济发展的第一大产业。目前北京调整产业结构，大力发展能耗少、污染少和附加值高、技术密集程度高的产业结构调整已取得显著成效，传统产业的优势逐渐弱化，而第三产业中的电子信息产业等已经成为战略性支柱产业。

（一）北京产业的特点

1. 产业结构更加高端化

2014年全市第三产业占GDP比重达到77.9%，与2008年相比，第三产业比重提高2个百分点，服务型经济特征更加明显。6年间，科学研究和技术服务业增加值年均增长11.5%，信息传输、软件和信息技术服务业增加值年均增长10.9%，金融业增加值年均增长9.8%，分别快于服务业平均增速3个、2.4个和1.3个百分点。规模以上工业中，现代制造业增加值年均增长11.9%，高技术制造业增加值年均增长10.3%，分别高于规模以上工业平均增速3.2个和1.6个百分点，产业结构高端化趋势明显。

2. 科技、文化双轮驱动作用日益增强

科技创新驱动呈现积极变化。2014年，全市研究与试验发展（R&D）经费支出1286.6亿元，相当于地区生产总值的6.03%，位列全国第一，比2008年提高0.45个百分点。文化创新驱动作用不断增强。2014年，全市文化创意产业增加值超过2700亿元，占全市GDP的比重从2008年的12.1%提高到13%左右。

3. 产业发展更趋集聚化

2013年，六大高端产业功能区（以下简称“六高”）法人单位实现收入5.3万亿元，占全市的38.8%，比2008年提高3.6个百分点。其中，高技术制造业以40.2%的法人单位，创造了全市高技术制造业9成以上的收入和利润；信息服务业以15.9%的法人单位，创造了全市信息服务业近8成的收入和9成以上的利润；科技服务业以14.0%的法人单位，创造了全市科技服务业近7成的收入和近5成的利润。2014年1—11月，“六高”规模以上法人单位实现收入超4.7万亿元，占全市的45.2%，同比增长14.4%，高于全市平均增速7.1个百分点，集聚化的发展特征愈加明显。

（二）产业结构对物流需求结构的影响

产业结构的变化必然导致产品结构的变化，从而导致物流运输结构随之变化。因此，

在不同的产业阶段，产业结构因素对交通运输影响也不一样。在工业化初期，加工程度较低的农产品和矿物原材料等产品所占比重较大，铁路运输和水运的需求较大。随着工业化程度的不断提高，运输需求逐步转向体积小、重量轻、批量小、价值高的产品，导致铁路和水路货物运输需求在总需求中的比重下降，公路运输的比重上升。尤其对于高价值及时间紧迫的产品运输，公路运输以其灵活、机动和集散速度较快的特点凸显优势，公路运输占三种运输方式的比例由最低变为最高。随着产业结构的进一步调整与升级，多式联运、第三方物流等获得了较快发展。

（三）产业结构对物流需求质量的影响

经济的快速发展迫使产品技术含量不断增加，对物流服务质量的要求也在增加，主要表现在减少物流时间、提高物流准确性、降低物流成本、提高物流效率等方面。在工业化初期，运输的货物主要是原材料，因此对运输条件的要求很低，基本不需要包装。随着工业的发展，流通和包装需求开始增加，物流服务的质量要求也越来越高，顾客满意度成为衡量物流服务质量的重要指标。

改革开放以来，北京的产业结构经历了较大的变化。从长期的变动趋势来看，三次产业之间的比例关系有了明显的改善，产业结构趋于合理。近年来，北京市结构调整取得新进展，主要表现在二、三次产业稳定增长，工业结构继续改善。2014 年北京市实现地区生产总值 21330. 8 亿元，按可比价格计算，比上年增长 7. 3%。其中，第一产业增加值 159 亿元，下降 0. 1%；第二产业增加值 4545. 5 亿元，增长 6. 9%；第三产业增加值 16626. 3 亿元，增长 7. 5%。第一产业占 GDP 的比重为 0. 7%，第二产业占 GDP 的比重为 21. 4%，第三产业占 GDP 的比重为 77. 9%。三次产业结构由上年的 0. 8：21. 7：77. 5 调整为 0. 7：21. 4：77. 9。

随着北京市产业结构的调整，释放出新的物流需求，对原有的物流需求也造成了一定的改变。随着物流客户需求的改变，现代物流企业只有重新定位其经营模式，适应市场需求，才能发展壮大，将企业做大、做强。

（四）基于产业结构变化的物流业客户类型

1. 在现代制造业领域

北京市将以汽车、精密机械设备制造等为主要内容的现代制造业作为带动经济持续发展的支柱产业，汽车工业会对相关产业产生巨大的带动作用，物流服务及时化、零部件采购供应物流服务、整车运输服务等将成为物流业潜在的市场。

2. 在个人消费领域

住宅、汽车、电子通信器材、家用电器等产品成为居民消费的热点，直接或间接地促进了诸如整车物流、搬家服务、城市内配送、包裹快递等物流服务的发展。

3. 在会展领域

北京市拥有诸多会展中心，每年举行的展会达几十场甚至上百场，与此相关的物流市场十分可观。

4. 在基础设施领域

在全球金融危机背景下，随着国家 4 万亿元的基础设施投资促进内需，北京市基础设施的建设步伐进一步加快，这必然会对钢材、水泥等建筑材料的仓储运输产生物流需求。

5. 在进出口领域

国际贸易的增长将产生更多更新的物流市场，特别是高新技术产品出口的增加、独立外贸经营权的下放，企业将会对进出口报关、货运代理、原料采购等相关的物流服务产生旺盛的需求。

三、北京物流政策环境的现状

随着我国社会经济的不断发展以及市场化的进一步加深，物流行业也随之不断蓬勃发展，政府层面对发展物流业给予了更大程度的支持，因而其所面临的政策环境同时进一步得到相当改善。2014 年，国家根据物流行业发展的现状以及相关环境的变化，相继出台了一系列政策法规，对物流行业给予了一定的指导与规范，为该行业的持续健康蓬勃发展营造了良好的政策环境。比如《关于加强城市配送运输与车辆通行管理工作的通知》《物流业发展中长期规划》《关于我国物流业信用体系建设的指导意见》等一系列的政策法规对于北京物流业的发展有很大的帮助。

四、北京物流业的现状

改革开放以来，尤其是随着近年来北京市经济、社会的快速发展和对外开放步伐的加快，物流业已为北京市国民经济发展的重要基础性产业，在规模、结构、效益等方面都取得了很大进步。北京已成为全国最重要的物资和商品集散地之一，是全国规划中的 25 个物流一级节点城市之一。据统计资料显示，2014 年北京市社会物流业务总额，比上年增长 8% 左右；物流各种运输方式完成货运量（不含工业货物储存量）达到 29513.4 万吨，比上年增长 4.3%；公路、铁路、民航、管道运输方式完成的货物运输量分别为 25416.0 万吨、1132.2 万吨、144.4 万吨、2820.8 万吨，比去年增长 3.1%、5.0%、6.4%、16.1%，多式联运已占主导地位。据调查，全市具有物流业务的企业在 5000 家左右。

（一）北京物流业的特点

1. 物流网络格局基本形成

目前，北京市已形成了以物流基地、物流中心为载体，专业物流为特色的多层次节点布局。依托公路、铁路、航空互为补充的综合立体交通网络，形成了与交通线网有效衔接的网络布局。“三环、五带、多中心”的物流空间格局已经形成，有效承载了城市物流服务于产业发展和居民生活的功能。目前，顺义空港、通州马驹桥、平谷马坊、大兴京南四大物流基地已呈现出空港快递物流、城市配送商贸物流、海陆联运国际物流及专业和交易型物流四大特色，入驻企业超过 1000 家，年营业收入超过 700 亿元，仓储面积达到 151.3 万平方米，占全市限额以上专业物流企业自有仓库面积的 28.3%，物流基地集聚、辐射能力显著增强。

2. 物流业发展水平显著提高，政府加大对物流业的扶持

截至 2009 年年底，北京市共有限额以上专业化物流企业 1031 家，2009 年度中国物流百强企业评选中，中国远洋物流有限公司等4家北京物流企业排名前4位，此外还有10家北京物流企业进入百强企业的行列；发展环境明显改善，2007年北京市首次发布实施了物流业发展专项规划，2009年3月，国务院发布《物流业调整和振兴规划》，把促进物流业发展纳入应对国际金融危机的“一揽子计划”，上升到国家战略层面，极大地提高了全行业的信心，提升了物流业在国民经济全局发展中的地位。2010年根据国家《物流业调整与振兴规划》的规划精神与建设思路，北京市制定并颁布了《北京市物流业调整和振兴实施方案》，这些规划和方案的制定与实施，为北京物流业的发展提供了良好的政策环境。

3. 电商物流配送网络加快完善，为网络消费提供了有效支撑

近年来，随着电商的快速发展，不仅改变了人们传统的消费习惯，也改变了流通业与物流业的发展。有关统计显示，2012年，在全国前9名自主销售为主的购物网站中，北京市企业占据5个席位，市场份额达到61.7%，处于全国领军地位。电商企业自建物流与仓储企业及25家规模以上快递服务企业，通过连锁便利店自提点、社区服务网点配送自提点（自提柜）、提供仓配一体化的第三方仓储企业、城市末端共同配送网店，共同构建了覆盖全市范围、服务快捷的电子商务物流配送网络，承担着每天超过100万票电子商务订单的配送量，为电子商务快速发展提供了有力支撑，满足了广大市民的网络消费需求。

4. 城市物流保障体系更加健全

近年来，北京市的流通业长足发展。2014年全市实现社会消费品零售总额9098.1亿元，连续五年位居国内大城市首位。随着社会消费品零售总额的快速增长，物流配送保障体系也不断健全。农产品冷链物流服务体系已经形成，以医药、图书、汽车、电子产品为代表的专业物流配送居于全国领先水平。医药物流配送服务已覆盖全市各类各等级医院、连锁药店数千家，并以现代物流信息技术为依托将服务延伸到医院药库，实现了从药库到病床的全程可控管理，有效提升了药品流转效率和准确率；图书物流已形成中国乃至亚洲地区最大的出版物集散中心；在汽车物流方面，由北京福田物流有限公司、北京长久物流有限公司等第三方专业物流企业占据北京市80%以上的汽车物流市场，汽车零部件物流外包比例占60%，专业汽车物流与制造企业的联动程度较高。

5. 物流服务模式不断创新，流通效率不断提高

积极推动城市物流末端共同配送服务模式创新发展，鼓励企业之间构建共同配送合作联盟，整合社会物流需求和物流资源，以进社区、进校园为重点，设立共同配送站点，依托信息化平台整合末端物流配送资源，承接电子商务、快递物流以及专业物流配送等各类企业的终端配送业务。2011年11月，在北京市商务委员会的支持下成立了“城市一百物流有限公司”，截至2013年8月，全市已建设社区及高校共同配送网点160余个，服务范围覆盖2000多个社区。积极推动农产品共同配送，成立农产品直采直供联盟，实现配送企业与超市、餐饮企业、社区便民店直接对接，有效满足了机关企事业单位、餐饮企业等集团客户对多样化农副产品的供应需求。目前，联盟已吸纳包括各地农业生产合作组织、农产品流通服务企业和终端集团客户在内的会员900多家，日配送量120余万千克。第三方冷链物流企业与近40家生产企业和供应商合作，提供速冻商品存储、分拣、配送等物流服务，对全市数千家门店的多品类商品共同配送。目前，北京市以品牌带动为特征的城市共同配送模式已在图书、服装、冷冻食品、医药等多行业应用。另外，在推动物流服务模式创新的基础上也积极探索新能源货运车辆的应用，实现绿色物流。

6. 各种新兴技术与理念的应用推动电商物流更好发展

目前，一些物流、快递和电商企业都把物流与供应链、大数据、云计算的融合作为战略重点，并且加快了融合的速度。通过电子化、集成化现代物流管理把供应链上各环节紧密联系起来，对顾客的个性化需求作出快速反应，保证电商物流通畅。

（二）北京物流业客户需求特征

1. 客户数量多，物流内容丰富

北京市物流客户都有不同程度和不同内容的物流业务要求。由于他们的性质与生产经营内容的不同，对北京市的物流业提出了不同的要求，基于此，物流业需要提供多样化的物流服务，这使得北京市物流业的服务内容与项目不断得以扩充。

2. 客户分布广，物流机遇多

在对物流企业的调研中发现，由于客户分布广，北京市的大部分物流公司在市内和郊区都设有多个营业网点和仓库，以方便满足客户的运输、仓储等要求。

3. 物流客户对物流业的方便快捷性要求高

各物流客户之所以选取具有明显现代特色的物流业进行物品的传送，其首要原因就是现代物流业所具有的方便快捷性。在经济高速发展的今天，对于企业来说节省时间就是创造价值，所以物流客户对物流的方便快捷性也提出了更高的要求。

4. 客户差异大，物流要求广泛，对物流服务项目要求多

由于客户类型的不同，对物流的要求不同，所托物流标的物的内容和形式也有所不同，因而对物流业的要求也不同，并且比较广泛。

5. 对物流业的安全性要求高

不论是哪种类型的物流客户，都希望自己的物品能够安全到达目的地，降低损耗，以满足消费者的要求，从而保证本企业的信誉。

（三）北京物流业需求的特征

物流需求是一种派生需求，产生于工商企业和事业部门事业经营的需要及个人和家庭生活的需要。随着北京市作为国际化大都市建设进程的加快，都市型工业品、都市型农产品以及社会零售商品量不断增长，这将会产生巨大的现实物流需求和潜在的物流需求，物流需求的规模与质量同经济发展水平紧密相关。因此，我们可以在以上述北京经济为背景的条件下总结出物流业需求的特点。

1. 国际化进程加快，迫切需要面向国际贸易、服务世界城市建设的国际物流系统

北京正逐步向国际化大都市迈进，对外开放步伐加快。北京市 2009 年社会物流总额达 384427 亿元，其中，北京市进口货物额和外省市流入货物额占到物流总额的 74%。北京市物流总额构成以进口及外省市进京货物为主。说明北京是特大型商贸城市，大部分的货物是由城市外部流入的，进向物流特征明显，北京市对区域物流量的聚集作用和对全国的辐射作用十分突出。因此，解决大宗货物流入的物流通道，构建顺畅的区域物流网络，促进区域物流和城市物流的协调发展，显得非常重要。2010 年 1 月，北京市第十三届人大三次会议政府工作报告将建设“世界城市”确定为北京市未来发展方向，而建设“周际商贸中心城市”是北京市建设世界城市一个非常重要的方面。因此，全面服务于建设“世界城市”和“国际商贸中心”的战略目标将成为未来很长一段时间内现代物流业发展的主线。

2. 新兴和优势产业快速发展，迫切需要面向先进制造业的供应链物流支撑系统

北京 2014 年实现工业增加值 3746.8 亿元，比上年增长 6.0%。其中，规模以上工业增加值增长 6.2%。在规模以上工业中，国有控股企业增加值增长 6.7%；高技术制造业、现代制造业增加值分别增长 11.0% 和 12.2%。全年规模以上工业中战略性新兴产业增加值比上年增长 17.9%，对规模以上工业增长的贡献率达 62.7%。规模以上工业实现销售产值 17856.2 亿元，增长 5.5%。其中，内销产值 16446.4 亿元，增长 6.6%；出口交货值 1409.8 亿元，下降 6.5%。新兴产业对于北京市经济的拉动作用明显。新兴产业产品有多品种价值大的特点，对于物流系统的精益性和响应性要求较高。这就要求北京市的城市物流系统具有较强的针对性，能满足面向先进制造业的供应链物流需求。此外，北京市在医药、新闻出版等领域已形成一定发展优势，产品类别丰富、辐射范围较为广泛，这对便捷畅通的区域物流体系建设提出了更高的要求。

3. 消费型城市特征显现，迫切需要面向高效运行的末端物流保障系统

北京是我国的首都和世界闻名的特大型城市，截至 2014 年年末，北京市常住人口达到 2151.6 万人，比上年年末增加 36.8 万人。北京市的社会零售额达 9098.1 亿元，比上年增长 8.6%。特大型消费城市特征给城市物流系统提出了较高的要求，居民生活需要城市物流系统进行保障。北京已成为全球第 15 大购物之都，280 个全球著名品牌中有 136 个在北京落户。从 2010—2014 年，北京市的 GDP 总量以及人均 GDP 呈现出了大幅度增长的趋势。

第二节　北京物流环境存在的问题

一、北京经济运行需关注的问题

（一）结构性下行风险依然较大

目前，北京市经济正处于衰退期向复苏期过渡的阶段，经济增长虽然处于合理区间，但结构性下行压力依然较大。需求动力不足，民间投资不活跃，投资内生动力不足；政府消费占比较高，消费增长乏力。投资增长主要依靠政府主导驱动，民间投资占比仅三成多一点；新增固定资产投资中，非国有内资贡献率近两年连续下滑，民间投资仍不活跃，投资内生动力有待进一步增强；在限车、限房背景下，消费增长较为乏力，2013 年社会消费品零售额增长 8.7%，是 1982 年以来最低水平。最终消费结构中，自 2007 年以来，政府消费占比均在 40% 以上，高于 2000—2005 年 34.4% 的平均水平。需求动力有待进一步增强；产业增长动能不足，新产业培育潜力有待挖掘。随着国内经济去产能化，北京市工业生产者出厂价格指数（PPI）自2012年3月以来持续通缩，工业产销率一直为负，显示北京市工业整体需求依然低迷，加上后续大项目较少，增速将面临进一步下滑的风险；服务业目前处于调整转型期，主要行业增速面临放缓，生产性服务业高端不强，消费性服务业和公共服务业发展相对滞后，随着去垄断进程的推进，总部经济优势将不断减弱，金融、信息服务等占比较大的生产性服务业增长将面临下行风险。与此同时，虽然优质公共服务的需求快速增加，但由于新型人文服务业发展缓慢，导致多元化供给相对不足，不能转化为新的增长点。

（二）财政收支矛盾加剧

近两年，北京市财政收入增速总体有所放缓。一方面，由于经济增长放缓，企业效益有所下滑，作为重要税基的工业、服务业增加值、社会消费品零售额、规模以上企业利润等均有所回落，与此相关的营业税、企业所得税等主要税种增幅出现不同程度回落；另一方面，营改增、审批权取消、减免小微企业税收等结构性减税政策带来相关税收收入减少。据统计，北京市超过26万户企业纳入“营改增”试点范围。与此同时，随着北京市“转方式、调结构、惠民生”，财政刚性支出不减，占比已达80%以上。近两年，教育、社保就业、医疗卫生、环境保护、保障性住房等关系民生方面的支出，均以两位数以上的速度增长，环境、交通等重要领域甚至年均增速30%以上。未来，随着转方式、调结构推进，除了民生保障领域，新兴产业和企业培育方面的支出也将增加，财政收入增速放缓与支出不减矛盾将进一步加大。

（三）企业运营成本大幅攀升

北京市以土地价格、劳动力价格、租金价格等为代表的要素成本大幅攀升，导致企业发展的生产成本和商务成本不断增加，随着水、电、气等资源品价格改革推进，尤其是2014年非居民供热、用气、垃圾处理等价格上调，将明显提升企业运营成本。而空间承载不足和运行效率相对较低也在一定程度上限制了产业发展空间，从而影响产业竞争力的提升。亦庄等部分产业园区土地资源有限，CBD等高端功能区优质写字楼供应不足，多数产业园区尤其是六大高端功能区，对发展初期“预留用地”和集约化发展认识不充分，随着园区产业升级步伐加快，后期腾笼换鸟、腾笼引凤存在一定难度。

（四）债务风险与基础设施投资两难

随着经济发展速度放缓、财政收入增速大幅回落，基础设施快速建设等带来政府性债务规模不断累积，还债期限逐渐逼近，北京市债务出现系统性风险的可能性不断累积。与此同时，轨道交通等基础设施还处于大规模建设期，资金需求压力也有所增加，债务风险累积将加大保持基础设施建设投资力度的难度。据北京市审计局2014年的报告，截至2013年6月，北京市政府性债务余额6506.07亿元。与全国其他地方相比，整体债务规模虽然处于可控状态，但随着经济下行、财政收入增幅下滑、土地管理政策的不断趋紧以及房地产调控背景下，作为主要偿还资金来源的土地出让金对于财政收入的贡献正在下降。自2012年起北京市已进入债务偿还高峰期，2014年政府需偿还债务余额的29.83%。受国家陆续出台的规范地方融资政策和当前以平稳为主的宏观政策导向影响，融资平台相对收紧，特别是区县融资平台资金落实较为困难，资金面偏紧的状态将在一段时期内影响本市投资运行，尤其是对以融资平台为主要资金来源的基础设施投资影响最大。由于市政府投融资平台承担的大都是政府公益性建设项目，投资量大、效益产出慢，导致企业资金运行捉襟见肘，极易陷入“借新债还老债”的困境，这也是近年“金融热、实体冷”的一个重要原因。在目前基础设施大规模建设期，主要投融资平台3～5年内的融资压力均十分巨大。占据基础设施建设主力军地位的市属企业由于融资存量规模大，普遍面临经营亏损、现金流短缺、投资后劲不足、投资意愿下降的局面。一直作为基础设施投资主要来源的市政府投资，近3年实际用于基础设施投资的增幅仅为9%，远低于市政府投资33%的增幅。

（五）收入增长放缓制约内需潜力释放

2014年全年，无论是名义增速还是实际增速，北京市城乡居民收入增速均连续3年低于2000年以来的平均水平，也低于“十二五”规划目标。收入增速的放缓，尤其是占比较大的中低收入人群的收入增速放缓，将制约内需潜力释放。根据持久收入理论，工资收入增速连续放缓及收入预期没有改善，消费将变得更为谨慎。而财产性收入、转移性收入增速的放缓将影响我市城乡居民当前储蓄和消费的比例，进而影响消费支出。虽然收入分配改革和国民收入倍增计划不断推进，但实质性的措施政策迟迟未能推出，居民对未来收入的预期并没有明显改善；随着经济增长减速，未来几年居民收入增速或将延续放缓态势，这将制约内需潜力的挖掘。

（六）公共产品和服务供需矛盾突出

随着北京市人均GDP迈过1万美元大关，人民生活水平已由主要追求温饱向教育、医疗、文化娱乐等发展享受型需求转变。城乡居民的消费结构正处在不断升级过程中，由生活必需品到耐用消费品乃至高端耐用品的升级，由私人产品和服务到公共产品和服务的需求升级，由商品性消费到商品性与服务性消费并重升级。人民群众日益增长的对公共产品与服务的巨大需求与政府对公共产品与服务的提供有限性的矛盾日益突出。部分领域公共产品和服务的供给总量不足、供给结构失衡以及效率较低是制约消费需求与供给结构协调匹配的主要问题。主要表现在教育、文化、医疗、社会事业等新兴文化产业领域。以公共教育和科技为例，近两年北京市公共教育和科技投入在财政支出占比为15%和17%左右，不论与发达国家还是发展中国家相比，北京都处于较低水平。公共产品总量供给不足，主要原因是公共财政支出不足，投资来源相对单一，主要依靠政府，缺乏有效的金融支持，没有形成一个市场化、民营积极参与的融资框架和机制。供给结构的失衡主要表现在医疗、教育等资源的不均衡；供给效率低，基础设施是典型例子，随着首都城市的快速发展，北京市交通拥堵、环境污染、供水紧张等日益突出，由于产业化程度低、运营效率较差等原因使得基础设施建设与交通结构优化调整滞后于城市发展。

（七）CPI与PPI持续背离

自2012年4月北京市CPI（居民消费价格指数）与PPI（生产价格指数）出现涨跌背离以来，这一现象愈演愈烈，CPI温和上涨，而PPI连续23个月持续通缩。与此同时，房地产销售价格持续上涨，北京市住宅价格自2012年6月以来连续21个月环比上涨，住宅价格指数也不断攀升。据国家统计局公布的70个大中城市住宅销售价格变动情况，无论是新建商品房还是二手住宅，北京涨幅均在领涨的城市行列。

这种CPI、住房价格与PPI涨跌背离现象的持续，反映出北京市经济运行中结构性问题依然突出，经济困境依然存在。实体经济需求疲弱，产能过剩问题依然凸显；价格传导机制不顺畅，影响企业赢利能力；房价上涨对实体经济产生了挤压。CPI、房价向上，PPI向下充分说明北京市经济中存在冷热不均的结构性问题，而价格背离的持续，也影响实体经济的发展。经济增长要保持可持续发展的内生自主增长动力，就必须要理顺价格传导机制，形成房地产调控的长效机制，控制房价过快上涨。由于经济的快速增长，对物流业的发展产生了极大的需求，为物流业更快、更好地发展创造了条件。物流业发展是随着城市经济的发展和城市建设的不断扩张而发展的，各类需求在不断增加，带动了城市物流总量的无限扩大。

二、基于北京产业结构存在的问题应该调整的方向

北京产业结构调整方向应围绕主导产业，培育产业链和区域性的产业集群，提升城市竞争力。

1. 机械设备产业

机械设备产业链内提供中间投入的中心产业是金融业、电气机械及器材制造业以及科技交流和推广服务业，通用设备制造业和专用设备制造业是将该产业链内的产业连接的主要市场力量。在培育这个链条时，北京必须强化金融业、科学研究和综合技术服务业对机械设备制造业的支持力度，将北京的科研优势和资本优势发挥出来；为完善机械设备制造业链条，北京必须加强通用设备制造业和电机制造业与其他机械设备制造业的联系。

2. 电子信息产业

电子信息产业链是北京市最有发展前途的链条，相对而言，这个产业链是环境友好型，具有一定的国际竞争力，既可以吸引国际资本，又可以开拓国际市场，也具有较强的创新能力和创新意识，产业链内各产业之间关联性较强，存在较强的经济技术联系和市场联系。电子信息产业链与知识密集型服务业联系紧密，发挥了北京的科研优势和人才优势，延伸该产业链符合北京的城市性质。完善电子信息产业链，一定要加强科技投入，提升电子元器件制造业规模，强化知识密集型服务业与电子通信设备制造业的内部联系。北京还应该鼓励电子信息产业链与机械设备产业链和汽车产业链建立经济技术联系。

3. 汽车产业

北京要延长汽车产业链，把汽车产业真正做大做实，必须强化汽车零部件和配件产

业的发展。在空间布局上，北京应巩固丰台的汽车产业，要鼓励汽车零部件和配件企业与顺义的“现代汽车”和亦庄的“奔驰汽车”进行配套，依托交通干线引导这些企业向顺义、通州和大兴集中。因此，汽车产业链向北京的东部产业带集聚，可以更好地与机械设备制造产业链和通信电子产业链等相关产业建立经济技术联系。

4. 医药卫生产业

完善北京的医药制造产业链关键是培养医药人才，强化科研部门与医药制造业之间的联系，同时加大金融业对医药制造相关产业的支持。北京也应强调医疗仪器设备及器材制造业的发展，以完善医药产业链。

5. 科研文教产业

北京在建设国际城市的过程中，现代制造业的发展是基础。因此，必须围绕主导产业，培育上述产业链。同时，北京还必须瞄准产业链的两头，大力发展附加值高的产业链功能。首先，针对主要产业链的主导产业，积极吸引相关产业内的跨国公司地区总部、国内知名公司的总部和行业内的研究开发机构、市场研究机构等落户北京，引导响应产业链的发展趋势；其次，从各产业链内部产业联系来看，有一些产业在各个产业链中都扮演着关键性的投入来源的角色，这些产业是培育北京产业链至关重要的产业，必须优先发展，包括金融业、信息传输服务业、计算机服务业、软件业、科技交流和推广服务业、广告业等为生产者服务业的高端服务业；再次，在研究与开发方面，北京既要突出产品和技术的自主研发，也要强调创意产业的发展；最后，在产业链的制造生产环节上，北京需要拓宽视野，努力与河北、天津等地实现产业链的区域分工，鼓励相关产业内的企业将不适应北京发展的生产制造环节迁移到其他区域，而将总部、研究与开发机构、销售机构等重要功能留在北京，追求一种“哑铃”型的产业功能布局。

三、北京物流政策环境存在的问题

北京物流政策的问题主要有以下两方面：

（一）缺乏市场经济特别是国际化视野

北京目前实行的有关物流方面的法律、法规，有很多内容还是从传统计划经济体制环境下延续下来的，对市场经济原则体现或贯彻得不够充分，特别是缺乏对国际化背景的考虑。因此，现行的一些法律类物流政策，不仅难以适应市场经济环境下国内物流发展的需要，更难以适应当今北京走向国际的需要。同时，法律体系本身从技术上也缺乏对实践的具体指导和调整作用，宏观调控能力与微观约束能力尚显不足。

（二）物流政策的不完善性

从现行的物流政策来看，其重点是对物流基础设施中的铁路、公路、航路、管道、港口、车站、机场的规划、建设与布局，即主要是对物流系统构成要素中的“运输”要素进行规范，而对其他物流构成要素的规范很少，甚至没有涉及。例如，有关物流标准化、物流信息化、物流效率化方面的立法相对滞后。同时，现行的物流政策的制定与执行主体涉及交通、航空、海关、商务、发展和改革委、信息产业部、环保等多个政府部门，在客观上为制定系统性的法律类物流政策设置了障碍，难以整合物流各环节和各功能之间的关系，从而不利于整个物流行业的健康发展。

四、北京的物流业存在的问题

（一）资源的分配和利用不平衡

北京物流业由于各部门、各企业之间缺乏统一协调，资源配置不合理问题凸显，一方面许多物流资源被闲置，形成了大量的浪费；另一方面缺乏专用仓库，无论是数量、仓储面积上均无法满足需求，专用仓库仅占全部仓库的10%左右，仍然以传统仓储仓库为主。专用仓库的种类、数量和分布不均，用于高端产品的仓储面积数量不够，市区配送车辆流量、流向不平衡，特别是专门服务于中小企业的物流中心、配送中心及组织机构很少，80%的专用仓库是针对大企业的物流服务。即使有物流基地，其引导物流资源聚集的作用也没有充分发挥。物流园区、物流技术装备等能力仍处于初级阶段，85%的物流中心还是仅具备传统的仓储运输功能，流通加工、物流配送等功能有待加强。

（二）第三方物流企业的数量不足

北京市目前主营物流企业所占比例较小，仅占被调查企业的21.46%。在被调查的主营物流北京货运公司当中，真正能够提供第三方物流服务的不足3%。我们所说的第三方物流企业，是指具有很强的物流信息化能力，能够为客户提供整体物流解决方案并参与实际物流运营的物流企业。按照这一标准，目前绝大多数物流企业只是仓储、运输、配送等功能性服务企业，以承担社会化物流为主的第三方物流所占比例较低。

（三）物流标准化水平偏低，信息化程度较落后

北京虽然现有公路货运站场、装卸点7000余个，铁路分局管辖内的铁路货站有200余个，铁道专用线连接的工厂货站、货场、仓库有几百个，但除首都国际机场的航空货运枢纽、丰台的铁路路网编组枢纽外很少有成规模的称得上现代化水平的节点。在被调查的企业当中，已经有不少企业在物流管理和运作方面采用了计算机，但应用水平只是把手工账转换为计算机账表处理，还没有达到订单处理全部采用计算机的先进水平。另外，物流客体的包装、自动识别与自动计量落后，物流过程破损率高、浪费较大。总的来说，物流市场信息化程度比较落后。

（四）物流业发展的配套政策尚待完善

《物流业调整和振兴规划》（以下简称《规划》）落实的进度，与物流业发展的需要差距较大。比如，缺乏国家层面落实《规划》的“实施细则”，具体政策亟待落实；物流企业各环节税率不统一，运输、装卸的营业税为3%，仓储、配送为5%，影响了企业的一体化运作。仓储土地使用税增幅过大，最大提高了15倍，超过企业承受能力。物流企业融资渠道较少，企业面临较大的资金压力，专项资金少而且分散使用、重点不突出；国家层面落实《规划》协调难度大。

另外，CPI 是居民消费价格指数（Consumer Price Index）的简称。居民消费价格指数，是一个反映居民家庭一般所购买的消费商品和服务价格水平变动情况的宏观经济指标。它是度量一组代表性消费商品及服务项目的价格水平随时间而变动的相对数，是用来反映居民家庭购买消费商品及服务的价格水平的变动情况。PPI（生产者物价指数）主要的目的在于衡量各种商品在不同的生产阶段的价格变化情形。PPI 是衡量工业企业产品出厂价格变动趋势和变动程度的指数，是反映某一时期生产领域价格变动情况的重要经济指标，也是制定有关经济政策和国民经济核算的重要依据。在北京经济运行特点中 CPI 与 PPI 持续背离反映出北京市经济运行中结构性问题依然突出，经济困境依然存在。这说明现阶段经济困境的存在一定程度上给北京物流业带来一定的阻力。

随着北京国民经济增长，产业结构将进一步优化：工业产业结构升级，工业企业对于库存管理、物流系统设计等专业化物流服务需求日益突出；第三产业结构升级，对电子商务物流、物流信息服务等多样化物流服务需求日益增强。

第三节　北京物流环境的发展趋势和建议

对于北京物流环境的发展趋势我们也是从经济、产业结构等来说，2014 年北京市第三产业的占有比重已经接近 77%，北京已经基本进入到后工业化发展阶段，因此高新技术产业的发展对北京的经济发展将会起到更大的推动作用。本节主要就当前北京的经济发展情况进行详细的分析，并结合实际对北京未来经济发展方向提出合理化建议。

一、关于北京经济方面的发展建议

（一）加快科技创新与自主技术所占比例，建设大型科技创新中心

在创新效应方面进行深化，对北京地区的科技资源进行充分利用，以导航与位置服务、新互联网、云计算、集成电路设计、生物医药、新能源、新材料与节能环保等新兴产业为发展方向。在自主创新的综合配套改革的规划制定方面加快发展步伐，从而有效地促进产学研的有机结合以及科技成果的转化。另外，注意要以经济体制的改革为依托，将关键点以及重要领域作为改革重点，在任务方面进行明确，在投资的环境方面进行积极的改善。开展联盟战略研究与发展规划制定工作，广泛聚集产学研等创新资源，联合攻克制约产业发展的共性、关键、核心技术难题，提升产业核心技术竞争力和产业创新效率。另外，要贯彻最新政策保障创新积极性，例如：单位可自主处置科技成果。

（二）控制人口与城市规模，重点解决交通拥堵导致的经济损失

控制城市人口在实施的过程中要能够和北京市资源要素的自身特点相结合，避免城市摊大饼格局。通过加快公共交通票价改革与清理群租房的措施，让劳动力通过激烈的市场竞争使不适合在其中生存的人自然流出。目前，北京市补贴公共交通比例日益增加，这种发展模式在财务上是不可持续的。北京目前的向心力太强，吸引了过多的人口，为

了平衡这巨大的向心力，北京市政府也屡屡出台离心机制。与向心力类似的是，离心机制也有市场因素和行政因素。以目前的发展来看，主要偏向于市场调节，以公共交通涨价来看，这本身不是创造出离心力，而是消除由于行政管控而产生的向心力（过多财政补贴），让“交通廉价”不再成为北京市的一个优势。

（三）充分发挥延伸及倍增效应

在产业的延伸以及倍增效应的方面要进行充分发挥，在经济发展基础上将北京的品牌进行良好的打造，打造多层次、全方面的营销渠道，将北京的一些精品项目推向国际的发展领域。另外，对实体经济保护以及对虚拟经济的引导要能够得到妥善的处理，在金融行业的内部控制机制以及外部的监督机制等方面构筑金融安全网，还要加强国际金融危机的防范能力，从而更好地应对多方面的不确定影响因素。

（四）促进设施最大化利用

在场馆等设施综合利用方面可将经济发展过程中的设施建设进行灵活的转换，并将其应用在城市经济发展领域。把绿色城市以及科技城市的理念进行深化，将先进科技在北京地区的产业发展领域加以广泛应用，将设施及场馆进行重复利用。可成立场馆开发利用组织，要能兼顾体育健身功能以及商业流通的功能，最大程度地将公益化和经营性得到有机结合。

二、北京产业结构的发展趋势

（一）第三产业仍将保持持续高速增长

近 10 年来，北京第三产业增加值的年平均增长率保持了 2 位数的高速增长，预计今后仍将保持持续高速增长的势头，做出这一判断的主要依据是：第一，城市产业结构变化的一般规律决定了北京第三产业将持续扩张。根据前人的理论研究和实证分析，随着经济发展水平的提高，城市的主要经济部门将遵循从第二产业向第三产业转移的规律。随着北京经济的进一步发展，可以预计，社会对服务的需求将迅速扩张，对服务种类、服务质量的要求也将迅速增加，这将为第三产业的发展提供更加广阔的市场。第二，与我国其他经济发达大城市比较，城市性质赋予北京“三产超前发展”的产业结构特征。第三，水资源等自然资源严重不足以及建设高标准生态城市的限定性，迫使北京选择资源节约型和生态型经济发展模式。

（二）第二产业仍有一定发展空间，高技术、高附加值型工业将成为拉动北京工业增长的主要力量，城市建设现代化将成为建筑业发展的强大动力

与世界上经济发达大城市相比，北京经济总量及其在本国 GDP 总量中所占比重明显偏小，快速扩充经济总量是今后北京经济发展的重要主题之一。虽然第三产业将是北京经济总量扩充的主要贡献产业，但第二产业目前在北京 GDP 总量中约占有 1/3 份额，仍然是一个相当重要的基础性产业，第二产业的发展在扩充北京经济总量中仍然可以发挥重要作用。

三、北京市物流业的发展建议

（一）加强领导与监管，科学规划，制定行业规程与操作标准

北京市制定物流规划较早，有关要求也较为详细，但作为一个新兴行业尚处于起步阶段，相关的政策、法规、行业标准都需完善。为促进北京市物流业的良性发展，北京市应组织公路、交通、铁路、民航、石油、发展和改革委、商业、工业、海关等部门，邀请精通专业、了解实际的专家参与，并组织部分优秀企业代表共同参与，制定符合中国国情、能够满足北京市各类物流客户需求的行业规程和操作标准，明确物流企业资质申报和查验办法，使物流业有规可依，照章办事，为客户提供优质优价的物流服务。此外，要发挥商务局、发展和改革委等主管单位的监管作用，逐步统一规划和整合北京市物流资源与综合物流网络体系，协调解决由于长期部门分割所带来的实际问题，对北京市物流业的区域规划布局、功能定位、标准化建设、物流市场培育等问题进行科学的研究。

（二）依托新型物流技术与方法，打造品牌物流企业，全面解决各类客户的各种需求

现代物流的重要特点是供应链管理，其核心在于利用信息管理和网络，改变单一环节管理，实现物流过程的整体系统优化，通过信息技术、电子商务等手段，把制造企业、运输仓储企业、零售商、客户之间的信息通道连接起来，形成联盟合作，全方位全过程的满足各类客户的需求。与此同时，冷链物流、第三方物流、绿色物流等新的物流技术与管理方法也引起了更多人的关注。在北京市物流业发展的重要时期，应借助于现代物流的这些新技术与新方法，对分布在各系统、各行业的传统运输与仓储企业统一规划，整合功能。在具有一定基础和规模的企业的基础上，组建一批大型物流骨干企业，增加专业化技术装备的投入，运用现代物流观念、管理模式和一流的服务树立品牌，形成北京市物流企业的核心竞争力，为从根本上解决各类客户的各类物流需求打好基础。

（三）以提高物流从业人员素质为突破口，提高物流业服务质量

从当前北京市物流业的运行情况来看，技术和人才已成为制约发展的重要因素。当务之急，要以提高物流从业人员素质为突破口，提高物流业的服务质量。为此，需要做好两方面工作：一方面，要以完善管理体制、实现科学人力资源与薪酬管理、提高待遇、健全保险制度、营造良好的企业文化氛围为主要手段，通过提高一线服务人员的积极性，彻底改善服务质量；另一方面，要建立物流人才培养体系，加大物流人才的培养与储备，提高物流企业管理人员的知识水平和管理能力，为物流企业的良性发展提供条件。通过提高从业人员的素质，完善客户服务队伍，做到真正尊重和了解客户表层和深层物流需求，进而提高物流服务的质量，实现北京市物流业的良性发展。

（四）构建低成本、高效率、绿色化的首都大物流圈系统

在调研基础上，调整规划，重新定位节点功能，重点进行城市内物流网络规划、城

市终端物流配送体系规划及北京与周边城市间的区域物流网络规划，构建城市间、城市内、城市末端物流高效配送网络，打造内外联系顺畅的首都物流圈系统，确保城市物流系统内的高效运作和系统外的有效衔接，构建低成本、高效率、绿色化的首都物流圈动态协调系统。

（五）加快物流基地的调整、改造、升级和自发物流聚集区的规范化建设

调整、改造、升级已规划物流基地，重点解决空港物流基地、马驹桥物流基地、良乡物流基地、马坊物流基地等在开发和运营过程中出现的社会服务性差、公共性弱等突出问题，加强对入园企业的引导，鼓励公共型的物流企业入驻。针对近年来自发形成的铁路、公路货运市场及仓库区等物流设施大规模聚集区，进行专项规划与规范化改造，将其纳入政府统一规划，引导自发物流聚集区向现代物流基地转型，鼓励规范化与专业化经营，实行差别化的区域导向政策，配套相应的土地、税收等扶持政策，处理好自发物流聚集区与北京市空间发展战略及区县功能定位规划之间的关系。

第四节　总　结

从整体的发展情况来看，北京地区经济的增长在结构上有了很大程度的改变。高新技术产业对北京的经济增长起到了重要推动作用，对金融风暴效应后的发展现状有了很大程度上的改变。主要体现在工、农业生产增势略有放缓，企业利润增长较快以及第三产业、民间投资稳步增长，企业效益表现突出。2014 年北京市在第三产业的占有比重已经接近 77%，这也说明了服务业、消费水平和高新技术的发展对北京的经济增长起到了重要的推动作用，如何在北京经济良好这个大背景下快速发展物流业是一个值得我们探讨的问题，首先，我们必须承认北京经济的快速发展优化了北京物流业的环境，加大了北京物流量，物流量主要表现为货物运输量，而且随着经济总量的增加，货运量也会相应增长。其次，北京产业结构的升级也给了物流业好的契机。因此，我们在看到北京经济快速发展的同时，也应抓住经济快速发展对物流业起到促进作用的各个机会。在北京良好的经济发展大环境下，努力发展物流业是当前重中之重。

参考文献

[1] 袁海霞．当前北京经济运行需关注的问题［J］．投资北京，2014（4）．

[2] 林有来．创新服务模式提升服务水平——北京市物流业发展特点分析［J］．中国流通经济，2013（12）：10－11.

[3] 滕威，王周礼，刁雨．基于产业结构的北京市物流客户需求分析［J］．交通标准化，2010（18）．

[4] 北京市统计局．上半年北京市经济继续平稳较快增长［J］．前线，2008（9）．

[5] 梅松．60 年首都经济发展思路演变和成就评价［J］．北京社会科学，2009（5）．

[6] 杨治宇．北京经济发展的特征研究［J］．今日中国论坛，2013（21）．

［7］苏斌．产业结构对物流总量影响分析［J］．经济物流，2006（4）．
［8］邬跃，唐秀丽，张涵，等．北京市“十二五”时期物流业发展的建议［J］．物流技术，2011：27－30.
［9］许嘉龙．对促进北京未来经济发展方向的分析与建议［J］．财经界，2015（5）．
［10］汪先永，刘冬，贺灿飞，等．北京产业链与产业结构调整研究［J］．北京工商大学学报，2006（3）：20－21.
［11］黄国华．从客户需求看北京市物流业的发展［J］．广西财经学院学报，2008，21（2）：30－33.
［12］夏春玉．中国物流政策体系：缺失与构建［J］．财贸经济，2004（8）．
［13］陈翠翠．北京市物流业的发展现状与战略［J］．北京工业职业技术学院学报，2010，9（2）．
［14］叶立梅，崔文．北京产业结构变化趋势分析［J］．城市问题，2004（5）．

（北京物资学院张志勇、白晓娟、陆园园、吕洁云、吴庆胜、史小红、周晓睿）

第二章

北京市物流规划

第一节 规划背景

继2009年国务院公布《物流业调整和振兴规划》之后，迅速在全国范围内引发各地政府争相出台地方性物流业振兴规划的热潮，北京市在此政策环境下出台《北京市物流调整和振兴实施方案》（以下简称《实施方案》），以总结北京市物流业发展现状为基础，对本市物流行业未来发展目标和重点任务进行指导性说明。

该《实施方案》与北京市“十二五”时期的各项物流规划相衔接，以北京市“十二五”时期总体物流发展规划和“高端、专业、冷链、绿色、应急”等为重点的专项物流规划为主要规划项目，通过具体规划方案的制定和实施来达到北京市物流业平稳较快发展的目标。

2014年期间北京市的物流动向作为“十二五”时期北京市物流规划的一部分，在指导思想、基本原则、发展目标等方面顺承了整体物流规划，丰富和完善了整体物流规划中提出的一批重点建设项目；同时在面临新的发展环境时，北京市与时俱进，以农产品物流、冷链物流、区域物流等为着力点，继续深化物流领域的改革开放，提高物流业的运行效率，服务和保障民生。

一、发展现状

北京市物流资源丰富，区位条件优越，是全国重要的交通枢纽和全国性物流节点城市。进入21世纪以来，在“十一五”物流发展时期，全市物流业总体规模快速扩张、基础设施日益完善、空间布局不断优化、发展水平显著提高、发展环境明显改善，已基本形成了公路、铁路、航空互为补充的综合立体交通网络和“三环、五带、多中心”的发展空间布局，物流业务网络辐射全国。

（一）总体规模快速扩张

2010年，全市社会物流总额达5.04万亿元，对推动全市经济发展发挥了重要的支撑作用。本市物流从业人员48.6万人，占全市从业人员的4.7%，占第三产业从业人员的6.3%，社会物流总费用与GDP的比率下降，低于全国平均水平2.3个百分点。

（二）基础设施日益完善

2006—2010年，本市物流业固定资产投资累计超过1400亿元。截至2010年年末，全市公路总里程达21114千米，其中，高速公路里程达到903千米，公路线路9833条；铁路运营里程达到956千米；规模以上专业物流企业、商业企业和工业企业自有仓储面积（含仓库和货场）达到3099.9万平方米，增长84.9%；拥有货运车辆4.2万辆，增长55%，其中，冷藏车、集装箱运输车等专用车辆1.1万辆，增长29.7%；拥有起重机、叉车等装卸设备3.5万台，增长53.2%。

（三）空间布局不断优化

按照《北京市“十一五”时期物流业发展规划》要求，本市加快顺义空港、通州马驹桥等物流基地以及一批物流中心和配送中心的规划与建设，初步构建了以物流基地为支撑，专业物流为特色的多层次、专业化、规模化节点布局，形成了与交通干线有效衔接的物流网络。

二、面临挑战

北京市的土地资源、交通、人力等物流业发展的投入要素成本相对较高，影响到物流企业扩张发展的能力；本市服务型经济主导的产业结构调整，要求物流业加快转变发展方式，实现集约式发展，第三方物流、专业化物流服务能力需要进一步提高；公共物流区的设施、功能以及吸引集聚能力有待加强。

三、发展机遇

特大型城市为发展城市物流配送提供了巨大需求。本市商品市场交易繁荣，再加上居民收入水平的提高和对外来消费吸引力的增强，使得以保障居民生活为目标的商贸流通产业体系有了很大的市场，特别是以电子商务为代表的新型消费方式的发展，为农产品物流、冷链物流、电子商务物流、居民消费“最后一公里”物流等带来巨大的发展潜力。

高端现代制造为发展专业化物流提供了强劲动力。“十二五”期间，本市将大力发展高端现代制造业，培育壮大一批现代产业群，重点推动新一代信息技术、生物医药、新能源、节能环保、新能源汽车、新材料、高端装备制造和航空航天等战略性新兴产业的发展。

首都经济圈建设为发展区域物流提供了新的契机。“十二五”期间，北京将更深入广泛地开展与津冀晋蒙及环渤海地区合作，充分发挥首都优势，增强服务区域、服务全国的功能，共同推动区域一体化进程和首都经济圈形成。在加快一体化交通网络建设、深化资源能源等领域战略合作、推动区域产业分工与合作发展、加强城市运行保障和管理对接以及创新区域合作机制等方面积极推进，促进区域资源合理配置和共同市场形成。这些都将加速生产、生活类物资在区域内的流动，为区域物流发展提供了难得的机遇。

开放型经济为发展国际物流提供了广阔空间。“十二五”期间，本市将大力吸引总部聚集，努力建设面向全球的总部经济和高端产业集聚地；积极争取更多国际会展和体育赛事等国际活动在京举办；大力发展和提升商贸服务业，建设服务全国、辐射世界的国际商贸中心。这些都将推动跨国经营、全球采购、国际分拨、国际化消费的快速发展，从而对保税物流、国际物流以及进出口报关、货运代理等相关物流服务产生旺盛需求。

第二节　北京市总体物流规划

《北京市“十二五”时期物流业发展规划》明确了“十二五”时期北京发展物流业的规划背景、指导思想、基本原则和发展目标，并对空间布局、发展任务与重点工程、保证措施等方面做出详细说明。

一、总体空间布局

（一）布局思路

“十二五”时期物流规划空间布局的思路是：继续完善“三环、五带、多中心”物流节点空间布局，发挥各物流节点的设施功能优势，引导物流资源在空间上的合理配置；适应未来5年物流业发展的实际需要，以加快物流业发展方式转变和服务水平提升为着力点，深化内涵、延伸发展，按照城市保障物流、专业物流、区域物流和国际物流的发展主线，强化北京物流业发展“广覆盖”“多组团”“立体化”的网络结构特征，进一步优化全市物流空间布局。

（二）布局重点

第一，城市物流配送设施布局。服务城乡建设和市民生活需要，以满足农产品流通体系和生活必需品配送体系的发展要求为重点，完善物流配送重点设施布局，提高运行效率和保障能力，实现物流配送服务的“广覆盖”。

第二，产业集聚区专业物流设施布局。服务北京高端产业功能区、工业开发区以及专业集聚区的建设与发展，在五环和六环周边新建和改造相对集中、功能完善、规模化的物流中心或配送中心，引导物流资源集聚，形成多个“组团式”的专业物流设施空间布局。

第三，区域物流设施布局。服务首都经济圈建设需要发挥北京作为全国航空、铁路、公路枢纽的优势，依托物流基地、物流中心等重要节点，加强物流通道建设，发展多式联运，打造便捷高效、辐射力强的区域物流网络体系。

第四，国际物流设施布局。服务首都开放型经济发展，以口岸和政策功能区设施建设为重点，为构筑多种运输方式衔接顺畅的“立体化”国际物流体系奠定设施基础。

二、发展任务和重点工程

（一）优化空间布局，完善物流基础设施

整合现有物流资源，合理安排新建项目，形成布局合理、层次分明、运转有序的现代物流网络体系。

发挥物流基地在物流发展中的基础平台作用，加大资金投入，推进配套设施建设，完善基础设施条件，提升物流基地功能。天竺综合保税区要加快推进二期开发建设，拓展发展空间，重点发展保税物流，打造服务京津冀、辐射东北亚的重要功能平台；空港物流基地要发挥临空经济区核心区区位优势，在拓展一期范围内设施建设的同时，加快重点项目落地，优先发展体现首都产业优势和特色的航空物流、金融物流，加快推进空港物流基地东区建设，拓展发展空间，吸引高端物流企业入驻；马驹桥物流基地要继续推进各项设施建设，不断完善硬件投资环境，加快形成服务首都及周边区域的物流集聚区，重点推进朝阳口岸平移，提升国际物流服务功能；马坊物流基地要完善口岸基础设施，开展平谷国际陆港二期建设，在实现京津海陆联运的基础上，推进与京唐港的口岸对接与物流合作；京南物流基地要依托铁路专用线及主要进京公路货运通道承担北京南部货运集散功能，在推进基础设施建设的同时，加快物流资源整合和提升，重点发展以展示和交易为特征的商贸物流；配合北京新机场建设，研究规划南部临空物流园区。

根据城市功能区定位，特别是服务新城建设和城南行动计划的实施，相应新建和改造物流中心（综合物流区）和配送中心（专业物流区），实现物流节点服务于产业发展和居民生活的功能。

完善物流节点与多种交通方式的有效衔接，顺畅国际物流、区域物流和城市配送物流通道，依托机场、铁路和高速公路等交通基础设施，打造快速物流集散系统，缓解交通拥堵。

（二）提升城市物流配送水平，提高服务保障能力

完善物流配送重点设施及配送网络，推广现代物流信息技术和管理技术，构建面向商贸流通企业和消费者的城市物流配送体系，全面推进流通领域国家现代物流示范城市建设，提高城市运行服务保障能力。

推动农产品物流配送体系建设。按照农产品流通体系建设要求，加快农产品配送中心建设。提高农产品检测、加工、包装、仓储、配送等设施条件和水平，试点推行农产品物流全程跟踪、监控。

实施物流共同配送试点工程。鼓励企业以多种形式搭建共同配送平台，整合商贸企业物流需求和社会物流资源，优化共同配送管理运行模式，提高商贸流通配送的社会化、集约化水平。

加快电子商务物流发展。构建支撑电子商务发展的物流服务体系，支持电子商务企业加强物流配送网络建设，鼓励电子商务企业与第三方物流企业开展深度合作，实现电子商务与现代物流的集成发展。实施城市快递物流共同配送试点工程，搭建同城快递共

同配送信息平台，以进小区、进校园为试点，实现信息标准化、配送区域化、服务集中化，优化“最后一公里”快递配送服务网络，提高居民生活便利度。

（三）大力发展专业化物流，打造物流总部经济

服务北京装备制造业、电子信息、生物医药、音像图书等优势产业和新能源、新材料等新兴产业发展，大力推进专业化物流体系建设，提高对区域和全国市场的辐射能力。

选择关联度强、贡献率大的行业，实施制造业与物流业联动试点工程。以汽车、电子、医药行业企业为重点，运用供应链管理和信息技术，推动制造业与物流业联动发展。

加快冷链物流发展，实施食品冷链技术应用示范工程。加强冷链基础设施建设，完善食品冷链物流体系。在试点的基础上，推动以信息技术和冷冻冷藏技术为代表的现代科技在冷链物流中的推广应用，提高冷链物流发展的整体水平。

吸引国内外知名物流企业落户北京，支持开展资金结算、营运组织、管理控制等高端物流总部业务。鼓励创建自主物流服务品牌，积极发展物流金融、物流咨询等新型服务模式。培育一批服务水平高、市场竞争力强的现代物流企业，增强物流业发展的集聚效应。

（四）强化区域物流合作，拓展首都经济圈物流服务功能

强化区域物流、特别是与津冀地区的深度合作，加强北京市物流产业与周边地区联动发展，完善首都经济圈物流系统，服务区域经济一体化建设。

继续推进物流基地建设，完善提升服务功能，增强辐射区域经济的吸引和聚集能力。加强区域物流合作的通道建设，依托京沪、京津等高速公路，加强京津物流主通道建设；依托京哈、京港澳、京开、京藏等高速公路，推动京冀物流合作，全面构建京津冀区域物流合作网络。

调整优化首都经济圈物流产业空间布局，鼓励大型物流项目与周边地区加强衔接；发挥物流协会等行业中介组织作用，支持物流企业优势互补，开展区域合作；推进区域物流信息平台建设，实现信息交换与共享，提高区域物流合作效率。

（五）发挥政策功能区优势，加快发展国际物流

优化国际物流发展环境。完善口岸体系，加快“大通关”建设，进一步提高口岸通关效率，提升口岸服务水平，吸引更多物流企业聚集，拉动国际物流货量增长。

发挥政策功能，拓展国际物流业务。天竺综合保税区要加快公共服务体系建设，吸引高端企业入驻，建设国际采购分拨中心、保税维修中心、公共检测实验中心、保税展览展示交易中心和离岸金融中心，实现以保税功能为特色的国际物流发展新突破；建设平谷国际陆港与天津口岸数据交换公共服务平台，引进船代、货代、报关行驻场办公，推行便捷、高效的业务运营模式，扩大以海陆联运为特征的国际物流业务；建设并投入使用亦庄保税物流中心（B 型），为北京外向型企业发展提供保税仓储物流服务。

引导国际货代、报关、船运公司等服务企业规范发展，积极引进拥有全球经营网络供应链管理能力的第四方物流企业，为国际物流发展提供良好的配套服务。

具体规划项目如表 2－1 所示。

表 2－1　北京市物流业发展任务和重点工程

发展任务	优化空间布局，完善物流基础设施	提升城市物流配送水平，提高服务保障能力	大力发展专业化物流，打造物流总部经济	强化区域物流合作，拓展首都经济圈物流服务功能	发挥政策功能区优势，加快发展国际物流	加快物流业发展方式转变，实现可持续发展
重点工程	顺义空港物流基地	首农安全食品仓储、物流中心群	北京九州通医药仓储二期	东方信捷大兴魏善庄物流枢纽	北京天竺综合保税区一期和二期建设工程	中关村电子产品逆向物流体系
	平谷马坊物流基地	超市发生鲜配送中心	科园信海医药物流中心	东方信捷昌平南口物流中心	亦庄保税物流中心	北京城市快递共同配送平台
	通州马驹桥物流基地	华冠大型连锁配送中心	怀柔汽车配件物流园区	北京祥龙京南昌达仓储物流项目	通州马驹桥物流基地口岸功能区建设	首农集团冷链物流可追溯系统
	大兴京南物流基地	银汇鑫丰低温仓储项目	北京海纳川汽车和零部件销售中心	金泰物流园“一港三区”项目	平谷国际陆港二期	顺丰全自动智能分拣信息系统
			顺义航空产业园航空物流中心			城市鲜活农产品物流共同配送试点
			金泰集团市级煤炭储备基地			宝供福田基于供应链的汽车物流系统

资料来源：《北京市“十二五”时期物流业发展规划》。

第三节　专项物流规划

一、基础设施规划

（一）平谷马坊物流基地

马坊物流基地是北京市重点发展的口岸型物流基地。作为北京东北地区的“进出口物流主枢纽”和京津冀地区重要的物流集散地，未来将建设成集中转、国际分拨、货物配送、保税仓储、物流加工及陆路口岸等多功能于一体的大型海陆联运枢纽。区位优势如图 2－1 所示，马坊物流基地的建设分为一期用地功能区和二期综合配套区两大板块。

一期用地功能区主要分为口岸功能区、流通总部区、电子商务区、展示交易区。

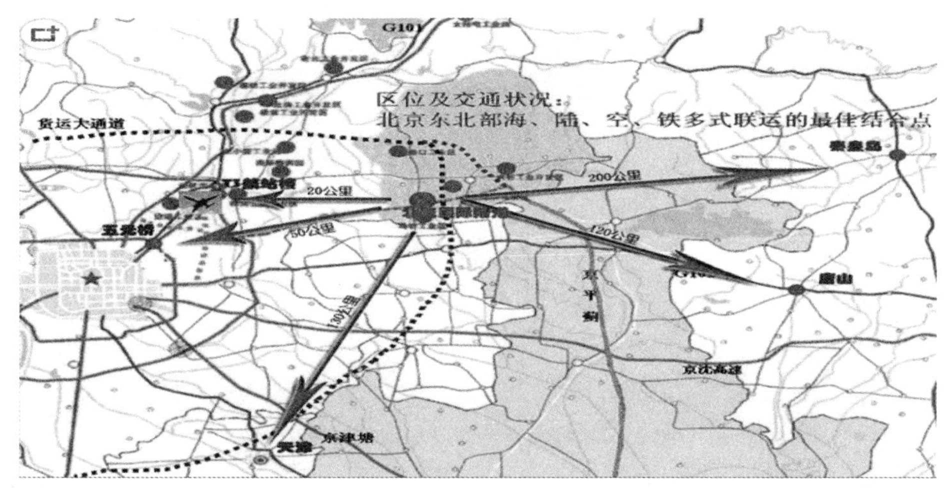

图 2－1　平谷马坊物流基地区位优势

资料来源：平谷区政府门户网站 http：//www. bjpg. gov. cn/。

二期综合配套区将建设出口特色农产品加工、展示交易、现代商业、商务休闲等功能，完善提升物流基地商务及生活配套设施，增强对周边区域的商业商务辐射功能，以口岸功能为依托，以电子商务为纽带，拓展保税区功能，打造“京津商谷”。加快金融（外汇、离岸金融）、法律服务、运输服务等一体化服务支撑体系的建设。将物流基地建设成为北京东北部地区联系空港和海港的主要流通基地与物流枢纽，打造具有高起点、高标准、高水平的一流国际陆港。

2014 年 4 月 16 日，平谷国际陆港（二期）公共型保税仓库通过海关审核，正式获批设立。该保税库位于马坊物流园区新建普通仓库内，建筑面积 2500 平方米，将在验收后正式投入使用。平谷国际陆港（二期）公共型保税仓库是经海关核准的存放保税货物的专用仓库。有利于进出口企业降低经营成本，提高资金周转率，其为平谷及京津冀地区进出口企业提供保税仓储、流通加工等一体化物流服务，延伸口岸功能，促进区域经济发展繁荣。

（二）顺义空港物流基地

北京空港物流基地位于北京市高端产业功能区——临空经济区的核心区，空港物流园区南部与首都国际机场紧密相连，其所处的顺义区境内公路总长 1516 千米，公路密度达到每百平方千米 150 千米，居于全国前列，为发展现代物流产业提供了得天独厚的条件。作为物流企业聚集的最高区域，是企业设立现代化物流中心、建设企业总部的最佳平台。基地高标准的完成了一期 1. 55 平方千米范围内“八通一平”的市政基础设施建设；共引进包括 TNT、日本邮船、日本住友等 7 家世界 500 强企业以及中外运、近铁、宅急送等 70 家国内外知名物流企业。区位优势如图 2－2 所示。

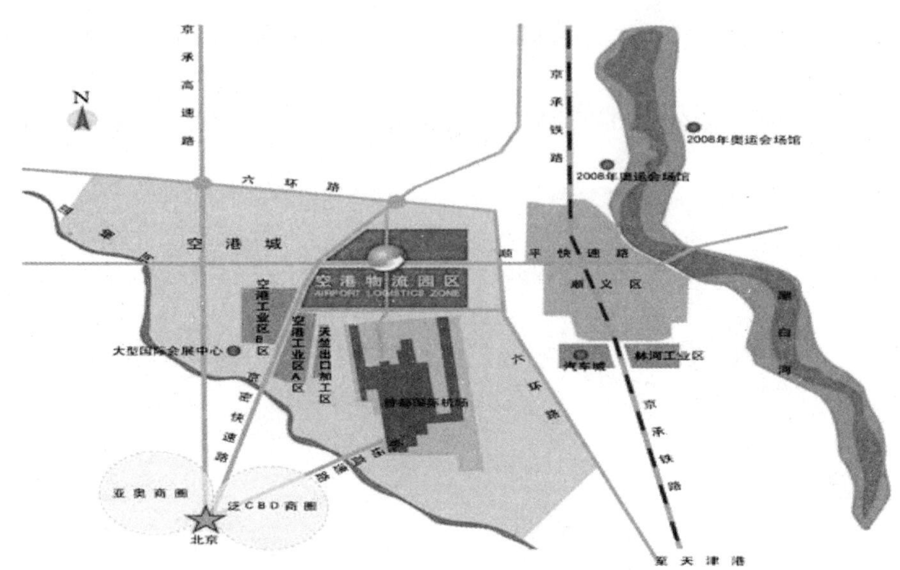

图 2－2　顺义空港物流基地区位优势

资料来源：顺义区政府门户网站 http：//www. bjshy. gov. cn/。

在“十二五”时期，空港物流基地把握新的阶段性特征，提出多项措施着力推进“五个转型升级”，不断提高物流服务效率和品质，进一步扩大现代物流产业规模。

（1）招商引资向“高端引领、创新驱动”转型升级。大力引进航空公司总部、公务机和飞机融资租赁等产业项目；加强引导，助推传统物流板块优化升级。

（2）土地开发向高效集约转型升级。加快土地一级开发；做好机场北线两侧相关土地拆迁和绿化工作。

（3）服务企业向规范化、精细化转型升级。完善服务制度，利用重点企业座谈会、微信等平台，提供个性化、专业化服务；积极帮助企业争取政策支持。

（4）直属企业向市场化转型升级。将物博物业、航空物流公司全面推向市场。

（5）基地东区建设向协同发展转型升级。加快与大孙各庄镇的合作，强化基地东区的规划建设和招商引资。

2013 年 10 月左右，北京千里马物流有限公司入驻空港经济开发区，注册资本 2000 万元人民币，主要从事货运代理、物流服务等业务。该公司拟购买空港经济开发区 B 区某企业 7 亩土地，用于建设物流中心，开通国际、国内航空代理，货物运输保险，仓储保管等业务。预计项目建成后，5 年内年均业务收入可达 1.8 亿元、年均纳税 2000 万元；公司业务网络可发展到 100 个，业务城市覆盖增至 2000 个城市。

（三）通州马驹桥物流基地

《北京城市总体规划 2004—2020 年》确立“两轴”“两带”“多中心”的北京城市发展空间新格局，从战略性的长远发展着眼，明确城市和产业发展的方向是向东和向南，重点发展的是“东部发展带”。基地所在的通州区是东部发展带上的未来重点发展的新城，也是北京东部发展带上的两大新城的配套区，基地的建设能够进一步增强北京作为京津冀地区核心城市的综合辐射带动能力，是环渤海地区的经济合作与协调发展的战略选择。

基地规划面积5.04平方千米，集现代物流功能、内陆口岸功能、流通加工功能于一体，为北京市进出货物的集散和大型厂商在环渤海地区、全国采购和分销提供物流平台，定位于公路—海运国际货运枢纽型物流基地。

两年来，物流基地坚持以建设现代化物流园区为目标，围绕通州新城建设，以项目建设为重点，以创新招商模式为突破口，不断提高开发管理水平，基地基础设施进一步完善，发展环境不断优化，一个新型现代化物流园区框架基本形成。区位优势如图2－3所示。

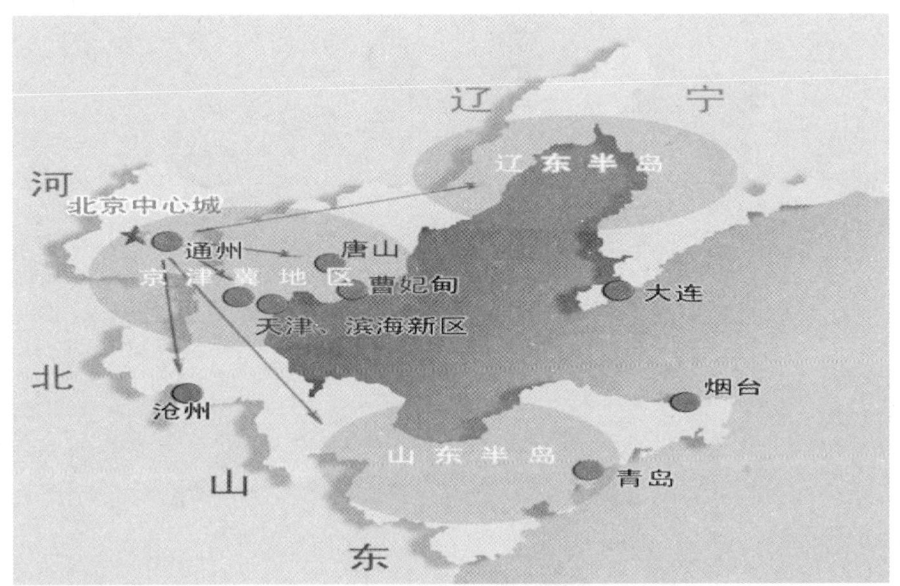

图2－3　通州马驹桥物流基地区位优势

资料来源：通州区政府门户网站 http：//www. bjtzh. gov. cn/。

1. 百丽项目

2012年12月18日，百丽项目开工建设，项目占地面积3.3万平方米（50亩），规划建筑面积4.3万平方米，总投资27703万元。该项目建成后将作为北京地区的区域配送中心，承担北京地区包括城区、近郊区、远郊区各连锁店商品的总库存储周转任务，对商品进行存储与零售配送及售后维修，满足1500万件/年的商品周转量的作业要求，截至2013年年底，1号库已完成基础施工，正在进行钢结构安装；2号库已完成钢结构安装；办公楼正在进行四层结构施工，已完成全部工程量的80%。

2. 口岸建设

2012年12月26日，北京通州口岸建设启动工作现场会在通州物流基地召开，会议的召开标志着朝阳口岸外移马驹桥工作正式展开。规划建设的北京通州口岸项目占地总面积56.4万平方米（846亩），建设总投资约30亿元，位于北京东南黄金通道京津塘高速与北京城市六环路的交会处，是北京海、陆、空多式联运的最佳结合点，拥有作为物流枢纽所具备陆海空一体、国际国内便捷联系的区域交通网络。项目一期拟建设各类仓库约48万平方米，管理用房3.2万平方米，商业楼8.94万平方米，检查楼5600平方米，堆场4万平方米。口岸、海关、检验检疫等部门将提供一站式的进出口管理和服务。

（四）大兴京南物流基地

京南物流基地是北京市的关键物流基地，京津冀地区的重要物流中心，环渤海经济区的核心物流枢纽，亚太地区的功能性物流节点。基地规划占地总面积为6.71平方千米，区域内规划道路共计21条，东西向9条，南北向12条，是北京唯一具有公路转铁路运输的综合物流基地，区位优势得天独厚。区位优势如图2-4所示。

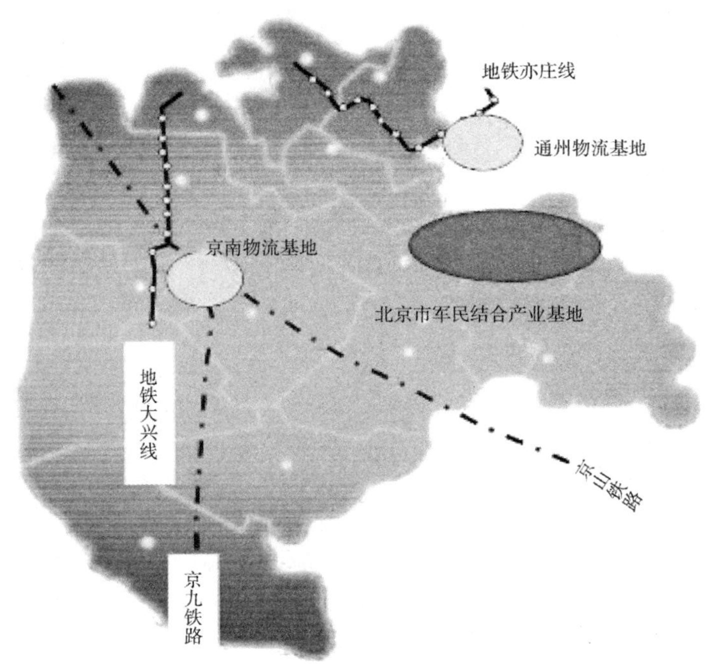

图2-4 大兴京南物流基地区位优势

资料来源：京南物流基地 http：//www. jnwljd. com/web/jnwl/。

“两个依托”“一个平台”“一个基地”是京南物流基地的发展战略目标，为基地具体规划指明了方向。“两个依托”为依托交易和依托公铁联运。“一个基地”指的是发展成为综合服务性物流基地，成为实现城市配送、生产制造业物流服务、商贸流通业物流服务的一体化全系列复合功能性平台。

结合“两个依托”“一个平台”“一个基地”的发展战略，规划基地形成“一个中心和三大功能板块”。现代化物流信息平台。规划占地约45亩，总建筑面积为3.3万平方米，建立在入区企业中建一局物流有限公司的地块上，实现物流在线交易平台、物流公共信息服务平台、物流公共服务支撑平台、物流政府监管服务平台、物流咨询及人才服务平台和大兴区中小物流企业作业管理平台六项基本功能。

基地内，各项物流工程项目正在如火如荼地进行当中：

1. 益海嘉里项目

已完成地下基础工程，于2011年5月项目一期投入使用。截至2012年5月，各项工程总进度已完成93%，面粉车间、立筒仓、工作塔、打包车间、消防水罐都按计划进度正常施工，7 月投料试车。

2. 百利威工程项目

已于 2010 年 12 月份完工的百利威二期工程建设用地面积为 12.93 万平方米，工程总投资 1.5 亿元。已投入使用面积达 6 万平方米。于 2011 年一季度完成竣工手续。

3. 金隅集团商业金融项目

该项目在建六栋楼，分别为 1 号，2 号，3 号，6 号，7 号，9 号。六栋楼全都正在施工中，其中，1 号楼施工完成，等待验工。2 号，3 号，7 号楼正在进行基础结构施工。6 号，9 号楼结构施工封顶，正在进行二次结构施工。加大在建项目推进力度。

四大物流基地对比如表 2－2 所示。

表 2－2　　北京四大物流基地对比

	北京空港物流基地	大兴京南物流基地	通州马驹桥物流基地	平谷马坊物流基地
位置	顺义新城区	大兴新城南部	通州马驹桥镇	平谷区西南区
面积	2.4 平方千米	6.71 平方千米	5.04 平方千米	3 平方千米
交通	M15 号线、机场快轨、机场高速、京承高速	京开高速、六环线、京九铁路	京津唐高速、京沈、京哈、京开、京石等	京平高速、101 国道、102 国道、京津高速
建设时间	2002 年	2009 年	2003 年	2010 年
功能定位	航空—公路国际货运枢纽型物流基地	运输、仓储、配送、信息服务等全程服务	公路—海运国际货运枢纽型物流基地	海陆空铁多式联运
主要业态	航空物流、快递	快消品、汽车	电信信息、移动通信、汽车制造	电子商务、国际物流、物流总部

资料来源：东方财富网——北京市四大物流基地形成差异化格局。

二、城市物流配送体系规划

（一）城市物流配送相关规划要点

2011 年 3 月 30 日，商务部、国家发展和改革委、全国供销合作总社组织编制印发《商贸物流发展专项规划》（以下简称《规划》），引起了业界的广泛关注。随着该《规划》的出台，商贸物流的发展被推向一个新的起点。其中，建设物流配送体系成为本次专项规划在“发展目标”中提出的重点问题。《规划》提出，截至 2015 年，初步建成一套与商贸服务业发展相适应的高效通畅、协调配套、绿色环保的现代商贸物流服务体系，城市配送、城际配送、农村配送有效衔接，国内外市场相互贯通的商贸物流网络，引导和培育一批能够适应商贸服务业需要、具有较强国际竞争力的商贸物流服务主体，较好地满足城市供应、工业品下乡、农产品进城、进出口贸易等物流需求。

2014 年 9 月 22 日，商务部发布的《关于促进商贸物流发展的实施意见》指出要提高物流的社会化水平，大力发展共同配送，继续做好城市共同配送试点工作，鼓励推广共同配送、统一配送、集中配送等先进模式。依托专业化第三方物流或供应商为多个商贸企业、社区门店、市场入驻商户等共同配送；依托物流园区推广配送班车，开展干线与支线结合的城区集中配送；支持大型连锁零售企业通过集中采购提高统一配送率，利用其物流系统为所属门店和社会企业统一配送；整合存量配送资源，在学校、社区、地铁等周边设立末端配送站或建设公共自助提货柜等。可见，发展社会化、集约化的物流配送体系对企业发展、社会进步至关重要。

（二）重点规划项目

1. 快递终端配送

我国《商贸物流业发展专项规划》指出 2011—2015 年商贸物流的重点工作之一为完善以现代物流配送中心为节点、以服务于商贸服务业和居民消费为目标的城市配送体系，实现城市配送与商贸服务网点、居民居住区的有效衔接。在《北京市“十二五”时期物流业发展规划》同样提出要提升城市物流配送水平，提高服务保障能力。城市物流共同配送是其中的一项重点工程，也是打造“一刻钟便民服务圈”的一部分。

2011 年 12 月 20 日，北京市启动了城市物流“共同配送”试点工程，力求突破物流“最后 100 米”难题，首批 15 个物流“共同配送”站点覆盖 100 个社区，服务 13.2 万余户居民，其中，共同配送的首个业务就是快递服务。2011 年年底建立的首批 15 个“共同配送”站点通过与快递公司合作和电子商务网站合作，可覆盖 100 个社区，而 2012 年全年的目标是发展至 200 家，在未来两年内，覆盖北京市五环以内的主要社区。

快递配送只是城市共同配送的服务项目之一，包括水果蔬菜、生鲜速冻等各种服务，都是城市配送未来将覆盖的服务范围，统一协调配送货物，减少物流成本。而且，冷链物流企业也将加入“共同配送”试点工程，提供冷链配送服务，让居民在家就可轻松选购速冻、生鲜食品。

2. 农产品配送

2012 年 4 月 11 日，北京市 28 个部门相关负责人出席北京市商务委召开的工作会议，就北京发布的《有关落实促进物流业健康发展政策措施的实施意见》“领任务”。《关于落实促进物流业健康发展政策措施的实施意见》由北京市政府办公厅正式发布，文件中着重强调了对农产品物流和城市配送物流的支持力度，并明确要提高农产品物流配送的组织化、规模化程度，开展农产品共同配送示范工程。而在更早出台的《北京市“十二五”时期物流业发展规划》中，也有多项与农产品物流体系建设相关的政策措施。

2012 年 4 月 13 日，北京市商务委、农委联合召开全市蔬菜流通直营直供工作会议，对 2012 年工作进行动员部署。当天，北京市商务委相关负责人表示，北京将优先发展农产品物流。一方面，北京将完善收费公路政策，对鲜活农产品运输车辆进城通行提供便利，同时明确农产品批发市场和社区菜市场的公益性；另一方面，北京正筹划建立会员制的农产品共同配送联盟。该负责人预计，若实现农产品的共同配送，物流成本将降低 20%左右。

联盟主要是整合蔬菜供需信息和物流配送企业，让批发市场商户直接对接餐企、菜店，减少二级批发。而对接方式将主要借助于一个网络信息平台，即商户把菜价登记到一个网站，社区菜店、机关食堂、小餐馆可到网站下订单，再由统一配送车辆配送。

相关部门2012年将在新发地农产品批发市场试点共同配送，首批预计将吸纳500家下游配送点和200家上游供应商，之后逐渐推广至全市范围。三年内，即到“十二五”时期末，争取使北京市半数以上的菜市场、大型单位食堂实现农产品共同配送。

三、专业化物流规划

（一）农产品物流

1. 建立鲜活农产品流通中心

2013年北京市“三农”工作重点任务中，将重点发展都市型现代农业，提升农业现代化水平。按照规模化布局、园区化建设、标准化生产的要求，全面推进基本菜田、设施农业、规模养殖场、示范果园、外埠农产品生产基地建设，年内建设北京鲜活农产品流通中心，稳步提高“菜篮子”主要产品的控制率。该中心与新发地形成呼应，政府入股参与管理。

2014年5月12日，北京市委办公厅、市政府办公厅公布《2014年北京市社会主义新农村建设重点工作分工方案》，在第十条中指出加快推进北京鲜活农产品流通中心建设，促进现有农产品批发市场提档升级，并明确了主要责任单位及责任人、完成时限。2015年，北京将加快推进北京鲜活农产品流通中心建设，促进现有农产品批发市场提档升级。北京鲜活农产品流通中心项目是改革本市农产品流通体制的重要举措，项目于2014年完成融资工作，计划于2015年推动建设工作。

2. 农产品供应市场转型升级

2014年，北京市多措并举，保障农产品供应和流通。农产品供应市场加快调整升级，外埠分市场项目建设稳步推进。

以新发地市场为例，2010年，时任国务院总理温家宝考察北京新发地市场，当了解到在大雪封堵高速路的情况下，北京新发地市场只能保障北京三五天的蔬菜水果供应时，他提醒北京新发地市场应该进行产业升级。从那个时候开始，北京新发地开始在北京周边寻找新的落脚点，最终选择了河北高碑店。

高碑店新发地农产品物流园的建立是为了保障首都农产品供应的稳定性跨出的重要一步。高碑店新发地农产品物流园占地2081亩，总投资54亿元，2013年5月开始施工建设。作为北京农副产品批发市场功能疏解承接地和首都绿色食品供应保障基地，物流园将与北京新发地市场遥相呼应，实现差异化经营。2014年10月，该园区的一期工程投入运营。另外，这里的交通路网稠密。如果北京遇到大雪封堵高速路的情况，高碑店市场能够借助旁边的107国道，将蔬菜水果迅速运到北京，能够保障北京市民15天时间的蔬菜水果需求。

3. 农超对接

近年来，随着建设中国特色世界城市的步伐加快，北京商贸流通规模进一步扩大，市场体系不断完善，消费需求稳步增长，拉动作用明显增强。“农超对接”是北京商业流通体系建设中农产品供应保障系统的重要组成部分，承担着搞活流通、扩大消费的重任，关系着市民的“菜篮子”“果篮子”，与人民群众生活息息相关。“农超对接”直采最直接的好处是减少流通环节，降低流通成本，同时，在提高农产品质量安全水平、加强农产品基础设施建设方面也发挥了积极的作用。

北京市农超对接规模在不断扩大。北京纳入“农超对接”体系的超市原来主要有物美、京客隆、超市发、家乐福、沃尔玛、华冠6家，2011年新增加了华堂商场和永辉超市，使全市“农超对接”超市达到8家。2012年年底北京市10家重点大型连锁超市均开展了“农超对接”，与全国120家农业合作组织建立了合作关系。

2014年4月，北京市市、区商务委农超对接验收小组对西城区华联综合超市2012年农超对接项目进行联合验收。验收小组实地走访了西直门嘉茂超市及位于新发地的基地直采配送中心。经过实地考察，华联综合超市完成了农超对接各项工作要求，顺利通过验收。

为进一步提升农超对接效果，验收小组要求华联超市要加强基地农产品宣传展示，提升“北京华联”品牌知名度，减少中间环节、降低流通成本，为使首都市民方便地购买到物美、价廉、安全的农副产品作出贡献。

（二）冷链物流

1. 相关规划要点

十部委于2014年12月26日颁布的《关于进一步促进冷链运输物流企业健康发展的指导意见》提出要针对现有冷链运输中存在的问题，大力提升冷链运输规模化、集约化水平、加强冷链物流基础设施建设、完善冷链运输物流标准化体系、积极推进冷链运输物流信息化建设、大力发展共同配送等先进的配送组织模式、优化城市配送车辆通行管理措施、加强和改善行业监管、加大财税等政策支持力度、发挥行业协会作用。北京市响应国家号召在《十二五时期物流业发展规划》明确指出要大力发展专业化物流，推动以信息技术和冷冻冷藏技术为代表的现代科技在冷链物流中的推广应用，提高冷链物流发展的整体水平。

2. 重点项目

（1）冷库建设

伴随着冷链物流发展的热潮，2014年3月，北京市新发地签订了12万吨冷库及配套项目，该项目也将成为国内自动化最高、物流设备规模最大、立体货架最高、功能最齐全的第三方物流冷库，同时综合排名也可以列入世界前三之列。建成后，该项目可以保障北京在遭遇极端天气时农产品七天供应不中断。该项目位于丰台区花乡新发地村，为第三方物流冷冻库，是北京市绿通项目，设计为3座自动化立体仓库，1座综合交易楼，共占地400余亩，以处理、存放、交易冷冻肉为主。北京制冷学会统计，北京市现有冷库容量为68.5万吨。这意味着新发地12万吨冷库建成后，北京的冷库容量将增加近15%。而预计在2015年全部投入使用的新发地市场，占地2081亩，比北京新发地市场的占地面积还要大，并将打造21万吨级华北现代冷链物流园，成为未来中国最大的冷库集群。

（2）全程冷链果蔬绿色专列开通运营

2014 年全国首个“南菜北运”全程冷链果蔬绿色专列——广西百色至北京果蔬绿色专列正式开通运营。

“南菜北运”项目是以减少流通环节，降低流通费用为发展方向，以培育龙头企业，提高流通组织化程度为依托，以现代信息技术和冷链物流技术为支撑，大力发展“农超对接”“农批零对接”等模式，逐步建立起农产品流通、信息服务、加工转化、收储调节、流通追溯“五个体系”，形成安全畅通，调节灵敏的“南菜北运”农产品流通格局，并建立“南菜北运”农产品电子商务流通体系。

百色至北京果蔬绿色专列采用的是机械保温车，全车 35 节车厢中，28 节用于装载货物，其余 7 节车厢用于监控载货车厢内的温度，检测货物保鲜情况，实现全程运输恒温化。专列直达北京市靠近新发地农产品批发市场距离最近的火车站后，将由专列运营公司将货物送达批发市场。

和过去采用汽车运输农产品相比，专列开通后，果蔬产品的运输运送速度快、载运量大、受自然条件影响小。同时，因为享受“鲜活农产品绿色运输通道”和“南菜北运”项目扶持等政策，专列降低了运输成本，还实现了点对点精准快运，让北方人民享受更加新鲜且价格实惠的农产品。

（三）电子商务物流

1. 相关规划要点

随着电子商务的快速发展，电商物流迎来重要发展机遇。据中物联统计，2014 年一季度，电子商务市场交易规模达 2.57 万亿元，同比增长 15%。

2014 年 9 月 12 日，《物流业发展中长期规划（2014—2020 年）》正式发布，将电子商务物流工程作为十二大重点工程中的一项提到了未来物流发展的日程。规划指出要编制全国电子商务物流发展规划，结合国家电子商务示范城市、示范基地、物流园区、商业设施等建设，整合配送资源，构建电子商务物流服务平台和配送网络。建成一批区域性仓储配送基地，吸引制造商、电商、快递和零担物流公司、第三方服务公司入驻，提高物流配送效率和专业化服务水平。探索利用高铁资源，发展高铁快件运输。结合推进跨境贸易电子商务试点，完善一批快递转运中心。

2011 年，《北京市物流业十二五规划》从提升城市物流配送水平的角度，指出要加快电子商务物流发展。构建支撑电子商务发展的物流服务体系，支持电子商务企业加强物流配送网络建设，鼓励电子商务企业与第三方物流企业开展深度合作，实现电子商务与现代物流的集成发展。

2013 年 7 月 15 日，北京市政府发布《北京市人民政府关于促进电子商务健康发展的意见》，文件中提出了 23 条具体措施，几乎涉及了与北京电子商务市场有关的方方面面。从电商服务到物流配送，从金融电子商务到民生电商服务，从传统零售业上网到电商企业开出线下体验店。在今后的电商发展过程中，政府将从完善支撑体系、鼓励电子商务企业进行高新技术企业认定等方面对电子商务行业以及上下游产业进行扶持。

作为电商服务支撑体系中的一部分，优化电子商务物流配送体系被放在了第十六条中。文件中指出，要结合本市物流规划，鼓励建设现代化、集约型公共电子商务专业园区和配送基地，鼓励发展基于移动定位、物联网等技术的现代化物流配送服务。支持建立物流信息综合服务平台，提升物流配送信息化水平。重点培育一批服务全国的网络购物专业配送品牌。支持电子商务企业、物流配送企业、连锁超市和社区服务组织建立社区终端共同配送服务网络。

2. 重点项目

2012 年 4 月 6 日，商务部公布了北京通州商务园、上海市嘉定电子商务产业园、天津滨海高新技术产业开发区、大兴区暨北京经济技术开发区等共 35 家基地成为首批“国家电子商务示范基地”。2013 年 3 月 1 日由北京市政府颁发的《北京市贯彻落实国务院加快流通产业发展意见》指出，要完善政策，健全电子商务安全认证、支付服务等支撑体系，扩大电子商务应用范围，逐步推广网络（电子）发票使用，鼓励第三方电子商务服务平台发展，进一步指出要重点发展通州商务园、大兴区暨南北京经济技术开发区等 3 ~ 5 个电子商务聚集区及产业园。以下为几个正在进行的电子商务物流项目。

（1）通州重点电子商务物流项目

新地物流“北京电子商务中心”项目，是由新地物流集团与美国黑石投资集团合作成立的黑石新地物流有限公司投资建设。新地北京电子商务中心将以电子商务物流为核心、以区域物流分拨中心为主体、物流总部经济为侧重，组建华北地区先进的现代电子商务总部经济区以及配套的物流产业园，打造一个集采购、结算、仓储、配送等功能于一体的现代化电子商务物流运营平台。项目占地 86. 55 亩，规划建筑面积 57540 平方米，总投资约 3 亿元。项目建成后可实现销售收入 2 亿元、税收 1500 万元，稳定运营后可实现年销售收入 7. 6 亿元、年税收 5000 万元。该项目于 2014 年 1 月竞标土地成功，7 月取得国有土地使用证，预计 2015 年中开工建设。

（2）大兴重点电子商务物流项目

百利威物流北京二公司二期项目已于 2013 年 8 月 14 日顺利开建。新项目除满足货物基本仓储功能外，将较大提升电商增值服务在整体业务中的比重，并满足红酒、食品电商对仓储物流的特殊需求。二期项目在继续保留以往仓库的设计结构特点外，还将新增层高达 5. 6 米的地下仓库。此仓库设计目标主要针对有恒温需求的商品，诸如红酒、食品等，可充分满足电子商务仓储物流的需求，为客户提供：收货、上架、货物管理、分拣、增值作业、包装、数据、人员服务等。未来入驻的电商企业，将有更多机会体验到百利威提供的多元化增值服务。

四、区域物流合作规划——京津冀物流一体化

（一）交通一体化

2014 年 2 月，国家主席习近平就推进京津冀协同发展提出“把交通一体化作为先行领域”。加快构建快速、便捷、高效、安全、大容量、低成本的互联互通综合交通网络。此后，京津冀交通一体化进程不断提速，三地也达成了“规划同图、建设同步、运输一体、管理协同”的一致意见。

从2014年6月10日开始，交通部就京津冀交通一体化开始了在京津冀三地密集的调研考察。根据交通部的目标，京津冀区域将会成为全面深化交通运输改革的实验区、区域交通一体化的示范区、交通运输现代化的先行区。并会在基础设施一体化、运输服务一体化、管理制度一体化、技术支撑一体化、市场培育发展一体化等方面开创京津冀交通一体化发展的崭新格局。

在京津冀共同推进的合作当中，有几大亮点值得关注。

高速公路方面，全长约940千米环绕北京的“大外环”绕城公路预计2015年全线贯通，串起京张、京沈、京沪、京台、大广、京珠等高速公路，连同从北京出发向六个方向的高速路网（京承通道、京张通道、京石通道、京秦通道、京衡通道、京廊沧通道）形成“一环六射”的高速路网。此外，三地还将确保在一两年之内，尽快打通区域间的“断头路”，共同加快京台高速、唐廊高速、滨石高速的建设。到2020年，实现环京津1小时交通圈、京津石3市相互间均有3条高速路连接；环京津各区市与京津间1小时交通圈的目标。

铁路方面，京沈客专、京唐客专、京张城际都已陆续开通，津保铁路将于明年通车，涿州—北京新机场—廊坊—北三县（三河、大厂、香河）—首都国际机场一线的城际铁路也将实现互联互通。

城际轨道交通方面，北京地铁线路将修往河北相关城市，天津的地铁也已经向北京方向延伸；京津冀智能交通网络正在加快建设，有望实现在公交、地铁、轻轨、出租车领域“一卡通”刷卡支付。

京津冀交通一卡通已经成为交通部的一大重点工程，2015年项目开始启动，2017年三地重点城市将实现一卡通。“交通部想以京津冀做试点，未来在全国推行公交、地铁卡的一卡通。”一卡通在整个京津冀三地协同发展中非常关键。将会成为京津冀协同发展的一个标志。

（二）通关一体化

2014年7月1日上午，“京津冀海关区域通关一体化”改革的首票空运进口报关单在天津海关隶属经济技术开发区海关顺利通关。这标志着天津、北京海关率先启动京津冀海关区域通关一体化试点工作，这是海关总署贯彻落实十八届三中全会精神，全面深化海关改革的又一重大改革项目。2014年9月22日，河北省石家庄海关正式启用区域通关一体化通关方式，京津冀三地海关区域通关一体化正式实施。自改革率先在北京海关、天津海关启动以来，截至2014年9月20日，京津两关共申报一体化报关单100余万份，企业通关时间减少8个小时以上，途中运费可降低30%。

实施京津冀一体化通关之后，企业可以根据实际需要，自由选择海关办理申报，异地海关审核单证后，另外一地海关可以自动放行货物。比如说一批货物可能在北京机场申报进口，但是在天津海关完成查验放行，这样，企业可大大减少通关时间，降低途中运费。

根据《京津冀海关区域通关一体化改革方案》，京津冀3地海关在建设一个区域通关中心的基础上，还将搭建统一申报、统一风险防控、统一专业审单、统一现场作业4大平台。目前，共有43个通关业务现场，通过信息网络互联互通，形成一个虚拟的“区域通关中心”进行实际运作，达到“三地通关如同一关”。

河北加入京津冀一体化通关后，相对北京、天津的企业来讲，又增加了秦皇岛港、曹妃甸港、唐山港、沧州黄骅港和石家庄机场，作为海空港进出境货物。而相对河北境内的企业来讲，企业可不出家门从首都机场、天津港等重要的海空港申请报关，节约了大量时间和成本。拿集装箱来讲，一体化后，一个集装箱的费用，大概要节约1800元。对河北省企业来讲，估计一年能产生两三个亿的经济效益。

五、国际物流发展规划

（一）口岸体系规划

北京口岸是首都对外开放的门户，是首都经济和社会发展的重要基础设施。进一步加强口岸建设与管理，提升口岸综合服务水平，也是改善首都发展环境、增加城市综合竞争力、实现打造国际商贸中心发展战略的重要举措。

《北京市“十二五”时期物流业发展规划》将优化国际物流设施布局归为“十二五”时期北京市重点发展任务，其中，口岸作为国际物流体系的重要组成部分被作为此次工作的重点工程进行规划部署。规划指出要继续优化北京口岸体系。调整口岸功能布局，完善口岸功能，加强国际物流配套设施建设，打造具有世界一流水平的国际物流“高速走廊”。

2011年11月发布的《北京市“十二五”时期口岸发展规划》作为专项规划的形式，对“十二五”时期北京口岸面临的发展形势、口岸建设与管理的主要任务、口岸发展的保障措施进行了重要说明与阐述。

“十二五”时期，结合北京对外交往、进出口物流和城市交通发展的形势和趋势，在口岸规划布局上，北京市将会在依托多式联运，以航空口岸为主导、铁路口岸为延伸、公路口岸为补充的体系下，打造重点突出、配套完备、分类齐全的“两主（航空口岸）五辅（铁路、公路口岸）”发展格局，形成空陆海体系完备、南北分布均衡、东西发展协调的口岸布局。

2014年年底，国家质检总局验收批复了平谷国际陆港进口肉类指定口岸的申请。进口肉类及肉类加工品可通过北京口岸直接进入消费市场。2015年1月，一批从澳大利亚进口的13吨牛肉在平谷国际陆港顺利通关、通检，将在春节前投入市场。这是北京市通过内陆口岸首批进口的肉类产品。今后，进口肉类可不经天津通关，直接在平谷国际陆港办理通关手续，让进口肉以更低的物流成本，更短的时间端上京城百姓的餐桌。

开通肉类产品通关，使得进口肉可以更加快捷地到达京城乃至周边地区百姓的餐桌上。据相关负责人介绍，平谷国际陆港将获得进口海鲜指定口岸的批复，还将向国家质检总局申报进口水果指定口岸，以此减少进口生鲜食品过去经上海、天津港时地域远和长时间排队等待等困扰。

（二）天竺综合保税区

北京天竺综合保税区于2008年7月23日获国务院批准设立（国函〔2008〕64号），

成为全国首家空港型综合保税区，也是全国唯一包含机场口岸操作区的综合保税区。该区规划面积5.944平方千米，一期封关面积3.177平方千米，于2009年7月28日通过海关总署等国家十部委联合验收。

北京天竺综合保税区集口岸通关、保税物流、出口加工等功能于一体，享有“保税、免税、免证”政策，并优化整合了国内不同海关特殊监管区域的政策优势，是北京目前唯一的海关特殊监管区域，也是目前国内开放程度最高、功能最齐全、政策最优惠、通关最便捷的海关特殊监管区域。

北京天竺综合保税区按照“统一规划、整体围网、分区管理、分期建设”的原则进行规划建设，整体规划为两大功能区：口岸操作区和保税功能区。

口岸操作区包括一级货站、二级进口监管库、快件中心、出口拼装监管库四个部分。

保税功能一区是在保税物流中心（B型）的基础上进行拓展，并与空港口岸实现“区港联动”，主要发展保税物流。

保税功能二区重点发展机务维修，以及与货物贸易、服务贸易、金融服务、展览展示等相关的综合性服务业。

保税功能三区在保留深化出口加工功能的基础上，重点发展航空指向性强的电子信息、生物医药、环保节能、光机电一体化为主导的高新技术产业。

北京天竺综合保税区以首都临空经济区为依托，以执行的开放政策为基础，重点发展七大产业，即：率先发展现代物流、着力发展国际贸易、优化发展保税加工、鼓励发展保税研发、引导发展检测维修、加快发展保税展览、创新发展特色金融租赁服务，使天竺综合保税区成为联结国际国内两个市场、集聚各类高端生产要素、带动周边产业升级、促进区域经济发展的核心区域。

2015年5月21日上午，北京天竺综合保税区德国商品保税展示店盛大开业，该展示店面积约420平方米，由北京林德帕希姆经济技术合作有限公司运营，与帕希姆保税网上商城相配合，采取线下展示、线上销售的O2O经营模式。商品在实体店展览展示，在网上商城进行销售，普通消费者既可以来到展示店实地了解产品，又可以在网上商城直接下单选购商品，足不出户便可购买到品质精良、种类丰富、价格亲民的正品德国商品。

第四节　北京市物流业发展趋势分析

一、“三环五带多中心”空间布局战略将持续深化发展

“三环”是指在六环路附近重点规划建设物流基地，在五环路附近重点规划建设物流中心，在四环路附近重点规划建设配送中心，形成物流基地、物流中心和配送中心由远及近、相互依托、协调发展的空间格局。

“五带”是指为加强货物运输的合理化，提高物流效率，积极引导各类物流资源向西南（京石高速公路和107国道）、正南（京开高速公路和106国道）、东南（京津塘高速公路、京沈高速公路）、东北（机场高速、京密路、京承高速公路）、西北（八达岭高速、110国道）五个方向的物流通道聚集，规划建设大型物流基地、若干个物流中心，形成五

条集聚发展、连通快捷、服务产业的物流产业带。

“多中心”是指根据北京市各产业集聚和新城建设多中心分散布局的特点，相应配置物流中心、配送中心，实现物流节点服务于产业发展和居民生活的功能。

据测算，北京市的物流量主要集中在五个方向上：西南方向（京石高速公路和 107 国道）占全市物流量约占 17%；正南方向（京开高速公路和 106 国道）约占 20%；东南方向（京津塘高速公路、京沈高速公路）约占 25%；东北方向（机场高速、京密路、京承高速公路）约占 20%；西北方向（八达岭高速、110 国道）约占 18%。物流节点空间布局应符合物流流向的要求。正是根据物流量的走向，北京确立了“三环五带多中心”的物流空间布局。

北京市将充分发挥北京作为全国航空、公路和铁路枢纽的优势，加强与周边省市之间的联系与合作，加快多种运输方式的有效衔接，适应区域经济合作的需要。以建设京津第二高速公路和京津快速铁路为契机，合理规划北京—天津—塘沽、北京—上海、北京—广州等物流通道，重点发展公路集装箱和铁路集装箱运输，开发重量轻、附加值高的空中运输走廊，实现高效、安全、低成本的货物运输，加强北京与环渤海都市圈、长三角经济圈和珠三角经济圈的物流合作，巩固北京作为全国重要物流枢纽的地位，提高物流运作水平。

二、京津冀物流一体化进程逐步推进

京津冀协同发展作为国家的重大战略政策，在北京市物流业的未来规划中必将成为一大指导性方针，对北京市物流业的空间布局、产业调整等发挥影响作用。尽管截至目前，京津冀物流一体化已经迈出了很大的步伐，但是由于各种原因，在未来仍然存在一些亟待解决的问题：

第一，统筹规划缺失。目前，京津冀仍然没有建立一个科学的物流产业一体化发展规划，发展思路不明确，指导思想不统一，目标要求不一致，已建和在建物流基础设施不同步，使物流市场的布局定位、供求保障功能体系运转效率低，海港、空港、陆港与批发配送中心、中转货运站点不能有效衔接，导致多种联运形式比例不高。物联网、电子商务交易平台标准化、规范化、智能化建设不统一，信息资源不能共享，网络运转不畅，直接影响物流产业经济区域集成一体化发展进程。

第二，管理体制和有效机制缺位。京津冀现有的行政条块管理体制、各自运转机制不利于物流产业经济一体化的发展。组织领导和办事机构不健全，国家、地方政府、产业协会和企业四位一体的组织管理体系缺位，失去区域交流协调机制的功能作用。

第三，物流资源不能合理利用，环境亟须改善。京津冀各级政府正在以自我为中心各自为政，谋划实施架桥修路，已建、扩建、新建的机场、港口、车站，从其定位和功能方面，存在着物流基础设施本地化，物流园区、批发配送中心、信息网络平台布局不合理，物流节点不能有机衔接，经营渠道不畅通的问题。

物流产业一体化的建立，要以政府为推动力，市场环境为引力，管理体制和机制体系为支撑，法规政策为保障，明确企业为运作主体，整合优化物流资源为重点，提升物流产业经济效益为目标，制定和推进京津冀物流产业一体化经济发展战略规划，主要策略如下：

第一，建立和完善体制和机制体系。目前，京津冀物流产业一体化区域经济发展面临着诸多方面的问题，难度很大，进程艰难，确需下功夫深入研究，解决诸多矛盾冲突，所以需要管理体制和激励机制体系来做支撑：一是要建立决策组织机构。由政府有关部门、专家咨询机构和执行机构主要负责人组成领导决策机构，组织协调督导各项目标任务的贯彻落实情况。二是要建立办事执行机构，协调有关事宜，保障各级组织机构的正常运行。三是建立专家咨询机构。由物流行业协会主要成员、物流专家、区域经济专家、物流企业优秀专家组成专家咨询工作机构。

第二，制定出台发展战略规划。各级组织应按照分工，各负其责，科学策划，精心设计，积极制定出台符合实际、行之有效的发展战略规划。首先，要做好前期工作，研究制定工作实施方案，对京津冀物流产业、行业和企业现状进行全面摸底、造册、梳理分类，深入分析，认真研究，严格评估，科学论证，为发展战略规划的制定打好基础。其次，制定规划要坚持如下原则：统筹兼顾三地物流产业、行业和企业互利共赢原则；物流资源整合优化升级、企业共享原则；政府推动、行业助动、企业主动、市场引领联合互动原则；强化各级组织部门交流沟通、组织协调的原则。

第三，营造和改善市场环境。国家和地方政府有关部门，要进一步解放思想，打破过去的思维模式和工作理念，既要思考规划环渤海、京津冀和环首都经济圈，又要统筹规划京津冀物流产业一体化经济发展模式。财政政策支持重点由一、二产业向现代物流服务业转变，银行重点支持由生产企业向运输商贸物流企业转变，税务部门应改变商贸物流重复计税高于其他企业的状况，土地规划使用由轻物流产业向统筹各种产业发展转变，工商和城管部门应向更加开放服务业的工作理念转变，消除财政、金融、税收、工商、城管、土地政策分割壁垒。

三、物流业与工商企业联动机制即将形成，物流社会化程度进一步提高

北京物流公司长期的计划经济体制使中国的物流行业发展滞后。到目前为止，中国物流业仍然是分散的或者说多元的管理方式。由于体制没有理顺，造成了物流行业管理存在条块分割、部门分割、重复建设等问题。在长期的计划经济体制下，仓储业形成了以部门管理为主的管理体制，北京物流公司形成了诸如“工业仓库”“农业仓库”“铁路仓库”“交通仓库”等，物流业社会化程度很低。在这种局势的影响下，应该提高社会各界对物流业与制造业、其他生产性服务业互动发展作用的重视，提高物流业的社会化程度。

在发展社会化物流的过程中，应结合北京市着力发展高端现代制造业，加快向生产性服务业主导型经济转变的政策定位，应努力打破传统观念，鼓励制造业与物流业分离，并通过制造业和物流业的联动发展来整合资源，进而增强物流业和制造业各自的核心竞争力。

采取措施解决物流服务供需结构性矛盾问题，促进物流业与制造业共同互动发展提高物流技术的发展水平、创新物流服务模式，多角度的参与到制造业、其他生产性服务业企业的供应链管理中。着力促进物流产业和高端制造业之间的互动。

参考文献

［1］程世东．北京城市物流战略规划研究［D］．北京：北京工业大学，2002.
［2］北京市商务委员会，北京市发展和改革委员会．北京市“十二五”时期物流业发展规划［J］．物流技术与应用，2012：92－96.
［3］程蕾，等．我国大城市农产品物流现状分析及规划框架——以北京市为例［J］．北京社会科学，2011：30－34.
［4］邬跃．北京市物流发展现状与对策建议［J］．中国流通经济，2009（7）：27－30.
［5］关于印发北京市“十二五”时期物流业发展规划的通知［N］．国际商报，2012.
［6］王之泰，邬跃．关于北京市综合物流基地问题的建议［J］．中国流通经济，2000（2）：11－13.
［7］冉宝松．解读北京市物流业调整和振兴实施方案［J］．中国物流与采购，2010（6）：46－49.
［8］张晓涛，李芳芳．北京市物流业集聚区空间分布演变［J］．城市物流，2014（3）：44－48.

（北京物资学院张志勇、白晓娟、陆园园、吕洁云、吴庆胜、史小红、周晓睿）

第三章

北京物流及流通政策

第一节　北京市物流发展综合政策

一、国务院常务会议讨论通过《物流业发展中长期规划》

背景：2014 年 6 月 11 日召开的国务院常务会议通过《物流业发展中长期规划》（以下简称《中长期规划》），确定 12 项重点工程，提出到 2020 年基本建立现代物流服务体系，提升物流业标准化、信息化、智能化、集约化水平，提高经济整体运行效率和效益。

内容：该决定简化合并增值税特定一般纳税人征收率，减轻企业负担。《中长期规划》在对我国物流业发展现状、问题和面临形势深入分析的基础上，提出了指导思想、目标和原则、主要任务和重点工程，体现了党的十八届三中全会精神和新一届政府决策导向，是今后一个时期指导我国物流业发展的纲领性文件。以下几点内容值得关注。

表 3－1　《物流业发展中长期规划》需要关注的几点内容

（1）深化对物流业产业地位的认识
（2）明确物流业的发展方向和目标
（3）确定 12 项重点工程
（4）聚焦了物流业的突出问题

以下是详细内容：

一是深化了对物流业产业地位的认识。《中长期规划》提出物流业是融合运输、仓储、货代、信息等产业的复合型服务业，是市场经济发展的必要条件，具有基础性、战略性作用。把物流业放在市场经济的大背景下，产业地位进一步提升，重要性得到强化。体现了国务院对物流业认识的深化，极大地拓宽了物流业发展空间。

二是明确了物流业的发展方向和目标。《中长期规划》提出到 2020 年基本建立现代物流服务体系，提升物流业标准化、信息化、智能化、集约化水平，提高经济整体运行效率和效益。既是对原有规划的延续，又体现了新形势对物流业发展的新要求。特别是提出了“标准化、信息化、智能化、集约化”的“四化”要求。

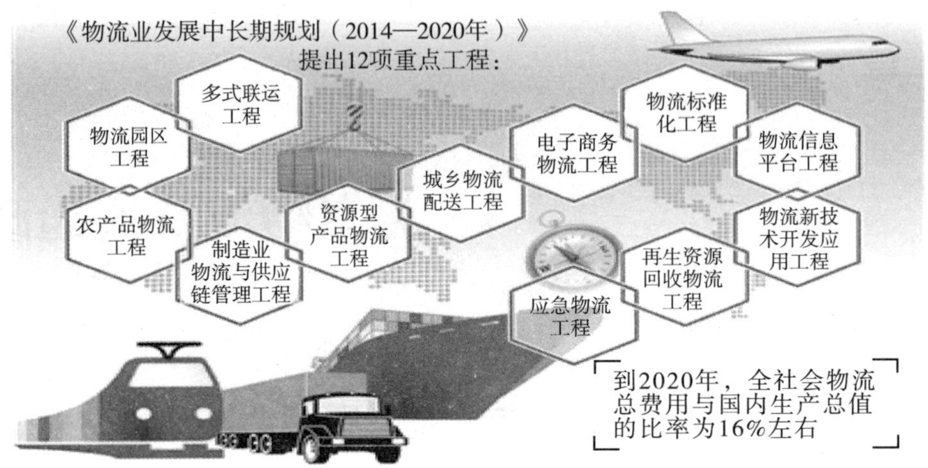

图 3－1　12 项重点工程示意

三是确定了 12 项重点工程。《中长期规划》提出了农产品物流、制造业物流与供应链管理、再生资源回收物流等 12 项重点工程。如果从物流业发展的关键环节和重点领域来看，以下几项极有可能列入重点工程。例如，多式联运工程、物流园区工程、大宗资源型产品物流工程、城乡物流配送工程、电子商务物流工程、物流标准化工程、应急物流工程等。

四是聚焦了物流业的突出问题。会议强调，当前建设现代物流体系要突出重点，一要着力降低物流成本，二要推动物流企业规模化，三要改善物流基础设施。这些都是制约物流业发展最突出，对于物流业提质增效最有效的问题。这就抓住了制约物流业发展的“牛鼻子”，找到了推动产业政策的“突破口”，具有积极的政策指导意义。特别是结合十八届三中全会全面深化改革的要求，会议要求加快物流管理体制改革，打破条块分割和地区封锁，加强市场监管，清理整顿乱收费、乱罚款等各种“雁过拔毛”行为，形成物畅其流、经济便捷的跨区域大通道。这些方面正是多年来困扰物流业发展的突出问题。

评论：2009 年《物流业调整和振兴规划》出台后，物流业界欢欣鼓舞，充满期待。但从这几年落实情况来看，还有许多不尽如人意的地方。这次《中长期规划》讨论通过，再一次给我们带来希望，相信新一届政府一定能够推动政策落地。李克强总理多次提出，要向深化改革要动力。近期连续两次在国务院常务会议上，都强调“国务院决不发空头文件，所有政策措施必须不折不扣落实到位”。当前，群众最期盼、制约行业发展最突出、社会有共识的一些主要问题和业界诉求，一是税负高；二是通行难；三是用地贵；四是成本高；五是审批繁。这些问题的解决需要极大的决心和勇气，需要冲破利益固化的藩篱，需要破除现有制度的障碍，从而实现资源要素的优化配置，增强市场主体活力，使物流业释放出巨大的改革红利。

二、《商务部办公厅关于印发〈2014 年流通业发展工作要点〉的通知》（以下简称《工作要点》）

背景：2012 年，国务院印发《关于深化流通体制改革加快流通产业发展的意见》（国发〔2012〕39 号）。同年，国务院常务会议研究确定降低流通费用的 10 项政策。2013 年 5 月，国务院印发《深化流通体制改革加快流通产业发展重点工作部门分工方案的通知》。2013 年年底，全国商务工作会议上，提出要完善内贸流通总体布局，提高流通现代化水平。随着流通体制改革逐步推进，也对流通领域转变政府职能提出了更高要求。

内容：该《工作要点》提出，2014 年流通业发展要以“推进国内贸易流通体制改革，建设法治化营商环境”为工作重点，深化体制机制改革，加快制度政策创新，优化发展环境，促进流通产业转型发展。一是深化流通领域改革；二是加强流通标准化工作；三是大力发展商贸物流；四是完善中小商贸流通企业公共服务体系；五是推动传统商贸企业转型升级；六是加强再生资源回收和流通领域节能减排工作；七是完善商贸流通行业统计体系；八是加强特殊流通行业管理。其中，在深化流通领域改革中，提出要选择若干具备条件的市（县），启动现代流通综合试点。

在大力发展商贸物流中，提出要加强商贸物流信息化建设，支持跨区域、跨行业物流公共信息服务平台建设，整合分散的物流资源，推动政府物流公共服务信息公开，探索建立商贸物流诚信体系。继续开展城市共同配送试点，推广共同配送、统一配送、集中配送、末端物流整合等新型配送模式。推动工商企业分离发展物流辅业，加快发展第三方物流。支持仓储企业转型升级，引导仓储企业规范开展担保存货管理业务，推动供应链融资创新发展。会同交通、公安等部门加强城市配送运输与车辆通行管理，推动解决城市配送“三难两多”问题。

评论：《工作要点》是对 2014 年商务部门推进流通业发展工作的总体部署。其中，推进国内贸易流通体制改革，建设法治化营商环境的指导思想是十八届三中全会的重要内容，也是国内贸易流通体制改革的发展方向。进一步简政放权，转变政府职能，建立完善现代流通市场体系，充分发挥市场在资源配置中的决定性作用和更好地发挥政府作用，也是流通体制改革的应有之义。《工作要点》提出要启动现代流通综合试点，探索解决制约流通产业发展的突出问题，为全面推动流通体制改革提供了一条新的思路。由于国内流通业较为复杂的情况，环节多、成本高、效能低、价格高等问题普遍存在，极大地阻碍了消费增长和扩大内需增长的有效落实。现代流通综合试点要以体制机制、制度政策改革创新为重点，进一步推进简政放权，创新管理方式，提供公共服务，释放企业主体活力，促进农产品流通、连锁零售、批发市场、商贸物流、电子商务等重点领域的转型升级和快速发展，特别是要鼓励和支持电子商务、城市配送、跨境电商等新兴流通业态的发展，以增量带动存量，通过以点带面、示范推广，促进流通业体制机制改革和市场环境建设，培育建立统一开放、竞争有序的现代流通市场体系。

三、京津冀海关实现区域通关一体化

2014 年 5 月 14 日，海关总署公布《京津冀海关区域通关一体化改革方案》（以下简称《方案》），宣布从7月1日开始，相关改革率先在北京海关、天津海关启动实施；10月前后，扩大至石家庄海关，实现在京津冀海关全面推开。

评论：京津冀三地海关率先摒弃“一亩三分地”，实现区域通关一体化，提升区域贸易便利化水平，为京津冀协调发展奠定了坚实基础。“多地通关、如同一关”的京津冀通关一体化，这对北京地区的物流企业来说，着实带来了巨大的发展机遇。

表3－2　通关一体化给北京地区的物流企业带来的机遇

（1）降低物流成本。三地的公路、轨道交通、港口、机场建设等基础设施建设将会实现全面对接与资源整合，缓解北京交通压力的同时又降低了物流成本
（2）提高通关效率。比如物流企业可以自主选择申报的海关，能够实现跨关区的放行，货物可以直接运输到厂，这样通关效率就会得到提高
（3）促进区域合作。通关一体化后打破了市场分割和地方保护的行政壁垒，改变区域合作观念，突破行政区划的限制，这促进了物流企业之间的跨区域合作，为物流市场的正常运行提供了良好的制度保证

图3－2　京津冀海关通关一体化启动示意

资料来源：河北新闻网。

京津冀通关一体化更多是制度上的调整和创新，减少行政机构重复设置，简化行政手续，打破区域与区域之间闭塞与封锁，让地区之间经济往来能够自由进行，实现要素资源自由流动。海关总署透露，按照可复制、可推广的原则，继京津冀海关区域通关一体化改革后，海关总署将视试点工作情况陆续推进长江经济带、长三角、珠三角等经济联系紧密地区海关区域通关一体化改革。

四、我国发展和改革委等 7 部门发布《关于我国物流业信用体系建设的指导意见》

背景：2013 年，十八届三中全会的《中共中央关于全面深化改革若干重大问题的决定》指出：建立健全社会征信体系，褒扬诚信，惩戒失信。建立全社会信用基础数据统一平台，推进部门信息共享。具体给出建立健全征信体系、奖惩机制以及在部门信息共享基础上的信用基础数据平台建设三大项重要工作。2014 年 6 月，国务院印发《社会信用体系建设规划纲要（2014—2020 年）》（以下简称《纲要》），部署加快建设信用体系、构筑诚实守信的经济社会环境。《纲要》提出，到 2020 年，实现信用基础性法律法规和标准体系建立，以信用资源共享为基础的覆盖全社会的征信系统基本建成，信用监管体制基本健全，信用服务市场比较完善，守信激励和失信惩戒机制全面发挥作用。

内容：11 月 18 日，国家发展和改革委、交通部、商务部、国家铁路局、中国民航局、国家邮政局及国家标准委联合印发了《关于我国物流业信用体系建设的指导意见》（以下简称《意见》），对物流业信用体系建设工作进行部署。《意见》指出，物流业信用体系建设是社会信用体系建设的重要组成部分，是发挥市场在物流资源配置中的决定性作用和强化市场监管的重要基础。建立健全物流业信用体系，有利于营造公平竞争、诚信经营的市场环境，有利于促进物流业加快转型升级，对提升经济运行的质量和效益具有重要意义。

《意见》从加强物流信用服务机构培育和监管，推进信用记录建设、共享和应用，构建守信激励和失信惩戒机制，建立完善物流信用法律法规和标准，加强企业诚信建设、推动行业诚信文化形成、大力推进政务诚信建设，充分发挥行业协会作用，开展专业物流领域信用建设试点，加强物流信用体系建设的组织协调等方面提出了具体要求。

评论：现代市场经济是信用经济，建立健全社会信用体系，是整顿和规范市场经济秩序、改善市场信用环境、降低交易成本、防范经济风险的重要举措，是减少政府对经济的行政干预、完善社会主义市场经济体制的迫切要求。物流业信用体系建设是社会信用体系建设的重要组成部分。

目前，我国物流诚信缺失现状较为严峻，主要表现在：虚假承诺高质服务、泄露客户信息、货物欺诈、合同不执行、偷逃税等行为也较为凸显，其他还涉及信息掌握不及时、野蛮装卸、运送时效等问题。究其原因主要是，行业准入门槛低、失信惩戒措施缺乏、企业诚信意识不强、政府监管不够、信息透明度低。《意见》的出台，涉及政务诚信、商务诚信、社会诚信和司法公信等各个方面，是物流业信用体系建设的纲领和蓝图，有助于系统解决物流业诚信问题，提升全行业诚信意识，改善物流信用环境，保障物流运行的平稳健康增长。

五、《交通运输部关于加强危险品运输安全监督管理的若干意见》

背景：近年来，危险品运输安全生产重特大事故时有发生，特别是山西“3·1”特别重大道路交通危化品燃爆事故、浙江杭州桐庐县境内化学品泄漏事故以及湖南“7·19”特别重大道路交通运输事故，引起了党中央国务院高度重视和社会广泛关注。为坚决遏制危险品运输安全生产事故的发生，交通运输部就加强危险品运输安全监督管理提出《交通运输部关于加强危险品运输安全监督管理的若干意见》。

内容：10月14日，交通运输部发布《交通运输部关于加强危险品运输安全监督管理的若干意见》（以下简称《意见》），该《意见》涉及严格危险品运输市场准入、强化危险品运输安全监督管理、推进危险品运输安全生产风险管控、加强从业人员培训和监管队伍建设、严肃危险品运输安全生产事故调查处理以及建立危险品运输安全生产长效机制六大方面。

《意见》规定，2015年年底前，暂停审批道路危险品运输企业；对安全责任不落实车辆进行清理，实现道路危险品运输企业全部车辆公司化经营；对未取得安全生产标准化达标证书的，限期予以整改，并根据相关法律、法规规定对仍未达标的企业不得新增运力和扩大经营范围。意见明确，强化监督管理，严格危险货物车辆联网联控系统的接入管理，港口危险品罐区、码头等要做到监测监控全覆盖。

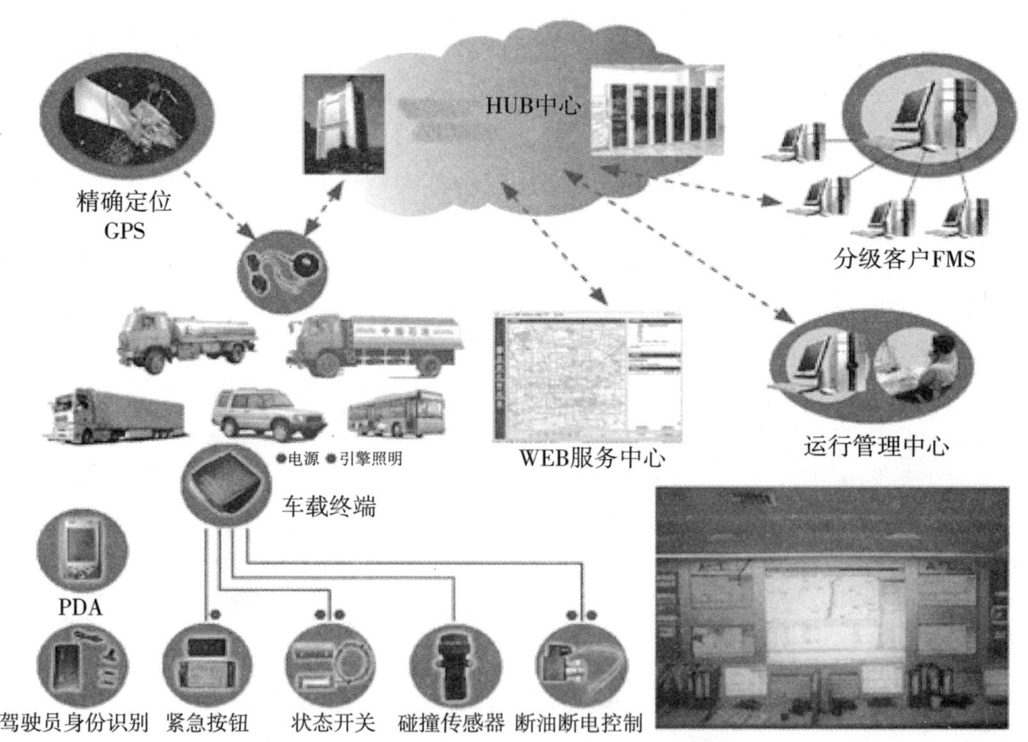

图3-3　危险品车辆监控示意

评论：《意见》涉及危险品运输安全监督管理六大方面，十五个小点的内容。重点涉及市场准入、监督管理、风险管控、调查处理等各个环节。该意见的出台为今后道路运输管理机构更好地开展市场整治提供了政策手段。危险品运输企业要根据意见要求加强整改，尽快达标。随着安全监管日益规范，将有助于危险品运输市场的集中和升级发展。

六、《国务院办公厅关于促进内贸流通健康发展的若干意见》

背景：2013 年 5 月，国务院印发《深化流通体制改革加快流通产业发展重点工作部门分工方案的通知》。2013 年年底，全国商务工作会议上，提出要完善内贸流通总体布局，提高流通现代化水平。2014 年 3 月，商务部办公厅印发了《2014 年流通业发展工作要点》，提出要以“推进国内贸易流通体制改革，建设法制化营商环境”为工作重点，深化体制改革，加快制度政策双薪，优化发展环境，促进流通产业转型发展。

在当前我国经济“新常态”下，内贸流通在经济社会发展中的基础性和先导性作用进一步凸显，加快内贸流通健康发展，有利于扩大消费，调整经济结构，引导生产，促进经济发展；有利于吸纳就业，调节分配，促进社会发展；有利于传承文化，繁荣城市发展，促进文化建设；有利于推进循环经济，促进绿色低碳消费，促进生态文明建设。

内容：2014 年 11 月 16 日，国务院办公厅印发《关于促进内贸流通健康发展的若干意见》（以下简称《意见》），部署在当前稳增长促改革调结构惠民生的关键时期，加快发展内贸流通，引导生产、扩大消费、吸纳就业、改善民生，进一步拉动经济增长。《意见》分别从四个方面明确十三项政策措施。一是推进现代流通方式发展，二是加强流通基础设施建设，三是深化流通领域改革创新，四是改善营商环境，从这四个方面来促进内贸流通健康发展。

评论：统计数据显示，1—10 月，我国社会消费品零售总额 21.3 万亿元，同比增长 12.1%。统计显示，我国前三季度最终消费支出对国内生产总值增长的贡献率为 48.5%，比上年同期提高 2.7 个百分点，比投资的贡献高约 7 个百分点。目前，我国正处在经济增速的换挡期，在投资增速高位趋缓的背景下，如何激活消费，成为拉动内需和经济的关键。加快内贸流通发展，将在引导生产、扩大消费、吸纳就业和改善民生上起到促进作用，将进一步拉动经济增长。

该文件围绕“推进国内贸易流通体制改革，构建法制化营商环境”这条主线，以创新为引领、以改革为动力、以设施为基础、以环境为保障，出台了促进内贸流通健康发展的 13 项政策措施。这些措施既立足当前，又惠及长远。下一步，贯彻落实本《意见》，要以改革为动力，不断深化流通领域改革。通过简政放权，把该放的权力放足、放到位，激发企业活力，创造流通企业做大做强的政策环境，健全促进中小微商贸流通企业发展的体制机制，大力减轻企业负担。

第二节　北京物流运输政策

一、《关于加强城市配送运输与车辆通行管理工作的通知》

背景：城市配送是保障和改善民生的重要领域，是发展现代物流的关键环节，也是保障城市经济社会正常运行的基础支撑。国务院副总理汪洋在 2013 年 10 月召开的部分城市物流工作座谈会上明确要求，加快发展城市物流配送。国务院有关部门出台相关政策，努力解决城市配送问题。

2013 年 2 月 6 日，交通运输部等七部门联合下发《关于加强和改进城市配送管理工作的意见》（交运发〔2013〕138 号），提出五年工作目标和八大发展任务。商务部、财政部在现代服务业综合试点工作中启动实施城市共同配送试点，城市配送总体政策环境有所改善。但是，各地城市交通管理仍然深受“重客轻货”思路影响，对货运车辆进城通行停靠和装卸作业采取了“以堵为主”的管制措施。这对保障和改善民生、缓解城市交通拥堵和加强城市环境保护都造成较大不利影响。

内容：2014 年 1 月 20 日，由交通运输部、公安部和商务部联合下发的《关于加强城市配送运输与车辆通行管理工作的通知》（以下简称《通知》）是 2013 年 2 月交通运输部等七部门联合下发的《关于加强和改进城市配送管理工作的意见》（交运发〔2013〕138 号）文件的深化落实，再次明确了城市配送“客货并举、便民高效、综合治理”的原则。

针对加强城市配送运输与车辆通行管理这一主要任务，提出了八项具体措施，如表 3－3所示：

表 3－3　关于加强城市配送运输与车辆通行管理的具体措施

（1）强化城市配送运力需求管理
（2）加强城市配送车辆技术管理
（3）规范发展城市货运出租汽车
（4）优化城市配送车辆通行管理措施
（5）完善城市配送车辆停靠管理措施
（6）提升城市配送运输服务水平
（7）强化城市配送运输市场监督管理
（8）健全城市配送运输与车辆通行管理工作机制

图 3－4　北京市城市中心区配送车辆安全管理及货车通行证发放工作

总体来看，该《通知》对于北京市的城市配送运输与车辆通行管理工作主要有五点借鉴处：一是加快城市配送车型标准化；二是加快城市配送运力调控科学化；三是加快城市配送车辆通行便利化；四是加快城市配送企业运营规范化；五是加快城市配送管理工作协同化。

评论：《通知》对过去较为模糊和分散的城市配送运输与车辆通行管理政策进行了梳理、明确和统一，提出了一些创新性的管理办法。其有利于推动北京市配送运输和车辆通行管理的制度化、规范化、科学化，加强推动管理协商、协调、协同工作机制的建立，为各地城市配送管理工作指明了方向。

另外，北京市物流配送是系统工程，涉及配送中心、车辆标准、装卸站点、信息系统等环节的协调配套，需要交通、公安、商务等各有关部门的政策合力。需要各有关部门真正站在保障和改善民生的高度，从“重客轻货”向“客货并举”转变，由“以堵为主”向“变堵为疏”调整。采取管理和服务并重、监管和协商并行的工作方式，真正构建服务规范、方便快捷、畅通高效、保障有力的城市配送体系，提升城市配送效率、缓减北京市交通拥堵、保障人民生活需要。

二、《关于加强公路路政执法规范化建设的若干意见》（以下简称《意见》）

背景：近年来，国家陆续出台了《公路法》《公路安全保护条例》等法律法规和有关规定，不断完善公路路政执法管理体制机制，加大路政执法工作力度。但是，一些地方还不同程度地存在着公路路政执法制度不完善、执法行为不规范、执法监督不到位等问题，乱罚款、乱收费、不文明执法现象还时有发生，严重侵害了人民群众的合法权益，损害了交通运输行业形象和公信力。

2013 年 12 月 10 日开始，交通运输部在全国开展了为期 3 个月的交通运输行业公路执法专项整改活动，取得了较为明显的成效，公路“三乱”反弹的现象得到初步遏制。交通运输部在认真总结集中整改经验的基础上，提出了建设长效机制的具体措施，并继续加强督导检查，保持高压态势，巩固“治标”成果，推进“治本”政策措施的落实。

内容：《意见》指出，到 2017 年年底，基本建立较为完善的公路路政执法运行机制和工作格局，实现执法制度健全、执法行为规范、执法监督严密、经费保障有力、公路安全保护达到较高水平。进一步加大治超力度，封闭式收费公路违法超限运输基本杜绝。逐步推广完善非现场执法，干线公路违法超限运输率持续控制在 6% 以下，并推出关于加强公路路政执法规范化建设的五大措施。

表 3－4　　关于加强公路路政执法规范化建设的五大措施

（1）相对集中路政执法权
（2）严禁随意违规上路执法
（3）实施五千元以上罚款集体讨论
（4）推行行政许可首问负责制
（5）完善路政交警联勤联动执法机制

详细内容如下：

一是相对集中路政执法权。《意见》指出，加强公路路政执法队伍规范化建设首先要规范路政执法主体。各地交通运输主管部门和公路管理机构要结合事业单位分类改革，有效整合公路路政执法队伍，减少路政执法层级，相对集中路政执法权，切实落实公路管理机构的路政执法主体责任。逐步理顺高速公路管理体制，推行高速公路路政执法由省级交通运输主管部门和公路管理机构统筹管理的模式，解决多元化、分割式管理的问题。

二是严禁随意违规上路执法。《意见》指出，坚决禁止公路路政执法人员随意、违规上路执法。严格落实《公路超限检测站管理办法》等相关规定，依托固定超限检测站点，集中开展超限运输治理工作，规范流动治超检测和管理。严禁使用未经检定、检定不合格、超过检定周期的检测设备。发现车辆违法超限运输的，必须严格按照有关规定，责令其现场纠正违法行为，不得违规放行。

三是实施五千元以上罚款集体讨论。对五千元以上罚款以及情况复杂、争议较大的案件，要严格实施集体讨论制度。《意见》对规范违法行为查处作了具体规定。《意见》指出，严格规范裁量权的行使，减少路政执法的随意性。切实落实陈述申辩、听证、裁量说理等相关制度，维护执法相对人的合法权益。严格执行罚款收缴分离制度。严禁制定、下达或者变相下达罚款指标，严禁把罚款数额作为路政执法工作考核内容。

四是推行行政许可首问负责制。《意见》指出，认真推行行政许可首问负责制和限时办结制，尽可能缩短实际办结时间。对不符合规定的申请，要一次性告知相关事项并提供必要的便利服务。按照《公路安全保护条例》的规定，加快落实跨省超限运输许可申请由起运地省级公路管理机构统一受理，并协调沿线省级公路管理机构及时审批的制度，切实提高超限运输许可服务水平。

五是完善路政交警联勤联动执法机制。《意见》指出，探索和完善公路路政与公安交警联勤联动执法机制，切实加大交通、公安联合治超工作力度，统一认定标准，强化违法超限超载车辆卸载和处罚，坚决遏止违法超限超载运输行为。同时进一步健全和完善路政与运政治超联合执法协作机制，加强路政执法管理与道路运输市场监管的衔接与配合。

评论：《意见》强调进一步明确不同层级、不同部门、不同机构、不同岗位执法人员的具体执法责任，细化执法工作流程、执法步骤、执法时限和执法形式，分清职责边界，杜绝多头执法。

加强公路路政执法规范化建设，是推进北京市交通运输行业法治部门建设的重要内容，是“建设群众满意交通”的重要抓手，对于保障北京市公路事业持续健康发展、提升交通运输行业形象，具有重要意义。下一步，重点工作在于落实《意见》要求，坚持服务导向和创新驱动的原则，逐步理顺体制机制，完善保障措施，加强督导检查工作，发挥社会监督作用，真正实现标本兼治，形成公路路政执法长效机制，确保公路路政执法规范化建设积极有序推进。由于公路执法涉及多个部门，多部门协调是必然要求。

建议建立完善多部门综合治理机制。制定全国公路统一执法标准，实行公安交通、路政、运政等综合执法，加强集中执法权。此外，建议设立公路罚款统一收缴平台。公路执法后不得在现场收取现金，统一在公路罚款收缴平台网上或代办点缴纳罚款。充分利用北京市交通运输行业公路执法行风投诉举报电话。定期公开投诉情况报告，接受社会监督，加强事后监管。

三、关于认真贯彻落实《道路运输车辆动态监督管理办法》的通知

背景：《道路运输车辆动态监督管理办法》（以下简称《办法》）已于2014年1月28日公布，自2014年7月1日起施行。为认真贯彻《办法》，确保《办法》各项规定落到实处，6月10日，交通运输部、公安部、国家安全监管总局下发关于认真贯彻落实《道路运输车辆动态监督管理办法》的通知（交运发〔2014〕117号）。为贯彻落实国务院23号文精神，交通运输部会同公安部、国家安监总局、工业和信息化部联合下发了《关于加强道路运输车辆动态监管工作的通知》（交运发〔2011〕80号）。

要实现车辆动态监督系统，必须首先实现车辆运营平台的联网联控。因此，对于产品和平台的标准及标准符合性审查，交通部制定发布《道路运输车辆卫星定位系统车载终端技术要求》和《道路运输车辆卫星定位系统平台技术要求》等四项标准，并出台《关于认真贯彻〈道路运输车辆卫星定位系统平台技术要求〉和〈道路运输车辆卫星定位系统车载终端技术要求〉两项标准的通知》，决定建立系统平台和车载终端标准符合性审查制度。

内容：根据《办法》规定，道路运输车辆主要包括旅游客车、包车客车、三类以上班线客车、危险货物运输车辆、半挂牵引车和重型载货汽车（12吨及以上），从2014年7月1日起这些车辆必须安装、使用符合标准的卫星定位装置。

如果未按要求安装卫星定位系统，或者已安装卫星定位装置但未能在联网联控系统（重型载货汽车和半挂牵引车未能在道路货运车辆公共平台）正常显示的车辆，道路运输管理机构将不予发放或审验《道路运输证》，车辆无法上路。在5号令实施前已经进入运输市场的重型载货汽车和半挂牵引车，要在2015年12月31日前全部安装、使用卫星定位装置，并接入道路货运车辆公共平台。

评论：《办法》是对道路运输车辆动态监管工作全面系统的规范，是道路运输车辆动态监管工作的基本制度保障，是指导和提升道路运输车辆动态监管工作的纲领性文件。实施道路运输车辆动态监督管理制度，在安全监管理念上，改变了过去注重发生事故后查处、轻事前预防的现状，转变为事前注重预防，事中重视过程监管，事后查处不放松的全过程监管，是道路运输安全管理工作的重大创新。《办法》进一步明确了相关政府部门监管职责分工，通过职责的明确及细化，便于有关部门依据法定职责，对道路运输车辆动态监控工作实施联合监督管理。

针对《办法》实施前期出现的层层备案、指定产品和服务商、收费较高等问题，117号明确予以规范，显示了政策制定者的积极态度。但是，由于我国公路货运市场长期以来形成的以个体运输司机分散经营、物流企业整合车辆资源为特征的市场格局，如何引导个体司机安装终端、用好平台，特别是发挥物流企业和货运服务型园区（公路港、货运场站）等平台的整合作用，创新行业监管模式，真正发挥车辆动态监督有效遏制疲劳驾驶和超速驾驶、预防和减少道路交通事故等方面的积极作用，真正创造一个安全、健

康、可持续发展的道路交通环境，也是政策制定者需要重点考虑的。下一阶段过渡期仍将会遇到种种问题，相信随着政策效果的显现将逐步得到克服。切实推进道路运输车辆动态监督管理工作，将为发展现代交通运输业，打造“平安交通”发展战略作出积极贡献。

第三节　北京物流税收及保税区政策

一、关于铁路运输和邮政业营业税改征增值税后纳税申报有关事项的公告

背景：2014 年 1 月 1 日起，铁路运输和邮政业纳入营改增试点，财政部、国家税务总局下发了《关于将铁路运输和邮政业纳入营业税改征增值税试点的通知》（财税〔2013〕106 号)，为明确铁路运输和邮政业纳税人营改增后的增值税纳税申报问题，我们制定发布本公告。

内容：（1）纳入营改增试点的铁路运输和邮政业纳税人应按照《国家税务总局关于调整增值税纳税申报有关事项的公告》（国家税务总局公告 2013 年第 32 号）的规定进行增值税纳税申报。

（2）国家税务总局公告 2013 年第 32 号第二条第（二）款第 3 项“符合抵扣条件且在本期申报抵扣的海关进口增值税专用缴款书、购进农产品取得的普通发票、铁路运输费用结算单据的复印件”，修改为“符合抵扣条件且在本期申报抵扣的海关进口增值税专用缴款书、购进农产品取得的普通发票的复印件”。

（3）增值税一般纳税人按规定仍可以继续抵扣的铁路运输费用结算单据，其复印件可以继续作为纳税申报其他资料报送。

评论：《铁路运输企业增值税征收管理暂行办法》细化了铁路运输企业增值税计算缴纳问题，并明确了中国铁路总公司及其所属运输企业一般纳税人认定、纳税期限、分支机构税款预缴情况如何传递、总分支机构风险防控等具体征管问题。《国家税务总局关于铁路运输和邮政业营业税改征增值税后纳税申报有关事项的公告》对三方面内容进行了明确：一是新纳入营改增试点的铁路运输和邮政业纳税人应按税务总局 2013 年 32 号公告相关规定进行增值税纳税申报；二是对税务总局 2013 年 32 号公告中有关铁路运输费用结算单据的描述性内容作了删除；三是明确增值税一般纳税人在过渡期，按规定仍可以继续抵扣的铁路运输费用结算单据，其复印件仍可以继续作为纳税申报其他资料报送。

本次发布的政策规定了中国铁路总公司汇总纳税的具体业务范围，铁路总公司和所属运输企业提供铁路运输服务以及与铁路运输相关物流辅助服务，实行汇总纳税，发生的其他增值税应税行为，按增值税现行规定就地申报纳税。铁路总公司及其所属运输企业汇总的销售额，为提供铁路运输及辅助服务从旅客、托运人、收货人和其他铁路运输企业取得的收入。考虑到铁路建设基金由财政部全额返还铁路总公司，为方便操作，此次规定铁路建设基金不实行预征，由铁路总公司汇总纳税时统一缴纳增值税。

二、关于部分航空运输企业总分机构增值税计算缴纳问题的公告

背景：自上海、北京等地区营改增试点以来，为解决国航、东航、南航等航空运输

企业营改增期间增值税缴纳问题，税务总局和财政部以财税字文件下发了《总分机构试点纳税人增值税计算缴纳暂行办法》和《关于部分航空公司执行总分机构试点纳税人增值税计算缴纳暂行办法的通知》，同时税务总局还以公告的形式下发了税收征管方面的《营业税改征增值税试点期间航空运输企业增值税征收管理暂行办法》。上述三个文件互相配套，满足了航空运输企业总分机构缴纳增值税的政策和征管需要。文件的核心内容，是允许总机构汇总计算企业集团的应交增值税，抵减分支机构已经缴纳的增值税和营业税后申报入库。

2013 年 8 月 1 日“营改增”试点在全国推行后，鉴于航空运输企业跨省经营的特殊性，国家税务总局与财政部联合下发了《财政部国家税务总局关于部分航空运输企业总分机构增值税计算缴纳问题的通知》（财税〔2013〕86 号），明确了包括厦门航空有限公司（以下称厦航）和中国南方航空股份有限公司（以下称南航）在内的 15 家航空运输企业，按照《总分机构试点纳税人增值税计算缴纳暂行办法》（财税〔2013〕74 号，以下简称 74 号）的规定，实行分支机构预征增值税，总机构汇总计算缴纳增值税的办法（以下称汇总纳税）。目前该办法实施情况良好。

之前实行汇总纳税的厦航和南航，分别设立了新的分支机构，并分别向主管税务机关申请将其纳入各自的汇总纳税范围。另外，南航原有分支机构中，河南分公司的名称发生了变化，南航请明确该分支机构更名后仍属于汇总纳税的范围。为此，我们下发公告，明确厦航和南航新增和更名的分支机构，按 74 号文件的规定计算缴纳增值税。

内容：《财政部、国家税务总局关于部分航空运输企业总分机构增值税计算缴纳问题的通知》（财税〔2013〕86 号）附件 2 中，中国南方航空股份有限公司和厦门航空有限公司更名和增补本通知附件所列分支机构。

增补的分支机构自提供《应税服务范围注释》所列应税服务之日起，按照《总分机构试点纳税人增值税计算缴纳暂行办法》（财税〔2013〕74 号）计算缴纳增值税。

为便于理解，下文附上 2013 年的发文：财税〔2013〕86 号，以便理解。

（1）本通知附件 1 列明的航空运输企业总分支机构，自 2013 年 8 月 1 日起，按《总分机构试点纳税人增值税计算缴纳暂行办法》（财税〔2013〕74 号，以下简称《暂行办法》）计算缴纳增值税。

（2）本通知附件 2 列明的航空运输企业总分支机构，自 2013 年 10 月 1 日起，按《暂行办法》计算缴纳增值税。

（3）上述航空运输企业分支机构的预征率为 1%。

（4）《财政部、国家税务总局关于印发的通知》（财税〔2012〕84 号）和《财政部国家税务总局关于部分航空公司执行总分机构试点纳税人增值税计算缴纳暂行办法的通知》（财税〔2013〕9 号）自 2013 年 10 月 1 日起停止执行。

三、《国家税务总局关于企业出口集装箱有关退（免）税问题的公告》

背景：国家税务总局规定对生产企业出口的新造集装箱，交付到指定堆场并取得出口货物报关单（出口退税专用），同时符合其他退（免）税规定的，准予办理退税。随着企业经营方式的多样化，部分外贸企业也通过上述方式出口新造集装箱，为公平税负，进一步促进对外贸易的发展，国家税务总局进一步明确了企业出口新造集装箱的退（免）税规定，发布了本公告。

内容：公告明确了企业出口给外商的新造集装箱，如果交付地点在我国境内的指定堆场，并且取得了出口货物报关单（出口退税专用），同时符合办理出口退（免）税规定的，可以按照现行的规定办理出口退（免）税。

参考文献

[1] 中华人民共和国国务院．国务院常务会议讨论通过《物流业发展中长期规划》［EB/OL］．http：//www. gov. cn/guowuyuan/. 2014－06－11.

[2] 中华人民共和国国务院．《商务部办公厅关于印发〈2014 年流通业发展工作要点〉的通知》［EB/OL］．http：//www. gov. cn/guowuyuan/. 2014－03－06.

[3] 中华人民共和国海关总署．解读《京津冀海关区域通关一体化改革方案》［EB/OL］．http：//fangtan. customs. gov. cn/tabid/306/Default. aspx. 2014－05－14.

[4] 中华人民共和国国家发展和改革委员会．《关于我国物流业信用体系建设的指导意见》［EB/OL］．http：//www. sdpc. gov. cn/. 2014－11－18.

[5] 中华人民共和国交通运输部．《关于加强危险品运输安全监督管理的若干意见》［EB/OL］．http：//www. moc. gov. cn/zizhan/siju/anquanjiandusi/. 2014－10－14.

[6] 中华人民共和国国务院．关于促进内贸流通健康发展的若干意见［EB/OL］．http：//www. gov. cn/guowuyuan/. 2014－11－16.

[7] 中华人民共和国交通运输部．《关于加强城市配送运输与车辆通行管理工作的通知》［EB/OL］．http：//www. moc. gov. cn/zizhan/siju/anquanjiandusi/. 2014－01－20.

[8] 中华人民共和国交通运输部．《关于加强公路路政执法规范化建设的若干意见》［EB/OL］．http：//www. moc. gov. cn/zizhan/siju/anquanjiandusi/. 2014－06－05.

[9] 国家安全生产监督管理总局．关于认真贯彻落实《道路运输车辆动态监督管理办法》的通知［EB/OL］．http：//www. chinasafety. gov. cn/newpage/. 2014－06－10.

[10] 国家税务总局．《关于铁路运输和邮政业营业税改征增值税后纳税申报有关事项的公告》［EB/OL］．http：//www. chinatax. gov. cn/. 2014－01－21.

[11] 国家税务总局．关于部分航空运输企业总分机构增值税计算缴纳问题的公告［EB/OL］．http：//www. chinatax. gov. cn/. 2014－09－28.

[12] 国家税务总局．关于企业出口集装箱有关退（免）税问题的公告》［EB/OL］．http：//www. chinatax. gov. cn/. 2014－10－21.

[13] 国家税务总局．《关于铁路运输和邮政业营业税改征增值税后纳税申报有关事项的公告》［EB/OL］．http：//www. chinatax. gov. cn/. 2014－01－21.

（北京物资学院白晓娟、张志勇、王旭东）

中篇　行业物流

第四章

北京货物运输及城市配送现状分析

第一节　北京货物运输及城市配送发展环境分析

近年来，随着首都经济的持续快速发展和城市建设步伐的加快，北京市流通业发展迅速，规模不断扩大，现代流通方式逐步推广，流通体制改革走向深入，流通设施建设和服务水平不断提高，流通领域对外开放步伐明显加快，开始进入快速发展的新时期。在此背景下，公路运输业和城市配送业也蓬勃发展。公路货物运输业和城市配送的发展受多种环境因素的影响，包括经济环境、交通运输环境、技术进步法律规范以及京津冀一体化等的影响。

一、经济增长质量和效益稳步提高

经济活动会带来产品和要素的空间流动，经济增长是货物运输业增加和交通发展的基本拉动力。根据《北京市 2014 年国民经济和社会发展统计公报》的数据显示，2014 年全年实现地区生产总值 21330. 8 亿元，比上年增长 7. 3%。其中，第一产业增加值 159 亿元，下降 0. 1%；第二产业增加值 4545. 5 亿元，增长 6. 9%；第三产业增加值 16626. 3 亿元，增长 7. 5%。经济的持续快速发展促使运输需求，特别是末端配送需求稳步增加。

同时，经济的发展引起流通规模的增大，流通业逐步成为首都经济的支柱产业。2014 年北京市社会消费品零售额 9638. 0 亿元，增长 8. 6%，消费市场表现稳健。按消费品形态分，商品零售额 8808. 3 亿元，增长 9. 6%，有效发挥了内需对全市经济增长的拉动作用。目前，已有 158 家跨国公司在京设立了 110 家投资性公司，这为北京经济发展注入了新的活力。流通业也获得了持续的发展，逐渐成为首都经济的支柱产业。

二、产业结构调整不断升级

京津冀一体化的进程造成北京市货物结构的调整，从而对于物流运输结构也造成了一定的影响。北京已经进入了后工业化阶段，天津处于工业化的高级阶段，河北处于工业化的中级阶段。原北京市一些大型的批发市场，也准备搬迁至河北、天津等北京周边地区，北京市的货物交通运输和配送业也发生了巨大调整，未来北京市城市的交通规划与城市的物流规划结合起来一并进行。

另外，经济增长进程将带动货物运输结构的调整。随着经济发展，工业制成品、一般消费品和高附加值产品的运输需求将不断增长。未来几年北京产业结构的变化将表现为农业比重的持续下降、第二产业制成品比重稳步提高和服务业比重的大幅度上升。产业结构的变化将带来运输品类、运输质量和运量的变化。在大宗货物运输的总量继续增长的同时，工业制成品、一般消费品和高附加值货物的运量及其在货物运输中所占的比重将稳步提高。这类货物重量轻，体积小，批次多，对运输质量要求高，对运费的承受力强，是运输市场竞争的焦点，也是公路货物运输业结构升级的主要方向。

三、交通设施条件持续改善

北京市总面积1.64万平方千米，常住人口2018.6万人，是我国政治、文化、教育和国际交流的中心。北京市已经形成了相对完善的综合交通网络。2014年年末全市公路里程21892千米，比上年年末增加218千米。其中，高速公路里程981千米，比上年年末增加59千米。年末城市道路里程6435千米，比上年年末增加41千米。北京市环形加外放状高速公路网系已经基本形成，主要对外出入口通道基本以高速公路为主，并辅以国市道干线公路相结合的布局结构。

四、流通领域技术不断进步

技术进步决定着各种交通运输方式发展的方向和革新的速度，影响到交通运输企业的组织管理方式和管理体制的改革，也会通过影响经济社会活动和人们的生产生活方式。北京市作为我国科技技术开发中心，交通科技发展呈现两大趋势：一是广泛吸纳高新技术成果，不断提高运输工具和设备的现代化水平以及运输管理信息化水平；二是以现代管理技术与现代装备技术、信息技术的集成，推进运输方式的多样化、运输过程的一体化。

同时，流通企业信息化建设不断加快，适用于流通领域的条码技术、银行卡互联技术、地理信息和网上购物技术得到广泛应用，销售网点管理系统、电子订货系统和电子数据交换等国际先进的信息技术理念日渐普及，全市流通业的信息化水平有了新的提高。

除此之外，连锁经营物流配送等现代流通方式得到推广。目前，北京市连锁经营配送模式获得极大发展，北京市的经营模式也在从传统的集约配送向连锁经营配送模式发展，电子商务物流等新型的物流模式也获得了极大的推广，实现传统物流模式向着信息化、自动化、网络化、智能化、柔性化的方向发展。

五、政策保障体系不断优化

2014年国务院印发了《物流业中长期规划（2014—2020年）》（以下简称《规划》），部署加快现代物流业发展，建立和完善现代物流服务体系，提升物流业发展水平，为全面建成小康社会提供物流服务保障。《规划》明确，要以着力降低物流成本、提升物流企业规模化集约化水平、加强物流基础设施网络建设为发展重点，大力提升物流社会化、专业化水平，进一步加强物流信息化建设，推进物流技术装备现代化，加强物流标准化建设，推进区域物流协调发展，积极推动国际物流发展，大力发展绿色物流，并提出了多式联运、物流园区、农产品物流、制造业物流与供应链管理等12项重点工程。

北京市在推动物流流通发展方面进一步加大了资金扶持力度，2014 年发布的《商业流通发展项目申报工作通知》明确了相关商业流通发展资金支持范围。包括有农产品流通体系建设项目、农超对接项目、联合采购项目、商业设施升级改造项目等。重点支持农产品批发市场基础设施建设和监控、信息、电子结算、检测检疫、废弃物污水环保处理、加工、冷藏、配送等中心建设，支持蔬菜零售企业的配送中心建设，支持商业流通领域信息化提升及发展电子商务项目，支持现代物流发展项目、物流基地建设、农产品及冷链物流项目建设、专业物流配送中心等现代物流仓储设施建设，鼓励推广应用先进适用物流技术，推进物流企业信息化建设。

六、京津冀一体化进程加速

2014 年李克强总理在政府报告中提出京津冀一体化的构想，加强环渤海以及天津的经济协作。京津冀一体化对于北京未来发展具有重大意义。

在京津冀一体化交通体系中，北京市发展和改革委表示已明确重点高速公路建设时间表，制定了打通一批“断头路”“瓶颈路”的具体方案，推进京张铁路、首都大外环高速等交通重点项目，京沈客专、京台高速等项目加速开工建设，京昆高速北京段通车。在京津冀一体化进程下，交通一体化将呈现“一环二航五港六放射”的格局。“一环”即首都经济圈环京高速走廊；“二航”是指首都国际机场和新建的北京机场；“五港”是秦皇岛港、京唐港、曹妃甸港、天津港和黄骅港；“六放射”是指以北京为中心向六个方向放射的运输通道，分别是西北的京张方向、正东的京唐秦方向、东北的京承方向、东南的京津方向、正南的京开和新机场方向、西南的京石方向的高速。区域一体化的快速发展使得区域内部中心城市之间对高效、快捷的公路货物配送体系产生强烈需求。一环二航五港六放射格局的形成将为京津冀地区货物运输提供更加优良的运输环境，也将进一步推动北京市货物运输的发展进程。

第二节　北京运输业发展现状及趋势

一、北京运输业发展现状

1. 交通基础条件及投资情况

北京市的公/道路里程持续保持快速增长，公路里程从 1990 年的 9648 千米增长到 2014 年的 21849 千米。其中，高速公路增长较快，从 1990 年的 35 千米增加到 2014 年的 982 千米，城市道路从 3276 千米增加到 6426 千米。

表 4－1　　北京市公路里程变化（1990—2014 年）

年份	公路里程（千米）		城市道路里程（千米）		
	总里程	高速公路	总里程	快速路	主干路
1990	9648	35	3276		
1995	11811	113	3194		
2000	13600	268	4126		
2001	13891	335	4312		
2002	14359	463	5444		
2003	14453	499	3055		
2004	14630	525	4067	219	834
2005	14696	548	4073	239	922
2006	20503	625	4419	232	955
2007	20754	628	4460	236	960
2008	20340	777	6186	242	755
2009	20755	884	6247	242	805
2010	21114	903	6355	263	874
2011	21347	912	6258	263	861
2012	21492	923	6271	263	865
2013	21673	923	6295	269	953
2014	21849	982	6426	383	965

资料来源：《北京统计年鉴 2015》。

从基础设施投资的角度分析，北京市历年非常重视对运输业基础设施的投资，投资的力度也在逐年增加，从 2004 年的 148. 8 万元增加至 2014 年的 756. 5 万元，10 年内年均投资额增加了四倍多。同时，北京市对交通运输基础设施的投资在各种运输方式之间的变化的比例也很大，如前期非常重视对公路基础设施的投资，2003 年对公路的投资的比重超过了 42%，而到 2014 年比重则下降到 11. 2%，而到后期则更加重视对市内公共交通的投资，2014 年对市内公共交通的投资的比重超过了 50%，达到 65%，航空基础设施投资比重为 22% 左右，铁路基础设施的投资比重则最低仅为 1. 2% 左右。

表 4－2　　交通运输业基础设施投资（2003—2014 年）　　单位：亿元

年份	运输业	铁路	公路	市内交通	航空
2003	129. 2	9. 3	55. 3	48. 8	15. 8
2004	148. 8	7. 2	38. 2	51. 1	52. 3
2005	224. 1	3. 9	40. 7	113. 2	66. 2

续 表

年份	运输业	铁路	公路	市内交通	航空
2006	439.6	25.1	140.6	201.0	72.2
2007	548.0	65.7	189.6	202.4	87.5
2008	604.2	75.9	170.5	215.8	141.8
2009	698.6	114.9	134.8	426.7	21.9
2010	720.5	77.1	97.3	410.8	134.3
2011	680.7	43.6	107.7	351.3	176.6
2012	712.0	43.0	98.2	391.0	178.1
2013	664.5	36.9	127.5	310.9	162.5
2014	756.5	9.0	84.6	491.6	166.0
合计	6326.7	511.6	1285.0	3214.6	1275.2

资料来源：《北京统计年鉴 2015》。

2013 年北京载货汽车保有量为 182963 辆，其中，重型载货汽车 32234 辆，中型载货汽车 33670 辆，轻型载货汽车 116704 辆。在载货汽车类型中，主要为轻型汽车，所占比重为 63.8%，其次为中型和重型汽车。在县区分布中，载货汽车又主要集中于郊区县，通州、大兴、房山、顺义，其所占比重为 9.2%，其次是怀柔 7.5%。

2. 货运量与货运周转量

1990—2014 年北京市总的货运量变化总体稳定，从 1990 年的 26648 万吨小幅上升到 2006 年的 33547 万吨，2007 年大幅回落至 20770 万吨，之后处于缓慢上升趋势，到 2014 年达到 29518 万吨。

表 4-3　　北京市货运量变化情况　　单位：万吨

年份	铁路	公路	民航	管道	总计
1990	3051	233326	10	262	26648
1995	2974	29087	17	106	32184
2000	2612	28010	35	60	30717
2006	1956	30953	89	549	33547
2007	1925	17872	98	875	20770
2008	1733	18689	93	1369	21885
2009	1635	18753	98	1531	22017
2010	1572	20184	130	1827	23712
2011	1380	23276	132	2061	26849
2012	1232	24925	134	2359	28650

续 表

年份	铁路	公路	民航	管道	总计
2013	1078	24651	136	2429	28294
2014	1132	25416	149	2821	29518

资料来源：《北京统计年鉴 2015》。

各种运输方式所承担的比重变化较大，尤其是铁路运输和管道运输，铁路运输承担的比重从 1990 年的 11.4% 下降到 2014 年的 3.8%，而管道运输所承担的比重则从 1990 年的 1.0% 上升到 2014 年的 9.56%，超过了铁路的比重。公路的比重最大，但是变化不大，基本保持在 86% 左右，航空运输的比重近年来维持在 0.4% ~0.5%。

表 4－4　　北京市货运量各种运输方式所占比例

年份	铁路	公路	民航	管道
1990	11.4	87.5	0.0	1.0
1995	9.2	90.4	0.1	0.3
2000	8.5	91.2	0.1	0.3
2006	5.8	92.3	0.3	0.2
2007	9.3	86.0	0.5	4.2
2008	7.9	85.4	0.5	1.369
2009	7.4	85.2	0.4	7.0
2010	6.6	85.1	0.4	7.0
2011	5.1	86.7	0.5	7.7
2012	4.3	86.9	0.4	8.2
2013	3.8	87.1	0.4	8.58
2014	3.8	86.1	0.5	9.56

资料来源：《北京统计年鉴 2015》。

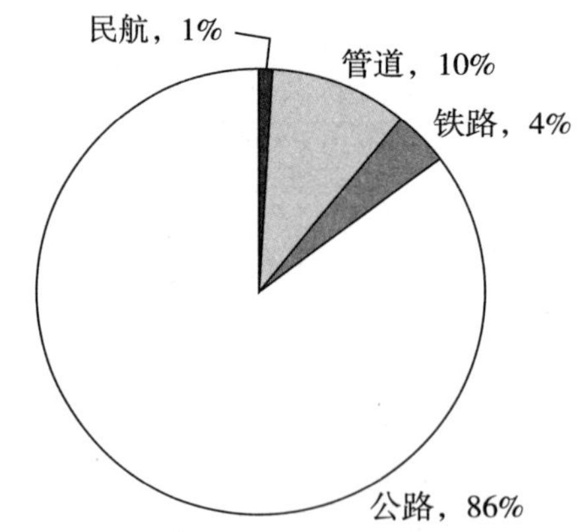

图 4－1　2014 年北京市不同运输方式货运量情况

资料来源：根据《北京统计年鉴 2015》制作。

北京货物周转量增长很快，区域辐射作用明显。2014 年，铁路、公路、民航、管道四种运输方式的货物周转量分别为 284. 36 亿吨千米、165. 19 亿吨千米、5. 54 亿吨千米、167. 90 亿吨千米，总货物周转量为 622. 99 亿吨千米，虽较上年的 680. 91 亿吨千米有小幅下降，但总体保持在较高水平。

表 4－5　　北京市货物运输周转量总量变化　　单位：亿吨千米

年份	铁路	公路	民航	管道	合计
1990	206. 74	57. 46	4. 47	0. 15	268. 82
1995	239. 34	76. 20	7. 49	0. 07	323. 10
2000	200. 19	82. 64	16. 77	0. 04	299. 64
2005	310. 81	85. 49	28. 17	33. 26	457. 74
2010	257. 46	101. 59	4. 82	106. 36	470. 24
2011	311. 32	132. 33	47. 49	125. 80	616. 93
2012	307. 61	139. 77	48. 98	141. 93	638. 31
2013	323. 18	156. 19	49. 19	152. 34	680. 91
2014	284. 36	165. 19	5. 54	167. 90	622. 99

资料来源：《北京统计年鉴 2015》。

同时，从不同运输方式的具体情况看，铁路运输货物周转量比重最大，但呈逐年下降趋势；2014 年公路运输货物周转量比重较上年增加近 4 个百分点，为 26. 5%。管道运输周转量总量和比重均有快速增长。

表 4－6　　北京市货物运输周转量比重变化　　单位：%

年份	铁路	公路	民航	管道
1990	76. 9	21. 4	1. 7	0. 1
1995	74. 1	23. 6	2. 3	0
2000	66. 8	27. 6	5. 6	0
2005	67. 9	18. 7	6. 2	7. 3
2010	54. 8	21. 6	1	22. 6
2011	50. 5	21. 4	7. 7	20. 4
2012	48. 2	21. 9	7. 7	22. 2
2013	47. 5	22. 9	7. 2	22. 4
2014	45. 6	26. 5	0. 9	27

资料来源：根据《北京统计年鉴 2015》计算。

3. 运输业产值情况

北京市交通运输、仓储和邮政业的产值从 2002 年的 281. 1 增长到 2014 年的 948. 1 亿元，自 2009 年明显增速加快，但占北京地区的 GDP 比重却有所下降。

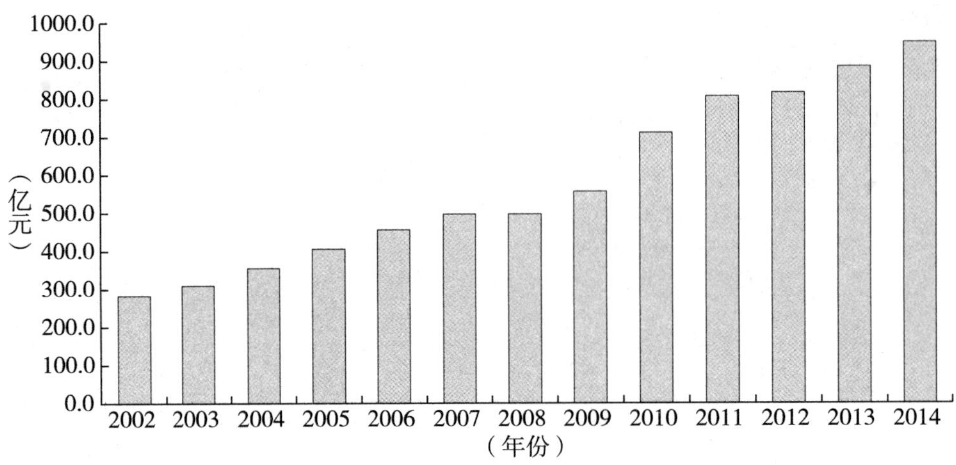

图 4－2 北京市交通运输、仓储和邮政业的产值

资料来源：《北京统计年鉴 2015》。

进一步分析可以看出，近年来北京市交通运输、仓储业和邮政业的产值增速在大多数年份均低于北京地区的 GDP 增速，但差距从 2003 年的 7.1% 下降到了 2013 年的 0.7%，差距在逐年减小。

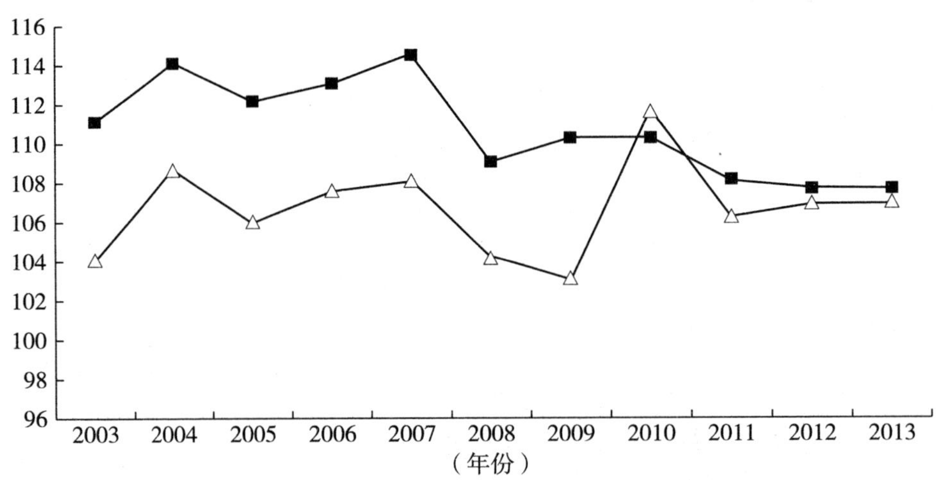

图 4－3 北京市 GDP 和交通运输、仓储和邮政业的产值指数（上年＝100）

在不同运输方式的产值方面，公路运输完成的产值比重率最高，达到 90% 左右，铁路下降趋势比较明显，管道运输完成的产值比重呈现快速增长。

表 4－7 北京市运输业产值结构（按运输方式分） 单位：%

年份	铁路	公路	民航	管道
1990	11.4	87.5	0.04	1
1995	9.2	90.4	0.05	0.3
2000	8.5	91.2	0.1	0.2

续 表

年份	铁路	公路	民航	管道
2005	6.1	92.4	0.2	1.2
2010	6.6	85.1	0.5	7.7
2012	4.3	87	0.5	8.2
2013	3.8	87.1	0.5	8.6

资料来源：2014 年统计年鉴。

4. 运输企业情况

2014 年，北京市规模以上运输、仓储和邮政业企业数量为 1002 个，较上年的 1089 个减少 87 个；资产规模总计 14133.7 亿元，较上年的 13161.6 亿元增加 972.1 亿元；2014 年北京市规模以上运输、仓储和邮政业企业收入总计 4485.0 亿元，较上年的 4540.3 亿元略有减少。截至 2015 年 8 月 4 日，共 485 家快递企业获得北京市快递经营许可。

从不同类型运输企业主要经济指标看，运输企业固定资产比重高，赢利水平差距大。在各种运输方式中，铁路运输业的投资额最大，超过了其他所有运输方式的资产总和，其次为航空运输业和道路运输业。这主要是由于这些运输方式的固定资产特征决定的，但航空运输的负债比重最大，其次是道路运输业。

表 4－8　　2014 年北京市规模以上运输企业资产及负债情况

项目	资产（万元）			负债（万元）	
	总计	流动资产	固定资产	总计	流动负债
铁路运输业	48704631	6592463	34384784	16627981	9007740
道路运输业	19282294	5007940	11946013	12095649	6005923
水上运输业	55719	18138	36241	30104	14554
航空运输业	24705342	4330664	14335772	16177961	6141250

资料来源：《北京统计年鉴 2015》。

表 4－9　　2014 年北京市限额以上运输企业收入、成本及利润情况　　单位：万元

项目	营业收入		营业成本		利润总额
	总计	主营业务收入	总计	主营业务成本	
铁路运输业	10193177	9751665	8552305	8123167	278487
道路运输业	5002462	4904268	5750483	5703710	135991
水上运输业	26255	26254	14513	1513	3936
航空运输业	10791612	10504292	8981241	8824263	582777

资料来源：《北京统计年鉴 2015》。

二、北京运输业发展面临的挑战

1. 运输基础设施总量和投入不足

作为主要承担货物运量的公路运输业，尽管公路线路里程增长较快，但高速路和城市快速路所占比重偏低，由于近期对市内公共交通投资的重视，对道路和公路的建设投资不仅绝对投资额明显下降，而且缺乏增长后劲，再加上机动车增加过快导致出现的严重的交通拥堵问题，大大降低了道路和公路的通行速度，这些都不利于公路货运业的发展。

作为承担主要货运周转量的铁路运输业，铁路线路里程增长缓慢，甚至陷入停滞，铁路基础设施的投资比重偏低，仅占总比重的10%左右，这些都不足以支持铁路运输业在物流业发展中的重要作用。

2. 运输业可持续发展的内在需求

作为特大型城市，北京市交通拥堵和环境污染问题近年来备受各界关注。交通运输是北京市经济社会发展的重要基础和保障，也是影响空气质量的重要因素之一。北京市发展绿色交通、减少大气污染，为进一步促进首都经济社会全面可持续发展提供强有力的交通运输保障是将成为北京市发展运输业的重要导向。虽然北京正在努力推进城市物流配送体系建设，推动实施城市中心区货物配送的货运企业标准与车辆车型、外观、安全、环保等标准，逐步实现标准化、规范化等方面进行着不断探索，但是如何引导和规范运输业可持续发展，在城市功能得到充分保障的前提下尽可能地减少负面影响的问题尚未从根本上得到解决。

3. 运输企业规模化组织化程度不足

道路运输企业规模偏小，不利于发挥规模经济和专业化优势。特别是道路运输业的总体资产规模远低于铁路和航空运输业，业务单一、运输效率不高的现象较普遍存在，运输业经济效率整体偏低。部分运输企业仍单纯局限在原有的经营领域内进行改造，现代物流的生产和经营理念不强。

4. 城市货物运输的系统性有待提升

综合运输业的发展现状，总体上仍处于规模化、网络化及社会化大生产的协作专业化较低的发展水平。由于现存各种体制障碍及市场欠缺诚信，企业之间专业化协作的交易成本过高，企业缺乏安全感，倾向于选择自己实施各个环节。相对于制造业及商贸流通业而言，物流服务业的企业业态则是分工过细，缺乏一体化整体组织与服务。汽运、铁路运输、水运、空运、仓储、货运代理等，虽然有明确的分工，却没有一体化的协作。即使是在同一运输方式内部，各自为政的现象极为普遍。各种运输方式之间与同一运输方式内部的运输组织缺乏一体化的协同和衔接。城市货物运输的组织尚不能很好地实现运输过程中“一单到底、一个价格、一个代码、一个时刻表”的最优化运输组织方式。

三、北京运输业发展趋势以及建议

1. 积极应对物流需求环境发生的变化

随着北京市经济发展逐渐进入后工业化时期，北京市产业结构的变化导致高附加值的产品、特种货物等的货运量在迅速上升，而这些货物对运输的时效性、安全性和个性化等提出了更高的要求，整个物流需求市场环境已发生了非常大的变化，物流内涵的拓展、过程的延伸、覆盖面的扩大，以及物流管理的日益专业化、标准化和信息化推动客户的物流需求不断向高度化方向发展。

同时，京津冀一体化的进程将从深层次上调整三地产业分工和产品结构特征，北京市将加快推进淘汰低端产业，例如北京市服装批发市场、钢铁市场、水泥、建筑等低端性产业将逐步外迁。北京市相关物流需求也必将发生变化，原来依靠大量运输来支撑收益的运输业就不能仅仅停留在这一单纯以提供运输服务为主的运输模式上，运输业应当进一步面向市场，加强物流需求市场的调查研究，重视拓宽物流服务功能，提升物流服务水平，改善物流服务质量，才能适应物流需求环境的变化。

2. 推动运输企业向现代物流企业转型

随着现代物流理念的深入，参与物流竞争的行业越来越多，不仅专门从事运输服务的运输公司，如各种运输方式之间如铁路运输、空运、水运等与公路运输之间在物流服务领域内将展开激烈的竞争，其他物流服务行业如仓储业、货代业、邮政业等也同样会将触角延伸至更广的领域，参与物流服务的竞争。传统运输企业发展可以注重从提供相对较少服务功能的短期合作的传统物流服务功能，向以提供综合服务及着眼长期伙伴关系的现代第三方物流服务转型，以运输组织专业化和规模化优势切入供应链，成为功能型物流服务企业，或向供应链的上下游延伸物流服务，成为多元化物流服务企业。

各运输企业之间可考虑建立模拟物流企业联盟，通过合作化的运作方式，互补物流企业和资源，从而拥有一个实体的大型物流企业所具备的多元化或者一体化物流服务能力或资源，以达到提供多元化或者一体化物流服务的目标。同时，运输企业要注重与供应链上下游企业之间建立长期战略联盟合作伙伴关系，重视对上下游企业物流服务功能的开发，了解他们的深层需求，挖掘除了现有功能以外还能提供的其他服务。并与他们建立良好的信誉关系，这是供应链上下游企业之间建立长期战略伙伴关系的重要前提。

3. 加速运输资源整合和合理利用

京津冀一体化将为北京市交通提供重大机遇与发展。北京大外环将加快建设，全长约 940 千米，最迟 2016 年全环贯通。对接京津先打通 5 条“未通路”、2020 年三地一小时交通圈形成、全面对接京津海、全面对接京津空、北京新机场将对接京冀两条高速。因此，对交通条件依赖性极强的货物运输业应加速在新环境和交通网络格局下的发展定位，合理整合和利用交通资源。

4. 大力加强运输企业信息化建设

现代物流要求有现代化的信息系统作为支持平台，加强运输企业信息化建设，包括基础建设和信息系统建设，基础技术建设包括 BC、EDI、GPS、数据库技术和互联网技术等，信息系统建设包括信息收集功能、信息处理功能、信心传递和共享功能等。在改善物流设施设备以及加强企业信息化建设的过程中，应注意结合标准化建设。此外，对积极推动货运企业装备升级，鼓励运输效率高、能源消耗低并适合从事中长途干线货物运输的重型货运车辆，积极发展集装箱牵引车辆，冷藏货运车辆，散装货运车辆等专用车辆，加快公路运输和城市配送车辆箱式化进程。

推动现代物流领域的科技创新和应用，促进货运企业提升科技含量，鼓励大型货运企业开展科技物流项目研发、前沿技术在物流领域的应用性研发，促进自主知识产权的物流技术成果转化及应用示范，依靠科技进步，推动货物运输业发展的信息化、自动化、智能化、标准化。

5. 加强货运企业人才的培养和引进

运输企业发展现代物流需要从观念、技术和管理上进行创新，而创新离不开大量的物流管理和技术人才，因此，运输企业应当采取各种方式，积极培养和引进物流人才，特别是具有较强的业务素质，有较强的物流组织能力和市场分析能力，能够整合物流各环节，既懂管理又懂技术的物流管理人才，以及具有深厚的理论底蕴和丰富的科研实践能力的物流研究人员。

第三节　北京配送业发展现状及趋势

北京市配送业正处于积极发展时期，经济水平的发展，京津冀一体化的进程发展也为北京市配送业提供了许多新的机遇与挑战。在新的时代背景下，北京市的配送业也将运用更先进的配送模式，加强与供应商的合作，更大水平地提升企业物流信息化水平，推广共同配送等模式，实现北京市配送的发展。

一、北京市配送业发展现状

北京市特大型商贸城市的特征鲜明，对区域物流量的聚集作用和对全国的辐射作用十分突出。近年来，北京市进口货物额和外省市流入货物额占到物流总额的70%以上，大部分的货物是由城市外部流入的，进向物流特征明显。同时，北京人口多，对生活物资需求量大，城市商贸活动频繁，服务业占比重大，确保和提升城市运行质量、保障居民消费及应急物流等基础保障能力，都将对城市配送物流提出更高的要求，同时也将推进城市物流配送体系建设。就城市内部而言，北京市配送业服务领域是以适应消费型城市的商贸配送为主。

1. 连锁商业配送

从主要形式看，由于历史和规模的原因，北京大部分有实力的连锁经营企业都选择了自建物流配送中心的方式，将物流建设作为今后企业发展的战略。此外，还有大量的连锁零售企业由于门店数量以及企业规模、实力的原因，采用供应商直接供货，其中，包括进入中国市场的国外大型超市。北京连锁商业配送的特点体现在以下两个方面：

一方面，大型连锁企业加大了自建物流配送中心的覆盖面和区域物流中心的建设。北京部分大型连锁企业有自己的物流配送中心，原来配送中心主要从事区域内店铺的商品配送，随着大型连锁企业快速展店和兼容并组，覆盖和经营的区域越来越大，因此大型零售企业加快了对自己的物流中心的投入和区域配送中心的建设，并在规模和技术上都有较大提升。

另一方面，连锁零售商配送中心的技术水平不断提高。连锁零售企业的发展，要求其配送中心的规模和配送半径、运作效率达到更高的要求，目前，北京连锁企业的配送中心，逐步提高了配送中心的技术含量，如增加了高层立体货架和拆零商品拣选货架相结合的仓储系统，部分使用电动高位叉车，低位拣货车和托盘，大大提高了装卸、搬运、拣选作业的机械化程度，配送中心的信息系统、货场电子化设备和电子标签的应用，使作业人员可以方便有效地按订单取出商品，进行理货和分拣，大幅度提高速度，降低差错率。托盘、物流笼车的使用，提高了门店的配送作业交接率。

2. 生鲜食品配送

随着经济社会的逐步发展，人们的生活水平也有了巨大的提高，对生鲜食品需求也越来越大，2012 年、2013 年和 2014 年北京城镇市民人均平均食品购买支出分别为 7535 元、8170 元、8632 元，其中，粮油为 735 元、786 元、830 元，蔬菜 583 元、638 元、596 元，水产品肉类 1528 元、1636 元、1722 元以及干鲜瓜果 773 元、774 元、864 元。

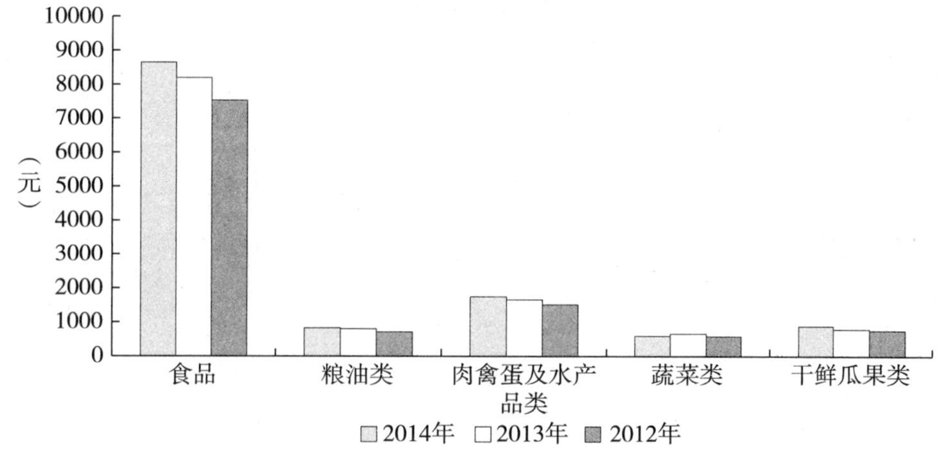

图 4－4　2012—2014 年北京市城镇居民人均购买食品支出

资料来源：据《北京统计年鉴 2015》资料制作。

生活水平的提高也使得目前居民的消费理念发生了变化，更加注重冷藏食品的新鲜度、安全性、便利性和营养性。对生鲜配送业提出了更高的要求，要求更加及时、迅速、安全、快捷地进行配送。目前，北京市生鲜食品配送业多种配送模式并存。北京市生鲜农产品物流配送模式主要包括自营配送模式、第三方物流公司和自营与第三方物流共同配送三种模式。生产商自营配送包括农户为主体的自营配送模式和农产品生产基地为主体的自营配送模式这两种方式。以农户为主体的配送模式或小型第三方配送企业较为简单，以满足货运的送达为主要目的。通常大型超市配送中心或以农产品基地为主体的配送及大型第三方物流配送的专业性较强，能根据产品特点进行包装和分拣作业，通常配有箱式封闭车辆和制冷车辆。

3. 末端快递配送

近年来，随着电子商务的发展，B2B、B2C、C2C 等运营模式的建立，快递业正成为解决城市末端消费配送的主渠道。北京市 2014 年全市快递业务快速增长。全年快递服务企业业务量完成 11.1 亿件，同比增长 35.68%；快递业务收入完成 147.61 亿元，同比增长 57.37%。

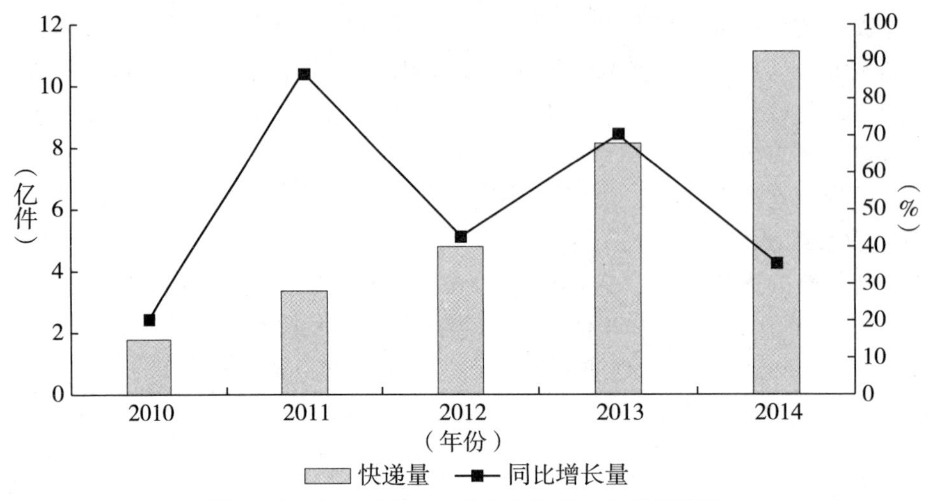

图 4－5　2010—2014 年北京市快递业的发展情况

随着京津冀一体化进程的加快，北京市探索制定《京津冀地区快递服务发展“十三五”规划》等相关扶持政策。下一步北京将围绕四个方面，突出四个结合进一步做好北京市邮政业发展“十三五”规划工作，即围绕京津冀协同发展、北京市服务业扩大开放综合试点、城市精细化管理和邮政快递服务升级这四个方面开展工作，促进北京市快递业的发展。

4. 生产供应配送

生产供应配送主要指北京市的生产企业中的物料、原材料等的配送，这种配送形式的组织者是生产企业，尤其是进行多品种生产的生产企业。这些企业可以直接从本企业开始进行配送，而不需要再将产品发运到配送中心进行中心配送。根据《北京市统计年鉴 2015》的统计数据，北京市的生产企业为 291067 家，占全部企业总数的 20.75%。

按照坚持高端、高效、高辐射的产业发展方向，北京市生产制造业将进一步向电子信息、生物医药航天、航空及云计算产业等产业集中，逐步形成专业性强、运作水平高的现代化企业物流系统。大宗物资需求量将进一步减少，企业精益化运作需求将不断提升。同时，电子产品、医药等产品物流费用负担能力强，高标准、精益化、准时制的专业化企业生产配送需求和服务能力将成为配送领域的新增长点。

二、北京配送业的主要问题与挑战

1. 企业配送效率总体不高

与国外自动化、无纸化的配送相比，除少数大规模商贸企业自有配送体系外，现有配送企业各种软硬件设施设备、技术总体不高，操作机械化水平低，信息技术现代化程度高，物流信息系统薄弱，配送的效率低，成本高的现象仍较普遍存在。无论是快递企业还是物流企业，都是劳动力密集型企业。北京市土地价格、人员工资、房屋租金的持续大幅上涨对配送企业是巨大的成本压力，但多数企业不具备发展仓库立体化、分拣自动化设备的能力，同时，配送环节虽然逐渐得到商贸企业和生产企业的重视，但企业自建现代化的物流配送中心的时间普遍不长，在投入、技术和运作上都有很大不足。

2. 末端共同配送体系不健全

城市末端共同配送设施由集货平台、临时中转、末端接货三部分构成，具体设施类型包括小件物品共同集货及分拨设施（临时中转类）、商业区末端卸货及揽收设施。商业区、写字楼、住宅区、高校的小件商品物流需求密集，共同配送需求迫切。然而共同配送平台的缺失会导致送货车辆没有停车以及卸货空间，随意停留在周边的马路上，造成交通拥堵与通行不畅。同时，没有中转场地，无法实现多供应商向同一目的地的集货功能，企业各自配送进一步增加了交通拥堵，也降低了效率，增加了成本。

3. 消费需求的碎片化倾向明显

随着经济的发展和消费水平的提高，消费者对产品的需求已经由原来的少品种、大批量、少频次变成了多品种、小批量、多频次的需求方式；而与此相对应的要求物流配送也变成多品种、小批量、多频次的服务方式，订单碎片化趋势越来越明显，特别是电子商务的快速发展。同时由于配送时效性要求，使得企业配送服务规模性效应越来越差，增加了企业服务负担，对配送模式创新及城市配送网络的覆盖广度和深度提出了更高的要求。

4. 城市环境治理需求日益迫切

随着城市人口聚集、商业繁荣，大批商品配送至末端消费者及商业设施的“门到门”服务将增长迅速。在大批商品送达城市内部的商业及居住区的过程中产生了系列问题，如货车穿越市区带来交通流量增加、在商业区及居住区附近货车停放及装卸货物造成交通拥堵严重、在城区街道货车与社会车辆及行人的交通安全事故频发等问题突出。同时，为减少环境污染，缓解交通拥堵，北京对车辆进行的交通管制也使得配送环境变得更加复杂，对配送的准时性提出了严峻的挑战。例如：2015 年北京为了迎接世界反法西斯战争胜利 70 周年阅兵，在 8 月 20 日至 9 月 3 日的每天 3 时至 24 时，全市机动车（含临时号牌车辆）在本市行政区域内道路实行单双号限行的措施，单号单日行驶、双号双日行驶；载货货运机动车和专项作业车，每天 6 时至 24 时禁止在六环路以内道路（含六环路）行驶。

三、北京配送业的发展趋势及建议

1. 建立配送供需公共平台

建立具有仓储设施、车辆、人员、信息技术等资源信息发布、审查、交易等基本功能的信息平台和具有完善信用体系及结算功能的资源调度系统，提升资源信息的透明度，释放物流需求，优化物流需求结构，同时形成对周边存量资源的聚集、整合和调配能力。建立冷库、冷藏运输车辆、冷链产品等供求信息的专项平台，并通过冷藏运输车辆联盟、配送车辆联盟等形式形成货运资源的高度协同。设立能够共同集货的平台是共同配送的起点，应以提升北京市城市配送效率、改善环境状况、缓解交通压力为主要目标，结合交通环境、环保要求、配送需求等因素，进行配送车辆选型、市内配送路线规划、运输限行时段调整等措施推动共同配送运行。在共同配送的末端，如在现有大型商业区规划建设公共接货设施，对新建商业区规定配套接货区面积。改建后的共同接货区以集约化为原则，由统一货运车辆进行配送。按地区细化不同规模的商业网点货物接收时限规定，对商业企业收货时间采取备案制。

2. 改善城市末端配送设施

改善商业区接货卸货平台、改善高校门前快递派件条件，重点满足高校学区、居民区和商业写字楼聚集区的快递收发需求，促进提升便利性及效率，缓解重点地区的交通拥堵。支持电子商务企业加强末端配送网络建设，实施城市快递末端收发的共同化、智能化、自助化试点，开展电子商务的便民服务。引导具有基础设施条件的高校、大型企事业单位、写字楼群、住宅区等规划快递收发设施，采用自提快递专柜模式等其他更为便利、自助的收寄模式。在末端区域采用小型电动节能车辆的微循环配送，并逐步推广应用，创建绿色人居环境。

3. 建立商圈集货分拨平台

充分利用现有设施，规划一批用于临时集货、中转、接货的小型物流节点，重点服务于商业密集区、高教学区、高档住宅区、写字楼的快递以及小批量货物配送。加速推进大中型商贸流通设施的功能提升和物流配套，推动货物集散、转运等传统物流功能向周边地市转移，有效避免大宗货物穿城现象带来的城市中心区交通压力增加、环境污染等社会问题，改善城市环境。

4. 促进末端微循环畅通

进一步完善道路系统，特别是加强次干道路与支路的建设，疏通城市配送末端的微循环系统，合理完善不同等级路网的有机衔接。同时，加强接货平台的配套建设，满足货物收发装卸的需要，发挥物流网络的组合效率和整体效率，进一步提升货物资源管理能力和货运集疏能力，努力构建有机衔接、优势互补、立体高效的末端物流网络系统，为现代物流的发展提供重要的物质基础条件。

5. 建立民生配送保障体系

在京津冀一体化背景下，北京批发市场将加速疏解，关系到首要民生问题的农产品商贸物流渠道将受到重大冲击。根据北京农产品物流配送的现状，为更好地保障民生，应加强对农产品配送保障体系的研究和规划，建立以大型批发商、超市等流通企业为核心的农产品商贸配送体系，通过强化农产品生产领域控制和畅通流通渠道，构建超市、社区店等多级配送体系，满足配送运输半径的要求和安全及便利的居民生活需求。对供应商、商贸终端等多种渠道的资源进行整合，通过社会化的物流将原有的“点对点”形式的运作模式变成“链”的运作模式。加快推动农产品物流安全体系建设。重点加强综合批发市场等农产品流通渠道中的配送过程控制和安全监管力度，推行农产品物流全程的跟踪、监控和检测，改善农产品包装、搬运、加工、配送、仓储等基础条件，解决农产品物流过程中安全监控和监测困难的问题，强化食品安全。

6. 加大冷链配送投入

加快现代物流信息技术、冷链技术在末端配送中的应用，重点加强全程质量控制和追溯技术应用。加强企业在保鲜技术、包装技术、温控技术和追溯技术应用，重点加强各种冷藏车运输全程的动态监控技术、产品质量全程可追溯等技术的投入力度，实行过程管理，保障产品在生产流通各环节的品质可控性和安全性。大力推进物联网、RFID、GPS 等新技术的应用和标准化管理。重点鼓励农产品批发市场、大型连锁超市、社区网点等的冷链设施的改造升级，培育和引导专业冷链物流企业发展壮大，推进农产品配送的全程冷链建设。推进冷链配送车辆选型，积极发展短距离、小吨位的冷链配送车，满足冷链多品种小批量城市配送。

7. 鼓励开展共同配送

鼓励中小企业实施共同配送，促进物流配送的共同化、物流资源利用的共同化、物流设施设备利用共同化以及物流管理共同化。对具有共同配送模式创新、围绕共同配送带动城市现代物流技术的应用项目提供资金支持。倡导主要商业区及连锁超市的夜间配送，使日间交通压力降低，保障客流流行，而夜间以货运为主。引导商业企业及连锁超市实施夜间收货。

参考文献

[1] 王海鹏，冯霁秋．京津冀交通一体化——基于物流市场协同发展新视角现代管理科学［J］．2014（11）．

[2] 京津冀协同发展规划纲要．Politics. People. com. cn/n/［EB/OL］．2015-04-30.

[3] 韩可林．浅析公路运输业向现代物流业转型［J］．中国市场，2015（10）．

[4] 袁学国，邹平，朱军，等．我国冷链物流业发展态势、问题与对策［J］．中国农业科技导报，2015（2）．

[5] 黄波，刘威．快速成长型民营零担物流企业竞争力分析——以河南XD物流公司为例［J］．物流工程与管理，2013（6）．

[6] 阙丽娟．我国连锁企业配送现状及对策分析［J］．现代商业，2014（8）．

[7] 北京市“十三五”时期规划建议（2015）．www. beinet. net. cn/zcfg/gh/sjgh/201511/t9700386. htm［EB/OL］．2015-11-26.

[8] 北京市统计局，国家统计局北京调查总队．北京统计年鉴2015［M］．北京：中国统计出版社，2015.

（北京物资学院梁晨）

第五章

北京仓储基础设施现状及发展趋势

第一节　北京仓储业发展环境分析

一、2014 年北京市宏观经济运行环境分析

（一）2014 年北京市地区生产总值分析

2014 年，全市人民在党中央、国务院和市委、市政府的坚强领导下，积极落实稳增长、促改革、调结构等各项惠民政策，着力疏解非首都核心功能、加快培育“高精尖”经济结构，全市经济持续健康发展，社会和谐稳定。

经济增长：初步核算，全年实现地区生产总值 21330.8 亿元，比上年增长 7.3%。其中，第一产业增加值 159 亿元，下降 0.1%；第二产业增加值 4545.5 亿元，增长 6.9%；第三产业增加值 16626.3 亿元，增长 7.5%。

按常住人口计算，全市人均地区生产总值达到 99995 元（按年平均汇率折合 16278 美元）。三次产业结构由上年的 0.8：21.7：77.5 调整为 0.7：21.4：77.9。

2010—2014 年北京地区生产总值和增长速度如图 5－1 所示。

2014 年北京生产总值分布如表 5－1 所示。

表 5－1　　2014 年生产总值分布

指标	绝对数（亿元）	比上年增长（%）	比重（%）
地区生产总值	21330.8	7.3	100.0
按产业分			
第一产业	159.0	－0.1	0.7
第二产业	4545.5	6.9	21.4
第三产业	16626.3	7.5	77.9

续 表

指标	绝对数（亿元）	比上年增长（%）	比重（%）
按行业分			
农、林、牧、渔业	161.3	持平	0.8
工业	3746.8	6.0	17.6
建筑业	907.4	10.6	4.3
批发和零售业	2447.7	5.5	11.5
交通运输、仓储和邮政业	948.1	6.8	4.4
住宿和餐饮业	381.9	-0.2	1.8
信息传输、软件和信息技术服务业	2062.0	11.7	9.7
金融业	3310.8	12.3	15.4
房地产业	1329.2	-2.2	6.2
租赁和商务服务业	1700.2	5.8	8.0
科学研究和技术服务业	1662.6	11.1	7.8
水利、环境和公共设施管理业	136.0	11.4	0.6
居民服务、修理和其他服务业	162.4	13.2	0.8
教育	859.0	9.7	4.0
卫生和社会工作	468.1	10.7	2.2
文化、体育和娱乐业	470.4	1.9	2.2
公共管理、社会保障和社会组织	576.9	-2.6	2.7

资料来源：2014 年北京市国民经济和社会发展统计公报。

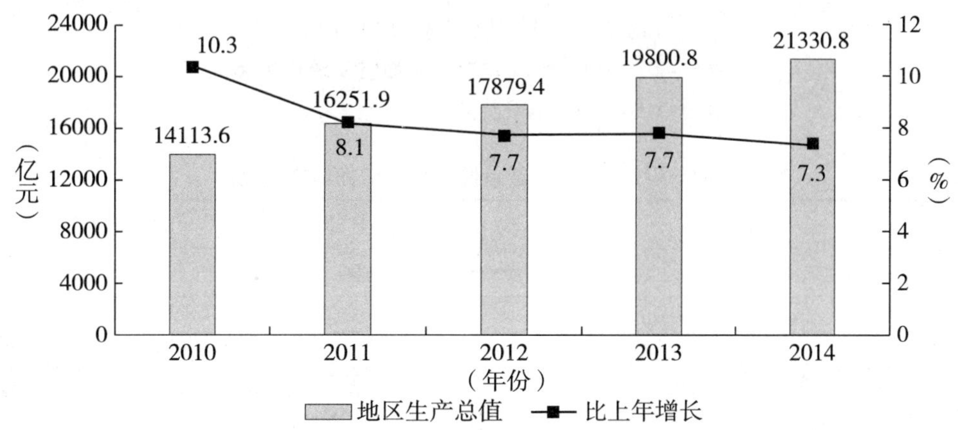

图 5-1　2010—2014 年地区生产总值及增长速度

资料来源：2014 年北京市国民经济和社会发展统计公报。

全年文化创意产业实现增加值2794.3亿元，比上年增长8.4%；占地区生产总值的比重为13.1%，比上年提高0.1个百分点。信息产业实现增加值3134.4亿元，增长9.8%；占地区生产总值的比重为14.7%，比上年提高0.3个百分点。生产性服务业实现增加值11072.5亿元，增长9.3%；占地区生产总值的比重为51.9%，比上年提高0.8个百分点。

1. 2014年北京市工业经济发展形势

全年实现工业增加值3746.8亿元，比上年增长6.0%。其中，规模以上工业增加值增长6.2%。在规模以上工业中，国有控股企业增加值增长6.7%；高技术制造业、现代制造业增加值分别增长11.0%和12.2%。全年规模以上工业中战略性新兴产业增加值比上年增长17.9%，对规模以上工业增长的贡献率达62.7%。规模以上工业实现销售产值17856.3亿元，增长5.5%。其中内销产值16446.4亿元，增长6.6%；出口交货值1409.8亿元，下降6.5%。

图5－2表明了北京市2010—2014年工业增加值及增长速度。

表5－2表示了2014年北京市规模以上工业重点监测行业增加值增长速度。

表5－3表示了2014年北京市规模以上工业企业主要产品产量。

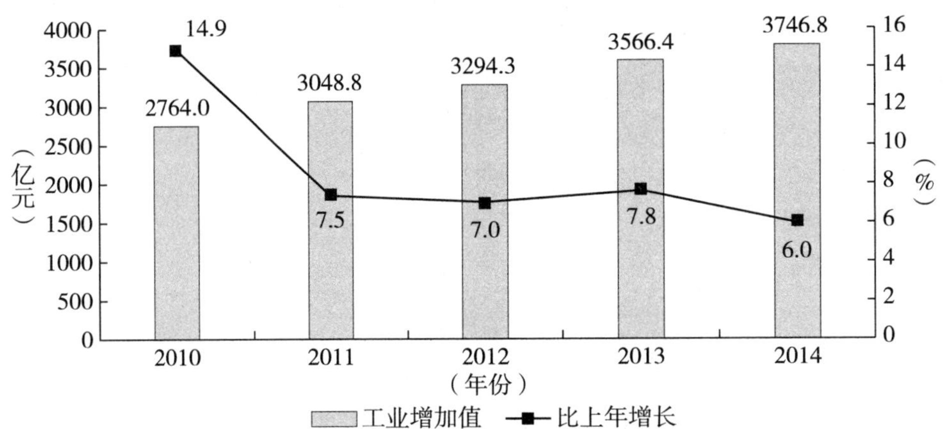

图5－2　2010—2014年工业增加值及增长速度

资料来源：2014年北京市国民经济和社会发展统计公报。

表5－2　2014年规模以上工业重点监测行业增加值增长速度　单位：%

指标	比重	比上年增长
规模以上工业增加值	100.0	6.2
其中：石油加工、炼焦和核燃料加工业	2.4	13.6
化学原料和化学制品制造业	2.1	6.5
医药制造业	7.8	9.0
非金属矿物制品业	2.3	7.1
黑色金属冶炼和压延加工业	0.2	−2.3

续 表

指标	比重	比上年增长
通用设备制造业	4.1	10.0
专用设备制造业	4.3	-5.7
汽车制造业	19.0	12.3
铁路、船舶、航空航天和其他运输设备制造业	2.1	66.7
电气机械和器材制造业	3.9	1.3
计算机、通信和其他电子设备制造业	9.0	17.0
电力、热力生产和供应业	18.1	0.8

资料来源：2014年北京市国民经济和社会发展统计公报。

表5-3　　2014年规模以上工业企业主要产品产量　　单位:%

产品名称	单位	产量	比上年增长
发电量	亿千瓦时	338.6	0.8
原油加工量	万吨	1051.1	19.2
乙烯	万吨	77.6	7.4
金属切削机床	台	16846	59.7
其中：数控金属切削机床	台	13890	99.2
汽车	万辆	216.7	6.3
其中：基本型乘用车（轿车）	万辆	118.6	25.4
运动型多用途乘用车（SUV）	万辆	33.4	1.4
载货汽车	万辆	51.2	-18.0
饮料酒	万千升	187.4	-5.3
其中：啤酒	万千升	156.6	-6.9
乳制品	万吨	60.6	2.8
移动通信手持机（手机）	万台	17983.6	-3.9
微型计算机设备	万台	1015.6	-10.8
显示器	万台	548.1	79.5
集成电路	亿块	54.3	30.9

资料来源：2014年北京市国民经济和社会发展统计公报。

全年规模以上工业企业经济效益综合指数为299.18，比上年提高21.8个百分点。规模以上工业企业实现利润1493.2亿元，比上年增长18.5%。重点行业中，电力、热力生产和供应业实现利润452.6亿元，增长30.8%；汽车制造业实现利润323.5亿元，增长11.1%；计算机、通信和其他电子设备制造业实现利润120.5亿元，增长8.8%；医药制造业实现利润110.6亿元，增长1.3%；专用设备制造业实现利润69.6亿元，下降

12.4%；通用设备制造业实现利润 55.1 亿元，增长 24.7%。战略性新兴产业实现利润 299.3 亿元，增长 15.2%。

2. 2014 年北京市社会固定资产投资

2014 年，北京市完成全社会固定资产投资 7562.3 亿元，比上年增长 7.5%。全社会投资中，城镇投资完成 6926.6 亿元，增长 9%，其中，房地产开发投资完成 3911.3 亿元，增长 12.3%；农村投资完成 635.7 亿元，下降 6.5%。图 5－3 表明了北京市 2010—2014 年全社会固定资产投资及增长速度。

（1）基础设施投资增势较好。北京基础设施投资完成 2018.1 亿元，比上年增长 13%，占全社会投资的比重为 26.7%，比上年提高 1.3 个百分点。其中，交通运输业完成投资 756.5 亿元，增长 13.9%；公共服务业完成投资 502.5 亿元，增长 11.3%。

（2）民间投资比重上升。北京民间投资完成 2620.7 亿元，比上年增长 8.3%；占全社会投资的比重为 34.7%，比上年提高 0.3 个百分点。

（3）第三产业投资较快增长。第一产业完成投资 163.9 亿元，下降 6.6%，占全社会投资比重为 2.2%；第二产业完成投资 716.8 亿元，下降 5.1%，占全社会投资比重为 9.5%，其中工业投资完成 711.9 亿元，下降 4.7%；第三产业完成投资 6681.6 亿元，增长 9.5%，占全社会投资比重为 88.4%。

（4）各功能区投资稳步增加。首都功能核心区完成投资 455.9 亿元，增长 11.7%；城市功能拓展区完成投资 3073.5 亿元，增长 5.7%；城市发展新区完成投资 3188.2 亿元，增长 8.2%；生态涵养发展区完成投资 844.7 亿元，增长 9.7%。

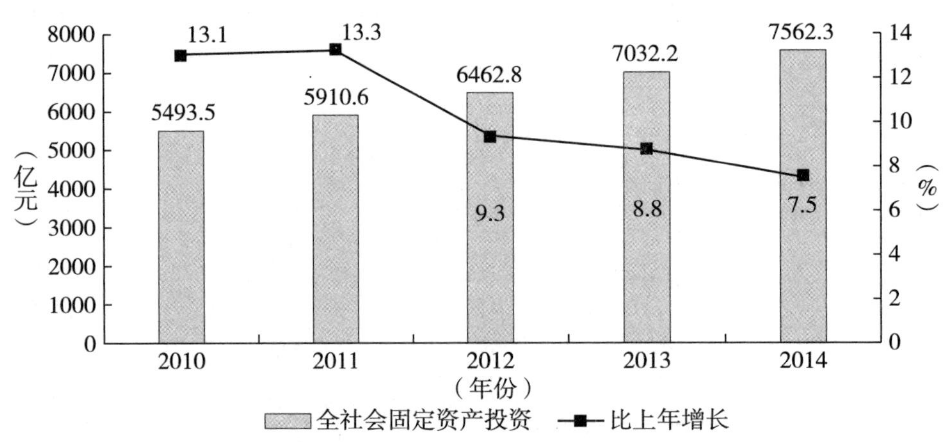

图 5－3　2010—2014 年全社会固定资产投资及增长速度

资料来源：2014 年北京市国民经济和社会发展统计公报。

分城乡看，城镇投资 6926.6 亿元，增长 9.0%；农村投资 635.7 亿元，下降 6.5%。

分产业看，第一产业投资 163.9 亿元，下降 6.6%；第二产业投资 716.8 亿元，下降 5.1%；第三产业投资 6681.6 亿元，增长 9.5%。

3. 2014 年北京市社会消费品零售额

全年批发和零售业实现商品购销额 124012.3 亿元，比上年增长 5.6%。其中，实现购进额 58722.3 亿元，增长 3.7%；销售额 65290 亿元，增长 7.5%。

2014 年，全市实现社会消费品零售总额 9098.1 亿元，同比增长 8.6%，增速比 2013 年回落 0.1 个百分点。从商品用途看，吃、穿、用和烧类商品分别实现零售额 1737.7 亿元、752 亿元、6042.5 亿元和 565.9 亿元，同比分别增长 3.1%、0.8%、12.3% 和 0.3%。

12 月，全市实现社会消费品零售总额 891.2 亿元，比 2013 年同期增长 9.1%，增速比 11 月回落 0.7 个百分点。

从限额以上批发零售贸易企业的销售情况看，增速较高的三类商品分别为通信器材类、文化办公用品类、中西药品类，电子出版物类、金银珠宝类和体育娱乐用品类等商品零售额减少。

2014 年，北京市实现社会消费品零售总额 9098.1 亿元，比上年增长 8.6%。其中，网上零售额比上年增长 69.7%，对社会消费品零售总额增长的贡献率超过 8 成。

这是北京市统计局、国家统计局北京调查总队公布的数据显示的。北京市统计局新闻发言人表示，2014 年，北京消费市场表现稳健，按消费形态分，商品销售额 8385.1 亿元，增长 9.5%；餐饮收入 713 亿元，下降 0.8%。

从商品类值看，最抢眼的是信息消费。2014 年 1—11 月，信息消费额达到 1116 亿元，增长 54.9%。其中，手机消费达到 776.3 亿元，增长 87%。从业态看，网上消费表现最抢眼，2014 年前 10 个月的消费总额已经超过 2013 年全年总额。2014 年，限额以上批发零售企业实现网上零售额 1456.9 亿元，比上年增长 69.7%，对社会消费品零售总额增长的贡献率超过 8 成。

夏沁芳（北京市统计局副局长）指出，现在提升生活品质的消费越来越受到居民青睐，突出表现是服务消费支出快于商品性消费。城镇居民消费增长快的领域包括：参观、游览，增长 50.5%；美容增长 36.1%；信息服务，包括通信、上网增长 24.3%；家庭服务支出增长 16.8%。农村居民消费增长较快的是文化、体育、娱乐领域，增长 45.3%。

图 5－4 详细描述了北京市 2014 年社会消费品的增速。

表 5－4 描述了北京市 2014 年社会消费品零售总额。

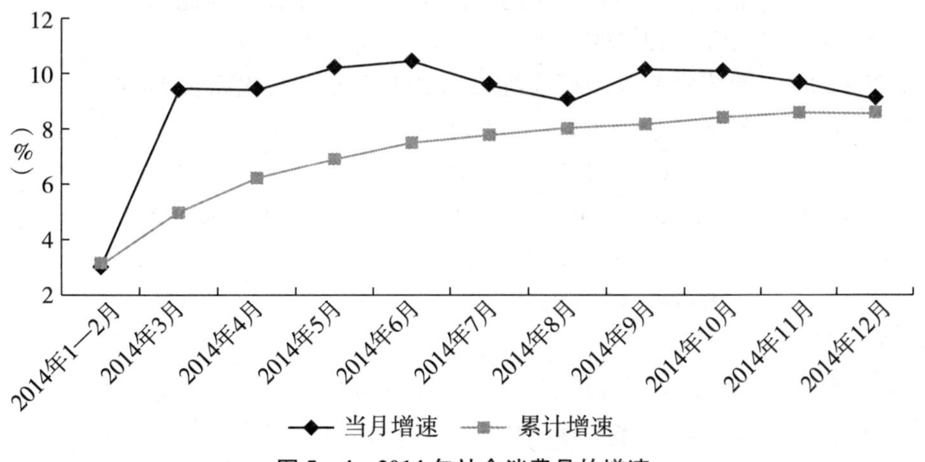

图 5－4　2014 年社会消费品的增速

资料来源：2014 年北京市国民经济和社会发展统计公报。

表 5－4　　　　2014 年社会消费品零售总额

指标	零售额（亿元）	比上年增长（%）
社会消费品零售总额	9098.1	8.6
按商品用途分		
吃类商品	1737.7	3.1
穿类商品	752.0	0.8
用类商品	6042.5	12.3
烧类商品	565.9	0.3
按消费形态分		
餐饮收入	713.0	－0.8
商品零售	8385.1	9.5

资料来源：2014 年北京市国民经济和社会发展统计公报。

4. 2014 年北京市城乡居民收入增长

全年城镇居民人均可支配收入达到 43910 元，比上年增长 8.9%；扣除价格因素后，实际增长 7.2%。农村居民人均纯收入达到 20226 元，比上年增长 10.3%；扣除价格因素后，实际增长 8.6%。城镇居民人均消费性支出达到 28009 元，增长 6.6%，其中服务性消费支出 9197 元，增长 10.7%；恩格尔系数为 30.8%，比上年下降 0.3 个百分点。农村居民人均消费性支出达到 14529 元，增长 7.2%；恩格尔系数为 34.7%，比上年提高 0.1 个百分点。城镇居民人均住房建筑面积 31.54 平方米，农村居民人均住房面积 52.42 平方米。

据住户收支与生活状况调查资料显示，2014 年，我市城镇居民人均家庭总收入 49730 元，同比增长 9.8%，其中，人均可支配收入 43910 元，同比增长 8.9%。

2014 年，人均家庭总收入中，人均工资性收入 33044 元，同比增长 9.2%；人均转移性收入 14363 元，同比增长 11.0%；人均经营净收入 1670 元，同比增长 12.3%；人均财产性收入 653 元，同比增长 13.6%。

2014 年，20% 低收入家庭人均可支配收入 21180 元，同比增长 14.4%；20% 高收入家庭人均可支配收入 77667 元，同比增长 8.0%。

图 5－5 表示了北京市 2010—2014 年城镇居民人均可支配收入及实际增速。

图 5－6 表示了北京市 2010—2014 年农村居民人均纯收入及实际增速。

图 5－7 表示了北京市 2010—2014 年城镇新增就业人数。

就业：全年城镇新增就业 42.7 万人。城镇登记失业率为 1.31%，比上年年末上升 0.1 个百分点。

北京市统计局表示，总体上看，近年全市经济运行平稳，稳中有进。新的一年，国内外经济形势仍然比较复杂，北京建设国际一流和谐宜居之都、转变发展方式、推动京津冀协同发展的任务还很艰巨。要认真贯彻落实中央经济工作会和北京市委全会的精神，继续推动全市经济稳定健康持续发展。

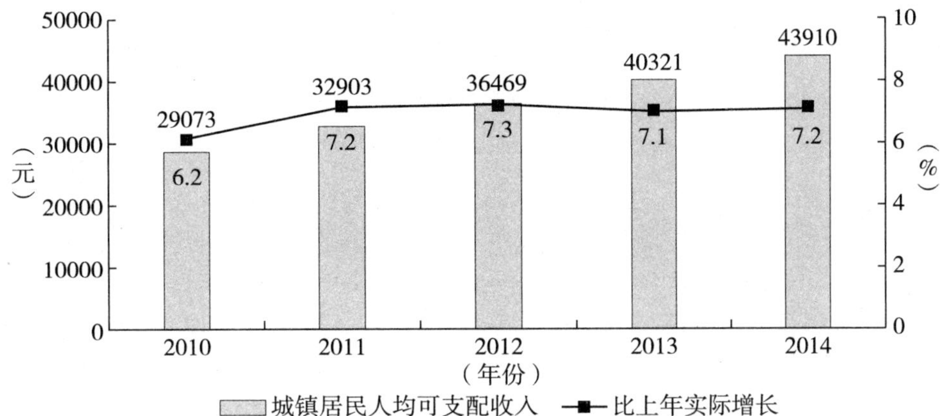

图 5－5　2010—2014 年城镇居民人均可支配收入及实际增速

资料来源：2014 年北京市国民经济和社会发展统计公报。

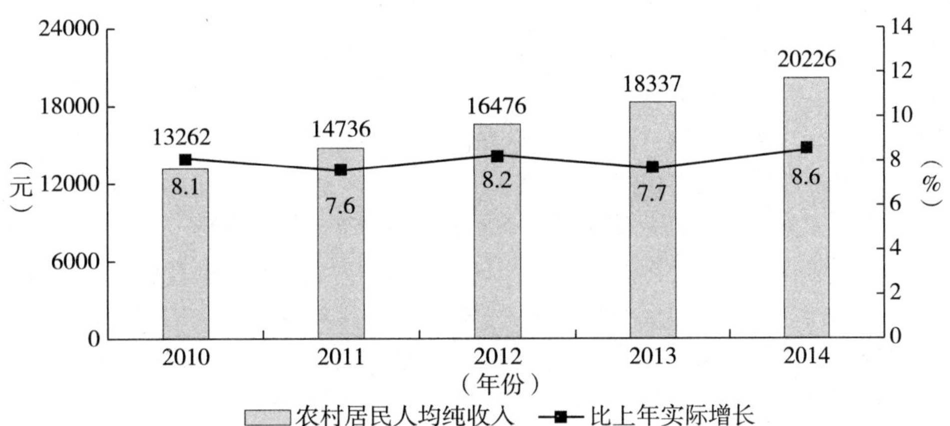

图 5－6　2010—2014 年农村居民人均纯收入及实际增速

资料来源：2014 年北京市国民经济和社会发展统计公报。

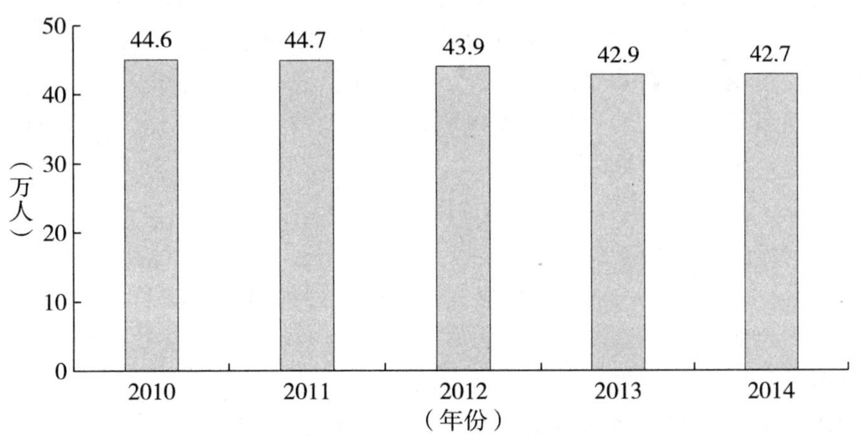

图 5－7　2010—2014 年城镇新增就业人数

资料来源：2014 年北京市国民经济和社会发展统计公报。

（二）北京市仓储产业政策环境分析

1. 国家物流业发展中长期规划（2014—2020 年）

物流业是融合运输、仓储、货代、信息等产业的复合型服务业，是支撑国民经济发展的基础性、战略性产业。加快发展现代物流业，对于促进产业结构调整、转变发展方式、提高国民经济竞争力和建设生态文明具有重要意义。为促进物流业健康发展，根据党的十八大、十八届三中全会精神和《中华人民共和国国民经济和社会发展第十二个五年规划纲要》《服务业发展“十二五”规划》等，制定本规划。规划期为2014—2020年。

（1）发展现状、面临的形势以及发展目标

①发展现状。我国物流业已步入转型升级的新阶段。但是，物流业发展总体水平还不高，发展方式比较粗放。主要表现为：一是物流成本高、效率低。二是条块分割严重，阻碍物流业发展的体制机制障碍仍未打破。三是基础设施相对滞后，不能满足现代物流发展的要求。现代化仓储、多式联运转运等设施仍显不足，布局合理、功能完善的物流园区体系尚未建立，高效、顺畅、便捷的综合交通运输网络尚不健全，物流基础设施之间不衔接、不配套问题比较突出。四是政策法规体系还不够完善，市场秩序不够规范。已经出台的一些政策措施有待进一步落实，一些地方针对物流企业的乱收费、乱罚款问题突出。信用体系建设滞后，物流业从业人员整体素质有待进一步提升。

②面临的形势。新技术、新管理不断出现。信息技术和供应链管理不断发展并在物流业得到广泛运用，为广大生产流通企业提供了越来越低成本、高效率、多样化、精益化的物流服务，推动制造业专注核心业务和商贸业优化内部分工，以新技术、新管理为核心的现代物流体系日益形成。随着城乡居民消费能力的增强和消费方式的逐步转变，全社会物流服务能力和效率持续提升，物流成本进一步降低、流通效率明显提高，物流业市场竞争加剧。

资源环境约束日益加强。随着社会物流规模的快速扩大、能源消耗和环境污染形势的加重、城市交通压力的加大，传统的物流运作模式已难以为继。按照建设生态文明的要求，必须加快运用先进运营管理理念，不断提高信息化、标准化和自动化水平，促进一体化运作和网络化经营，大力发展绿色物流，推动节能减排，切实降低能耗、减少排放、缓解交通压力。

③发展目标。到 2020 年，基本建立布局合理、技术先进、便捷高效、绿色环保、安全有序的现代物流服务体系。

物流的社会化、专业化水平进一步提升。物流业增加值年均增长 8% 左右，物流业增加值占国内生产总值的比重达到 7.5% 左右。第三方物流比重明显提高。新的物流装备、技术广泛应用。

物流企业竞争力显著增强。一体化运作、网络化经营能力进一步提高，信息化和供应链管理水平明显提升，形成一批具有国际竞争力的大型综合物流企业集团和物流服务品牌。

物流基础设施及运作方式衔接更加顺畅。物流园区网络体系布局更加合理，多式联运、甩挂运输、共同配送等现代物流运作方式保持较快发展，物流集聚发展的效益进一步显现。

物流整体运行效率显著提高。全社会物流总费用与国内生产总值的比率由2013年的18%下降到16%左右，物流业对国民经济的支撑和保障能力进一步增强。

（2）发展重点

①着力降低物流成本。打破条块分割和地区封锁，减少行政干预，清理和废除妨碍全国统一市场和公平竞争的各种规定和做法，建立统一开放、竞争有序的全国物流服务市场。进一步优化通行环境，加强和规范收费公路管理，保障车辆便捷高效通行，积极采取有力措施，切实加大对公路乱收费、乱罚款的清理整顿力度，减少不必要的收费点，全面推进全国主要高速公路不停车收费系统建设。

②着力提升物流企业规模化、集约化水平。鼓励物流企业通过参股控股、兼并重组、协作联盟等方式做大做强，形成一批技术水平先进、主营业务突出、核心竞争力强的大型现代物流企业集团，通过规模化经营提高物流服务的一体化、网络化水平，形成大小物流企业共同发展的良好态势。鼓励运输、仓储等传统物流企业向上下游延伸服务，推进物流业与其他产业互动融合，协同发展。鼓励物流企业与制造企业深化战略合作，建立与新型工业化发展相适应的制造业物流服务体系，形成一批具有全球采购、全球配送能力的供应链服务商。

③着力加强物流基础设施网络建设。推进综合交通运输体系建设，合理规划布局物流基础设施，完善综合运输通道和交通枢纽节点布局，构建便捷、高效的物流基础设施网络，促进多种运输方式顺畅衔接和高效中转，提升物流体系综合能力。优化航空货运网络布局，加快国内航空货运转运中心、连接国际重要航空货运中心的大型货运枢纽建设。推进“港站一体化”，实现铁路货运站与港口码头无缝衔接。完善物流转运设施，提高货物换装的便捷性和兼容性。加强物流园区规划布局，进一步明确功能定位，整合和规范现有园区，节约、集约用地，提高资源利用效率和管理水平。

在这个物流业发展中长期规划中，给出物流业发展的具体目标和发展方向，在此政策环境下仓储的发展也是如鱼得水，不断进步。

2. 北京市物流业调整和振兴实施方案

（1）发展现状

北京市物流资源丰富，区位条件优越，是全国重要的交通枢纽和全国性物流节点城市。进入21世纪以来，全市物流业总体规模快速扩张、基础设施日益完善、空间布局不断优化、发展水平显著提高、发展环境明显改善，已基本形成了公路、铁路、航空互为补充的综合立体交通网络和“三环、五带、多中心”的发展空间布局，物流业务网络辐射全国。

北京的物流业的发展现状总体规模快速扩张、基础设施日益完善、空间布局不断优化、发展水平显著提高、发展环境明显改善。尽管近几年本市物流业取得了较好的发展，但与首都经济社会发展的要求相比，还存在一些突出问题：一是物流基地引导物流资源聚集的作用没有充分发挥；二是以承担社会化物流为主的第三方物流所占比例较低；三是部分物流企业服务能力和服务水平较低，市场竞争力不强；四是促进物流业发展的配套政策尚待完善。

（2）主要任务和重点工作

①加快基础设施建设，提升物流基地功能。继续推进物流基地道路改造、市政管线、场地平整、配套设施等工程项目建设，完善五大物流基地的基础设施条件，增加政府基础设施建设投入，带动社会投资。加强分类引导，强化特色功能。加快推进天竺综合保税区建设，充分发挥其政策功能，吸引跨国公司国际分拨中心入驻；顺义空港物流基地要充分发挥北京临空经济区核心区的区位优势，重点发展体现首都特色和优势的航空物流产业；平谷马坊物流基地要在完善设施和功能的基础上，加快与天津港实现口岸直通，通过海陆联运发展国际物流，为北京市外向型企业拓展新的海运通道；通州马驹桥物流基地要加紧推进设施建设，为实现朝阳口岸功能平移创造条件；房山良乡物流基地和大兴京南物流基地要充分利用公路铁路联运优势，积极吸引物流企业入驻。

②完善城市配送网络，建立应急物流体系。调整优化城市物流配送设施布局，完善市内一级市场向二级市场的物流配送网络建设。支持发展专业化物流，加快建立食品、药品、农产品、冷链等物流配送体系。

加快建立城市应急物流体系。制定应急物流预案，建立和完善覆盖全市的应急物流保障系统，选择和培育一批具有应急能力的物流企业，提高危机状态下的快速反应能力。

③引进、培育品牌企业，加快结构优化调整。加快吸引国际知名物流企业和有实力的内资民营物流企业在本市设立总部或分机构。力争在 3 年内引进国际知名物流企业 8 ~ 10 家，引进国内百强物流企业 15 ~ 20 家。促进物流总部发展，支持开展资金结算、营运控制、信息管理等高端物流业务，提升本市物流业影响力，强化物流枢纽地位。

④强化区域深度合作，拓展物流业发展空间。发挥首都的综合优势，加强与周边地区的区域物流合作，建立政府、企业、中介组织等多层次紧密合作机制，创办环渤海区域物流合作论坛。加强协调，推进区域间口岸合作，加快“大通关”建设，积极探索公、铁、海、空联合运输的新模式，提升物流基地口岸服务功能。发挥本市产业高端化优势，对于参与外埠市场竞争、输出技术和管理并取得良好经营业绩的企业给予政策和资金支持，帮助企业拓展发展空间。

⑤打造三大平台，建立物流业发展的支撑体系。建立科技支撑平台。加大科技投入力度，组织实施北京现代物流关键技术支撑专项，开展现代物流关键技术、管理技术和绿色物流技术的研究开发；培育一批在物流技术及管理模式上具有示范效应的园区和企业；推广应用先进适用的物流技术、物流装备、信息系统及管理方法，提高企业信息化、自动化、标准化水平；支持“电子商务 + 物流”新模式，推进电子商务与物流共同发展；建立具有首都特色的物流科技支撑体系，保持本市物流企业整体技术水平在国内的领先地位。

建立信息支撑平台。支持建立北京公共物流信息服务平台，实现区域间、区域内物流节点及物流企业之间的信息资源共享和无缝衔接；健全本市物流统计监测体系及行业发展评价体系，为政府部门决策、引导物流企业发展提供信息支持。

3. 物流业现行政策分析与评价

近几年，我国物流业得到了迅猛发展。2010 年以来我国社会物流总额连续四年保持加速增长的态势。物流运行条件不断改善，社会物流总效益进一步提高，物流对经济增长的贡献越来越大，经济发展对物流的依赖程度也越来越高。物流业已经成为国民经济发展的重要产业和新的经济增长点。

（1）物流政策法规建设得到各级领导的高度重视

国家颁布了一系列的法律章程和意见，如《关于加强流通法律工作的若干意见》《关于促进我国现代物流业发展的意见》《关于加快我国现代物流发展的若干意见》《关于促进运输企业发展综合物流服务的若干意见》《加快发展我国集装箱运输的若干意见》等。这些都是物流业发展的保障。

（2）我国物流业现行政策还未形成完整的体系

虽然国务院及各部委相继出台了一系列物流运行的政策法规，但从整体上看，物流政策还未形成完整的体系。

①现代物流发展缺乏指导整个物流产业发展的战略性、纲领性的产业政策以及相关的支持配套政策。目前我国对现代物流的理性认识尚处于初级阶段，企业界对物流业务的重视和开发还有很大的局限性。特别是处于物流核心地位的公路交通、铁路交通、水路交通和航空等企业，各自为政，部门垄断、行业垄断、地区垄断等阻碍了我国现代物流业的发展。这一点从现有的物流法律法规中也能略见一斑，以部门、行业立法为主，技术性法规居多，法律法规的效力十分有限。

②导向定位不准，目标重点不明确，缺乏可操作性。现代物流作为一项跨行业、跨部门、跨地区，甚至跨越国界的系统工程，需要各行业、各部门协同作战，密切配合，进行长期不懈的艰苦努力，构筑专业化、社会化、现代化的物流服务网络体系。目前国家政策对物流业发展的制度环境、在一段时期内的发展目标、发展重点并没有明确体现，造成物流发展的盲目性，各地各级政府不分具体情况一哄而上，物流园区、物流基地等相继上马，有些已陷入进退两难的境地。如果有明确的政策导向，明确不同地区不同的发展目标和重点，应能避免这种现象的发生。

③现行政策多为部门法规，缺乏统筹物流产业整体规范发展的综合性产业政策。从已颁布的法规来看，多是从部门角度出发对本行业的行为进行干预和规范。如现行法规中较多是专门针对运输业的法规，包括公路、铁路、海运、港口、货代等。物流业是一个需要整合多个行业资源来实现高效率的特殊产业，尤其需要有能整合不同行业资源、具有整体性的法规，这方面现行法规仍有很大欠缺。

④事后政策居多，缺乏前瞻性、系统性。一项政策或法规应具有前瞻性，应能在事前就规范总体的框架，应能预见到一些将会出现的问题并予以规范。同时政策的出台还应有系统性，成系列地推出。但现行政策的推出多在事后，尤其是出现问题时才会想到相关的政策法规的不健全，这是非常不利于物流业发展的。任何事物的发展都离不开相配套的政策法规，尤其是处于高速发展时期的新兴事物，更需要健全的法规来创造规范发展的环境，在这方面我们仍有很长的路要走。

4. 对今后制定物流政策的建议

第一，加快制定物流产业政策，从产业发展的角度来统筹规划、整合资源，实现物流业的整体推进。物流的产业化发展是趋势，是社会分工专业化的需要，也是实现规模经济的需要。物流组织活动只有在规模经营和网络化运作的基础上才能产生预期的效益。制定物流产业政策还将进一步促进不同领域相关行业在发展现代物流进程中的协调和配合，强调整体性发展，达到共同发展提高效率的目的。

通过实施产业政策，可以明确产业发展方向，规划产业结构，规范产业市场，整合多方资源，提升本产业产品竞争力，实现资源的优化配置和高效率。产业政策的主要作用在于弥补市场的缺陷；实现产业的超常规发展，缩短赶超时间；促进产业结构合理化与高度化，实现产业资源的优化配置；增强产业的国际竞争力。因此，制定有效的产业政策是进一步推动物流业产业化发展的必然选择。

第二，树立物流业发展的正确政策导向，提升政策的科学性和透明度。首先，要树立正确的政策观念，即要树立产业政策的观念，重视物流基础设施建设观念，实施适度开放与保护政策的观念以及科学的行业管理政策的观念。要加强基础性政策的引导和扶持。其次，明确物流业发展的目标和重点。根据地区经济发展的总体规划，确定物流业的发展规划，明确发展目标和重点。最后，明确政府职能，即为物流业的发展构造良好的制度环境，积极引导和扶持物流业的规范发展，协调各部门之间的关系和利益分配，实现各方资源的整合，统筹调度，以高效率地提供物流服务。

第三，构建物流业的市场准入制度。物流业的规范发展有赖于一个规范的市场。构建物流业的市场准入制度是非常重要的制度建设内容，为此要明确物流企业的分类，明晰物流服务业的经营内涵，界定物流服务企业的范围。要建立市场监管体系，制定相应的标准，从严审批，从严管理，从源头规范企业的各种行为，进而实现整个物流市场的规范发展。要充分发挥行业协会的作用，加强行业管理和自律。

第四，要借鉴发达国家物流发展的经验，提升物流管理的水平。

第五，建立必要的政策效用评估体系。一项政策出台以后，其可行性、科学性、实用性、有效性如何，在物流管理的具体实践中到底能起多大的作用，这种事后的评估是十分必要的，理应引起足够的重视。这种评价也是政策科学性的充分体现。通过评估，可以评定现行政策的实际效果，以此给政策的制定者提供比较、鉴别及评判的依据，并依此决定对现有政策的选择、调整、完善、推广、创新甚至放弃。

第二节　北京仓储基础设施发展现状

一、北京仓库现状分析

仓储设施，是指仓储工作赖以进行的基础设施，主要就是仓库。仓库是保管、储存物品的建筑物和场所的总称。

自从我国建立了生产资料社会主义公有制后，确立了我国的社会主义经济制度，建立起集中统一的经济管理体制，在中央集中统一领导下，形成了以部门管理为主的管理体制。在高度计划经济体制下，我国的生产资料流通完全纳入了计划分配轨道，企业所需的物资只能按照企业的隶属关系进行申请，经综合平衡部门综合平衡之后，再按各部门进行计划供应；而各部门为了储存保管好分配来的各种物资，就需要建立仓库，于是层层设库，行行设库的现象层出不穷，逐渐形成了部门仓储管理系统。由于建库时都是从本部门利益出发，很少顾及其他部门或国家的利益，再加上相互间缺乏沟通，又没有一个统一管理部门来进行协调和统筹安排，因此出现了重复设库问题，仓库拥有量巨大。到了现在这个阶段，分配体制、供应体制都发生了根本性的改变，企业都走向了市场，对于现代物流专业化、社会化观念的认同，使得这些仓库很大一部分出现了闲置，其设施、设备情况也趋于老化、落后。

以北京西郊粮库为例说明旧仓库设施：

北京西郊粮库建于1956年，为国家大型粮食储运企业。占地面积16.8万平方米，仓储面积12.5万平方米，仓容总量为4.1亿斤。拥有各类型的仓库，如顶升库房32栋，制冷低温库房8栋，空调恒温库房3栋，山洞库1座，设低温仓28个，砖桶仓27座。桶式钢板仓40座，简易仓1座，容量700万斤。储油罐12个，容量490万斤。设1600米的铁路专用线2条，与五路车站相连。1.6万平方米的铁路罩棚4座，站台卸粮坑2条；各有湿粮烘干塔2座，日烘干能力110万斤。大米加工生产线2条，日加工能力26万斤。消防车2部，24小时备防，配电室1座，备有800千伏变压器2台，共计1600千伏安。

西郊粮库现有的业务主要有：国家的粮食储备；商品的储存（仓库的出租，商品的代管）；商品的集散功能（铁路等干线运输，装卸）；大型超市及商场的商品配送；大米及食用油的加工与分装。

经过调查分析，仓储设施的具体状况是：

仓储设施建设滞后，仓容总量严重不足。从1998年实行粮改至2001年，四年全县26户企业累计收购粮食7391万千克，销售4197.5万千克，粮食储存量净增力3193.5万千克，而同期粮食企业增加仓储建设资金175万元，新建仓容650万千克，硬缺2543.5万千克。

多数旧仓年久失修，到了无以为继的地步。在现有的仓房中，从使用年限分析：20世纪60年代以前修建的7栋，库容1050万千克；60—70年代修建的29栋，库容195万千克；70—80年代修建的17栋，库容1750万千克；80—90年代修建的7栋，库容600万千克；90年代以后修建的12栋，库容1200万千克。从这些仓房的结构分析：土木结构的42栋，库容3950千克，占60%；土窑洞结构的9孔，库容350万千克，占6%；砖混结构的21栋，库容2250万千克，占34%。从这些仓房的使用现状分析：可以继续使用的42栋，库容4550万千克，占58%；需要立即维修后使用的26栋，1600万千克，占36%；即将倒塌、无法继续使用的4栋，400万千克，占6%。

仓储设施布局不均，库容调剂仍有困难。由于历史的原因以及仓储设施建设计划安排过程中，对业务量较大、地处重点集镇的企业实行重点倾斜，粮食企业现有库容空、缺不均的问题比较突出，有15户企业库容硬缺口达750万千克，只有4个企业库容略有空余，可满足今年夏粮收购之需要。由于多数企业地处山区，互相之间距离远，交通条件差，采用调剂库容的办法解决部分库容不足的问题，有两个难于解决的问题：如果以代保管的形式实行移库，所发生的费用较大，每吨移库费用需20元，加大了企业的经营成本，在企业费用十分紧张的情况下，支付这笔费用确有困难；如果以销售形式由甲所调往乙所，涉及粮食的成本价格问题，双方难以达成协议。而且库容缺口大的所基本上都是地处偏远，粮食库存成本较高，经营困难大的企业。

由于我国以行政管辖范围为系统建立仓库，不同部门、不同层次、不同领域为满足自身使用的方便都设立仓库，这就使我国的仓库拥有量居世界前列。这些旧有仓库里面，也有一小部分机械化水平比较高的，但各个地区发展并不平衡，目前北京旧有仓库可以说是小部分比较先进和大部分落后并存。总的来说，对于我国仓库现状可以做如下分析：

（一）仓库过多，且仓库布局不合理

历史的原因造成了北京形成一种部门仓储业的格局，各部门都有自己的仓库，自成体系，各自为政。下面以流通领域、铁道部为例进行说明。

1. 以流通领域为例

据有关方面统计，我国流通领域里的仓库，总计约占三亿多平方米的流通仓库面积，见表5－5。

表5－5　　我国流通领域仓库拥有情况

单位	约拥有的仓库面积（万平方米）
商业系统	8000余
粮食系统	8000
供销合作社	9000
外经贸系统	3000
物资系统	2000

2. 以铁道部所属仓库为例

铁道部是物流业的主要部门之一，它负责全国铁路运输、基建和铁路专用设备及器材生产。为保证铁路运营、生产和基建的顺利进行，保证铁路所需物资，铁道部根据各级物资供应机构的权限，确定了铁路物资仓库管理体制，并在铁路系统内形成了一个铁路物资仓库网。以行政级别划分，有部级仓库、局级仓库、企业仓库和股队基层仓库；以分工划分，有各铁路局物资处所属仓库等。据铁道部1987年的统计，全路约有1126万平方米仓储面积，其中，运营系统仓储面积约有470万平方米，占全路仓储面积的41.9%。

以上两个例子是从不同方面来调查其仓库的拥有情况，从当初设仓库的目的来看，大多是为了满足本系统或本部门物资供应的需要而逐渐建立起来的。但北京的仓库大部分是平房仓库，占地面积大、储存效率低，且大多分布在经济较发达的地区和城市。仓库的重复建设加大了北京的基建投资，占用了大量土地。更因为我国是一种部门仓储业，因此出现同城同类仓库重复情况严重，结果造成货物中转环节多、货物旅行等不合理物流现象，浪费了大量人力、物力和财力。而一些边远或落后地区在发展经济急需建立仓库时，又由于资金不足或其他原因，不能及时修建到位。仓库布局的这种不平衡状况，直接影响了地区经济的发展，进而影响了城市或区域经济整体发展规划的实施。

在引进自动化仓库技术方面也缺乏必要的经济技术论证和可行性研究，特别是在20

世纪80年代初我国刮起了一股自动化仓库热，许多企业和部门纷纷建立自动化仓库，投入了大量资金、人力和财力，但真正能充分发挥自动化仓库作用的不多。

（二）仓储设备状况相差悬殊，仓库作业效率不均衡

北京目前旧有仓库所拥有的仓储设备状况很不一样。有的现代化仓库具有很先进的仓储设备，如各种先进的装卸搬运设备、高层货架仓库、全部实行计算机管理等。而有的仓库却还处在以人工作业为主的原始管理状态，仓库作业大部分靠肩扛人抬，只有少量的机械设备；当出入库任务较集中时，不得不采用人海战术；仓库管理基本上停留在人工作业阶段，仓库作业效率极低。还有一种情况是介于两者之间，具有一定的机械设备和铁路专用线，但利用率不高，有些设备已经老化，但由于资金不足无力更新，只得带病作业，隐藏着很多不安全因素。有些仓库为了维持日常的经费开支，不得不出租库房、专用线等，使我国的仓储综合效益难以提高。

（三）某些特种仓库数量不足、设备落后

按储存商品的特性进行分类，仓储分为通用仓库、专用仓库和特种仓库。特种仓库主要就是储存农产品生鲜物品、化工产品、石油、危险品、爆炸品等。

特种仓储市场供不应求，仓库严重短缺，这在我国各地是个普遍而突出的问题。当前，全国各地产业化、园区化、基地化、国际化步伐加快，而与之相关的化学品专业物流在石油和化工行业发展中的地位日益突出。危险品仓储行业最大的问题依然是设施亏空比较大。从分会掌握的情况看，亏空大概在25%，危险品仓库可以说是“一库难求”。北京市安监局会同市化工集团等单位于2014年对北京市危化品行业进行了一次调查，结果显示，在12609家危化品从业单位中，专业储存单位只有1家，且这家的危化品仓储面积只有1万平方米。据分会测算，北京地区危险品仓储面积需求量在20万平方米左右。

危险品仓储设施供不应求，仓库严重短缺是近几年来我国危险品仓储业的一个突出问题。除了危化品仓储门槛高、风险大、征地审批困难等，还有很多新的因素：一是2014年我国石化产品同比增加了13.9%，出口量却同比减少了30%，致使大量产品积压在国内，存量增加致使仓库越来越紧缺。二是部分项目盲目投资，生产规模不断扩大引发的结构性产能过剩，造成产品积压，库满仓平。据化工信息部门统计：我国纯碱过剩超过25%，烧碱过剩超过30%，硫酸过剩超过25%，黄磷过剩超过60%，甲醇过剩超过50%，电石过剩超过30%。三是危险品仓库建设仍然步履艰难。

城市用地紧缺不断加剧，危险品仓库难有立足之地。有分析人士指出，“危险品仓库短缺已成为影响我国化工物流发展的瓶颈，这个问题不得解决，难言危化品物流现代化。”危险品仓储还有一个明显的问题，就是地区分布极不均匀。目前，我国东南沿海、长三角、珠三角、环渤海湾地区占我国危险品仓储业的70%以上，中西部地区不足30%，且大多分布在大中城市和能源产地。此外，我国的危险品仓储企业的规模差距悬殊，大企业的仓库面积可达数万平方米，小企业的仓库仅数百平方米。

截至2014年年底，我国从事危险品仓储物流的企业数量为5000家，同比减少了54.83%，其中最主要的原因就是国家加大了对危化品从业单位安全整治力度，一些设备

简陋、环保不达标、安全管理不规范、地理位置不适的危险品仓储企业，被强行关、停、并、转。危险品仓储企业的数量虽然减少了，但仓储面积、储罐容量并未减少，反而略有提升。这说明我国的危险品仓库集中度在提升。

标准化建设速度缓慢，也严重影响了危化品仓储业调整发展速度。一是危险品仓储标准匮乏。如危化品仓储作业流程规范、堆码苫垫标准、仓库建设技术参数、仓库安全设施设备配置标准、从业人员资质条件等，都迟迟不能出台，造成很多仓储环节“无标可依”。目前，企业大多参照相关行业标准执行，但不同细分行业的标准也大相径庭，各地也不统一，给信息沟通、行业管理带来诸多不便。二是部分标准过时老化，不符实际的标准得不到及时修正和调整。按规定，相关标准在实施5年以后，就应进行修订。可目前有的标准已经使用了十几年，与世界先进国家的标准距离越来越大，难以接轨。三是新标准的申请报批环节多，手续复杂，工作效率低，致使行业急需和关注的标准不能及时出台。也由于一些相关危险品仓储业发展的国家标准未能及时出台，北京等地正在积极编撰适用于行业发展的地方标准和管理规范，比如《危险品仓库建设和安全管理规范》《危险品仓储作业流程》等。这些地方标准，根据本地区的具体情况和需求，把管理和设施、品种和数量、风险与承受能力等条件具体化，使标准更加科学化、实用化和先进化。此外，我国缺乏行业信息管理和统计管理系统，所有资料和信息数据蕴藏在大物流、大化工当中，收集和提取危化品仓储信息十分困难。

一线从业人员素质偏低、专业人才匮乏是我国物流业较普遍的问题，而对危险品仓储业来说，这个问题更加突出。危化品仓储专业人才比危险品仓库缺口更大，特别是高管人才极度匮乏。部分危化品仓储管理人员专业不对口，业务水平、知识结构、技术能力难以适应现代危化品仓储发展的要求。有分析人士指出，“这些人的文化素质并不低，但学物流专业的不懂危化品，学化工专业的不懂仓储。”

目前，危化品仓储业一线保管人员农民工占有33.57%，他们专业知识、商品养护、科学管理知之甚少，只能从事简单的出入库业务和装卸搬运作业。另据调查，有70%～80%的一线保管员没有进行过正规的职业技术培训，只是在企业内部进行简单岗前培训或职业教育。仓储协会下一步将编写统一的危险品仓库作业教材，对从业人员进行培训，提高一线操作人员的素质，降低安全事故的发生概率。除了从业人员素质偏低，缺少统一的安全监管也是造成安全事故的重要原因。多头监管给危化品仓储行业带来诸多不便，也牵扯了不少企业的精力。

据调查分析危险品仓库的构建要求：

（1）存放数量有限量，堆高有限度；

（2）货物堆放要保持“五距”，即墙距、垛距、梁距、柱距和灯距，一般规定货垛与梁、柱距离不少于0.3米，物品与墙、灯的距离不少于0.5米，垛距不少于1米，底距不少于0.1米，超量储存可能发生倒塌造成危险，而且在发生事故时不利于抢救和疏散；

（3）危险仓不宜与其他用途的房屋毗连，也不得将危险化学品的储存场所设在地下室或半地下室内；

（4）危险仓内应设置良好通风条件和隔热、降温、防潮、防汛、防雷等设施，配置防爆灯管和悬挂式自动灭火装置；

（5）危险仓的窗下部离地面不得低于1.8米，地面采用易冲洗的不燃烧地面；

（6）危险仓内须安装洗手盆一个，工作人员受污染时能马上得到清洗；

（7）危险仓四周应加围栏，围栏距仓库外墙间距1.2米，危险仓门口应加斜度，仓库内地面比外面高0.2米；

（8）仓内面积5平方米左右，高度为2.5米左右。

目前，我国大部分仓库是房式仓，这种情况与先进国家相反，这些国家立筒仓和钢板仓已经得到普及。房式仓的特点是：投资小，占地大，工艺性低，机械化程度一般不超过50%。由于我国粮食储备时间较长，有的长达数年。房式仓因堆高较低，粮情变化梯度较小，检测与控制比较方便。另外，房式仓一般不设置固定机械设备，基本不存在设备闲置的问题。所以就某种意义上讲，房式仓在中国目前的经济条件下，具有一定的技术经济优势。

形成仓库短缺的原因大致有四条：一是石油化工产业发展迅速，而危化品仓库发展缓慢，远远跟不上需求。二是老的危化品仓库多在城区或近郊，由于周边环境问题，国家政策法规对其予以制约，限制其储存品种和数量，不允许扩大和发展，有的强行外迁或关闭，致使仓库越来越少。三是新建危险品仓库选址征地和审批许可非常困难，使建库的积极性大打折扣。四是仓库设施设备技术条件较高，投资大，投资者比较慎重，致使危化品仓库发展缓慢。

（四）优质高标准的仓储资源不能满足要求

全球最大的工业地产开发商普洛斯研究表明，在2008—2014年间，欧洲电子商务发展领先的英、德、法三国的电商销售额每增加100万欧元，就带来约72000平方米的新增仓储需求。2014年，中国电子商务交易额突破10万亿元，同比增长26.8%，也就是增长了2.68万亿元，大致相当于3200亿欧元，大家可以算一下一年需要增加多少库房面积。

据中国仓储协会的数据，到2014年年底，全国的仓储物业设施供应总量是6.98亿平方米，其中只有1400万平方米是优质高标准仓库，仅占2%，且基本处于满租状态。这对于成长迅猛的电商“巨婴”来说，无疑是杯水车薪。

这说明优质高标准的需求是很大的，现有的完全不能满足需要，最大的需求者是零售电商和第三方物流提供者。电子商务将改变我们的生活，也给物流企业提供了发展的机遇。

优质高标准的仓库至少必须满足国家标准《通用仓库及库区规划设计参数》（GB/T 28581—2012）的要求，主要有以下几个指标。

装卸作业区应能满足40ft（40英尺）集装箱卡车作业的要求，库区通道的宽度、承重、转弯半径同样要满足40ft集装箱卡车通行的要求，库区主通道一般为双车道，宽度不小于9米，如是单车道宽度不小于5米。

单体仓库面积不小于10000平方米，跨度为20～30米，柱距为9～12米，净高为9米，地面承重不小于3t/m^2，地面平整、耐磨、耐冲击、不起砂，采用无毒，环保材料，进行超平处理。

应有仓库平台，高度宜为1～1.4米，宽度不小于4.5～5米。库门或仓库平台应设置防雨棚，防雨棚的有效宽度（库门或仓库平台外沿至防雨棚外沿）应不小于2.5米，距地面净高宜不小于5米。

库门选择手电动两用工业提升门、卷帘门或推拉门，不宜采用平开门，每万平方米库门不少于6扇，门宽不小于2.75米，高度不小于3.5米。

屋面采光板占屋面面积不小于2%。

有消防喷淋设施、有安全监控设施、有防雷设施。

总之，我国仓储设施目前状况不容乐观，其现状是：基础薄弱，管理粗放，结构分散，技术含量低。特别是近年来，这一问题日益突出。据最近了解，全国的国有仓库中，20世纪60年代前建的占37%、70年代的占28%、80年代的占34%。据统计，到1995年仅内贸系统拥有的通用仓库近2亿平方米、冷库400万吨、货场2亿平方米、货运车辆20万辆、铁路专用线2000千米，约有55%的需要大修；相当一部分铁路专用线是50年代的，因达不到标准有的已被铁路部门封停；仓储作业大部分还停留在人拉肩扛的原始水平上；一些起重装卸设备早已超期服役。这里大中型企业更严重，危旧仓库（指70年代前的）占70%以上的就有十几家。特别是一些专储危险品的仓库，倘若得不到及时修整发生问题，不但危及企业生存还危及社会的安全问题，不容忽视。

造成上述问题的原因是多方面的，一是近年来国家对流通设施的投资比例逐年下降，二是多年来仓储业一直是微利行业，仓储经营利润很低。还有几十万职工的生计问题，短期内很难彻底解决。旧有仓储设施不但要改造，还要尽快更新、尽快实现技术改造。对于过剩的仓库，寻找出路；对于粮食仓库等落后的仓库，在尽量不新建的基础上进行改造。

二、北京区域物流的基础设施规划布局

（一）基础设施规划缺乏区域间的协调

随着现代物流业近年来在我国的逐渐走热，各地各级的地方政府纷纷上马物流基础设施的开发建设项目，然而截至目前物流规划体系尚处于初步阶段，在具体的物流园的规划建设上缺乏专业性的指导方向和清晰的整体规划全景。由于缺乏对于区域内部及与区域间在物流规划方面的协调机制和高层物流规划指导，区域内部各主体及各区域所作规划缺乏衔接和互补，有时甚至会存在重复建设，资源浪费现象。

（二）物流基础设施的设计及建设标准

根据普洛斯对于国内部分主要城市现有物流基础设施的市场研究，目前符合国际通用标准的基础设施所占比例很低；在北京高等级库房（层高达到7米以上等，单体库房面积大于5000平方米，建筑结构为混凝土或钢构，有装卸平台）的建筑面积仅占当地仓储供给总面积的10%~20%；符合国际标准的仓库比例又更少。全球知名地产服务公司仲量联行对于北京市物流基础设施市场调查中亦显示，尽管与其他地区相比北京市的物流产业已比较先进，但目前高等级库房的占比依旧很少，由于国内符合国际通用标准的

物流基础设施缺乏，很多全球化经营的跨国企业在中国进行物流布局时往往找不到符合标准的库房，进而可能会影响甚至制约我国外资引进及利用的广度和深度。从另一方面来看，这暗示在设计开发符合国际用标准物流基础设施方面国内市场存在着较强的需求驱动力。由于我国现代物流行业发展的时间相对较短，目前尚无较为统一的行业标准和相对完善的物流行业规范体系，而国内对于物流基础设施的设计和建设则更无一个统一的衡量和评估标准。国内物流基础设施在规格和质量上存在较大差异，直接导致相关物流基础设施的通用性较差，不利于全社会物流行业效率的提高，应尽快解决统一标准化行业基准的缺位问题。

（三）物流基础设施的提供者

目前，我国普遍存在物流企业兼具物流服务商和物流基础设施提供者的双重角色，北京也不例外。根据普洛斯研究部门对于北京地区市场现状的调查，包括第三方物流在内的物流企业是目前物流基础设施的主要提供者，其所提供的物流基础设施的仓储面积约占地区总量的一半甚至更高。除用于满足其自身运营对于物流基础设施需要，物流企业往往会将富余的物流基础设施对外租赁经营，或是直接将物流基础设施的提供与物流服务向客户提供打包服务。以北京为例，截至 2014 年年底，包括第三方物流在内的物流企业所提供的用于出租的仓储面积在全市总量中所占比重为 51%。此外，上述调研还发现，目前由国有资本和民营资本提供的物流基础设施分别均占当地市场总量的 30% 左右（合计约为 60%），且主要以低等级库房为主；尽管部分民营资本的建设项目部分在向中高端发展，但在诸多细节和客户维护方面仍与外资有较大差距；民营基础设施提供商间尚处于价格竞争的低级发展阶段。目前由外资提供的物流基础设施规模在各主要城市的占比仍相对不高（约为 10%），但增长速度较快，且近年来的新建物流基础设施均以符合国际标准的高等级库房为主，基于基础设施的建设和维护通常具有投资规模大，投资回报期长等特点，符合国际通用标准的物流基础设施的建设。

三、物流基础设施的地区发展特点

（一）物流设施的数量过多，规模过小

北京地区的各种公路货站、货场、装卸点处于散、小、乱的局面，绝大部分规模过小，因而技术水平低，管理水平很难提升。总体上，北京地区除了首都机场的航空货运枢纽、丰台的铁路路网编组枢纽之外，很少有成规模的现代化物流设施。例如北京地区有仓库 13418 个，每个仓库的面积平均为 1000 平方米；仓库平均净高 4m，设施低矮陈旧；每平方米仓库面积平均物流量仅为 35. 6 吨/年，效率极低。

（二）物流信息化水平偏低

目前，北京地区物流信息技术应用水平偏低，物流信息系统建设滞后。一是工商企业内部物流信息管理水平较低，技术手段比较落后，如条码技术、全球卫星定位系统（GPS）、物资采购管理（MI）和物流管理软件尚未普及；二是缺乏必要的城市公共物流

信息交流平台，以 EDI、互联网等为基础的城市物流信息系统在北京地区还没有得到广泛应用。

（三）物流从业人员素质较低

虽然北京地区具有较全面的物流人才培养系列，但是由于物流企业规模小、设施落后、管理水平低、工作条件差，没有实现持证上岗，导致高级物流人才普遍流失。目前北京地区物流从业人员素质普遍偏低的问题制约了物流业的发展。

四、仓储改造方向

首先必须明确，仓储设施是连接生产与消费的桥梁，特别在流通领域，它是重要的基础性设施，是社会经济生活有序运行不可缺少的一个环节。仓储存在的必要性毋庸置疑。

（一）必须认准发展现代物流配送的经营之路

发展建设现代物流配送中心，是建立新型工商关系，完善我国新的流通体系的重要内容，对降低商品费用、提高商品的组织化和现代化水平有重要作用。当前我国的连锁商业已经为配送的发展开辟了一条发展之路。国有储运、批发企业拥有的大量仓储设施和网络，是发展现代物流配送的基础条件，有着独特的优势。要利用好这些设施和优势，就要从传统的储运、批发中走出来，发展建设现代物流配送中心。

首先要发展为连锁服务的配送中心，其次是利用仓储设施及经营优势发展为社会服务的物流配送中心。这是完成包括仓储设施在内的储运、批发企业改造和发展的重要选择。

（二）要以科技来促进和提高仓储设施的改造与技术进步

商品的现代化必然要求仓储设施的现代化，而设施的现代化又与经济的发达程度相关。这就决定了我国完成仓储设施的改造要结合国情和企业的实际情况，既能满足经济发展的要求，又不盲目追求高新化脱离实际。因此，要以发展去改造，建设的标准不能停留在修修补补的水平上。科技的投入，首先要研究我国适用的仓储设施及机具。要发展推广托盘、叉车搬运；要发展立体货架系列；要发展可移动收缩的运输机械；要研制各种不同的自动分拣及配套机具；还要研究发展运用可视屏技术。

（三）要立足于自我改造

企业的发展要靠自己，仓储企业走自我改造的路子是对的，这是必须提倡和坚持的。仓储设施的改造势在必行，刻不容缓。这就要求企业继续深化改革，抓好出院企业盘活资产和挖潜改造，完善企业内部的各种规章制度，提高服务质量和扩大服务范围，以优良的服务来赢市场、出效益。要积极寻找新的经济增长点，做好企业的仓储设施规划，做到有计划的改造；要大胆，充分利用一切力量，迅速提高我国的仓储设施的科技水平，实现我国物流设施的现代化。

（四）国家要支持国有仓储设施的改造和发展建设

在发展建设物流配送中心上，要充分利用现有的设施场地进行改造和扩建，不要另起炉灶。加快国有仓储设施的改造和利用，这既可促使国有企业的改革和发展，也可避免不必要的重复建设，还有利于国有资产的有效利用。同时，也为国有企业在竞争中占有一席之地创造条件，为几十万职工的生存和发展提供基础和保证。因此，对仓储设施的改造一定要给予资金和政策等各方面的支持。

第三节　北京仓储基础设施发展趋势研讨

一、我国仓储业发展现状分析

我国的仓储业在国家实施宏观调控政策的推动下，提升了其运作效率和管理水平，凸显出发展的良好势头。

1. 仓储业务量增大，业务收入增长速度较快

随着物流的迅速发展和社会需求的变化，我国仓储业务量不断增大，货物吞吐量、平均库存量、货物周转次数等指标都有明显的提高。储运业务收入的增长速度很快，仓储保管收入、运输配送收入、流通加工收入等的年增幅基本都达到了 10% 以上。我国对仓储业的固定资产投资额持续增长，仓储业呈现了良好的发展势头，我国也加大了对仓储业固定资产的投资力度。

2. 仓储技术的较快发展

自动化技术和信息技术的应用已经成为仓储技术的重要支柱，自动货架、自动识别和自动分拣等系统，以及条码技术、RFID 等技术已经被越来越多的企业所关注和应用。供应商管理库存、零库存等技术也开始在一些大型企业中使用。

3. 仓储企业之间的竞争加剧

国内的仓储设施无法满足物流活动的需要，原有的仓储企业缺乏改造基础设施需要的资金，外国的物流公司纷纷投资建库。我国的大型企业也不断建设现代化仓库作为发展物流的平台。这种趋势加大了仓储企业间的竞争力度。

4. 仓储设施总量不足

首先表现为租金攀升。北京仓库租金平均上涨 20% 以上。其次是标准规范的仓库一库难求。主要原因仍是城市扩张，挤压仓库搬迁，而新的仓储用地又难以取得，加上建设周期长，库房供不应求。据一项调查显示，2014 年我国 15 个省会城市共有仓储面积 5603. 5 万平方米，平均每市有库房 373. 6 万平方米，平均人均库房拥有量 0. 57 平方米。在超大城市的中心市场周边，民房、地下室、人防洞、住宅都被用作库房，其价格堪比酒店。

5. 物流园区和物流中心设计不合理、不好用

65% 以上物流园区被设计为商贸物流园，最多的问题是物流功能被忽视、人货不分流，安全隐患多，房地产味道浓厚。在这个问题上，我们应学习外资物流地产商，他们不但提供了现代化的仓储设施，而且绝少商贸化、商品化，也没出现造城现象。相反，我们的许多物流园区，规划了过多的酒店、商务楼、卖场，甚至住宅。打擦边球，物流园区变了味。

6. 负担重、成本高、利润低

影响仓储业发展的这三个因素没有大的变化。2014 年，全国平均工业地价每平方米 662 元，合 44.16 万元每亩，物流企业摊销成本高。城镇土地等级的提高，抵消了土地使用税减半征收的优惠。“营改增”试点，增加了企业的税负，运输企业增负最大，没有达到国务院统一税率、降低税负的要求。人工成本和融资成本高、资金流速缓慢、货车行路难、客户业务波动大、同业竞争加剧等都在吞噬仓储企业利润。

7. 部分仓储企业诚信出现危机

2012 年仓储业遇到重大的诚信危机，先是一批上海钢材市场出具虚假入库单，向银行出质借钱。采取重复质押方式，用一笔货套取多家银行借款，后挪用借款或放高利贷，或投资房产。后果是银行贷款担保落空、资金链条断裂、坏账增加。接着，无锡、南京、天津、哈尔滨等地也出现类似的事件。这是新中国成立以来最大的仓储企业信用危机。

8. 仓库数量大，但布局不够合理

由于各行业各部门为了满足各自的需要纷纷建立自己的仓库，导致仓库数量众多，他们都在经济集中地区和交通便利的地方建设仓库，以至于仓储布局极不合理，造成了部分地区仓储大量剩余和部分地区仓储能力不足的两极分化局面。

9. 仓储技术发展不平衡

很多企业对提高仓库作业自动化、机械化的认识不足。一些大型企业的现代化仓库拥有非常先进的仓储设备，包括各种先进的装卸搬运设备、高层货架仓库等。而很多仓库作业仍旧靠人工操作。这种仓储技术方面发展的不平衡状态会严重影响我国仓储行业整体的运作效率。

10. 仓储方面的人才缺乏

发展仓储行业，既需要掌握一定专业技术的人才，也需要操作型人才，更需要仓储管理型人才，而我国目前这几方面的人才都很匮乏。例如中国物资储运总公司是我国物资储运系统内较大的单位，大约有 2 万名职工。铁道部仓储工作人员大专以上文化程度的只占全物资职工的 2.9%，而中专以上学历的只占 18.2%，学历层次不高，直接影响了管理水平的提高。

11. 仓储管理方面的法制、法规不够健全

我国已经建立的仓储方面的规章制度随着生产的发展和科学水平的提高，已经不适合实际情况。目前我国还没有一部完整的《仓库法》，我国仓储管理人员的法制观念不强，仓储内部的依法管理水平也比较低下，所以仓储企业很难运用法律手段来维护企业的利益。

二、北京市仓储业发展前景分析

虽然北京物流业目前已拥有了一定的仓储、运输等物流基础设施，并形成以高速公路为基础，铁路、航空为远程辐射，海运为重要补充的交通运输网络，但物流发展的滞

后性与城市经济发展的高速度之间的矛盾仍很突出。提升北京市物流总体水平，推动北京市现代物流业的发展对促进北京市经济发展具有非常重要的意义。

（一）北京物流业发展现状分析

为了全面了解北京市物流发展现状，掌握物流发展规模和经营结构数据资料，北京市商委、北京市统计局联合进行了一次物流业现状专项调查。调查范围涉及专业物流企业、货物运输业、仓储业和制造业、批发业、零售业以及连锁企业配送中心等具有物流业务的企业4500多家。调查结果显示，北京市物流业近年来得到快速发展，物流资源丰富，具有广阔的发展前景，但同时也存在着一系列问题。

1. 物流资源充足、分布基本合理、平衡性仍需调整

北京的物流设施和资源的分布基本上符合从中心向周围扩散的合理分布要求。四环以外的仓库数量占76.9%，其中位于朝阳区、海淀、丰台、房山、大兴、顺义区域范围内的仓库个数占60%，仓储面积占总面积的57.4%。除了仓储资源的分布以外，其他如装卸设备、货运车辆和仓库资源的分布基本上是相似的。

北京市物流资源分布基本合理，但资源的分配和利用方面存在不平衡性，如朝阳区与丰台区之间的仓储面积比是2.9∶1，而两个区的仓储量大致相等；朝阳区与石景山区的货运车辆数量大致相等，而这两个区域之间的货物运输量之比为1∶4。

2. 主营物流企业（第三方物流）有待进一步发展

在调查的企业中，主营物流企业所占的比例比较小，仅为21.46%。虽然北京物流行业中专业物流企业和自营物流企业的比例处于基本平衡的状态，但是发展第三方物流的任务仍应加强。

3. 物流行业的营业收入增长速度快，但物流成本较高，经济效益较低

这种局面的出现与我国传统物流企业的弊端有很大的关系。传统的物流企业更多注重的是物流活动中单一活动的利润，仅仅在物流系统的某个环节上追求利润的最大化，而忽视了物流系统的综合成本最小和整体物流利润的最大。

从目前情况来看，北京流通加工的发展正处于一个快速增长的阶段，2014年货物流通加工量163.3万吨，比2013年的149万吨增长9.6%。在工业企业中，流通加工的费用占总物流费用的0.4%，而批发零售业已经达到了10.1%。流通加工作为一种在物流活动中起到增加附加值的途径，将会越来越受到企业重视。

4. 资产状况以国有资产为主

当前北京的物流业以国有资产为主，虽然传统的国有企业在发展物流业上存在很大的局限性，但同时也存在一定优势。首先一个优势就是国有资源的充足性，作为一个物流业刚刚进入快速发展阶段的国家来说，拥有比较集中的国有物流资源是物流业发展的一个很好条件。另外，传统的国有企业在发展中也已经积累了一定的经验，在向现代物流业发展的过程中将发挥重要作用。国有资产虽然占有很大比例，但在实际使用中存在较大浪费现象。有一部分资源不仅没有在物流发展中起作用，反而成为一些企业的包袱。比如北京的货运市场，由于高度的竞争导致了货运业空载率居高不下；在仓库资源方面，据初步估计大约有30%～40%处于闲置状态。

5. 就业人员素质偏低、物流人才匮乏

主营物流企业从业人员中，学历在大专以上的占 19%，而且物流专业毕业的人员不足 1%，物流人才的匮乏限制了物流业发展的步伐。

6. 物流标准化水平偏低

集装箱运输是运输业运输水平和标准化的标志之一。本次调查 4544 家企业集装箱货运总量为 130817 个标准箱，其中制造业为 48389 个标准箱，运输业为 55574 个标准箱，商业为 100 个标准箱，服务业为 26754 个标准箱。从国际城市的集装箱运输来看，世界平均集装箱货运量占货运总量的 65%，我国不足 40%，北京的集装箱运输占货运总量的比例仅有 1%，处于很低的水平。除了在运输方面能很好地体现出北京的物流标准化水平外，在企业之间的物流运作规范统一方面标准化程度也不高。

7. 信息化程度不高

在调查的企业中有不少的企业已经开始使用计算机作为企业管理、决策、运作的信息系统，但是，大部分企业仍然只是将计算机作为一种操作工具，只用来进行一些简单的单证和表格的处理，这样的企业还不能称为信息系统的使用者。

（二）仓储业发展的策略研究

1. 进一步明确北京现代物流发展的定位

北京作为首都和国际大都市，现代物流业发展定位必须结合北京市的城市特征和功能特点，从北京的经济特征、区位特征、消费特征以及对物流综合性服务的需求出发，对首都现代物流业发展进行准确定位。

第一，应发展以服务消费为重点、以物流配送为主要形式的终端物流。

在现代制造业的发展中、在流通现代化的推进过程中，供应链管理、连锁经营、电子商务等现代生产及流通方式，也迫切需要物流配送业给予支撑。所以，首都现代物流业发展，应紧紧围绕城市的性质和特点，围绕产业部门的发展需要、围绕消费需要的变化，构建以服务消费为重点、以物流配送为主要形式的终端物流。

第二，应发展具有集散功能的辐射型物流。

随着大市场、大流通的不断发展，北京已基本形成了买全国、卖全国的市场格局。以北京丰台区为例，目前，丰台区在农副产品、服装纺织品、花卉、建材、图书、医药六大类商品经营方面，具有较强的集散能力。如农副产品辐射到 28 个省市和地区；服装纺织品从浙江、广东、福建、江苏等地集货，经由丰台后，辐射到华北、西北和东北地区；玉泉营花卉市场辐射到亚洲地区；图书和医药的集散和辐射能力也很强。同时，北京的高科技产品也已向国内外辐射。发挥首都城市功能优势，北京应发展具有较强集散功能的辐射型物流，一方面，可以将北京的优势产品通过物流带动，实现向全国的商业辐射，为首都现代制造业实现工业辐射创造条件；另一方面，可以汇集国内外名优商品，调整首都消费市场的供给结构，依靠连锁经营和物流配送辐射周边地区，为北京成为亚太地区重要的物流枢纽城市打好基础。

第三，应加快发展集中与分散相结合的物流系统。

集中与分散相结合的物流体系，可以实现物流设施在布局、功能、业务方向等环节

的优化，达到在城市总体范围内实现物流体系的高效运营，提高物流活动的集约化和共同化水平，促进环境效益的提升，减少由物流活动不经济造成的城市发展中的矛盾。

2. 充分发挥政府在物流发展中的作用

（1）加强立法

适合现代物流发展的法规建设是社会化生产的客观要求，对经济发展起着重要的作用。北京市物流法规的建设随着北京市经济的发展必须紧紧跟上，否则不规范的物流行为将严重影响北京市物流的发展，尤其会成为北京市物流水平升级的障碍。

（2）加强政策的导向

物流具有一定公益性质，为加快促进完善的物流市场体系的形成，要加强政策的导向，加快社会物流基础设施的规划、建设，争取在土地占用、资金扶植、税收政策等方面给予更大的支持，并制定有利于物流发展的技术政策。

（3）加大对物流企业的扶持力度

重点要扶持第三方物流。调查显示，北京市自营物流占物流总量的70%，一方面说明主营物流承载能力低，另一方面说明第三方物流具有十分广阔的发展空间。北京第三方物流发展水平较低，第三方物流企业经济效益较差，针对此现象政府应考虑如何在"自营物流企业"和"第三方物流企业"比例失调中起到调控作用。考虑到第三方物流企业在中国发展的初期阶段，许多方面还相当脆弱，政府作为社会的主导，应制定相关的优惠政策重点扶植第三方物流企业的快速发展。

（4）引导国有传统物流企业向现代物流企业转型

传统物流企业在具备相对充分物流资源的条件下，向现代物流企业转型具有很大优势。政府需要加强以下几方面的引导：

①提高信息化程度。信息化程度的提高已成为传统物流业发展物流服务的关键，只有依靠物流服务体系的信息化和网络化才能加快我国物流业实现现代化。

②向专业化发展。向专业化发展也是现代物流业发展的一个主要条件。形成专业的运输体系，如整车运输企业、零担运输企业、快件运输企业、邮政运输企业和特种运输企业等。仓储业也可形成专业的钢材、建材、化工、服装、小商品的仓储中心。

③向多元化发展。从提供单纯的运输或仓储服务向物流多功能、多元化服务转变。有条件的运输、仓储企业要抓住机遇，扩充物流技术，增加物流功能，为用户提供更综合的物流服务。并争取逐步从提供单项、部分物流服务转向全部物流承包。具有综合物流能力的物流企业可进一步与用户建立长期合作关系，参与供应链的运作和管理。

④重视经营的规模化。从物流发达国家的发展情况分析，运输、仓储业通过竞争、兼并和强强联合，一方面，可形成少数大型、特大型物流企业集团，并集中力量，采用现代化科学技术和现代化管理手段，提供高质量服务，满足社会需求，抵御风险，领导行业发展新潮流；另一方面，筛选出一大批运作灵活的小型企业，以拾遗补阙，满足社会各层次的需求。同时，增加社会就业机会。面对物流的发展和国内外企业的竞争，我们需要形成有强大实力的、现代化的，有能力参与国际竞争的物流集团。

⑤引进外资，建立中外合资物流企业。国外物流业已经有了较为先进的发展，我国

物流业起步较晚，学习和引进国外先进的物流理念和技术，建立中外合资物流服务企业，是我国物流企业尽快掌握现代物流管理和物流技术的有效途径。

3. 整合物流资源

我国物流资源分属不同主管部门和行业，应打破它们之间的界限，按照客观经济关系和市场需要集中使用物流资源，最大限度地发挥现有资源的作用。在这方面，还应提倡和鼓励物流、仓储、运输企业跨部门、跨行业联合、竞争和并购活动，以促进物流产业的发展。

一是空间整合。以集约化为原则，加快规划中的物流基地、综合物流配送区和专业配送区的建设与发展，研究制定相关政策，吸引企业入驻，通过物流企业和资源的空间集聚、整合，逐步形成合理有序的空间布局。

二是制度整合。按照市场规律和现代企业制度，加大物流资产重组力度。鼓励以物流业务或资源充沛的企业为主导，组建若干新型的现代物流公司或集团。

三是信息整合。必须通过建立高效物流信息平台，有效统领分散的物流活动，实现物流系统的再造和集约化经营。

四是协作整合。按照物流业务内容与功能，通过建立战略合作伙伴关系，将专业仓储企业、运输企业、物流信息服务企业进行系统化组合，发挥各自专长，积极开展多种物流业务合作。

4. 培育物流市场

目前，北京城市物流市场的一个大问题是供需矛盾突出。物流市场的有效需求不足以及物流企业服务整体水平不高是导致供需失衡的重要原因。这就需要政府培育和壮大物流市场，引导工商制造企业外包非核心业务，强化物流资源配置的市场化程度，同时引导并扶持一批专业物流企业迅速成长。

5. 加强物流业人力资源开发和培训

首先，应加强高级在职物流人才（干部、经理等）的培训工作。组织各种长期和短期的培训班、研讨班，解决短期物流人才急需的问题。其次，加强对物流高等教育、中等教育的投入，扩大物流专业的招收数量，抓好抓紧物流高等和中等教育人才的培养工作，经过3~5年，使北京物流人才匮乏问题得到较好的解决。在物流决策的重要岗位，可以引进人才，必要时可以引进国外高级物流技术和管理人才。

6. 加强物流标准化体系建设

物流标准化体系的建设和完善是一项庞大的工程，是影响物流顺利发展的全局性问题，涉及全国多个领域以及与国际标准接轨。希望国家有关部门尽快完善物流标准化体系，北京将结合本市的具体情况和物流发展的需要贯彻物流标准，推动物流规范化发展。

三、我国仓储设施的发展趋势

物流产业已经成为我国新的经济增长点，作为物流最基本功能的仓储必须引起足够的重视，必须不断提高仓储的运作效率。充分利用已有的仓储资源的仓储社会化，提高仓储效率和仓储业分工发展的专业化功能，加速满足社会生产发展和促进物流效率提高的仓储标准化，提高仓储自身效率，实现仓储管理现代化。

为了更好地加强和改进仓储管理，以促进我国仓储业的发展，我们还必须对仓储管理的发展阶段和未来趋势给予充分的重视。

（一）仓储管理的发展阶段

1. 人工和机械化的仓储阶段

这阶段物资的输送、仓储、管理、控制主要是依靠人工及辅助机械来实现。物料可以通过各种各样的传送带、工业输送车、机械手、吊车、堆垛机和升降机来移动和搬运，用货架托盘和可移动货架存储物料，通过人工操作机械存取设备，用限位开关、螺旋机械制动和机械监视器等控制设备来运行。机械化满足了人们对速度、精度、高度、重量、重复存取和搬运等方面的要求，其实时性和直观性是明显优点。

2. 自动化仓储阶段

自动化技术对仓储技术和发展起了重要的促进作用。20 世纪 50 年代末开始，相继研制和采用了自动导引小车（AVG）、自动货架、自动存取机器人、自动识别和自动分拣等系统。到 20 世纪 70 年代，旋转体式货架、移动式货架、巷道式堆垛机和其他搬运设备都加入了自动控制行列，但只是各个设备的局部自动化并各自独立应用，被称为“自动化孤岛”。

随着计算机技术的发展，工作重点转向物资的控制和管理，要求实时、协调和一体化。计算机之间、数据采集点之间、机械设备的控制器之间以及它们与主计算机之间的通信可以及时地汇总信息，仓库计算机及时地记录订货和到货时间，显示库存量，计划人员可以方便地作出供货决策，管理人员随时掌握货源及需求。

信息技术的应用已成为仓储技术的重要支柱。到 20 世纪 70 年代末，自动化技术被越来越多地应用到生产和分配领域。“自动化孤岛”需要集成化，于是便形成了“集成系统”的概念。在集成化系统中，整个系统的有机协作，使总体效益和生产的应变能力大大超过各部分独立效益的总和。集成化仓库技术作为计算机集成制造系统（CIMS）中物资存储的中心受到人们的重视，在集成化系统里包括了人、设备和控制系统。

3. 智能化仓储阶段

在自动化仓储的基础上继续研究，实现与其他信息决策系统的集成，朝着智能和模糊控制的方向发展，人工智能推动了仓储技术的发展，即智能化仓储。现在智能化仓储技术还处于初级发展阶段，21 世纪仓储技术的智能化将具有广阔的应用前景。20 世纪 70 年代初期，我国开始研究采用巷道式堆垛机的立体仓库。1980 年，由北京机械工业自动化研究所等单位研制建成的我国第一座自动化立体仓库在北京汽车制造厂投产。从此以后，立体仓库在我国得到了迅速的发展。

据不完全统计，目前我国已建成的立体仓库有 300 座左右，其中全自动的立体仓库有 50 多座，高度在 12 米以上的大型立体仓库有 8 座，这些自动化的仓库主要集中在烟草、医药保健品、食品、通信和信息、家具制造业、机械制造业等传统优势行业。在此基础上我国对仓库的研究也向着智能化的方向发展，但是目前我国还处于自动化仓储的推广和应用阶段。

（二）仓储管理的发展趋势

1. 北京市仓储未来几年的发展趋势中的大方向

北京市场整体大环境不是很乐观，但需求还是比较强劲的，不光是使用方，投资方也想进入这个板块，不过落地的项目还是比较少。首先，因为政府对物流的整体控制更严格了，从大方向来说，物流已经不是政府倡导的产业，正由市内向外转移；其次，现有物流物业已经有一定规模，市场比较饱和，流动性相对较弱。

从物流网络布局上来看，2014 年开始，北京周边燕郊、廊坊已经有很多承接和补充仓库，2015 年可能会更加明显；电商网络的大致布局也都已经完成。

从需求上来说，呈现出越来越细分的趋势，而市场由供需决定，将会出现更加专业的物流作业形态，比如医药、冷链、城市配送等，这些业态的选址、定位都会与以往不同，会有新局面。

大型分拨型物流不可能留在北京市内了，更多会集中在功能上可以满足、交通运输也比较便捷的周边区域内；对于专业化很强，必须要留在城市内的物流业态，逐步会有结构调整，会有专门的市内分拨站服务终端客户，比如产业价值链比较高、时效性要求比较高的都会留在北京，慢慢地整个格局会更加清晰。

对外企来说，当下最大的挑战就是在重要的一线城市，大规模获取土地难度加大了，到手的土地越来越偏远，如普洛斯的平谷物流园；而二三线城市的发展机会还存在市场需求判断风险，需要更加慎重地做决策。

一线城市的物理功能分区向城市边缘转移是大环境、现实情况，现在政府对于物流产业的开发要求越来越高，需要开发商承载产业、就业、税收等一系列经济指标要求，而且现在都倡导土地集约化利用，从土地利用的角度出发，容积率低、建筑规模小、与产业发展结合紧密的业态是政府比较关注的。就算品牌再大，如果还停留在标准化开发阶段的话，现在都不容易拿到新的土地。

对国内企业而言，在项目落地性、与政府关系、法律法规流程上来说更有优势，但在客户把握上，需要进一步积累客户资源。本土企业可以多培养、发展合作伙伴型、大型集团客户，这些客户的需求往往不是单点而是网络状的，从长远来看，有利于全国市场的布局。另外，仓库的产品设计、产品质量是不是具备国际领先性，设施、配置是不是达到大型客户的要求，也需要本土企业不断探索。

物流是所有产业发展过程中很重要的一个环节，受“一带一路”利好政策的影响，某些节点城市的基础设施建设、产业发展会在一定程度上带动物流仓储业态发展，即如果某些行业的投资有大幅增加，可能会对下游物流终端的发展提供一定支持。这种影响会慢慢显现出来，现在可以优先布局节点城市。

2. 北京仓储业在技术上的发展

（1）仓储业社会化、功能化

我国仓储业目前的效率低、利用率不高、作业条件差、缺乏自身发展能力。在市场经济的环境中，任何社会资源只有在市场中自由交换才能充分体现其价值，也只有在自由交换体制的激励之下，才会更好地发挥其创造性。仓储业需要以“产权明晰、权责明确、整齐分开、管理科学”为原则进行现代化改造，建立科学先进的企业治理结构，成为自负盈亏、自主经营的市场竞争的主体，才能彻底改变我国仓储业的不良状况，真正成为市场资源，向更加完善的方向发展。

（2）仓储机械化、自动化

随着生产技术的发展，生产机械化已是现代企业生产的基本要求。机械具有承重能力强、效率高、工作时间久、损害低等多种特点。仓储作业大都负荷重，作业量大，作业环境恶劣，时间紧，存在着众多系统性安全隐患，因而仓储机械化是仓储业发展的必然。

（3）仓储信息化、信息网络化

对于存货品种繁多、存量巨大的物流与配送中心，要提高仓库利用率，保持高效率的存货流转，实施景区的存货控制，没有计算机的信息管理和处理是不可能实现的。仓储信息化管理包括：对账目处理、结算处理，提供实时的查询；进行货位管理、制作各种单证和报告表，进行存粮控制，甚至于进行自动控制等。可以说，仓储要实现提高效率、降低损耗，从而降低成本就必须实现信息化。

（4）科学管理

仓储管理包括仓储的管理体制、治理结构、管理组织、管理方法和管理目标几个方面。根据不同的管理体制，仓储活动可以分为向社会提供仓储服务的商业仓储和为企业生产、经营服务的企业自营仓储。无论管理体制如何，仓储管理都需要进行科学化管理，是高效率的仓储。

（三）仓储发展措施

1. 加强仓储基础设施建设

加强仓储基础设施建设，加大投入力度，努力提升现有仓库的基础设施，不断改造陈旧老化的仓库，更新使用现代化的仓储设备。既要借鉴国内外的先进经验和技术，又要结合各地区的实际情况，不能贪大贪多，形成科学合理的仓储设施网络。

2. 加快引入竞争机制，建立统一、公平有序的现代仓储市场体系

为保障仓储业的健康发展，就要规范市场秩序，加快引入竞争机制，建立统一开放、公平竞争、规范有序的现代仓储体系。废除各类不符合国家法律、法规的有关规定，为仓储企业的经营和发展创造宽松的外部环境。

3. 加强仓储资源的整合，完善仓储标准化体系

我国不同行业的仓储企业的储运设施不能共用，影响了企业合理统筹仓储资源的能力。为适应现代物流要求，要加强资源整合，建立仓储网络。仓储标准化不仅是为了实现仓储环节和其他环节的密切配合，也是仓储内部提高作业效率的有效手段。所以仓储企业要不断完善其标准化体系。

4. 加快公共信息平台的建设，实现仓储信息化管理

要提高仓库利用率、实现有效的库存控制，就要建立有效的信息网络，实现仓储信息共享，积极推进企业仓储管理信息化。运用现代信息技术构建公共信息平台，实现公共信息网络与仓储网络的有效结合，提升企业仓储信息化水平。

5. 引进并培育仓储专业人才，完善培训体系

人才是企业的重要资源，要发展仓储企业，就要有技术、管理等多方面的人才。仓储企业要充分利用各种资源，积极从各高等院校引进相关人才，并加强对物流企业从业人员的在职培训等，加大仓储专业人才培养和培训的力度。

6. 建立健全规章制度

以责任制为核心的规章制度是仓储管理的一项基础工作。目前，我国缺乏比较完整的法律政策体系，所以要加快制定和健全仓储管理方面的法律、法规体系，规范行业竞争秩序，调整各项政策，帮助企业更好地管理。

（四）现代化仓储管理

根据仓储管理需要处理的信息量大，需要管理的物品种类繁多，入库出库需要关联的信息量多，检索统计方式多样，各部门之间传递信息规格不同等特点本系统进行了分模块设计，主要分为如下模块：

1. 管理用户模块

此模块包括修改密码，此模块目的是完善软件的管理功能，让管理员可以管理自己的用户密码。

2. 产品管理模块

此模块包括产品管理和产品添加两部分，为了方便用户管理库存产品种类，包括对产品名称、单位、存放仓库、单价、库存量、库存下限与上限的修改和删除，以及新的产品添加的操作。

3. 管理入库模块

本模块包括管理产品入库、登记产品入库、年度入库统计这三个项目，所需管理的信息分为入库时间、产品编号、产品名称、产品数量、产品价格、产品总价、供货单位、经手人等信息。

4. 管理出库模块

本模块和入库管理基本相同，是对产品出库的一个记录模块。

5. 管理盘存

本模块是对产品盘存的一个管理模块，管理的项目包括产品名称、单位、存放仓库、盘存数量等信息的增删改查操作。

6. 系统管理

包括添加收货单位、管理收货单位、添加供货单位、管理供货单位、添加仓库、管理仓库、添加经手人、管理经手人等项目，通过这些项目的管理达到对本仓库管理系统的管理。

仓储管理已经变得与企业的发展与我们现代的社会生活息息相关。在计算机技术飞速发展的今天采用计算机进行仓储管理已经变成必然发展趋势，也已经成为仓储管理现代化科学化的重要标志。它为现代企业带来了很好的经济效益和社会效益，包括：仓储管理的工作效率得到很大程度的提高和改善，在工作流程上得到了精简；仓储管理的信息化自动化，减少了人工管理过程中可能出现的错误和漏洞，节约了相当大的用以弥补这些过失所带来的经济损失，从而提高了企业的经济效益；提高了仓储管理业的现代化水平，使得企业与世界相接轨。

随着我国经济的飞速发展，仓储业的发展前途一片光明，而市场竞争也将更加激烈，为了提高我国仓储业的竞争力，应当在管理观念更新与创新、现代物流管理信息技术、人员素质的提高问题、服务领域的延伸上多下功夫，不断优置仓储资源。要及时适应行业的高效率、低成本的要求就必须在信息管理高效率的基础上不断进行革新。

仓储管理的发展是顺应世界经济发展潮流的。它不仅促进了物流业的发展，提升了整体物流业的水平，还是社会再生产过程得以顺利进行的必要条件。因而是保存物资原有使用价值，促进资源合理配置利用，实现国民经济快速、持续、健康发展的重要保证。因此，要认清仓储管理在物流业和整个经济活动中的重要地位和作用，研究仓储管理在我国的发展现状和未来趋势，以促进我国仓储业健康发展。

参考文献

[1] 乔标．如何看待2012年工业经济严峻形势［J］．中国经济和信息化，2012，5(3)：105－106.

[2] 郭增先，卢立国，蒋永俊．连云港市工业经济结构调整分析与思考［J］．统计科学与实践，2012，11（2）：48－49.

[3] 张艳芳，江飞涛，谭运嘉．投资增速持续下滑工业经济下行风险增大［J］．中国经贸导刊，2012（9）．

[4] 北京市统计局．2010年北京统计年鉴［M］．北京：中国统计出版社，2010.

[5] 加托纳．供应链管理手册［M］．5版．王海军，等译．北京：电子工业出版社，2004.

[6] 柴跃廷，刘义．敏捷供需链管理［M］．北京：清华大学出版社，2009.

[7] 中国物流与采购联合会，中国物流学会．中国物流发展报告（2007—2008年）［M］．北京：中国物资出版社，2008.

[8] 国家统计局．中国统计年鉴2007［M］．北京：中国统计出版社，2008.

[9] 普洛斯市场部．普洛斯重点城市市场调查报告［R］．上海：普洛斯投资管理（中国）有限公司，2007—2008.

[10] 中华人民共和国国家质量监督检验检疫总局，中国国家标准化管理委员会．物流术语GB/T 18354—2006［S］．北京：中国标准出版社，2007.

[11] 刘志学．现代物流手册［M］．北京：中国物资出版社，2001：15－18.

[12] 徐青青，缪立新．区域物流发展及研究综述物流技术［J］，物流技术，2006(4)：1－3.

[13] 董千里，闫敏．区域物流若干理论与应用问题研究［J］．汽车运输研究，1997，16（13）：69－75.

[14] 冯耕中．现代物流与供应链管理［M］．西安：西安交通大学出版社，2003：13－14.

（北京物资学院白晓娟）

第六章

北京市电子商务物流发展现状与对策研究[①]

北京作为一个正在朝着国际化都市和世界城市目标迈进的特大型城市，改革开放30年来，经济社会一直保持高速发展，截至2012年12月，中国电商服务业整体成交约2000亿元，同比增长83%，支撑起大约1.2万亿网络零售交易，8.4万亿电子商务交易。电子商务的快速发展急需现代物流产业服务，推动了物流行业的高速增长，目前，市场上有超过1万家的物流企业服务于电子商务行业。

全国B2C销售规模排名前10位的企业中6家总部设在北京，北京市电子商务零售额达到256.4亿元，同比增长100%左右。电子商务已成为北京市转变经济增长方式的重要内容。而物流作为电子商务过程中的重要环节，担负着原材料提供商与产品生产商之间，以及商家与顾客之间的实物配送服务，高效的物流体系对于电子商务企业提升服务、降低成本、增强竞争力发挥着至关重要的作用。2012年年初，工业和信息化部发布的《电子商务发展"十二五"规划》（以下简称"规划"）提出，到2015年，电子商务交易额翻两番，突破18万亿元，网络零售交易额突破3万亿元。

电子商务是"互联网+"行动计划的一项重要内容，也是核心内容之一。未来一个时期，中国电子商务创新发展要做到"融合传统、培育新兴、走向国际"。

随着销售量的增大和服务的提高，电子商务物流模式也随之发生改变，例如退货、返厂、备件库周转的环节，都极大地考验着目前电子商务企业的物流体系。国内大型电子商务公司的物流模式更是采用了SOP、SOPL、FBP、LBP等多种物流模式，提高了供应商的参与程度和灵活性[②]。

电子商务的"爆仓现象"、电商"最后一公里"的物流难题及物流成本过高等问题，

---

① 本章为2013年北京市哲学社会科学规划研究基地特别委托项目"北京市电子商务物流发展对策研究（13JDJGD013）"阶段成果。

② 电商开放平台对商家的合作的模式有四种：FBP、LBP、SOP、SOPL。FBP的模式平台自己采购的模式比较类似的一种模式，平台的仓储、配送、覆盖全国的自提点，都可以同样享有同等服务，由平台给所有的消费者开具京东的发票。LBP的模式是商家入驻平台不负责商家的库存，配送方式是顾客下订单后，商家把货发到顾客就近的平台分拣中心，由平台负责配送，对商家的要求是要能开增值税票。SOPL模式配送方式跟LBP模式一样，只是开票方式不一样，由商家直接开发票给顾客平台收取配送费和佣金。SOP模式是入驻平台商家负责产品商品发货、退换货服务等所有的服务。

已成为困扰电商企业和物流企业的最大问题，为此各大电商企业纷纷根据各自企业的不同特点选择了适合自己企业的物流运营模式。对于B2C的企业则更多选择企业自建物流的方式。比如京东商城、凡客诚品，希望获得快递经营资质以帮助自己解决最后一公里的问题。另外，快递企业如顺丰，通过投资电子商务网站向上延伸，企图分得电子商务物流这块大蛋糕。还有一部分B2C公司采取和快递公司合作的混合物流运作模式，自己建有物流中心，但是其配送工作是通过3PL（第三方物流）完成，在商品拣选完成后和第三方物流公司的配送实现无缝链接。而国外的电商在解决物流时多是采取与第三方物流企业合作的方式。如在2011年250亿欧元规模的德国电子商务市场上，前十大电商企业如亚马逊等，无论有无自己的物流中心，几乎全部通过第三方物流公司实现最后一公里的配送，表现出成熟市场的分工合作和有序竞争。

“十二五”时期，是北京市建设“人文北京、科技北京、绿色北京”的重要阶段。大力发展电子商务，不仅是首都突破地理空间和自然资源约束、转换发展动力、促进产业转型升级、拉动消费的战略举措，也是增强城市服务功能、纾解交通、提升市民生活品质、创造新的创业与就业形态的重要支撑。在此背景下，针对北京市电子商务物流的发展对策进行专题研究，有利于全面把握北京市电子商务物流体系的现状和发展特点，深入分析北京电商的政策环境、运营模式与特点，并通过实证分析理清北京市电商物流发展的各种机遇与挑战，寻找推动北京市电子商务物流健康发展的有效途径。

第一节　北京市电子商务物流发展现状

一、北京市电子商务发展现状

北京市作为首都，有强大的资源汇集力和经济辐射力。北京市作为国家首批电子商务示范城市，电子商务的发展水平位居全国前列，软硬件基础雄厚，是华北区域电子商务的核心城市。在“政府推动、企业主导”的双重作用下，一直保持着良好的增长态势，其电子商务的发展聚集了信息技术、商贸物流、资金人才、国际化资源对接等方面的优势，初步形成了电子商务产业集群。北京市处于国内电子商务发展的前沿地位，电子商务已经成为北京市综合竞争力和信息社会建设成效的典型代表和展示窗口。

2014年，为了满足快速增长的电商企业对电子发票的需求，提高企业经营效益和社会节能减排效益，北京在电子商务领域重点推进电子发票应用试点。跨境电商上，北京跨境电商也呈现出快速增长的态势。据中国电子商务研究中心（100EC. CN）监测数据显示，2013年1月至2014年4月，北京市跨境电子商务超过1.1亿件，出口到20余个国家。

北京是众多电商企业总部所在地，主要网站有京东商城、亚马逊中国、小米科技、聚美优品、当当网、凡客诚品、国美在线、新七天、快乐购、慧聪网、金银岛、中国网库、中粮我买网、敦煌网、中国诚商网、上品折扣网、易宝支付、人人贷、有利网、积木盒子、天使汇、众筹网等。网上交易规模大，且北京航线、邮路资源居中国内地首位。2014年3月，北京市完成了首笔跨境电子商务出口退税，标志着跨境电子商务零售出口涉及的通关、物流、结汇、退税等环节在京全部实现顺畅运行。

北京电子商务具有创新驱动与总部带动相结合、行业整合与产业融合相并重、电信运营商积极拓展电商服务新领域、电子商务应用与社区服务范围结合、技术创新和技术应用相促进的特点。北京综合实力位居全国前列，成为全国电子商务基础雄厚、交易活跃的地区之一。作为国家首批电子商务示范城市，为促进电子商务更好更快地发展，目前北京已逐步形成由2个国家级电子商务示范基地、4座电子商务特色楼宇、14家电子商务示范企业组成的电子商务政策集聚、企业集群、品牌集成的发展格局。针对新兴消费，未来将深化电子发票试点应用，扩大民生领域的电子商务应用，推动传统商业转型；将推进跨境电子商务产业园建设，扩大跨境电子商务试点企业范围。同时，加快建设面向中小企业的电子商务服务体系。发展电子商务代运营、个性化定制（C2B）、线下线上互动经营（O2O）、移动电子商务等新型电子商务业务。加快推进跨境电子商务支付业务试点工作，逐步扩大试点范围。

基于电子商务、云计算等信息平台的消费快速增长，使信息产品和服务对全国信息消费的供给和辐射能力进一步增强，信息消费成为北京扩大内需、拉动经济增长的强劲动力，电子商务成为拉动北京消费市场的新引擎。2013年北京社会消费品零售额8375.1亿元人民币，增8.7%。其中，网上零售额涨幅巨大，增长44.3%，占全市社会消费品零售额的11.1%，对社零额增量的贡献达42.4%。北京已成真正意义上的“中国电子商务之都”。北京市商委预计，到2015年，北京市电子商务交易额将超过1万亿元。

目前，中国规模最大的9家自营B2C企业中，5家在北京，交易规模占全国的67.1%。如此庞大的电商B2C企业体量决定了北京电商在全国电商范围内有着较大的引导性。身为全国经济中心与全球贸易中心的北京，这种双重身份决定了当地企业在做决策时都需要考虑对内与对外的影响。

（一）北京市电子商务政策环境

北京市政府高度重视电子商务的发展，出台了多项推进北京市电子商务发展的相关政策。1998年北京市成立了首都电子商务工程领导小组，启动了首都电子商务工程，并将电子商务作为城市信息化发展的重要内容，明确列入城市发展规划。2000年以来，市人大、市工商局、市商务委等部门相继制定出台了《北京市信息化促进条例》《北京市电子商务监督管理暂行办法》《关于网上经营行为备案的通告》《关于促进电子商务健康发展的意见》和《关于推进本市跨境电子商务发展的实施方案》等一列有关电子商务的政策。2009年北京市商务委在全国率先印发了《关于促进网上零售业发展的意见》，明确了加快网上零售业发展的指导思想、基本原则和发展方向。这些政策法规在促进电子商务应用，加强电子商务市场监管，维护网络消费者合法权益等方面发挥了积极作用，为全国电子商务政策法规体系建设进行了有益探索。

同时，政府在信用体系建设、统计体系和法律规范等方面积极工作，为网络购物市场的健康发展营造良好环境，积极创办国家级电子商务示范城市。另外，北京市政府部门开展对电子商务发展推广的系列活动，连续三年开展“点击消费”的网络促销活动。50多家网上零售商参与，促销活动既满足了网购用户的消费需求，也增强了网络销售企业诚信经营自律意识，提升品牌影响力，促进了网络零售业的健康发展。北京市政府部门还加强电子商务现代服务业试点建设，积极参与制定中关村现代服务业试点方案。在中关村国家自主创新示范区开展现代服务业试点，探索加快服务业发展的新模式。

（二）北京市电子商务发展现状

北京良好的政策环境、经济和技术环境为电子商务的发展提供了坚实的基础。电子商务交易规模持续高速增长，龙头企业集聚发展。据北京市统计局数据显示，2010 年北京市电子商务交易总额从 2005 年的 887 亿元增加到 3995 亿元，“十一五”期间年均增长 45%，其中，B2B 交易额为 3587 亿元，占总交易额的 90%，B2C 及其他交易模式的交易额为 408 亿元，占总交易额的 10%。第三方电子商务平台交易规模达 2680 亿元，“十一五”期间翻了三番。2010 年，全市传统企业电子商务总投入占企业主营业务收入的 0.1%。全市开展电子商务的企业约占企业总数的 35%。2011 年，全市网上商店零售额达到 256.4 亿元，同比增长 100% 左右。2012 年北京电子商务交易额约 5500 亿元，同比增长 15%。2012 年北京团购网站在售团单数约 14.4 万个，北京市民团购消费共计 3094.4 万人次，累计成交额 18.6 亿元。全市网民已达到 1458 万人，新增光纤到户覆盖家庭 114.1 万户。

在 B2B 领域，北京拥有敦煌网等外向型电子商务服务平台、慧聪网等面向中小企业的电子商务信息服务平台以及金银岛、中国棉花信息网等面向细分行业的大宗商品交易平台。敦煌网外贸交易平台服务国内外买家达 500 多万户。慧聪网垂直交易平台覆盖工程机械、汽车配件、家居用品等 70 多个行业。

北京市 B2C 电子商务交易平台快速发展，全国领先的 B2C 企业大批涌现，成为网络购物发展的一大亮点。京东商城、当当网、凡客诚品和红孩子等一批全国排名前十位的企业在京设立总部，年均增长高达 200% ~300%，经营服务范围广泛。京东商城、凡客诚品、当当网、亚马逊、乐友网等企业在北京、上海、成都、武汉、沈阳、广州等重点城市建立了分公司、地面零售店或大型物流中心，货到付款服务可覆盖全国 32 个地区（含港澳台）1000 多个城市。在网络购物上，已不局限于 3C 产品、图书等标准化品类，而扩展到服装鞋帽、化妆品、食品、家用电器、家居百货、文体用品、珠宝配饰、母婴产品等，线上零售与线下零售的差异正在缩小，甚至许多家庭生活服务、政务服务等都能在线上购买。传统零售企业纷纷建立网络平台，争取网络购物客源。特别是 2008 年以来，随着网络购物的发展，消费人群日益增多，许多零售企业加大了对网上销售的投入。

电子商务支撑体系不断完善，服务水平全国领先。在安全认证方面，北京拥有中国金融认证中心等 6 家获得电子认证服务许可的机构，数量位居全国第一。在物流服务方面，中邮物流、联邦快递等物流领军企业落户北京。在电子支付方面，北京已初步建立起跨行、跨区域的电子支付体系，电子支付应用的普及率位居全国前列。在信用服务方面，北京培育创建了“信用中关村”等信用公共服务平台和机构；北京市工商局建立了企业信用系统，开通了面向社会提供信用信息查询服务的北京市企业信用网。

当前，北京市电子商务正处于转型提升的关键时期，处于应用服务领域不断拓展的新阶段，技术和服务创新不断加速的新阶段，产业业态和商业模式快速涌现的新阶段，但与世界先进水平相比还存在一定差距：一是适应电子商务发展趋势的法规、政策和标准规范体系尚待健全；二是电子认证安全性、信用服务可信度、物流配送便捷化等电子商务服务支撑功能仍需提升；三是电子商务创新体系尚需完善，技术、服务和商业模式创新能力有待提高；四是电子商务企业规模偏小、行业组织和行业自律欠缺、无序竞争现象仍然存在；五是拓展国际市场、提升国际合作与竞争能力有待进一步提升。

二、北京市电子商务物流发展现状

（一）北京市电子商务物流发展现状

北京市电子商务物流的发展聚集了信息技术、商贸物流、资金人才、国际化资源对接等方面的优势，初步形成了电子商务产业集群。据北京市统计局数据显示，2010 年北京市电子商务交易总额约为4000 亿元，“十一五”期间年均增长 45%，第三方电子商务平台交易额约为 2600 亿元。北京市电子商务企业数量约占全国总量的 9%。北京市是全国下一代互联网示范工程的核心节点和全国三网融合试点城市，“无线城市”试点建设将为进一步夯实电子商务发展基础提供具有竞争力的应用环境支撑。北京市积极推进电子商务与云计算、物联网的技术应用，启动了以“祥云工程”为核心的国家云计算试点建设工程，物联网在城市网格管理、视频监控、智能交通、食品溯源、水质检测等方面应用处于全国领先水平。

电子商务的发展，让人们摆脱了时空的限制，扩大了企业的营业范围，同时也从根本上改变了人们传统的销售方式和购物方式，使送货上门等物流服务成为其发展的必然基础，极大地促进了物流行业的发展。然而，我国物流的发展速度远低于电子商务的发展，但作为电子商务中唯一的实物流，直接影响电子商务运作的效率。目前，我国电子商务可以说是在传统物流向现代物流发展的道路上展开的。也正是因为如此，我国相对落后的物流配送体系极大地限制了电子商务高效快捷的优势的发挥，成为了电子商务发展的瓶颈。

北京电子商务物流发展主要呈现以下特点：京津冀一体化模式开始试行；网上零售额占比率先超过 10%；大宗商品交易市场得到发展；京东电子发票成功试运行；B2C 继续保持全国领先地位；多种电子商务模式创新发展；特色电子商务模式不断创新；创新驱动与总带动相结合；行业整合与产业融合相并重；移动商务得到较快发展；电子商务应用与社区服务范围结合；技术创新和技术应用相促进等。

1. 区域特征：京津冀电子商务物流一体化协同发展

2015 年 4 月 30 日，中共中央政治局会议审议通过了《京津冀协同发展规划纲要》。京津冀区域包括北京、天津两个直辖市和河北省的唐山、保定、廊坊、秦皇岛、张家口、承德、沧州、石家庄、邯郸、邢台和衡水 11 个地级市，是我国最重要的政治、文化中心，也是我国北方最大和发展程度最高的经济核心区。按照首都经济社会发展战略的总体要求，这一区域将成为建设国际化大都市的重要支撑地区。

京津冀协同发展，核心是京津冀三地作为一个整体协同发展，要以疏解非首都核心功能、解决北京“大城市病”为基本出发点，调整优化城市布局和空间结构，构建现代化交通网络系统，扩大环境容量生态空间，推进产业升级转移，推动公共服务共建共享，加快市场一体化进程，打造现代化新型首都圈，努力形成京津冀目标同向、措施一体、优势互补、互利共赢的协同发展新格局。

京津冀一体化发展战略提出以来，随着信息技术的突飞猛进，基于网络的电子商务也在迅速发展。京津冀协调发展的提出，天津，北京，河北施展自身上风，逐步稳健发展，其中天津电子商务工业园位于京津冀发展轴上的中央节点位置，以电子商务、文化创意为主导，2013 年全国在线零售 20 强企业中的阿里巴巴、京东商城等 12 家电商“龙头企业”的北方区或华北区的物流分拨和区域结算中央全部落户，促进了京津冀地区电子商务工业发展。我国电子商务固然起步较晚，但发展很快。电子商务与互联网之间是相辅相成的关系，因为我国互联网用户人数众多，因而电子商务在我国具有较好的发展基础。

中国电子商务平台逐步扩大，相关的工业园区也随之而起，更带动了京津冀地区发展。在京津冀一体化协同发展的大浪潮下，电子商务在其中充当重要的作用。目前为止，作为京津冀发展的重要地武清区电商企业目前累计达到 80 多家。武清借助京津上风，施展自身上风，吸引众多著名电商纷纷落户，促进京津冀一体化发展。

在建设统一开放的商贸流通市场方面，鼓励京津冀零售业相互延伸、融合发展，为三地“老字号”企业、优势企业和特色品牌发展创造条件。发挥京津市场窗口优势，支持三地商贸企业在两市进行展示、交易，拓展市场空间。发挥各自在科技、信息、港口、物流资源优势，支持建设区域公共物流信息服务平台，开展物流标准化区域合作试点，共同提高物流配送效率。搭建电子商务交流平台，推进三地电子商务创新发展。

电子商务与现代物流协同发展过程中，两者是共同进步、相互影响的关系。电子商务的兴起推动了物流业的进一步发展，同时也给物流业带来了一场新的革命，使传统物流逐渐向现代物流转变。主要体现在：①电子商务改变了物流的运作方式。可使物流实现网络的实时控制，实现了通过网络使物流在全球范围内的整体实时控制。②电子商务改变了物流企业的经营形态。改变物流企业对物流的组织与管理。并改变物流企业的竞争状态，形成了协同竞争，实现物流高效化、合理化和系统化。③电子商务为物流业发展提供了载体。信息作为物流的重要组成要素，为物流的正常运转、管理、决策和制定战略提供了不可缺少的依据，电子商务提供了信息处理的平台，为物流高效运转和信息保持畅通提供了现代化的平台和技术。

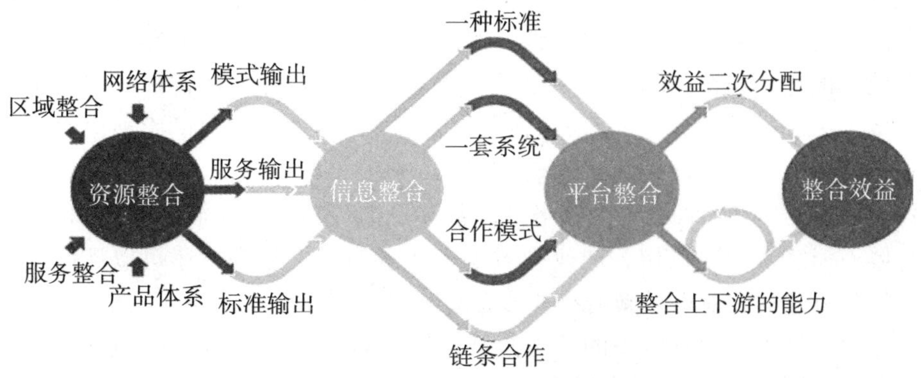

图 6－1　物流与电子商务的协同发展

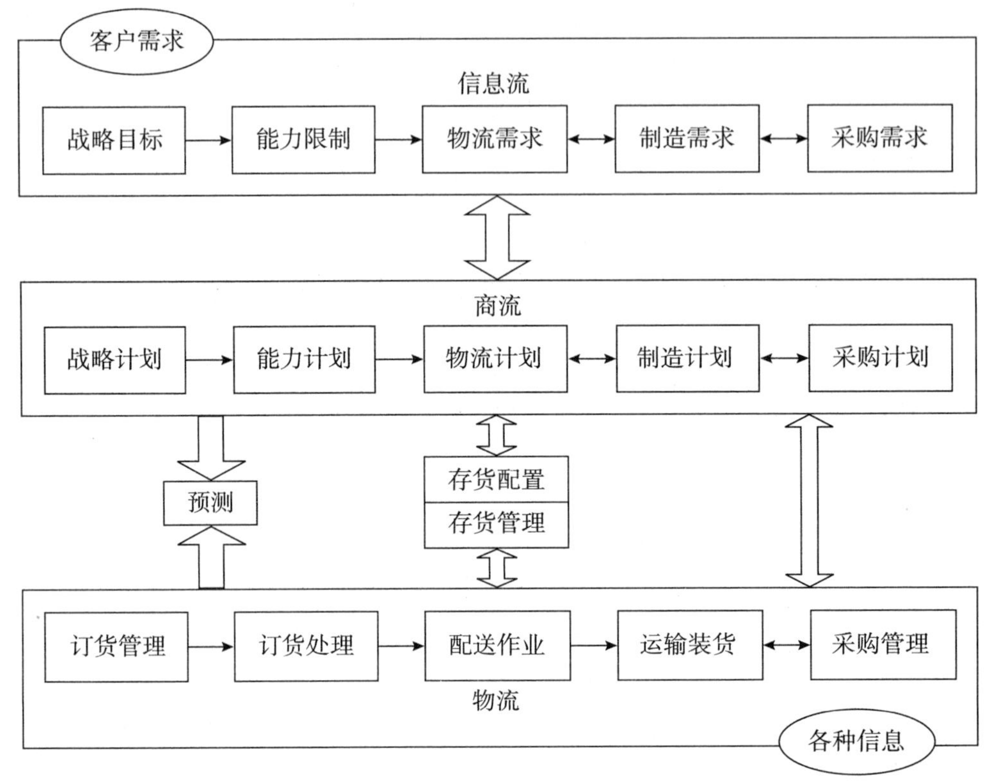

图6－2　物流电子商务的协同发展

京津冀一体化电子商务与物流协同发展过程，包括以下几个方面：

（1）物流一体化

从京津冀目前的物流产业发展状况来看，区域物流一体化缺失是制约京津冀经济一体化的“瓶颈”。在“十一五”期间，京津冀各自的物流发展都很明确，基础设施建设不断扩大，物流效率不断提高。然而，京津冀至今仍然没有建立一个科学的物流产业一体化发展规划，指导思想不统一，目标要求不一致，其后果就是物流资源的重复建设，从而不可避免地带来了环境污染，如运输车辆的废气、废旧物品流通的污染等。

再者，从大的产业布局来看，京津冀在产业的优势上各有差异，如北京的资金流、信息流优势，天津的港口、制造业优势，河北的物流商流优势，如果三地可以找准自己在经济圈的功能定位走差异化发展路线，对交通、环境压力的缓解和经济的可持续发展都大有好处。但是，现在的问题是除了产业重复建设问题外，环首都的河北市县还因没有产业支撑大多成了“睡城”，并未起到缓解北京人口和交通压力的腹地作用。

物流作为一个显著关联效应的复合型产业，除了涉及交通、运输、仓储、通信等产业，还涉及农业、工业、商贸业、服务业，甚至是银行、保险（放心保）、税收等各个方面，其发展不但会带动这些相关产业领域生产要素的自由流动，还可以深层次地推动区域经济的增长方式的改变以及新的产业形态的形成。

习主席就京津冀协同发展提的“七点要求”中虽没有明确提到物流业，但提出了要构建现代化交通网络系统的明确要求，要把交通一体化作为先行领域，加快构建快速、便捷、高效、安全、大容量、低成本的互联互通综合交通网络。北京作为特大型城市，其生活和消费物资种类繁多、外购量大、对周边区域供应依赖性强，靠现有的空间资源的扩展或者说是交通的不断延展是不可能解决的，应强化与周边供应市场在采购、物流方面的协调和联动，进一步完善区域一体化物流体系。所以，应将城市的交通规划与城市的物流规划结合起来一并进行，对未来京津冀物流体系的长远发展将会有事半功倍的效果。

物流产业是区域经济发展的加速器，应首先加强顶层设计，破除区域物流一体化的障碍和瓶颈，实行区域物流的无缝链接，形成多层次、多功能、运作快捷的综合物流体系，以区域物流一体化加快区域经济整合与协调发展，促进区域经济的一体化。

（2）交通一体化

在编制“十三五”规划的关键时期，也是推动京津冀交通一体化率先突破的集中攻坚时期。一是要加快推进政策协调创新。近期要抓住提升交通运输服务一体化水平、深化管理体制机制改革等关键政策集中攻坚。二是加快推进城际铁路和市郊铁路建设。近期重点推进京唐、京滨城际铁路及轨道交通平谷线等项目前期工作。三是加快打通“断头路”。按照既定时间节点全力推进京津冀地区 8 条国家高速公路“断头路”的建设，确保 2017 年如期建成。四是加强区域港口资源整合和综合利用。优化津冀港口分工定位，打破同质竞争，实现优势互补。五是加快推进运输服务一体化。在毗邻地区客运班线公交化改造、道路客运联网售票、交通一卡通互联互通、客运联程运输等方面取得突破。调整优化民航运力部署，合理安排航线航班，推动机场协同取得实质性突破。加快推进交通运输与邮政深度融合，大力推进高铁快递、电商快递班列和航空快件运输设施设备的衔接和改造。六是加快建设三地全面覆盖、快速反应、协调联动的交通运输应急救援体系。

（3）多层次协调机制

京津冀一体化关键在协同，难点也在协同，要以改革创新的办法推动京津冀协同发展，从体制机制建设入手，突破行政分割、市场壁垒的束缚，形成目标同向、措施一体、作用互补、利益相连的体制机制。在物流协同发展方面，建议建立以“中央协调、地方主导、协会推动、企业参与”的京津冀区域物流多层次合作机制。一要创新市场共建机制，应积极探索区域内资源要素自由流动的制度安排，形成有利于承接京津功能疏解和产业转移、有利于资金科技人才等各类要素自由流动、促进一体化发展的政策体系。二要创新利益共享机制，应探索建立横向与纵向结合、公平与效率兼顾的区域协调机制。三要创新公共服务机制，主动加强与京津两市的沟通协商，对接京津制度安排和服务水平，逐步缩小与京津公共服务的差距，大力推进京津冀公共服务的同城化建设。

2. 行业发展现状

（1）铁路开出“电商专列”杀入物流混战：2014 年 7 月，中国铁路总公司开通铁路快递电商班列，从 2014 年 7 月 1 日开始，北京、上海、广州、深圳间将开通 3 对 6 列一站直达特快电商班列。在铁路货运强势介入民营快递厮杀激烈的“电商”市场，在国内是首次。电商特快专列采取和社会快递公司合作并行的发送，用直达特快专列，弥补了原有普通列车运输货运速度的问题，让珠三角、长三角制造在 24 小时之内运抵首都。

铁路开通“电商专列”在全球铁路运输方式上是一个创新，它改变了快递业以公路运输和航空运输为主的格局，加快形成公路、航空和铁路三种运输方式并重的格局。电商专列不仅是市场电商发展推动的结果，也是铁路总公司迫于市场化改革压力的成果，适应我国快递业发展的需要，降低了社会物流成本。

（2）创新驱动与总部带动相结合：北京拥有30家世界500强企业总部和全国3/4的央企总部，包括京东、当当网、凡客诚品、亚马逊（中国）、慧聪网、敦煌网、库巴网、银泰网、国美在线、艺龙旅行网、中粮我买网等。总部经济的要素集聚力、经济辐射力和国际影响力位居全国之冠，为大力发展电子商务提供有利的条件。2013年，万达集团在北京注册万达信息科技有限公司，并设为电商业务全国总部，计划未来五年做成交易规模超过1000亿元的平台。2013年北京新发地农产品批发市场与京东商城结盟，开设新发地国际农产品网上旗舰店。

（3）行业整合与产业融合并重：制造业企业电子商务应用功能向集成化发展。如首钢集团开通了首钢钢铁产品交易网，不仅打破了传统销售渠道单一的局限性，实现了传统销售方式和网上销售的有机结合，同时通过电子商务平台实现现货交易、仓储服务、金融服务、物流配送、加工服务、客户服务一体化，显著提升了企业服务效率和运营效益，成为先进制造业企业全流程电子商务应用的新模式。

（4）电子商务应用与社区服务范围结合：北京市西城区什刹海街道于2006年开通了首家电子超市，东城区和平里开通了“181”菜蓝子平台覆盖17个街道。东城区出台了《东城区全面完善社区商业服务体系实施意见》，到2015年年底，东城区将基本完成社区商业服务体系的完善升级，实现早餐、菜篮子、连锁超市便利店、再生资源回收、家政、洗染、自助缴费和“一刻钟社区服务圈”等社区商业服务内容的全覆盖，创建全国社区商业示范区。届时，居民只需办理一张会员卡，便可以在家门口的系统终端进行购物，6～8个小时内，就有专人送货上门。

（5）民营快递走出国门争夺国际市场杀红眼：2014年，民营快递企业在国内“大展拳脚”的同时，以专线快递为切入点纷纷布局国际快递市场。2014年2月，申通将在日本冲绳建立首个海外物流枢纽中心；2014年4月，顺丰海淘快递服务正式上线；2014年7月，圆通速递“俄易邮”专线产品运营；2014年9月，韵达上线“易购达”发力海淘代购网站；2014年11月13日，顺丰速运“优选国际”海购平台上线。

对于快递企业来说，看似快递量日益剧增，实则国内不断上涨的人工、土地、资金等成本让快递企业利润微薄。民营快递纷纷发力国际快递正是瞄准了高利润的国际配送市场。尽管海淘领域的配送市场资源稀缺，但不是所有的快递企业都具备走出国门的能力，企业更应该客观审视自身能力、优势，才能取得良好、稳定的发展。

（6）北京首试物流电子商务领域外资准入限制放开：2015年5月21日，国务院今日发布《关于北京市服务业扩大开放综合试点总体方案的批复》，原则同意《北京市服务业扩大开放综合试点总体方案》（以下简称《方案》），试点期为自批复之日起3年。北京市由此成为全国首个服务业扩大开放综合试点城市。

《方案》要求，放开会计审计、商贸物流、电子商务等领域外资准入限制，鼓励外资投向节能环保、创业投资、知识产权服务等商务服务业，支持外资以参股、并购等方式参与国内商务服务企业改造和重组。方案的发布，为北京市电子商务与物流业的发展提供了新的动力源。

3. 企业发展现状

（1）京东物流仓的新布局及其渠道下沉战略

2014 年 1 月，京东西北大区正式运营，仓储总面积达 5 万平方米，仓储配送人员近 600 人。总部设在西安国际港务区，辐射陕西、宁夏、青海、新疆、甘肃等地区，拥有 1 个中小件综合仓，2 个大货仓。

2014 年 4 月，京东商城重庆物流仓库开仓。该项目占地约 1000 亩，总投资为 20 亿～30 亿元，两个仓库总面积达到 4 万平方米。重庆地区能实现上午下单下午到货。同时，京东集团华中物流基地项目开工。该项目将使京东运营能力大幅提升，并将优化整个华中地区电子商务物流环境，从而以点带面助推华中地区经济发展。

2014 年 10 月 20 日，京东（JD. com）宣布其位于上海的首个“亚洲一号”现代化物流中心（一期）在双十一大促前夕正式投入使用。据中国电子商务研究中心（100EC. CN）了解，“亚洲一号”分为 4 个区域———立体库区、多层阁楼拣货区、生产作业区和出货分拣区。京东位于上海的“亚洲一号”现代化物流中心是当今中国最大、最先进的电商物流中心之一，此举标志着京东物流战略中又一重点举措落地。

2015 年 6 月，京东宿迁仓目前已经正式运营，覆盖范围暂为宿迁市及周边的连云港、淮安、徐州市。宿迁仓目前只支持自营业务，面积近万平方米，是京东全品类仓，主要部署全品类的畅销商品库存。京东之所以选择在宿迁建仓，主要是注重宿迁市位于长三角地区的方位优势，同时配合京东集团的渠道下沉战略。对于未来的高潜发展城市，京东会逐步下沉，最终实现全面覆盖，深入搭建京东特有的二级库存网络，从而提高二三级城市客户的 211 配送体验。截至 2015 年 3 月 31 日，京东已在全国范围内拥有 7 大物流中心，在 43 座城市运营 143 个大型仓库，覆盖全国范围内的 1961 个区县，且全部自营。

促使京东花费巨资重新布局其物流仓最根本的原因还是物流成本的居高不下。物流是制约电商发展的主要瓶颈之一，目前 90% 以上的电商都选择与第三方物流公司合作配送产品，而自建物流系统是件巨大的复杂系统工程，实施起来会面临多种压力。随着电子商务规模和业态趋于完善，消费者体验重要性的日益突出，高效的物流及配送能力成为电商巨头们下一轮竞争的聚焦点。

同时，为进一步拓展自营配送体系，将渠道快速下沉至国内三至六线城市，京东于 2014 年年初推出了先锋站计划。先锋站的业务模式与当前京东各普通站点无异。截至 2015 年 6 月已完成三期招募和集训，已建站点 135 个。

先锋站，即京东按照渠道下沉战略布点需要，从现有配送体系中抽调精干力量，通过层层选拔，派遣最终合格者回到各自家乡，在政策、资金等支持下，由这些员工在当地成立的京东配送站。京东先锋站的布局标准是，待设站点能够有效辐射自营站尚未覆盖但具备发展潜力的市场，日均递送单量在 15～20 单，同时，方圆 150 千米范围内有京东自营站点，以方便接驳。因此，先锋站多处于国内偏远地区或此前尚属京东市场盲点区域，比如各远郊区县或村镇等，它们大多具备一定订单量且与现有自营站距离适中以确保货物及时收转。先锋站在完成商品配送的基础上，另承担业务开拓等多项任务。

（2）京东大件订单轨迹功能正式上线

京东早在2012年就对其自营的中、小件商品实现了订单轨迹功能，提供了出色的用户体验，而大件商品的订单由于商品本身的特殊性等原因，一直采用专业的第三方承运商配送，订单轨迹数据采集困难。2015年8月，京东的第三方配送大件订单轨迹功能2015年8月正式上线，开创行业先河。通过基于GIS系统的大件订单轨迹系统实现了大件商品的订单轨迹跟踪，用户通过京东APP就可以了解所购商品的配送情况，率先为消费者提供了更加贴心的购物体验。

在配送过程中，配送员的位置也是实时显示的。GIS通过手机APP及POS机每30秒采集一次GPS位置信息，每2分钟上传一次服务器，上传信息包括操作人员信息及GPS信息。在京东APP订单轨迹界面的站点主页、配送员主页，用户还可以方便地查询相关联系方式、地址，直观地看到配送员头像等。当用户想要安排收货时间以及了解订单实时位置时，都能很方便地通过主页内的联系方式完成。

大件订单轨迹功能并非只有城市用户才能使用，京东大件订单的配送目前已经覆盖全国2300个区县、26万个行政村，全国区县覆盖率达到80.20%。即使是居住在偏远地区的用户也能够享受到由大件订单轨迹系统带来的优质用户体验。

（3）阿里283亿元入股苏宁

2015年8月10日，阿里与苏宁开启全面战略合作，阿里将以约283亿元人民币战略投资苏宁，成为第二大股东；苏宁将以140亿元人民币认购不超过2780万股的阿里新发行股份；双方将打通线上线下全面提高效率，为中国及全球消费者提供更加便捷的服务。

阿里与苏宁的合作，是从线上到线下全面合作，苏宁想通过阿里合作，促进品牌消费。同时，苏宁遍布全国的门店和物流资源，为阿里提供线下资源，苏宁与阿里将把“互联网+”模式推向全球，把中国的产品销向全球。

截至目前，苏宁物流拥有452万平方米仓储面积，8个全国航空枢纽、49个区域物流中心，未来苏宁物流将成为菜鸟网络的合作伙伴，合作后的物流几乎覆盖全国所有2800个区县，服务阿里巴巴和苏宁，未来亦有望向第三方开放。

（4）苏宁成立物流公司，电商暗战升级

2014年2月，苏宁集团将线下门店和线上易购两个运营体系进行整合，成立大运营总部。2014年春季部署会议上，苏宁宣布围绕“体验为王”这一纲领，成立独立的物流公司，苏宁“物流云”项目包括12个自动化分拣中心、60个区域物流中心、300个城市分拨中心以及5000个社区配送站，构建了苏宁物流的毛细网络，基本实现了覆盖全国。2014年11月24日，苏宁物流云综合信息服务平台正式成为第一批次国家认定的10家物流信息服务平台之一，这也是唯一一家电商物流公司入围。同时成立独立的物流公司，提升物流的战略定位。

据中国电子商务研究中心（100EC.CN）监测数据显示，2014年6月，苏宁物流妥投率达到了99.02%，消费者服务满意度提升至95%。2015年1月投建全球最大物流中心——苏宁雨花二期自动化仓库，2016年投入使用。

网络零售的核心在物流，而物流的核心在于提升效率、降低成本，物流成本居高不下已成为电商发展面临的重要问题。苏宁物流独立是电商不断发展的必然选择。自建物流对商品从下单到送到用户手中的整个过程能够更好地监管，对配送的控制力提高，能加速资金周转，提高用户体验。

（5）菜鸟“联姻”日日顺，三四线物流齐发力

2014 年 7 月 10 日，阿里巴巴集团宣布全面启动渠道下沉战略，菜鸟网络联合日日顺物流，全面激活全国 2600 个区县的物流配送体系服务于此战略，实现全国 93% 的区县家电送货入户。从“中国电商物流快递网”（www.100ec.cn/zt/wlkd/）了解到，阿里系旗下淘宝、聚划算、天猫电器城在 2600 多个县市为消费者提供大家电“全国包邮，送货入户”服务，而脱胎于海尔的日日顺物流主要承担此次“大家电进县城”活动的物流服务。

县乡居民的消费能力逐渐提高，县域地区用户对于品牌商品有极大的需求，而网购是比较好的方式。另外，物流体系能否支撑起电商下乡如此庞大的网络，是其中最关键的一环。城市电商发展趋于饱和，而农村市场基本处于空白阶段，渠道下沉是电商必争之路。电商企业和物流公司只有更充分地渗透到消费者末端，才能拉动电商物流业的快速发展。

菜鸟网络科技有限公司在成立一年后，于 2014 年 5 月 6 日宣布正式入股卡行天下，成为卡行天下的第二大股东。菜鸟织网的重要一环就是将干线、支线和配送网络每个环节上的物流公司整合起来，而这也是卡行天下在做的事情，菜鸟对其的投资，正是看中了其在“织网”方面的基础，也省去了菜鸟从头开始的麻烦和投入。

2014 年 6 月 12 日，阿里巴巴集团在北京宣布与中国邮政集团公司签署战略合作协议，双方将在物流、电商、金融、信息安全等领域全面开展深度合作，合力建设中国智能物流骨干网络。随着与中国邮政战略协议的达成，将推动菜鸟网络规划中的“社会物流基础设施建设”；其他民营快递将可通过菜鸟网络共享中国邮政的基础设施和资源，触及中国偏远地区，加强小包物流配送等服务，从而促进社会化物流体系的效率提升。

（二）北京快递业发展现状

我国快递市场已成长为增长速度最快、发展潜力最大的新兴市场。随着我国快递业务的高速发展，快递市场规模急剧扩大。中国快递协会数据显示，截至 2014 年年底，中国快递业连续 46 个月同比增速超过 50%；2015 年前两个月，行业增速达到 43.4%。2014 年我国快递业务量达到了 140 亿单，成为世界第一，快递收入突破 2000 亿元大关，双双创下历史新高，推动出口近千亿元，支撑国内网购交易额突破 2 万亿元，占社会消费品零售总额的比重超过 7%。这也标志着中国快递经过几年发展，跨入了世界快递大国的行列。

在基础建设方面，各快递公司加大分拨中心、转运中心建设力度，不断提升处理能力。购买租用运输飞机，与众多机场和航空公司签署战略合作协议，提高航空运输能力；加强配套服务设施建设，包括信息中心、业务受理中心、客服中心建设，提高综合配套服务能力。

我国已经形成了以北京、天津、沈阳、大连和青岛为中心的环渤海快运速递圈，速递圈以滚动式、递进式的扇面辐射，带动地区的发展，这种辐射功能包含着巨大的快运速递辐射和集散功能，以激活和融通全国范围的快运速递的人流和信息流。快运速递圈

的形成使中国快运速递业的发展呈现出“区域引力场”的现象，周围地区包括中西部地区都处于快运速递圈的引力场的吸引范围内。

近年来，北京市电子商务进入了高速发展的阶段，“十一五”期间电子商务交易总额年均增长45%。在商流、资金流、信息流都能通过电子商务实现之后，快递物流业便成为电子商务发展的关键，同时电子商务的高速发展也为快递物流业提供了新的契机。据统计，网上购物中，75%的交易需要传递实物，网络零售带动的业务量占快递总量的一半以上。电子商务企业与快递企业是上下游的合作关系，在供应链体系的不同环节发挥着不同的作用，前者在上游提供的订单转化成包裹，快递公司则用服务把这个包裹送到消费者手里。在享受网络购物带来业务增长的同时，快递业也出现了一系列问题，如市场混乱、同质化竞争、“最后一百米”等。因此，北京快递业的发展面临重大机遇和挑战。

当然，北京电子商务的发展也存在整体设计执行力不足、应用水平较低、中小企业发展进程缓慢、支撑体系建设任重道远、网购投诉明显增加、缺乏合适的赢利模式等问题。

北京市结合实际，在规划制定、政策支持、资金扶持、人才培养等各方面推出了包括支持经营模式创新，发展网络零售业、推进电子商务专业服务和特色领域应用、促进电子商务聚集区建设等一系列针对性举措，为实现“十二五”规划中提出的到2015年将北京市建设成为电子商务交易规模大（2015年电子商务交易额超过1万亿元、第三方电子平台交易额超过5000亿元、网络购物销售额超过500亿元）、新业态集中、发展环境优、应用更安全的世界电子商务中心城市之一的目标营造良好的发展环境。

1. 北京市快递业总体发展现状

从北京市快递业发展的区位优势来看，京津冀都市圈的建设成为区域经济与社会发展的良好契机，随着都市圈的建设，圈内各种业务往来增加，人们对便捷服务的需求也将增加，网络购物、电视购物等新型消费方式也将不断发展，这些都将不断增加对快递的需求，并对快递服务质量提出更高的要求。

（1）北京市快递业行业政策环境

为了促进快递业的健康快速发展，近年来国家及北京市政府各级部门就电子商务物流服务业的发展出台了一系列相关法律法规和政策。

《国务院关于加快发展服务业的若干意见》于2007年出台，确定了我国加快转变经济发展方式，大力发展包括邮政、快递在内的现代服务业的战略。国务院《物流业调整和振兴规划》进一步明确了国家发展快递物流业的政策导向。《京津冀地区快递服务发展规划（2010—2014年）》提出充分依托大交通平台，发挥地区航空、公路和铁路交通密集的优势，强化北京快递中枢作用，优化京津冀地区快递综合运输网络，编织一个高效的运输网络体系。《邮政法》《快递服务标准》《快递业务经营许可管理办法》等相关法规、标准颁布实施，奠定了快递发展的法制基础，市场秩序逐步规范，发展战略逐渐清晰，快递发展活力得到释放。2011年5月国家邮政局公布《关于快递企业兼并重组的指导意见》，鼓励快递业行业内以及跨行业、跨地区、跨所有制的企业兼并重组，旨在五年内培育出一批年收入超百亿元的快递企业。

北京市于2011年将支持全市快递服务发展纳入《北京市“十二五”时期物流业发展规划》。根据《规划》，北京市政府将主要从三方面支持加快快递服务发展。一是实施城市快递物流共同配送工程，搭建同城快递配送信息平台，进小区、进校园，实现信息标准化、配送区域化、服务集中化，优化“最后一公里”快递配送服务网络，提高居民生活便利度。二是依托机场、铁路和高速公路等交通基础设施，打造快递物流集散系统，包括建设快递等专业物流集散区，即快递物流园区。三是在政策上支持加快快递服务发展，如实施制造业与物流业联动试点工程，吸引国内外知名快递物流企业落户北京，以及在城市配送、快递物流领域，试点组建零排放绿色新能源车队。

这些法律法规、标准及相关的产业发展整体规划对北京市电子商务物流业有效地起到支持、引导和监管作用，对于建立自由畅通、规范有序的电子商务物流市场，推动快递行业的持续健康、快速发展具有十分重要的意义。

（2）北京市快递业发展现状

全市专业化物流企业超过千家，一大批物流龙头企业在京设立总部，物流配送网络建设步伐加快，物流公共信息服务平台应用成效明显。北京市电子商务综合环境不断优化，与电子商务相关物流企业也在不断发展，这些企业包括第三方物流企业、做物流的电子商务企业以及做电子商务的物流企业。

2010年，北京市规模以上的专业物流企业有817家，本市物流业务总收入达1686.1亿元，比去年同期增长29.7%，817家规模以上专业物流企业实现物流业务收入1260.2亿元，占总量的75%。其中，大中型企业数量占比为13.1%，而其物流业务收入占比则达74.4%，大中型物流企业市场占有率不断扩大，市场集中度进一步提高。

在817家规模以上专业物流企业中，专业的电子商务物流企业有200多家，随着电子商务的发展，越来越多的传统物流企业也开始涉足电子商务领域。据不完全统计，与电子商务企业合作的知名第三方物流企业有14家，电子商务企业自营物流的有3家，分别是京东商城、当当网、聚美优品。北京市韵达速递有限公司已经和16家电子商务公司合作，截至2012年1月，其业务量比2011年增长了98%，全年中转量270万票。北京顺丰速运有限公司在京已建分拨中心营运面积近3万平方米，公司自有运输车辆超400辆。2011年，北京顺丰速运有限公司网点布局已达46个分部154个点部，覆盖了北京市所有区县，基本达到全市收派。全年收派件量累计达7762万件，营业收入超11亿元，实现税收7852万元，亩均创税已达到143万元。

在快递业竞争过程中，目前的快递格局已形成国企、民企、外企三分的格局。第一类是国有性质的快递企业，以中国速递服务公司（EMS）及其下属北京邮政速递局为代表，EMS特快专递业务是目前中国速递行业的最大运营商和领导者，业务通达全球200多个国家和地区以及国内近2000个城市；第二类是民营快递企业，以顺丰速递、宅急送、“四通一达”（申通、圆通、中通、汇通、韵达）为代表，这类企业在某个区域范围内拥有相当强的优势；第三类是以联邦快递为首的国际速递巨头，其丰富的经验、雄厚的资金以及完善的全球网络大大提高了竞争实力。这三类快递企业形成了北京市快递市场多元化的竞争格局。

2012年北京市规模以上快递服务企业，在快递业务量方面累计完成48073.7万件，同比增长42.8%；在快递业务收入方面，累计完成76.27亿元，同比增长21.9%。北京市快递业务量及收入所占全国比重不断提升，快递业务量与收入占全国比重分别为8.46%和7.23%。从2010—2012年北京市快递业务量与收入增长情况如图6－3、图6－4所示。

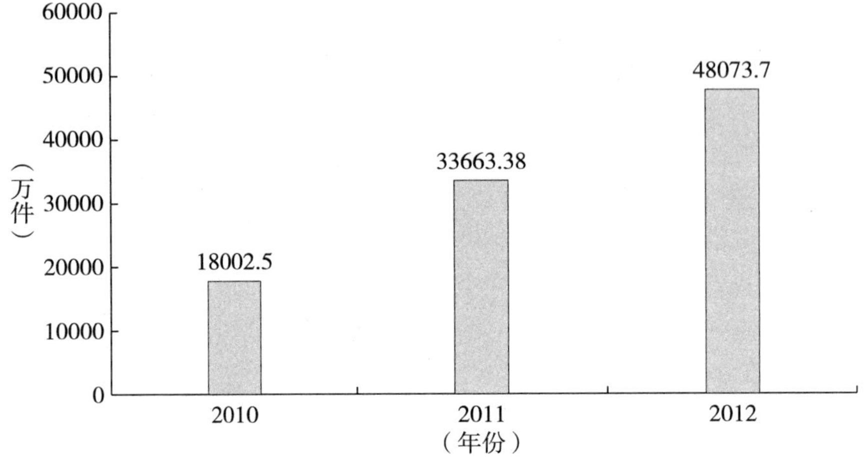

图6－3　2010—2012年北京市快递业务量

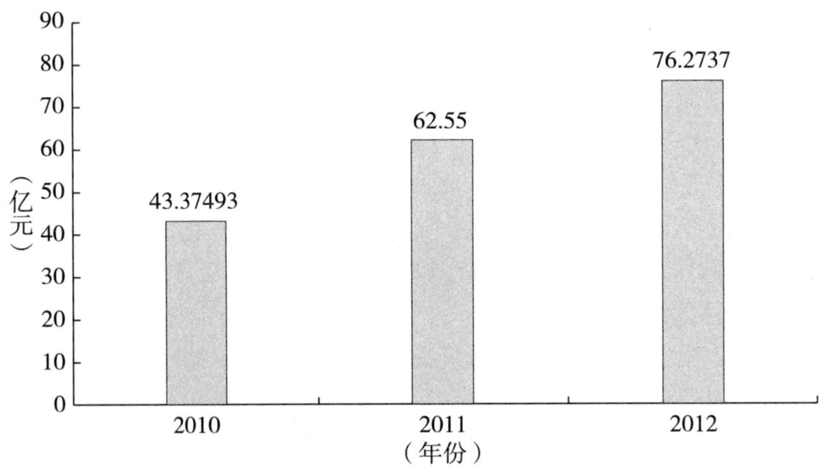

图6－4　2010—2012年北京市快递收入情况

从以上数据来看，北京市快递业务量与收入创新高，市场结构日趋合理稳定，各项业务发展态势强劲有力，业务规模日益扩大，占全国比重不断提升，为快递业的繁荣振兴奠定坚实基础。

快递物流业随着电子商务的高速发展需求急速增长，但快递业得到快速发展的同时，也凸现一些问题：

①从业人员的素质趋于提高。虽然北京市快递业务量增长快，业务需求巨大，但是由于快递业进入门槛较低，很多中小企业是从简单的搬运、同城配送做起，从业人员素质低，同时行业规模较小，快递企业数量急剧扩张，使得快递市场十分混乱。据调查，

民营物流快递企业如申通许多从业人员都是初中毕业学历。加上劳动力市场用工荒渐显及快递行业从业人员流动率极高，快递企业招聘时几乎不设门槛，不培训直接上岗，造成员工业务能力低下，素质参差不齐，由此带来的是企业服务质量的低下和服务意识的薄弱。如近年网上频频曝光的“暴力分拣”等现象，严重影响了快递企业的品牌形象。对此，必须要从上到下提高员工的素质，包括上门服务的收派员的素质，加强从业人员培训学习，提高诚信服务水准，更好地维护广大消费者合法权益。还有就是加强沟通技巧的改进和培养。

②物流快递业和电子商务的关系需进一步加强。网络购物异军突起，在给快递行业带来发展机遇的同时，也对其服务能力提出了挑战。物流快递的体系问题已经成为限制电子商务发展的瓶颈。随着电子商务在近几年爆发式的发展，更使得两者之间的差距扩大。据相关数据统计，国内电子商务的发展速度是200%～300%，而物流增速只有40%，物流发展水平远远不能满足电子商务发展的需求，尤其在节假日，快递物流公司频频出现“爆仓”现象。再加上物流服务水平不高，出现到货慢、货物丢失、商品损毁、送货不到位等服务问题，成为了消费者主要的投诉对象之一。事实上，不少电子商务企业开始考虑自建物流体系，像京东商城、凡客诚品等企业已经自建物流公司，保证物流快递质量。进一步加强物流快递业和电子商务的关系，是未来一段时间内物流快递业发展的重要一步。

③快递行业同质化竞争严重。快递企业在价格、时效、服务质量等方面同质化程度极高，消费者面临的转换成本几乎为零。绝大多数快递公司除价格战之外并无其他竞争手段。随着近年来劳动力成本、油价等因素上涨，快递公司业务量虽然保持增长但利润呈现下降趋势，且在国内通胀压力下，与快递业相关的各项成本并无下降预期，行业利润呈现进一步下滑的趋势。加之国家邮政局对外资快递企业进一步开放，2012年，联邦快递和联合包裹两大国际快递巨头拿到经营中国国内快递业务的牌照。这是2009年《中国邮政法》实施以来，外资快递企业首获国内快递牌照，外资快递正式进入中国市场。国内快递市场中，以价格战为竞争手段的多数民营快递企业将面临更大的竞争压力。

④城市建设与发展物流之间的矛盾日益突出。由于城市规模的扩大，人口膨胀，市区交通拥堵，对货车进城实施严格的交通管制，然而这却造成城市配送“最后一公里”的运输瓶颈。物流配送车辆城区通行难，造成物流公司运输中的困难，并增加运输成本。尤其是由于“限货”，使现有物流配送能力无法真正满足不断增长的货运需求，一些货运企业索性采用客车运货的方式，不仅导致运输效率低，也加剧了道路拥堵和城市污染。因此，北京在推进城市物流配送体系建设的过程中，城区货车通行能否畅通，不仅需要考虑城市整体交通状况的前提下，完善车辆技术标准，完善管理政策，还应更多考虑市场和企业的实际情况，来制定快递业发展政策。

⑤城市的末端配送问题需要进一步解决与完善。城市的末端配送，即“最后一百米”问题，是快递行业近年热点关注的问题，作为电子商务物流的一个重要环节，其实施效果直接影响着顾客对电子商务企业和快递企业的满意度。作为经济和政治中心，北京是一个人口高度密集，商业活动高度频繁的城市。“最后一百米”问题目前在北京等大型城市凸显得尤为严重。总的来说，现行末端配送的问题有：路线过于随机，无法精细安排

大批量货运，造成时间和运输成本大量浪费；运送终端以人为个体，承受货物量暴增的能力很弱，很容易造成货物积压；快递员工作环境无法改善，存在严重的道德风险。

北京市许多电商和快递企业对末端配送问题进行了有益的尝试。比如建设自提式快递点及共同配送模式等。其中北京市商务委指导、北京市快递协会协调推动成立的“城市100共同配送”较具代表性。截至2011年年底，城市一百拥有旗下营业网点及门店150家，机动车辆200余台，员工2000余人，业务区域实现北京全覆盖。“城市100共同配送”的定位就是“配送最后100米”，希望通过对物流快递行业人员、网点等末端资源的高效整合，为快递企业解决高校、社区送件难顽疾，改善投诉率居高不下的问题。这些模式和方案对此进行了有益的探索。但北京市末端配送问题还需要在相关部门的支持以及快递企业的努力下寻找更为有效而系统的解决方案。

2. 北京市典型快递企业运营状况分析

（1）宅急送运营状况分析

北京宅急送公司成立于1994年，公司以跨越式发展速度，在全国建立了庞大的“快递网络”，以优质服务赢得了国内上千家著名企业以及广大民众的信赖；以“诚信，和谐，高效，卓越”的企业精神，矢志成为民族快递行业的一面旗帜。

①宅急送竞争优势。

一是完善的物流体系。宅急送拥有32家直营分公司，覆盖了31个省/自治区/直辖市，在全国有3000多个经营网点，网络覆盖全国2000多个城市和地区；宅急送与国航等11家航空公司进行合作，780条航线，近5000个航班；全国班车运行线路900多条。借助华北、华东、华南、华中、东北、西北、西南等十三个运转中心，使全国货物既经济又快速进行分拨；全国拥有25万平方米的仓储配送中心，配备先进的装卸设备、安防设备、操作系统，提供“总仓＋分仓”的一体化仓储解决方案；三位一体的集散平台，配置装卸机、笼车笼筐、分拣线，提升了货物分拣效率。

二是高效的信息系统。宅急送拥有强大的ERP（企业资源计划）系统，实现了物流、资金流、信息流、人力资源的信息化管理；PDA（掌上电脑）、POS（销售终端）的投入使得货物跟踪更顺畅、资金管理更安全。信息系统对接，实现宅急送和客户之间数据实时交换，管理效率更高。

三是专业的保障团队。宅急送拥有近2万员工，根据客户的发货规模设立专职项目组，全力保障客户的货物操作。

②业务范围及内容。

- 主营业务

一是速递服务。服务范围：个人、企事业单位的文件资料、包裹。产品分类包括：

当日递：指当日12：00前取件，当日18：00前送达的速递服务；

次日递：指当日17：00前取件，后一个工作日18：00前送达的速递服务；

隔日递：指当日17：00前取件，后两个工作日18：00前送达的速递服务；

港澳台速递：指大陆地区发往中国香港、澳门、台湾地区并可次日或隔日送达的速递服务。

二是快运服务。服务范围：个人、企事业单位的产品、物料。公司凭借15年的普货快运经验，不仅积累了雄厚的运营实力，同时还可以根据客户多样化的需求，量身定制个性化物流解决方案。公司拥有从市场到运营、客服、财务等各环节的优秀人才，共同保障货物的安全准时到达。宅急送目前在各地拥有约 20 万平方米的库房，其中，北京、上海、广州、天津、深圳、沈阳、杭州等地共有 17500 平方米的立体库、4000 平方米的恒温仓库及 75000 平方米的配送中心。所有库房均具备物流功能，各项指标符合国家标准。为保障库房安全，公司不仅配备红外监控系统和采用闭路电视监控系统，保安人员 24 小时的库区巡逻，而且还提供全额货物保险，确保客户不受任何损失。

三是代收货款。服务范围：B2C、C2C 类电子商务企业及个人。为电子商务交易提供安全、准确、快速的货款代收服务，帮助客户迅速拓展销售网络和渠道，最大范围满足 B2C、C2C 类商业模式需求。

周期返款模式：又称 N 模式，N 为固定返款周期，目前公司提供 3 天、7 天、10 天返款模式。

滚动返款模式：又称 T 模式，即签收之后几天开始滚动返款。这种模式是目前最快的返款模式。如 T = 3，即表示签收后三天内给客户返款，也就是从签收后第 3 天开始每日给客户返陆续签收的金额。

- 增值服务

a. 分拣包装。提供针对不同货物不同目的地分拣包装服务。

b. 仓储。提供短时间的货物仓储服务。

c. 保险。提供针对文件、包裹货物、私人物品、高值物品在内的各种专项保险服务。

d. 保价服务：费率为 5‰，无免赔额，工作单声明价值在 2000 元以下/票；保价服务不做旧品，如返修机、件等。

e. 异地调货。提供当地委托，从第二地提货准时派送到第三地的服务。

f. 珍品操作。提供包括古董在内的珍品门到门服务。

g. 网上查询。方便快捷的网上查询，能够让您随时随地了解到货物信息。

h. 签单查看。宅急送对签单进行集中数字化管理，用户只需登录宅急送网站，输入单号即可查看签收单影像。

i. 签收手机短信反馈。当收货方签收后，公司将利用短信将已签收信息发送至委托方确定。

j. 到付货款。公司对客户提供收货方支付运费的到付结算业务。

- 专业产品

a. 保单快递：为保险行业专门设计的快递产品，服务于各种电销业务。

b. 淘宝大 C：为大型淘宝个人客户提供仓储、快递、分拣、包装等“一条龙”服务。

c. 家购快递：为电视购物类企业专门设计的快递产品，有效提高妥投率，为客户提供高质量的服务。

d. 直销快递：为直销类客户专门设计的快递产品，有效提高妥投率，降低客户物流成本，为客户提供高质量的服务。

③运营模式。

一是全国“门到门”快递服务。宅急送选择的市场定位是快递物流服务，即门到门快递服务，宅急送的定位是在公司成立之时确定的，当时中国的国内快递业还是空白，中国邮政 EMS 业务只限于信；其次选择这一定位是日本“宅急便”的实验证明，这一运作模式为客户提供了与众不同的物流服务。速度是快运之魂，宅急送利用晚上装车运货，节省了送货时间，提高了货物的转移速度。

二是服务由零散客户向大型企业转型，使宅急送抓住了业务发展的增长点。目前宅急送已经和诺基亚、佳能、LG、当当网等著名的企业或者商务网站建立合作关系，这样一来，宅急送迅速增长了业务量，同时不断提升自身的竞争力。

三是坚持自主经营，挺起民族快运旗帜；2000 年后国外大型快运公司找上门来，欲以亿元重金收购宅急送。陈平果断地回绝了，从日本搬来宅急送就是为了振兴中国民族快运事业，民族快运这面旗帜不能倒。多家快运公司加盟宅急送，如石家庄飞宇快运有限公司、呼和浩特富捷物流有限公司等。2002 年 11 月，经宅急送第二届五次董事会讨论通过北京物美商业有限公司参股，宅急送实力更加雄厚。

四是物流信息系统——快速物流的大脑和神经。“宅急送”的物流信息化建设主要包括两个方面：①设施自动化：“宅急送”应用的设施化自动技术非常多，如条码技术、射频技术、全球卫星定位技术、地理信息系统技术等，通过这些自动化的技术设施，可以实现货物的自动识别、自动分拣、自动装卸、自动存取，从而提高物流作业效率。②经营网络化：体现在已率先投资数百万元建立了物流信息 MIS（管理信息系统）系统平台，客户可以通过互联网登录“宅急送”网站，利用 Internet（互联网）查询货物运行和签收相关信息，并在网上通过 GPS，查询车辆在全国的具体位置，实现了无论货物在何处，客户都能了如指掌。

（2）城市 100 运营状况分析

“城市一百——共同配送”是北京市政府“15 分钟社区服务商圈”的有机组成部分，“共同配送”模式实现了物流快递行业人员、网点等末端资源的高效整合，以 C2C 快递和 B2C 配送为基础，以营业门店为载体，整合上下游供应商、服务商，打造面向公众的末端物流配送及社会服务平台。城市末端物流共同配送是在一个社区或学校、以一千米为半径，设立共同配送站点，相当于在社区或学校建立一个公共“传达室”。末端物流共同配送站点可承接电子商务企业、快递企业以及物流配送公司等各类企业的终端配送业务，通过共同的终端配送平台，统一配送货物，提高配送效率。

①城市 100 竞争优势。

截至 2011 年年底，城市一百拥有旗下营业网点及门店 150 家，机动车辆 200 余台，员工 2000 余人，业务区域实现北京全覆盖。接入了中通、申通等骨干快递企业、京东商城等电子商务企业以及快行线食品物流等专业物流配送企业的末端配送业务，日业务量已达上万件，通过信息系统实现了实物流、信息流和现金流的全过程管控。到 2012 年 2 月底，将新增 15 个共同配送站点，站点总数达到 30 个。目前，城市 100 已经合作的电子商务企业有 12 家，包括京东商城、当当网、卓越网等。

公司拥有仓储库房 3000 平方米，消防、水电设施齐全，6S 标准化规范管理。除了为寄递方提供配送服务，同时可为寄递方提供物品的存储，还会根据（寄递方）存货人的要求，为存储的物品提供包装、分拣、配送等全面的仓储解决方案。

②业务范围及内容。

• 国内、国际快递业务

城市国内、国际快递业务100北京市同城24小时送达，国内跨省快件确保72小时内送达。

• 代收货款

按照寄件方（卖方）与收件方（买方）达成交易协议的要求，为寄件方提供快捷的物品寄递，并代寄件方向收件方收取货款，同时按照约定时间将货款返还给寄件方的服务。返款实效：收件签收时间起计算，加3个工作日，将货款返还给寄件方（协议客户按照协议约定时效返货款）。

• 保价服务

在快递服务过程中，寄件人可对托寄物内容向我公司声明价值，并缴纳相应的费用，当货物在寄递过程中发生损坏时，我公司将按照寄递人的声明价值赔偿一定损失。

• 限时派送

指近距离（北京市同城）之间上午11时前取件，下午5时之前送达（远郊除外）；下午6时之前取件，次日上午12：00前送达的服务。

• 委托收件

按照寄件方的指令到指定地点收取快件，并送达指定目的地的服务。完全按照寄件方的指令（指令内容：取件时间、地点、物品清单等）去收取快件的全面解决方案，为您提供更灵活的快递服务。

• 代签回单

按照寄件方的要求，将收件方签收确认后的送货单或者签收回单，在规定时间内返还给寄件方的服务。为双方提供更全面的快递服务。

• 礼仪委托

客户在交往过程中，可委托我公司为您采购礼品、进行特殊包装，送达方式、送达时间的一种特定约定要求，给收受方一个意外惊喜。并由我公司送达给收受人的个性化服务。完全按照客户要求，为客户提供采购、包装、送达等全面解决方案。

• 分发包装、仓储物流

按照寄递方（存货人）的要求，为寄递方提供物品的存储、包装、分拣、寄递、配送等服务，为寄递方（存货人）提供个性化的服务，为寄递方（存货人）降低成本和消除后顾之忧。

③运营模式。

为了突破城市物流“最后100米”存在的难题，2011年12月20日，北京市启动了城市物流“共同配送”试点工程。资料显示，首批15个物流“共同配送”站点覆盖100个社区，服务13.2万余户居民，其中，共同配送的首个业务就是快递服务。“城市100”在这个大背景下应运而生。“城市100”运营模式是其和各家快递公司合作，快递公司把包裹送到“城市100”的网点，由这里的员工“二次投递”。“城市100——共同配送”在国内属于创新之举，推出之初得到不少业内人士的认可。

共同配送是经长期的发展和探索优化出的一种追求合理化配送的配送形式，在欧美一些国家已成为采用较广泛、影响面较大的一种先进的物流方式。此物流模式可以有效帮助缓解城市空气污染和交通拥堵等问题，提升城市形象，提高物流服务水平，减少缺货可能性，从而避免不必要的销售损失，降低“最后一公里”的配送成本，并提高物流提供商的专业化程度，从而促进城市物流产业升级。目前，中国各城市也都在大力倡导共同配送，但推行过程中有一些问题不容忽视。

“城市 100”实行政府引导，协会协调，企业经营，市场化运作的运营机制；在定位方面，是以营业门店为载体，整合上下游供应商、服务商，打造面向公众的末端物流配送及社会服务平台。截至目前，“城市 100”已经完成了 100 余个网点的建设，业务区域实现北京全覆盖，2013 年计划再增加 100 个终端配送网点，也就是到 2013 年年底实现 200 个配送网点的布局。各配送网点的标准是，社区门店拥有固定的使用面积不低于 50 平方米的营业场所，不低于 10 名工作人员储备及派送交通工具，要有一定的投资预算和抗经营风险的能力。同时，门店的布局选址也很重要，因为这对末端共同配送的开展效果和投递效率等有着重要影响。

第二节　北京市电子商务物流运营模式研究

2014 年是我国电子商务发展极为重要的一年，电子商务的高速发展也成为了电商物流行业大变革的第一推动力。“双 11”各大电商平台创下的促销奇迹，也让物流快递业刷新了历史记录。据中国电子商务研究中心（100EC. CN）监测数据显示，2014 年我国快递业务量达 140 亿件，同比增长 52%，首超美国跃居世界第一。

一、北京市电子商务企业传统物流模式

电子商务的推广，加快了世界经济一体化，使物流越来越在整个商务活动中占有举足轻重的地位。电子商务带来对物流的巨大需求，推动了物流的进一步发展，在北京，专业化物流企业超过千家，一大批物流龙头企业在京设立总部，物流配送网络建设步伐加快，物流公共信息服务平台应用成效明显，第三方物流迅速崛起。

但目前的物流业服务水平低，成本高，种种问题制约着电子商务的高速发展，尤其是季节性的快递企业“爆仓”问题以及频繁涨价等问题，使得大多数具有先行优势的电子商务企业在物流相关领域进行了巨大的投入。电子商务的快速发展很大程度上使得企业获取信息的成本较低，作为发展瓶颈的物流便成为企业亟待解决的关键问题，B2C 行业中一部分优秀企业开始自建物流。

同时越来越多的传统物流企业也开始涉足电子商务领域，如北京宅急送快递股份有限公司已经上线了商品代销平台“E 购宅急送”，而顺风速运有限公司退出了“顺风 E 商圈”，申通快递创办了“久久票务网”，圆通推出了农产品销售网站“新农网”，中国邮政和 TOM 集团推出了“邮乐网”，中铁快运推出公共网络交易平台——“快运商城”等。

北京市电子商务物流市场存在多种运作模式。一般而言，B2B 市场的企业用户大多利用企业原有物流方式进行配送；B2C 市场自营与外包模式并存，大型企业倾向于自营

物流，多数中小企业则积极扩展与物流配送企业的外包合作；C2C 市场因消费者间的交易模式不具备自营物流的条件，几乎全部采用第三方物流。具体物流模式包括以下几种：

1. 自营物流模式

电子商务企业通过自己的力量组建物流配送系统，经营管理企业的整个物流运作过程。优点是能够保证配送的及时性和可靠性，从而保证配送质量，更好地为顾客服务。同时货到付款的服务能够大大缩短回款周期，提高现金流动性。这种物流模式的缺点是往往配送规模小而使得物流成本较高。典型企业如京东商城、凡客诚品、一号店等。

许多大型网商都选择建立自己的内部物流网络，以确保质量。采取这种模式的部分公司自其成立以来就建立了自己的内部物流网络；而另外一些公司起初依赖第三方物流，但在饱受物流瓶颈带来的严重困扰后，才开始投建自己的物流中心和送货团队。通过控制和改进物流服务资源，这些公司的送货速度显著提高，同时也改善了客户体验，促进了业务增长。

自建物流运营模式是指电子商务企业为了满足自身物流业务的需要，自己建立物流系统，包括企业自己投资购置物流设施设备、配置物流作业人员，自主组织和管理具体的物流业务的一种物流运作与管理方式。自建物流系统无疑使得电商掌控了配送终端的业务情况，很大程度上保证了客户体验的需求，然而从投入上，对于中小型电商企业来说相当吃力，适合实力较大的生产型以及虚拟企业。

此模式的物流运营过程是，消费者通过电子商务网络平台完成订货，订货信息传递到企业的自有物流中心，由其完成消费者所订购商品的物流配送服务，同时处理退换货物流业务。如果企业的物流能力比较强，在满足自身物流需求的同时，还有相当的剩余，则可以承接外来物流业务。采用此模式的一般是大型生产企业和连锁经营企业，像海尔集团、沃尔玛连锁超市、国美电器，也包括卓越网、京东商城等虚拟企业。

然而，建立自己的物流网络并不适用于所有公司，成功的关键在于大量的订单和高效运作，特别是末端派送（通常占物流总成本的50%左右）。例如，如果某一城市的日送货量少于500 单，那么部署一支自建送货团队，每件递送成本为人民币 15 元或以上，这根本无法赢利。不过，如果这个城市的日送货量可以上升到 10000 单，那么就可以使每件递送成本降低到人民币 2 元以下。因此，鉴于广泛的市场地理分布，即使是最大的网商也无法完全以具有成本竞争力的方式凭借内部能力解决所有物流需求。了解是否部署以及在何处部署内部物流能力将成为网商赢得成功的一大重要因素。

2. 第三方物流企业合作的物流模式

电子商务企业将自己的物流业务通过企业方式委托给专业的第三方物流企业来运作。优点是第三方物流企业拥有发达的物流网络，其专业化运作可以为电子商务企业提供准确、及时、低成本的物流服务。缺点是商品出库后物流环节掌握在物流公司手中，电子商务企业自身无法监管，而且与物流公司在信息沟通、账务交易、经营管理上存在一定的障碍，会出现配送不及时、忘记送货或是无法送货等问题，这将会严重影响电子商务企业的服务水平。典型企业如淘宝、易趣等 C2C 市场电商。

外包物流运营模式是电子商务企业为集中资源和精力在自己的核心业务上，增强企业的核心竞争能力，把自己不擅长的物流业务或者在某些区域暂时无法做到的物流业务，全部以合同方式委托给专业的第三方物流企业（TPL）的一种物流运作与管理方式，电子商务企业通过信息系统与TPL保持密切联系，以达到对物流全程的管理与控制的目的。

此模式的物流运营过程是，第三方物流公司提供全部的物流设施，通过与电子商务企业内部的业务管理部门交互沟通，获取消费者的商品订货配送信息，然后运用自身的物流设施、管理人员以及专业的配送团队完成对消费者的送货换货服务。采用此模式的通常是规模较小的无物流设施的电子商务企业、或者本身规模较大但在某些偏远地区仍然无法实现完全自营配送全辐射的企业，或者不愿分散精力介入非企业核心业务的物流领域的电子商务企业，大部分电子商务企业，如淘宝网、拍拍网、红孩子等均采用此模式。

3. 物流联盟

物流联盟是一种介于自营物流和外包之间的物流运营模式。通常可分为狭义和广义两种，狭义的物流联盟是指企业自身拥有一定的物流资源但并不具有比较优势，不适合建立完全自营物流，因此企业运用自身有限物流资源和物流外包相结合的方式；或者企业规模有限，仅有能力在业务比较集中的重点区域建立完全自营物流，在业务量较少和交易相对偏远的区域没有能力组建完全自营物流，而不得不采用外包代理的物流运营模式，它是一种企业与物流代理企业之间形成的物流联盟。广义的物流联盟还包括合作的非专业物流代理企业，各自共享企业自身的物流资源组成一个长期合作的物流联合体，为实现电子商务企业物流配送合理化，降低物流成本，以互惠互利为原则，彼此提供各自有优势的物流配送服务而形成一种协作型配送模式，它包括配送的共同化、物流资源利用共同化、物流设施设备和技术利用共同化以及物流管理共同化。典型企业如当当网等。

4. 电商物流与传统商业物流相结合的运营模式

该模式的优点是传统商业特别是连锁经营商业具有得天独厚的资源优势，拥有丰富的商品和高效的配送体系，能够提供高效率的服务，二者结合能够充分发挥二者优势，实现资源共享，优势互补。缺点是传统商业企业没有丰富的电子商务运营经验，很难平衡线上和线下产品的价格。典型企业如国美电器、苏宁电器等。

5. 混合物流模式

混合物流模式又叫部分外包模式。部分外包一般是指自建配送中心而将最后的配送业务委托给第三方，这种模式下，电商企业仍需自建配送中心，物流中心的节点业务仍需自行完成，末端的配送环节外包给第三方物流公司。

此模式的物流运营过程是，消费者通过电子商务网络平台完成订货，订货信息传递到企业的自有物流中心，物流中心完成订单的处理直至打包完成，最后将打包好的货物交给第三方物流公司，由其完成末端的配送并负责实时传输在途信息供消费者查询。自建物流系统无疑使得电商掌控了配送终端的业务情况，很大程度上保证了客户体验的需求，然而从投入上，对于中小型电商企业来说相当吃力，由于自建物流资本投入巨大，因此有些企业只能有限度地自建。对于一些业务量不大的偏远地区，需要借助第三方物流来完成配送任务。采用此模式的一般为中型电商企业，如当当网、聚美优品等。

表 6－1　　　　北京电商企业物流模式及建设数据一览表

企业名称	业务模式	建设项目	投资数据
京东商城	自营模式，企业自建物流配送	1. 干线运输车队	以单价上百万的“SCANIA”牵引车担当主力，所有牵引车均配有采用空气悬挂技术制造的挂车，未来 3 年内，将投下 10 亿元，自建 300 多辆卡车组成的干线物流
		2. 物流中心，在全国超过 300 座城市建立了配送队伍	拥有了 1800 亩土地，其中直接与仓储用地相关面积达 1500 亩。建立全国大货仓 28 个，涉及 9000 多万元的租金费用
		3. 自建类似“亚洲一号”全国最先进的仓储物流体系	每个“亚洲一号”仓库的投入将在 10 亿元左右。上海仓是 15 万平方米 5 层的建筑。江苏宿迁、上海嘉定拿下共计约 560 亩的土地，其中，江苏宿迁的购地价格在 2000 万美元、上海嘉定的购地成本约在 3 亿元人民币
		4. IT 系统建设	IT 系统通过对分拣与配送系统全方位服务能力的提升，系统可用率达到 99% 以上，平均响应指标小于 5 秒
		5. 人员投入	2012 年员工数从 2.6 万增至 5 万人。新增人员 80% 进入供应链和服务体系
唯品会	采取自建物流与第三方物流结合的配送方式	1. 自建配送中心	目前的仓储总面积接近 12 万平方米，2013 年年底达到 40 万平方米，预计全国自建仓储面积将扩展到 70 万平方米
		2. 仓储设备投入	唯品会以 2 万元/台的价格引进一批速度最快的打印机；环形分拣货流水线的运行使分拣货效率提升了 30%。包装机也投入使用，按照工人平均每月 4000 元的工资计算，新的包装机每个月可以节省 6 个人的费用。采用价格不菲的林德叉车（二十几万～几百万不等）
		3. 技术投入，模式创新	实施了“干线物流”模式，即将同一地区的订单打包交由一家物流公司配送至中心城市，然后由当地物流公司进行二次配送至消费者手上。这种模式令唯品会的物流成本占营收比例从 2011 年第四季度 18.4% 下降至 2012 年第三季度 13.9% 左右
1 号店	采取自建物流与第三方物流结合的配送方式	1. 自建供应链管理系统	集成化平台建设，分拣中一单大概 16.7 件，现在降到 80 秒左右，目标平均一单货到 50 秒，主要是先做波次，再电子化分拣
		2. 仓储技术设备投入	如全程使用 RF 手持终端操作，目前电子标签 DAS/DPS 管理系统已覆盖到整个仓库的大部分区域
		3. 人员及自建配送中心	若服务上海 10 万户家庭，至少需要配备 8000 名送货员，500 辆保温车以及 2 万平方米的冷链配送中心

续 表

企业名称	业务模式	建设项目	投资数据
聚美优品	采取自建仓储和物流配送，与第三方快递公司合作	1. IT 系统	升级 ERP 系统，启用新的仓储和呼叫中心。全仓 25 台进口行式打印机，每小时可最高打单 22500 单，精确高效。全仓配备数百个手持终端，确保仓库工作人员迅速在数万货品中迅速准确拣取商品
		2. 人员投入	从最初的三人技术团队迅速扩容到采购专家、仓储物流专业人士以及化妆品品质的专业鉴定人员
亚马逊中国	自营加第三方配送，自己配送公司为世纪卓越公司，第三方物流公司主要是宅急送（负责国内）和UPS（负责海外业务）	1. 开放了 Kindle（电子阅读器）的第三方平台	亚马逊开放了 Kindle 的第三方平台，用 35% 的实体书版税吸引图书作者和出版商将他们的电子版权交给自己，并且以 2. 99 ~ 9. 99 美元在平台上提供下载
		2. 后台系统的强大数据库	在后台系统的支持下，卓越亚马逊目前面向全国近 800 个城市、1300 个地区提供免费送货上门服务
		3. 仓储系统	卓越的仓库比其他企业成本更贵，因为 IT 设备占到了总成本的 40%
		4. 配送服务	亚马逊已经在中国新建了总面积为 40 万平方米的 10 大运营中心。自建物流的配送范围已经达到全国包括县级市在内的 1000 多个城市
当当网	自己运营加第三方配送，即自己运营仓储环节，由第三方物流供应商负责配送	1. 签署 ERP 项目	2007 年当当网和北京新华中启信息技术有限公司签署当当网 ERP 项目一期工程，ERP 项目总投资 500 万元
		2. 供应商系统	目前，有 3000 家供货商在同当当合作
		3. 仓储系统	在全国建成总面积超过 10 万平方米的六大物流中心，货到付款服务可覆盖全国 1238 个地区、近 800 个城市
		4. 配送系统	在配送环节上，当当网主要依靠的是第三方物流公司。主要依靠“骑自行车的快递员”每天完成大约 15 ~ 20 份订单，将包裹送至客户手中
		5. 建设物流基地	当当网投资 10 亿元建设在华北、华东、华南新增物流基地
苏宁易购		1. 物流基地建设	与实体店面共享的物流系统比同行业高出 50% 以上
		2. 电子采购	苏宁的电子采购规模是行业中最大，每年近千亿元的采购订单对供应商来说有巨大的吸引力

续　表

企业名称	业务模式	建设项目	投资数据
苏宁易购	自营和第三方物流，小件商品采用易购自己的仓库；大件商品则利用苏宁线下的配送体系	3. 与 IBM 合作开发新型的网络平台	利用与 IBM 合作平台苏宁易购把实体店和虚拟店结合起来
		4. 技术方面的投入，与知名 IT 企业合作	苏宁易购已经配备近千名 IT 研发人员，针对前端用户体验的常态化监控机制和优化体系、基于 BI 技术的经营分析和策略支持等 IT 应用正在加速推进。而内部 SAP/ERP 系统、POS 系统与 B2B、B2C 系统的无缝对接，使苏宁易购前台和后台的衔接更为流畅，特别是物流配送上，尤为明显
		5. 自动化立体库正在运营	自动化仓库可以满足 300 万件货品的存储需求，实现方圆 200 千米的 24 小时送货，将大大提升小件商品拣选效率
国美在线	自营与第三方物流相结合。从“大库”到“小库”配送自营，大件传统电器售后宅配由第三方承运	1. 硬件设备	全国拥有 41 个分公司和 41 个大型配送中心，配送中心的库容为 1 万 5 千平方米左右，辐射范围为 80 ~ 120 千米，对“小库”门店库存每天向配送中心订货，确保 100% 配送率，使顾客能在第一时间买到所需的产品
		2. 软件投资	软件投资主要包括人员投资和信息系统的投资 ERP 系统、EDI 系统及 EOS 电子订货系统
		3. 信息系统改进	国美新的 ERP 信息系统实施以后，未来的赢利要落实到单店，系统会随时准确调配库存，未来门店的缺断货率将会下降到 5% 以内
		4. 统一采购、降低进价	国美实行统一采购，并坚持电子采购
凡客诚品	第三方配送	1. 最后一公里配送业务	凡客独立的如风达快递公司，它所提供的配送量约占凡客总订单量的 25%，主要承担核心城市的物流配送。客户签收率为 98%，投诉率在千分之三以下
		2. 加快仓储物流建设	全国 862 个城市支持货到付款，并花重金在物流仓库建设上
		3. 无线仓储信息系统建设	无限手持设备的引入将提升仓储效率，并通过和其他物流系统的接口，提升整体物流配送效率，退换货的效率将提高 28% 左右
		4. 即时生产	“及时生产”使 VANCL 的生产周期从传统制造企业的 90 天节省 7 ~ 10 天，省下大笔库存资金和流转资金，产品成本随之降低

（一）B2B 电子商务物流运作模式

随着 B2B 电子商务的不断完善和发展，物流瓶颈的问题日益凸现出来。物流作为连接交易企业双方的纽带，也是电子商务交易最终需要完成的关键之一。物流的问题不解决，B2B 电子商务的优势就无法发挥出来，就会严重制约电子商务的发展。B2B 电子商务物流是在电子商务环境下的现代物流，具体来讲，是指企业间基于电子商务化和网络化的信息流、商流、资金流下的物资或服务的配送活动。B2B 电子商务物流具有几个明显特点和电子商务的特点相适应。分别为：信息化、自动化、网络化，智能化、标准化、柔性化。

1. B2B 电子商务物流运作模式类型

B2B 电子商务需求具有如下特点：①参与的双方都是企业，分布相对集中，数量较小；②购买频率较低但订单量大，金额大；③需要商业洽谈，按照固定合同条款和商业规则进行交易；④商务环境的开放性和全球性；⑤广泛的交易对象；⑥新的流通模式；⑦新的经济布局和结构。

根据 B2B 电子商务需求的特点，B2B 电子商务物流的需求具有如下特点：①物流服务的稳定性；②物流的时效性和规范性；③较高的信息化程度；④较高的物流网络化和运营的灵活性；⑤物流服务过程的可视性；⑥物流运作模式的创新性；⑦物流解决方案与新经济布局和结构的适应性。因此，基于 B2B 电子商务的物流运营模式主要有以下几种模式：

• 企业自建物流体系，自建物流平台，投入资金建设自己的物流部门。比如京东商城、海尔物流等。

• 第三方物流模式。与第三方物流公司合作，本企业则专心生产和营销，不参与物流的具体运作。比如，戴尔和惠普。

• 物流企业联盟模式。企业间通过签署合同形成优势互补，互信，共担风险，共享收益的物流伙伴几家相关企业进行合作，优势互补，进行电子商务运作物流，比如美国的道尔石油和美孚等企业的合作。

• 第四方物流模式。区别于第三方物流，整合供应链的全过程，协调企业，第三方物流企业和其他相关企业，做到供应链的价值增值。这是最完美的解决方案。但是目前而言，还没有非常出色的第四方物流企业，需要继续发展。

• 综合物流代理模式。物流企业采用委托代理的形式，运用自己成熟的技术为客户提供高质量服务。

这些物流运作模式各具特色，针对不同规模、不同运作模式的 B2B 企业应该选择适合自身特点的物流运作模式。下面对上述物流运作模式进行比较分析（如表 6 - 2所示）。

表 6－2　各种物流模式对比分析

模式名称	运作原理	优势	劣势	适合企业	最佳选择
自建物流	有电子商务运营商或企业自己建立物流系统	自身可控制交易最后环节，控制交易时间；物流系统畅通高效	送货方式单一，业务范围小，多数以汽车为主配送，只能集中在某一区域；需要大投入，很难赢利	传统的大型制造和零售企业经营的 B2C 电子商务网站；资金雄厚的大企业	非（投入过大，经验不先进，投入产出比难以预测，专业化程度低）只适合有实力的大企业，中小企业难以复制
第三方物流	通过外包将物流转交给有实力的第三方物流公司负责	企业可以集中精力于核心业务；提供专业的物流解决方案；灵活的增值服务；节省物流费用和减少库存；提升企业形象；促进物流一体化，分工明确；强调合作，减少投资，控制风险，提高竞争力	需要共担风险，相互信任，信息共享；但对于物流服务，尤其是末端配送服务的效率和效果存在失控的风险	各种类型企业，特别是中小企业、经营电子商务交易平台的 B2B 电子商务企业	推荐中小企业采用，跨国企业较难合作和控制
第四方物流模式	有一个供应链集成商来管理第三方物流企业和其他相关方的物流解决方案	在第三方物流的基础上具有先进性；统筹兼顾系统集成；降低实时操作成本和传统外包成本，管理第三方物流公司；提供最佳的解决方案；通过影响供应链来进行增值；满足复杂需求	需要首先大力发展第三方物流	各种企业同第三方物流	推荐（目前还没有真正意义上的第四方物流企业，需要建立强大的第三方物流为基础）
综合物流代理	物流企业采用委托代理的形式，运用自己成熟的技术为客户提供高质量服务	不进行大的固定资产投入，降低经营成本，可将主要成本部门及服务部门委托他人处理	需要借鉴国外先进经验	大型企业	推荐（处于探索阶段，只有有实力的发行企业才有可能成功）

通过上述分析比较可以看到，就现阶段来说，第三方物流是目前可以应用于实际的最佳物流模式，具有很多的优点，并适用于所有企业，特别是中小企业，而我国 B2B 电子商务的特点又正是中小企业参与居多。所以选择高水平的特别是国外先进的第三方物流企业合作的物流模式，是 B2B 电子商务交易平台物流的最佳解决方案，是现阶段解决企业 B2B 电子商务物流问题的重要选择。

其中，第三方物流与第四方物流的结合是今后的发展方向。因为 B2B 电子商务物流呈现的单次配货量大、年配货总量稳定特点，以及其业务范围的全球性，要求其相应的物流服务不仅具备完善的物流网络，而且还必须具有个性化的服务能力。同时，我国目前从事 B2B 电子商务的企业多是中小型企业，特别是在 B2B 电子商务公共平台注册的中小企业占了大多数，不具备自建物流系统的能力，因此，第三方物流和第四方物流成为我国解决 B2B 电子商务配送问题的主要物流模式。

第四方物流是在咨询企业的参与下，使得第三方物流能够以整个供应链为服务着眼点，集成供应链资源实现资源、能力和技术能力的优化重组，为客户提供独特的和一体化的供应链解决方案，解决传统物流的各自为政而导致的无法应付电子商务环境下对物流的广泛而又复杂的需求，以保证供应链每个环节协同配合，真正帮助电子商务企业实现持续低成本运作。

第三方物流供应商通过对客户配送要求、货物种类、数量、配送路线、时间要求等的分析，利用专业经验、信息资源、信息处理能力、现代化的技术设备，以及为客户所提供的增值服务使整个物流过程更有效、快捷和低成本，体现电子商务的真正优势。

2. B2B 电子商务物流案例：UPS 与敦煌网的合作

UPS 是世界上最火的包裹递送公司及全球领先的供应链和货运服务供应商。UPS 在交通运输和物流领域有着一百多年的历史，是全球领先的贸易专家，并配备一整套全面完善的解决方案。UPS 的总部设在美国乔治亚州亚特兰大市，其业务网点遍布全球 200 多个国家和地区。根据 2008 年 *Internet Retailer* 杂志的报道，UPS 为美国 25 大在线零售商中的 22 家提供了递送服务。

敦煌网是第一家整合在线交易和供应链服务的 B2B 电子商务网站，是协助中国广大的中小供应商向海外庞大的中小采购商直接供货的新生代在线外贸交易平台。敦煌网致力于打造一个完整的在线供应链体系，直接打通中国上游中小制造企业和贸易商同国外无数中小采购商之间的贸易联系。2004 年，由中国知名电子商务企业家王树彤创办。2008 年通过敦煌网完成的国际贸易额接近 2 亿美元。截至 2009 年 6 月，敦煌网的全球买家已经增至近 210 万，分布在全球 230 个国家和地区。敦煌网通过开辟全球在线跨境交易渠道，帮助中国的中小供应商直接对接海外千万级的新生代买家群体，为全球的小型企业提供新的成长机会。作为中国批发贸易领域在线交易的先驱，敦煌网现为 40 万中国中小供应商与 210 万全球买家在线外贸交易服务。敦煌网一直致力于将国际贸易在线化，为更安全、更有效、更流畅的在线外贸交易而不断努力。

2009 年 8 月 7 日，UPS 宣布其全套整合的运输工具现已在敦煌网（DHgate. com），这一中国领先的全球在线批发交易平台上线。UPS 科技为敦煌网用户带来便利的综合运输体验，提高交易管理效率。UPS 在线工具与敦煌网交易系统的整合，使敦煌网用户可以在交易环节中计算物流成本、UPS 取货、追踪货运情况并查看国际货运的中转时间。

敦煌网是目前中国唯一整合全套 UPS 在线工具的 B2B 电子商务交易平台。此次双方合作在降低 B2B 电子商务交易成本、提高跨境交易物流可靠性和便利性方面带来了大幅度的改善。在 UPS 的帮助下，敦煌网用户的跨境交易物流过程简化，交易周期缩短，大幅提升了用户的交易管理效率。

（1）敦煌网物流配送模式

①实现一键轻松完成在线发货：对于待发货状态的货物，卖家只需点击“在线推荐物流”，完成一个发货单填充表格从而完成发货流程。

②物流公司自动响应上门揽货：在线物流的客服 30 分钟内会和卖家取得联系，并在卖家方便的情况下上门（北京、上海、济南、沈阳、深圳五地）免费取货。非揽收范围的卖家只需将货物邮寄到上海和北京的处理中心即可。

③Tracking No.（快递号）自动回传，无须卖家录入：货物的相应信息（tracking No. 等）无须卖家的录入，由敦煌网的系统自动录入生成。

④便捷跟踪货物信息：卖家在平台可以及时跟踪货物运输信息。

⑤加速资金运转周期：当货物妥投，无须卖家的请款，系统自动请款，加快放款周期。

⑥惊爆快递超低价格：使用在线发货，可以享受多种国际快递的超低价格，拥有市场同比的最优折扣。敦煌网卖家可以最大地降低交易成本，提升产品在市场的竞争力。卖家可以在“我的订单”所有模块上“在线推荐物流介绍”的位置了解卖家的发货折扣和相关活动细则。

⑦绿色通道、优质服务：使用在线发货，实现发货绿色通道，实现优先发货，保证卖家的货物顺利出运。当卖家的货物出现问题，会对此进行及时的处理。

（2）敦煌网——海外直发

①率先推出的全新销售模式：利用敦煌网海外的仓储及配送服务，实现中国卖家直接销售存储在海外仓库的产品，从买家所在国家本土发货的销售模式。从而缩短订单周期，提升买家购买体验。帮助中国卖家在全世界范围内扩大销售、降低成本、提升服务。

②提供设立于美国洛杉矶的仓库，并提供仓库配送发货服务。

- 空运方式：利用快递，空运的方式，将卖家的产品快速运抵海外仓库。
- 海运方式：提供全程的海运物流服务，安全地将卖家的产品从中国港口运抵海外仓库。

充分利用 DHgate 敦煌网平台资源，提供给客户一条全新的销售渠道，帮助卖家快速销售仓库产品。

（3）敦煌网物流存在的问题：

①信息化程度有待进一步提高。受传统经营意识和管理体制的影响，管理没有集约，整体实力不强，企业在收集信息、物流协调、资源共享、智能服务等方面存在不足，形不成规模和专业化优势。因此不能提供整体性、专业化的物流解决方案，不能完全满足

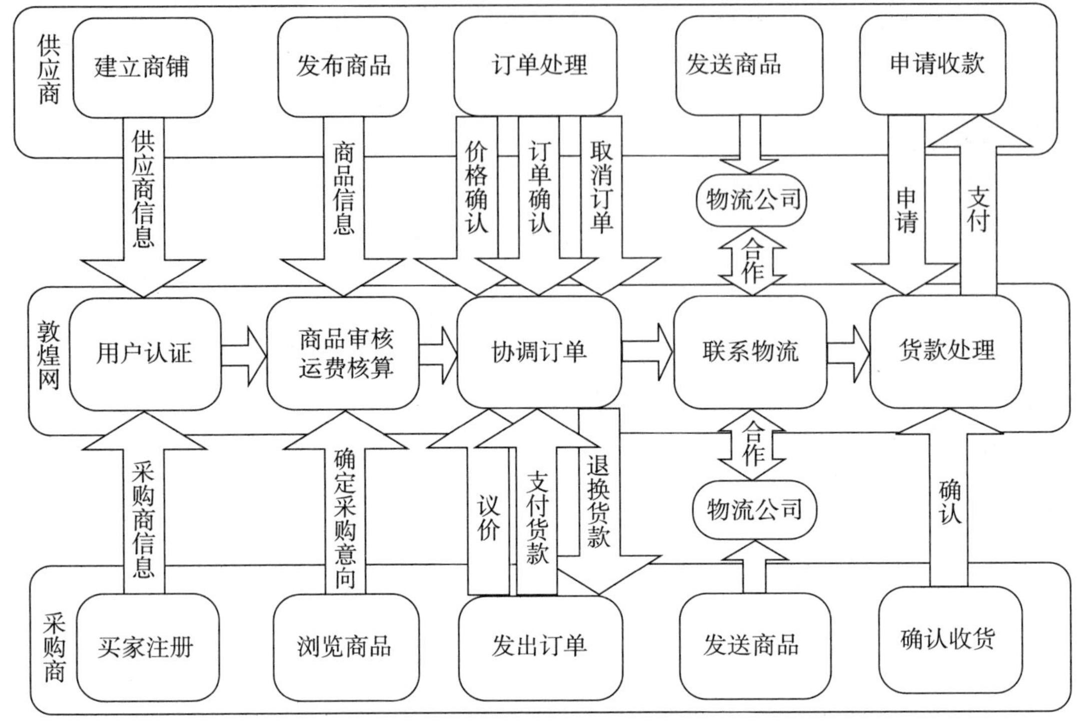

图 6－5 敦煌网物流运作模式

买方和卖方客户对物流的社会化和专业化要求。

②未能实现后期交易涉及环节的一站式服务。在中国，正常进出口的手续非常繁杂，并且专业要求非常之高，单单一个报关，就会产生100多张单据，稍微出一点差错，就有可能导致偷税漏税的违法事故。敦煌网与UPS、DHL这类快递公司合作，只参与到运输这一小部分环节，对出口企业来说，真正的难点在通关和退税融资上，这也是出口企业最需要的服务内容。敦煌网是否有能力将后期交易涉及的所有环节一站式服务，这是企业很关注的一个问题。

③未考虑到中国外贸进出口的各项政策。货物到了国外，买家不满意，货物就地处理还是退回来？就地处理，卖家损失严重；通过快递公司退回来，高昂的运输费谁来负责？没有考虑到中国外贸进出口的各项政策，包括外汇管制、通关管理、出口退税制度，形成实质上的违规出口的状态，企业享受不到国家规定的高达17%的出口退税，如果货物量大，这可是一笔不小的资金！货物没有按照正常报关出口，企业享受不到出口退税，如何向银行申请融资贷款？

（4）解决对策

①加速企业物流信息化。加速企业物流市场信息化，构筑网络物流与物流网络平台企业物流信息化；加速物流关系管理信息化，组建企业“链型”物流新模式；加速物流配送信息化，建立企业物流支撑体系，运用现代信息系统与电子化手段，加强对企业物流链管理，形成企业物流的支撑体系，进而实现物流配送的高效率与高效益；加速物流信誉贯通信息化，打造企业物流品牌。

②不断增强企业实力以实现一体化。敦煌网首先要规模化发展，进行横向拓展，在

拓展买家客户的同时，通过平台系统可以了解热销产品，迅速补充产品，扩大销售量；敦煌网还需要向纵深发展，以有能力将后期交易涉及的所有环节一站式服务。

③充分认识中国外贸进出口的各项政策。一方面，各有关部门政府要按照现代物流发展的客观规律，打破地区封锁和部门分割，避免地方保护和过分强调部门利益，为电子商务物流创造良好的体制保障条件；另一方面，敦煌网本身也要充分学习认识各国的外贸出口政策，减少不必要的损失。

（二）B2C 电子商务物流运作模式

1. B2C 电子商务物流运作模式类型

目前，我国 B2C 电子商务企业物流体系水平不一，运营模式也各不相同。概括起来，物流配送模式可以分为以下四种类型。

（1）企业自营配送模式

采用此模式的一般是大型生产企业和连锁经营企业，像海尔集团、沃尔玛连锁超市，也包括像 96128 购物网、E 国一小时等虚拟企业。企业通过组建自己的物流中心，来为本企业的生产经营提供配送服务，包括满足企业内部生产的材料供应，产品的销售、对零售商店的供货等，也可以利用自身的物流体系承担其他企业和商家的物流配送业务。选择自营配送模式有两个基础：其一是规模基础，即企业自身物流具有一定量的规模，完全可以满足配送中心建设发展需要；其二是价值基础，即企业自营配送，是将配送所创作的价值提升到了企业的战略高度予以确定和发展的。

（2）外包给第三方的物流配送模式

第三方物流是指由物流劳务的供方、需方之外的第三方去完成物流服务的运作方式。第三方企业一般是具有一定规模的物流设施设备及专业经验、技能的批发、储运或其他物流业务经营企业。采用此模式的企业将非核心优势的物流业务全部交由第三方物流代理公司来承担，而 B2C 企业则集中优势资源发展核心业务。

（3）自营和外包相结合的配送模式

采用此模式的企业自身拥有一定的物流资源，但不能满足商务扩展的需要，由于建立完善的配送体系投资太大，当企业的业务量未形成规模效应时，企业需要承担较大的风险。在这种模式下，B2C 企业拥有自己的仓库和区域配送中心，通过信息化平台和网络技术实现与第三方物流代理公司的合作，将其最后环节的配送交由专业的物流公司来完成，共同实现对消费者的物流配送。这要求企业和第三方物流公司能实现双向信息对接，彼此之间能共享数据。

（4）共同配送模式

这是一种企业之间为实现整体配送合理化，降低物流成本，以互惠互利为原则，互相提供便利的物流配送服务的协作型配送模式。它包括配送的共同化、物流资源利用共同化、物流设施设备利用共同化以及物流管理共同化。采用共同配送模式的企业通过组建企业联盟，改变之前分散经营的模式，通过信息和资源的相互整合，把各企业的物流部门重新组合改造，形成一个新的整体，从而实现对联盟内的企业进行共同配送。

2. B2C 电子商务物流案例

（1）京东商城

提起京东，人们首先想到的就是自建自营的物流体系。强大的物流能力带来良好的购物体验，一直是京东吸引并抓住用户的金字招牌。

京东商城是中国 B2C 市场最大的 3C（信息家电）网购专业平台，是中国电子商务领域最受消费者欢迎和最具影响力的电子商务网站之一。京东商城目前拥有遍及全国各地 1500 万注册用户，1200 家供应商，在线销售家电、数码通信、电脑、家居百货、服装服饰、母婴、图书、食品等 11 大类数万个品牌 30 余万种优质商品，日订单处理量超过 12 万单，网站日均 PV（页面浏览量）超过 3500 万。现在，京东商城已占据中国网络零售市场份额 35.6%，连续 10 个季度蝉联行业头名。

京东商城在线销售商品近 10 万种。目前，京东商城拥有超过 1000 万的注册用户，日订单处理量突破 7 万单。现在，京东商城已经成为中国消费者选购 3C 产品的重要途径。

京东在物流方面已经投入了巨资，是所有电商企业里物流体系最完善的一家，这也是其能占据中国 B2C 半壁江山的重要原因之一。京东商城提供了灵活多样的商品展示空间，消费者查询、购物都将不受时间和地域的限制。依托多年打造的庞大物流体系，消费者充分享受了“足不出户，坐享其成”的便捷。京东商城的物流模式主要有两种：自建物流体系与自建体系 + 第三方物流相结合。

①自建物流体系。

在国内大型电商里，京东是最早开始仓储、干线运输以及配送全部自建的公司，而且最具规模。

仓储：早在 2007 年，京东就开始建设自有的物流体系。2009 年年初，京东斥资成立物流公司，开始全面布局全国的物流体系。目前，京东分布在华北、华东、华南、西南、华中、东北的六大物流中心覆盖了全国各大城市，并在西安、杭州等城市设立了二级库房，仓储面积在 2012 年年底已经超过 100 万平方米。除此之外，京东目前正在斥巨资于北京、上海、广州、成都、武汉、沈阳等地建设多家“亚洲一号”物流中心。上海“亚洲一号”一期工程面积近 10 万平方米，规划总体仓储面积将达 20 多万平方米，将全面提升京东的仓储吞吐量。

配送：为了完善“最后一公里”服务，2009 年，京东网上商城陆续在天津、苏州、杭州、南京、深圳、宁波、无锡、济南等 23 座重点城市建立了城市配送站，最终，配送站将覆盖全国 200 座城市，均由自建快递公司提供物流配送、货到付款、移动 POS 刷卡、上门取换件等服务。目前，京东共有配送员近 2 万名，在全国 360 多个核心城市自建有 900 多个自营配送站、300 多个自提点。这些基础设施保证了京东可以提供高效的配送服务，不管是 211 限时达、还是一日四送、预约配送、极速达，京东一直引领着 B2C 行业的服务标准。

京东三次升级物流配送体系，至 2013 年 5 月，211 限时达、极速递、次日达、一日四送、夜间配等形式的行业标杆物流服务；同时京东正搭建良好的桥梁，与供应链上商家的信息系统进行对接，获得了较为理想的开放效果，为京东带来赢利的同时，使商家对京东高附加值的服务产生黏性。

干线：2012 年 6 月底，京东自营干线运输正式投入运营，实现了城市之间运输的自主性，提高了仓与仓之间的调拨速度，是京东自建物流战略中的重要举措。自此，通过自建的仓储、干线以及配送京东完善了自己在物流领域的布局。京东首批投入干线运营的车辆达 300 余辆。

②自建体系与第三方物流相结合。

虽说京东商城 2010 年获得了 100 亿元的销售额，可其主要业务阵营仍局限于北京、上海、广州等经济发达城市。随着互联网应用的深入，京东业务阵营已经扩展到二级城市或三级城市。可是，如果在全国每个二级城市都建立自己的物流或运输公司，成本至少要在数百亿元。更何况，现在二级城市的利润不足以维持物流中心的运营。正因如此，大多数 B2C 网站都与第三方物流合作完成配送。

在北京、上海、广州之外的其他城市，京东商城和当地的快递公司合作，完成产品的配送。而在配送大件商品时，京东选择与厂商合作。因为厂商在各个城市均建有自己的售后服务网点，并且有自己的物流配送合作伙伴。比如海尔在太原就有自己的仓库和合作的物流公司。京东与海尔合作，不仅能利用海尔在本地的知名度替自己扩大宣传，也较好地解决了资金流和信息流的问题。其主要的第三方物流公司有宅急送、中国邮政等。

③京东物流服务新探索。

除了与第三方的物流公司合作，京东商城还在各地招一些高校代理。高校的学生是一个比较大的消费群体，但他们的不确定因素也是最多的。产品配送的时间大都是在白天，可白天是高校学生的上课时间，他们希望快递公司在晚上把货送来，但快递公司却不提供这样的服务。于是经常发生这样的情况：配送人员到学校门口告诉学生货到了，学生却不能取货。此外，绝大多数高校的保安都不允许快递人员进入校园，快递人员只能和高校学生用电话联络。但部分高校学生使用手机的频率不高，或者关机，或者是忘记携带。快递人员经常打电话找不到人。结果双方都有意见，学生抱怨快递公司送货不及时，快递公司抱怨联系不上学生。为了解决这个问题，京东招了一些人做高校代理。

总结：仓储（100 多万平方米 + 未来多个亚洲一号大型仓储设施） + 配送（自建近 2 万名配送员队伍服务 360 多个核心城市，其他快递公司为辅助） + 干线运输（300 多辆的自建车队）。

2011 年完成 C 轮融资后，刘强东表示“京东将在未来 3 年投资 100 多亿加强物流系统”。3 年过去了，京东物流投资规模有多大？处理能力有多强？自建自营物流与通过第三方相比节约了多少费用？巨额固定资产投入会不会成为包袱？直到招股文件的披露，关于京东物流的种种疑问终于可以找到答案了。

与京东物流有关的几组数据及事实：建成规模、处理能力、投资金额等。

①建成规模。

从 2004 年上线，京东就开始陆续在北京、上海、广州设立物流配送中心。货物从供应商到顾客的全过程都由京东经手，都在 IT 系统的监控和支持之下，都能与供应商实现库存数据共享。根据招股文件，截至2014年4月1日，京东物流体系各部门的员工人数概况如下：

表6-3　　京东物流体系概况（截至2014.4.1）

类别	数量	备注
仓库	86	总面积150万平方米，分布于36个城市
配送站	1620	分布于495个城市
自提点	214	
快递员	24412	
保管员	11145	
客服	5832	

从人员构成看（保管员、投递员、客服加起来有4.14万名），京东属于劳动密集型企业。

②处理能力。

京东的物流系统不仅庞大，而且高效。借助这个系统，京东可以在43个城市实现“下单当日投递”，在265个城市实现“下单次日投递”，两者合计占订单总量的70%。

京东漂亮的运营数据要归功于强大的物流处理能力，2013年完成订单3.2亿张，净成交额1039亿元。

表6-4　　京东商城的运营数据

项目	2011年	2012年	2013年
活跃用户数（百万）	12.5	29.3	47.4
订单完成数（百万）	65.9	193.8	323.3
净GMV（百万）	26900	60000	103000
其中：经销金额	20888	40335	67018
代销金额	6012	19665	36882
代销佣金率（%）	4.0	5.3	6.3

借助强大的物流，京东商城为越来越多的第三方产品提供服务、收取佣金。在2013年1039亿元的总交易金额中，第三方商品占369亿元，占比达35.5%。而且佣金比率逐年提高，2011年是4.0%，2013年达到6.3%。到2014年1季度末，第三方卖家数量达到2.9万家。

③投资金额。

2011年，刘强东放言投资100亿元建物流系统。后来，刘强东在多个场合说：“融资的70%将用于物流体系建设”“物流和研发占总费用的70%”。

据招股文件披露，京东融资逾18亿美元（不包括腾讯今年投入的2.14亿美元），折合人民币约116亿元。按刘强东的说法，京东物流投资应在70亿元以上。

这里所说的物流投资包括购买土地、建造库房、购置设施、设备及系统软件研发等。这些投资形成的都是固定资产，但招股文件显示截至2013年年末京东账面固定资产为35.3亿元（其中土地使用权5.98亿元、设备软件等10.2亿元、在建工程12.4亿元）。也就是说，京东历年来在物流方面的投资不会超过35亿元，这是一个令人失望的数字。拿物流体系做招牌，去撑起1500亿元市值，35亿元太勉强了。融资110多亿元，形成固定资产35亿元，其余的80多亿元都亏掉了，仅招股文件披露三个财年（2011年、2012年、2013年）就亏掉39.34亿元。

（注：京东在美上市，编制财务报表使用的会计准则与中国不同。此处的“固定资产”原文为：Non－current assets。不仅包括设备、设施、软件、土地使用权、在建工程，还涵盖股权投资、知识产权、商誉。）

④日益沉重的折旧摊销。

尽管35亿元固定资产有些令人失望，但京东折旧摊销负担已经不轻。

对于固定资产，通用的会计处理方式见表6－5：

表6－5　京东固定资产通用的回寄处理方式

	预计使用寿命	预计净残值率（%）	年折旧率（%）
房屋及建筑物	20～40年	3	2.43～4.85
机器设备	10年	3	9.70
运输工具	5年	3	19.40
电子设备	3～5年	3	19.40～32.33
其他设备	5年	3	19.40

对于土地使用权（无形资产）则按40～50年平均摊销。

2011年、2012年、2013年，京东折旧和摊销分别为7395万元、1.86亿元和2.93亿元。根据招股文件披露的规划，京东固定资产总值将在3年内突破100亿元，每年折旧、摊销超过10亿元。对于连年亏损的京东，它们会使赢利看起来更加遥远。

⑤相当一部分租赁物业没有产权证。

京东招股文件中说“18%的仓库、39%的配送站和41%的办公场所的出租方没有向我们提供必要证照，证明他们的所有权”。京东150万平方米与物流相关的建筑大部分是租赁的，这让物流体系的价值打了个大折扣。租赁也罢，但连产权证都没有拿到看到，就太不严谨了。从某种程度上讲，京东的物流体系是建在了沙滩上。

⑥海量存货。

京东庞大的物流体系中沉淀着海量存货，近3年来存货周转天数有小幅下降，但金额却直线上升。特别是2014年一季度末，存货金额蹿升到86.2亿元。2013年存货周转天数是32.1天。

这些存货由6000家供应商提供，平均账期38.6天。这意味着6000家结1000亿元的账，综合实力靠后的几千家，可能要等两三个月才能收到货款，京东占压了合作企业宝贵的流动资金。用户体验好，供应商体验却差了。

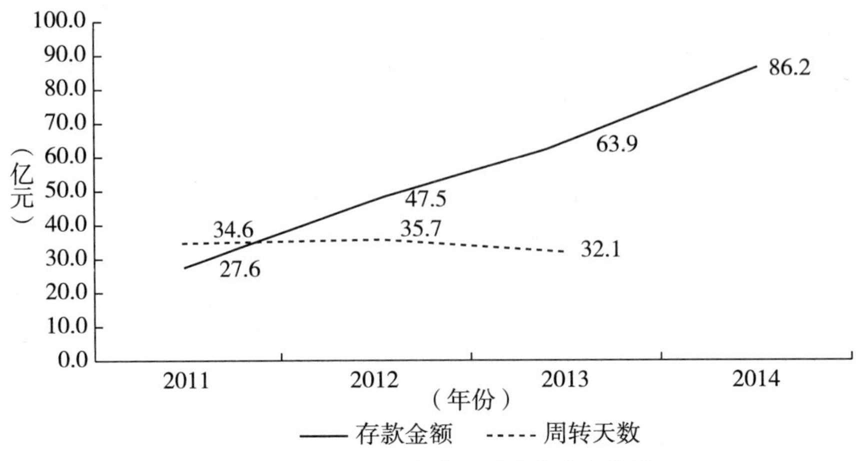

图6－6　2011—2014年第一季度京东存货情况

横向比较：京东的物流价值如何呢？

①京东与苏宁：京东物流未必是“中国第一”

在纯电商当中，京东的物流体系无疑排名第一，但与日思夜想要转型为电商的苏宁相比则未必。

根据招股文件，京东2011年、2012年、2013年财年营收的87%、82.2%和81.9%是电器及家居用品，与苏宁的结构相近，不妨与“苏宁物流云”比较一下。

根据2013年财报，苏宁在19个城市建立了物流基地（另有17个在建，22个完成土地储备）。在北京、南京、广州等12个城市实现半日送达，其他城市基本在24小时内送达。

2013年年末，苏宁固定资产、在建工程、土地使用权账面值分别为107.5亿元，39.4亿元和52.4亿元，合计近200亿元。上述资产包括苏宁在全国近1500家实体店，由于没有披露多少属于门店、多少属于物流，但可粗略估计物流投资规模与京东不相上下。

②京东与当当：京东成本优势不明显

自给自足的物流体系让京东获得了绝对的控制力，并给予用户很好的购物体验，成为拓展市场的一块金字招牌。但在公布招股文件之前，自建物流能否节省成本是个问号。

当当在物流方面投入没有京东多，但也有39万平方米的仓储面积。借助第三方物流，当当在19个城市实现当时送达，在158个城市实现次日送达。把京东履约成本（包括进货、验货、仓储、分拣、运输、投递等）占营收的比值与当当网一比，发现只有后者的一半。2013年，京东这项指标为5.9%，而当当为11.5%。看上去，京东的物流成本优势发挥得不错。

其实，京东自建、自营的物流体系发挥的作用没有看起来那么大。

2013年，京东用户平均每人下了6.8张订单，订单金额321元，而当当订单金额仅为99元。也就是说，同样花16元，送320元的货，送货成本占货值5%；送99元的货，成本就占货值的16%以上。所以，京东客户单价高（家电占比高），是其履约成本占其营收比例小的直接原因。

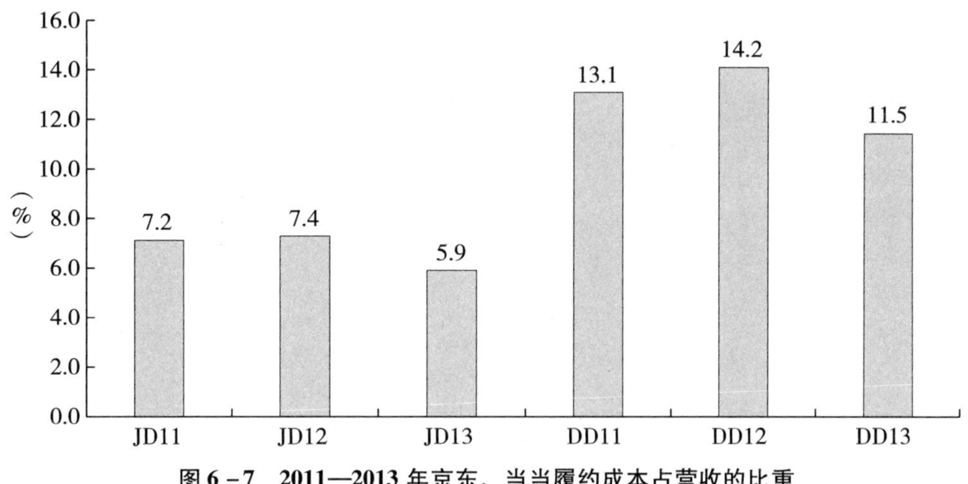

图 6－7　2011—2013 年京东、当当履约成本占营收的比重

表 6－6　京东客户购物行为

项目	2011 年	2012 年	2013 年
人均订单（个）	5. 3	6. 5	6. 8
人均金额（元）	2152	2048	2192
订单平均额（元）	408. 19	309. 60	321. 37

总之，京东自建的物流系统在提高用户体验方面有价值。但与当当、聚美优品、唯品会等没有投这笔巨资的电商相比，并没有体现出成本上的优势。

③估值：京东被高估还是苏宁被低估

2012 年，张近东表示，京东商城并非苏宁对手。“一个没打过仗的小孩，怎么和他去打呢?”2013 年，张近东再次表示：说京东是小孩子绝非自负。

2014 年，即将上市的京东市值将达到 250 亿美元（1500 亿元人民币以上），苏宁云商（O2O24）市值仅有 480 亿元。京东估值三倍于苏宁，张近东的“小孩论”被当作笑话。

但京东真的比苏宁值钱三倍吗？不要说中、美两国资本市场估值不同，就说马云或者巴菲特要收购，在他们眼里京东价格会是苏宁的三倍？可以从两个角度进行分析。

首先根据获利能力估值。两家的年交易金额都是 1000 亿元出头，但苏宁毛利润率为 15. 2%，京东只有 8. 4%，毛利润相差近 70 亿元。在零售价格基本相同的情况下（由于价格战），谁进货价低、谁的毛利润就高。苏宁深耕家电零售 24 年，供应链管理能力远胜于京东。

其次可以把苏宁拆成五块分别估值。第一块是 1500 家门店，就算每家每天只有一百名顾客购物，全年就是 5475 万“活跃用户”，比京东的 4740 万还高。如果打包出售，每家门店按 3000 万元估算，总值已经是 450 亿元了。2014 年 3 月 31 日，阿里以 53. 7 亿港元获得银泰 9. 9% 股权，估值超过 500 亿港元。根据 2013 年报银泰有 36 家店，年营收 157 亿元。在买家眼里，苏宁 1500 家店、1000 亿元营收，估值不会低于银泰。

第二块是规模不次于京东的物流体系；第三块是易购，最后两块是红孩子和 PPTV。

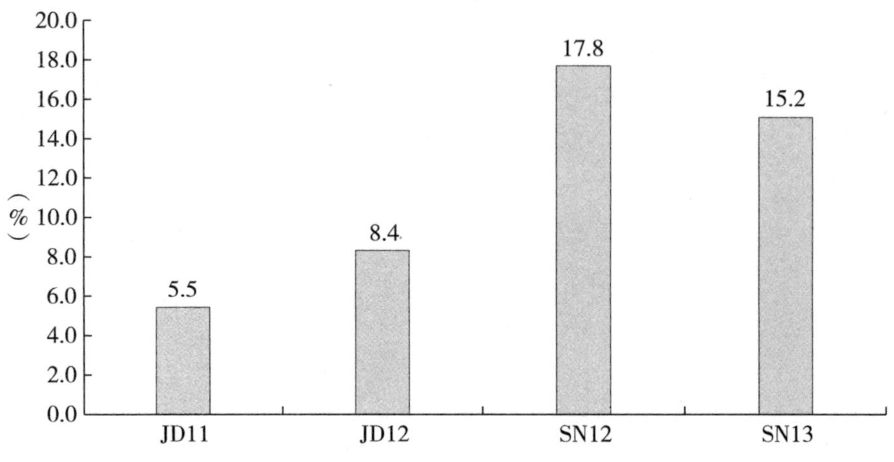

图6－8　2011—2012年京东与苏宁毛利率

要是五块资产加起来只相当于京东的1/3，那京东太贵了。

所以，不是苏宁被低估，就是京东被高估了。我们不禁疑问了，自建物流模式是否符合时代潮流。

与苏宁、京东不同，阿里用社会化思路解决物流问题。2013年，第三方物业公司为淘宝、天猫、聚划算三大平台投递50亿个包裹，日均1370万个，从业人员接近100万。

京东无疑要发展，现在有4万物流人员、未来可能是8万、16万、32万，这样下去会把百万大军纳入上市公司吗?

百货公司服务差、价格高、数量少，于是出现苏宁、国美、大中。苏宁走实体店的路子，发展了20多年销售额1050亿元出头，市值460亿元。

电商兴起之初，社会提供不了可靠物流配送服务，所以京东投资建设、全程管理的流体体系能给用户更好的购物体验。京东虽是电商，但对物流体系的思考却是传统的。沿着这条路，京东不到10年GMV达到1040亿元，市值1500亿元。

阿里也是电商，但物流按社会化思路解决，发展了15年GMV达到1.5万亿元，市值1.3万亿元。

电商的腾飞，强力带动物业流发展，它们会争抢着与电商巨头合作，比服务、拼价格，阿里们可以坐收渔利，用户获得的服务和体验必将日益改善。

招股文件显示，未来3年京东将向物流体系投入至少10亿美元。但美元变成物流基地需要时间，钱花光了还得再去融。自建物流的发展速度、资金需求成为增长的瓶颈，京东与阿里的差距会进一步拉大而不是缩小。

（2）苏宁易购

苏宁易购通过利用苏宁既有优势，将虚拟经济和实体销售模式相结合，配合苏宁电器集团打造虚实结合的新型家电连锁模式。得益于线下连锁多年的积累，单纯从数字上来说苏宁的整体物流实力是很强的，但是之前苏宁的物流能力主要还是面向B2B，服务于实体店面的，通常的流程是从供货商到仓储，从仓储到门店，而且主要的品类以大家电等大件商品为主。

在推出苏宁易购电商平台之后，苏宁的物流体系就显得存在两个重大缺陷：一是苏宁原有的仓库以大件仓为主，中小件仓缺乏，而电商的绝大部分 SKU（库存量单位）为中小件；二是苏宁易购要求的是面向 B2C 的物流能力，而这是苏宁的一大短板，一方面这与 B2B 物流体系存在明显的区别，仓储、配送以及信息系统都有许多需要改造甚至重建的地方；另一方面“门到门”的最后一公里配送需要耗费大量的人力、物力，也需要一定的建设周期，苏宁在这方面的经验明显缺乏，所以物流体验饱受诟病。苏宁的物流运作模式为：

①采用自营物流配送模式（自营为主）

苏宁易购实际是一种“实体 + 网销”的模式，网上的营销必须依附其线下的连锁经营来实现，通过配送中心，根据用户的订单和销售预测，进行规模化采购、进货、保管，然后按客户订单所需商品及其数量，在规定的时间准时送达客户（这里的“客户”既指下一级的配送中心，也可以指苏宁的连锁门店，最终用户等）。

苏宁易购的物流配送体系分为两部分：小件商品采用易购自己的仓库，大件商品则利用苏宁线下的配送体系。易购网站接到订单后，系统立刻进行分析，如果是小件商品，系统就会将其转入苏宁易购自己的配送系统处理；如果是大件商品，系统将其分配到相应的地区，再反映到该地区的库存系统，如果有货，系统就会为其指定物流中心发货。

针对网购商品的特点和细分化的需要，苏宁在原定物流基地发展的基础上，决定建设能够满足苏宁易购需要的第四代物流基地和第五代自动化仓库，以及城市自营快递体系，实现小件商品的远距离快速配送响应。

②第三方物流配送模式

苏宁易购的第三方物流配送模式是指企业在配送方面没有能力提供快速的、便捷的物流服务，则将部分物流配送业务或全部配送业务外包给专业的物流公司。

其物流优势主要体现在：

仓储：苏宁的仓储目前主要仍以家电等大件仓为主，在中小件仓方面苏宁的建设步伐也在加快。2012 年苏宁南京自动化中小件仓库投入使用，并在北京、上海、广州同步启动小件仓库的建设，苏宁预计到 2015 年实现“60 个物流基地 +10 个自动化仓库 +1700 个实体店”的大物流布局，预计未来的投入在 180 亿 ~220 亿元。

但就苏宁易购来看，目前在全国有十个始发仓库，分别是南京、北京、上海、广州、沈阳、成都、武汉、西安、杭州、深圳。其中南京、北京、上海、广州四个仓库提供全国发货服务，其他则只提供区域或同城发货。

苏宁易购的仓储实力与京东还是有不小差距，但是苏宁云商整体的仓储布局是要强于京东的。

配送：苏宁早在 20 世纪 90 年代就建立了自己完整的配送系统。当时，苏宁电器投入 3000 多万元建立进、销、存、送、装一体化管理的 ERP 系统，通过管理流程的电子化、信息化，实现了物流管理体系的高效运转，在国内商业零售领域首屈一指。目前苏宁物流体系里包含一个面向全国的物流中心、20 多个区域物流配送中心以及各城市零售配送中心，覆盖近 30 个省 200 个城市，日最高零售配送能力超过 20 万台。同时，苏宁拥有约 1700 家门店，原则上都支持中小件商品的上门自提服务。

目前苏宁易购的大家电共享原有的采购网络和配送网络，再加上苏宁自建的售后服务团队形成了苏宁易购在大家电领域的独特竞争力，这也使得苏宁易购线上销售收入的一半以上来自于大家电。而在小件商品上，由于仓储网络以及配送队伍建设的限制，目前优势并不明显。

苏宁易购在北京、广州、上海等一二线城市的配送队伍是自建的，而其他三四线地区都是与第三方协作。目前苏宁易购拥有5000台自有车辆、超6000人的配送队伍。苏宁易购的网站显示大件商品在大约74个城市的部分区域可以实现半日达，而小件商品则仅只在10个城市的部分区域可以实现半日达，16个城市的部分区域实现次日达。

干线：由于苏宁既有的线下连锁模式，干线运输是苏宁的强点，不仅覆盖面广，而且成本也相对可控。苏宁目前拥有各类干线运输车辆在6000台。

总结：仓储（全国有十个始发仓库）+配送（6000人配送队伍，大件74个城市的部分区域半日达，小件10个城市的部分区域半日达，16个城市的部分区域次日达）+干线（6000台车辆的自建车队）。

（三）C2C电子商务运作模式

C2C是消费者对消费者的交易模式，其构成要素除了包括买卖双方外，还包括电子交易平台供应商，也即类似于现实中跳骚市场场地提供者和管理员。在C2C模式中，电子交易平台供应商扮演着举足轻重的作用。电子商务平台提供商不仅为买卖双方提供信任的交易平台，为交易双方提供技术支持服务，同时还是交易活动的监督者和管理者，且将可能为交易双方提供保险、借贷等金融类服务，因此，C2C电子商务平台将直接影响到此商务模式存在的前提和基础。

C2C购物网站除了承载交易功能外，还直面消费终端、掌握海量用户购买路径和习惯数据、覆盖群体广泛等特征，其蕴含的巨大媒体价值将被逐步释放和认可，网络营销等相关赢利模式探索也初步获得成功。

面对如此庞大的C2C市场和如此广阔的发展空间，各平台运营商都依托自身优势，努力开展差异化服务，以期在市场竞争中取胜。然而目前中国主要的C2C电子商务平台（如淘宝网、易趣网、拍拍网）仍未实现赢利，自身需承担高额运营成本，这将为整个C2C产业带来发展压力。正处于培育、发展期的中国C2C电子商务市场具有自己的特性，国外已有的成功经验在这里并未奏效，C2C电子商务平台需要在发展和赢利之间探索适合自己的经营模式。

1. C2C电子商务的物流模式类型

目前，我国C2C电子商务物流配送模式如图6-9所示，信息流、资金流都实现了完全的电子化，而实物商品必须通过有形的实体流动才能使整个产业链的价值最终实现，因此物流不能完全电子化。同时存在买家无法控制物流公司，物流成本偏高，物流资源浪费等问题，使得C2C电子商务的发展受到了严重制约。

C2C网购平台提供尽可能全面的所推荐物流公司的资料，比如物流公司的经营规模、网点布局、信息化及自动化程度、物流服务成本等，作为卖家物流联盟选择物流公司的依据。网购平台对全国服务范围进行科学的区域划分，为各区域推荐一家合适的物流公司。C2C电子商务物流的运作模式主要有：

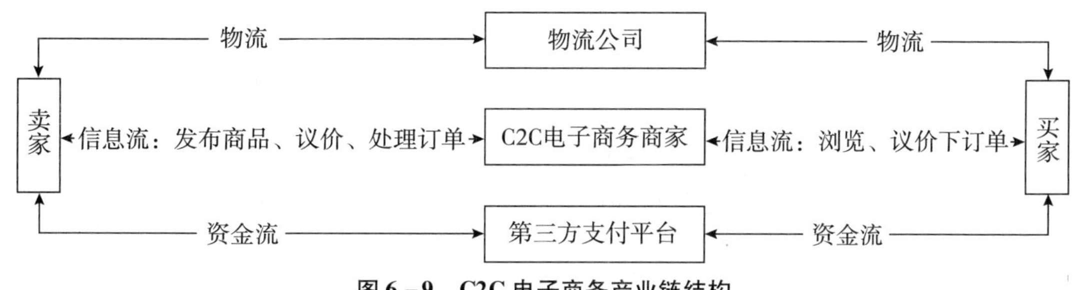

图 6-9　C2C 电子商务产业链结构

（1）物流联盟模式。所谓物流联盟，是指电子商务网站与邮政、快递等物流企业组成的物流产业链，电子商务平台在其中扮演产业链的中枢角色，对各方面的物流资源进行合理而高效的整合与利用。

作为当前国内最大的网上安全交易服务提供商，支付宝率先与相关物流企业进行合作。2005 年 6 月，支付宝与天津大田集团和宅急送成立了我国第一个电子商务第三方物流联盟，解决物流瓶颈，打造适合电子商务发展的现代化物流模式。整合物流之后，支付宝在“全额赔付”制度的基础上，2006 年又推出“推荐物流赔付制度”。在支付宝交易过程中，卖家在交易中直接使用支付宝系统，用下订单的方式选择由支付宝推荐的物流服务，享有支付宝与推荐物流公司商定的相应理赔内容，即对物品在运输过程中的遗失、破损及非本人签收给客户造成的损失，给予相应的赔偿，进一步强化了对买卖双方的利益的保障。

建立物流联盟模式的基本条件是第三方物流的成熟，目前在我国，第三方物流发展迅猛，国外的物流大鳄、中国邮政的 EMS 以及大量出现的民营快递公司齐头并进，但也有越来越多的问题暴露出来，如入市门槛低、服务网络覆盖率不高、物流过程跟踪难度大、服务质量差、纠纷解决难等。在这样的情况下，物流联盟模式作为一种较为先进的电子商务物流模式是一种选择，但如果仅仅依靠平台网站建立起来的物流联盟模式，在现阶段其本身就存在着很大的风险，也很难独立承担起 C2C 电子商务物流的任务。外资物流企业和中国的民营快递在全国范围内的网络布局远未完成，要完成物流任务，必须与其他物流企业进行合作，增加了服务难度和成本，风险可控性差。

卖家物流联盟模式具有如下优势：

①商品集中处理，节省运作成本。因特网的无边界性特点导致了 C2C 网店区域的分散与不确定性，每家网店单独寻找物流公司，会造成分散的配送网络，不利于物流企业集中配送降低成本。由 C2C 网购平台推荐区域物流公司，能够将区域内卖家物流需求集中，由一家物流公司服务，节省运作成本，实现区域内规范化管理。

②避免物流公司配送重复布局的现象。卖家物流联盟模式是按区域选择物流公司，区域间无重复，每个区域宜选择一个有能力提供本区域物流服务的物流公司，这样便解决了第三方物流公司网络覆盖不全面、布局重复的问题。

③提高 C2C 卖家议价能力，降低物流配送费用。C2C 网络购物的单笔交易额较小，单个卖家的日均配送数量很小，很难与快递公司形成稳定的客户火系，卖家与快递公司的谈判砝码很小，配送费用高，虽然物流费用由买家支付，但是物流费用高会影响产品

的销售量。卖家物流联盟模式将每块区域的物流集中，形成批营处理的规模效益，并且卖家联盟之后与物流公司谈判砝码加大，可降低物流配送费用。联盟内部也可以形成互相学习、互相竞争的态势，加速联盟成员发展。

（2）便利店模式。便利店模式来自于日本的7－11公司的服务模式，即充分利用分布于各居住区的便利店来完成物流快递的最初和最后一公里，让便利店成为物流快递公司的接货起点与终点送达手段。这样既可以极大地降低或减少物流快递公司的配送成本，又可以使原有的便利店资源得以充分发挥作用。尤其是对上班族来说，便利店送达可以减少因为上班错过送货时间的机会。

便利店模式的前提条件是网络化的便利店，充分利用信息平台把便利店网络与物流快递网络、网上商店电子商务平台网络等整合起来，实际网上网下联动。在我国，全国范围内统一的便利店系统始终未能形成，如果利用散落的便利店，势必不能充分利用信息平台进行资源整合，便利店模式的优势也就不存在了。

（3）物流外包模式。物流代理是指物流渠道中的专业化物流中间人，以签订合同的方式在一定期间内为其他公司提供的所有或某些方面的物流业务服务。

对C2C网络购物的卖方来说，面对日趋激烈的市场竞争不得不将主要精力放在自己的核心业务上，即网络营销，而将物流环节交由专业物流企业进行操作，以求节约和高效。物流快递公司分析比较操作成本和代理费用，灵活运用自理和代理两种方式，提供客户定制的物流服务。在卖家难以有力量去选择和监督物流快递公司的运作过程时，选择如易运输这样的专业物流代理，开展对物流快递公司的综合性分析和评价，在经过充分比较后选择适用的物流快递公司作为自己的合作伙伴。

（4）指定或推荐物流模式。在C2C电子商务平台上开设的网上商店，规模大小差异很大，在其与物流公司的合作过程中，店大欺客和客大欺店的现象同时存在。为了减少物流成本的差异性，提供网上商店的物流服务质量，电子商务平台或网站应该充分利用自身的优势，与规范的专业化的物流快递公司建立战略合作伙伴关系，向网商推荐这些物流快递公司，鼓励网商使用合作的物流快递公司的物流服务。

由于平台的加入，可以有能力（集众多网商的需求）进行服务招标，C2C网上商店的卖方可以自愿选择是否采用平台推荐的物流快递公司，如果采用了平台推荐的战略合作伙伴，就可以享受到相应的物流服务。实际上，目前C2C网上商店卖方也自发地与大大小小的物流快递公司形成了一定的合作关系，如货款的按月按量结算、量大优惠等，只不过这种合作的规模很小很不稳定。

2. 案例：eBay和淘宝物流模式的比较

eBay公司1995年9月在美国成立，类似一个跳蚤市场，个人可以到这个平台进行交易。eBay的商业模式决定了它只起中间人的作用——撮合买主和卖主之间的交易。eBay成立以来，不断扩张，已经在澳洲、亚洲、欧洲等很多国家开设了eBay站点，是世界上最大的拍卖网站。淘宝成立于2003年5月10日，由阿里巴巴集团投资创办，淘宝网就是为商家到个人、个人到个人搭建的一个平台。这个平台的目的就是为了帮助消费者买东西卖东西，经过6年的发展，据阿里巴巴的统计，截至2009年6月淘宝拥有注册会员1.45亿，淘宝网2009年交易额超过2000亿元，是亚洲最大的网络零售商圈。

在像 eBay 和淘宝这样的 C2C 网站上，买卖双方在平台上达成网络交易，然后通过物流配送，将交易实物送到顾客手中。C2C 交易商品的配送基本上靠第三方物流来完成。目前，eBay 和淘宝等 C2C 网站交易都是依赖第三方物流实现的。

（1）eBay 的物流模式

① eBay 的物流联盟。

eBay 物流除国内业务外，还有大量国际业务。它自身没有物流公司，采取物流联盟的方式，依托自身购物平台的信息资源，寻求与外部物流公司的合作。为 eBay 提供物流服务的企业有美国邮政、联邦快递、UPS、DHL 等，它们多为国际知名物流公司。

在 eBay 网站出售商品的美国公司一般都通过美国邮政和 UPS 发货。他们提供的服务主要有：提供折扣运费，免费上门取件服务；跟踪和发货确认。eBay 已经实现和第三方物流信息平台的整合，实现物流的网上发货、跟踪和确认，并且能够自动计算运费。随着公司海外业务日益增多，2000 年 eBay 与诸如联合包裹公司（UPS）以及联邦捷运（FedEx）等快递服务公司开展商务合作。2009 年，eBay 公司与德国邮政 DHL 建立合作关系。DHL 有着覆盖全球 220 个国家和地区的广泛网络的优势。

② eBay 物流的优势。

由于 eBay 选择的第三方物流一般是国际知名的物流公司，其网络覆盖面广，服务质量好，送货速度快，因此 eBay 给卖家提供的物流服务效率更高，服务更专业化。

a. 服务价格低廉。卖家选择 eBay 合作的物流公司，可以降低成本。以美国邮政为例，美国邮政与 eBay 有着频繁的业务往来。据美国邮政介绍，网上储蓄、总额折扣及竞争性价格可为 eBay 用户节省高达 11% 的资费。所有快递邮件和优先邮件的客户只要在网上支付邮资就可以节省费用，如磅重的优先包裹零售价为 4.8 美元，网上购买者可节约 1% ~11% 的资费。

b. 信息化应用提高服务水平。与 eBay 合作的物流公司，多是世界知名物流公司，它们的信息化水平很高。通过应用最先进的技术，给客户提供了快捷、准确、安全的服务。美国邮政使用条码 20 多年，2006 年进一步推出了新一代智能条码（Intelligent Mail barcode），进一步推进了邮政自动化的进程，通过智能条码可以时刻监控邮件的投递进程，保证投递的快速、准确和高效。UPS 作为住宅投递业务的强手，依赖于利用 GPS 为各地的司机对投递区域进行合理划分，使用新技术大大提高了工作效率。DHL 采用了最先进的扫描技术来体现自己的最大价值，为公司的客户提供更好的发运货品可视性。新一代通信技术可以为公司的客户提供实时可视与跟踪，提高快递物品的处理速度。

c. 服务便利化。便捷的物流服务既包含对卖家提供的服务，也包括对买家的服务。eBay 的物流联盟可以提供门到门的方便服务。取件方面，联邦快递已经在中国通过柯达的快递彩色影像服务网络，先后在北京、上海等城市联合设立自助服务专柜，通过这个“服务专柜”，用户可随时通过联邦快递自助服务专柜投递 2.5 千克以下国际快件，灵活方便，延长了联邦快递收件的时间。DHL 也加强了包裹公司的其他服务，如全天候自助包裹收寄点的服务。送货方面，将货物发送到用户邮箱或所在单位与家庭，也就是送货上门或配送到户，它是消费者最方便的取货方式，也是发达国家网络购物最普遍的取货方式。

（2）淘宝网的物流模式

①淘宝的推荐物流及操作方式。

淘宝物流以国内物流为主，它本身也没有下属的快递公司，采取的是推荐物流服务方式，通过淘宝网，在网上点击在线发送订单，称为推荐物流。物流公司在进入淘宝的推荐物流之前，要与淘宝签订相关协议，约定服务价格、内容和方式，以及非常优惠的赔付条款，并规定由淘宝监控和督促物流公司对于投诉和索赔的处理。具体是淘宝网汇总所有合作物流公司的服务政策、运输费用、客服热线等信息，供客户自行比较选择，通过在线下单获取相应物流服务。在这过程中，淘宝仅提供信息平台服务，不是推荐物流服务的提供方，不对物流服务商的服务提供任何服务担保或承担任何连带责任，但对于未得到妥善解决的客户投诉，负有敦促物流公司予以解决的义务。

与淘宝合作的物流公司多为民营快递公司，有申通 E 物流、圆通速递、中通速递、天天快递、宅急送、韵达快递、风火天地（上海同城）等。使用推荐物流规范了物流公司的服务，同时也使买家物流的选择更加方便快捷，通过网上直连物流公司，真正实现网上操作。买家和卖家还可以从淘宝网直接链接到相关物流公司的跟踪运单信息页面，而无须查询订单号。

②“推荐物流”存在的问题。

目前，淘宝网的物流服务方面存在的问题仍然较多，主要表现在配送的准确性、安全性和及时性方面。

a. 配送准确率低。我国 C2C 电子商务企业提供的数据其配送准确率很高，接近98%，与国际知名企业不相上下，但实际上并非如此。大多数企业在评价其配送准确率时，只是单纯的考虑订单送达数量，而没有考虑多次投递送达。笔者对所在学校最近在淘宝网购物的 100 名消费者的调查表明，货物二次投递成功的有十几件。因此排除错误投递与多次投递因素，我国 C2C 电子商务配送正确率约在 80%，同 98% 尚有很大差距。

b. 配送安全性低。根据统计，发达国家配送的事故频率值基本分布在 0.5 ~ 1.0（次/百万吨千米）范围内。我国 C2C 电子商务配送的事故频率远远高于这一水平。通过对近百名常常网购的用户进行调查发现，在最近半年内购买的商品中有 87% 的客户收到过包装破损的货物，大部分客户提出投诉、要求退换。另据淘宝社区的一项调查结果，货物的安全性没有保障，经常出现货物丢失和破损的情况占投诉问题的 16.1%。

c. 配送及时性差。快捷的配送指从消费者按下定购键确定订单发出到商品送至顾客指定的地点为止，这一过程周期应尽可能短。发达国家 C2C 配送速度标准为：食品两小时，部分日用品 12 小时，其他日用品 24 小时，生产企业直销产品 2 天。我国 C2C 电子商务配送在快捷与及时方面存在严重问题。根据网上披露的资料，在配送不及时方面的投诉最多，三四天内可以送达的货物，配送延时有的长达几周甚至几个月。据淘宝社区的一个调查，物流公司上门取货不及时，派送延误占所投诉问题的 166%。

d. 配送便利性不足。便利性表现在对买卖双方的提供的便利上。国内的民营快递一般能够做到上门取件，卖家可以和快递约定取件的时间，但是很多卖家是晚上包装包裹发货的，很多的快递公司都已经下班。对于消费者而言，获得方便是消费者采用网络购物方式的前提条件。我国现有大多数 C2C 电子商务企业都是在指定地点交货或者只配送到一定区域范围。在各大网络商店配送指南中，都对配送地点进行了规定。如淘宝的推荐物流圆通快递，配送范围都仅仅局限在市辖区，否则不予配送。这大大限制了网络购物的发展。

e. 物流配送的服务质量缺乏评价标准。目前，与淘宝网合作的物流公司参差不齐，对物流服务提供商的服务质量缺少评价手段和标准。物流公司的服务评价构成店铺的评分，不能单独对物流公司作出评价。比如使用推荐物流，然而对方却在发货近 10 天后才收到。对方因快递时间过长，使得卖家得到差评，损害卖家的信誉。如果用户在物流这一环节受到挫折，那么势必会影响到淘宝网的交易量。由于这些物流公司是淘宝网指定的，那么这些物流公司服务的不完善，也会使淘宝网的形象受到损害。

二、北京电子商务物流新型运营模式

随着电子商务业务的发展，电商物流的发展也突飞猛进，各种新型物流模式层出不穷。其中较为突出的是以效率与成本之间的平衡为导向的协同物流模式、以线上线下融合为导向的 O2O 物流模式以及以社区服务为导向的社区物流模式等。

（一）协同物流运作模式

协同物流模式具有网络经济的成本优势，是供应链管理的进一步发展。电商物流具有小批量、多频次、多品种的业务特点，这些特点成就了客户体验至上的发展要求，然而势必造成仓储空间、运输资源等浪费，不符合“低碳经济”的发展要求。作为新型物流模式的协同物流，是指合理利用现有仓储、配送等资源以使得物流资源处于高度合理化的状态。协同物流包括协同仓储和协同配送两个层面。

协同仓储运用协同理论中的自组织原理，围绕协同物流任务和目标要求，建立“协调—合作—监管”的客户、物流企业、监管部门的协同仓储自组织运行机制。协同仓储主要有两种模式：一是大型企业仓储设施充足的情况下进行仓储资源社会化，如亚马逊。二是供应链整合平台提供仓储设施，对各电商企业进行实体分仓，最后进行协同配送，达到资源整合的目的。

协同配送指由提供配送的物流业者，或以它们组建的新公司或合作机构作为主体进行合作，以克服个别配送的效率低下等问题。该模式包括共同仓储、共同分拣、共同落地配送模式。通过建立共同仓储与分拣系统，使得中小电商企业能够通过第三方具有良好的仓储与分拣系统，通过共同落地配送模式，解决当前“快递等人，人等快递”的尴尬局面，提升最后一公里的配送效率。

针对物流成本居高不下、物流环节杂乱繁冗的问题，一种由政府主导推出，倡导“共同配送”理念的新型物流公司也应运而生。北京市共同配送试点工程“城市 100”就是一例。

“城市 100”共同配送的基本思路是，货物进入城市之后，各物流企业不再各自派件，而是专门建立一个配送末端，由它统一配送，从而降低物流企业的成本。对配送末端，政府给予一定补贴。然而，“城市 100”在北京进展得并不顺利。这是因为，“共同配送”的理念虽然很美好，但是与国内快递重在取件，派件重在营销的状况有不小矛盾，跟阿里小邮局面临的问题基本类似。另外，“城市100”收费较高，配送数量稍大时快递公司也不愿与之合作。而对于各营业网点来说，单靠“共同配送”很难实现盈亏平衡。目前双井富力城加盟点，只加盟了大洋物流，做收发件业务，这在“城市100”各网点是普遍状况。

（二）O2O 物流运作模式

末端快递服务质量是电子商务体验的关键环节，而末端快递 O2O 模式的选择则是提升电子商务用户体验的有效途径。

（1）有利于提升用户消费体验。据统计，我国目前有末端快递人员接近100万人，他们渗透到每家每户，是实现线上线下 O2O 的重要资源，具备重要的大数据挖掘价值。2013年我国快递包裹量预计将超过80亿件，这些包裹量充分显示末端快递 O2O 这个平台的商业价值。未来的 B2C 电子商务必将是基于大数据挖掘的精准营销，电商能够接触到客户的就是末端快递服务的角色，在大数据驱动下包裹投递过程中不但可以帮助线上品牌实现精准的营销，还可以让消费者对商品进行亲身体验，改变“等快递”到“取快递”的消费习惯，感受到购物的乐趣，提升用户的消费体验。比如，京东与唐久便利店的 O2O 融合、阿里巴巴推动的猫屋等平台，这些都是从物流服务衍生出来的末端快递 O2O 商业平台，可以实现商品虚拟展示、移动互联下单的购物体验，一方面提升客户的消费体验；另一方面又提高销售量。

（2）有利于提高快递响应速度。目前，我国末端快递网点大多隶属于各快递企业，零散分布，各自为政，对资源缺乏必要的整合，末端快件滞留现象比较普遍，致使通信、人工和仓库库存等成本相应增加，导致物流利用率较低，响应速度慢。如据不完全统计，2013年仅北京各大快递物流公司旗下的各级网点数量总和已超6000个，因末端网点重复建设带来的末端环节各类运营成本场地、人员、能耗、通信等浪费则高达50%以上。而末端快递 O2O 将厂商—经销商—门店—消费者的传统供应链，改变为厂商—平台—消费者的互联网供应链，由于减少了经销商—门店环节，提高了响应速度，从而提升了互联网价值链系统效率。在末端快递 O2O 系统中，因为货源都是来自本地线下供应商，在物流配送方面比电商建立物流中心更快捷、更方便；利用线下的资源进行整合供应，不仅可以缩短货源到达时间，同时可以提高物流服务质量，减少了货源存放周期，降低了货源存放带来的高额成本。

（3）有利于提高销量和品牌知名度。末端快递 O2O 通过向消费者提供可选择、标准化、高质量的物流服务，通过服务有效转化更多客户，不仅可以提高用户对网站的可信度，还可以提升用户的消费体验；通过线上线下结合，使其成为品牌传播和特别体验的基地，在一定程度上可以大大提高网站整体销量和品牌的知名度。

为了提高快递末端投递服务水平，提升用户消费及体验，通过整合末端快递资源，可供选择的末端快递 O2O 模式有第三方代收货平台模式、便利店 O2O 模式、智能快递终端系统模式、自提网点模式：

第三方代收货平台模式。第三方代收货平台模式是以贴近终端的实体店为依托，借助 O2O 体验方式，以旗舰店、代理店与参与店相结合的方式，代收快递包裹，为电商和快递公司发展并维护快递自提点的第三方平台模式。当消费者网购下单时，可选择让就近的该模式服务站（实体店）代收包裹，服务站将在包裹到站时，检验包裹完整性后扫描签收并录入系统，随即系统发短信和密码通知消费者前往取件，消费者可在约定期间（如5～7天）内凭借证件及密码上门自提。

该模式的实体店非电商平台，既没有快递配送业务，也不拥有任何物业，一方面，对接“四通一达”、顺丰等主流电商快递企业，成为这些快递公司的下游，将中转站变成“分流装置”，从而缓解快递“爆仓”现象，提高末端快递的服务质量；另一方面，依托电商平台的买家数据，开展线下O2O业务，向用户在线下精准投放商品试用，提升用户购物体验，实现快递最后100米的覆盖，并最终打造“500米生活圈”。

第三方代收货平台模式的最大优势之一是其可复制性，该模式通过采取直营+加盟的双重结构，即按照标准快递自提网点+体验店的直营形式建立旗舰店，以加盟形式吸纳多种不同行业的线下代理店、参与店加入其体系中，实现快速扩张的规模效应。同时，该模式充分利用了网购人群在消费末端的聚合效应，相当于将网络状的最后一公里或最后一百米快递配送转变成更为广泛的点状布局，为电商物流提供毛细血管式的终端服务，进而形成更为流畅的货物集散通道，让电商快递配送更多频次地在站点之间的流动，这样更能充分发挥优势资源，并实现O2O电商闭环。

当然，作为一种新兴末端快递的尝试，第三方代收货平台模式在实施过程中将面临着诸多障碍与问题，如加盟模式虽然可复制性强，但可能造成管理松散、包裹损坏丢失率增加等现象。所以，为了该模式的快速健康发展，除了受到其自身的市场因素影响外，还受到宏观政策的影响，在发展初期尤其需要当地政府的政策支持，如提供税收及经营铺面等诸多优惠及资源。

便利店O2O模式。类似于第三方代收货平台模式，便利店O2O模式也开始风生水起，甚至有些便利店尝试加盟第三方收货平台。便利店O2O主要是利用便利店实现电子商务的宅配过程。两年来，京东、顺丰、沃尔玛等大型网络零售企业纷纷开展便利店O2O电子商务业务。

2014年，顺丰启动第三代顺丰门店节点，提供物流、广告展示、虚拟销售、预售、试衣鞋等服务。目前，已经启动300家门店，预计2014年年底将达4000家，未来全国将落地30000家。2014年3月，京东商城宣布与北京、上海、广州等15个城市的上万家便利店进行O2O合作，2014年年底计划覆盖全国所有省会城市和地级市。顺丰打造的自有电商平台，商家可直接从线上返回线上，从而完成反向O2O的开放平台入驻模式。未来用户可以直接享受在顺丰电商平台下单，并享用顺丰配送，或者到顺丰便利店自提的便捷服务。据了解，除了商品展示功能外，顺丰店还增设了更多的体验场所，如数码、电玩产品的互动专区。同时，顺丰新店还提供物流、广告展示、虚拟销售、预售、试衣间等多种服务。

在此之前，7-Eleven等实体便利店也已经联合EMS、DHL等大型快递公司，拓展服务平台，打造可以与手机移动端相结合的便利店。这种被7-Eleven称作自主式O2O模型是基于线下扫码购买、商家发货、到店自提或送货上门的新型社区虚拟购物平台，可以实现门店位置引导与商品搜索以及移动端订购，门店取货和支付等功能，最终打造7-Eleven 的固定消费群体。

2014 年 4 月，沃尔玛在美国开出第一家名为“Walmart to Go”便利店。该店不仅为沃尔玛电商提供的线下服务功能，还增加了快速服务餐厅的功能。由于小型店业绩增速较快，沃尔玛美国计划 2014 年投资 60 亿 ~65 亿美元小型店面和电子商务中心，店面类型以社区店和快捷店为主。

智能快递终端系统模式。智能快递终端系统是一个基于物联网，能够将物品（快件）进行识别、暂存、监控和管理，并与 PC 服务器一起构成的快递终端 O2O 平台。PC 服务器能够对本系统的各个快递终端进行统一化管理（如快递终端的信息、快件的信息、用户的信息等），并对各种信息进行整合分析处理，快递员将快件送达指定地点后，只需将其存入快递终端，系统便自动为用户发送一条短信，包括取件地址和验证码，用户在方便时到达该终端前输入验证码即可取出快件。

智能快递终端系统集两大核心技术于一体，包括前台站点快件存取和后台中心数据处理两部分，整个系统的运行有赖于智能快递终端和 PC 服务端。智能快递终端是通过摄像头等各种传感器进行数据采集，然后将采集到的数据传送至控制器进行处理，处理完再通过各类传感器实现整个终端的运行，包括 GSM 短信提醒、身份识别、摄像头监控等。PC 服务端主要是将智能快递终端采集到的快件信息进行整理，实时在网络上更新数据，分别供网购用户、快递人员、系统管理员进行快件查询、调配快件、维护终端等操作。

自提网点模式。自提网点模式是指由收件人基于 O2O 平台自行选择时间和服务网点领取快件的一种末端快递自我服务模式，是一种收件人由被动坐着等快递变为主动到指定服务网点领取快递的体验式末端快递服务平台。与第三方代收货平台模式相比，自提网点是由拥有强大线上平台的电商和快递企业在其末端进行规划布局，网点载体形式有实体店和智能快递终端设备等。该模式作为快递末端配送分流转化器，实施过程具有机动、灵活的特点，对于电商而言，不但可以降低其末端快递配送的成本，而且基于 O2O 平台的大数据挖掘对其用户进行精准营销，通过提升网购体验培养对其品牌忠诚度实现增量销售。对快递企业而言，基于 O2O 平台通过整合末端快递网点资源，提升网点服务水平，不但可以巩固与其对接的电商战略伙伴合作联盟，而且也可以降低其末端快递配送的成本。对消费者而言，由于在网购下单时可以把包裹送货地址写成电商和快递企业的自提点，一方面有利于保护消费者隐私，另一方面又可以提升消费者特殊的网购体验。

为了促进快递末端网点建设，提升快递服务水平，国家邮政局于 2013 年 10 月底出台了《关于提升快递末端投递服务水平的指导意见》，并提出引导快递企业加快自有品牌末端网点建设的意见。目前，各大加盟制快递企业除加速直营化进程外，也在加速末端快递布局自提模式。2013 年 4 月，全国业务量最大的申通快递宣布投资 3000 万元，在社区和学校等地建立约 3 万个快件存放点。此前，顺丰、韵达等多个位居行业前列的快递公司已经先于申通快递在便利店、超市进行了自提点布局。顺丰速运在一二线城市的 CBD、高端社区推储物柜完善末端配送；韵达快递在上海大学新世纪大学村、颐景园地区投放了两台 24 小时自助快递机。

基于 O2O 的电商和快递企业末端自提网点模式对提升快递服务质量、促进电子商务快速发展起到了十分重要的作用。当前，由于消费者的观念尚未从“等快递”向“取快递”进行转变，尽管各大快递、电商企业斥资抢先在末端快递领域布局自提网点，但实际效果仍有待市场检验。

1. O2O 电子商务运作模式

O2O 模式是一个将线上虚拟经济与线下实体店面经营相融合的商业模式。Online to offline，即从线上到线下，这一模式的核心就是把线上的消费者带到现实的商店中去。消费者可以在线上筛选线下的商品和服务、成交、在线支付、结算，然后自主去线下享受服务。Online to offline 泛指通过有线或无线互联网提供商家的销售信息，聚集有效的购买群体，并在线支付相应的费用，再凭各种形式的凭据，去线下，也就是现实世界的商品或服务供应商那里完成消费。可见，在 Online to offline 中，互联网成为线下消费的交易前台，使得线下服务可以用线上来揽客，消费者可以用线上来筛选服务。

O2O 这一概念最早于 2010 年 8 月由 Alex Rampell 提出，但这种电子商务模式早已存在。被认为是电子商务线上到线下的鼻祖 Shopkick，是美国的一款“真实签到 + 积分奖励”O2O 电子商务服务模式的应用，主要服务于本地的百货零售业。Shopkick 的技术现在已经被部署到超过 4000 家商铺和 250 家遍布全美的购物中心。Cherry 是美国洗车行业的电子商务增值服务模式平台，其用户随意把车停在某个地方，然后打开 Cherry 的客户端或者网站进行签到，记录自己车辆的车牌号、车型和颜色，不久洗车的工作人员就会带着设备赶到为用户清洗车辆。此外，提供社交性餐饮服务的 GrubWith. us（成立于 2010 年）、提供租车服务的 Getamund 以及根据提供私家车打车服务的 Uber 等都是 O2O 电子商务服务模式的实践者。

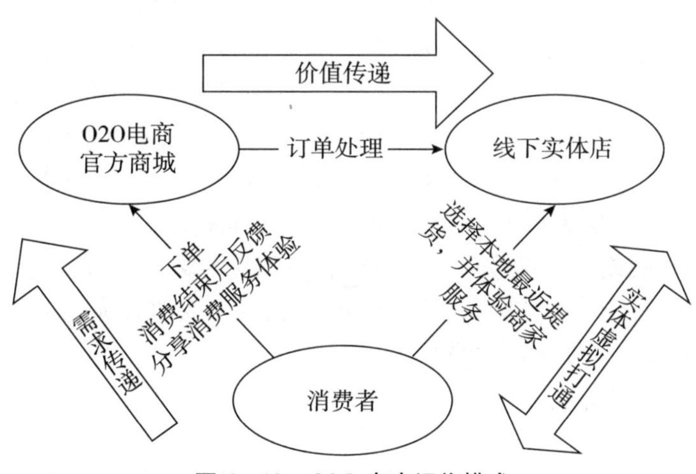

图 6－10　O2O 电商运作模式

我国最早的 O2O 电子商务模式平台是携程网，主要的商务模式是商业信息在线进行和传递，资金交易和服务提供在线下实现。继携程网之后发展起来的 O2O 电子商务模式网站有大众点评网、手礼网等生活服务类网站。团购模式的出现，将信息流与资金流一并通过线上实现，商业流与服务流在线下实现，标志着中国 O2O 模式进入另一全新阶段，也将 O2O 推向产业发展前沿。O2O 电子商务企业近年来受到了风险投资的青睐，据统计，2010 年至今获得风险投资的 O2O 电子商务企业共有 64 家，2011 年至今总投资金额约 70

亿元。O2O 模式以其特有的优势，现已广泛应用于旅游、房地产、订票、餐饮、汽车租赁、电子优惠券等诸多领域。中国的 O2O 电子商务的发展已经初具规模。

中国 O2O 市场在经历了 2012—2013 年行业发展混乱的初始阶段之后，2014 年的中国 O2O 市场将进行大规模整合和重组。重组主要集中在主要商业领域，包括本地生活服务、线上旅游日程定制化、传统零售商转型、宴会服务和团购。中国 O2O 货币化过程中面临的障碍有：

第一，对小型传统企业的信息化挑战：O2O 市场将经历淘汰、兼并和重组，使得广泛的、传统的经济模式向高效资源利用的方向发展，并在供需方面实现资源的高效整合。

第二，过去单一的赢利模式面临挑战：O2O 市场的发展将会给商品和服务带来多元化的显示和赢利模式，通过差异化定价方法和多渠道价格差别战略来最大化消费者和生产者的剩余价值。

第三，基于大数据分析的人才和技术需求：中国 O2O 市场的迅速成熟将依赖于精通统计、运算、数据分析和建模以及与云计算和大规模企业级数据处理中心相关的人才数量的快速增长。

O2O 电子商务是一个非常宽广的概念，根据不同的标准可以分为不同的类型。

（1）从本地生活化的角度，O2O 可以分为团购、优惠券、微信与移动支付。

团购被认为是 O2O 的代表模式，团购利用互联网实现批量销售，达到薄利多销、处理线下的库存和吸引客流量的目的。

电子优惠券是商家以降低价格为代价，利用互联网为折扣信息传递渠道吸引客流量，由于没有结合订单处理和网上支付而没有形成闭环操作，因此是最为基础的 O2O 模式。移动支付问题一直是制约 O2O 发展的重大问题，是形成 O2O 闭环中的重要环节。微信支付和移动支付将下单、支付结合在一起，完成了 O2O 模式中的闭环操作。不仅如此，拥有 3 亿用户，对于 O2O 模式来说，是巨大的潜在市场。商家通过微信建立客户关系管理，提高自身的服务质量。消费者得以利用这种模式随时随地实现消费满足。

（2）按发展顺序分类 Online to offline 和 Offline to online

Online to offline 模式是目前主流的 O2O 模式，即将线上的用户吸引到线下去消费。Offline to online 先通过线下的体验和感知引到用户到线上支付并完成交易。例如淘宝商场的家居爱蜂潮，这是一种倒流的 O2O 模式。

（3）按照 O2O 提供的服务可以分为信息类服务和交易类服务

提供信息类服务的 O2O 的商家有赶集网和 58 同城等这种提供综合信息服务的网站，像拉手网和美团网等一些团购模式的网站提供的是交易类的服务。

交易型 O2O 销售模式：其典型范例为团购。国内迅速发展的 O2O 模式中，Groupon 网络团购较为突出，具有代表性。团购从竞争战略上可以归类为成本领先型，是一种以打价格战为主的商业模式，其突出的优势体现在交易型销售中的打折销售，适合当前国内行业中间环节不透明、存在暴利的领域。团购型的 O2O 通过打折、提供信息、服务预订等方式，把线下商店的消息推送给互联网用户，组织其抱团采购，从而将他们转换为线下顾客。交易型销售有两个特点：第一产品同质化，要抱团采购，产品就不能差异太大；第二价格几乎是交易的唯一焦点。

交易型 O2O 销售模式最大的制约因素是，市场一旦渡过粗放期，利润就失去保障。因此只适合存在暴利的粗放市场。

顾问型 O2O 销售模式：强化品牌、广告和体验。顾问型销售与交易型销售相反，它考虑的核心不是成本，而是利润。顾问型销售的法则包括：产品或服务与竞争产品有所差别；产品或服务按客户需要细分或定制；客户对产品或服务如何提供解决方案或增加价值并不是完全了解；产品或服务要让人感到以客户为中心；产品或服务的较高成本可以被证明是合理的。

以“O2O 联动”为目标的福建七匹狼实业股份有限公司，原先是一家拥有 3000 多家线下实体店铺的传统服装企业，从 2010 年开始，开始进行线上营销。七匹狼的营销战略建立在产品差异化、服务差异化基础上。七匹狼为了避免同质性，采用了差异化营销的手法。在产品上，七匹狼对相同的产品用营销方式进行区隔，相同的营销方式用产品进行区隔。比如有 50 款销量超过 800 件以上的 T 恤，就要把款式分配给各个分销商。不同店铺 20% ~30% 的产品都是有区隔度的；在服务上，对分销商按电子商务的 7 大块基础点分拆出来，使服务差异化。

此外，O2O 模式在品牌营销、广告营销和体验营销三个方面，具有满足顾问型销售的优势。①强化网络品牌宣传。品牌的电子商务化，利用 O2O 强化企业在互联网上的品牌，以此带动线下销售。②通过 O2O 营造广告效应。由于 O2O 推广能获得精准的反馈效果，同一般无目标地投放广告相比，对于商家来说有强大的吸引力。对于 O2O 来说，由于是先下单再进店，所以很容易评判线上推广的效果好坏。从商家来说，加入 O2O 相当于定向广告推广。③营造良好线上体验。O2O 线上服务本身，可以通过信息方式，提供良好的用户体验。

2. O2O 电子商务物流模式

O2O 除了本地化服务行业纷纷开通或进入 O2O 外，一些 B2C 巨头也开始布局 O2O 市场，传统的零售百货、家具家电连锁也涉水 O2O。在品尝到 O2O 带来收益的同时，物流环节已成为涉足该市场的商家不可忽视的重要因素。虽然消费者通过线上支付购买，但是商品的配送还是需要线下物流承担，有的是需要消费者到实体店去体验或提取，而有的则是通过电商自建的物流体系进行配送，没有自建物流体系的电商则通过第三方物流来承担。比如，京东商城开通 O2O 业务，最大的优势之一就是多年来投入巨资打造的自建物流体系。辐射全国大部分区域的物流体系，1400 个配送站，超过 1.5 万的配送人员，都是京东商城涉足 O2O 市场的最大依靠。通过线下实体店信息系统、商品系统、服务系统、支付系统、会员系统和供应链系统和京东商城进行全方位无缝对接，京东商城线上手机订单，线下则利用强大的物流系统为实体店配送商品。

传统的零售百货、家具家电连锁开展 O2O 市场，商品虽然实现了线上销售，却无法实现线下的物流配送安装服务。这类电商虽然可以利用线下的预案由经销商体系完成商品配送安装等服务，但是不可避免的是，经销商普遍地把这类电商的行为看作是对传统经销商渠道的威胁，进而不愿意去配合电商完成线下物流配送安装工作。伴随这类电商的进一步发展，可以通过线上销售，线下第三方配送安装服务。海尔集团下属的日日顺家居物流就是其中一个典型代表。海尔日日顺家居物流服务，具备海尔的优质基因，能够提供线下商品物流配送安装服务的安全保障；超过2200多个服务网点的布局能够促使消费者实现线下提取商品的意愿，而促使其成为这类电商线下的第三方物流配送安装服务商。

通过选取知名团购投诉网站“团800”在2014年1月1日至20日的投诉信息，发现共有88条投诉，直接与物流相关的有41条，与退货和退款相关的有29条，物流及物流相关的投诉占比是79%。该类投诉主要是：下单后不发货、发货慢、发错货、发错地址、包装差、实体店没有该商品、退货加收邮费、退货运费销售者承担（因买家原因导致的退货）、运费垫资，等等。

库存不能同步是O2O电商普遍面临的物流难题。由于线下实体店与线上网店的商品管理割裂，实体店退回的商品变成了库存，实体店的商品已经销空，但是电商线上仍然显示商品有库存，从而消费者线上支付购买了商品，到线下实体店取货或消费者被告知已无该商品。这些都是由于线下和线上库存不同步原因造成的。

对此，可通过以下措施解决O2O的物流难题：

（1）应用新技术，打通线上线下库存同步通道

移动互联网的兴起带来诸多新工具和新技术，比如微博、微信、二维码、移动网上的APP软件等，再借助于线下实体店的POS、ERP、WMS管理系统等，实现线上线下库存信息及时共享。尤其可以通过二维码技术，实现线下线上共同的扫码购物，及时了解商品库存。通过在线下实体店中心库基础上建立线上的分支库，通过分支库实现虚拟库存信息共享，通过物权的转移取代实物的转移，把库存同步系统打通。

引导顾客扫描二维码、条码，关注公众账号，帮助每个进店用户形成有效的数字化沉淀。同时，结合数字客户管理解决方案、扫码支付、智能数据支持等工具，帮助线上平台和线下实体店无缝连接。

（2）自建物流体系与第三方物流有效结合

电商通过自建物流体系，可以保证物流控制的主动权，在整个供应链中处于主导地位，大幅度提升其运输和配送的速度与效率，改善物流服务质量。有能力的电商可以改造线下实体店的信息系统、服务系统、商品系统、支付系统、供应链系统，然后通过线上收集订单，线下利用自建的物流能力为实体店提供物流配送服务。通过自建物流体系，可以提高电商的物流质量，并降低物流成本。

自建的物流体系并非全能，当电商的订单无法支撑自建物流的成本时，进行物流外包，利用第三方物流也是一种明智的选择。尤其针对那些需要面向全国市场的O2O电商，自建物流无法辐射全国区域，在三四线城市、农村乡镇、偏远山区等区域，需要利用第三方物流完成线下的物流配送服务。单独的O2O电商，基于其单一的实体店面，没有形成连锁经营的规模经济优势，线下物流配送服务需通过第三方物流服务来完成。通过自建物流体系和第三方物流的有效结合，使O2O电商的物流服务更加快捷，运输和配送时间大幅缩短，物流成本得到大幅度的降低，也为消费者提供了更多的物流延伸服务。

（3）注重逆向物流，减少退换货带来的物流损失

商品的退回与更换是所有商家都会面对的问题，尤其是O2O电商。线上只是交易和支付的平台，而线下实体店则是消费者体验及提货的平台，再加上大部分商家的物流配

送由第三方物流来承担，存在着卖家与商品运输和配送存在分离现象，为交易安全带来隐患，导致商品的遗失、破损情况的存在，这些都会导致逆向物流的出现。由于逆向物流的形成会有很多原因，逆向物流的形成也会发生在终端顾客、实体店、物流商等任何一个节点上。通过针对“团800”物流投诉的资料分析，聚焦在退货、退款、换货方面的投诉占比是33%。有的是投诉发错货、发错地址、没有发货，还有的是包装差，更甚者因为卖家的原因导致的退换货而产生的物流费，也需要消费者来承担。

任何O2O电商都无法逃避逆向物流这个问题，无论是重视前期工作，避免或减少逆向物流发生的概率，还是当出现逆向物流时，积极去面对，认真负责的解决掉，都是可以缓解或减少消费者因退换货而产生的不满情绪。所以，O2O电商需要提高前期的工作质量，减少逆向物流发生，在处理逆向物流时不能目光短浅，注重短期得失，要勇于去承担责任，提高物流质量和效率，减少退换货带来的损失。

O2O电商拥有大量的数据资源，包括消费者数据、运营数据、商品数据等。这些数据可以有效利用在物流上，针对大数据开展需求调研和品牌分析，利用数据来指导商品的采购、仓储运营和物流配送工作，打造数据化的O2O电商物流。

伴随着O2O的移动性，物流策略也需要应对该移动性。消费者可以实现移动下单，移动查询物流信息，移动实现商品的退换货服务。无论是通过位置信息服务（LBS）、库存与订单多屏同步、多样化支付方式（在线支付、货到付款、门店支付）、线上线下信息同步等，满足消费者对移动物流的需求。

这些企业为了解决Offline的问题，几乎是使出了浑身解数，也无一例外的都是重物流或者重资源的模式，他们基本代表了目前“最后一公里”解决方式最好的模式了，自然也被投资机构疯抢，给用户提供的服务也是目前最高效的。

目前，O2O电商物流主要有以下几种模式：

（1）自建物流中心

适合类型：生鲜O2O、餐饮O2O

典型代表：家家送火锅、到家美食会

自建物流中心的模式，是对于货品配送效率、货品个性化定制有极高要求的O2O企业所采用的，比如生鲜O2O和餐饮O2O类型。他们的做法是，投入大量物流中心成本，尽量缩短送货时间，且保证每一次配送中的物品质量。

中农庄园家家送火锅是以自建多中心物流闲散物流的及时配送的方式，提供的是互联网火锅送货上门的O2O服务。吃火锅是几乎每一个女性用户都停不下来的餐饮习惯。家家送在北京朝阳区自建了14个配送站，提供不同地区的多中心物流配送，并且在用户需求量大的时候，再结合社会闲散物流资源，对人员培训、上岗后运送。

家家送将火锅需要的配菜，如羊肉、蔬菜、调料等经过简单加工后，通过多中心物流配送能够解决95%的物流问题，用户从下订单到吃上火锅最快1~3小时内就能解决。

到家美食会是很另类的外卖O2O模式，和“美团外卖”“饿了么”轻资产模式不同，他们的重物流很另类，自建物流系统，扩充了几百人来做配送。餐饮不像其他O2O服务，用户的订单需求非常大，也更加看重的是订单响应能力和配送效率。所以，与定位学生和低端人群餐饮的其他餐饮O2O服务不同的是，到家美食会定位的是中高端餐厅，这在成本上虽然支出稍高，但利润也相应提高。

这种自建物流中心的方式，将会给O2O创业者带来很大的成本支出，因此在增长性上也限制了过快的扩张，提供的服务不论是在地区还是人群上，都会有一定的局限性。但这种模式的O2O企业提供的服务从效率、质量上是非常有保证的，能够赢得有一定经济基础的人士的喜欢。

（2）建立社区配送站

适合类型：社区O2O

典型代表：社区001、顺丰嘿客

社区O2O服务提供的是身边小区住户的采购需求。在物流不能覆盖，或者是对配送要求高的物流，O2O企业建立了星罗棋布的服务站点，将货物送到这里，然后再以这里为基础，送到附近小区的居民手中，甚至是可以去自提。

社区001是把全北京划成方圆5千米的商圈，每个商圈的中心设立一个社区001的站点，安排10~20个配送人员。5千米之内的所有线下商超都在这个门店的服务范围内。这样可以实现其所描述的1小时配送效果，相当于把自己的货站开到了用户小区之内，然后再进行配送。

顺丰嘿客的方式是线下展示虚拟货品，线上浏览、二维码扫描然后购买的形式。门店内不摆放实物，商品以图片、海报的形式呈现。这种方式的优势是用户对商品的购买满意度会很高，但不利方式就是并没有解决配送直达的问题，而且成本相当高。

总体来说，社区O2O的Offline做法有一定的局限性，那就是需要不断地与线下的商超和货站合作，或者是店面很多。O2O是去中心化的服务，但如果将货物在商超或者是自己的店面再中转一下，其实物流成本和效率又增加了一个环节，并不是真正的Online to Offline。另外像青年菜君，把线下提货点放在地铁站附近，用户可以下地铁去提货，一定程度上解决了物流成本过高的问题，也部分解决了配送问题，但依然没有根本解决送货上门的最终目标，不断地与线下商店合作，依然有物流中转站的存在，除了配送中难免有出错的问题外，配送效率也打了一定的折扣。

（3）聘专业人士提供上门服务

适合类型：家政O2O、美业O2O

典型代表：阿姨帮、河狸家

家政O2O和美业O2O解决的就是懒人打扫房间、美容等的事情。但这个“一屋不扫，何以扫天下”的问题却存在供需双方的矛盾。用户找到好的家政服务人员，或者美甲师，付出的时间成本很大，而家政服务者、美甲师等平时获得订单的频次也不稳定，因此如果能够将这样具备一定专业技能服务者的资源掌握，将其提供给需要服务的用户，双方的问题就都解决了。

阿姨帮和河狸家的重O2O模式，就是签约了很多阿姨和美甲师，给他们发工资，并且经过专业和严格的培训后上岗，在平台上提供上门的服务内容。此外，阿姨帮还建立了阿姨的数据库，阿姨的年龄、擅长技能以及接单状态、评价等详细数据都提供给用户查看，由用户自己选择。通过用户评价系统和回访制度来保障、提升用户质量。

这样的优势是用户和服务群体都能获得需要的服务和稳定的经济来源，但对于O2O

企业来说，重度的资源带来的是成本的大幅度提升，特别是“河狸家”，“雕爷”任性地说还要烧掉5亿元，显然并不是创业者应该具有的心态和可持续发展模式。

（4）整合闲散物流资源

适合类型：生鲜O2O

典型代表：爱鲜蜂、家家送火锅

生鲜O2O的物流配送可以说是O2O企业中面临的最头疼的难题。如果配送不及时，用户的退货率就会相当高，满意度下降得非常快，生鲜食品的保鲜性很差，损失也会很大。另外，一味强调物流的高标准，又会带来成本的提高，因此，物流效率和运输成本这个矛盾体不能解决，生鲜O2O企业必死无疑。

家家送火锅配送定制化的火锅服务，自建物流解决了95%的配送需求，但依然有5%左右的人在自己要求的时间内不能获得及时配送，这是生鲜O2O都面临的一大难题。家家送火锅的解决方式是，利用小区或者快递员下班或者是休息时间，额外支付送货费，快递或者是小区店主希望赚更多点钱，家家送和用户都希望尽快将火锅送到目的地，所以供应商、物流和消费者三方面的需求都保证了。

爱鲜蜂的做法也类似，保证在1小时内送到货，就是发挥了闲散物流的资源，将成本降低。爱鲜蜂利用闲置资源（小卖部店主），组建最后一公里配送能力。爱鲜蜂的“鲜蜂侠”（送货员）基本是各住宅区及办公区周边的小卖部店主。这个人群的特点是闲暇时间多，同时距离用户近。后台将订单分发到距离用户最近的小卖部店主那里，再由店主完成最后环节的配送。按照目前的实际体验，理想状态下配送速度能达到30分钟以内。

和自建物流遇到的问题虽然不一样，但这种利用闲散资源进行配送，同样会遭遇成长的烦恼。自建物流体系是阻碍O2O企业快速增长，而利用闲散资源是受限配送需求比较少，如果订单量庞大，依然会遇到用户在想要的时间拿不到货品的情况。

（5）线上替人排队线下提供服务

适合类型：医疗O2O

典型代表：丁香园医生、挂号网

医疗O2O过去一年收到巨头们集体的青睐，腾讯先后投入巨资入股丁香园和挂号网。医疗O2O中有一类是解决患者看病和挂号困难的问题，传统的线上排队太令人发指了，此外因为患者和医生信息的不对称，导致很多病患没办法妥善的解决，所以线上了解医生信息，然后按照自己的需求，挂号、约诊就成为了患者的刚需。

丁香园将开设线下诊所，借助其拥有400万专业会员、200万覆盖到全国80%的职业医师优势，在线下开设全科诊所，为执业的医生提供诊疗服务平台，让医患双方最终在线下完成就诊过程。

挂号网是解决用户挂不上专家号的难题的。其建立的“微医平台”会把优化就医流程、深入挂号支付以及诊后跟踪与结算，实现挂号、诊断、就诊和支付的一体化服务。

这种模式实际上是移动互联网在医疗上的一种解决方式，对于解决O2O线下难题上，是解决了很多烦琐、浪费时间的重复跑腿儿的问题。这种方式需要具备庞大的数据库基础，以及专业资源的基础，所以进入门槛较高，解决的效果却很好。

以上的这些O2O模式被VC认可，是对于解决Offline问题的模式非常具有颠覆性，再加上个人品牌价值而被看好。如果很多O2O企业因此就不差钱地构建线下模式，给后入者造门槛，但不能解决用户线下的难题，是不会健康发展的。从长远的O2O发展来看，很多O2O模式还得找到降低物流损耗的方式，才能令O2O并不是仅仅停留在资本投资阶段，而是创造良好的产业循环系统，彻底解决企业、用户的供需要求。

3. 案例分析

（1）三巨头比拼物流配送　线下O2O未有成功案例

阿里联手邮政　京东牵手便利店　顺丰自办“嘿客”

“按照国内电商的增长速度，在可预见的几年内，网络零售交易额将触及10万亿规模，但阻碍这10万亿规模的就是物流。”随着我国电子商务的蓬勃发展，“物流”成为电商大佬们的重大“难题”。此前，京东联手上万家便利店打造自己的物流体系；顺丰在全国推出518家“嘿客”抢占O2O市场。近日，阿里与中国邮政集团签署战略合作框架协议，计划在物流、电商、金融、信息安全等领域开展合作，建设中国智能物流骨干网络。

此前，邮政一直因为高高在上，与电子商务并不密切，这次合作无异是一次突破。然而，线下O2O又前景未明，在这样的大环境下，又该如何看待阿里、京东、顺丰以各自逻辑打造“商业零售帝国”的进程？

联手“国企”快递　造血国内电商

“网购虽美，等待却烦”——你是否也有这样的感受？如果网购的物品都可以在24小时内送达，你一定会对电商更加青睐吧？中国电商研究中心统计报告显示：在关于电商的投诉中，关于物流的速度和质量的投诉占比巨大。消费者体验差，直接影响的就是电商大佬们的收入，于是，“改善物流体验”成为大佬们彼此PK的新战场。

马云曾表示，“按照国内电商的增长速度，在可预见的几年内，网络零售交易额将触及10万亿规模，但阻碍这10万亿规模的就是物流。”阿里一直致力于打造社会化物流大平台，目标是“在全国任意一个地区做到24小时送达，支撑日均300亿（年度约10万亿）的网络零售额”，此前，阿里已联手银泰、复星、顺丰、三通一达（申通、圆通、中通、韵达）建立“菜鸟网络”，打造“社会化物流体系”。目前，我国电商的物流主要借助民营快递，在管理和运营上都已经达到了极限，再加上各地的通行政策限制，没有邮政的参与将很难继续扩大发展，而此次阿里与邮政的合作则为我国电商行业整体的物流发展“破题”。

在阿里的物流规划中，邮政系统的门店和物流无疑是最大的“肥肉”。中国邮政拥有11.8万个快递服务营业网点，是国内唯一一张覆盖全国农村、校园、偏远极寒地的无盲区物流快递网络，掌控着城市快递的最后一公里的优势，对于电商开发二三级市场作用显著。

此外，中国邮政业务已可通达全球200余个国家和地区，对于电商会触及医药、安全、海淘转运等领域也具有“切肤之用”。

联手物流　看上线下O2O门店

“方便、成熟的物流不仅在卡车上，更在你触手可及的地方。”在这样的思想指引下，阿里、京东、顺丰纷纷将目光投向了线下门店。2014年3月，京东与上海、北京、广州等15座城市的上万家便利店达成合作，将快客、好邻居等便利店打造成自家物流体系的一环，与线下商家整合发展。消费者可以京东上下订单，货品则由附近的便利店直接配送，并推出了“1小时达”“定时达”“15分钟极速达”等个性化的物流体验，致力于解决“最后一公里”的物流问题。

近日，顺丰在全国布局的“嘿客”便利店亮相，消费者可在店下单购物，也可以收发快递，打造立体化的O2O模式。不过，鉴于铺租、人员成本等问题，“嘿客”的赢利模式未被看好，但顺丰仍计划在一年内建设4000家“嘿客”，打造物流领域的“百货公司”，让业界对于线下门店与线上电商的互动展开了更多的想象。

事实上，阿里与邮政的合作也致力于打通交易、实物信息系统，充分挖掘邮政网点价值，开展O2O等新商业模式，“未来，线下网点可为线上商品提供订购和自提、配送等服务；此外，还会将菜篮子工程搬入到社区、校园、街道、乡村。”

打通线下、线上，已成为电商大佬们的众矢之的。业内人士分析认为，“未来物流不再是简单的快递，而是和邮政一样的有门店、有收储、有送货的‘第二邮局’。”

线下O2O未有成功案例

电商、物流、大数据、O2O……阿里、京东、顺丰正在以各自的逻辑和速度打造“商业零售帝国”，然而，“唱衰者”也不计其数。目前，阿里和中国邮政的战略合作还只限于业务层面，尚未有股权和资本的深层交叉，但双方不排除未来会有阿里入股的可能，不过前提是，中国邮政的物流追踪联网系统必须对接阿里的电商数据库。但是对接过程操作太复杂，系统建设非常难，理念成分多于实际，短期内更是看不到效益。

要想最大限度地发挥物流的价值，不但需要线上线下、企业间的数据库对接，更要发挥“智能化大数据”的作用。

对于线下O2O门店的发展，专家认为，店内不设库存的方式，甩掉了困扰零售行业多年的库存包袱，多种类型的服务又对社区服务性消费进行了强力整合，但以“嘿客”为代表的O2O门店模式前景未明。业内人士表示，“虽然零售行业的O2O模式曾一度受资本市场的热捧，但目前为止，国内零售行业尚未找到一个真正成功的案例。”

（2）海尔日日顺：以大件配送切入社区O2O

在得到阿里巴巴的投资之前，日日顺其实一直都被海尔“攥”在手里。以至于当媒体记者在介绍这家公司时，更多地只是把它当作海尔的大件商品物流公司。但实际上，它早已成了一个庞然大物。在以日日顺为主体的香港上市公司——海尔电器（海尔的制造业务多集中在另一家内地上市公司青岛海尔）的2013年半年报中，“渠道综合服务业务（除了物流之外，还有分销、售后服务等）”的收入是271.6亿元。这甚至微微超过了另外一家同样以渠道见长的巨头——国美电器，后者在去年上半年的收入为271亿元。

或许日日顺才是张瑞敏梦想中的“下一个海尔”。在若干年前，当他去思考海尔如何面对互联网的颠覆，以及如何建立一种全新的能摆脱价格战，给用户提供真正价值的商业模式时，他的首选并不是自己十分强势的传统家电业务。阿里已经通过电子商务控制了支付环节，海尔唯一有可能的就是交付。日日顺物流公司所负责的大件物流的交付第一是送到，第二是提供安装服务，安装时快的20分钟，长的要1个多小时，这是很好的跟用户交互的机会，其他任何都没有这样的机会和平台。

因此，海尔在日日顺上的投入看上去近乎疯狂，因为即便是早就想进入大件物流配送的顺丰和德邦，也走得小心翼翼。在这个完全没有标准可依的领域，尤其要在三线以下城市直至村镇建造物流网络，简直就是个不可思议的事情。张瑞敏称："但这就是我们的'流量入口'，一定要把住，这一点至关重要。"

实际上，如果严格按照张瑞敏改造海尔的逻辑，把日日顺放到战略制高点并不是一个很难得到的结果。

张瑞敏对产品部门的要求变成了"不交互不能生产"，所有的产品在设计阶段，就被硬性地规定必须通过一切手段去得到目标客户的真实反馈。在未来的理想状况下，产品应该全部是由用户发起的，海尔只是帮他们制造出来。而海尔真正意义上能有效率地接触到用户的只有日日顺。线下的零售渠道正在萎缩，家电厂商自营电子商务也被无数次地验证为一种不靠谱的商业模式，日日顺反而成了海尔目标客户唯一的"刚需"。

整个海尔集团现在基本上按照两家上市公司的业务严格分工，海尔电器就是要搭建社会化的综合渠道服务体系，把触角伸向每一个家庭；而青岛海尔作为制造中心，要实现的是所谓的 C2B，一方面要给客户提供高度定制化的产品，另一方面就是要做到零库存。

这看上去是个完美的逻辑，而且大件物流本身门槛就很高。而海尔一是把"傻大笨粗"的管道改造成一个智慧物流的管道，让物流平台能够产生额外的价值；二是在努力形成一个能够引领行业的大件物流的配送标准。由此更是提高了大件物流的门槛，使得其他物流企业很难再进入这一领域。因此，改造后的日日顺在一开始就提出了诸如"24小时限时达，配送订单超时则免单"这样的变态级服务。截至 2013 年 7 月，在配送出的 48 万单中，免单共计 87 次。

大件物流最大的难点当然是物流基础设施不发达的三线以下城市，从这一点讲，海尔早期大力布局三四线城市的渠道（日日顺当时主要负责这些区域的渠道搭建）反而歪打正着。在 2008 年时，日日顺就创造了 150 亿元的营收，比海尔通过国美、苏宁两家连锁渠道创造的营收总和还多。尤其在 2009 年的"家电下乡"政策直接提速了这一过程，在那一年，海尔就以超过 200 亿元的登记销售额成为最大的赢家。

日日顺当时的做法就是开放加盟，而且积极收编地方渠道商，比如福建东南电器、新疆我家电器、绵阳家福来电器等最终都与它成立了合资公司。在 2010 年 10 月收购海尔物流的全部股份时，日日顺公布的数据是超过 9000 个县级分销商，约 3 万个乡镇级网点和约 13 万个村级服务站，覆盖率超过 90%。

实际上这与现在的网络构成有较大的不同。日日顺最新的数据是在全中国有 7600 多家县级专卖店，约 26000 个乡镇专卖店，19 万个村级联络站。显而易见的是，海尔的渠道更深了，现在可以实现配送到村到户。

海尔这两年最主要的工作就是升级日日顺，在渠道的基础上强化物流的效率。它在全国已经拥有了 9 个发运基地，90 个物流配送中心，仓储面积达到 200 万平方米以上，而且它还在 2800 多个县建立了物流配送站和 17000 多家服务商网点。

这项投入是巨大的，近几年对日日顺每年的投资金额都在 50 亿元以上。这是个什么概念？京东是中国自建物流最发达的电商公司，2013 年是京东物流投资的峰值年，约为 50 亿元；在小件物流服务上已经做到极致的顺丰，2013 年 8 月融资 80 亿元用于物流体系的完善；阿里巴巴在菜鸟网络上联合了9家公司，在未来5～8年里投入1000亿元，但平摊到每一年和每一家公司显然并不如日日顺的多。

张瑞敏之所以把摊子铺得如此之大，正是因为他从来都认为日日顺应该是一个平台，也就是说，使用这些基础服务的不应该只是海尔。之后的一切都证明了这一决策的前瞻性。通过上门服务得到的用户消费和需求数据正在变得越来越有价值，而平台能更有效地让日日顺拿到这些数据，包括汇通达、汇银在内的相同类型公司如今也都在争抢自己渠道以外的客户。日日顺非海尔业务的占比在2013年达到了40%左右，而他们的计划是在3年内，将该比例提高到60%。

在没有完全完成转型之前，日日顺还无法与海尔的制造业务更好地结合，或者说去反向影响生产。2013年上半年财报数据显示，渠道综合服务的毛利率远不如洗衣机和热水器，分别为9%、26.9%和34.4%。这说明物流是日日顺现在最核心的赢利模式，而以此引发的后续服务还不成体系。

海尔在山东胶州设立了一个样板工程，用来验证日日顺杀手级应用的“车小微”模式是否可行。他们在那里部署了19辆经过改装的运货车，车上装了GPS定位系统、POS机，还有定制的平板电脑。每辆车就相当于是一个小微公司，它与后台的数据库连接，既能完成货物的配送，还能现场给客户展示海尔的各种服务。理想状况下，利用此智能终端，海尔可以在客户下单之后半小时之内就会上门安装。因为后台可以迅速地查到哪辆车上有那款产品，然后就可以直接配送。也就是说，在客户下单的同时，其需求的货物已经在路上了，而不是在仓库。

之后，日日顺的配送员就会发起下一轮“攻势”，他们能提供的后续服务已经开始延伸，除了家电，他们在家具、家装、家饰、家庭饮水、家庭育儿五个领域都做了布局。

海尔有北京大部分小区的饮用水数据，当这些配送员能够根据客户所在的小区制定出特定的饮用水解决方案时，并没有多少人会拒绝这种服务形式。同样的案例还出现在空气解决方案——空气盒子，以及根据客户的房型专门设计出的家装方案上。经过一段时间的运营之后，海尔决定在国内部署9万辆这样的“智能终端”汽车。

从某种角度上讲，日日顺在三级以下城市的布局已经绝对领先，这也是阿里巴巴选择投资的最主要原因。但实际上，日日顺在一线城市的运营模式还没有完全成熟，毕竟这才是电子商务最核心的区域。

他们正在尝试着用社区店去覆盖城市的死角，2013年社区店的年销售额累计达到了166亿元，同比增幅24%，是海尔少数的几个亮点之一。但在他们的KPI考核中，一个同样重要的指标就是“获取用户资源”。2013年社区店获取的成套用户资源有26万个，重复购买率达到了惊人的32%。

张瑞敏在面前的两条路里选择了最艰难的一条。如果向左，它很容易地就会成为一家如顺丰一样的顶级物流公司，毕竟全国的网络建好之后，不会有任何的竞争对手。但向右，就意味着数据变成了公司的DNA，自己需要从数据中去挖掘更大的价值，这会是一个漫长的过程。但如果做成了，又一个“海尔”也就诞生了。

（三）跨境电商物流运作模式

跨境电商是指不同国别或地区间的交易双方（个人或企业）通过互联网及其相关信息

平台实现的各种商务活动，包括出口和进口两个层面的总和。随着电子信息技术的进步和经济全球化的发展，跨境电商已经成为我国对外贸易新发展趋势，同时带给电商行业新的发展机遇。跨境电商已成为中国商务交易市场的新热点，是中国对外贸易增长最快的领域。

随着跨境电商政策的完善和新型电商出口海关监管模式及信用体系的建立，跨境电商模式将从传统提供信息服务向提供交易、营销、支付、物流等综合服务转变。据商务部统计数据显示，2013 年中国跨境电子商务交易额突破 3.1 万亿元，到 2016 年将增至 6.5 万亿元，年均增速接近 30% 以上。

2014 年 4 月 3 日，阿里巴巴宣布，旗下天猫国际已与宁波保税区签订战略合作协议；6 月，聚美旗下化妆品海淘网站聚美海外购上线；7 月，苏宁成立跨境电商项目组；9 月，1 号店与东方电子支付及跨境通实现对接、亚马逊在进入中国的第十个年头，全面进驻上海自贸区。由此可见，电商巨头间的“跨境之战”已经打响。

电商的发展离不开国家政策的支持，针对近年来国内跨境电商的发展态势，国家也陆续出台了很多相关政策来匹配目前的发展，成为了加快行业发展的重要催化剂。如国六条的《关于实施支持跨境电子商务零售出口有关政策的意见》，该意见从国家层面明确提出对跨境电商的政策支持，提出 6 项具体措施；财政部、国税局也发布《关于跨境电子商务零售出口税收政策的通知》，明确跨境电子商务零售出口有关的税收优惠政策；56 号、57 号文即《关于跨境贸易电子商务进出境货物、物品有关监管事宜的公告》和《关于增列海关监管方式代码的公告》，也对跨境电商的监管做出了相关规定。相应地，地方政府主导的跨境电商细则也在逐步落地。如深圳跨境贸易电子商务进口试点正式在前海启动；上海“跨境通”依托于上海自贸区，吸引了诸多品牌入驻；杭州力推“出口先行”；宁波“跨境购”为跨境进出口电商企业提供通关、物流全程服务等。此外，各地还纷纷建起跨境电商产业园，并申报跨境电商试点城市。

中国跨境电商运营模式主要由第三方服务平台（代运营）模式、小宗 B2B 或 C2C 模式、大宗 B2B 模式和独立 B2C 模式四种不同类型模式构成。其中，外贸 B2B 企业主要依托阿里巴巴、环球资源、中国制造网、敦煌网等电商平台进行信息展示，电商平台帮助企业进行在线匹配和撮合。跨境电子商务 B2B 的运作包括以下主要业务内容：

交易平台服务。据不完全统计，2013 年年底我国电商平台企业已超过 5000 家，境内通过各类平台开展跨境电子商务的外贸企业已超过 20 万家。阿里巴巴、敦煌网、环球资源、中国制造网、环球市场集团、浙江网盛生意宝等电商平台企业占据了我国跨境电子商务较大的市场份额。

物流解决方案。目前，跨境电子商务的物流运作方式主要有以下 5 种模式：快递、邮政小包、海外仓、专线速递、中欧铁路多式联运。越来越多的跨境物流采用了“跨境电商 + 海外仓”模式。即“海外买家（企业级买家）首先通过跨境电商网站完成产品的在线购买，然后利用卖家在全球范围内布局的本地化海外仓储、物流系统实现货品的及时运输、配送。

支付服务。目前，在跨境电子商务领域，银行转账、信用卡、第三方支付等多种支付方式并存。其中跨境电子商务 B2B 目前主要以传统线下模式完成交易，支付方式主要是信用卡、银行转账如西联汇款。跨境电子商务 B2C 则主要使用线上支付方式完成交易，第三方支付工具得到了广泛应用。

通关模式。目前的物流出口和进口通关模式如图6－11、图6－12所示。

跨境电子商务出口运行模式如图6－11所示。

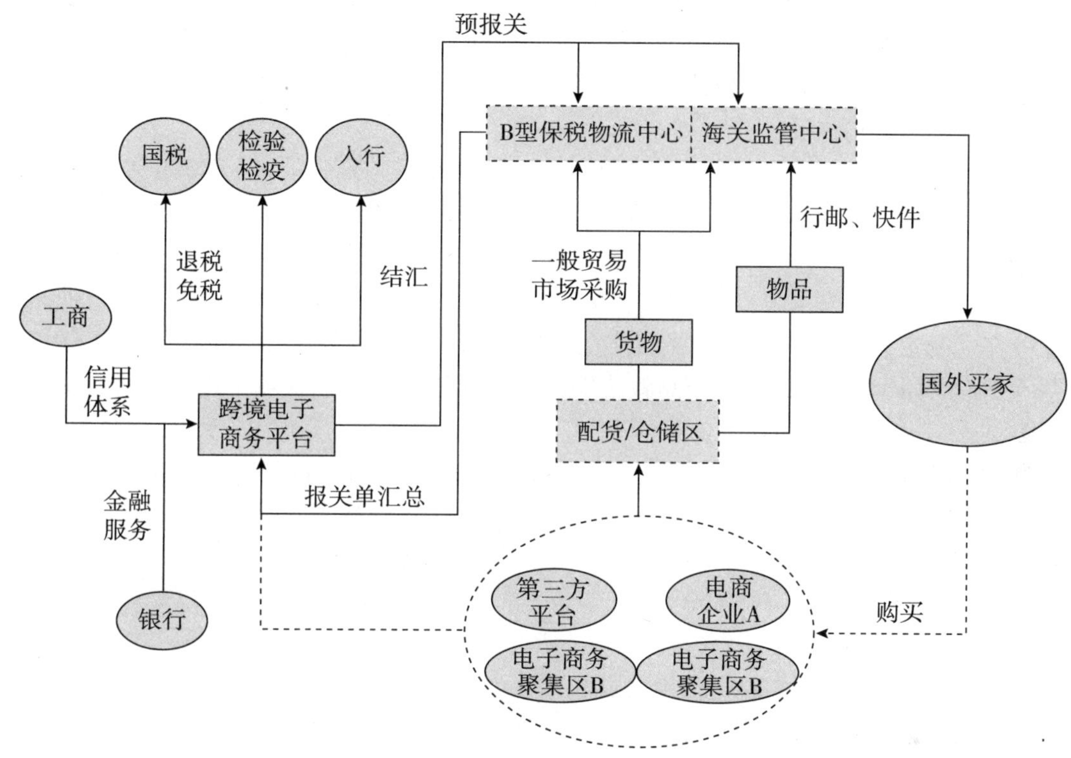

图6－11　跨境电商出口运营模式

跨境电子商务进口运行模式如图6－12所示。

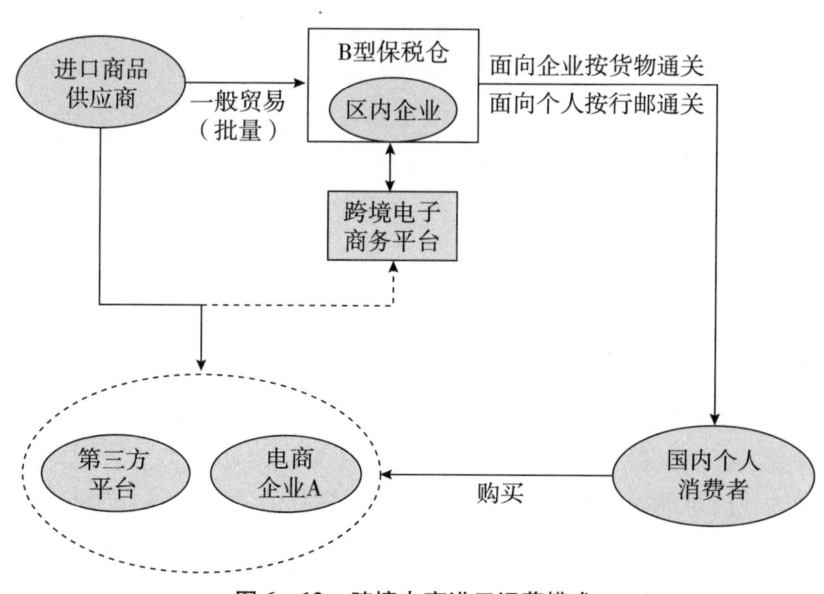

图6－12　跨境电商进口运营模式

全流程的 B2B 跨境电商服务平台。全流程的 B2B 跨境电商服务平台模式涵盖了金融、通关、退税、外汇、销售、物流、售后服务等所有环节，平台基于供应链整合和现代服务业理念，通过整合银行、保险、商检等外贸上下游资源，并结合海外仓和海外营销网络，将传统大型外贸公司的优势与现代电子商务有机结合，为国内生产企业提供全球营销推广、出口代理、物流运输等一站式外贸服务。目前，跨境电商包括以下几种运作模式：

“保税进口＋海外直邮”模式

典型案例：天猫国际

模式概述：天猫在跨境这方面通过和自贸区的合作，在各地保税物流中心建立了各自的跨境物流仓。它在宁波、上海、重庆、杭州、郑州、广州 6 个城市试点跨境电商贸易保税区、产业园签约跨境合作，全面铺设跨境网点。规避了基本法律风险，同时获得了法律保障，压缩了消费者从订单到接货的时间，提高了海外直发服务的便捷性。使得跨境业务在“灰色地带”打开了“光明之门”。据中国跨境电商网监测显示，2014 年“双 11”，天猫国际一半以上的国际商品就是以保税模式进入国内消费者手中，是跨境的一次重要尝试。

这种模式都可以大幅降低物流成本，提高物流效率，给中国消费者带来更具价格优势的海外商品。但值得一提的是，“保税进口”模式在目前政策还算特别不明朗，因此未来走向还有待观察。

“自营＋招商”模式

典型案例：苏宁海外购

模式概述：“自营＋招商”的模式就相当于发挥最大的企业内在优势，在内在优势缺乏或比较弱的方面就采取外来招商以弥补自身不足。苏宁选择该模式，结合了它的自身现状，在传统电商方面发挥它供应链、资金链的内在优势，同时通过全球招商来弥补国际商用资源上的不足。苏宁进入跨境电商，也是继天猫、亚马逊之后该市场迎来的又一位强有力的竞争对手。中国电子商务研究中心走进苏宁云商汇集了其在跨境电商方面的最新动态。

苏宁如能利用好国际快递牌照的优势建立完善的海外流通体系、充分利用自有的支付工具以及众多门店优势，苏宁进军跨境电商市场的前景就更加值得期待。另外，国外品牌商借助苏宁进军中国市场也会有更多的发挥空间。

“自营而非纯平台”模式

典型案例：京东海外购

模式概述：在 2012 年年底时上线了英文版，直接面向海外买家出售商品。直到 2014 年年初，刘强东宣布京东国际化提升，采用自营而非纯平台的方式，京东海外购是京东海淘业务的主要方向。京东控制所有的产品品质，确保发出的包裹能够得到消费者的信赖。京东初期可能会依靠品牌的海外经销商拿货，今后会尽量和国外品牌商直接合作。

京东海外购从目前来看已经布局，仍在等待未来进一步的发力。京东的海外购并不是走全品类路线，而是根据京东会员需求来进行。与其他电商如天猫国际、亚马逊、1 号店来相比，京东在开展海淘业务方面优势还未显现，海淘业务将“深耕细作”，等待收获。

“直营 + 保税区”模式

典型案例：聚美海外购

模式概述：“自营”模式就是跨境电商企业将直接参与到采购、物流、仓储等海外商品的买卖流程。对物流监控，支付体系都有自己的一套体系。

目前，河南保税物流区已为聚美优品开建上万平方米自理仓，其进口货物日处理规模预期在年底可达 8 万包，聚美优品和河南保税物流中心在 2014 年 9 月完成对接。保税物流模式的开启会大大压缩消费者从订单到接货的时间，加之海外直发服务的便捷性，因为聚美海外购较常规“海淘商品”购买周期，可由 15 天压缩到 3 天，甚至更短，并保证物流信息全程可跟踪。

中国电子商务研究中心主任曹磊认为聚美做海淘有三大优势：用户优势（黏性、消费习惯、消费能力、高购买频率）；品类优势（体积小、毛利率高、保质期久、仓储物流成本低）；品牌优势（上市公司、资本、品牌商整合）。

在物流上打速度战，聚美海外购整合全球供应链的优势，直接参与到采购、物流、仓储等海外商品的买卖流程当中，或独辟“海淘”“自营”模式。利用保税区建立可信赖的跨境电子商务平台，提升供应链管理效率，破解仓储物流难题，是对目前传统海淘模式的一次革命，让商品流通不再有渠道和国家之分。

“海外商品闪购 + 直购保税”模式

典型案例：唯品会全球特卖

模式概述：2014 年 9 月，唯品会的“全球特卖”频道亮相网站首页，同时开通首个正规海外快件进口的“全球特卖”业务。唯品会“全球特卖”全程采用海关管理模式中级别最高的“三单对接”标准，“三单对接”实现了将消费者下单信息自动生成用于海关核查备案的订单、运单及支付单，并实时同步给电商平台供货方、物流转运方、信用支付系统三方，形成四位一体的闭合全链条管理体系。

相较以往海淘的反复跟单、缴税等困扰，唯品会的跨境电商模式让产品与服务更加阳光化、透明化。

“自营跨境 B2C 平台”模式

典型案例：亚马逊海外购、1 号海购、顺丰海淘

模式概述：亚马逊要在上海自贸区设立仓库，以自贸模式（即保税备货），将商品销往中国，这种模式目前还在推进中。海外电商在中国的保税区内自建仓库的模式，可以极大地改善跨境网购的速度体验，因此备受电商期待。

据中国跨境电商网了解，1 号店是通过上海自贸区的保税进口模式或海外直邮模式入境，可以提前将海外商品进口至上海自贸区备货。除此之外，1 号店的战略投资方沃尔玛在国际市场的零售和采购资源整合优势将利好“1 号海购”业务。

2015 年 1 月 9 日，顺丰主导的跨境 B2C 电商网站“顺丰海淘”正式上线。提供的产品涉及美国、德国、荷兰、澳大利亚、新西兰、日本、韩国等海淘热门国家。“顺丰海淘”提供商品详情汉化、人民币支付、中文客服团队支持等服务，提供一键下单等流畅体验。目前上线的商品锁定在母婴、食品、生活用品等品类。货物可在 5 个工作日左右送达。

保税进口模式在备货时占用的资金量大，对组织货源的要求高，对用户需求判断的

要求高。但是，这类模式会受到行业政策变动的影响。

“直销、直购、直邮”的“三直”模式

典型案例：洋码头

模式概述：洋码头是一家面向中国消费者的跨境电商第三方交易平台。该平台上的卖家可以分为两类，一类是个人买手，模式是 C2C；另一类是商户，模式就是 M2C。它帮助国外的零售产业跟中国消费者对接，就是海外零售商应该直销给中国消费者，中国消费者应该直购，中间的物流是直邮。三个直：“直销、直购、直邮。”

洋码头作为跨境电商的先行者，向第三方卖家开放，因此也面临着与亚马逊、京东、苏宁等电商的正面较量。洋码头想要立足，还是要在海外供应商、产品体验、用户体验以及物流方面下足功夫。

“垂直型自营跨境 B2C 平台”模式

典型案例：蜜芽宝贝

模式概述：垂直自营跨境 B2C 平台在选择自营品类时会集中于某个特定的领域，如美妆、服装、化妆品、母婴等。

蜜芽宝贝主导“母婴品牌限时特卖”，是指每天在网站推荐热门的进口母婴品牌，以低于市场价的折扣力度，在 72 小时内限量出售，致力于打开跨境电商业务。据中国母婴电商网监测数据显示，目前蜜芽宝贝用户已经超过百万，2014 年 10 月它的 GMV（商品交易总额）超过 1 亿元，月复购率达到 70% 左右。

据中国电子商务研究中心研究发现，蜜芽宝贝的供应链分为四种模式：①从品牌方的国内总代采购体系采购；②从国外订货直接采购，经过各口岸走一般贸易形式；③从国外订货，走宁波和广州的跨境电商试点模式；④蜜芽的海外公司从国外订货，以直邮的模式报关入境。

这类跨境的电商平台因其自营性，供应链管理能力相对比较强，从采购到用户手中的整个流程比较好自己把控。但是值得注意的是前期需要比较大的资金支持。

“导购返利平台”模式

典型案例：55 海淘

模式概述：55 海淘网是针对国内消费者进行海外网购的返利网站，其返利商家主要是美国、英国、德国等 B2C、C2C 网站，如亚马逊、eBay 等，返利比例在 2% ~10%，商品覆盖母婴、美妆、服饰、食品等综合品类。

导购返利模式是一种比较轻的电子商务模式，技术门槛也相对较低。可以分为引流与商品交易两部分。这就要求企业在 B 端与境外电商建立合作，在 C 端从用户中获取流量。从目前来看，55 海淘在返利额度上有一定优势，但与商家合作方面的特色还未完全体现出来。

“跨境 C2C 平台”模式

典型案例：淘宝全球购、美国购物网

模式概述：全球购是淘宝网奢侈品牌的时尚中心，全球购帮助会员实现“足不出户，淘遍全球”的目标，于 2007 年建立此平台。全球购期望通过严格审核每一位卖家，精挑细选每一件商品，为淘宝网的高端用户提供服务。

“美国购物网”是专注代购美国本土品牌商品，涵盖服饰、箱包、运动鞋、保健品、化妆品、名表首饰、户外装备、家居母婴用品、家庭影院等。该网站已批发零售兼顾，主打直邮代购。代购的商品均由美国分公司采用统一的物流配送——纽约全一快递，由美国发货直接寄至客户手中，无须经过国内转运。

淘宝全球购和美国购物网是国内第一批代购网站，走跨境 C2C 平台路线。与之类似的还有易趣全球集市等。这类网站一方面对跨境供应链的涉入较浅，难以建立充分的竞争优势，另外在消费者的信任度方面也比较欠缺。伴随着电商大佬如京东、苏宁、1 号店、亚马逊的加入，这类海外代购平台受到巨大冲击。

1. 跨境电商物流运作模式

对跨境电子商务而言，物流是最核心的内容。越来越多的企业开始认识到，跨境电子商务成功的关键在于物流、资金、商品等交易资源的有序、有效与全面整合。跨境电子商务涉及的物流、资金流以及诚信机制非常复杂。跨境物流网络建设存在较高的壁垒，这主要因为：一是物流是跨境贸易电商化的核心环节之一，物流的成本、效率以及可到达性极大地影响着跨境电子商务的消费体验，而物流资产投资巨大，尤其是海外物流网络资源、人力资源，更不容易以低成本的方式快速获取；二是跨境物流网络建设存在资本、技术及渠道等壁垒，如仓储及物流管理具有一定的专业性，与全球物流网络的对接能力不易快速获得；三是对全球各国税收政策、贸易壁垒以及各地海关操作的了解和熟悉程度均是不能轻易被复制的核心物流能力。

从目前国内电子商务的总体情况看，BtoB 类跨境电子商务的物流主要以海运为主，以传统集装箱海运的方式运输；BtoC 类的跨境电子商务由于单笔订单商品数量较少，体积较小，采用邮政小包裹和全球快递公司来进行运输者居多。在电商销售旺季，空运包裹的速度会明显降低，严重时交易物流配送周期一般在 30 天左右，时间波动相当大。不仅时间变长，从揽件到最终货物送达客户，往往需要更多次的转运，很容易导致包裹破损。这些所带来的不仅是客户糟糕的购物体验，也使卖家不得不承担运费、货品损耗以及客户流失等损失。随着我国小额跨境电子商务交易的迅速发展，也将带来跨境电子商务物流业的变革，兼顾成本、速度、安全，甚至包含更多售后内容的物流服务产品应运而生。目前，跨境电商物流的运作模式主要有：

（1）邮政业务

目前跨境物流使用的主要是邮政业务，我国跨境电子商务出口业务 70% 的包裹都是通过邮政系统投递的，其中，中国邮政占据了 50% 左右的份额，中国香港邮政、新加坡邮政等也是我国跨境电子商务卖家常用的物流方式。这与当前跨境电子商务主要的产品结构有关。在我国跨境电子商务中，食品、纺织服装、电子产品占主导地位，这些产品体积小、重量轻，而使用邮政业务具有方便性等优点，但由于量小，导致存在部分地区配送成本较高、时间长、退换货麻烦以及海关对货物的处理查扣等问题。对电子商务来说，时效性的影响程度较大，部分跨境邮政业务的周期长达一个月左右，这大大降低了顾客购买的欲望。另外，随着电子商务业务规模的扩大，邮政业务的处理能力也有待提高。

（2）国际快递业务

国际快递业务具有速度快、服务好、丢包率低的特点，尤其是发往欧美等发达国家非常方便。传统B2C模式下，一般消费者需求的商品数量小，且要求商品购买价格较低，因此普遍要求物流的低成本。对快递业务来说，其流程本身决定了收费价格较高，难以在B2C模式中普及。国际快递业务近年来发展迅速，但仍然只是邮政业务的补充。对我国物流企业来说，要想在国际市场上站稳脚跟，必须在各国或各区域走本土化的道路，不仅企业管理需要本土化，企业人才、市场、企业文化等也都需要本土化，只有如此，才能更好地降低企业运营成本，才能更为迅速地融入国际市场。另外，所遵守的标准和操作模式也不相同，国际快递市场对快递企业责任和义务的要求与国内市场有所不同，在计费依据、计费标准、服务时限、售后服务等方面存在很大差异，这些都在一定程度上提高了国际快递业务的成本。

（3）海外仓业务

大物流时代，很多物流企业开始大规模建立海外仓。这主要由三个方面原因促成：第一，海外仓扩大了运输品类，降低了物流费用。邮政大小包和国际专线物流对运输物品的重量、体积、价值等具有一定限制，导致很多大件物品和贵重物品只能通过国际快递运送。海外仓的出现不仅突破了物品重量、体积、价值等方面的限制，而且费用比国际快递商要便宜。第二，海外仓直接本地发货，大大缩短了配送时间，而且使用本地物流一般都能在线查询货物配送状态，从而实现了包裹的全程跟踪。海外仓的头程采用传统的外贸物流方式，按照正常清关流程进口，大大降低了清关障碍。第三，海外仓可以为卖家提高附加值。基于大数据分析，卖家可对供应链进行全程监控，降低海外仓的使用成本，从卖家被动等待物流公司配送转变为卖家远程操控货物仓储物流配送全流程，主动掌控物流管理链。

海外仓在外贸电商全交易链中的价值，已经上升到了降低成本开支、提升客户体验的利润点。从目前的物流链来看，告别传统的快递模式，走海外仓储物流配送模式，能从现有的交易规模中，通过缩减成本，大幅度提升卖家赢利水平。简单地说，海外仓不是让卖家花钱，而是让卖家在原来的跨境物流模式下挣到钱。成本即利润，海外仓属于外贸电商产业链中典型的管理性赢利，是通过成本管理、流程优化而提升出的利润。

但是，海外建仓的复杂性和挑战往往会在看不到的地方显现。拥有一个海外仓储系统，无论租赁也好自建也罢，往往都需要克服运维成本、库存周转、配送售后等一系列问题，此外还有库存和消化问题。除卖家依靠以往销售经验进行评估外，真正决定物流服务水平差异的，或者说一套完善的跨境物流整体解决方案在实际中通常遭遇的问题，恰恰容易出现在“最后一公里”。也就是说，在实际中，问题更多出现在配送端和客服端。在有些跨境物流公司，丢包事件时常发生，卖家申请退款赔偿的周期十分漫长。还有一些物流公司的海外仓，货物转仓越仓后信息登记不及时，客户查看不便，客服应答敷衍。客户寻求解决方案时，在问题申报与方案解决之间，物流公司为自保利益，不断要求客户支付解决成本，导致客户解决问题的支出越摊越大。此外，还有虚假发货、买家地址发错、仓库与客服信息衔接不畅等一系列问题，物流公司出现的服务事故之多，解决之麻烦，已经严重影响了海外仓这种物流模式在客户心目中的选择价值，不能因当前行业火爆，就掩盖物流在整个外贸电子商务供应过程中存在的问题。正是由于当前外贸电子商务市场规模急剧扩张，海外物流仓储服务还不能完全满足卖家订单配送需求，导致在一定程度上掩盖了当前提供海外仓服务的跨境物流公司存在的一系列问题。

2. 案例分析：跨境电商易单网的集成运营新模式

当前，全球经济正在从产品经济向服务经济过渡，“制造业服务化”也成为全球制造业发展的基本趋势。中国建筑材料集团有限公司作为我国最大的综合性建材产业集团，在向制造服务业转型的过程中敏锐地抓住转型趋势，通过不断创新商业模式，重建产业价值链，创造了一个个成功案例，为我国企业向制造服务业转型升级提供了重要样本。

中国建材旗下的易单网，是中国最大的建材电子商务出口平台，也是中国目前唯一一家从事全流程自营的 B2B 跨境电商服务平台。

随着信息化时代的来临，传统外贸产业模式中企业、产品之间的竞争逐渐转向平台、供应链之间的竞争。对跨境电商卖家来说，想要实现赢利，物流和仓储是必须攻破的堡垒。易单网“跨境电商 + 海外仓”的商业模式正是在这样的市场大环境中应运而生。

易单网是海关首家海运方式在线报关试点企业。网站基于供应链整合和现代服务业理念，通过整合银行、中信保、商检等外贸上下游资源，并结合海外仓和海外营销网络，将传统大型外贸公司的优势与现代电子商务有机结合，为国内生产企业提供全球营销推广、出口代理、物流运输等一站式外贸服务。

易单网的服务运作流程是：“海外买家（企业级买家）首先通过易单网的跨境电商网站完成产品的在线购买，然后利用易单网在全球范围内布局的本地化海外仓储、物流系统实现货品的及时运输、配送。一方面通过规模化采购和集约物流，为海外买家降低采购成本和运输成本；另一方面为海外买家节约了采购周期，缩短资金占压成本，并且提升了购买的效率和便利性。数据表明，客户的满意度和忠诚度都得到了大幅提升，易单网供应链整合的价值得以实现。”

据了解，这种跨境电子商务新模式符合国家最新的外贸政策。该模式涵盖了金融、通关、退税、外汇、销售、物流、售后服务等所有环节，易单网也先后被评为国家级电子商务示范企业、海关首家海运方式在线报关试点企业、电子商务集成创新试点工程和两化融合的创新典型。这些“海外仓”集成了现货仓储、物流配送、售后服务等功能，也成为所在地区最专业、最有影响力的建材物流分拨中心。

易单网“跨境电商 + 海外仓”的模式不仅是把电商平台向海外市场的拓展和延伸，更是对海外市场本地化运营的生动阐释。通过海外仓可以有效降低物流成本，由于发货速度加快，可以适当提高产品的售价，增加毛利；同时，海外仓也使得易单网的产品品类有了无限扩张的空间，为平台规模进一步扩大奠定了基础。

目前，易单网海外仓战略布局已经覆盖全球重点市场，下一步将陆续延展至世界主要国家和地区。“跨境电商 + 海外仓”模式走出了一条创新之路，推动了我国传统制造业向现代制造服务业的转型升级，突破了跨境电商在物流和仓储方面的瓶颈，为电商产业的发展注入了新的活力。

2011 年 2 月 10 日，外贸建材行业首个现货交易电子平台——易单网的正式上线在物流贸易业务板块实现了一个新的飞跃。

早在 2007 年，易单网的概念就已确立，因传统贸易存有诸多不确定性，易单网将突出现货为王、快速交货的业务特色，实现标准化、流程化、一站式的外贸采购，强调中国基地和全球视野，通过建立国际化、专业化、综合性的开放式网上交易平台，与客户建立良性的线上线下的互动，改善客户的购物体验。该网站依托中国建材集团强大的产业平台，以满足全球用户的快捷需要为目标，整合企业在全球各地的现货资源和未来分布全球的物流园网络体系，向客户提供24小时网上订货服务。其用户涵盖国外建材相关产品分销商和批发商、建材生产资料用户、国内建材相关产品供应商及国内建材原材料用户。

易单网在行业内首次实现了网络现货交易，引领了建材行业物流信息化建设的潮流，给这个传统产业注入了新的活力。由于建材行业传统营销商渠道过于扁平，随着经济的发展和对建材产品需求的增加，打造一个智能化的物流体系，是全建材行业立足当前和谋划长远相结合的重要举措。以易单网为代表的电子商务网站作为一种高效的业务往来和交易手段，是建材物流体系建设中的重要内容，将有效克服时空障碍，提高企业效益和综合竞争力，使中国建材产品快速进入国际市场。

目前，中建材国际贸易已经在包括阿联酋、美国、俄罗斯等十几个国家设立了公司，这为易单网全球物流配送体系的建立打下坚实的基础。易单网将通过E物流对该体系进行管理，实现企业全球物流贸易和信息化管理的目标。易单网将在优质、快捷、高效的前提下，为客户提供专业化和个性化的增值服务，开创全球建材现货网上交易新典范。

易单网是基于现货的、中国最大的、非第三方大额建材及建材相关产品的外贸电子商务平台。其运营商是中国建材集团旗下中建材国际贸易有限公司，也是网上唯一的供货商。

易单网的优势是拥有海内外的物流基地（德国、阿联酋、无锡等）、信息系统、E物流、国际化。其中易单网海外物流基地之一的中国建材迪拜物流园，位于号称“中东香港”的迪拜 Jebel Ali 自由区内，总投资3亿元，打造中国建材行业在阿联酋，乃至整个中东地区最专业、最有影响力的物流分拨中心。

（四）宅配物流服务模式

宅配是利用现代IT系统的支持，借助营销货运驾驶员的优质服务，通过分区域的配送体系，实现宅到宅的小件配送。宅配在日本和中国台湾地区已成为一种消费文化，但在中国大陆却刚刚起步。

随着电子商务的蓬勃发展，国内宅配市场亦日趋受到重视，不论是商店购买大型货品所提供的“送货到门”、邮局的EMS、一般货运、快递，甚至搬家都属于宅配业务。但宅配区别于一般配送在于它并不是简单单向的送货行为，宅配服务是一个相当重视服务品质的配送服务，对顾客所提供的服务与经营方式较一般货运业者更趋于精致化。宅配不仅具有多层次和多样化的服务项目、快速的配送服务、方便的寄件渠道、完备的服务保障、先进的技术支撑等优势，最重要的是宅配可以通过终端配送人员的服务态度为客户提供良好的服务体验，并获取准确、可靠的客户需求信息。由此可见，宅配可以说兼具快递物流和现代营销的优势，具有良好的发展前景。

随着电商物品种类的变化，传统快递服务的局限性日益凸显。如快递物流不适合派送新鲜蔬菜、新鲜肉类等新鲜食品，或是易碎品，比如酒类、食用油等。因为一般的快递物流很难做到在 3 小时内把新鲜的食品送到客户手中，而且一般的快递物流还存在途中包装箱被不守职业道德的快递员打开，这样就产生了不安全因素。途中的撞击等使得易碎品也很不宜用快递物流配送。这也是为什么蔬菜宅配（包括有机蔬菜宅配）在杭州（代表如杭州悠基德）、上海、北京等大城市迅速发展壮大的原因。

另外，家具、建材等大件货物物流的配载和运输作业条件比较复杂，且消费者对此类产品的物流服务质量要求较高，对此，厂商要求物流服务提供商能够提高定制化、低成本、高效率的物流配送模式。在这样一个环境下，专业第三方物流宅配公司提供了一种解决之道。现代宅配模式立足于分工理论和规模效应优势，在操作上重视流程和规范，在技术上做到“术业有专攻”，在服务上做到以顾客为本，有力地满足了特殊物流配送服务在效率与质量方面的提高。

宅配服务之所以受到推崇，其服务的个性化优势必不可少。除了基本的送货服务外，针对不同行业、不同商品、不同客户的销售行为，挖掘潜在服务需求，以多样化、个性化的增值服务完善整体销售活动过程，是现代宅配发展的一大目标。目前，较为常见的宅配增值服务项目包括：货物的重组包装、商品再加工、商品标签刷标记的添加或更换、订单拣选及配货、上门安装、代收货款、售后退换、配件更换、订单跟踪、即时信息查询、客情反馈、客服中心热线等。通过多种形式的增值服务，企业可以更加灵活、快速地应对终端消费市场的变化，及时有效地实现销售，与一般的配送服务相比，宅配具有如下服务特点：

宅配服务是企业和最终端用户的桥梁。对企业来说，宅配是企业为客户服务的最后一环，是完整销售活动不可缺的一环；对客户来说，宅配服务的好坏直接影响着顾客对购买商品的评价，决定客户对企业的印象，促进再次购买。可见，宅配体现了企业文化，提高客户的感知度。

宅配不单是送货，在活动内容中还有“分货”“配货”“配装”等作业，这是难度较大的工作，要圆满实现它，对宅配服务公司的交通运输工具和经营管理水平都是一个考验。

宅配是送货、分货、配货等活动的有机结合体，同时还和订货系统紧密相联系，这就必须依赖现代情报信息的作用，使配送系统得以建立和完善，变成为一种现代化方式，这是过去的送货形式不能比拟的。

宅配的全过程有现代化技术和装备的保证，因而使配送在规模、水平、效率、速度、质量等方面远远超过旧的送货形式，是技术进步的一种产物。

过去的送货形式只是推销的一种辅助手段，目的仅在于多销售一些东西；宅配则是一种专业化的流通分工方式，是大生产、专业化分工在流通领域的反映。因此，如果说一般送货是一种服务方式的话，宅配则是一种物流体制形式。

现代宅配作为物流服务在终端环节上的具体体现，其在现代商业链中的重要性已经日渐突出。而随着电子商务在人们生活中越来越普及，随之而来的物流需求对宅配业的发展既是机遇又是挑战。宅配业在我国尚处于初级阶段，有待于建立完善规范的服务体系及质量监管方法，以更快适应并促进现代商业及现代物流的发展。

商品实现在“原材料—生产—销售—消费者”的宅配系统中的有效位移，涉及的环节众多，每一环节的参与者众多，只有通过熟悉该系统的各个运作环节，才能掌握其内在运作规律。从供应链的角度对上游供应物流、城市分拨、末端配送与返品回收物流等物流环节运作机理进行分析。

1. 上游供应物流运作机理

上游原材料的供应大致为两个渠道：自产与外购。无论哪一种方式，供应物流环节必须保证严格的产品质量把控，这不仅仅是宅配服务良好客户体验的保障，同时也是后续生产与销售的前提和基础。

（1）自产型供应物流环节的运作

目前，鲜活农产品是对宅配服务具有较大需求且要求严格的一类物品，其供应物流质量额保障更是重要。现有农产品电商企业具有绿色农产品生产基地的代表性企业有上海多利农庄和北京沱沱工社。该模式下商品供应稳定，质量可靠，便于实现全程冷链运作和质量追溯。一般运作流程为生产基地按市场需求定期采摘供货，而后进入区域或城市分拨中心进行分拣和流通加工。自产自销型生鲜农产品电商企业冷链宅配供应环节较为容易控制，其运作流程如下（见图 6－13）：

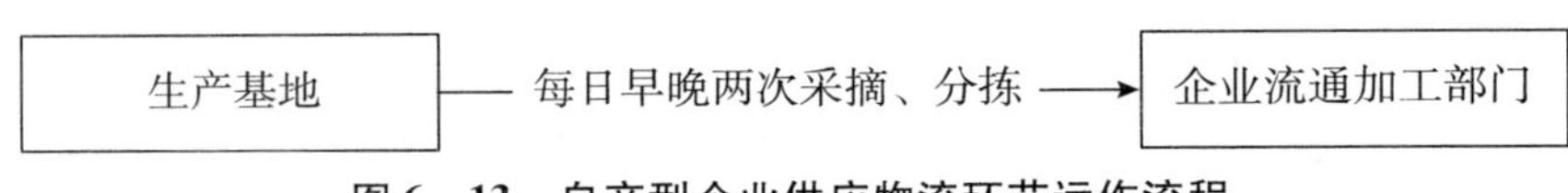

图 6－13　自产型企业供应物流环节运作流程

（2）渠道型供应物流环节的运作

该类电商的产品来源大部分是通过国内外一些知名生产基地采购获得，供应环节的质量把控成为企业持续经营、控制成本的关键问题。一般运作流程为渠道供应商供货至电商区域分拨中心，然后在分拨中心按订单进行流通加工，其运作流程如下（见图 6－14）：

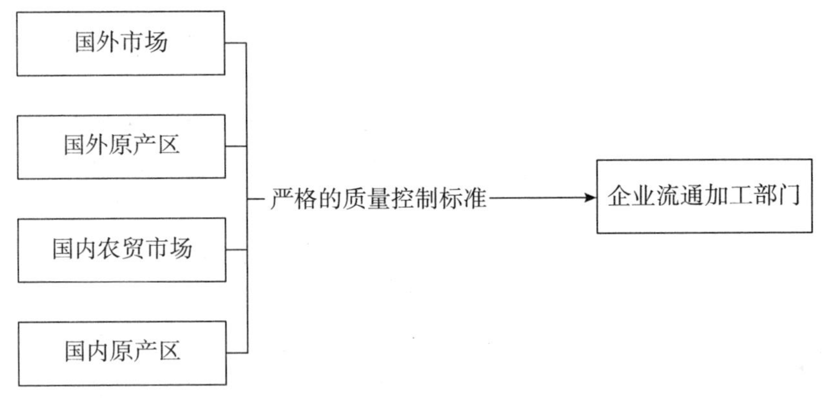

图 6－14　渠道型供应物流环节运作流程

2. 宅配分拨中心作业机理

由于生鲜商品保管条件的特殊性，导致其不能像普通快消品、3C 产品一样直接从库房提出后按订单打包发货。生鲜商品从供应到客户手中必须保证全程冷链这一条件，为了保证商品质量和最后一公里配送质量，采购生鲜商品需要经停分拨中心进行储存、流通加工、包装等一系列物流活动。其中各作业活动较为突出的要求如表 6－7 所示。

表 6－7　生鲜宅配各作业活动要求

活动	特殊要求
在库管理作业	库房温控、湿控核查；严格码放规则（大不压小、重不压轻）；加工后不立即发货必须返库保管
流通加工作业	除冻品外加工区环境必须接近冷库环境；严格的挑选标准（佩戴手套挑选、磕伤裂伤比例等）
包装作业	填充物要适合并足量
装卸搬运作业	轻拿轻放，保证辅料和商品的质量

宅配服务商企业内部物流环节的运作流程（见图 6－15）：

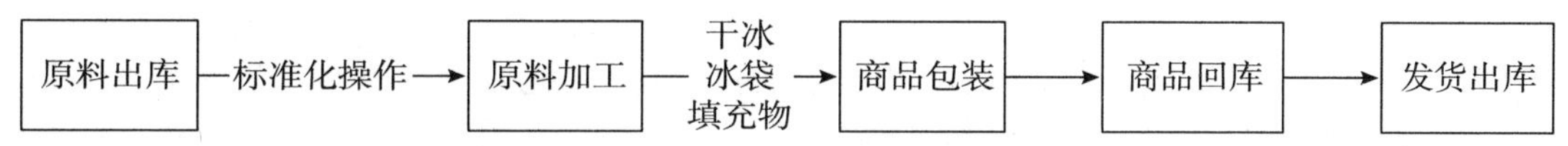

图 6－15　企业内部物流环节运作流程

3. 城市宅配运作机理

宅配是相应电商企业（如生鲜农产品电商）物流运作的核心环节，直接决定着企业宅配服务的质量以及企业物流成本的高低。目前宅配模式主要有以下三种：一是自建城市宅配体系；二是借助第三方宅配体系；三是自建宅配＋第三方宅配。

（1）自建宅配体系运作机理

就生鲜电商而言，自建宅配体系是当前大部分生鲜企业的首选。此模式虽然成本较高，但基于宅配的高端服务标准以及严格的配送时效性，企业可以更好地对其配送能力进行把控。自建宅配体系一般采用 SDC（区域站点）区域站点模式，企业的一级配送中心（一般设立在市郊）为第一站点，此站点一般配有冷藏车等设备。市区设立数个二级区域分站点（包括门店和小型社区房等不同形式），此站点配备冰箱、冰柜等设备。因而，其运作方式就是将一级站点的冷藏车作为摆渡车，把订单配送到各个二级站点；最后站点采用配有保温箱或冰袋的电动三轮车将产品配送至客户，解决最后一公里的配送问题。其运作流程（见图 6－16）：

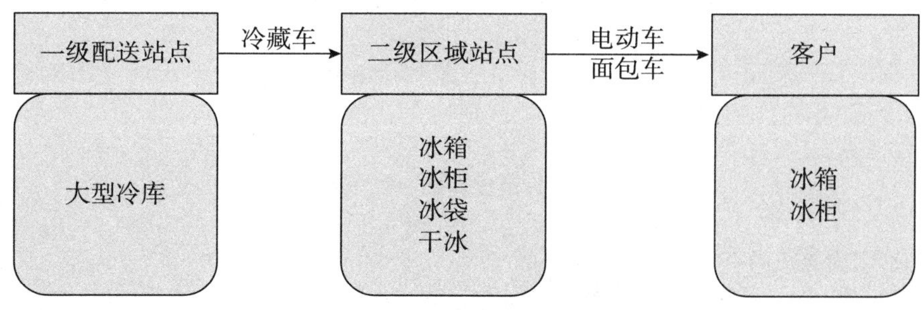

图 6－16　自建宅配体系运作流程

（2）借助第三方宅配运作机理

不同地区快递业的发展具有较大差异，而宅配需要专业的配送企业运作，如生鲜商品的冷链配送。在一线发达城市有发展成熟的第三方冷链物流服务提供商，使得冷链宅配服务变得更加丰富多样。而大部分地区就缺少诸如黑猫宅急便这类发展成熟的第三方宅配服务提供商承接冷链配送业务。借助第三方宅配体系运作一般由生鲜电商通过采购体系将商品集货到第三方分拨中心，而后通过与第三方宅配企业信息系统的对接，由第三方宅配企业城市网络系统实现对客户的配送，诸如来自淘宝网、京东商城、天猫等电商平台的生鲜卖家由于平台没有建立生鲜宅配体系，而入驻平台的商家限于规模更难以建立宅配体系，多数只能选择完全借助第三方宅配体系为客户提供服务。

（3）自建宅配＋第三方宅配运作机理

该运作模式分为两种：一是自建城市或区域分拨中心，并负责运营，而城市宅配借助第三方宅配企业来完成；二是从区域性的角度或配送复杂性角度划分其配送范围，范围内由自建宅配体系提供服务，范围外有第三方宅配企业完成宅配服务。以快行线为例，其主要的运作流程是将其全部订单分为散户订单与成箱订单两种，与其物流伙伴城市100合作完成散户订单，独立配送成箱订单。每日18点前将散户订单独立包装并放入配有冰袋的－18℃冷藏保温盒中，“城市100”第二天以常温快递的价格进行配送。整箱订单则由快行线的50多辆冷藏车进行配送。

（4）返品回收物流运作机理

返品回收物流是生鲜食品冷链宅配的售后环节，主要目的是对客户的疑问和退换货需求做出快速相应。由于生鲜食品对配送条件和保存条件要求严苛的特点，这也是企业物流成本高的一个重要部分。回收物流环节一般借助正向配送车辆从顾客处取回，也有由专门的车辆和人员负责，将发生的退换商品从顾客处取回，然后进行二次配送。而退货再依据一定的原则进行返库或废物处理。其返品回收物流运作流程见图6－17。

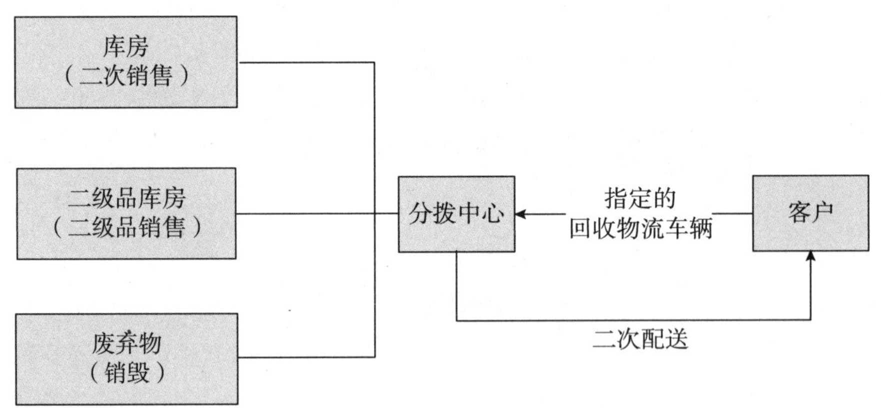

图6－17　回收及废弃物流环节运作流程

4. 宅配物流案例

宅配便的兴起只靠抓住市场“缝隙”

什么是“宅配便”？有人认为是卖盒饭的，有人认为那不过是一种纯粹的配递……其实，它是有着现代IT系统的支持，更有着营销货运驾驶员的优质服务，通过分区域的配送体系，从而实现门到门的小件货物的配送。在日本和中国台湾地区，它已成为一种消费文化，但在国内却还是刚刚起步。无疑，“宅配便”的发展潜力很大。作为国内第一家“宅配便”企业，上海大众佐川急便物流有限公司（以下简称大众佐川）向传统物流发起了冲击。

（1）三方沟通促成了“宅配便”的联姻

作为上海传统的客运龙头企业，大众交通（集团）股份有限公司从1999年年底就确立了培育现代物流作为新的支柱产业的战略目标。大众交通具有传统的堆场、国际货代、长途运输、集装箱运输等方面的资源优势。同时，由于上海市整治“三车”，大众交通获得了880辆货运出租车，这成为大众交通发展现代物流产业最有力的资源优势。大众交通因此在较长时间里做到了行业首位，但现代物流的飞速发展很快就对这种模式提出了严峻考验。点对点的运输得到了解决，但一些整体配送却无法得以很好地解决。比如说，驾驶员都是承包运输性质的，他虽然付一定的管理费，但整体的配套服务却难以跟上去。因为驾驶员与调度之间很难协调一致，不存在什么约束。

此时，从物流的角度考虑，大众交通认为不应该仅仅局限于这种零散型的货运用车。自然，选择一种科学的物流配送方法就成了重中之重。

在广泛考察了世界各地物流配送的模式之后，通过长期的合作伙伴日本住友商事的牵线搭桥，大众最终将目标锁定在日本佐川急便公司。佐川急便进入中国已逾十年，由于政策的限制，只能从事国际货代方面的相关业务。然而，佐川急便的核心优势——配送业务却未能得以有效开展。正巧，从事大型跨国商贸交流的住友商事非常看好大众交通。经过三方诚挚的沟通，最终促成了这项三强联姻的项目。

（2）宅配便的关键在于对各个环节的节点进行一手控制

根据佐川急便在“宅配便”领域的成功经验，“宅配便”即零担混载运输的形式，最终的门到门配送任务落实到了每个区域驾驶员身上。这可以理解为“多—多”的运输，即把上海6000多平方千米划成“小格”区域，每个区域由一位配备了一辆货运车的驾驶员负责，在这里，驾驶员不仅仅是一位驾驶员，他还是行销式的驾驶员。这个区域的业务的开发、协调都由这个驾驶员来处理。从配送的方式，一般以隔日配送为主，也有当日配送。

现代配送是离不开IT系统支持的，佐川急便的优势在此发挥得淋漓尽致。利用佐川急便的最新版本的IT系统——主要模块为“货物追踪系统”和“客户管理系统”，加之大众交通在国内的资源优势，大众佐川的现代物流“宅配便”很快就有所表现。

简单来说，货物运转的最终系统就是根据配送的流程，驾驶员通过配备的PDT对货物的收货、卸货、发货和配送四个关键环节进行运单条码扫描，这些信息经过中央数据库采集后，便可迅速反映在大众佐川的主页货物查询栏目中。通过互联网，客户即可方便地对自己的货物进行查询跟踪。

另外，大众佐川对于客户管理很是重视。由于业务的迅速发展，大众佐川现已拥有2000多家客户。因此，如何有效管理客户就成了一项挑战。通过客户管理系统，大众佐川给予定期客户一个账单号码，在运单登记的时候只要标明相应的号码，月底就可以方便地结算了。此外，客户管理系统还给大型客户提供运单统一输出、EDI对接、账单请求等专项服务。

对于外地客户来说，其实就是利用数据库的优势派送货物。首先，只要是发货，货主随时可以知道货物是否到达，因为系统里面有记录，附带回执。具体而言，大众佐川将其汇总起来形成数据库，货主在家里就可以知道自己的产品是否已送到。例如，日本料理店、咖啡厅等客户，他们把货交给大众佐川，然后通过电子邮件的方式就可以把他们的所有货物名单发给到公司，货物名单即可转化成配送订单、信息记录。

（五）社区物流模式

在强调E化（电子化）的今天，社区今后不仅仅是提供安全的居住环境，同时将提供大量的商业功能，社区将成为新型业态的消费市场。社区服务需求的增加以及网购需求的增加，使得未来对社区物流的需求将不断激增。且今后无论是在社区商业模式中还是在社区物流共同配送体系中，社区物业企业和社区零售终端（如社区便利店）都将扮演非常重要的角色。而基于未来零售业态的发展趋势来看，社区连锁超市因其可实现顾客体验的消费需求，相比物业企业重要性要更胜一筹，这应是电商物流各节点企业选择合作模式时值得注意的一点。

社区物流点最大的特色是能帮助市民进行快递的收发工作，切实解决物流配送中“最后一百米”的问题。

1. 快递企业与物业企业的合作模式

功能模式：小区物业提供上门派件服务，派送不成功的快件放在物业处并告知业主及时取件或再次上门派，还可代为业主投递快件。这种模式不仅降低了快递行业的运营成本、提高了其工作效率，而且也为物业企业拓展了新业务、提高了其服务质量与品牌形象。但在运转过程中，物业企业面临着越来越大的运作负荷，快件量不断增加导致快件所占空间及工作量也随之增加，如何合理消化这些增加的工作量并控制成本是物业企业急需解决的问题。

2. 连锁超市与快递企业的合作模式

功能模式：提供快件收发、自取等服务。不足在于服务项目过于单一，目前仅限于国际快递文件。服务项目的单一主要源于连锁超市若要增加所支持的商品种类，就必须面对如何解决存储空间、人员培训等问题。但这种模式将是社区物流合作模式的主要模式之一，其优势比物业企业更明显，因为它能实现上游企业拓展零售业务所需的用户体验功能。

3. 电商企业与末端零售点及物业企业的广泛合作模式

功能模式：包裹到站后系统发短信和密码通知，包裹到站5天内免费保管，消费者可在期间凭借证件及密码上门自提。该模式解决用户不希望透露地址的需求，同时取货时间、方式更加灵活，提升了客户体验。

我国的社区目前发挥的管理职能远大于服务职能，但人们对社区服务的需求却十分迫切。上述社区物流服务模式的设立为其他社区物流站点及社区服务机构提供了新的发展思路。

（六）自提柜模式

随着电商的快速发展，物流最后一公里问题愈加明显，物流业务在最后一公里难赢利问题：以“双11”为例，快递公司为分拣、转运中心会招聘不少临时工，但专业性更强的终端配送快递员却极度短缺。据不完全统计，北京各大快递物流公司旗下的各级网点数量总和超6000个，因末端网点重复建设带来的末端环节各类运营成本（场地、人员、能耗、通信等）浪费高达50%以上。

为解决物流最后一公里难题而催生的快递终端自提模式越来越受到电商以及物流行业的青睐。由于其能够有效地解决“等快递”、最后一公里大量人力资源成本支出等问题，是促进其成为快递行业专业化的衍生产物，因此主要以便利店自提、自提快递柜等形式的自提模式进入电商物流系统，然而目前不成熟的自提模式存在着赢利难、客户信息泄露以及消费者快递取件观念转变等问题，导致一些自提形式造成事倍功半的现象。这种被各界看好的模式却依旧存在着种种问题，如何正确引导自提模式向更加完善的标准发展已然成为电商和物流行业亟待解决的重要项目。

快递终端自提模式是一种建立在电子商务发展基础上的新型业务。他是电子商务结合线下物流、快递、仓储应运而生的一种新型快递包裹提件模式。目前在国内这种模式已经在多家电子商务公司和快递公司大规模应用，如京东在北京多处地铁站设立快递自提柜，与多家便利店建立合作关系开展社区自提；顺丰在校园建立授权自提点，就连零售巨头沃尔玛也效仿快递自提柜设立线上购物，线下自提柜取货的业务，由此看来，快递自提模式将是未来物流业务的主打方向之一。

目前主要存在的几种自提形式：

第一种，快递智能自提柜，与超市自助储物箱模样相似的自助快递柜，目前这种自提柜在北京地铁口如雨后春笋般进行了大量布局，这些自助柜高约2米，拥有数十个大小不一的格间，必须用快递员的IC身份证和密码，或者消费者的快递单号和取件密码才能打开。

第二种，电子商务公司或者快递公司与便利店合作模式的快递自提点，像顺丰与七十一便利店的合作，京东与唐九便利店的合作。

第三种，电子商务公司自营的快递自提点。运作比较成功的有京东商城，苏宁易购。这种快递自提点是商家自行建立，运营和搭建的位于社区、行政区和交通便利位置的快递包裹的代收发和自取服务点。

第三种，快递公司为了收发件方便而自己运营和建立的快递自提点网络，当中要数顺丰速运的授权自营店最为出名。顺丰速递公司以自身业务发展和业务探索为前提，在国内很多地方自己建立了很多快递自提和自发网络，真真实实地大力提高了快递包裹收送的便利和方便。

第五种，基于都市连锁式私人仓储企业的快递自提点模式，这种快递自提点是私人仓储企业利用自身仓储设施和仓库优势，代理国内绝大多数快递公司的快递收发业务和代理国内主要电子商务公司的快递包裹收送业务。

第六种，门卫—自提，“门卫”指校区、社区的保安代理收取快件，收件人到“门卫”自提，降低了“门到门”成本，这种自提模式在企业、社区、学校普遍存在。

自提柜业务流程如下：

（1）送货员拿着送货单在保温柜上扫描后，物品与其中一个空箱格对应，服务器在系统中查询出客户的手机号和会员卡号。

（2）如果有会员卡，服务器以会员卡号为开箱密码。客户通过扫描或手动输入开箱。

（3）如果没有会员卡，管理软件自动生成密码。客户手动输入密码开箱。

（4）以上信息确认以后，服务器会发送箱号、柜号、密码（会员无此项）给客户，会员卡号与密码使用一次后失效，同时释放相应箱格。

（七）云物流业务模式

目前，快递行业业务量的50%来自电子商务，而且这个比例随着电子商务的进一步发展还有上升的趋势，物流业的市场必然越来越大。面对越来越强烈的资本整合需求，在电子商务的应用环境下，需要创造全新的业务模式。

“云计算”是指通过互联网将庞大的计算处理程序自动分拆成无数个较小的子程序，再交由多部服务器所组成的庞大系统，经过搜寻、计算分析之后将处理结果回传给用户。它可以在数秒之内处理上亿的信息，算得上是超级计算机。“云物流”借用了“云计算”的概念，建立电子商务物流数据库平台，为发货公司提供海量运单处理及下游运输渠道管理服务。把终端放出去，人作为平台的核心部分，以直营的方式进行管理。

云物流服务平台是面向各类物流企业、物流枢纽中心及各类综合型企业的物流部门等的完整解决方案，依靠大规模的云计算处理能力、标准的作业流程、灵活的业务覆盖、精确的环节控制、智能的决策支持及深入的信息共享来完成物流行业的各环节所需要的信息化要求。

通过对物流行业基础需求的全面分析，以及对现阶段国内物流行业的信息化现状的把握，可将云物流服务平台划分为：物流公共信息平台、物流管理平台及物流园区管理平台三个部分。这三个平台有各自适合的作用层面，物流公共信息平台针对的是客户服务层，拥有强大的信息获取能力；物流管理平台针对的是用户作业层，可以大幅度地提高物流及其相关企业的工作效率，甚至可以拓展出更大范围的业务领域；物流园区管理平台针对的是决策管理层，可以帮助物流枢纽中心、物流园区等管理辖区内的入驻企业，帮助他们进行规划和布局。

这种最新的商业模式最初就是受到了淘宝网的启发。淘宝网成功的原因在于淘宝只做平台，不做终端，既不组织货源，也不买货、不送货，而是让千万个卖家来上货、售货，最大限度地整合社会资源。例如，将物流企业比作自来水公司，它需要一个水池、需要自来水管道、需要为数众多的水龙头。快递便相当于水池，这个水池提供一系列资源，供给自来水管道、水龙头。所谓的自来水管道就是公路、航空、铁路运输公司，水龙头就是各种配送、快递公司。“水池”提供的主要资源是来自全国的为数众多的发货公司的货单。对海量的运单信息进行处理，如果建立了一个“云计算”的总平台，小快递公司只需要作为一个终端，通过一台电脑就可以访问总平台，获得客户，并通过这个平台取货、送货。

“云物流”的模式提供了三方面优势：一是社会化，快递公司、派送点、代送点等终端成千上万，这个平台能充分利用这些社会资源；二是节约化，一些公司集中建立一个小型云计算平台，就可以享受规模效应；三是标准化，通过统一的平台，给物流行业制定一个标准。从运单查询流程、服务产品、收费价格一直到售后服务都能做到标准、透明。发货公司通过这个平台，能方便地找到物流公司，物流公司通过这个平台，能方便地找到订单与运单。

一个包裹可以送来不同商家的不同商品；网上买了东西，POS 机可以到家里刷卡；电子商务牵手物流。比如说网上购物选了同一家快递，但如果买的是不同商家的商品，经常是上午取一趟，下午再取一趟。但是如果订购的 4 个不同商家的 4 种不同商品在一个包裹里，将为消费者减少不少麻烦。

至于商业模式，简而言之就是提成，向快递公司，运输公司收取服务费。数据显示：通过加盟制。这种模式吸引了众多民营快递公司加盟，目前其递送范围已经可以覆盖全国 2600 多个城市。从逻辑上来看，“云物流”模式堪称完美。但这个模式能够运作的重要前提就是，要拥有海量订单。

订单从哪里来？可以与涉足电子商务的公司合作。例如，淘宝有超过 21 亿的用户，每天有几千万人在淘宝上消费，淘宝在服务流程、交易安全和服务保障上是有天然优势的。淘宝提供的数据显示，2009 年淘宝的快递包裹数已超过 6 亿件，物流范围覆盖全国 90% 以上的市、县、区。

云物流具有良好的发展前景，但是其优势的发挥需要整合电商企业、快递企业各自的资源和优势，需要服务平台有较高的整合能力和管理能力，以期能够在未来凸显出其特有的优势。

目前，马云入股的星辰急便正是在电商和物流集成化运作的专业化平台，通过商务合作、投资等方式，最终为淘宝卖家提供“全物流”解决方案，帮助电商和物流企业完成产业升级。

第三节　北京市电子商务物流发展对策与趋势

一、北京市电子商务物流发展对策

根据北京市电子商务及物流发展现状、问题以及趋势分析，对北京市电子商务物流的发展提出以下对策建议。

（一）北京市电子商务物流政策建议

1. 加大电商物流配套基础设施建设，优化电商物流企业发展环境

（1）发挥政府监管作用，规范电商物流运营机制

我国的电子商务物流刚刚起步，各方面尚不完善，成熟的电子商务物流体系尚未建立，相应的法律法规还不健全，这对现代物流的发展而言是非常不利的。政府应当在政策与资金方面扶持电子商务物流企业的发展，制定正确的政策与行业发展战略，加强电

子商务网络安全技术研究以及法律法规的制定。

比如，尽快制定物流信息技术标准和信息资源标准，建立物流信息采集、处理和服务的交换共享机制；建设电子商务物流配送系统，推动电子商务物流业蓬勃发展；积极推进企业物流管理信息化，促进信息技术的广泛应用，引导企业加大对电子商务物流业的投资力度；科学合理建设物流基础设施，建立我国物流实体网络，为物流业不断发展奠定良好基础：推动区域物流信息平台建设，鼓励城市间物流平台进行信息共享；加快行业物流公共信息平台建设，建立全国性公路运输信息网络和航空货运公共信息系统以及其他运输与服务方式的信息网络；有效整合商流、物流、资金流和信息流，形成面向全国与全球市场的交易平台等。

（2）优化电子商务物流配送体系，放宽“最后一公里”配送相关政策

政府引导和合理规划电商物流空间布局，支持结合商业中心、大型社区、产业园区等建设布局电商物流服务网点，规划建设快件自取设施，提升社区网络配送能力，解决电商物流配送“最后一公里”难题；高效的物流体系和高质的物流服务是充分发挥电子商务优势的重要支撑。目前，北京市电商物流的发展呈现民生物流需求激增、城镇化凸显物流商机、京津冀区域物流布局逐步优化、市场环境利好国际物流、电商物流跨界组合步伐加快的态势。

同时，电子商务和物流企业实际业务运行普遍存在以下主要需求：降低物流运营费用、优化和扩大城市物流节点、改善车辆通行环境、突破“最后一公里”瓶颈、降低物流牌照流程成本等。

因此，为较好贯彻落实《物流业发展中长期规划（2014—2020年）》《北京市关于落实促进物流业健康发展政策措施的实施意见》《北京市人民政府关于促进电子商务健康发展的意见》和《快递服务规范与安全管理办法》，结合北京市物流规划，鼓励建设现代化、集约型公共电子商务专业园区和配送基地，以末端配送体系、物流运输能力、物流体系、物流资格牌照为重点，拟建议如下：

①加快城市终端物流配送体系建设。

国外如加拿大、美国等地邮政规定禁止投递到门，转而支持公共落地配、自提柜等基础设施建设，以削减企业末端配送经营成本。国内一大批解决快递最后一公里难题的快递自提点、快递超市、快递自提柜应运而生。目前已有京东、顺丰、圆通、申通、中国邮政等电商和物流企业开始在社区、高校校园和地铁站点大面积推广布局快递自提柜。京东自2012年起开启自提柜项目，2013年大面积铺开，在北京、沈阳等城市的一些写字楼、社区和地铁附近摆放自提柜，据京东商城数据，目前北京已经于101个地点设立了快递自提柜。

对此建议：a. 支持电商物流企业或第三方物流企业建设末端智能配送基础设施。例如，允许通过审核的企业在便利店、社区物业、地铁口等地自建或合建智能自提柜。b. 鼓励企业与社区、学校合建公共取送站，开展“网订站取（送）”。可减少配送人员等候时间、企业对配送人员的需求量、降低企业物流成本，提高“最后一公里”配送效率。

②进一步提升城市物流运输能力。

根据北京市《关于对部分机动车采取交通管理措施降低污染物排放的通知》中相关

条例规定：每天6时至23时，五环路（不含）以内道路禁止载货汽车通行，五环路主路禁止核定载质量8吨（含）以上载货汽车通行。每天6时至24时，禁止载货汽车和专项作业车进入六环路（不含）以内道路行驶。目前北京市货运量中一半以上的货物在四环以内流动，这些条例极大限制了北京市城市物流运输效率、迫使企业采取进程货物换装小型车辆，既增加了企业运输成本，又不利于缓解市内交通拥堵。同时，车牌摇号、市内交通单双号限号等规定加重企业运力开支和物流用车难度。再者，高速公路车辆通行费偏高，增加物流成本使得电商企业难以突破低毛利率的发展瓶颈。

建议：a. 鼓励电商物流部门和物流企业使用政府规定的具有标准规格的重型、轻型、新能源和室内小型封闭式厢式货车。例如，对政府标准化车辆予以特殊牌照、企业已有车辆经审查合格后也可申请特殊牌照，对拥有特殊牌照的车辆予以进出城不限时、不限号的绿色通行证或放款限时、限号规定。以此减轻企业运力负担和用车难度，提高城市物流车辆管理效率。b. 加大对公路乱收费、乱罚款的清理整顿力度，完善ETC收费系统建设，予以车辆通行费优惠。以此降低运输成本，加快在途车辆运输效率，保障和维护运输车辆合法权益。

③推动冷链物流、大件物流等重点技术难题领域的升级改造。

目前，我国冷链物流和大件物流的服务水平普遍比较低下，运输工具达不到技术要求，全程冷链的管控技术跟不上发展的需要，成为威胁食品安全和制约电商服务水平的关键因素，是导致生鲜电商和大件物品退货率较高和客户满意度较低的直接原因，使得电商企业产生较高的运营成本，影响到电商行业的发展。尤其是冷链物流，直接关系到民众的生命安全和生活质量。

对此建议：a. 加大对运输、仓储工具技术研发和标准化的推广。b. 一方面加大对于冷藏车购买的税收抵扣额度；另一方面开发租赁、入股等新的运营模式，减轻物流企业固定资产投入的压力。c. 对企业管理系统的升级改造给予一定的财政补贴，鼓励供应链上下游企业间，以及同行业企业间的信息共享，提高电商企业在相关领域的服务能力和市场竞争力。

④进一步完善城市公共物流体系。

北京市在物流网络建设、物流节点与物流通道的有机结合等工作上取得了长足的进步。但低成本、高效率、绿色化的城市公共物流体系建设仍旧欠缺。例如物流基地公共服务性不强，城市内末端节点繁杂冗余、多家企业配送点重复覆盖，仓储用地整租限制多、入驻条件高、地址选择较偏远，企业运货车辆城市内停靠难、装卸耗时长。使得城市配送路线迂回重复，不利于城市物流效率的提高、一级企业物流成本的降低和物流服务的提高。

对此建议：根据2013年交通运输部等七部门联合下发的《关于加强和改进城市配送管理工作的意见》（交运发〔2013〕138号）提出的“加大公用型城市配送节点建设扶持力度，鼓励现有或规划货运枢纽站场升级转型，服务城市配送发展”的政策精神，采取：a. 室内规划货运车辆装卸专用停车位。改善车辆停车难、装卸耗时长的问题。b. 适当放宽物流征地政策。如增加以政府牵头的城市公共物流基地/二级节点建设，或鼓励支持电商物流企业合建公共配送基地/中心，对征用地回报率高的电商物流企业予以长期租金优惠措施。改善运输路线迂回，提高企业对已征用地的使用权，避免征地浪费。c. 鼓励电商物流企业与社区、便利店、学校、办公楼等合建末端共同配送站。减少配送站重复建设，提高配送站使用效率，便于综合管理。

⑤提高物流资格牌照审核效率，物流配送站不办理等级注册。

经过调研发现，首先，大多数企业表示申请物流分支机构的平均耗时为 3 ~ 6 个月，审批流程烦琐效率低、审批时间成本及损失高；其次，近期国家邮政局起草的《快递条例草案》中规定快递员实行全员注册制，该项将会提高快递从业人员就业门槛、增加企业用人成本、易出现用工紧张的情况。

建议：a. 减少并缩短企业申请分支机构的审批程序和时长，引入“保证金制度”，对信誉优良的企业开辟绿色申请通道。b. 提高申请工作效率，减少申请过程中发生的不必要成本。

物流配送站点不办理登记注册方面：

①示范区内电子商务企业采用 B2C 网络商城业态模式经营的，其自建配送点（或自提点）可以不办理登记注册，但业务范围仅限于向本企业网购商品的消费者提供配送（或自提）服务，不对外承揽货物配送、仓储及快递业务，且不提供其他业务。

② B2C 电子商务企业自设物流公司的，其自建配送点可以不办理登记注册，但业务范围仅限于本公司承揽的货物配送、仓储及快递业务的配送点，不对外承揽货物配送、仓储及快递业务，且不提供其他业务。

③前述电子商务企业自建的配送点（含自提点）由企业在其经营网站上向社会公示，接受社会监督，并向专门机构备案，该机构定期将电子商务企业自建的配送点（含自提点）备案情况向市工商局进行反馈。

2. 降低“营改增”后的物流企业税负

按现行政策，在之前增值税 17% 标准税率和 13% 低税率基础上，新增 11% 和 6% 两档低税率，其中，与物流企业有关额交通运输服务按照 11% 的税率、物流辅助服务按照 6% 的税率征收增值税。

但实际问题是：一是货物运输业务税负大幅增加。从事装卸搬运服务和货物运输服务的物流企业税率从 3% 的营业税税率调整为 11% 的增值税税率，而可抵扣的项目较少，主要为购置运输工具和燃油、修理费所含的进项税。同时由于运输工具购置成本高、使用年限长，多数大中型企业未来几年或更长时间不会有大额资产购置，因此实际可抵扣的固定资产所含进项税较少，将导致试点后企业实际税负大幅增加。在货物运输业务中，燃油、修理费等可抵扣进项税的成本在总成本中所占比重不足 40%，即使全部可以取得增值税专用发票并进行进项税额抵扣，实际负担率也会显著增加。此外，人力成本、路桥费、房屋租金、保险费等成本均不在抵扣范围，增加了企业税负。

二是物流业务各环节税率不统一。现行营业税制度将物流业务划分为交通运输业与服务业两项税目，运输、装卸、搬运税率为 3%，仓储、配送、代理等税率为 5%。物流业务各环节税目不统一、税率不相同、发票不一致，是多年来困扰物流业发展的瓶颈。然而在“营改增”的试点方案中依旧对物流业设置了“交通运输服务”和“物流辅助服务”两类应税服务项目。交通运输服务按照 11% 的税率，物流辅助服务按照 6% 的税率征收增值税，在实际经营中，各物流业务上下关联，很难区分运输服务与物流辅助服务，增加了税收征管工作的难度。

三是增值税发票征管问题。物流企业与传统生产制造企业的业务模式和客户类型差异较大，有些物流企业（如货物运输代理服务、代理报关服务、仓储服务和装卸搬运服务等）开票金额小、频率高、数量大，物流企业在发票的购买、开具、比对等方面工作量较大，既增加了企业人力成本，又给增值税发票征管工作带来不便。

对此建议：一是将货物运输服务从交通运输服务中剥离，纳入物流辅助服务，采用6%的税率。建议明确设立“物流综合服务”统一税目，与物流相关的各环节业务执行统一的税目和税率，以适应物流业一体化运作的需要。二是适当增加进项税抵扣范围。对于一些相对固定而实际中难以取得增值税专用发票的支出按照行业平均水平测算应抵减比例，将这些项目的支出作为减计收入处理，计算销项税额。同时对于近5年内购置的存量及其设备和运输工具，允许每年计提的折旧额中包括的进项税额核定为可抵扣进项税额；对于其他存量应抵扣物资，参照1994年增值税改革时对已有存货的进项税额抵扣的方法处理。三是设计使用物流业专用增值税发票。可借鉴以往定额发票的经验设计出物流行业增值税专用定额发票，并允许作为增值税抵扣凭证，以适应物流企业经营网点多、发票额度小、用量大的特点。建议设置专门的物流业税种，确定物流行业税收标准，切实降低物流业税负。

3. 分层次收取交通费用，灵活使用尾号限号政策

在开展京津冀一体化模式的同时，城际交通过路费无疑将成为阻碍该模式发展的一大因素。政府应出台相关政策，减免部分城际配送交通收费，实行分层政策，区别对待。另外，由于配送业务繁多的特性，配送车辆的限号问题将成为另一个棘手问题，政府应对该类车辆区别对待，解除限号禁令，使得资源利用最大化。

4. 重视对电子商务与物流经营管理专业人才的培养

据有关部门提供数据显示，目前全国物流人才缺口达600万，其中对高级物流人才的需求每年以15%的速度增长。而电子商务物流对企业物流人员的素质提出了更高的要求。高素质的物流管理人才是确保客户服务质量、物流运作效率和企业竞争力的重要前提。在人才培养方面，可依靠政府、高校、科研院所等对电子商务物流人才进行培训，使物流一线员工和管理人员通过培训更新物流专业知识，并将财务管理、信息技术、数据处理及国际物流管理知识等结合起来。物流企业还可通过大力引进先进技术与优秀人才，借此学习国外先进的技术与管理理念，也可把对电子商务物流感兴趣的人才送到国外进行培训，加强引进先进管理理念，不断提高物流技术型人才与复合型人才的综合素质。

学习引进现代化的物流管理理念与管理方式，其目的是迅速扭转国内运输市场运能低、效率低、服务水平低的落后局面。首先，要对物流服务公司的资质进行严格管理；其次，要以大中型运输企业为主导，以市场为导向，引领运输企业走上规模化、集约化、专业化经营的道路，让分散经营的小物流公司逐步走上正轨，走规模化发展的道路，为实现现代物流信息管理奠定基础；最后，要打破区域界限，建立全国性服务网络，形成高效、及时、准确的物流信息网络。

（二）区域电商物流发展建议

1. 以电子商务物流产业支撑京津冀一体化协同发展

京津冀协同发展大背景下，根据首都发展定位和产业发展实际，统筹调整对应的产业转移，为实现首都核心功能腾出发展空间。

主要问题：北京市内新发地、动物园、木樨地等大型商贸和物流集散中心存在科技含量低，占用土地面积大，造成核心城区拥堵等问题，有向外转移的必要。同时，应避免在京民生服务的空心化。

建议：推动落实京津冀三地物流园区合作协议。将原批发市场仓储物流迁入津冀两地的对口物流园区（如天津武清、滨海新区物流园区等），在原址建设电子商务特色楼宇，对先完成搬迁转移的企业予以土地租金补贴。

2. 优化电子商务和现代物流的产业链布局

电子商务与现代物流产业链的节点主要包括电子商务交易平台、物流配送平台、支撑服务平台（数据服务、代运营、金融服务、人才培训、网络安全、软硬件等）和衍生服务平台（互联网金融、产业园区、中介组织等）。

电子商务产业链中最核心的环节是交易平台和配送平台。北京市物流配送平台的发展依托于北京市物流交通其公路、铁路、航空互为补充的综合立体交通网络，形成了以一批中国百强物流企业、国际知名大型快递公司和近360家本土快递公司组成的物流配送服务体系。同时，还可成立电子商务与现代物流产业联盟等中介组织和监督机构，旨在凝聚产业链上下游资源、促进电子商务与现代物流领域产学研合作、营造良好产业发展环境、促进国内电子商务及物流产业健康发展。

3. 大数据中心地位要掌控

京津冀一体化的发展模式旨在实现三地优势互补，配送中心等的迁移并不意味着核心也迁移，北京应成为整个发展模式的大数据中心，政府应出台相应政策，确保北京信息数据中心的地位，只有这样，北京才能发挥其引导作用。

（三）企业发展建议

1. 大力发展物流金融

物流金融对现代物流业发展起着至关重要的作用。一是拓宽物流企业和上下游企业的融资渠道，融资能力的增强能为物流链条中的各方带来发展机遇；二是提高资金使用效率，在资金紧张的情况下，缩短上游企业的应收账款周期，盘活下游企业暂时闲置的原材料和产成品资金占用；三是降低物流企业的资金风险；四是提高物流公司服务能力，增强物流公司与上下游企业的凝聚力，实现物流公司、上下游企业与银行的多方共赢。

当然，开展物流金融要慎重选择客户，慎重选择并妥善保管质押物，更要重视债务违约及资金风险，应与合作企业建立共管账户，有效监管资金流向。

2. 借鉴发达国家经验，完善电子商务物流活动的规划与控制体系

美国建有基于互联网的物流信息平台，拥有成熟的标准化物流软件，用信息技术整合物流信息，拟定物流方案，优化物流过程的各个阶段，使物流管理更加科学化、规范

化，能快速准确运作，提高效率和增加效益。比如，沃尔玛公司正是通过信息流对物流与资金流的整合、优化和及时处理，实现了有效的物流成本控制。因此，为实现物流管理创新，我国物流企业必须坚持以“为客户服务”为中心的基本原则，结合北京市物流发展规划和企业自身的发展战略目标，将服务质量与顾客需求放到首要位置。这就要求企业根据市场的灵活性与顾客的导向性，对物流活动制定战略性规划，并预测可能出现的问题，提前采取防范措施。在物流规划实施过程中，应根据绩效目标对企业内外部物流活动进行合理监控，适时调整执行效果与预期目标之间的偏差，以达到让客户满意的目标。商务部原部长陈德铭坦言：“如果我们实行信息化覆盖下的现代流通体系的话，在流通领域我们还有一半左右的费用可以降下来。”因此，完善物流活动规划与控制体系，还有助于随时更新物流成本及效率信息，方便对物流成本进行核算，以达到降低成本、提高企业竞争力的目的。

3. 大力发展创新型电子商务物流模式

电商企业在科学规划现有物流系统、制定合理的战略目标、优化物流系统和网络布局外，也应顺应当前发展趋势，大力发展新型物流模式，如协同物流模式、O2O 物流模式、社区物流模式等。

（1）大力推动社区物流模式

社区将成为新型业态的消费市场。社区服务需求的增加以及网购需求的增加，使得未来对社区物流的需求将不断激增。社区遍布全市各个区域，布局稳定，应由政府主导推进社区物流模式的发展。政府应大力开展社区与物业结合、社区与便利店结合以及社区综合功能服务站等多种新型社区物流模式，缓解“最后一公里”的电商配送压力，提升社区服务体验。

（2）积极推广共同配送物流模式

共同配送是低碳经济下的产物。针对物流成本居高不下、物流环节杂乱繁冗的问题，北京市共同配送试点工程“城市 100”在政府的主导下应运而生。城市共同配送不仅优化了资源配置，而且还提升了客户体验，是当前形势下电商末端物流一种发展趋势。

大力发展电子商务物流，不仅是首都突破地理空间和自然资源约束、转换发展动力、促进产业转型升级、拉动消费的战略举措，也是增强城市服务功能、缓解交通、提升市民生活品质、创造新的创业与就业形态的重要支撑。

（3）积极开展 O2O 物流模式

应积极开展多种 O2O 物流模式，包括第三方代收货平台模式、便利店 O2O 模式、智能提货系统模式以及自提网点模式等。多层面、多角度的将 O2O 物流模式融入电子商务末端物流中。该模式有利于提升用户消费体验、有利于提升快递响应速度、有利于提高销量和品牌知名度等。

（4）加强终端配送站点的建设

终端配送站是最接近客户的一端，最能了解客户服务程度的一端。应加强终端配送站点的建设，使得终端覆盖更加全面，最后 100 米服务更精准、满意度更高。

（5）海外仓等的建立和管理

海外仓在跨境电子商务领域有着多方面的优势和吸引力，其优势表现为可以提高海外客户的购买信心，带来更高的商品单价与销售转化，缩短发货周期，降低跨境物流缺陷交易率，拓展销售品类，“大而重”不再是发展瓶颈，完善售后服务闭环，提供更加灵活可靠的退换货方案等。跨境电子商务物流企业在构建海外仓时，需要完善仓储管理工作，包括规范化、智能化、定制化等。在全世界各货源地建设货仓，搭建一张覆盖全球的仓储网络，这就必然要求对仓库进行标准化管理，建立一套科学的仓储管理办法。

仓库与使用者之间在地理上相隔万里，必须通过互联网等现代通信技术对库存进行遥控，这就要求跨境电子商务物流企业配套智能简易操作系统，让各种非物流专业的使用者可以方便地管理库存，实现信息流、物流的无缝对接。跨境仓面向的使用者千差万别，其要求也必然多种多样。总结起来，跨境电子商务物流企业仓储建设投资比重很大，在整个物流解决方案中占基础地位。

（6）加强物流监控和预测

高峰期来临时，要提前与合作公司协调好，提前备货。国内物流企业做跨国物流，应发挥自己的长项，在原有客户群上下功夫，同时向上下游发展，以巩固客户的忠诚度。此外，要研究电子商务市场、走俏的商品品种及进口国的海关监管要求，以自己的优势品类为突破口，逐步适应海外市场。与传统外贸大进大出的物流不同，小件商品的物流提供商，更应在当地寻找代理，与当地物流企业共同发展，实现共赢。在境外，物流企业首先需要做好信息系统建设，提高分拣与配送的准确性和效率，提升整个仓储部门的工作能力和水平，减少因数据问题而产生的“爆仓”等现象。同时，还要建设能在国际上运行的网站，提高信息化水平，方便外国网民查询包裹信息，提高美誉度。

另外，还要注意海外仓的风险。并不是所有商品都适合做海外仓。海外仓更适合那些价格高、体积大、易碎，不能通过传统物流渠道走的（电池、粉末等）货物。海外仓还要考虑商家本身的资金实力及抗风险能力，因为海外仓的货物发出去容易，返回来难。回来的货物算进口，很多情况下回来的运费和海关关税成本会远远高过货值本身。即使产品在一个国家好卖，也不一定全部卖掉，没能卖掉的货物就会形成库存损耗。跨境电商 1.0 时代，整个配送流程最少经过“三转两关”，货物经过层层转手转包，风险成几何倍数增加，层层转包产生的溢价必然会转嫁到消费者身上。

（7）开展虚拟企业物流

由制造业发展起来的敏捷制造技术、动态企业联盟和虚拟企业，对企业开展电子商务有着许多可借鉴的地方，企业可以通过建立以供应链为基础的虚拟公司，来完成企业的物流过程。

企业在开展电子商务过程中，其物流的实现过程，最完美的方式是企业能够直接将商品送到客户手中，但这种方式在我国目前的市场流通情况下，基本上是不可能的，而且电子商务是没有地域分别的，这更加增大了企业直接送货的难度，因而其物流过程一般要经过运输业、地方经销企业再到达客户手中，这样，企业可以将本公司、相关的合作及竞争公司、运输企业、商业企业组织起来，形成一个用于商品配送的虚拟公司，来完成企业的物流配送。电子商务中物流的最终结果是企业将客户通过网络订购的产品送到客户手中，我们借助于虚拟企业组建方法，可以将组建虚拟物流配送公司归结于第三类，即基于服务的虚拟企业。在组建的虚拟企业中，包括有这样的几个部分：开展电子商务的企业，城市送货上门服务公司，快速运输公司，各地商业机构，企业的合作伙伴，企业的竞争对手。组建的虚拟企业可以用图 6－18 来表示：

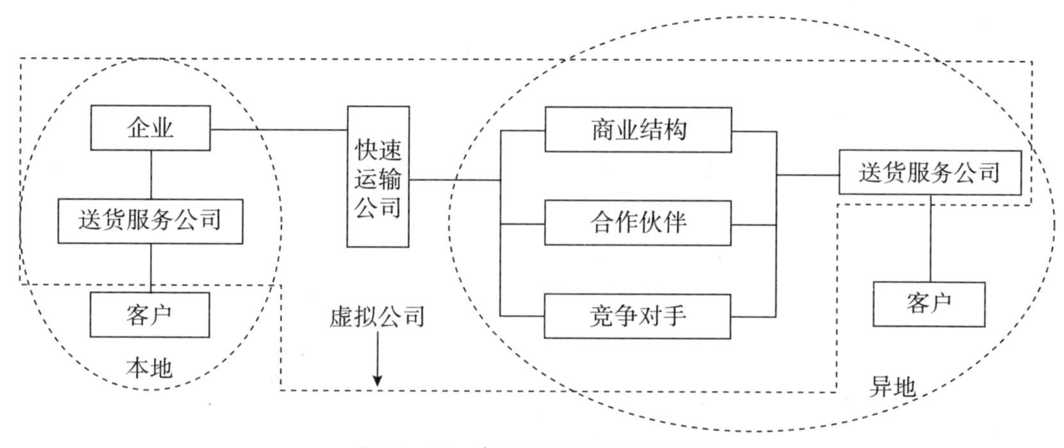

图 6－18　虚拟物流企业运作模式

如图 6－16 所示，虚拟物流配送企业主要由两个部分组成，一个是针对本地客户，一个是针对异地客户。企业开展电子商务过程中，通过互联网购买企业产品的客户可能有本地的，也可能有外地的。对于本地的客户，企业可以直接通过企业自己的服务机构开展送货上门服务，或是委托专业的送货服务公司开展送货上门服务，这样对于客户的响应速度是非常快捷的。而对于异地的客户，由企业直接进行送货上门是一件不可能的事情，这时，企业可以通过与客户所在地的商业机构，如商场、商业连锁店等，进行合作，委托当地商业机构进行送货上门服务，而企业只需通过本地的快速运输企业将产品送到当地的商业机构即可。另外，如果在当地存在与本企业有着长期往来的合作伙伴，或者存在企业的竞争对手，企业也可以将产品直接发送到这些企业中，而不需要自己开展送货服务。

二、北京市电子商务物流发展趋势

作为国际化大都市，北京成为多数电商企业的根据地。据市商务委的统计，全国规模最大的 9 家自营 B2C 企业中有 5 家北京企业，交易规模占全国的 67.1%。如此庞大的电商 B2C 企业数量决定了北京电商在全国电商范围内有着较大的引导性。电子商务成为拉动北京消费增长的新引擎。统计部门统计，2013 年北京市社会消费品零售额达 8375.1 亿元，其中，实现网上零售额 926.8 亿元，增长 44.3%，占全市社会消费品零售额的 11.1%，对社零额增量的贡献达 42.4%，2014 年，实现网上零售额 1456.9 亿元，占社零额比重达到 16% 左右。在 2014 年，北京电商也将在品牌、消费、物流、配送等方面迎来新趋势。

（一）顺应京津冀一体化发展模式

国家“十二五”规划纲要强调，要发挥东部地区对全国经济发展的重要引领和支撑作用，要在东部地区打造更具国际竞争力的城市群。未来一段时期，是我国大城市群形成和发展的关键时期。京津冀地区是我国东部地区三大城市群之一，是我国参与国际竞争和现代化建设的重要支撑地区，也是我国政治文化中心和经济最发达的地区之一。

对于北京而言，发展核心业务，迁出非核心业务，京津冀地区协同发展是趋势。亚马逊中国已迁仓至天津武清区正是这一发展趋势的最好证明。

（二）北京市主要电商企业将继续加大物流投入

越来越多的电商意识到物流的重要性，并开始了大胆尝试。诸如苏宁已建成8个大型物流基地和193个物流配送中心；京东商城拟打造亚洲最大的单体库房仓储中心；凡客诚品旗下有“如风达”等。除此之外，有的电商还通过与第三方物流公司合作的方式来提高商品配送服务质量，如天猫与9家快递公司签订“次日达”与“1～3日限时达”服务协议。苏宁易购于2012年年底拿下了快递业务经营许可证，成为继京东商城、凡客诚品、亚马逊中国后又一家拿到快递牌照的电商企业。

北京市电商龙头企业京东商城近日也悄然完成物流配送系统大升级，代号为“青龙”的京东全新物流配送系统全面完成。京东商城升级后的物流配送系统通过构建高效的信息管理系统、提升海量信息处理能力，有效地提升了配送人员的工作效率，不仅支持京东自营配送站和自提点的配送业务，还支持对外承接物流配送业务，扩大了京东现有物流平台的服务类型和范围。

目前，在发展电子商务物流上，北京市主要电商企业如京东商城、苏宁易购、当当网等都自建了物流配送体系。

（三）北京市快递末端配送问题有望逐步得到解决

作为首都的北京，电商业务发展走在全国的前列，自然电商物流业务也在不断飙升。电商最后一公里问题逐渐凸显，针对快递末端配送紊乱、效率低等问题，北京市许多电商和快递企业都进行了有益的尝试。比如，借助大型第三方物流企业和社区便利店、连锁店、报刊亭，通过设置电子商务自提点等方式，按照客户的时间和意愿进行商品“自取配送”；在人口集中地区，考虑推行“二次投递”。在城区主要的高校园区、写字楼群、住宅小区等快件到达集中区域，统一规划建设配送场地，由配送中心进行“二次投递”，满足小批量、多频次、快周期的物流服务需求。北京市逐步加大对自提点、共同配送等的建设与支持，并探索新的解决该问题的思路。

（四）北京市电子商务物流配送服务支撑体系更加完备

按照北京市物流发展规划，北京市将大力发展电子商务快递配送服务。结合现代城市物流规划，鼓励建设现代化、集约型的公共物流园区和配送基地，率先发展基于移动定位、物联网等技术的现代化物流配送服务；扶持专业化第三方物流企业和以供应链整合为导向的第四方物流企业，率先培育一批服务全国的网络购物专业配送品牌；支持电子商务企业、物流配送企业、连锁超市和社区服务组织合作建立分区分工的社区终端服务网络；结合新能源汽车规划，推进电动汽车在物流配送系统中的示范应用。

邮政管理部门加强与政府相关部门协调，推动将快递车辆列为特殊车辆或城市生活保障车辆进行管理，逐步解决快递车辆进入市区的通行和停靠问题，积极推动建设社会化、集约化的城市绿色快递运输体系。协调民航部门加强快递航空运能保障，提升快件运递速度。推动建立集安全检查、海关监管、商检卫检、地面服务等于一体的快递物品进出境“绿色通道”，提升通关效率。

快递企业与电子商务总部的全方位合作将得到进一步加强，通过建立电子商务快递公司、电子商务快递联盟等各种形式，构建电子商务与快递的合作发展平台。积极提供代收货款、验货签收、信用认证、快递保价、签收信息电子返单、目录推广和各种网络在线工具等适合电子商务特点的综合服务。支持企业建立“仓储管理 + 配送服务”的电子商务快件处理中心。鼓励企业与电子商务企业整合供应链，提供一体化解决方案，重点建立一批具有知名度和影响力的电子商务快递服务合作联盟。

（五）北京市电子商务物流的增值性服务进一步增强

北京市作为国际大都市，伴随着社会生产方式和人民生活、消费方式的变化，物流对象呈现“一多、两高、三小”（多批次、高时效、高附加值、小批量、小体积、小重量）特征，“门到门”“一站式”和“可跟踪”的快递物流需求日益增多。基于电子商务物流的特点，快递企业除满足传统物流的基本功能外，更重要的是提供诸多的增值服务。

快递服务已开始向服务链的上下游渗透延伸，电子商务和生产性快递服务将持续增长。快递企业服务延伸转型发展趋势明显，主要表现在提高物流的反应能力、提高客户服务水平和满意度等，如开箱验货、晚间配送、带货换货、半收半退、试穿体验等电子商务增值服务。随着网民人数的增加和网络购物市场的高速发展，尤其是垂直型电子商务企业向网上综合购物中心转型的重要趋势，必将推动电子商务物流增值性服务的发展。快递企业通过资源整合与服务延伸，向现代综合快递物流企业转型，已成为大型快递企业发展的共同战略选择和行业变革的重要方向。

（六）北京市电商物流社会化趋势凸显

物流与供应链一方面通过成本路径直接影响电商企业的赢利能力，另一方面通过客户体验深入影响着电商的品牌和竞争力。因此，物流与供应链早已成为电商比拼的核心竞争力之一。

早在两三年前，一些 B2C 电商企业就已选择了自建物流，如京东、苏宁易购、易迅、凡客等。然而时至今日，电商自建物流社会化、向第三方物流转型渐成潮流。随着电商企业竞争内容同质化现象越来越普遍，越来越多的电商企业意识到建立属于自己的物流体系的重要性。实际上，自建物流的电商企业在物流领域投入重金虽然带来了物流服务的改善，也给自身带来了巨大的资金压力，电商企业越来越难以承受其负担。电商企业为了持续健康发展，越来越需要赢利，逐渐向第三方物流转型，电商企业的自建物流便可从成本中心转向为利润中心。同时，自营型 B2C 电商的平台化发展趋势也进一步促进了自建物流向第三方物流转型。

（七）北京市电子商务物流企业兼并重组提速

2011 年以来，国家陆续出台有关快递业发展的鼓励支持政策。2011 年上半年，国家发展和改革委将快递业列入鼓励发展的产业目录。2011 年 6 月，以提高快递行业集中度、鼓励兼并重组为核心内容的《关于快递企业兼并重组的指导意见》由国家邮政局发布实施。

（八）北京市电子商务物流国际化发展步伐加快

北京市将积极探索电子商务“走出去”和“引进来”的发展模式，鼓励电子商务企业开拓国际市场；扶持面向国际、国内两个市场的电子商务服务平台发展，大力引进国际电子商务品牌企业，提升适应国际市场需求特点、符合国际通行规则的电子商务服务水平；鼓励国内电子商务企业通过收购兼并、战略合作等方式进军海外市场；支持电子商务企业赴境外资本市场融资等。

快递物流企业通过与电子商务企业深化合作，借助电子商务平台拓展国际业务，不仅要发展国内市场，而且还需要把眼光放到全球，将快递服务业的服务向国际供应链方面延伸。快递服务业需要利用这种北京的区位优势，通过政策扶持鼓励和吸引在京设立国际快递转运中心，建立现代化的快递网络，建立环渤海地区的陆路和航空快递枢纽，把快递服务业的供应链向国际市场延伸，嵌入到现有的跨国公司的物流运输环节，提供物品和文件的国内以及国际快递服务。

第四节　总结与展望

北京市作为首都在电子商务及物流方面走在全国的前列，但与发达国家相比差距仍然明显，如何辨析电子商务物流的运作模式及特点，将直接决定北京市电子商务物流发展策略制定的针对性和有效性。本课题旨在通过对北京市电子商务物流进行深入研究，系统分析北京市电子商务物流运作模式及特点，并以实证进行透析，提出北京市电子商务物流发展的对策建议和发展趋势，从而规范北京市电子商务物流市场，提升首都电商物流服务水平，推动电子商务行业发展。

本章通过实地调研以及收集整理相关研究资料的方式，对北京市的电子商务物流的运作情况、物流技术及基础设施设备装备状况、物流政策等进行全面的统计分析。在此基础上利用电子商务及物流与供应链管理理论系统剖析北京市电子商务发展现状、北京市电子商务物流发展现状、北京市电子商务物流运作模式及特点，提出适应国际化大都市发展要求的电子商务物流服务体系，给出北京市电子商务物流发展的政策及实务发展对策建议。

本章在研究时全面分析北京市电子商务物流系统，它不仅包括电商企业的自建物流、第三方物流、第四方物流、物流联盟等多种运营模式，而且还有共同配送、社区物流、自提柜、云物流等多种创新模式。不同的电子商务物流运作模式与企业的发展历史、发展规模、发展时期、企业实力、业务特点等都有着密切的联系。

由于电子商务物流相关数据统计指标的缺失和一手数据的可得性限制，本文还存在很多的不足。对北京市电子商务物流发展对策的研究，由于研究范围和深度的不足，只是对目前的电子商务物流系统及其运作模式进行了研究，对各种模式的适用性和效用性还需进一步研究；对各种法律法规的执行力度、贯彻情况以及政府监管情况掌握不足，没有提出行之有效的解决方法；对电子商务物流创新模式的推广情况和对不同物流运作模式的需求情况需要进一步深入调查研究。

参考文献

[1] ABBAS ASOSHEH, HADI SHAHIDI – NEJAD, HOURIEH KHOD – KARI. A Model of a Localized Cross – Border E – Commerce [J] . iBusiness, 2012 (4): 136 – 145.

[2] DAVID KOSIUR. understBndi "g E1ectronic commerce [M] . Microsoft Press, 1997.

[3] JESSE W J WELTEVREDEN. Btoc e – commerce logistics: the rise of collection – and – delivery points in The Netherlands [J] . International Journal of Retail & Distribution Management. 2008 (6) .

[4] JOELS E TEO, EIICHITANIGUCHI, ALIGULQURESHI. EvaluatingCity Logistics Measure in E – Commerce with Multiagent Systems [J] . Procedia – Social and Behavioral Sciences, 2012.

[5] KUAN – YU HU, TIAN – SHENG CHANG. An innovativeautomated storage and retrieval system for B2C e – commerce logistics [J] . The International Journal of Advanced Manufacturing Technology, 2009 (9) .

[6] LISA H MRRIILGTON. Using the Net to stay competitive [M] . Transportatbn & Distr bution, 1999.

[7] MARKKU, TINNILÄ, ANU BASK, et al. E – Commerce logistics: A literature Research Review and Topics for Future Research [J] . International Journal of E – Services and Mobile Applications (IJESMA), 2013 (3) .

[8] MILENA JANJEVIC, PHILIP KAMINSKY, ALASSANE BALLE NDIAYE. Downscaling the art and transferability of micro – consolidation initiatives [J] . European Transport, 2013, 54 (4): 1 – 23.

[9] NURAY TERZIA. The Impact of E – commerce on International Trade and Employment [J] . Procedia Social and Behavioral Sciences, 2011 (24): 745 – 753.

[10] YU KAIHUANG, YI WEIKUO, SHI WEIXU. Applying importance – performance analysis to evaluate logistics service quality for online shopping among retailing delivery [J] . International jouanal of electronic business management, 2009, 17 (2): 128 – 138.

[11] 蔡稳，黄冬. 基于 TOC 理论的电子商务物流末端配送优化研究 [J] . 商业研究，2014 (22): 87 – 88.

[12] 常连玉，陈海燕. B2C 电子商务物流配送模式的思考 [J] . 物流技术，2010 (15): 13 – 14.

[13] 董林飞. 电子商务物流概念及模型研究 [J] . 重庆科技学院学报 (社会科学版), 2011 (20): 74 – 75.

[14] 董世曦. 电商物流中心建设的 "最后一段路" ——分拣播种成套设备 [J] . 物流技术与应用，2012 (9) .

[15] 韩朝胜. 新形势下 B2C 电子商务物流优化研究 [J] . 物流技术，2013 (5): 20 – 23.

[16] 冀芳，张夏恒．跨境电子商务物流模式创新与发展趋势［J］．中国流通经济，2015（6）：14－20.
[17] 李吉月．浅析我国 BtoC 电子商务的物流配送问题——以京东商城为例［J］．物流科技，2011（10）．
[18] 李向阳．促进跨境电子商务物流发展的路径［J］．中国流通经济，2014（10）：107－112.
[19] 刘文芳．电子商务物流中的联盟配送研究［J］．中国商贸，2011（20）：111－112.
[20] 吕红．跨境电子商务零售物流问题探析［J］．对外经贸实务，2014（5）：87－89.
[21] 邱冬阳．论电子商务物流的八种模式［J］．中国流通经济，2001（1）：3－5.
[22] 邵晓峰，季建华．电子商务与电子商务物流［J］．商业经济与管理，2000（5）：25－27.
[23] 汤世强，陈心德．电子商务物流配送瓶颈及解决方案［J］．商业研究，2010（2）：48－50.
[24] 唐铮．宁波电子商务物流协同创新研究［J］．中国商贸，2015（4）：94－96.
[25] 王道平，何海燕．我国电子商务物流的发展对策研究［J］．工业工程，2013（2）：35－38.
[26] 王蒙燕．跨境电子商务与物流互动发展研究［J］．学术探索，2014（5）：105－106.
[27] 魏修建．电子商务物流管理［M］．重庆：重庆大学出版社，2008：208－209.
[28] 徐金丽．B2C 电子商务环境下的物流配送模式比较［J］．黑龙江对外经贸，2011（8）：81－83.
[29] 鄢飞，董千里．物流网络的协同效应分析［J］．北京交通大学学报（社会科学版），2009（1）：28－32.
[30] 杨聚平，杨长春，姚宣霞．电子商务物流中的间接配送模式研究［J］．商业研究，2014（5）：162－171.
[31] 杨洋，李晓晖．日本电子商务物流的发展经验及对中国的启示［J］．中国流通经济，2014（4）：34－39.
[32] 张滨，刘小军，陶章．我国跨境电子商务物流现状及运作模式［J］．中国流通经济，2015（1）：51－56.
[33] 张露方，徐杰．共同配送模式在城市电子商务末端的应用探析［J］．物流科技，2013（6）：45－47.
[34] 张夏恒，马天山．中国跨境电子商务物流困境及对策建议［J］．当代经济管理，2015（5）：41－45.
[35] 赵广华．破解跨境电子商务物流难的新思路：第四方物流［J］．中国经贸导刊，2014（26）：16－20.
[36] 周升起．国际电子商务下的现代物流［M］．北京：中国商务出版社，2006：302－303.

（北京物资学院安久意、刘丙午、李俊韬）

第七章

北京农产品市场状况分析及物流体系建设

第一节　北京农产品流通综合环境发展

北京市是一个特大型农产品消费城市，常住人口超过2000万人，农产品市场需求巨大，并且需求量与日俱增。改革开放以来，北京市农产品物流系统得到快速发展：首先，结合首都发展规划，北京市农产品物流业基础设施建设逐步加强；其次，农产品信息化应用水平在全国位居前列，已初步建立农产品物流检测、监控、跟踪和追溯体系；再次，农产品物流业管理政策法规日益完善。

一、北京市农产品流通主体现状

农产品流通主体是城市农产品物流正常运转的主要成员。提高流通主体的组织化程度是发展北京市农产品物流的重要任务。北京农产品流通主要经过农户—中间代理—产地批发商—销地批发商—零售商—消费者这一供应链进行实体流动。

农户主体主要是以分散经营的小农户为主，但一些经济发达地区也有一些规模经营的农户联合体。中间代理环节的主体比较多样化，既有各种类型的合作组织（包括政府主导和自发组织的各种专业协会），也有各种不同规模的私营收购代理公司。产地批发商和销地批发商的主体，主要是以各种农产品批发市场为核心的购销商群体。农产品零售商的情况复杂，包括各种农贸市场、规模大小的超市及综合性的零售店和地摊销售等。

随着超市和电商的快速发展，大型超市零售或农产品电商的销售量在不断增加，但现阶段北京市的农产品流通主体仍然以农产品批发市场为主体。在现有流通渠道中，以大型销地农产品批发市场为核心枢纽的流通渠道（新发地为代表）约承担着北京农产品70%的市场经销量。以家乐福、物美等为代表的“农超对接”流通渠道约承担着20%的市场经销量。另外，农校对接（生产地基与高校对接）、农宅对接（生产基地与社区对接）、农机对接（生产基地与大型机关、国有企业、事业单位对接）、农餐对接（生产基地与大型饭店、商务酒店对接）等其他流通渠道约承担着10%的经销量。在北京40多家批发市场中，以表7－1中的9家批发市场最具规模，交易量占据全市批发市场的80%以上。

表7－1　　北京市最具规模的批发市场

批发市场	交易量比重	邻近进京通道
八里桥农产品中心批发市场	3.12	京沈高速 G102
新发地农产品有限公司	55.8	京开高速 京港澳高速 G104
顺鑫石门农副产品批发市场	2.88	京沈高速 G102 G103
大洋路农副产品批发市场	8.06	京津高速 京津塘高速
回龙观批发市场	7.84	京藏高速 京承高速 G110
锦绣大地批发市场	3.584	G108　G109
北京昌平水屯批发市场	12.54	京藏高速 G110
农产品中央批发市场	2.97	京港澳高速 京开高速 G108
岳各庄批发市场	3.22	京港澳高速 京开高速 G108

二、北京市农产品流通基础设施建设概况

基础设施方面，北京市以“有序高效、安全卫生、通畅便捷”为指导思想，通过发展中介组织，加强市场管理等措施构建现代化农产品流通体系。计划在市区形成9个左右大型农产品批发市场，20个左右农产品物流配送中心。在加强现有社区菜市场规范化管理的同时，重点发展一批连锁经营的社区生鲜超市。

（一）九个大型农产品批发市场概况

2015年，初步形成了以新发地农副产品批发市场、岳各庄、锦绣大地、大洋路、通州区八里桥、昌平区水屯、昌平区回龙观、顺义区石门和中央批发市场九大农产品批发市场为中心（如图7－1所示），以集贸市场、零售经营门店、各类专营店和超市等多种零售业态为支撑；以现代物流配送、连锁经营和电子商务等多种营销方式为手段，外地供应为主和本地生产为辅，农产品物流配送规模持续扩大的农产品物流体系。北京市农产品物流业已经初具规模并有效运转，在满足全体市民农产品需求，维持首都社会稳定中发挥了不容忽视的重要作用。北京市批发市场的地理分布格局逐渐稳定，总体呈现出集散型的特征。市场80%分布于三环路以外，主要分布于城市环路与放射线交叉或者衔接高速道路的地区。根据交易量占全市交易总量的比例，结合批发市场周边交通和道路，研究批发市场的货物配送优化策略和政府限行措施。

农产品批发市场体系多层次、多方位格局已经确立。已形成大型农产品批发市场（经营收入20亿元以上）为主要集散中心、区域性批发市场为重要节点的批发市场格局。全市性综合型和区域性综合型农产品批发市场成为整个农产品批发市场格局的重要组成

图 7－1　九大农产品批发市场分布

部分；各类农产品批发市场互为补充，总体格局稳定。

（二）生鲜农产品物流配送模式现状

从生产商的角度来看，北京市生鲜农产品的主要配送模式有：生产商自己配送、批发市场自己取货、第三方配送公司配送。从销地的角度来看，配送的主要模式有：客户自行取货，批发商配送以及第三方物流公司配送。

根据配送主体的不同，可以将配送组织模式分为三类：自营配送、第三方物流配送、共同配送三种模式。其中，自营配送模式是北京市生鲜农产品配送模式的主要模式，第三方配送模式在北京市的应用较少，而共同配送目前在中国还处于初步研究探索阶段，因此北京市还没有应用这种配送模式，但新发地正在与一些企业商讨共同配送模式。

按配送者类型分类，北京的农产品配送模式有：

第一，以农户为配送主体。这种配送方式属于第一方配送，即生产商：农户或农产品基地，负责将农产品配送到批发市场或客户手中，是传统农产品配送主要形式之一。这种物流配送较为初级，主要以满足货运的送达为目的。北京的农产品主要以这种模式为主。

第二，是以公司作为配送主体。公司包括与农户或农产品合作社有采购关系的分销商、批发市场、配送中心、企事业单位，分销型的特色农产品配送中心或大型连锁超市的配送中心、加工企业等。这种模式适用于实力雄厚、规模较大的农产品经营企业。可以实时对农产品的物流、商流、信息流进行控制和管理，从而实现农产品物流配送的自我经营。

三、北京市农产品流通信息服务水平

农产品市场信息体系属于农业信息服务体系范畴，是随着农业信息化的发展而不断深化的。农产品市场信息体系建设，就是指围绕农产品市场流通过程而开展的信息组织建设工作，包含人员队伍、信息采集、传输存储、专业网络、系统研发、研究分析、预测预警、传播应用等多个组成要素。伴随农业结构调整的逐步推进和市场经济的快速发展，农产品市场信息体系建设的形式、功能、主体、措施以及作用也不断发生着转变。

农产品市场信息体系建设是农业信息化的一个重要组成部分，对强化农产品流通体系建设、促进现代农业发展、增加农民收入具有重要意义。北京市作为全国的农产品集散中心，多年来在农产品市场信息体系建设方面做了许多深入的工作。经过多年发展与实践，北京市农产品市场信息体系在一定程度上形成了多层次、多领域、多功能并存的社会化服务格局，在政府的市场宏观管理、农户与企业的生产决策、社会公众的信息服务等方面发挥了重要作用。然而，随着城乡一体化的逐步推进和信息化的飞速发展，以及社会信息服务需求的不断提高，对建立更为完善的农产品市场信息体系提出了更高的要求，北京市农产品市场信息体系也呈现出新的发展趋势。以怀柔区为例，在整合全区信息化资源的基础上，设立了北京市首家农村物流信息服务中心后，怀柔区计划以一二家重点商业企业为中心，在全区每个村建立连锁超市，搭建产品信息平台，采用现代化企业信息管理模式优化农产品供应链，提高农民收入。

1. 农产品市场信息监测广域化

农业产业化程度的不断提高，使得农产品生产、流通、加工、贸易等环节的关联性不断增强，产业链中各环节间成本、价格及利润的关系日趋紧密。在这种形势下，只有对农产品市场信息进行更为细致的监测，对农产品产业链各环节的信息进行实时跟踪，才能更为准确地把握农产品市场的行情变化，才能更为有效地调节农产品的生产与供应。因此，农产品市场信息监测要由单纯的批发市场信息向农业产业链的上游、中游和下游延伸。一是要关注农产品生产资料价格，监测农产品生产成本的变动情况；二是要关注农产品生产情况，监测农产品生产因天气、政策、市场等因素而引起的生产波动；三是要关注国际市场行情，监测国际农产品市场行情变动；四是要关注农产品终端消费市场价格，监测农贸市场、超市等的价格信息；五是要关注农产品加工企业的情况，监测农产品原料信息和产品的市场动态。

2. 农产品市场信息采集标准化

信息采集，是农产品市场信息体系最基本的组成部分，信息质量的高低直接影响到市场行情分析的准确程度，直接影响到政府宏观决策的科学性，也直接影响到农业生产经营者对市场未来走势的判断。因此，实行标准化的市场信息采集，将是今后农产品市场信息体系建设中所关注的重点问题。一是要建立严格的市场信息采集制度。约束市场信息采集行为，确保市场信息工作有效开展。二是要建立专业的市场信息采集队伍。促进实现市场信息采集人员的职业化，提高信息采集专业化水平。三是要建立规范的市场信息采集流程。对信息采集的时间、地点、方式以及信息上报的程序制订出一套规范的流程，对信息采集所涉及的各项环节和内容提出明确的要求和技术标准，确保市场信息采集的准确性和连续性。

3. 农产品市场信息形成电子化

信息技术的快速发展，使得农产品市场管理现代化成为可能。通过信息系统改变传统市场的交易方式、提升市场信息质量将成为农产品市场信息体系建设的一个主要发展趋势。通过实行电子结算交易模式，现场无货币化交易，使整个交易过程实现了自动化，提高了市场交易效率和管理质量。同时，随着交易结算过程的数字化、网络化、电子化，使市场行情数据随工作流程产生，降低了采集误差，极大提高信息采集的真实性、准确性和及时性，使市场信息采集得到进一步规范，并为随时监测市场行情变动、增加信息发布频率、提升分析预测水平提供了更好的条件。

4. 农产品市场信息预警智能化

近些年，农产品市场波动频繁、市场风险加大，对提高市场信息预警能力提出更高要求。市场信息智能预警，是应用智能化技术代替传统方法进行快捷、准确、有效的信息分析过程。一是要总结研究各种农产品市场特征，全面掌握价格变化规律。二是要研究影响市场行情变化要素。通过广泛的跟踪调查，筛选影响农产品市场行情变化的主要因素，测量各要素对价格变化的影响程度。三是要建立市场行情预警指标。研究农产品市场行情预警指标，测定预警阈值，构建预警模型。四是要研发智能分析预警平台。利用信息技术、模型技术，开发农产品市场信息分析预警智能化平台。五是要建立市场信息会商机制。定期组织市场、生产、管理等相关人员，对农产品市场运行情况进行总结，对下一阶段的行情进行预测，充分掌握市场运行状况和未来发展趋势。

四、北京市农产品流通体系发展的支持政策

2012 年中央一号文件指出：提高市场流通效率，切实保障农产品稳定均衡供给。加强农产品流通设施建设。统筹规划全国农产品流通设施布局，加快完善覆盖城乡的农产品流通网络。推进全国性、区域性骨干农产品批发市场建设和改造，重点支持交易场所、电子结算、信息处理、检验检测等设施建设。在此基础上，北京市也出台一些政策加强对农产品流通体系发展的支持力度。

1. 制定了完善流通网络规划

制定了全市流通节点城市布局规划，做好各层级、各区域之间规划衔接。科学编制商业网点规划，确定商业网点发展建设需求，将其纳入城市总体规划和土地利用总体规划。乡镇商业网点建设纳入小城镇建设规划。制定控制性详细规划和修建性详细规划时应充分考虑商业网点建设需求，做好与商业网点规划的相互衔接。完善社区商业网点配置，新建社区（含廉租房、公租房等保障性住房小区、棚户区改造和旧城改造安置住房小区）商业和综合服务设施面积占社区总建筑面积的比例不得低于 10%。各区政府应出资购买一部分商业用房，用于支持社区菜店、菜市场、农副产品平价商店、便利店、早餐店、家政服务点等居民生活必备的商业网点建设。严格社区商业网点用途监管，不得随意改变必备商业网点的用途和性质，拆迁改建时应保证其基本服务功能不缺失。各区

可根据实际发布商业网点建设指导目录，引导社会资金投向。

2. 加大流通业用地支持力度

按照土地利用总体规划和流通业建设项目用地标准，在土地利用年度计划和土地供应计划中统筹安排流通业各类用地。鼓励利用旧厂房、闲置仓库等建设符合规划的流通设施，涉及原划拨土地使用权转让或租赁的，经批准可采取协议方式供应。政府对旧城区改建需搬迁的流通业用地，在收回原国有建设用地使用权后，经批准可以协议出让方式为原土地使用权人安排用地。鼓励各区以租赁方式供应流通业用地。

3. 完善财政金融支持政策

积极发挥政府相关投资的促进作用，完善促进消费的财政政策，扩大流通促进资金规模，重点支持公益性流通设施、农产品和农村流通体系、流通信息化建设，以及家政和餐饮等生活服务业、中小流通企业发展、绿色流通、扩大消费等。鼓励银行业金融机构针对流通产业特点，创新金融产品和服务方式，开展动产、仓单、商铺经营权、租赁权等质押融资。改进信贷管理，发展融资租赁、商圈融资、供应链融资、商业保理等业务。充分发挥典当等行业对中小和微型企业融资的补充作用。拓宽流通企业融资渠道，支持符合条件的大型流通企业上市融资、设立财务公司及发行公司（企业）债券和中期票据等债务融资工具。引导金融机构创新消费信贷产品，改进消费信贷业务管理方式，培育和巩固消费信贷增长点。

4. 减轻流通产业税收负担

在一定期限内免征农产品批发市场、农贸市场城镇土地使用税和房产税。将免征蔬菜流通环节增值税政策扩大到有条件的鲜活农产品。加快制定和完善促进废旧商品回收体系建设的税收政策。完善并落实家政服务企业免征营业税政策，促进生活服务业发展。落实总分支机构汇总纳税政策，促进连锁经营企业跨地区发展。积极推进营业税改增值税试点，完善流通业税制。

5. 降低流通环节费用

抓紧出台降低流通费用综合性实施方案。优化银行卡刷卡费率结构，降低总体费用水平，扩大银行卡使用范围。加快推进工商用电用水同价。落实好鲜活农产品运输“绿色通道”政策，确保所有整车合法装载运输鲜活农产品车辆全部免缴车辆通行费，结合实际完善适用品种范围。切实规范农产品市场收费、零售商供应商交易收费等流通领域收费行为。深入推进收费公路专项清理，坚决取缔各种违规及不合理收费，降低偏高的通行费收费标准。

6. 政府制定扶持政策加强引导和管理

采取政府引导和市场化运作相结合的办法建设农产品流通体系，政府重点要通过制定规划、标准，引导社会投资按照规划发展农产品流通设施。对规划中确定的批发市场，其用地性质不得随意更改。

北京市成立农产品流通体系建设领导小组，商业、农业及计划、规划、工商、财政、质监、卫生等主管部门依据各自职责建立有效的工作机制，制定并组织落实农产品流通体系建设年度计划任务，统筹协调全市农产品流通体系的发展。建立安全畅通高效的农产品流通体系，具有一定的社会公益性，政府应对农产品经销公司的组建和运营、大型农产品批发市场改造升级、农产品物流配送中心以及连锁生鲜超市和社区菜市场的建设分别安排专项资金予以扶持，每年从集贸市场管理费中提取一定比例的资金，按扶持项目纳入部门预算。

第二节　北京农产品流通体系发展规划

一、北京市农产品流通体系发展现状

北京市农产品物流的特点表现为：一是北京市农产品自给率偏低，绝大多数依靠外地市场供给，对外依存度较高。产量与需求的巨大差距决定了北京市的农产品供给主要有外地生产、本地生产和国外进口等，这也就必然导致参与北京市农产品物流体系的主体数量众多，运营模式复杂。二是农产品批发市场是北京市农产品流通最重要的环节，也是农产品物流配送聚集区和主渠道。

表 7－2　　主要农业产品产量（2008—2014 年）　　单位：万吨

年份	粮食	油料	蔬菜及食用菌	干鲜果品	牛奶	肉类	猪牛羊肉	禽蛋产量	水产品
2008	125.5	2.2	209.9	89.8	66.4	45.1	25.9	15.2	6.1
2009	124.8	1.8	210.9	90.3	67.4	47.2	27.6	15.4	5.8
2010	115.7	1.6	211.9	85.4	64.1	46.3	27.5	15.1	6.3
2011	121.8	1.4	296.9	87.8	64.0	44.4	27.6	15.1	6.1
2012	113.8	1.3	279.9	84.3	65.1	43.2	27.3	15.2	6.4
2013	96.1	1.0	266.9	79.5	61.5	41.8	27.9	17.5	6.4
2014	63.9	0.7	236.2	74.5	59.5	39.3	26.9	19.7	6.8

从表 7－2 及图 7－2 的北京市主要农产品产量趋势图中可知，北京市本地的农产品产量在逐年的减少。但由于人口的规模不断地扩大，城区的农产品消费量还在逐年增加。从图 7－3 北京市主要农产品需求与产量对比图中显示，在 2014 年，北京市主要农产品的消费量要远远大于本地的产量。这就需要从周边地区甚至全国各产地运输农产品到北京，以满足北京自身的农产品需求。北京市来自全国各地（包括北京郊地区）的农产品使用大型货运车辆，通过干线运输到达北京市的各大批发市场以及部分超市和集团客户，再经物流配送实现农产品从一级批发市场到二级批发市场、农贸市场、社区销售点，最终到消费者菜篮、餐桌。

1. 市场框架体系已初步形成

随着首都城市建设和经济的不断发展，农产品流通体系也在不断完善。市场是农产品（除粮油外）流通的主要载体，并初步形成了流通框架体系。北京是农产品销区，本地生产的农产品中有些品种占商品流通量比重仍比较小。蔬菜水果等还有相当部分产自外地，通过农产品批发市场进入本市，并经各类早市、集贸市场、社区菜市场进入消费

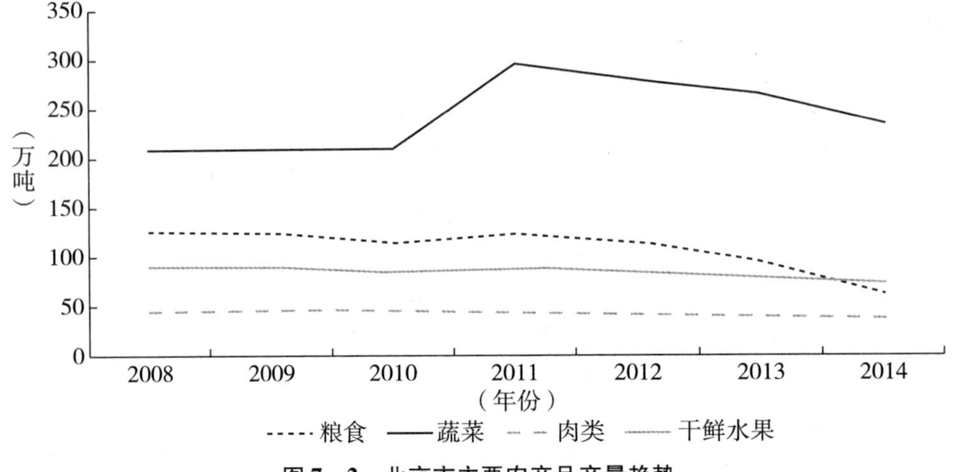

图 7－2 北京市主要农产品产量趋势

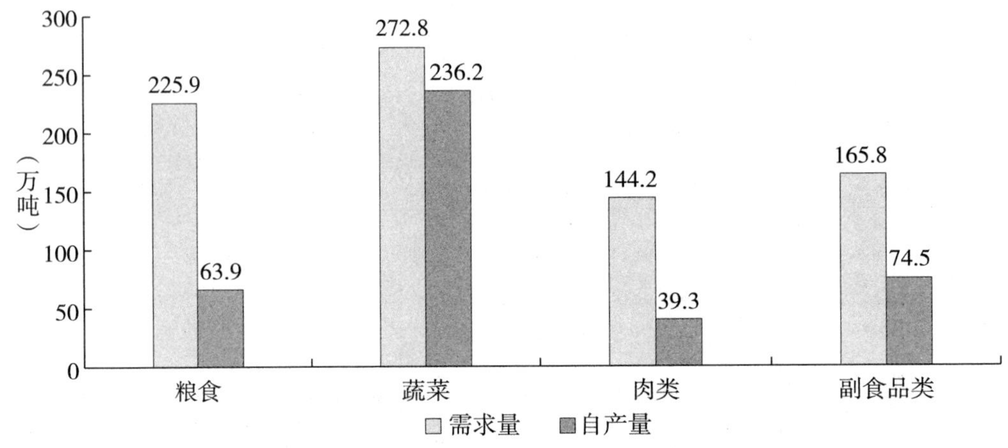

图 7－3 北京市主要农产品需求与产量对比

资料来源：首都之窗：http：//zhengwu. beijing. gov. cn/。

者手中。根据调查，蔬菜的批发市场经由率达到 90%，通过各类早市、集贸市场、社区菜市场进入消费者手中的比重也达到 90%。

2. 三四环路附近成为批发市场集中区域

全市占地 1 万平方米以上，交易额超过 1 亿元的农产品批发市场有 18 家，其中，60% 集中分布在三环路和四环路附近地区。市区三环路内随着大钟寺农产品批发市场的建立，也出现了一批农产品批发市场集中地区，如四道口—大钟寺地区、左安门地区等，共有农产品批发市场 19 家，总占地面积 20 万平方米左右。

3. 零售集贸市场水平有所提高

随城市环境整治力度加大，除保留部分早市外；占路市场已基本取缔，新建及利用闲置空地、厂房改造的社区菜市场初步替代了过去占路地摊市场，为方便居民买菜发挥一定作用。

4. 新兴农产品流通方式初步发展

以农产品经销公司、农产品物流配送中心及生鲜超市为代表的新兴农产品流通方式在农产品流通体系中取得初步发展，为建立现代化的农产品流通渠道奠定了一定基础。

二、北京市农产品流通发展总体目标与指导思想

（一）总体目标

在完善物流基础设施基础上，进一步引导产业集聚发展，依靠科技创新，带动结构调整和升级，提高物流发展的社会化、专业化、信息化、标准化水平。构建以特大型都市运行保障为基础，以高端化物流总部和国际物流为特色，以集约化、专业化物流为支撑的现代化、国际化物流系统，全面提升物流服务的支撑能力，基本建成服务全国、辐射世界的国际物流中心城市，为建设中国特色世界城市和打造国际商贸中心提供坚实的物流服务保障。

（二）指导思想

以科学发展为主题，以加快转变经济发展方式为主线，围绕建设“人文北京、科技北京、绿色北京”的战略，以服务中国特色世界城市建设为目标，发挥物流业支撑首都经济社会发展和保障城市运行的基础性作用。坚持物流业“便民利民，带动发展，服务全国，辐射世界”的发展宗旨，推进物流业结构调整与创新，进一步提升北京物流业发展的现代化、国际化、高端化水平，完善高效、集约、低碳的综合物流体系，打造具有广泛国际影响力的物流中心城市。

1. 安全卫生

强化农产品的质量和安全性检验，防范农药、饲料添加剂超标，防止有毒有害，不符合卫生标准和有损于人民身体健康的农产品流入北京市场。

2. 通畅便捷

合理分布农产品批发和零售网点，使农产品流向合理，使北京市民更加方便地买到丰富的农产品。

3. 有序高效

减少流通环节，降低交易成本，确保农产品流通体系的效率；加快农产品流通体系由传统向现代化过渡的进程，使其逐渐接近发达国家的水平；积极采用现代化市场管理模式，确保市场的公平、有序竞争。

4. 引导生产

通过农产品经销公司、物流配送中心、批发市场等流通环节与农产品生产基地间的挂钩建立稳定的联系，及时反馈供需信息，引导和带动产地的农业产业结构调整，促进北京绿色安全农产品生产基地的建设和发展。

三、北京市农产品现代流通模式

随着居民消费水平的提高，农产品数量充足、品种多样已经不能满足消费者的需求，

他们还要求农产品安全、卫生、新鲜、营养，并且配送迅速及时。因此传统的“批发市场+农贸市场”的物流模式已经不能完全满足居民需求。为适应消费者需求的变化和现代农产品流通的发展，批发市场向前端生产环节和末端零售环节双向延伸扩展，加强物流配送功能，逐步向农产品物流配送中心模式升级转型。多元化的农产品流通格局正在形成。农产品批发市场的集散功能逐渐弱化，“农超对接”“农餐对接”“社区直送”“周末菜市场”等其他新型流通模式在农产品流通中的地位日渐突出。

1. “农超对接”模式

“农超对接”模式是由农户向超市直供农产品的新型流通方式，可以减少中间环节、降低流通成本，又可以保持农产品的新鲜度，满足消费者的更高消费需求。“农超对接”的本质是将现代流通方式引向农村，实现市场经济条件下的产销一体化，实现商家、农户、消费者共赢。根据北京物美集团提供的数据，“农超对接”可节省40%的流通费用，超市让利农户和消费者各10%～20%，超市也能够享受政府减免税收的政策优惠并且有利润可赚。

2. “农餐对接”模式

“农餐对接”模式是农业龙头企业或产地农民专业合作社将农产品直接向餐饮企业各门店配送，主要是针对城市的学校、机关单位的食堂和大型连锁餐厅等。该模式的特点是货源可靠，可以实现农产品从田间到餐桌的全过程质量控制。

3. “社区直送”模式

“社区直送”模式是蔬菜从产地直接送往城市居民社区进行销售的一种新模式，主要由农业企业或产地农民专业合作社开展配送，在小区物业管理、社区居委会等单位的支持下，建立固定的蔬菜销售店铺，特点是蔬菜新鲜、价格低廉，但直送的蔬菜品种有限，店铺规模较小。这种模式主要帮助解决部分社区居民买菜不便的问题。另外，为满足社区的高消费群体对有机蔬菜等高档优质蔬菜的需求，可以开展订单销售、配送到家等个性化服务。

4. “周末菜市场”模式

“周末菜市场”模式是为应对蔬菜价格不断上涨，由政府出面协调居民社区、街道开办公益性质的周末菜市场，组织郊区农业企业或农民合作社来市场销售蔬菜。通过这种方式，农民得以直接进城销售蔬菜，平抑了城市菜价，使农民增收，居民受益。

5. “产消联盟”模式

“产消联盟”模式是生产者和消费者结成的一种组织形式，一般采用会员制方式，入会者需要缴纳一定的费用，并会享受一定的待遇。生产者通过和消费者沟通交流，提供和生产受消费者欢迎的农产品。同时消费者可以到田间地头参观了解生产过程和体验农事活动，购买放心安全的农产品。这种模式在北京、上海等大城市郊区已经出现。

6. “直采直供联盟”模式

“直采直供联盟”2012年6月成立，由北京市商务委支持，新发地农产品批发市场等8家单位共同发起，是首都在“农超对接”“农餐对接”等流通组织模式基础上，对农产品供应模式的又一次新探索。该联盟积极吸纳产地农民合作组织、配送企业、超市、机关单位等加入，不断完善信息化服务交易平台建设，促进实现农产品流通供需双方的规模化对接，同时引入了第三方物流和共同配送模式，有效满足了机关企事业单位、餐饮企业等集团客户对高品质、多样化农副产品的供应需求。联盟运营平稳，已吸纳包括农业生产合作组织、农产品流通服务企业和终端集团客户在内的800多家成员单位，日配送量从成立之初的70余万千克提高到125万千克。该联盟将继续吸收会员客户，增加配送量，扩大联盟影响力；进一步完善联盟交易信息平台，增加金融、结算等相关服务功能；积极引进新能源物流车辆，打造绿色配送车队。

四、北京市农产品流通政策措施

为深入贯彻《中共中央国务院关于加快发展现代农业进一步增强农村发展活力的若干意见》（中发〔2013〕1号）提出了加快推进集散地农产品批发市场健康发展；提高认识，加强市场全面建设；统筹规划，促进市场合理布局；加快升级改造，完善市场功能；强化组织保障，促进市场健康发展等文件精神。北京市根据全市农产品流通体系现状，也相应的提出了一些政策措施以促进农产品流通的快速发展。

（一）针对农产品基础设施建设提出的政策

1. 加快农产品批发市场设施改造和功能提升

鉴于北京市农产品流通的现状，在未来的一段时期内，批发市场在农产品流通体系中仍处于主导地位。农产品批发市场应加强基础设施改造、电子交易和电子结算平台建设，加快市场创新升级，使批发市场与上下游主体的对接更密切和高效，将农产品批发市场逐步培育成现代化程度更高、辐射能力更强、功能更全面的综合型农产品流通中心。

2. 完善农产品物流基础设施

加快建设大中型农产品物流配送中心，完善物流基础设施。比如，加大运输基础设施投入，形成快速畅通的交通网络，积极推行先进农产品物流技术应用，提高农产品物流作业自动化水平。

（二）针对农产品流通模式提出的政策

1. 发展多元化农产品流通模式

为解决农产品流通过程中出现的流通不顺畅、流通成本较高等问题，应积极发展多元化流通模式。“农超对接”“农餐对接”“社区直送”“直采直供联盟”等新型模式绕过批发市场，减少中间环节，对于保障供应和稳定价格具有积极作用，应大力提倡和推广，逐步形成多元化农产品流通格局。

2. 积极推行农产品共同配送

由于北京市农产品生产前端和零售末端的组织化、规模化水平较低，且城市规模发展迅速，导致农产品物流共同配送比例较低。应整合农产品配送企业组成联盟，鼓励发展共同配送，实现配送企业与超市、餐饮企业、社区便民店直接对接，减少二级批发流通环节，提高农产品物流配送的组织化、规模化程度。

（三）针对农产品信息化标准建设的政策

1. 提升农产品物流体系信息化水平

加强信息技术的使用能够极大改善农产品物流体系的运行效率，加快市场反应速度。可以由政府牵头建立立体化的农业信息服务平台，实时采集并及时发布各种农产品市场信息，提供交易指导，同时应用先进的物流信息技术，增强农产品流通的准确度、透明度和及时性。

2. 规范农产品物流行业标准

建立健全政府对农产品物流标准化的组织协调机制，鼓励农业物流企业参与国家、行业标准的研究和制定。为加强农产品质量安全，实行农产品流通环节标准化，建立农产品流通的质量安全监督检测体系，严格监控农产品市场准入、交易、退出等全过程，保证流通的农产品质量符合标准。

五、北京市农产品流通重点工程

2015 年北京市商业流通发展专项资金主要用于支持促进本市商业服务业的提升发展和转型升级，对促进民生商业发展、具有示范作用的公共服务平台、绿色发展和京津冀协同发展项目将优先给予扶持。根据《北京市商业流通发展专项资金管理暂行办法》《北京市支持中小企业发展专项资金管理暂行办法》等规定，结合首都城市战略定位和全市商务重点工作任务，征集到 2015 年市级重点引导扶持的商业流通发展项目其中重点支持范围是农产品流通体系建设项目。

1. 共同配送试点工程

鼓励企业以多种形式联合、共用配送资源，搭建共同配送平台，探索高效配送组织管理模式，最大限度地优化配置社会物流资源，降低社会物流成本，鼓励物流基地内企业之间、配送中心群内的企业以及中小商业企业和物流企业实施和参与共同配送，构建城市物流共同配送体系。选择行业进行共同配送试点工程，探索制定北京市实施共同配送政策。

在大型商业区规划建设公共接货设施试点；公共接货区以集约化为原则，由统一货运车辆进行配送。按地区细化不同规模的商业网点货物接收时限规定，对商业企业收货时间采取备案制。促进和规范快递行业发展，引导建设人口密集区的快递服务共同接收设施。与邮政系统联合，选择部分商务区进行无人处理的智能型快递收发设施的建设试点。

2. 电子商务物流工程

构建能有效支持电子商务高速发展的物流支撑体系，促进大型电子商务企业，提高配送的集约程度，进一步提高时效性、安全性、保障性，推进物流设备设施的现代化。

3. 农产品物流配送工程

推动北京市农产品物流配送体系建设，解决农产品高损耗、农产品物流过程中安全监控和监测困难等问题，促进农产品增值，强化食品安全。重点加强对丰台新发地、顺义石门、通州八里桥、昌平回龙观等农产品批发市场和农贸市场等农产品流通渠道中的配送过程控制和安全监管力度，推行农产品物流全程的跟踪、监控和检测，改善农产品包装、搬运、加工、配送、仓储等基础条件，鼓励便捷、灵敏、低成本的农产品物流质量安全检测技术、产品及配套设备的研发和应用。

4. 食品冷链物流工程

完善食品冷链物流体系，加强冷链物流活动的上下游整体规划和企业联动，制定和推广冷链物流服务标准，完善冷链基础设施，强化冷冻冷藏方式和技术不断进行革新，加快先进技术的引进，普及冷藏保鲜新技术。鼓励和重点扶持一批专业化水平高、服务能力强的第三方冷链物流企业发展，提高冷链物流的市场化程度，降低冷链的成本和商品损耗。

5. 物流科技创新工程

促进物流业从外延式增长到内涵式增长转变，实现创新型物流发展模式。从追求规模向追求质量的转变，实现物流发展方式的创新；从低端物流服务向高端物流服务的转变，实现物流发展的服务创新；从高消耗向低碳环保转变，倡导绿色物流创新；从分散发展向总部聚集转变，实现物流发展的组织创新。

鼓励物流企业发展精益化、信息化、现代化的高端物流，积极开展物流金融服务，吸引总部型物流企业入驻，逐步建立并完善城市逆向物流系统，为加快建设资源节约型、环境友好型社会提供支撑，构建可持续发展的物流模式。

加大对物联网技术、可视化技术、货物跟踪技术和货物快速分拣技术、RFID 和移动物流信息服务等技术、标准的研发和应用的投入，加强物流信息系统安全体系推广应用。支持完善北京公共物流信息平台，实现区域间、区域内物流节点和物流企业等之间的信息资源共享，推进信息化进程，为物流业发展提供科技支撑。

6. 大型商贸物流设施功能转型工程

为有效避免大宗货物穿城和对流运输等现象带来的城市中心区交通压力增加、环境污染等社会问题，改善城市环境，优化城市物流网络布局，加速推进新发地、八里桥、石门等批发市场及其他大型商贸物流设施的功能提升和战略转型，推动货物集散、转运等传统物流功能向周边地市转移，提升改造现有设施的国际商贸、展示交易、电子商务等高端商贸流通功能。开展批发市场功能转型试点工程，建立国际农产品展贸市场试点，完善国际农产品拍卖、国际农业会展、交易、国际农业交流等服务，实现传统市场向高端市场的升级。

7. 逆向物流工程

基于北京倡导绿色消费，发展循环经济，建设低碳社会的宗旨，从完善整个产业链的角度出发，建设逆向物流体系，特别是建立电子产品、废旧家电、汽车等回收物流体系，实现废旧产品的可循环再利用。建立逆向物流产品交易机构，建立网络展示和交易平台；支持逆向物流体系中的“物联网”建设；加强逆向物流体系中涉及的相关技术研发及应用；先期开展电子产品逆向物流试点工程。

8. 应急物流工程

完善灾害监测预警及应急预案机制，构建覆盖全市、高效灵活、军民一体的应急物流保障系统，建立和完善市、区、镇三级政府应急物资储备体系及应急物流网络体系。

加快制定和完善针对各种突发事件的医药、生活必需品、能源、重点建设物资等应急物流预案，建立统一的应急物流指挥和调度系统。选择和培育一批具有应急能力的重点物流企业，建立应急物流绿色通道及绿色车队，提高危机状态下的物流快速反应能力，尽快形成事前防范与事后应急相结合、响应迅速、高效准确、满足需求的城市应急物流保障体系。

第三节　北京农产品生产与流通现状及问题分析

一、北京市农产品生产现状

2014 年，北京市全年实现农林牧渔业总产值 420.1 亿元，比上年下降 0.4%。完成平原造林 35.5 万亩，在此带动下，林业实现产值 90.7 亿元，比上年增长 19.5%。全年粮食播种面积 12 万公顷，比上年减少 3.9 万公顷。粮食产量 63.9 万吨，下降 33.5%；粮食亩产 354.7 千克，下降 12.0%。

表 7-3　　2014 年主要农产品产量

产品名称	单位	产量	比上年增长（%）
粮食	万吨	63.9	-33.5
蔬菜及食用菌	万吨	236.2	-11.5
干鲜果品	万吨	74.5	-6.3
肉类	万吨	39.3	-5.9
出栏生猪	万头	305.8	-2.7
出栏家禽	万只	7550.7	-11.5
禽蛋	万吨	19.6	12.2
牛奶	万吨	59.5	-3.2
水产品	万吨	6.8	7.2

资料来源：北京市 2014 年国民经济和社会发展统计公报。

2014 年，北京市先后出台了《北京市新增产业的禁止和限制目录》和《关于调结构转方式发展高效节水农业的意见》等文件，北京农业进入战略性结构调整期。2015 年上半年，北京市农业以“调结构、转方式、发展高效节水农业”为重点，全力推进农业转型升级。传统农业规模缩减，观光休闲农业、会展农业等都市型现代农业加快发展。

1. 养殖业规模持续下降

在京津冀协同发展和加快生态环境建设的背景下，北京市出台了《北京市新增产业的禁止和限制目录（2015）》，养殖业被列为限制发展的产业。受结构调整影响，养殖业规模下降明显。上半年，生猪出栏 147 万头，同比下降 5.9%；存栏 167.5 万头，同比下降 7.2%。全市家禽出栏 3345.3 万只，同比下降 9.6%；存栏 2547.5 万只，同比下降 4.6%。禽蛋价格相对平稳，在平谷区龙头企业带动下，全市禽蛋产量 9.9 万吨，同比增长 7.2%。

2. 蔬菜粮食播种面积减少

初步统计，上半年夏粮播种面积 31.3 万亩，同比减少 4.1 万亩，同比下降 11.6%，总产量 11.1 万吨，同比下降 8.8%。蔬菜及食用菌播种面积 38.3 万亩，同比减少 1.2 万亩，产量为 67.7 万吨，同比增长 0.7%，产值为 26.8 亿元，同比增长 9%。

3. 郊区县产业区域规模化特色日趋明显

其中，在农业生产空间不断收缩，主要农产品产量下降的情况下，郊区县充分发挥资源禀赋优势，优化产品结构，以优质特色产品带动本区县第一产业发展，对全市农业提质增效作用明显。房山区和通州区大力发展食用菌，生产周期短，全年产量 5 万吨，占全市食用菌总产量的 65.4%，比上年提高 7.1 个百分点；昌平区草莓大会的召开带动了全市草莓产业的发展，昌平区和通州区草莓产量占全市总量的比重达 64.3%；平谷区禽蛋产量、顺义区生猪出栏量占全市比重分别达 40.3% 和 28.7%；密云的核桃、怀柔及密云的板栗、平谷的大桃、大兴的西瓜产量占全市比重分别达 39.4%、87.9%、75.3% 和 52.5%。农业布局的区域规模化特色日趋明显，如图 7-4 所示。

图 7-4 北京市区域规模化特色农产品

资料来源：首都之窗：http：//zhengwu. beijing. gov. cn/。

4. 观光休闲农业恢复性增长

2015 年上半年，农业观光园在集团消费锐减的环境下，积极调整经营策略，满足消费群体的多样化需求，实现较快增长。接待游客 762.5 万人次，经营收入 10.8 亿元，同比分别增长 11.6% 和 7.9%。郊区县民俗旅游市场发展良好，上半年接待游客 935.4 万人次，实现收入5.6亿元，同比分别增长14.4%和17.1%，其中，平谷、密云、延庆三个区县民俗旅游收入3.7亿元，占全市的比重为66%；怀柔区民俗旅游受APEC会议、北京国际电影节的利好影响，收入同比增长18.5%。

5. 会展农业知名度高

第三届北京农业嘉年华活动在昌平举办，贯彻京津冀协同发展战略，联合天津、河北协同办会，推广京津冀三地农业特色，新增了河北馆和天津馆，同时举办天津、河北主题日活动，活动的知名度和影响力进一步提升。活动期间共接待游客118.8万人，比2014年第二届农业嘉年华增长20.7%。实现收入4345.7万元，同比增长73.1%。全市共举办13项农事节庆活动，接待人数144.2万人，实现收入0.9亿元，其中平谷区第十七届国际桃花音乐节有110.4万人参与活动，实现收入7156万元。

二、北京市农产品流通模式及现状

在农产品流通模式问题上，北京市呈现多样性、交叉性的特点，批发市场主导模式将在一定时期内占据主导地位；在农产品批发市场问题上，北京市农产品批发市场已形成相对完善的市场体系，在农产品供应保障体系中发挥了重要作用，并形成了各有侧重，各有分工，多层次、多方位、多功能的农产品批发市场格局；在农产品零售终端问题上，农贸市场是大众消费的主要场所，超市是未来发展的优生力量，早市发挥重大作用但其建设易被忽视，社区规范菜市场最为便民，网络直销是新兴的零售终端形式。如图7－5所示，其中传统流通模式交易量占比由80%下降到70%，大力发展“农超对接”“农餐对接”“场店对接”“无店铺流通”等以物流配送为特征的现代流通模式占比30%。

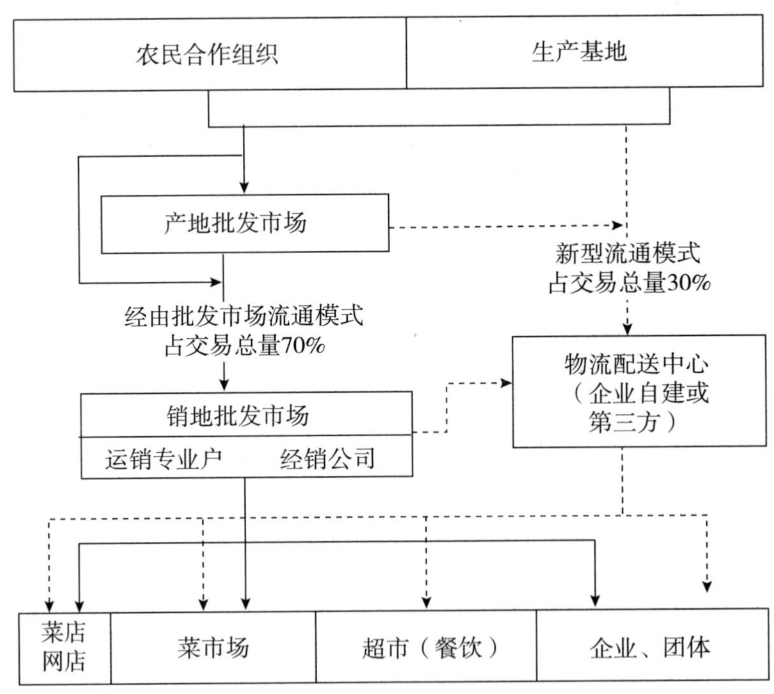

图7－5　农产品流通模式

1. 农产品流通体系基本满足流通需要和消费需求

到“十一五”时期末，北京市建立了以销地农产品批发市场为核心的农产品流通体系，多种渠道、多种方式地满足了农产品流通需要和居民生活消费需求，有效保障了首都城市平稳运行和经济社会发展，是我国北方地区农产品流通网络重要枢纽。

图 7-6　北京市主要农产品市场分布

2. 农产品批发市场体系多层次、多方位格局已经确立

从层次上看，已形成大型农产品批发市场（经营收入 20 亿元以上）为主要集散中心、区域性批发市场为重要节点的批发市场格局。全市性综合型和区域性综合型农产品批发市场成为整个农产品批发市场格局的重要组成部分；从方位上看，北京东、南、西、北方向均有分布，初步形成京西南、京东、京北三个大型农产品批发市场聚集区。9 个大型农产品批发市场有 5 个在五环路内、4 个在五环外。各类农产品批发市场互为补充，总体格局稳定。

3. 农产品批发市场基础设施水平和功能明显提升

9 个大型农产品批发市场合计建筑面积达到 220 万平方米，批发市场基础设施、交易设施、冷链仓储设施有了很大改善，全部建成检测检疫中心、信息中心和安全监控中心，实现了对农产品主要品种的快速检测、价格和交易信息的及时发布。在全国率先建立了蔬菜政府储备和轮换机制，保证了应急状态下的市场供应。

4. 城市东南方向是外埠农产品进京的主要通道

北京农产品自给率较低，绝大多数品种依靠外地市场供给。从农产品进京主要通道流量看，通过京沪高速（东南方向）进京农产品占全市外埠进京农产品总量的四成以上

（42.4%）。其他方向进京流量比重分别是：京开高速（京南）占15.3%；京哈高速（京东）占13.5%；京藏高速（京西北）占11.3%；京港澳高速（京西南）占10.2%；京承高速（京北）占7.3%。

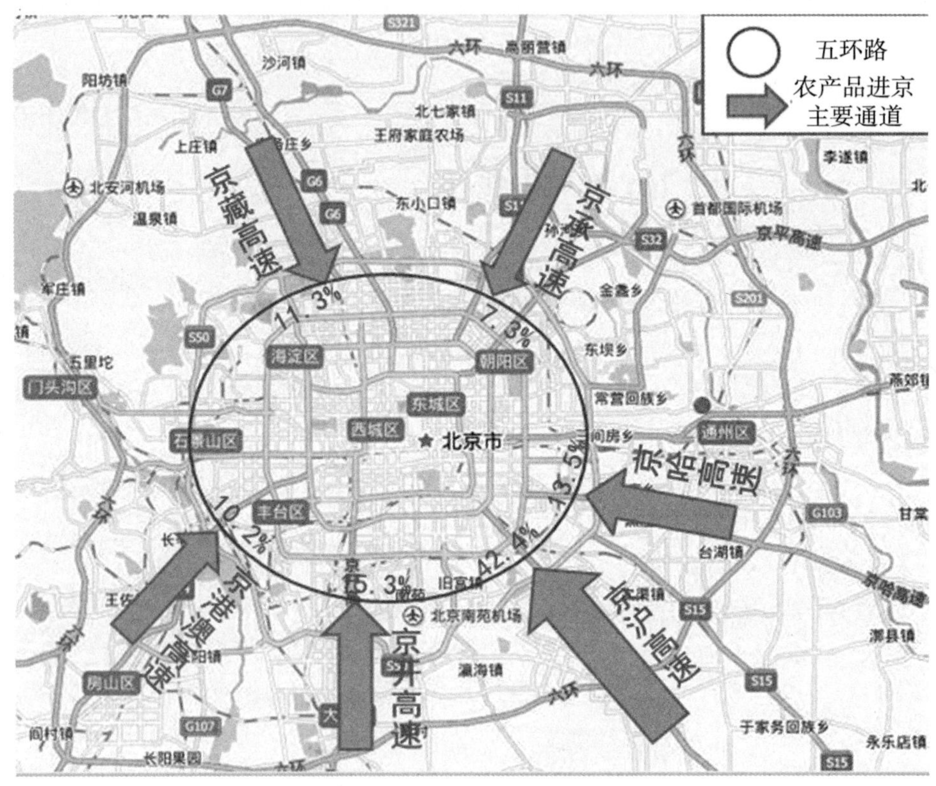

图7-7 农产品进京方向流量图

5. 多元化流通模式有效连接农产品生产和消费

流通模式主要有三种：一是农超对接、农餐对接流通新模式，约占市场交易总量的20%；二是运销专业户流通模式；三是公司加农户流通模式。后两种流通模式都经过批发市场环节，约占市场交易总量的80%。

6. 多样化的零售网络满足了居民多层次的消费需求

菜市场、生鲜连锁超市、网店等多样化的零售网络初步形成，既满足了普通居民的基本需求，也适应了居民消费结构升级后的差别化需求，为不同消费层次的居民提供了多元化的选择。

三、北京市农产品生产与流通问题

（一）北京市农产品生产问题

1. 蔬菜等农产品自给率偏低

北京市农委估算的蔬菜自给率为28%，但专家普遍认为实际自给率不到20%，大幅度增加有困难。2010年，全市菜田面积58万亩，占耕地面积的17%，其中设施蔬菜面积为29.4万亩。受水资源严重短缺、劳动力成本提高、好菜地稀缺、蔬菜生产的季节性、北京人口总数不断增加等因素影响，“吨水吨菜”的现实，制约了蔬菜生产规模扩大，也提高了蔬菜生产成本，在“十二五”末将蔬菜自给率提高到35%的目标难以实现。

2. 蔬菜等农产品安全让人难放心

北京市蔬菜生产以无公害为主，绿色和有机蔬菜数量有限。全市设施蔬菜生产80%以上达到了蔬菜质量安全的最基本要求。但由于生产资料来源混乱，“购买放心农资难”，菜农要买到优质、放心的农资需要花费很大的代价，并且农药、化肥、除草剂、激素等人工合成物质的使用难以有效监管；因而许多挂牌进行绿色和有机生产的地方，并没有生产真正的绿色蔬菜和有机蔬菜。

3. 蔬菜等农产品生产效益不高

受劳动力成本和设施投入的影响，普通蔬菜生产的利润薄，销售价格没有优势，亟须政府加大补贴力度。与粮食补贴政策相比，蔬菜生产没有直补、良种补贴和最低收购价格补贴。对设施建设的补贴资金、设施农资、农机补贴力度不强，按市价估算，政府的补贴资金只占20%左右，农户的自筹资金仍占主导。对蔬菜生产也存在一些不合理收费，如“养路费”“增值税”等。

4. 蔬菜等农产品生产现代化水平有待提高

蔬菜生产的机械化、自动化、信息化水平有待提高。与国外先进的农产品生产水平相比，本市蔬菜生产的机械化、自动化、信息化水平不高。卷帘机、旋耕机、喷雾器、轻简机械设备等机械化装备使用不多。在整地、播种、移栽、施肥、打药、除草、采摘等作业主要通过人工完成。

5. 蔬菜等农产品生产的组织化程度不高

北京农产品生产仍以一家一户的分散生产为主。以设施蔬菜生产为例，80%以上是一家一户的小规模分散作业。这种方式生产效率低，抵御自然灾害及市场冲击的能力较弱，销售渠道低端，价格不高，并且不利于先进生产技术的推广，不利于标准化生产，不利于质量监管。

（二）北京市农产品流通问题

1. 市场集中度很低

尽管前几家一级蔬菜批发市场的市场份额大于90%，但是这并不代表其市场集中度高。北京同时还存在更多的二级蔬菜批发市场，并且每一个大的蔬菜批发市场中都有上百个蔬菜批发商。据计算，北京蔬菜批发市场的 $CR_8 < 5$（CR_n 表示产业中规模最大的前 n 家企业的行业集中度，$CR_8 < 40$ 就被认为是竞争型市场结构）（苏东水，2000）。

2. 产品差异性小，产品同质化严重

各市场蔬菜都是同质的无差异产品，而且受季节影响，某一季节同一产品的产地也是相对集中的，使得各市场同一性更强，各批发市场没有或很少有其特色蔬菜。

3. 市场定位不明确，商户经营意识不足

市场中多数商户批发零售兼顾，有的甚至以零售为主，导致了市场秩序混乱，功能模糊，缺乏竞争力。商户间通常只注重竞争，合作意识不强。

4. 资金壁垒、制度壁垒小

北京市的蔬菜批发商多为个体经营户，对于较多的临时性的摊位，可以按天或按次进行租借。所需资金少，车辆地磅等工具可以租借，这大大降低了蔬菜批发业务的投入，且退出市场也不会有较大损失，对小商贩具有极大的吸引力。

5. 蔬菜流通成本高，损耗大，流通效率低

以毛菜为主，每100吨蔬菜可产生20吨垃圾，无效物流成本很高。蔬菜在物流环节上的损失率在25%～30%，而发达国家的蔬菜损失率则控制在5%以下。

6. 信息化程度低，设施和技术落后

蔬菜市场信息不集中、信息发布和更新不及时、信息质量低、信息查找和获得不方便等问题依然存在，致使市场供求信息不能快速高效地传递。市场设备和技术落后，基础设施薄弱，交易环境较差。批发市场大都还有大面积的露天交易区，较少有防雨设施，路面老化严重，下雨天就会变成烂泥塘等现象。

7. 市场运作不规范，流程较简单，管理较为松散

不少市场经常为了短期利益，重收费，轻管理。仍有部分管理人员责任心不强，纪律松散，不认真履行职责，不能及时制止纠正市场中的非法经营等行为。

四、北京市农产品生产与流通对策

针对北京市农产品生产与流通问题，提出以下对策：

1. 加快基础设施建设

北京市应加快大中型物流中心建设，完善物流基础设施，配合区域农业产业化的发展。首先，应加大运输基础设施的投资，引入全球卫星定位系统（GPS）等现代化通信工具，形成快速畅通的交通网络。其次，积极推进储运技术等先进农产品物流技术应用，逐步提高农产品物流作业的自动化水平。此外，对于不同类别的农产品市场，其基础设施建设应有重点、分阶段推进。零售市场应加强水电系统、道路、场地设施等基础硬件的改造建设；批发市场应着重于农产品检验检测体系、农产品加工储藏与分类包装体系的建设。而对期货市场、拍卖市场，则应加快市场的信息化进程、积极探索并实施先进高效的期货交易及拍卖体制，完善期货交易及拍卖制度。

2. 辅助农业龙头企业构建各种形式物流组织实体

物流企业和组织是发展农产品物流业的关键环节。北京市应采取多渠道、多形式、多元化的办法，打破所有制、地域、行业界限，尽快培育一批农产品物流组织。发挥龙头企业的作用，鼓励龙头企业进行内部各环节的整合优化，积极引进和借鉴发达地区和国外物流企业的管理、技术和经验，充分利用运输、商业企业在市场信息、销售网络和运销经营等方面的特长和优势，组建自营物流企业。这也能充分实现农业产业化一体化的经营战略，使各产业链结合得更加紧密。同时，要扶持农村营销大户、农村合作经济组织和农民经纪人。支持、鼓励农民开展农产品加工、销售服务和自办购销组织，推进供销社改革，发挥其在农产品流通中的作用。鼓励各组织之间的联合，运用管理和信息技术将它们连接在一起。兴办第三方物流，使其更加有效地服务于农业的生产。

3. 积极开展第三方农产品物流业

应鼓励农业加工企业、仓储业和运输公司等不同的独立组织进行联合，发展第三方物流，使得在农产品仓储业、加工业、运输公司、配送中心以及零售商等各部门之间，形成表面上是各个独立的组织实体，而实际上却是由他们联合而成的，一个以信息技术作为他们的桥梁和纽带的虚拟大组织。在这个大组织中，各成员都能够得到管理和信息的共享。由于不同合作伙伴的合作目标是降低与物流有关的成本，并提高整个运营系统的效率，各成员之间可以集中精力开发其专门领域的潜力，从而取得竞争优势，又通过合作来降低整体的成本。发展农产品第三方物流，不仅可以减少固定资产投资以及实现信息资源共享，而且可以达到各相关部门资源的有效配置，提高资金的周转速度，从而可以解决一直困扰着农业发展的农业资金长期短缺问题。

4. 打造现代农产品 SCM 模式

农产品供应链包括从育苗到大田管理、农畜产品加工、保鲜直至流通、市场销售、废弃物回收等所有流程。农业科技、农业信息和标准化等因素影响着农产品供应链的始终。“市场信息指导 + 种业公司 + 农业科技推广 + 农资连锁经营 + 整合型生产物流机制 + 食品安全认证与标准化”模式是一个较好的选择。该环节一般可分为产前物流、产中物流和产后收获物流三个阶段。“信息指导 + 种业公司 + 农业科技推广 + 农资连锁经营”是打造农产品供应链的前提。应鼓励农民成立生产协作小组，尝试实施整合型生产物流机制，将区域内的农作物耕作、田间管理及农产品的收获、加工、存储等作业形成的物流统筹由共同机制运作。引入 HACCP 和 ISO 14000 系列标准等认证，确保食品安全，着力打造绿色农产品生产链。

5. 制定农产品物流行业标准

近期，北京市食品监控系统的实施间接给农产品物流行业提出了新的要求。因此必须加快农业物流标准的制定，建立健全政府对物流标准化的组织协调机制，鼓励农业物流企业积极参与国家、行业标准的研究和制定。一方面加强硬件标准。如物流过程中的相关工具的使用标准及配套标准、作业程序转换的衔接标准等。另一方面明确物流软件标准。如物流信息系统的文件格式、接口标准、物流操作程序与规范等。在物流服务标准化方面，建立物流企业对客户的反应速度、配送速度以及服务质量标准。在农产品质量安全方面，实行农产品流通环节的标准化。从农产品市场进入、交易、退出三个环节入手，建立农产品流通过程中的质量安全检测监督体系，严把市场准入关，保证销售的农产品质量符合标准。

6. 不断提高农产品物流技术

在整个物流链条上，技术的创新是物流业发展的重要支撑和动力。因此，要始终把技术创新放在突出位置。第一，在生产上要大力推进农业的标准化生产。把标准化贯穿于产前的种子、种苗、化肥、农药、饲料等生产资料的选用，产中的栽培、饲养等技术规程，到产后的加工、包装和产品质量的检验，使农业生产的全过程纳入规范化、标准化的轨道，实现农产品的优质化，为农业产出、产后各个环节的进行做好准备。还可实施“名牌战略”，大力发展名、特、优、新、稀产品，加强品牌推广和扩展，树立品牌形象，提高品牌知名度和品牌认知度，形成一批农产品的强势品牌，扩大产品的市场占有率，实现农产品物流的畅通。第二，要提高加工、包装技术。包装除具有保护功能和促销功能外，还是连接农产品市场利润和物流成本的结合点。因此，要在农产品的精加工和包装上狠下功夫，积极采用新型的保鲜技术，延长农产品的储藏时间，扩大农产品销售半径。第三，要积极运用现代营销手段。要在抓好传统销售方式革新的基础上，大胆探索和应用现代销售手段。鼓励龙头企业或销售公司在大中城市，特别是在沿海沿边口岸设立流通加工和销售网点、对外窗口，发展代理商，建立直销市场。大力发展农产品连锁经营、配送等形式。积极运用拍卖、代理等现代交易方式。随着农产品贸易的国际化发展以及人们消费水平的提高，消费者对食品的购买、消费方式也会发生巨大变化，网上购买的比例会逐步增加。要适应信息化、网络化趋势，加快发展电子商务，推进网上交易。

（一）大力发展现代流通模式，积极提升传统流通模式

长期以来，北京农产品流通以“批发市场+农贸市场”的传统物流模式为主。分散的农户可以将农产品送到产地批发市场上集中销售，再由经营农产品运输的商贩贩运到销地批发市场；销地批发市场是规模较大的农产品批发市场，它同时接受农业生产合作组织和生产基地的农产品，并将农产品批发销售到农产品加工企业或城市农产品零售终端，如农贸市场、社区菜市场和连锁超市等；最后由零售终端将农产品销售给消费者。

在一定时期内，农产品批发市场仍在北京市农产品流通中居于主导和核心地位。农产品从产地大多都要经过批发市场，甚至经过多级批发市场才能到达零售商。

大力发展“农超对接”“农餐对接”“场店对接”“无店铺流通”等以物流配送为特征的现代流通模式，减少流通环节，提高流通效率。同时促进批发市场向生产前端和零售末端双向延伸，强化物流配送功能，逐步向现代流通模式转型升级，形成传统模式与现代模式相互补充、共同发展的流通格局。

（二）农产品批发市场需要进一步进行完善

虽然北京市农产品批发市场多年来得到了长足的发展。但从总体来看，农产品批发市场还处于较低层次，交易行为规范性欠缺，交易方式单一落后，市场组织化程度不高；交易仍以初级产品为主，产品分类分级标准不规范；缺乏对农产品卫生、安全、检测检疫的有效监控；交易设施和手段以及交易环境均有待进一步改善等，需要从以下几个方面来对其进行完善。

1. 进一步完善农产品批发市场空间布局

根据北京的“十二五”规划，北京市形成2个全市性大型综合型农产品批发市场，各远郊区县确保1个区域性综合型农产品批发市场，建立起“2+15”的农产品批发市场体系。在五环外东南方向黑庄户乡，采取园区式开发模式，新建1个全市性大型综合农产品批发市场，占地约100公顷，如图7-8所示。

新发地批发市场对现有的市场进行设施改造和功能提升，继续发挥全市大型综合型农产品批发市场的交易和集散中心作用。

2. 进一步完善批发市场管理模式

北京市农产品物流数量大、品种多，仅靠政府投入是远远不够的，尤其是一些经济

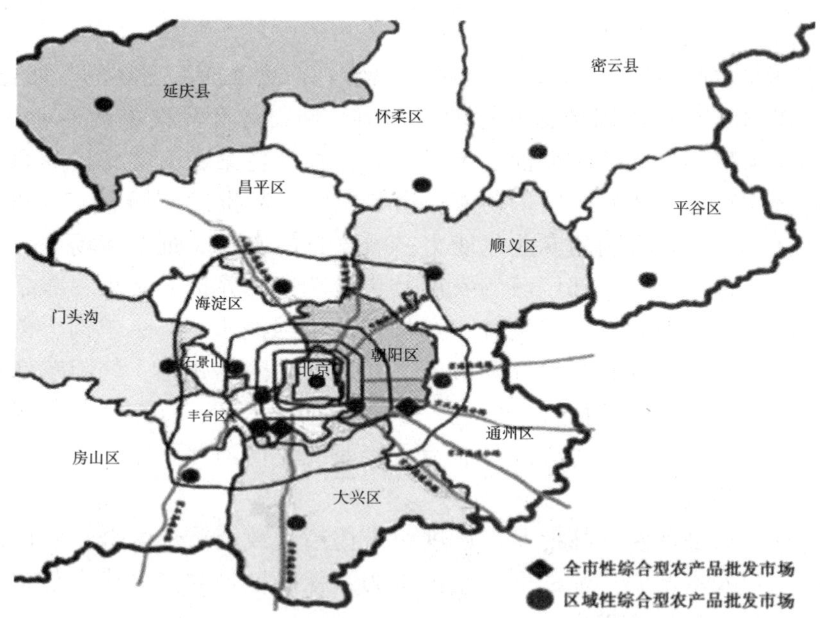

图7-8　北京市周边农产品批发市场空间布局

作物和小品种农产品，其流通需发挥个体、私营物流企业的灵活优势。因此，要支持和鼓励包括私营、合营、外资企业在内的第三方进入农产品物流市场，制定吸引民间资本的相关政策，以促进竞争机制、完善物流服务。积极引导各类流通企业建立现代企业模式，通过培育大型第三方物流企业，使之成为现代农产品物流产业发展的示范者和中小物流企业资源的整合者。此外，还应发挥农产品行业协会的作用，提高农民组织化水平，形成一个延伸到县、乡、村的物流网络，既可协调农民生产行为，也可以担负一些保鲜、加工、信息等服务功能，有助于促进农产品流通。

3. 进一步完善农产品批发市场的功能定位

（1）形成全市性综合型农产品批发市场的双核保障机制

巩固新发地农产品批发市场蔬菜、水果交易流通的核心地位，提升市场设施和管理现代化水平，增强向农产品生产前端和零售末端延伸和整合能力，成为保障北京市农产品市场供应的主要渠道。

在黑庄户地区高水平规划建设全市性综合型农产品批发市场。以蔬菜和水果交易为主，覆盖城市东部、南部区域，发展成为与新发地农产品批发市场交易规模相当的大型批发市场，与新发地市场共同形成保障全市农产品市场供应的双核保障机制。

（2）引导区域性农产品批发市场发展专业化错位经营

现在部分农产品批发市场业务过于多元化，比如八里桥农产品批发市场、回龙观批发市场等普遍存在经营品种过于多元化，不仅包括蔬菜、水果，还包括了小商品、建材等，因为这些商户的支付能力一般来说更强，因此一方面应该加强对农产品批发市场的财政支持，另外也应该限制其经营范围。

需要支持现有重点农产品批发市场在保障区域农产品供应的基础上，突出重点、错位经营，逐步向专业化、特色化发展。同时，加快提升物流配送能力，逐步向专业物流配送中心转型。

其中，大洋路农产品批发市场巩固和提升鸡蛋、香蕉等商品交易的专业化经营水平；锦绣大地农产品批发市场巩固和提升粮油、羊肉、调料等商品交易的专业化经营水平，逐步提高蔬菜交易量；农产品中央批发市场巩固和提升特菜、菌类交易等商品的专业化经营水平，并强化京郊农产品的展示功能；岳各庄农产品批发市场进一步加强服务餐饮行业、机关、团体一站式采购的专业化能力；顺鑫石门农产品批发市场进一步加强覆盖顺义、怀柔、平谷等城市东北部区域的农产品集散功能，并提升水果、冻品等商品的专业化经营水平；城北回龙观农产品批发市场进一步加强淡水鱼、牛羊肉、禽类等农产品的专业化经营水平；八里桥农产品批发市场继续发挥保障通州区、朝阳东部地区农产品市场供应的作用。水屯农产品批发市场进一步加强对昌平区、海淀北部地区等城市西北区域的农产品市场供应保障能力，逐步成为承接西北方向河北张家口、内蒙古乌兰察布等产区进京蔬菜的集散中心。

其他远郊区县区域性农产品批发市场进一步提高承载全市性综合型农产品批发市场农产品转运能力以及本地农产品的交易集散能力，保障区域农产品市场供应，并逐步发展区域特色，提高专业化经营水平。

（三）京津冀协同发展推动农产品批发市场转型升级

1. 疏解非核心功能，建设高水平现代农产品批发市场

京津冀区域协同发展的战略背景下，首都核心功能进一步强化，非核心功能逐步疏解。传统产业结构和非核心功能区的转移难以满足首都和城市副中心日常生活需求，北京市应加快在周边建设高水平现代农产品批发市场，完善物流基础设施，配合区域农业产业化的发展。

建设功能完善、设施齐全的现代化全市大型综合农产品批发市场，应具备交易、集散、储藏、加工、配送等功能，应具备结算中心、信息中心、检测监测中心、安全监控中心、废弃物废水处理中心、加工中心、冷藏中心、配送中心等相关设施。场内应合理设置交易区、加工区、冷藏区、配套商务区和居住区。

首先，应加大运输基础设施的投资，引入全球卫星定位系统（GPS）等现代化通信工具，形成快速畅通的交通网络。其次，积极推动储运技术等先进农产品物流技术应用，逐步提高农产品物流作业的自动化水平。同时，批发市场应建立规范化的现代企业制度，进场商户实行会员制和公司化经营管理方式，场内交易实行统一电子结算。

此外，对于不同类别的农产品市场，其基础设施建设应有重点、分阶段推进。零售市场应加强水电系统、道路、场地设施等基础硬件的改造建设；批发市场应着重于农产品检验检测体系、农产品加工储藏和分类包装体系的建设；而对期货市场、拍卖市场，则应加快市场的信息化进程、积极探索并实施先进高校的期货交易及拍卖体制，完善期货交易及拍卖制度。将批发市场建设成为展示北京市农产品生产组织化、规模化水平，展示农产品流通骨干企业现代化经营管理水平，展示与世界城市和国际商贸中心相适应的现代化批发市场示范窗口。

2. 加快现有重点农产品批发市场转型升级

根据北京的“十二五”规划，加快现有重点农产品批发市场转型升级，具体为四环

内：引导岳各庄、大洋路农产品批发市场与大型生产、加工、流通企业进行对接，向农产品物流配送中心方向转型发展。四环外：农产品中央批发市场对原有市场进行改造提升，稳定供应，提高效率，新建市场启用后择机迁出。引导锦绣大地农产品批发市场在充分发挥粮油等农产品集散功能的同时，强化物流配送功能。进一步巩固顺鑫石门、八里桥、城北回龙观、水屯等区域批发市场农产品集散和物流配送功能。五环内：禁止新建农产品批发市场，严格限制现有市场扩张占地规模。积极创造条件推动五环内农产品批发市场实施梯度调整。

（四）建立共同配送新型高效物流体系应对批发市场外迁

城市共同配送是指在城市范围内，商贸流通企业、生产加工企业和物流配送企业，通过各种合作方式，共同对城市多个用户需配送的商品进行整合和统筹安排，通过作业活动的规模化来降低成本，提高物流资源的利用效率。大力发展城市共同配送，推广城市共同配送试点经验，不仅能有效整合城市物流资源，降低物流成本，提高流通效率，构建低成本、广覆盖的系统化配送网络，而且能优化城市交通资源配置，大力推进节能减排，解决物流配送“最后一公里”难题，对促进经济转型升级，提升流通现代化水平，加快城市居民消费升级具有重要现实意义。

随着这些产业的逐渐转移，北京市制造业物流需求和批发业物流需求会越来越少，面向消费终端服务的零售物流需求将占据绝对主导。首都非核心功能需要向外疏解，但城区的正常运行离不开末端物流的支持。第三产业服务业等需要末端物流提供日常的生活资料支撑。城区末端物流必须由城区周围的物流园区保障。建立的共同配送体系，能根据城区的物流需求，为城区提供及时可靠的物流服务，能保障城区末端物流的日常需求，也能满足北京市今后对农产品物流体系发展的长期需求。配送平台能整合区域的农产品物流资源，对城区市民的日常需求进行分析处理，合理的调度分配农产品资源，保障农产品供应与质量安全。这既能保证市民食品的供应安全，也能保证农产品物流的日常周转。

农产品物流是现代物流业的重要组成部分，对国民经济的快速、健康、持续发展发挥着重要作用。北京市农产品消费需求巨大，高效、畅通的农产品流通有利于保障广大居民的根本利益，保障城市平稳运行和经济社会发展。提升农产品物流业发展水平，将促进北京市现代农业的发展，构建起与世界城市、国际商贸中心相适应的农产品现代流通体系。

参考文献

［1］薛建强．中国农产品流通模式比较与选择研究［D］．大连：东北财经大学，2014.
［2］韩喜艳．农产品流通组织化研究［D］．北京：中国农业科学院，2013.
［3］涂洪波．我国农产品流通现代化的实证研究［D］．武汉：华中农业大学，2013.
［4］李义福．北京农产品市场对经济发展的影响研究［J］．中国商贸，2014（32）.
［5］王青燕．论北京市农产品物流的发展现状及对策研究［J］．中国储运，2015（3）.
［6］马洁．构建低流通成本的北京农产品物流体系［J］．中国市场，2015（12）.

[7] 洪岚．我国城市农产品流通主要特点及发展趋势［J］．中国流通经济，2015，05.
[8] 刘薇．产销视角下的北京市农产品物流配送优化研究［D］．北京：北京交通大学，2013.
[9] 屈海．北京市农产品市场供应问题与对策研究［D］．北京：中国农业科学院，2012.
[10] 王晓华．浅析北京市农产品物流系统的运营与发展［J］．北京市经济管理干部学院学报，2014（3）.
[11] 严霄蕙．北京市农产品市内共同配送体系研究［J］．物流技术，2014（21）.
[12] 王健波，吴月霞，古燕翔，等．无公害农产品质量安全风险调查分析——以北京市延庆县为例［J］．中国农业信息，2015（10）.
[13] 刘娟，张晓华．北京市农产品安全生产基地建设现状、问题与发展建议［J］．北京农学院学报，2012（4）.
[14] 沈欢欢．北京市生鲜蔬菜物流资源需求研究［D］．北京：北京交通大学，2014.
[15] 曾维维．农产品流通企业转型升级能力与模式耦合研究［D］．武汉：武汉理工大学，2014.
[16] 王绍飞，俞勤，王立红．北京市农产品流通体系的问题与建设方向［J］．调研世界，2010（4）.
[17] 常剑．北京郊区农产品流通体系实证研究［D］．北京：中国农业科学院，2009.
[18] 王家旭．我国农产品流通体系效率评价与优化路径［D］．哈尔滨：哈尔滨商业大学，2013.
[19] 刘天军，胡华平，朱玉春，等．我国农产品现代流通体系机制创新研究［J］．农业经济问题，2013（8）.
[20] 李建勋．鲜销农产品物流问题研究［D］．重庆：西南大学，2008.
[21] 邹华玲．基于现代物流的农产品流通模式研究［J］．今日南国（中旬刊），2010（4）：88－91.
[22] 杨青松．农产品流通模式研究［D］．北京：中国社会科学院研究生院，2011.
[23] 王绍飞，俞勤，王立红．北京市农产品流通体系的问题与建设方向［J］．调研世界，2010（4）.
[24] 赵友森，王川，赵安平，等．浅议北京市农产品市场信息体系的建设与发展［J］．中国食物与营养，2010（9）.
[25] 张天琪，杨永杰，王晓宇，等．北京市农产品流通服务体系存在问题与对策［J］．北京农业职业学院学报，2010（4）.
[26] 许有志，王锐兵，王道平．北京市农产品物流体系现状分析及发展对策研究［J］．技术经济与管理研究，2008（5）.

（北京物资学院唐秀丽）

下篇 专题

第八章

首都商贸物流体系完善问题研究

第一节　首都商贸物流体系的现状

一、首都商贸业发展现状

商贸物流体系的发展依赖于商贸流通业的规模、业态、结构和布局。与2013年相比，2014年北京市社会消费品零售总额增长8.6%，较GDP增速高1.3个百分点。其中，城市发展新区成为增长亮点，尤其是，大兴区增长达到14%，接近GDP增速的两倍。更远高于由东城、西城构成的首都功能核心区7.2%的增速，如表8－1所示。

表8－1　北京市社会消费品零售总额变化　单位：亿元

区　县	社会消费品零售总额		增长速度	区　县	社会消费品零售总额		增长速度
	2013年	2014年	（%）		2013年	2014年	（%）
全　市	8872.1	9638.0	8.6	通州区	286.9	323.2	12.6
首都功能核心区	1656.5	1775.9	7.2	顺义区	332.4	376.7	13.3
东城区	839.2	913.3	8.8	昌平区	339.4	368.7	8.6
西城区	817.4	862.6	5.5	大兴区	282.2	321.9	14.0
城市功能拓展区	5117.1	5517.7	7.8	北京经济技术开发区	286.8	325.1	13.3
朝阳区	2243.4	2377.6	6.0	生态涵养发展区	380.0	417.1	9.7
丰台区	864.6	937.4	8.4	门头沟区	49.0	53.1	8.4
石景山区	215.8	241.9	12.1	怀柔区	83.9	94.1	12.1
海淀区	1793.3	1960.8	9.3	平谷区	75.0	84.4	12.5
城市发展新区	1718.5	1927.3	12.1	密云县	102.4	110.7	8.1
房山区	190.7	211.8	11.1	延庆县	69.6	74.8	7.4

数据来源：北京统计年鉴（2015）。

商贸流通业的增长表现为批发零售业企业、从业人数的增加。例如，以规模以上批发零售业为例。与2013年相比，2014年规模以上批发零售业单位数由7462个增加到8589个，增长15.1%；从业人数由71.8万增加到74.1万，增长3.2%。然而，数据反映，尽管批发零售业规模有所增加，但利润总额呈下降趋势。与2013年相比，2014年将利润总额下降3.86%。

表8－2　规模以上批发零售业主要经济指标

指标	年份	数值	指标	年份	数值
单位数（个）	2013年	7462	收入合计（亿元）	2013年	49352.5
	2014年	8589		2014年	51596.5
从业人员平均人数（万人）	2013年	71.8	应交税金合计（亿元）	2013年	777.7
	2014年	74.1		2014年	764.8
资产总计（亿元）	2013年	32025.7	利润总额（亿元）	2013年	1053.1
	2014年	35723.0		2014年	1012.5

数据来源：北京统计年鉴（2015）。

从商品交易市场来看，伴随着非首都核心功能的调整疏解，全市商品市场数量、摊位数、营业面积均呈现下降趋势。尤其是，城市功能拓展区，由2013年的360个减少到2014年的301个，占全市市场减少数量的63.4%。海淀区商品交易市场直接减少了36个①。

表8－3　商品交易市场情况

区　县	市场个数（个）		总摊位数（个）		营业面积（平方米）		成交额（万元）	
	2014年	2013年	2014年	2013年	2014年	2013年	2014年	2013年
全　市	728	821	253087	274300	13229116	14098054	35114335	34856233
首都功能核心区	91	104	37672	39770	780688	870066	1237458	1309394
东城区	31	35	14545	14956	422431	463263	532805	525755
西城区	60	69	23127	24814	358257	406803	704653	783639
城市功能拓展区	301	360	112451	125158	7417720	7892894	25756726	25417655
朝阳区	130	141	42628	44786	2243983	2505698	7277311	7043762
丰台区	78	83	37411	39690	2711401	2678629	14111418	13356235
石景山区	35	42	5887	6562	226503	239242	280984	256121
海淀区	58	94	26525	34120	2235833	2469325	4087013	4761537
城市发展新区	239	257	74152	79137	3393517	3588513	7149000	7142969

① 按照《海淀区政府工作报告（2015）》，2014年“腾退中关村西区鼎好、海龙等电子市场商户200多家、约1.3万平方米，关停明光寺、四海等低端市场32家，再生资源回收市场26家”。

续　表

区　县	市场个数（个）		总摊位数（个）		营业面积（平方米）		成交额（万元）	
	2014年	2013年	2014 年	2013 年	2014 年	2013 年	2014 年	2013 年
房山区	46	56	9842	10619	378652	415704	175055	163630
通州区	49	47	13253	13479	570343	603938	1008231	947069
顺义区	58	58	12786	12665	936218	925132	2416013	2101280
昌平区	32	35	16507	17573	742792	782572	3341458	3497049
大兴区	54	61	21764	24801	765512	861167	208243	433941
生态涵养发展区	97	100	28812	30235	1637191	1746581	971151	986215
门头沟区	10	11	1229	1241	34380	36780	28528	26611
怀柔区	16	18	4695	5243	208920	300304	250453	269620
平谷区	29	29	13341	13771	905793	869260	350465	352772
密云县	28	29	7020	7180	330817	381315	185320	189698
延庆县	14	13	2527	2800	157281	158922	156385	147514

数据来源：北京市统计年鉴（2015）。

电子商务的发展也是首都商贸流通业的亮点。不仅集聚了京东、当当、国美电器、凡客诚品、聚美优品等一大批知名电商企业，也是全国知名的网上购物活跃城市。2014年，限额以上批发零售企业实现网上零售额1456.9亿元，同比增长69.7%，占社会消费品零售总额的16%。数据显示，体现电子商务与支付、衍生服务等结合水平的电商服务指数①方面，北京市较为领先，位列全国第3位，表明北京市在电商交易服务、电子支付服务和电商衍生服务方面的领先地位。

表8－4　　　　个别电子商务示范城市排名

城市	电商发展指数	全国排名	网商指数	全国排名	网购指数	全国排名
深圳	26.926	1	24.248	2	29.603	1
广州	24.102	2	20.536	3	27.667	2
杭州	19.694	4	13.584	5	25.804	3
北京	15.062	9	8.119	24	22.004	6

① 即：阿里巴巴电子商务服务指数（aESI），是基于电子商务服务行业数据和阿里巴巴平台的数据，反映各地电子商务服务的发展情况，包括网络化电商服务指数、本地化电商服务指数两个一级指标以及五个二级指标，取值范围介于0～100，数值越大，反映当地电子商务服务发展水平越高。网络化电商服务指数由电商交易服务指数（0.4）、电子支付服务指数（0.3）和电商衍生服务指数（0.4）构成；本地化电商服务指数由快递服务指数（0.5）和电商园区服务指数（0.5）构成。

续 表

城市	电商服务指数	全国排名	网络化电商服务指数	全国排名	本地化电商服务指数	全国排名
深圳	5.059	5	5.315	4	4.803	4
广州	5.442	3	2.724	5	8.161	1
杭州	29.92	1	52.934	1	6.905	2
北京	5.156	4	5.64	3	4.672	5

数据来源：《2014 中国电子商务示范城市发展指数报告》。

总体来看，北京市商贸流通业呈现出空间布局向周边分散、电子商务化、有形批发市场疏解调整的趋势，并将持续推进。

二、首都物流业发展现状

北京市依托其全国最大的环形铁路枢纽、全国吞吐量最大的首都机场和规划中的首都第二机场、高度发达的高速公路体系以及 2000 多万消费群体，为物流业发展奠定了坚实基础。截至 2013 年年底，全市铁路通车里程 1116 千米，公路里程 21673 千米，全年货运量 2.83 亿吨，如表 8－5 所示。

表 8－5　2013 年北京交通运输邮政业基本情况

年份	铁路里程（千米）	公路里程（千米）	货运量（万吨）				
			铁　路	公　路	民　航	管　道	货运量合计
2012	1115	21492	1232	24925	134	2359	28650
2013	1116	21673	1078	24651	136	2429	28294

资料来源：根据《北京统计年鉴 2014》表 13－1。

（一）仓储设施区域集聚明显

伴随着首都物流业的快速发展，仓库规模不断增加、空间布局相对集聚。北京物资学院调研的 551 个企业的 2313 座仓库中，2006—2008 年建设面积达到 560 万平方米，约占全部仓库面积的 57.9%，如图 8－1 所示。

从仓库的空间分布看，初步形成了西南、东南、东北三个片区。西南片区是以丰台五里店、新发地、大兴京南物流基地为核心的区域；布局有丰台五里店的陆运口岸、北京四大物流基地之一的京南物流基地以及京开高速新发地等。东南片区包括十八里店、黑庄户、双桥以及东南六环的马驹桥物流基地；其中，马驹桥是北京市规划的四大物流枢纽之一。东北片区是指以首都机场为依托，在机场北侧到西侧形成的仓储区域，如图8－2所示。

（二）运力资源结构优化

全市货运车辆总数有所减少，但专业货车数增长近 10%。其中，普通货车数由 32988

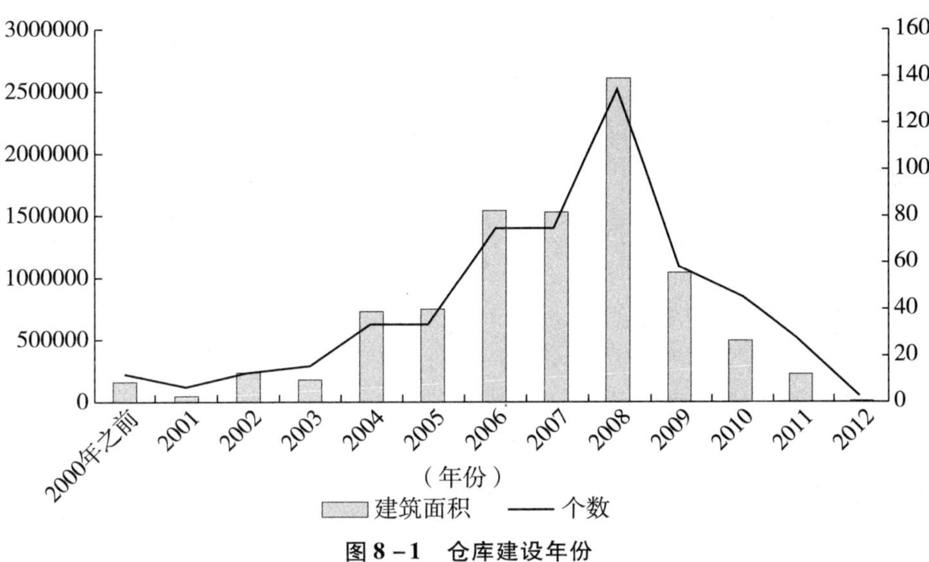

图 8－1　仓库建设年份

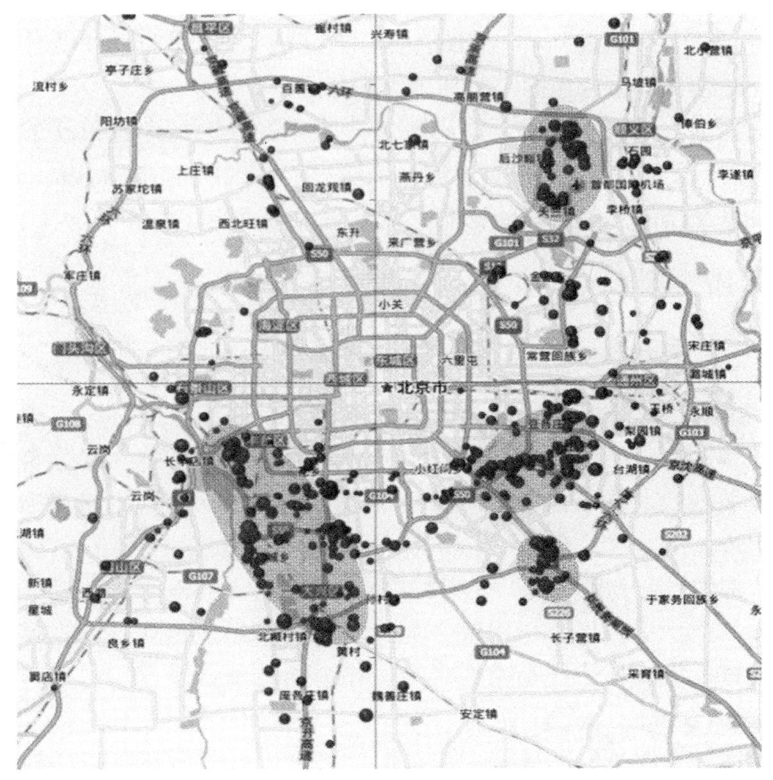

图 8－2　北京市仓库分布

辆减少到 31743 辆，减少 1245 辆，装卸设备减少 11891 台，减少了 29. 8%，而专业货车数增加 976 辆，增长 9. 8%。这从一定程度上反映了运输过程的专业化水平的提高和运力资源结构的优化。伴随着物流专业化的深化，这一过程仍将进一步加强。

表 8－6　　货运运力资源状况　　单位：辆/台

指　标	2013 年	2012 年	指　标	2013 年	2012 年
货运车辆数	42638	42907	专业货车数	10895	9919
普通货车数	31743	32988	装卸设备台数	27953	39844

数据来源：北京统计年鉴（2014）。

（三）物流的专业化发展

鉴于不同类型的商品对物流设施设备的要求、物流流向和流量、物流服务的时效和水平，物流成本控制等方面存在极大差异，推动了快速消费品、农产品、冷藏冷冻食品、服装、快递产品、医药、会展、汽车零部件及其整车等行业物流的专业化细分。服务于超市快速消费品的北京朝批、德利德、和众，服务于汽车零部件及其整车的长久物流，专注于医药的国药物流等。

（四）接驳配送特点明显

北京市物流服务以适应消费型城市特征的商业物流为主①。围绕五环、六环的大型物流基地、配送中心，大都是以面向城市区域内的多品种、小批量配送为主导，以布局分散、品类齐全、连续补货为特点的零售店铺为接货点。

当前，伴随着电子商务发展，以面向最终消费者的快递配送也以接驳配送的模式提供服务。长期来看，随着城市五环以内的仓储空间的逐步压缩，以周边接驳平台为主导、面向最终消费者以及面向有形店铺的物流配送将出现快速整合趋势。

三、首都商贸物流特点

（一）以“自营＋快递”主导的电商物流向城市周边布局

快递公司和电商自营物流均伴随着电子商务快速发展而兴起，城市配送中心和“最后一公里”网络是相互联系的体系。电子商务企业大都形成了由“部分自营＋部分第三方物流”协同发展的快递物流体系。服务于消费者的多批次、小批量采购，电子商务企业大都在城市周边地区建立了仓储配送中心，而将最后一公里委托给第三方的“落地配”公司。服务于首都的电商物流体系既包括布局在天津武清的电商物流中心、布局在北京市五环外的电商物流中心，以及由电动三轮车、摩托车组成的末端配送网络。当然，在干线运输和调拨过程中，有一些小微的干线运输公司也承接了相应的业务。在一些配载市场或物流园区进行分拨、组织配送。

以天津市武清区为例，现已布局了亚马逊、阿里巴巴、唯品会、国美电器等 16 家电商企业的物流中心。从长期来讲，具备便利交通条件、处于京津冀都市群中心区域的天津武清、河北廊坊、保定等地都有可能成为电商物流集中的布局区域。更为重要的是，电商物流的选择将进一步推动商贸物流、产业物流以及物流园区向周边地区转移。

---

① 邬跃．北京市物流发展现状与对策建议［J］．中国流通经济，2009（7）．

表 8－7　　武清区现有的电子商务物流情况

园　区		占地面积	定　位	进度
开发区	亚马逊	855 亩	集网上销售、订单处理、支付、客服、采购管理、仓储与配送等模块于一体的电子商务平台	运营
	森马	185 亩	北方物流结算中心	在建
	梦芭莎	185 亩	品牌运营、销售、结算业务	在建
	中国网库			
地毯园	京东商城	400 亩	物流中心，京东研究院和京东大学	
	唯品会	250 亩	物流中心，4 栋仓库。建筑面积 102400 平方米	在建
	发网	151.8 亩	为电子商务企业及传统企业进入电子商务领域建立全国性的物流配送及仓储管理体系，并提供基于全网营销的电子商务 IT 系统集成服务	
	酒仙网	397 亩	全国网络总仓	
京滨工业园	阿里巴巴	1501 亩	华北电子商务物流中心	
	当当网	210 亩	具备销售、结算、物流配送、客服等功能	
	凡客诚品			
	聚美优品			
科技谷	苏宁云商	300 亩	华北地区 B2C 网购商品的集中采购结算、配送	在建
	国美电器			
	建配龙			
自行车王国	发斯特	32.6 亩	快运、仓储、速递、铁路、航空运输等物流业务	运营

数据来源：《武清区服务业发展评估与战略研究》。

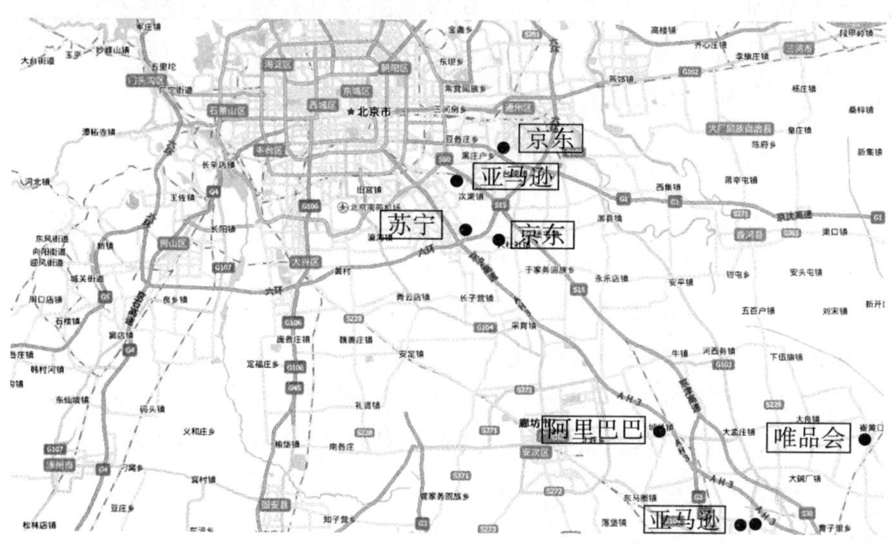

图 8－3　电商物流在北京及周边地区的分布

（二）连锁企业物流模式化趋势明显

在商务主管部门的推动下，在连锁商业企业与供应商、代理商的博弈中，服务于连锁商业企业的物流配送逐渐模式化。具有超强话语权的全球知名连锁商业企业大都依托于供应商送货，具有一定话语权、对区域有一定影响力的连锁商业企业大都自建物流配送体系，还有一些代理商强大、而厂商势力弱小的企业则委托代理商送货。

1. 自建物流体系

例如，以超市发、物美等为代表的连锁企业，自建物流配送中心，提供从生鲜蔬菜到日用百货，甚至服装鞋帽的门店配送服务。超市发集团建立了生鲜蔬菜和日用杂货两个配送中心，配送中心占地面积近 7 万平方米①。借鉴日本模式的物美集团，自 2008 年起，就以“高度信息化、充分机械化、适度自动化”为指导思想在北京建立了使用面积 7 万平方米，年设计配送能力达 74.5 亿元的物流中心。永辉超市服务于北京已开业的 24 家店和规划建设的 10 家店在郎各庄租赁了 8000 平方米的配送面积，年计划配送能力约为 12 亿元②。

2. 供应商送货

以家乐福、沃尔玛为代表的大型跨国企业，并不自建配送中心，大都形成了由供应商委托第三方物流企业或者供应商直接送货的模式。但是，受制于国内物流配送体系的不健全，以及周期性消费的巨大变化，跨国商业企业有的在年终岁末临时租用仓库，有的已着手谋划物流配送中心。例如，沃尔玛已经在天津市北辰科技园建立了配送中心。家乐福、沃尔玛都会与本地化的一些物流企业合作建立临时仓储中心。

3. 第三方物流配送

以独立门店、便利店为代表的小微店铺，大都由供应商直接供货，当然物流配送过程主要由第三方物流企业实施。诸如北京朝批商贸股份公司则整合其品牌代理、分销体系功能，将配送作为其主要功能，形成了品牌代理、分销体系和物流配送三大功能的协同，成为 70 多个厂家北京地区的总经销、总代理或最大分销商，代理 2 万多个优质单品。

当然，落实到独立的连锁零售门店，其物流配送大多数是多种模式共存，自有配送中心提供大多数商品的配送，部分代理机构供给相应代理单品，冷藏、冷冻商品、大批量商品等由第三方物流企业配送。

（三）批发市场多种模式并存

北京市的批发市场按照交易模式大致包括三类：一类是纯粹批发交易的市场；一类是批零兼营的市场；一类是兼具少量加工功能的市场。

其中，农产品市场、服装批发市场大都批零兼营。北京现有八大农产品批发市场，通常凌晨以批发为主，分拨到各次级批发商、零售商；白天以零售为主。但是，新发地等具有区域辐射能力的农批市场则基本形成了全天候的批发交易，前来批发产品的商户大都自行组织运输，当然，这些批发商户主要是服务于城区居民消费的。

① 调研数据。

② 数据来源：永辉超市年报（2014）。

表 8-8　　北京市农产品批发市场情况

名　称	所在区县	经营类别	产地或销地	占地面积（亩）	开业年份
北京丰台区中央农产品批发市场	丰台区	综合	销地	150	1995
北京丰台区京丰岳各庄农副产品批发市场	丰台区	综合	销地	77	1986
北京丰台区新发地农产品批发市场	丰台区	综合	销地	1520	1988
北京城北回龙观农产品批发市场	昌平区	综合	销地	1100	2002
北京锦绣大地农副产品批发市场	海淀区	综合	销地	1000	2003
北京朝阳区大洋路农副产品批发市场	朝阳区	综合	销地	530	1997
北京平谷区大桃市场	平谷区	水果	产地	300	1998
北京通州区八里桥农产品中心批发市场	通州区	综合	销地	600	1998
北京市昌平区水屯农副产品批发市场	昌平区	综合	销地	600	1996
北京顺义区顺鑫石门农产品批发市场	顺义区	综合	销地	726	1994
北京市西沙窝农副产品批发市场	大兴区	蔬菜	产地	180	1992
北京日上综合商品批发市场有限公司	延庆县	综合	产地、销地	83.8	2005
北京八达岭绿野菜蔬中心市场	延庆县	蔬菜	产地	60	2002
北京大红门京深海鲜批发市场	丰台区	水产品	销地	75	2006
北京市大庄农副产品批发市场中心	大兴区	综合	销地	40	1997
北京永安农副产品批发市场	房山区	综合	销地	75	1992
北京天毅裕隆农副产品市场有限公司	怀柔区	综合	销地	165	2007
北京平谷东寺渠农副产品市场	平谷区	综合	产地	170	2002
北京双峪农副产品批发市场中心	门头沟区	综合	销地	20	1998
北京华远农副产品综合批发市场有限公司	密云县	综合	销地	157	2005
北京北水嘉伦水产品市场有限责任公司	丰台区	水产品	销地	130	2008
北京玉泉四海农贸市场有限公司	海淀区	综合	销地	45	2002
北京清河农副产品交易市场中心	海淀区	综合	销地	100	1998

数据来源：中国城市农产品流通发展报告（2014）。

以大红门、动物园为代表的服装市场同样是批零兼营，基本形成了门店展示、仓库拿货的模式，而且这些市场已具面向京津冀的区域辐射力。该类市场的物流过程与商流同时实现，在市场周边甚至形成规模化的零担发运中心。例如，大红门地区已成为北方地区最大的服装集散市场，有服装批发市场36家，全部批发市场45家，经营商户2万多家。其销售范围辐射京津冀、山西、内蒙古甚至东北地区，其中，80%商品销往京津以外的区域。在该地区集中了30多家货运企业，主要服务于河北、内蒙古、山西、陕西、山东、甘肃，甚至辐射福建、广东等华南地区以及云贵川等西南地区。

以管庄建材市场、十里河建材一条街为代表的建材、以老君堂西联石材城为代表的石材市场则成为兼具少量加工功能的批发市场。建材市场、石材市场的发展依托于快速发展的房地产业，依托各类装修、装饰公司以及工程和个人装修，形成了前店后仓、看样订货、送货上门的物流模式。

第二节　首都商贸物流体系存在的问题

当然，面对京津冀协同发展新要求、首都经济新定位、产业空间新格局，首都商贸物流的现有体系仍存在一系列问题，表现为功能与定位的不协调、商贸与物流的不匹配、最后一公里整合的缺失。

一、部分批发市场功能与首都新定位的不协调

2014年，京津冀协同发展上升为国家战略。习近平总书记专题听取京津冀协同发展工作汇报，并就推进京津冀协同发展提出七点要求。其中，第四条指出“要着力调整优化城市布局和空间结构，促进城市分工协作，提高城市群一体化水平，提高其综合承载能力和内涵发展水平”。对于北京市而言，就是要跳出一亩三分地思维模式，调整疏解非首都核心功能。其中，批发市场、物流基地是率先调整疏解的两大功能。

事实上，上文的分析也表明，受制于发展空间、道路、安全隐患等多重因素，首都作为政治中心、文化中心、国际交往中心和科技创新中心，同时又是流动人口众多的消费城市，部分服务于居民消费功能的商贸物流的确不可替代。但是，有些区域辐射显著、交通压力巨大、安全隐患难以消除的批发市场，有些带有生产加工功能、占地面积巨大、货运量巨大的流通功能却与北京市新“四个中心”定位不协调，的确可以向周边地区转移。

二、市场调整疏解所带来的配送功能不匹配

根据《北京市新增产业的禁止和限制目录》（2015）要求，禁止新建和扩建“装卸搬运业中未列入相关规划的区域性物流中心（四大物流基地、口岸功能区、海关特殊监管区或场所除外）”，禁止新建和扩建“其他仓储业中未列入相关专项规划的物流仓储设施（粮食流通设施、城市物流配送节点除外）”。道路运输业中除了“道路运输辅助活动中省际公路客运枢纽站”、水上运输业和航空运输业的全部、仓储业中除了“规划的城市物流配送节点”、邮政业中除了便民服务、快递配送网点，其他一律禁止新建和扩建。

同时，为落实首都功能疏解，各区县都提出了调整疏解的计划。

表 8-9　各区县批发市场疏解进度和计划

	2014 年	2015 年计划
西城区	动批减少 1300 个摊位	引导北展地区动批、天意等批发市场调整疏解，促进马连道地区业态调整和产业升级。依法规范和撤销 20 个市场
东城区	制定业态指导目录，明确南锣鼓巷等 7 条市级特色商业街区定位，南新仓“北延南扩”项目主体工程完工	有效引导红桥市场、永外城市场等大型批发市场转型升级，加快仓储及物流配送等功能外迁
朝阳区	拆除清退四元桥汽配城等有形市场 35 家	清退一批低级次市场和废品回收场站，关停高污染企业
海淀区	腾退中关村西区鼎好、海龙等电子市场商户 200 多家、约 1.3 万平方米，关停明光寺、四海等低端市场 32 家、再生资源回收市场 26 家	加大低端市场业态调整力度，关停拆除一批回收市场，清理规范一批商品交易市场。加大打非拆违和传统电子卖场、低端批发零售市场的整治改造力度
昌平区	清退废品回收市场 40 个	继续清退一批低端市场
丰台区	大红门近 1000 家商户入驻河北白沟，与保定市签订产业园区合作共建协议	积极调整疏解大红门等区域性专业市场。引导汉龙、五里店仓储物流企业升级改造
顺义区		对小商品、小建材、废品回收等低端市场和低端产业，坚决控制新增，积极清理调整
门头沟区	有序推进产业结构调整和功能疏解，制订了《门头沟区推进非首都核心功能产业调整疏解工作方案》，全年退出企业 30 家，注销“五小”企业 201 户，8 家企业制造环节实现外迁	加快产业疏解和优化升级，继续落实《推进非首都核心功能产业调整疏解工作方案》，再淘汰高耗能、高水耗、高污染企业 6 家
大兴区		继续加快西红门、旧宫、“三场一基地”拆除腾退步伐，努力消除传统城乡结合部形态

资料来源：各区县政府工作报告，课题组整理。

这些以批发市场为主导的调整疏解，一方面，使得原有的物流配送体系无法与之相适应；另一方面，也为配送中心向周边地区的迁移创造了条件。必须立足于流通格局的变迁和新要求，重新架构服务于新格局的物流配送体系。

三、快递配送最后一公里网络体系亟待整合

正如上文所指出的，电子商务的快速发展以及京津冀电商物流中心向城市周边地带的转移，必然导致物流中心与最后一公里配送网络的脱节，最后一公里配送网络体系的

整合势在必行。

当前，大都市区最后一公里配送出现了一系列新探索，诸如菜鸟网络等物流平台、顺丰以及“四通一达”快递公司、人人快递等分众模式、快递柜等固定代收点以及无人机送货等创新，必将推动“最后一公里”网络体系的逐步整合，研究并探索最后一公里网络体系的整合模式，有助于提高物流通道、物流载体的利用率，降低物流成本。

但是，对于首都而言，尚未形成具有广泛影响力的“互联网＋”高效物流的新模式，基于物流模式的研究和探索，有助于形成服务于首都的高效物流模式。

四、服务于国际商贸中心的物流服务体系尚未形成

尤其是，尚未形成规模化的物流数据和物流信息控制中心。国际贸易中心城市的发展经验表明，物流业发展总是呈现“以专业化分工为基础的细分领域日益深化”“物流业与总部经济、国际金融、信息业日益融合”① 两大趋势，前者表明了专业化分工程度，后者体现了物流发展模式的创新。

然而，与世界城市相比，首都物流业无论对物流资源交换和配置，对物流信息的引领和整合，对物流技术的创新和应用等方面，均未体现出相应的影响力和辐射力。服务于国际商贸中心的物流服务体系尚未形成。

第三节　首都商贸物流体系改善的方向

一、平台化趋势

互联网和移动互联网的快速发展，改变了信息传递、信息管理以及信息流在物流运行中的作用。尤其是，通过创设对接物流信息的平台创造了新的竞争性市场，也改变了传统物流企业竞争的规则，为物流业整合创造了条件。

尤其是以菜鸟网络、卡行天下、人人快递等为代表的物流平台，成功整合了订单、车辆、个人，为物流业的整合创立了典范。同时，也使一些区域物流企业面临着这些具有创新模式、全国影响力的物流平台的竞争。对于以首都为核心的京津冀都市圈而言，也将面临被这些企业整合的趋势。借助于互联网、移动互联网基础，借鉴代表性物流平台的先进竞争，区域物流市场也面临平台化趋势。尤其是区域配送体系的平台化整合、“最后一公里”配送网络平台的搭建等。

二、集聚化趋势

与平台化整合相协调，伴随着首都批发市场、物流基地向周边地区的转移和环京津地区的承接，必将在周边地区形成一系列商贸物流集聚区，尤其是具备铁路、高速公路、机场等便捷交通条件的枢纽区域，例如：天津武清、河北保定等地，均有可能形成辐射周边区域的大型商贸和物流产业功能区。

---

① 北京现代物流研究基地．北京物流：现状与趋势［M］．北京：北京大学出版社，2013.

因此，从服务首都商贸业发展和居民消费的视角看，推动首都地区商贸企业与河北环京地区城市合作建立大型物流产业集聚区，打造商贸流通平台，形成区域配送中心具有重要的意义。特别是，要紧紧把握“互联网+”对商贸流通格局的重构趋势，围绕周边地区城市商贸流通、工农业产业基础，形成以商贸流通信息为先导、以商贸市场为基础、以物流配送为补充的大型流通产业平台，有助于吸引和推动京津两城市区域内的商贸流通业向周边转移。

三、便民化趋势

立足京津冀协同发展重要趋势，尤其是京津冀产业空间的调整和优化，商贸物流体系将逐步形成以津冀沿海经济带港口为龙头的国际物流枢纽，以京津周边地区为核心的大型商贸流通平台和物流转运中心，以各大物流园区、货运枢纽、运输场站共同组成的联运、接驳、换装、理货中心，由最后一公里节点编织而成的便民配送网络共同构成的物流体系。

基于此，探索城市便民配送网络体系构建具有重要意义。积极推动和试验便民收货点、收货箱，借鉴和引进人人快递创新模式，探索最后一百米解决方案，对于提高商贸物流的便利化程度具有重要意义。

四、网络化趋势

应该清晰地认识到，京津冀商贸物流体系的平台化趋势，物流功能向枢纽、园区、场站的集聚，以及便民网络的逐步形成，仍将是漫长的过程。这既有赖于以信息技术为引领的公共信息平台的建设，更有赖于便民网络形成中理货、分拨节点的合理布局。

在首都六环路周边（个别地区可沿五环）形成理货中心、集散分拨中心，辐射区域内的便民网络，可以有效缩短车辆空驶距离，提高配送车辆的配送效率，减少城市道路拥堵。

五、高技术化趋势

创新技术的广泛应用也为区域物流的整合和专业化发展创造了条件。柔性壁技术对冷链物流的作用，手机 APP、GPS、GIS、物联网的广泛应用，无人机等新技术为物流平台整合带来了机遇。

当前，推动首都商贸物流体系的完善，要积极支持整合了各项先进技术的物流平台探索，支持物流企业探索应用新技术，为实现商贸物流整合创造条件。

六、专业化细分趋势

当然，京津冀商贸物流体系的整合过程，也是专业化细分的过程。农产品、生产资料、消费资料将整合成各自不同的专业化组合模式。农产品流通全程可追溯体系的逐步形成、生产资料从城市区商贸流通中的逐步退出、消费城市特点的日益凸显，将推动物流基地、转运枢纽、集散中心经济功能和公共服务功能的重新配置，推动面向京津冀的共同配送模式的逐步形成。

（北京物资学院刘玉奇）

第九章

京津冀物流一体化

第一节　京津冀物流一体化的发展历程

一、京津冀区域协调发展进程

京津冀地区是我国经济发展最具潜力的区域之一，也是交通物流网络最为密集的区域之一。高效成熟的交通物流系统不仅是区域经济发展的“助推器”，更是引导区域协调发展的有效手段和先行条件。京津冀物流顺利发展，将成为京津冀协同发展的基础。

事实上，京津冀协调发展并不是一个新兴词汇，如表 9 - 1 所示。

表 9 - 1　　京津冀一体化发展进程表

时　间	京津冀地位的重要性早在 20 世纪 80 年代就已被确立，京津冀已经成为继长三角、珠三角之后，第三个最具活力的城市群
1982 年	《北京市建设总体规划方案》中首次提出“首都圈”概念，·拉开京津冀区域合作的序幕
1992 年	国家有关部门正式确立“环渤海经济区”概念
1996 年	第八届全国人大批准通过的《中华人民共和国国民经济和社会发展“九五”计划和 2010 年远景目标纲要》中指出确定形成环渤海综合经济圈
2004 年	达成加强京津冀经济交流与合作的《廊坊共识》并就建立环渤海合作机制达成框架
2005 年	提出要创新京津冀地区的区域合作机制，推动区域合作的发展；在京津塘科技新干线论坛上，北京和天津通过磋商，宣布了 8 条战略合作措施
2006 年	已形成城市群发展格局的京津冀、长江三角洲和珠江三角洲等区域
2014 年	2 月，习近平强调实现京津冀协同发展；3 月，李克强指出推进长三角地区经济一体化，深化泛珠江三角区域经济合作，加强环渤海及京津冀地区经济协作。实施差别化经济政策推动产业转移发展跨区域大交通大流通形成新的区域经济增长极

资料来源：央广网京津冀区域介绍。

“首都圈”概念最早出现在1982年《北京城市建设总体规划方案》中。在当时，“首都圈”由两个圈层组成：一是北京、天津两市和河北省的唐山、廊坊和秦皇岛三市组成的内圈；外圈则包括承德、张家口、保定和沧州4市。

1996年，《北京市经济发展战略研究报告》中首次提及“2+7”模式“首都经济圈”的概念，即以京津为核心，包括河北省的唐山、秦皇岛、承德、张家口、保定、廊坊和沧州7个市，面积共16.8万平方千米。

2001年，中国科学院院士、中国工程院院士吴良镛主持“大北京”规划，“廊坊共识”随后于2003年达成，这被认为是京津冀一体化合作的开始。

2004年，京津冀一体化理论探讨极为广泛，热度逐渐提升。当年11月，《京津冀都市圈区域规划》正式进入编制调研阶段。

2005年，北京市在其2005年国民经济和社会发展计划中提出要创新京津冀地区的区域合作机制，推动区域合作的发展；在京津塘科技新干线论坛上，北京和天津通过磋商，宣布了8条战略合作措施。

2006年，《中华人民共和国国民经济和社会发展第十一个五年规划纲要》指出：已形成城市群发展格局的京津冀、长江三角洲和珠江三角洲等区域，要继续发挥带动和辐射作用，加强城市群内各城市的分工协作和优势互补，增强城市群的整体竞争力。

2011年，《中华人民共和国国民经济和社会发展第十二个五年规划纲要》指出：推进京津冀、长江三角洲、珠江三角洲地区区域经济一体化发展，打造首都经济圈。

2013年，三地关系实现较大突破。当年3月24日，京津合作协议签订；5月20日和5月22日，河北省分别与天津和北京签署了合作框架协议。与此前三地间的协议不同，这三份协议的签订包含了大量翔实、具体的内容。

2014年2月26日，习近平在北京主持召开座谈会，专题听取京津冀协同发展工作汇报，明确强调实现京津冀协同发展，并将之升级为一个重大的国家发展战略。“京津冀一体化”这一战略3月首次被写进李克强作为国务院总理的首份政府工作报告中。

二、京津冀协同发展所处阶段

2014年，北京、天津人均GDP均超1.6万美元，而河北仅为6500余美元，不足京津的一半；从产业结构上来看，北京第三产业比重达到77.9%，呈明显高端化趋势，而天津、河北第二产业比重仍在一半左右；具体到城镇化率，京津冀三地城镇化率分别为86.4%、82.3%和49.3%。

美国区域经济学家弗里德曼将区域经济一体化分为4个阶段和4种空间结构：前工业阶段的均质无序的区域空间结构、过渡阶段的中心—外围结构、工业化阶段多个规模不等的中心—外围结构以及后工业化阶段一体化的空间结构。如表9-2所示：

表9-2　工业化阶段划分标准

工业化阶段	三次产业值比重
工业化前期	第一产业>第二产业
工业化初期	第一产业<第二产业，且第一产业比重>20%

续　表

工业化阶段	三次产业值比重
工业化中期	第一产业比重 <20%，且第二产业 >第三产业
工业化后期	第一产业比重 <10%，且第二产业 >第三产业
后工业化阶段	第一产业比重 <10%，且第二产业 <第三产业

表 9－3　　2013 年京津冀人均 GDP、三次产业比重和工业化阶段

地区	人均 GDP（美元）	第一产业比重（%）	第二产业比重（%）	第三产业比重（%）	工业化阶段
北京	15051	0.8	22.3	76.9	后工业化
天津	16083	1.3	50.6	48.0	工业化后期
河北	6251	12.4	52.1	35.5	工业化中期

数据来源：中华人民共和国国家统计局。

分析表 9－3 京津冀的人均 GDP 和三次产业比重值，并根据钱纳里依据人均收入和库兹涅茨依据三次产业产值比重判断区域发展阶段的理论，可以得出以下结论：目前北京已经进入后工业化阶段，天津处于工业化后期阶段，河北则处于工业化中期阶段。显然京津冀三地处于不同发展阶段。

表 9－4　　京津冀协同发展阶段划分

阶　段	空间形态	协同内容
市场一体化	从均质无序列到“中心—外围”	消除区际贸易壁垒和要素流动障碍
产业一体化	出现多个规模不等的“中心—外围”结构	产业分工，梯度转移与空间布局；大城市功能疏散和中小城市培育
全面一体化	形成多中心，一体化的空间结构	发展战略与政策对接

资料来源：中国流通经济《京津冀协同发展：困境与出路》。

由表 9－4 可知，京津冀协同发展处于从市场一体化向产业一体化迈进的阶段。目前，京津冀区际贸易壁垒和要素流动障碍已经基本不存在，但要素呈现单向流动特征，京津两地对河北要素单向吸附，区域内呈现典型的“中心—外围”结构。随着土地等非流动要素价格上涨、交通拥堵和市场拥挤效应显现以及资源环境约束强化，京津两个中心城市的扩散效应将不断增强并最终极化效应，区域内有望形成新的产业集聚中心。

第二节　京津冀物流一体化发展现状及问题

一、京津冀区域物流的外部发展环境

京津冀地区是一个面积约 22 万平方千米，海陆兼备的特殊地理区域，包括北京

市、天津市和河北省的石家庄、唐山、保定、秦皇岛、邢台、邯郸、廊坊、沧州、承德、张家口，共13个城市，人口约1.07亿。京津冀地区具有地域的完整性和较强的人文亲缘性，在区位、人力、技术和资源方面具有天然互补优势，是我国最重要的政治、经济、文化与科技中心，国家自主创新战略的重要承载地，在我国三大经济区域中具有极其重要的战略地位。京津冀都市圈的发展目标是建成全球城市区域、国家创新型区域、中国区域经济发展的引擎、生态友好循环的典范，社会和谐、宜居的城市区域。

“十一五”时期，京津冀地区在国家发展战略中的地位发生了重大变化：一是天津滨海新区开发开放上升为国家战略，实际上点燃了一台加快京津冀、环渤海发展的发动机；二是国务院对京津两市城市功能进行明确定位，将北京定位为“国家首都、国际城市、文化名城、宜居城市”，将天津定位为“国际港口城市、北方经济中心、生态城市”；三是从国家层面上正式启动了京津冀区域规划，将京津冀一体化发展推进到一个全新阶段。可以说，今后10年是京津冀都市圈发展最关键的时期。目前京津冀都市圈正处于要素一体化阶段，下一阶段将向产业一体化、政策一体化、社会一体化和生态一体化等全面一体化阶段迈进。

随着京津冀区域经济的快速发展和天津被确定为北方的经济中心，以及它的特殊地理位置，该地区越来越引起国家的注意。该地区既是我国的政治和文化中心，也是人口和经济的高度密集区，是未来中国参与国际竞争的重要依托，拥有十分突出的战略地位。2014年，京津冀地区的国内生产总值达至66474亿元，占全国的10.4%，是中国大陆经济增长得最快、最富裕和最开放的地区之一，也是最热门的外商直接投资地及最大的出口地区之一，由此带来该地区的区域物流迅猛发展，前景诱人。加上该地区独有的经济优势、交通区位优势和有利的外部环境，使得京津冀地区的物流需求强大、潜力十足。

（一）京津冀地区产业结构发展现状

1. 京津冀地区产业产值结构分析

京津冀产业的发展存在着较为明显的梯度性。北京地区具有较高的科研实力，物质条件优越，拥有专业的技术人员，科研人员具有较强的科研创新意识。天津的高薪技术产业整体素质较高，各方面的资料都显示出其高薪技术产业化水平及效益比北京和河北高。河北省产业发展水平较北京和天津则低。

从京津冀地区整体发展趋势来看，在三地的GDP中，第一产业所占的比例呈现缩小态势；北京第二产业占比呈现收缩，天津第二产业占比则是呈现出先升后降发展态势，河北第二产业的占比变化较不明显；天津、河北第二产业占的比例为50%以上；而北京、天津第三产业所占的比例呈现上涨的态势，而天津上涨幅度不如北京明显，河北第三产业所占的比例起伏并不是很大，趋于乏力增长。表9－5为京津冀地区国内生产总值产业构成表，表中对比了北京、天津以及河北从2003—2012年的三个产业所占的比例。

表 9－5　　京津冀地区国内生产总值产业构成（2003—2012 年）

地区		2003 年	2006 年	2009 年	2012 年
北京	第一产业	1.7	1.1	1.0	0.8
	第二产业	29.7	27	23.5	22.7
	第三产业	68.6	71.9	75.5	76.5
天津	第一产业	3.5	2.3	1.7	1.3
	第二产业	51.9	55.1	53.0	51.7
	第三产业	44.6	42.6	45.3	47.0
河北	第一产业	15.4	12.7	12.8	12.0
	第二产业	49.4	53.3	52.0	52.7
	第三产业	35.2	34.0	35.2	35.3

数据来源：《中国统计年鉴（2013）》。

如表 9－5 所示，北京产业结构呈现的是以第三产业为主，是一种“三二一”的模式，传统的制造业开始大规模的退让，将逐步形成以高薪产业为主的新兴工业结构。天津产业结构呈现的是“二三一”的模式，但是天津的二三产业比重相差较小。天津主要支柱产业为航空航天、电子信息、石油化工等，加之为了与北京产业实现互补，大多投资主要集中在第二产业，第三产业占比虽不低但增长缓慢。河北省的第二产业占据着主导地位，在 GDP 中，第二产业的比重始终高于第一产业和第三产业。同时由于河北正处于工业化中期阶段，第二产业是主导，第三产业占比偏低，使其缺乏强大的发展动力。

2. 京津冀产业发展的主要特点

首先，经济技术基础雄厚。京津冀地区经济发达，产业基础较好，工业发展悠久，是我国重要的产业基地之一。京津冀地区 2012 年人均规模以上工业企业资产为 76576 元，高出全国平均水平 19826 元，电子信息、高端装备制造、新能源、新材料等战略性新兴产业居于全国前列，科研机构和高校众多，科技创新能力强。

其次，京津冀地区间产业互补性较强，基于不同发展阶段、要素禀赋等特点，逐渐发展形成了错位发展的产业格局，北京逐渐形成了金融、商务服务、科研、文化创意等现代服务业，工业是以高端制造业与高新技术产业为支撑；天津是以先进制造业为主，以航空航天、生物医药、轻工纺织等支撑；河北相对滞后，传统性产业较大，以钢铁、建材、食品纺织等为主导。总之，京津冀地区三地产业发展互补性强，可发挥各自优势，促进地区间分工协作。

再次，产业集群成熟度高。京津冀地区是以 3 个国家级经济技术开发区、4 个高新技术开发区、4 个出口加工区与 1 个保税区、若干省市级产业园区为依靠，逐渐发展形成了有关电子信息、生物医药、新材料、新能源、汽车、轨道交通、航空航天、能源化工、冶金建材等价值不菲的战略性新兴产业与传统产业集群，逐渐形成了集聚经济，效益突出，产业竞争力较强。

最后，产业转移与结构调整加快。北京和天津作为国家的重点地区，工业化程度不断提高，不断调整了产业结构，产业发展已转变为以现代服务业、高新技术产业、高端制造业为主的态势。当前，北京正在积极疏解首都非核心功能，合理向河北转移具有科学技术层次低、资源环境约束较大的产业。天津也在积极调整产业结构。河北不断调整产业结构，改善地区生态环境，淘汰剩余落后产能，根据自身条件，积极对接京津地区，根据产业发展梯度差异，积极建设成为京津产业转移的承接地。

（二）京津冀地区产业转移现状

1. 京津冀地区产业转移发展的现状

表 9－6　　京津冀地区部分产业转移情况

转移项目	转出地	转入地
首都钢铁	北京	河北迁安
北京内燃机总厂铸造车间	北京	河北泊头
北京第一机床厂铸造车间	北京	河北高碑店
奔驰配套企业	北京	河北廊坊
动物园服装批发市场	北京	河北白沟
凌云医药化工有限公司	北京	河北邯郸
华胜天成、掌阔移动、华瑞世纪控股	北京	天津滨海新区
阿里巴巴、当当网、凡客、亚马逊	北京	天津武清
书生科技、央视未来电视、中启创	北京	天津保税区
搜狐视频、58 同城、华图教育等	北京	天津开发区
天津丰田汽车零部件配套	天津	河北唐山
国际（保税）物流仓储产业园项目	天津	河北保定
装机总容量 200 兆瓦的曲阳县风光互补项目	天津	河北曲阳
天津老美华鞋业服饰有限责任公司高档布鞋生产线项目	天津	河北顺平

数据来源：各大网站。

20 世纪 90 年代，北京开始向河北进行产业转移，河北开始承接，包括北京首都钢铁公司炼钢厂等；2014 年 2 月和 4 月北京实现了首批和第二批外迁，大多是北京需要转移的“三高一低”的企业。京津之间的产业转移与合作处于快速发展阶段，2013 年以来已签约项目 1277 个，协议额 4763 亿元。天津引进北京项目资金额占全市资金的 31.8%，项目数共达到 952 个，在旅游、交通、金融、环保、产业等实现了联动机制。天津与河北之间的产业转移也在不断实施，如天津丰田汽车零部件配套项目、安国中药都项目等伴随京津冀一体化的过程也在落实。京津冀转移情况如表 9－6 所示。

2. 京津冀产业转移发展的主要特点

北京以及天津向河北转移的过程中，是符合梯度转移以及增长极扩散的特点。北京因为其地理位置等相关因素对周边形成了经济虹吸的效应，由于过度扩充人口，而造成了产业和城市规模的集中，使得规模经济效应超过聚集的冲突成本，这些都影响并导致了资源紧张、交通拥挤、环境污染、房价飙升等一系列的问题。

首先，转移产业以传统制造业为主。北京和天津向河北转移的产业，大多集中在钢铁业、有色金属冶炼、化工、设备制造业、纺织业、食品加工业等传统的制造业，劳动密集型产业居多，这些产业共有的特征是资本有机构成低、对资源依赖多，对劳动力依赖性强，技术装备水平不高，技术创新能力不强。河北技术能力不强，人口资源和自然资源相对丰富，吸收传统制造业具有区位优势。

其次，转移企业多为资源消耗型。北京的一些传统产业大多都是一些对矿石、煤炭、水和土地等消耗很大的企业，属于资源消耗型企业，具有能耗高、投入高、污染多特征。但是北京和天津的土地短缺，环境容量有限，水资源严重匮乏，矿产储量稀少，容纳资源型的产业不具有优势，基于河北具有土地约束相对较低、劳动力和矿产资源丰富的特点，有利于推进和提高河北技术装备水平，提高管理水平，增加就业，有利于北京和天津提高高端制造和高端服务业的发展，有利于京津冀一体化发展。

再次，转移主要集聚在城乡边缘区。北京和天津迁出的企业主要集中在唐山、廊坊、保定、沧州、秦皇岛、张家口、承德等北京周边地区或具有特殊地理优势或资源的地区，具有港口、矿产、产业、土地、劳动力等比较优势。某种程度上，也是政府和市场机制作用的结果，河北应积极开展应对工作，避免无序竞争，避免生态破坏，发挥各个项目的规模效应，促进产业集群提升和发展。

随之，融入城市功能为主的新阶段。在京津冀协同发展的大背景下，伴随着北京、天津城市功能的重新定位，京津冀之间的产业转移应逐渐以城市功能为主。北京城市功能定位的调整自 1983 年，经历了 1983 年的《北京城市建设总体规划方案》定位，1993 年的“全国的政治中心和文化中心，是世界著名的古都和现代国际城市”定位，2005 年的“国家首都、国际城市、文化名城、宜居城市”定位，2010 年的“国家创新示范区”定位。20 世纪 90 年代以来，劳动密集型产业是首都功能“去经济化”的过程，目前是全面疏解，涉及一部分医疗、教育、社会管理等社会公益事业。

最后，产业创新、产业分工和产业转移并行。随着经济转型加快，加之资源、能源和环境的压力，北京和天津正逐步改变经济发展的模式，以产业创新提升产业结构转化和升级能力，产业创新也是历史赋予京津冀协同发展的重大使命。在北京和天津产业转出中，产业创新也在孕育和成长，而河北也实现了产业升级，协同互动扩大了分工的深度与广度，有利于一体化，京津主要发展研发、整机（整车）组装、现代服务等，河北部分地区主要发展配套和零部件生产的分工趋势，逐步形成了以工序、区段、环节为对象的产业链分工体系。

（三）京津冀的经济发展现状

从人均 GDP 角度来看，北京、天津以及河北地区的人均 GDP 增速都达到了两位数百分比以上了，北京地区从 2008 年的 64491 元上升到了 2014 年的 99995 元；天津地区 7 年来近乎翻倍，2014 年以 105889 元稳居全国省级行政单位的第一；河北地区 2014 年人均

GDP39991 元，比 2008 年增加了 17005 元。

从 GDP 总量来看，2014 年京津冀地区 GDP 总量为 66474 亿元，占全国总 GDP 的 10.4%。区域内各城市的 GDP 规模见表 9－7。

表 9－7　　京津冀区域 2014 年各城市 GDP　　（单位：亿元）

城　市	GDP	城　市	GDP
北京市	21330.8	保定市	2757.8
天津市	15722.47	廊坊市	2056
唐山市	6225.3	秦皇岛	1200.02
石家庄	5100.2	张家口	1358.5
沧州市	3133.38	承德市	1342.55

数据来源：中国统计局的有关 2014 年 GDP 的相关统计资料。

该地区的产业结构不断得到调整和优化，逐步向产业结构协调的目标发展，带动了区域物流总量的稳步上升，为区域物流一体化的形成提供了经济基础条件。

（四）京津冀地区政策发展现状

京津冀地区是全国重要的科技和文化中心，研究机构和高等学府众多，科技人才丰富，技术人才、管理人才和熟练劳动力素质较高，为京津冀物流一体化的形成提供人才和智力支撑。北京物流社会化、专业化趋势增强，第三方专业化物流发展迅速，物流外包趋势明显。天津港保税区享有多项国家的优惠政策，利用保税区“境内关外”的保税政策，对于形成保税仓储和货物分拨中心极为有利，为发展物流产业提供了一个比较好的政策软环境。天津港周围已经形成了一定规模的商品交易市场。河北省已积极准备接受京津两市的辐射，制定了一系列的配套政策。因此，该区域具有发展物流一体化的社会基础和政策优势。

2014 年，京津冀地区加快推进沿海开发，推动天津滨海新区开发开放政策向河北曹妃甸港、黄骅港等相关沿海港区延伸，切实提高产业和交通设施的协同聚集能力，逐步引导京津冀的人口向沿海地区的转移，缓解人口过度集聚给北京带来的压力；在张家口、承德两地建设地区国家级生态经济示范区，推动资源税和碳排放税的改革，同时，建成国家级清洁能源基地、生态旅游经济区和京津冀的大数据支持中心。通过清洁能源基地建设，切实缓解京津冀地区过重的燃煤消耗压力；同时通过资源税改革有效拉动地方经济，加快建设京津的生态后花园和休闲旅游通道，起到扶贫开发的积极作用；实施京石走廊地带的协同发展工程，促使北京中关村创新政策向该地区延伸，以正定新区为突破共建产学研体系。北京应积极帮助石家庄、保定、邯郸、邢台等地区的产业结构升级和高污染、高耗能产业压缩；由国务院牵头编制首都地区（以北京为中心周边地区 60～80 千米范围区域）总体规划，统筹协调北京及其周边的开发建设，共同划定生态红线和推进生态修复工程，共同推进区域轨道网络和新城建设。

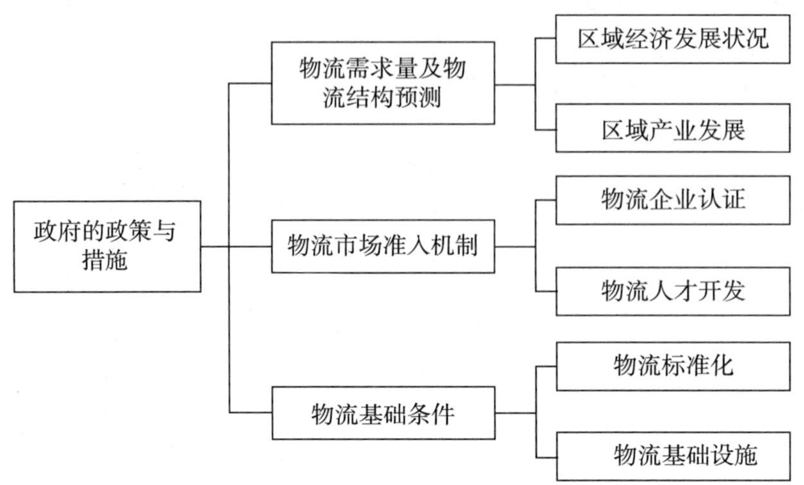

图 9－1　区域物流一体化的基本内容

（五）京津冀物流需求发展现状

2013 年，京津冀地区对外贸易进出口总额完成 6125.1 亿美元，同比增长 6.6%。其中，出口总额为 1432.3 亿美元，同比增长 4.2%；进口总额 4692.8 亿美元，同比增长 7.5%。

对外贸易的持续增长促进了区域内贸易的发展。2013 年京津冀区域内实现社会消费品零售总额为 23661.8 亿元，占全国的 9.9%。如表 9－8 所示。

表 9－8　　2013 年京津冀地区流通业基本情况

指　标	单位	北京	天津	河北	总计
限额以上法人企业	个	9288	5587	4107	18982
批发零售贸易	个	7466	5164	3640	16270
餐饮业	个	1822	423	467	2712
限额以上企业从业人员	人	958106	273830	393594	1625530
批发零售贸易	人	724588	216273	353587	3240448
餐营业	人	233518	57557	40007	331082
批发零售贸易业					
商品购进总额	亿元	53785.7	26928.1	10241.7	90955.5
商品销售总额	亿元	56970.8	28541.7	11254.6	96767.1
商品库存总额	亿元	4846.6	1204.1	676.6	6727.3
社会消费品零售总额	亿元	8375.1	4470.4	10516.7	23362.2

注：本表限额以上法人企业和限额以上企业从业人员不包括住宿业。
数据来源：根据《中国统计年鉴》（2013）计算所得。

比重越来越大的进出口市场，以及逐年增加的消费品零售总额，带动了物流需求的不断增加。京津冀地区与其他省份之间在市场、产业、资源等方面存在着较大的互补性。正是这种互补性带来了区域内原材料、半成品、成品流动频繁，公路运输、铁路运输、水路运输繁忙，运输量持续增加，并产生了庞大的物流需求市场，其物流运输量呈迅速增长之势。区域经济的发展不仅是发展京津冀区域物流的最重要的内驱力，也是促进京津冀区域物流量不断攀升的根本原因。

二、京津冀区域物流的内部发展环境

（一）京津冀区位条件

京津冀地区位于黄河下游、濒临渤海，地理位置紧要。京津两市被河北省所环抱，组成全国最大的政治、文化、经济三位一体的核心区。河北省是华北地区的腹地，位居环渤海中心地带，海岸线长达686千米，港址资源丰富，物流量大，经济发展潜力巨大。由此可见，京津冀地域上的并列环绕性，具有明显的优势，为实现物流一体化提供了自然区位条件。

（二）京津冀物流业支持体系发展现状

京津冀地区是华北、华东、东北和西北四大经济区的交会地，其交通设施不仅承担着该地区繁忙的客货运输任务，而且在四大经济区之间人员、物资的交流中发挥着主干通道的作用。由于北京的首都地位，我国铁路网、公路网多以其为中心向外辐射，其中铁路干线有京沪高铁、京广客专、京津城际以及京九、京哈等；高速公路有京哈、京沪、京台、京港澳、京昆、京藏、京新、京开、京承9条，以及近10条国道；同时，首都机场还有对外放射的数百条空中航线。另外，还有津秦客专等干线铁路和荣乌、张石高速公路纵横连通天津、石家庄、保定、唐山等其他城市。总体看，虽有横纵连接的铁路和高速公路，但区域内综合交通运输网络整体是以北京为中心的放射状格局。

1. 公路方面

高速公路的建设，近年来在京津冀受到了特别的重视。自从1990年全国第一条跨省市高速公路（京津唐高速公路）通车以来，京津冀地区已经形成了以全国性公路枢纽北京为中心，由国家高速公路的7条首都放射线（G1京哈高速、G2京沪高速、G3京台高速、G4京港澳高速、G5京昆高速、G6京藏高速、G7京新高速）、2条纵线（G25长深高速、G45大广高速）、3条横线G18（荣乌高速、G20青银高速、G22青兰高速）构成的国家高速公路主干网。国家高速公路网规划长度4658.883千米，截至2011年年底已经建成3746.215千米。加上省道高速公路，京津冀地区高速公路长度达到6771千米。其中，京津之间高速公路通道已经达到4条20车道（S32/S1京平/津蓟高速、G1京哈高速北京—宝坻段、S15/S30京津高速、G2京沪高速北京—天津段）。从秦皇岛港经曹妃甸港、天津港到黄骅港的环渤海湾高速公路，也于2012年12月全线贯通。此外，京津冀地区还拥有由国道的11条首都放射线及北京环线、2条纵线、3条横线构成的国道公路网。在京津冀地区的19万多千米的公路中，二级以上的高等级公路可以占到18.8%，远远高于全国平均11.5%的水平。

表 9－9　京津冀地区国家高速公路网建成里程一览表

线路	长度（千米）	
	规划	建成
G1 京哈高速	297.684	297.684
G2 京沪高速	259.308	211.308
G3 京台高速	197.056	173.362
G4 京港澳高速	483.176	483.176
G5 京昆高速	314.766	244.766
G6 京藏高速	246.981	246.981
G7 京新高速	269.057	163.404
G25 长深高速	583.064	583.064
G45 大广高速	797.896	797.896
G18 荣乌高速	287.247	157.358
G1811 黄石高速	319.432	319.432
G20 青银高速	180	180
G22 青兰高速	183.311	183.311
G4501 北京绕城高速	79	79
G2501 天津绕城高速	108.155	108.155
G2001 石家庄绕城高速	52.75	16.75
合计	4658.883	4245.67

数据来源：交通部《国家高速公路网桩号传递方案》。

2. 铁路方面

作为中国第一个形成完整铁路网的地区，京津冀地区铁路建设始终走在全国的前列，尤其是重载货运铁路和高速铁路方面，已经达到了世界的领先水平。其中在高速铁路（客运专线）建设方面，京津冀地区仅有十几年的历史，但 2003 年中国第一条高速铁路客运专线（秦沈客运专线）通车之后，京津冀铁路运输逐渐进入了快速发展阶段。近年来，相继建成京津城际（2008 年通车）、石太客专（2009 年通车）、京沪高铁（2011 通车）、京广高铁（由京石高铁、石武高铁、武广高铁三段组成，北京、河北段 2012 年通车）、津秦高铁（2008 年开工）、津保城际（2010 年开工）、石济客专（2012 年 12 月开工建设）等高速铁路，到 2012 年年底，已经通车的高速铁路（客运专线）达到 1049 千米，还有 589.1 千米的高速铁路正在进行建设，见表 9－10 京津冀地区已建、在建高速铁路（客运专线）一览表。

表 9－10　京津冀地区已建、在建高速铁路（客运专线）一览表

现状	线路	设计标准	长度（千米）	北京	天津	河北
建成	秦沈铁路客运专线	200～250 千米/小时	16			16
	京津城际铁路	350 千米/小时	128.4	49.3	79.1	
	石太铁路客运专线	250 千米/小时	95			95
	京沪高速铁路	380 千米/小时	325.9	41	113.7	171.2
	京石高速铁路	350 千米/小时	281	47		234
	石武高速铁路	350 千米/小时	202.7			202.7
	建成合计		1049	137.3	192.8	718.9
在建	津秦铁路客运专线	350 千米/小时	251.2		59.1	192.1
	津保城际铁路	200～250 千米/小时	157.9		19.2	138.7
	石济铁路客运专线	250 千米/小时	180			180
	在建合计		589.1	0	78.3	510.8

数据来源：各地新闻。

目前，京津冀地区铁路货运年周转量占全国的比重大于 30%[1]，且正在实施客货分线，专门建设客运专线。京津高速城际铁路的贯通，京沪高速铁路、京津城际铁路唐山段、京石铁路和津秦铁路的建设，将使京津冀地区铁路网更加便利，可以转移既有线上大部分客运，腾出既有线路用于发展铁路货物重载运输，迅速形成大能力、高速度、安全畅通的货物运输通道，适应同益增长的货运物流需要。

3. 航运方面

京津冀地区的渤海湾沿岸，拥有 639.8 千米的海岸线，是与山西、陕北、蒙西三大煤炭基地最为接近的海岸线。沿海港口群以天津北方国际航运中心和秦皇岛为主，包括唐山、黄骅等港口组成，主要服务于京津、华北及其西向延伸的部分地区，其货物吞吐量逐年增加。区域内的五大主要港口是我国五大港口群之一的环渤海港口群的重要组成部分，而且还各具特色：天津港是我国重要的枢纽海港，腹地可达华北、东北和西北广大区域，主要承担集装箱货物的出口；秦皇岛港为深水港，是我国最大的能源输出港和综合性国际贸易港；唐山港是渤海湾沿岸新崛起的大港，由京唐港和曹妃甸港两个港区组成，其中曹妃甸港是北方仅存的一块天然良港，是国内最大的铁矿石进口港之一；黄骅港是我国北煤南运第二条通道的海铁联运港口。这些都对促进该地区港口物流业的发展和协作奠定了基础。表 9－11 为天津及河北各港口的货物吞吐量。

表 9－11　津冀港口群货物吞吐量　单位：万吨

港　口	2010 年	2011 年	2012 年	2013 年
天津港	26297	28770	27099	27260
秦皇岛港	41325	45338	47697	50063

续 表

港 口	2010 年	2011 年	2012 年	2013 年
唐山港	25062	31700	36458	44620
黄骅港	—	11145	12500	17103

数据来源：根据《中国统计年鉴》（2014）和《河北省交通统计资料》（2010—2014 年港口部分）数据整理。

2010—2013 年各个港口的货物吞吐量由表 9 - 11 所示。其中 2013 年天津港货物吞吐量居全国第三，仅次于宁波—舟山港和上海港，秦皇岛港货物吞吐量居全国第 11 位，而黄骅港货物吞吐量也超过了 1.5 亿吨。

4. 民航方面

目前京津冀地区正在运营的民用机场有 8 座，分别是北京首都国际机场、北京南苑机场、天津滨海机场、石家庄正定机场、秦皇岛山海关机场、邯郸机场、张家口宁远机场和唐山三女河机场，如表 9 - 12 所示。此外，北京首都第二机场、良乡机场、承德机场、衡水机场等新机场正在筹备建设中。其中北京首都机场为国际、国内枢纽机场，8612.8 万人次，连续五年居全球第二；天津滨海机场和石家庄机场为国内干线机场；秦皇岛山海关机场和北京南苑机场为军民合用机场；邯郸机场为国内支线机场。京津冀地区的航空运输量在全国具有举足轻重的地位，成为商品交流的主要渠道。

表 9 - 12　　　　京津冀现有机场基本情况

机场名称	管理归属	机场等级	航站楼面积（万平方米）	跑道条数	年设计运力（万人次）
北京首都国际机场	首都机场集团	4F	140	3	8600
北京南苑机场	军民合用	4C	1.98	1	600
天津滨海国际机场	首都机场集团	4F	36.4	2	2500
石家庄正定机场	河北机场集团	4E	20.9	1	2000
秦皇岛山海关机场	河北机场集团	4C	0.66	1	50
邯郸机场	邯郸机场有限责任公司	4D	0.8	1	100
张家口宁远机场	军民合用	4C	0.54	1	20
唐山三女河机场	军民合用	4C	0.69	1	50
合计			202	11	13920

数据来源：国家民航局相关数据统计。

表 9 - 13 列举了 2013 年京津冀现有机场的旅客吞吐量、集邮吞吐量、起降架次及其所占比例。首都国际机场的旅客吞吐量、集邮吞吐量、起降架次数均位列第一，天津滨海国际机场紧随其后，石家庄机场和北京南苑机场分别位列第三位和第四位。

表 9－13　京津冀现有机场 2013 年运营情况

机场名称	旅客吞吐量（人次）		货邮吞吐量（吨）		起降架次	
	数量	占比	数量	占比	数量	占比
北京首都国际机场	83712355	80.53%	1843681.1	86.14%	567757	73.43%
北京南苑机场	4455263	4.29%	37091.9	1.73%	38661	5.00%
天津滨海国际机场	10035833	9.65%	214419.8	10.02%	100729	13.03%
石家庄正定机场	5110536	4.92%	42976.2	2.01%	51980	6.72%
秦皇岛山海关机场	207947	0.20%	919.6	0.04%	3014	0.39%
邯郸机场	230087	0.22%	66.4	0.00%	8534	1.10%
张家口宁远机场	24021	0.02%	0.7	0.00%	544	0.07%
唐山三女河机场	180660	0.17%	1212.6	0.06%	1967	0.25%
合计	103956702	100.00%	2140368.3	100.00%	773186	100.00%

数据来源：国家民航局相关数据统计。

“机场利用率”的指标可以通过表 9－13 的旅客吞吐量除以表 9－12 的设计运力得出。计算结果表明，2013 年首都国际机场的利用率已经达到了 97.3%，已经趋于饱和状，北京南苑机场的利用率接近 80%，天津滨海机场、石家庄正定机场等其他的机场存在十分严重的运能过剩，其利用率均不到 50%。

所以，综合起来，京津冀地区航空运输发展有以下几个特点：一是首都国际机场的一枝独秀，2013 年首都国际机场的旅客吞吐量、货邮吞吐量、起降架次分别占京津冀机场的 80.53%、86.14% 和 73.43%；二是首都国际机场一家独大的局面正在逐渐缓解，因为首都国际机场利用率趋于饱和状态，加上石家庄正定机场和天津滨海国际机场通过发展空铁联运分流了客源，使首都国际机场客货运数量增速低于其他的机场，其占京津冀机场客货运输总量的比例也呈现下降的趋势；三是天津和河北的机场处于“吃不饱”状态，机场利用率均低于 50%。

5. 仓储基础设施方面

京津冀地区拥有大量条件优良、设施齐备的港口、机场，以及众多的物流企业，因此，与之相配备的仓库、场站等也得到了迅速的发展。随着经济水平的提高和物流业的发展，一些仓库通过改造升级，从原来单纯的保管货物的场所逐渐向物流配送中心的方向发展。

6. 物流园区方面

发展至今，北京、天津和河北的物流园区建设都取得了不错的成效。比如，北京在政府的规划引导与大力推动下，形成了布局和分工合理、发展势头良好、有助于北京成为国际物流中心的顺义空港物流园区、通州马驹桥物流园区、房山良乡物流园区和平谷马坊物流园区四大物流园区[2]。天津在政府主导和市场参与的思路下，将建成十二个功能不同的物流园区，力争成为北方国际物流中心。河北省依靠市场的力量发展物流园区，由各个城市自行规划，呈现出各自为政的发展念势。仅石家庄就规划建设国际物流园区和商业物流、医药物流、农产品物流、中储物流、航空物流、再生资源回收利用物流六大物流中心，唐山市规划建设唐山港能源原材料物流园区、综合物流园区和冀东物贸汽车物流中心、北方物流中心等。

（三）京津冀物流投资主体发展现状

京津冀物流企业的雏形产生于国有交通运输企业的逐步转型。随着外资的汹涌进驻和民营企业的壮大，区域内现代物流供给市场打破了国资一统天下的局面，出现了国资、外资和民营资本群雄逐鹿的格局，正在形成不同所有制、不同经营模式的物流企业共同发展的格局。从不同投资主体企业所具有的特点看，外资物流人才充足、资金雄厚、技术实力强大，但本地化需要的时间长，网点和本地人才的欠缺，使他们的成本居高不下；国有物流企业的网络布局大、历史悠久、人脉多、硬件设施好，但机构冗余、服务意识差、体制僵化、经营理念跟不上步伐：民营物流企业虽然资金短缺，人才也急缺，技术和硬件设备都不能与前二者相比，相比之下可以说是弱、小、散，但民营企业家固有的创业精神和民营企业特有的机制优势，使民营物流企业具有强大的前进动力和创新能力，这也构成了民营企业的核心竞争力。

目前，天津市已经形成了一批主营业务突出，核心竞争力强的物流企业，培育了中远物流、振华公司、安达集团、宝运物流、德利得集团等具有国内先进水平和具有国际竞争力的现代物流骨干企业。通过招商引资，新加坡叶水福、德国大众、韩国三星等500多家具有先进管理经验与设备的著名外资物流企业已落户天津。全球最大的包裹递送公司以及专业运输和物流服务供应商美国UPS公司也将其亚洲物流中心设于天津。众多国有控股、外资和私营物流企业的纷纷涌现推进了天津市物流产业多种所有制市场主体的共同发展，为建立全市社会化、现代化的物流服务体系奠定了坚实的基础，提供了良好的开端。

而北京市物流企业的发展状况，据北京市统计局调查，目前北京市的多元化物流主体格局基本形成，多种经济成分包括民营资本在物流领域发挥着十分重要的作用，而大型国有物流企业仍发挥主导作用。一些大型工业企业开始重视现代物流技术的应用，以订单为中心，改造现有业务流程，在生产组织、原材料采购、产品销售、配送和运输等方面实现一体化运作，努力降低成本，减少资金占用。商业企业加快改组改造，大力发展连锁经营，统一配送和电子商务。物流企业的服务功能增强，服务水平有所提高。

（四）京津冀物流信息技术发展现状

随着经济发展和技术进步，京津冀地区公用信息网的规模、技术层次、服务水平等方面发生了较大变化。但由于该区域现代物流业的发展还处于起步阶段，基础网络建设及应用系统建设还处在初级阶段。以北京市为例，尽管北京一些优秀的大型物流企业已经走到了信息化的前列，但是，系统先进、需求明确的物流企业在北京市只占了5% ~

10%[3]，大多数北京物流企业对计算机的应用和信息化的理解还仅仅限于办公文字处理和财务管理等很少几个方面，在国外物流企业中普遍采用的计算机辅助决策等方面的应用，在国内的物流企业中可谓少之又少。很多物流企业的信息化建设的重点还主要集中在基础网络建设及应用软件系统建设的初级阶段，至于业务流程和操作的优化，如集中采购、集中库存及大型配送中心的计算机管理尚处于起步和摸索阶段，从观念到设施还停留在传统运输和仓储的层面上。

（五）滨海新区引领区域物流业发展

滨海新区位于天津东部沿海地区、环渤海经济圈的中心地带，背靠京津，辐射“三北”，面向东北亚，是我国北方大陆桥的重要出海口，是京津冀都市圈的海上门户，也是我国北方重要的海陆空综合性交通枢纽。2013 年实现国内生产总值超过 8000 亿元，海港吞吐量超 4 亿吨。新区以努力打造北方国际航运中心和国际物流中心为核心发展战略之一，拥有广阔的内陆腹地和雄厚的产业基础，区位优势明显，增长潜力巨大。近年来，滨海新区的开发开放成为了国家战略，物流产业是其他高端制造产业集群化发展、打破发展瓶颈的重要环节。天津市于 2013 年 2 月推出了《进一步加快滨海新区开发开放的十项措施》，其中“加快东疆保税港区建设，支持向自由贸易港区转型”列为十项措施之首，其建设基础是不断集聚的物流产业发展优势和对滨海新区各功能区及外部区域乃至全球资源进行有效整合配置、加快国际化进程的发展需求。此外，关于“交通体系发展”“优化公共资源配置”等措施，也可为区域物流产业集群化、促进京津冀和环渤海地区经济一体化发展奠定基础，发挥比较优势，能够有效提升三地一体的开发开放水平。

三、京津冀区域物流发展中存在的问题

京津冀地区是我国经济发展最具活力的区域之一，也是物流发展最具吸引力的地区之一。但是由于观念、行政区划、经济发展水平等众多因素的影响，其经济一体化进程缓慢而缺少一体化的物流体系是其中的一个重要因素。当前京津冀地区物流一体化发展主要面临着以下几个方面的问题：

（一）物流基础设施建设缺乏统一规划

京津冀在一些重大物流基础设施建设方面缺乏区域协调性和统一规划，突出表现在交通、港口和机场建设三个方面[4]。一是交通建设。区域内大城市交通基础设施发达，但区域交通发展很不均衡。区域内的交通网呈现出以北京为中心的放射形结构特点，以北京为中心，天津、石家庄等主要城市道路交通设施比较发达，但是其他城市则相对比较落后。二是港口建设。该地区具有众多北方重要港口，如天津港、秦皇岛港、京唐港、黄骅港等，但各港口独自经营，相互竞争，缺乏协调与合作。三是机场建设。该地区拥有首都国际机场、天津滨海国际机场及石家庄机场等大型机场，但是由于缺乏规划致使首都机场能力持续饱和，而天津机场、石家庄机场运量一直不足。在基础设施规划上存在的问题严重制约着京津冀区域物流一体化模式的形成和发展。

（二）综合管理的交通体制有待进一步发展

津冀地区对区域间城际交通线路和网络建设重视不够，不能充分满足城际客货运输迅速、便利、安全、经济的需要。许多重要交通枢纽之间交通联系仍然不便。一方面，该地区内道路交通设施发达，但发展并不均衡[5]。区域内路网呈以北京为中心的放射形结构特点。这种结构一方面导致与北京无关的客货流量都要经过北京交通枢纽或在此中转，造成枢纽能力紧张，对北京市区内部城市交通产生很大压力；另一方面，运距增加，造成运输成本增加，在一定程度上限制了北京周边城市之间的相互协作和发展。另外，该地区尽管有诸如天津港、秦皇岛港、京唐港、黄骅港在内的北方重要港口，但各港口独自经营，竞争大于合作。本地区还拥有首都机场、天津滨海国际机场及石家庄机场等大型机场，但是，由于在经营体制、航线设置、经济发展水平、交通联系便捷程度等方面存在差异，致使天津机场、石家庄机场运量一直不足，而首都机场能力持续饱和，正拟建设第二机场。还有诸如冀中与冀东城市之间、首都机场与天津之间、天津机场与北京之间缺乏直通线路的问题；大城市之间交通联系方式单一，客货运输缺乏可供替代的选择与必要的竞争等问题。总之，本区域内的对外交通基础设施在全国占有重要地位，但设施规模和发展水平不均。各省市在交通设施项目上存在盲目竞争、重复建设、片面追求“大而全”现象，难以形成区域整体竞争的合力。

（三）发展区域物流业的基础产业有待协调

多年来，京津冀之间各自为政，城市发展目标相似，在产业政策上追求大而全。均强调“一个都不能少”。相互之间争资源、争项目、争投资等过度竞争和封闭竞争严重，导致重复建设、产业结构趋同。如北京、天津的主导产业均集中于机械、石化、纺织、食品等部门。京津冀地区的港口建设最为典型，很多港口忙扩建。在河北、天津漫长的海岸线上，从北到南依次分布着秦皇岛港、京唐港、天津港、黄骅港四大港口。虽然目前这几个港口都“吃不饱”，但各自仍在不断加大投资扩建力度。许多重复建设带来了大量的经济损失和浪费。这种缺乏有效的沟通与协调，缺少区域间的分工协作，不仅造成整个区域的资源无效配置和经济发展水平相对落后，而且阻碍了区域之间物资和商品的流动，制约了整个区域物流一体化的发展。

（四）缺乏物流人才的联合开发与合作培养

人才作为先进的人力资源，是生产力和经济社会活动中最重要的主体和主导力量。就京津冀目前的情况看，京津冀地区科技资源丰富，人才优势明显。但是，这种人才优势，由于受京津冀一体化发展滞后的影响并没有在区域整体发展中显现出来，甚至受到抑制。也就是说，由于没有对人力资源进行有效整合，实现优势互补，自然也就没有形成整体发展合力。进而影响了京津冀一体化发展。当然，出现这种情况原因是多方面的，既有行政分割、机制体制方面的原因，又有思想观念、经济落差方面的原因。从行政、体制看，京津冀三地是三个独立的行政区，互不隶属，三地政府在制定发展政策时以我为主，没有把区域整体利益放在首位，一体化目标的实现仍然要受到行政分割的制约，特别是户口管理制度和社会保障制度的约束，这种分割在中国现行体制下影响了三地人才政策的统一和衔接，成为抑制人才自由流动的重要因素；从观念、经济看，长期以来，河北并没有把京津当作一个经济体、一个蕴含无限商机、聚集了高层次生产要素的市场来看待，而“服务京津，依托京津”的观念意识较强。京津则依靠地缘、政治、经济、政策等优势，大量吸引河北的资金、技术、人才，其结果是拉大了河北与京津的差距，两者之间形成巨大的经济落差。

（五）物流政策不协调

京津冀三地是三个独立的行政区，互不隶属，三地政府在考虑自身利益和目标的基础上制定各自的物流发展政策，没有把区域利益放在首位，而只是把其他各方和整个区域的利益作为能否实现自己利益的影响因素，这样区域物流的整体规划和物流政策的制定便没有沟通和协调的基础。相对于珠三角、长三角地区，京津冀地区国有经济比重较大，物流企业体制与市场经济机制不匹配，市场体系不健全，市场机制不完善，地区间行业垄断和地方保护主义长期盛行，而且与物流业相关的某些垄断行业的改革滞后，政企不分，行政性垄断经营依然严重，妨碍了区域统一公平物流市场环境的建立，对物流资源的整合和一体化运作形成体制性障碍。

（六）物流标准化建设和信息系统平台建设不完善

物流标准化是物流发展的基础，也是实现物流系统高效、经济的前提。对于京津冀地区来说，物流标准化还存在许多问题，严重制约了区域物流一体化的发展。这些问题主要表现为两个方面[6]：一是基本设备没有统一的规范。如集装箱、托盘、卡车、仓库货架等设备标准间缺乏有效的衔接，同时，物流包装标准与物流设施标准间也存在缺口，严重影响了货物在运输、仓储、搬运过程中的机械化、自动化水平的提高及协调运作。二是物流信息标准化建设工作亟待加强。许多部门和单位都在建设自己的信息数据库，但由于技术方面的原因，这些信息、数据库只是一个个信息的“孤岛”。同时，整个京津冀地区物流领域还没有公共数据接口的行业和国家编码标准，造成了实际运作过程中互不兼容、数据无法自由交换和共享的窘态，严重影响了货运效率，也不能充分体现出信息的价值所在。

区域物流信息平台的建设是发展区域物流一体化的核心和关键。纵观京津冀地区，虽然有不少企业建立了物流信息系统，有的地方还建立了公共物流信息平台，但由于大部分物流企业都是由传统的货代、船代、仓储和运输企业演变而来的，物流信息化水平相对较低，以及缺乏统一协调沟通，致使物流信息系统和公共物流信息平台标准不一，难以实现物流信息互联互通和物流资源的有效配置。而物流企业要提供一体化的物流服务，其开发的物流信息系统要涉及与供应链上所有环节的信息系统的数据接口问题，加之物流业务的运作涉及与众多部门的协调，如银行、税务、保险、海关、检验检疫、交通、交管、外贸等政府职能部门，物流企业要与这些部门进行沟通和协调，而目前这些部门的信息也无法共享，每个部门都是从各自的利益出发考虑问题，甚至各自出台的政策常有冲突和矛盾的地方，造成办公效率低下。这不仅严重制约了区域物流企业的发展壮大，而且也妨碍了区域物流一体化的发展。

第三节　推动京津冀物流一体化的对策研究

近年来，随着地区经济的持续发展，京津冀区域物流网络已具雏形，物流圈体系已经初步形成。这些物流圈分别以北京、天津、石家庄为增长极，总体上，京津冀已经形成了多层次、多中心的复合型物流网络，网络效应已经初步显现。但是京津冀区域物流一体化还有不完善的地方，节点与节点、节点与通道、通道与通道之间衔接不顺畅的问题还普遍存在，阻碍区域内要素资源的顺畅流动，影响京津冀区域物流一体化的发展，因此有必要推进区域物流一体化。

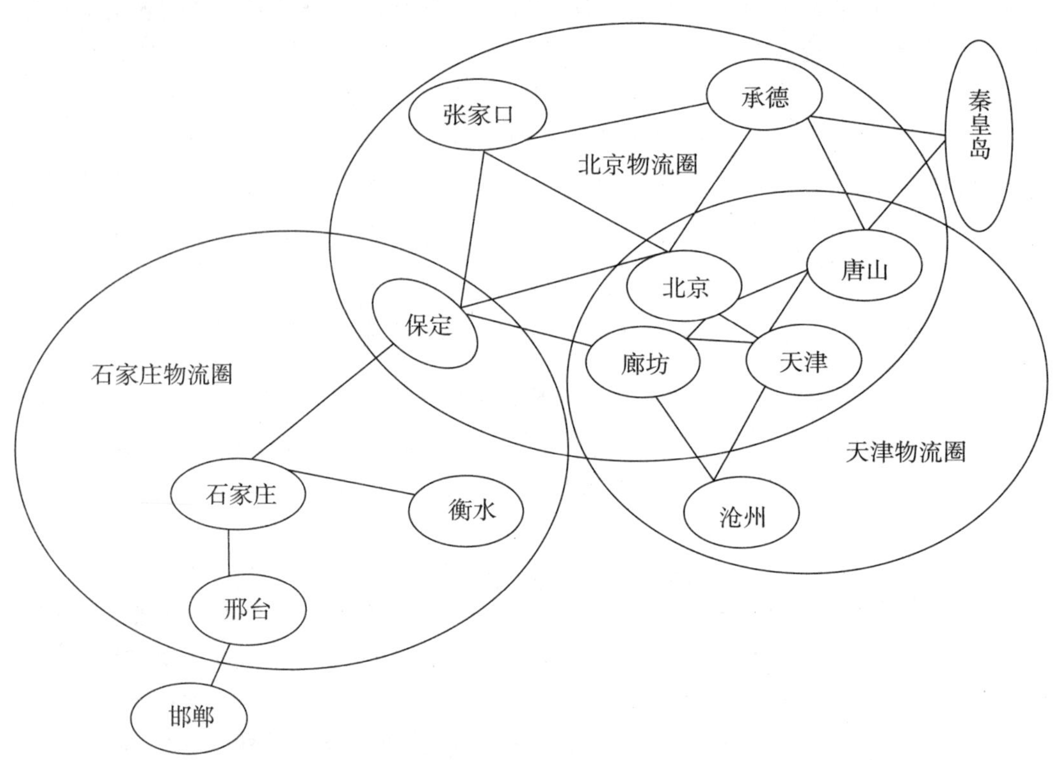

图 9－2　京津冀区域物流网络结构

一、制定京津冀经济圈交通系统的整体规划

高希波[7]在《京津冀区域物流一体化研究》一文中提出：交通运输是现代物流业发展的基础，是影响物流业效益的主要因素，也是京津冀经济实现一体化的关键。因此，京津冀区域物流业的发展，交通运输必须先行。要把京津冀的航空港、海港、信息港三者与区域及城际现代化综合交通网络有机连接起来，通过高速铁路建设和现有线路的提速，形成客货分离、高效便捷的现代化铁路网；建成由高速公路和国道干线组成的发达公路网络；建设国际枢纽机场，首都机场与天津机场协调发展，合理协作与分工。沿海港口加强协作，合理分工，形成港口体系。通过交通系统的整体规划，为区域现代物流

业的发展提供迅速、便利、安全、经济的交通网络和运输体系，促进京津冀经济和物流一体化的实现。

董水生[8]在《京津冀区域物流一体化研究》一文中认为：抓住滨海新区、曹妃甸建设的机遇，可以促进京津冀物流一体化。在近年国家加大对天津滨海新区和唐山曹妃甸建设的机遇中，京津冀，特别是京津唐三市，要通力合作，打破区域之间的封锁和垄断，加强整体规划，促进三市和物流线路的进一步畅通；要统筹考虑物流基础设施建设、物流规划、物流技术等；鼓励物流企业之间、工商企业与物流企业之间的联合，促进京津冀物流业的大发展，推进区域经济一体化的进程。

二、提高物流标准化水平

物流标准化是物流一体化的基础，也是实现物流系统高效、经济的前提。而区域物流信息平台的建设是发展区域物流一体化的核心和关键。建设区域物流信息平台，将京津冀地区的物流园区、物流基地和产业基地的信息平台进行对接，最大程度上实现京津冀区域物流标准的对接和信息共享，从而提高物流效率和降低物流成本。健全物流市场准入体系，促进物流资源的有效合理流动。健全的物流市场准入体系可以促进物流市场的公平公正和物流资源的有效合理流动，进而提高物流效率。在市场层面上，支持京津冀三地物流企业以同等待遇进入对方物流服务领域，并制定给予区域内企业同等待遇的具体政策和措施；在基础产业方面，进一步优化区域内的产业布局，如北京的主导产业可以向津冀两地转移，自身从事高端产业，从而使物流资源和产业结构匹配；在企业层面上，企业间建立物流企业诚信协调机制，以实现物流企业诚信守法等级评估的相互认可，为物流企业间开展更深层次的交流和合作奠定基础；在人才层面，加强对物流人才的联合开发与培养，促进物流人才在区域内的合理流动。

三、建立健全京津冀区域综合物流平台

物流平台包括物流基础设施平台和物流信息平台。物流基础设施平台包括公路、铁路、航空、仓储等与物流相关的基础设施。物流信息平台就是通过对相关信息的采集和集成，为生产、销售及物流企业的信息系统提供基础物流信息，满足企业物流信息系统对物流公用信息的需求，支撑企业信息系统各种功能的实现。同时通过物流共享信息，支撑政府部门间行政管理与市场规范化管理方面协同机制的建立和运作。物流平台的建立和健全，可以为京津冀地区整合物流信息资源，促进京津冀物流一体化的作用。

四、构筑区域新型产业分工格局

祝尔娟[9]在《“十二五”时期京津冀发展阶段与趋势特征分析》一文中提出：区域一体化的核心和关键是产业一体化。而京津冀三地发展阶段的不同步性、产业的互补性和层次性，恰好为产业在区域范围内的转移、集聚与链接提供了现实基础和内在动力。正在迈向工业化后社会的北京，产业发展的重点是现代服务业，不适宜在首都发展的传统工业将向周边转移，而处于工业化中后期的天津和河北，重化工业和高技术产业还在集聚、极化阶段。这“一散一聚”，恰好为区域的产业整合提供了重要契机和发展空间。从

产业的互补性看，北京的生产性服务业与天津、河北的制造业互有需求，具有很强的互赖性。从产业的层次性看，北京是区域内现代制造业的研究开发中心、技术创新中心、营销中心及管理控制中心，占据产业链条的高端位置天津的优势在于拥有先进的制造技术和手段，完备的制造产业和制造业基础，以建设现代化制造基地和研发转化基地，处于产业链条的中端位置河北省具有低价商务成本优势和基础制造业优势，处于产业链和价值链的低端。因此，以新型产业分工为基础，促进区域的产业转移、产业集聚与产业链接，京津冀完全有可能形成错位竞争、优势互补、共赢发展的区域产业分工格局，为推动区域持续增长提供强大的产业支撑力[10]。

参考文献

［1］柳天恩．京津冀协同发展［J］．中国流通经济，2015（4）：1－6.

［2］石林．京津冀地区产业转移与协同发展研究［J］．当代经济管理，2015（5）.

［3］白玉翠，田亮．京津冀地区经济发展趋势的调查报告［J］．经济纵横，2015（4）.

［4］王海鹏，冯霁秋．京津冀交通一体化——基于物流市场协同发展新视角［J］．现代管理科学，2014（11）.

［5］王爽．京津冀一体化背景下区域物流集群发展的竞合分析［J］．中国流通经济，2015（1）.

［6］曹飞．京津冀区域物流一体化的后发优势研究［J］．决策信息，2012（4）.

［7］高希波．京津冀区域物流一体化研究［J］．经济研究，2011.

［8］董水生．京津冀区域物流一体化研究［EB/OL］//廊坊市应用经济学会．第七届环首都沿渤海京津协同发展论坛论文集．http：//d. wanfangdata. com. cn/Conference/8056665.

［9］祝尔娟．北京在推动京津冀协同发展中应发挥核心引领带动作用［J］．中国流通经济，2014（12）.

［10］赵敏．京津冀协同发展：挑战与举措［J］．经营与管理，2015（3）.

（北京物资学院张志勇、白晓娟、陆园园、吕洁云、吴庆胜、史小红、周晓睿）

第十章

北京市冷链物流发展现状与对策

北京作为一个正在朝着国际化都市和世界城市目标迈进的特大型城市，改革开放30多年来，经济社会一直保持高速发展，2014年人均GDP达到99995元，达到中上等发达国家水平。按照国际发展经验，当人均GDP达到4000美元以上时，对冷链食品的需求便会大幅度提高，冷链物流进入快速发展期。对于北京这样率先达到小康水平的城市来说，对冷链食品和冷链物流服务的需求，在数量持续扩展的同时，已进入到追求质量的时期。事实证明，伴随着北京经济的快速发展和居民生活质量的提高，居民对鲜活农产品和加工食品的“鲜度”和“安全度”也越来越关注。从需求与市场的关系看，当人们的消费需求从温饱型过渡到营养型，再进入到健康型后，对营养结构和鲜度的追求以及对安全的重视，会转化为一种高层次的市场需求，推动现代农产品和加工食品流通方式的变革以及冷链物流服务体系的发展。冷链物流上水平、上档次已成为今后发展的一个重要目标。

尽管北京食品冷链物流体系经过近二十年的建设有了较大发展，生产企业、批发企业、零售企业等生产和流通环节的冷链物流设施和管理运作水平有了较大提高，但就城市整体而言，发展水平与北京作为首都和以世界城市为建设目标的要求相比，与人们对冷链食品质量需求不断提高的期望相比，在冷链物流基础设施、食品冷链保障率等方面还存在一定差距。

在上述背景之下，针对北京市食品冷链物流发展制约因素进行专题研究，有利于全面把握北京食品冷链物流体系的现状和发展特点，深入分析阻碍或者制约冷链物流发展的各种因素，通过与国际大都市相比较，找出存在的主要差距，并寻找推动食品冷链物流健康发展的有效途径。

第一节　北京市冷链物流需求与发展特点分析

冷链属于高端物流，技术性强、运作管理复杂、运营成本较高。冷链物流需求的增加和体系的发展与人民生活水平的变化以及冷链食品的生产及流通变化密切相关。随着城市居民生活水平的提高以及冷链物流需求的多样化，推动了冷链物流的现代化发展，冷链物流的需求和发展呈现出新的特点。

一、冷链物流需求呈多样化

随着社会的进步和经济的发展，人们不再单纯满足于解决温饱问题，开始追求更高层次的生活质量，更加关注饮食的营养、卫生，追求精神上的享受。随着生活水平的提高，居民食品消费理念和行为在发生显著变化，居民食品消费更加注重新鲜度、安全性、便利性、营养性，由此产生了对冷链物流的多样化需求。

（一）更加重视食品的新鲜度

冷链的作用由延长产品的保质期为主，转变成以保持产品的鲜度、提高产品的品质为主。以前冷链主要用于冷冻冷藏食品的生产加工以及储存等，是保证产品质量的重要手段；另外还用于肉禽类和果蔬类食品的国家战略储备和商业储备，以延长产品的保质期和销售期。随着消费者质量意识的改变和提高，居民不但要求产品的种类丰富、配送及时，还对食品质量、安全和新鲜度提出更高的要求。为了满足消费者对鲜度的要求、保持产品的鲜度、提高产品的附加价值，对鲜度更加重视的冷链物流快速发展。

生鲜水果蔬菜并非都需要采用冷藏运输和低温储藏，在农贸市场和超市出售的生鲜水果和蔬菜绝大部分并未采用冷藏运输和低温储藏，采用冷藏运输的一般是远距离运输的对温度极为敏感的蔬菜果品，如樱桃、香蕉、蒜苗等，以及进口的蔬菜果品。十年来，随着进口水果和高档蔬菜不断推向市场，利用冷藏运输、在店铺采用冷气货柜销售的蔬菜果品数量不断增加，特别是高收入人群比重较大的一线城市。这类采用低温运储和上架销售的蔬菜果品，属于蔬菜果品里的高档奢侈品，在价格上也远远高于一般蔬菜果品。例如，欧尚冷藏有机果蔬价格是常温普通果蔬价格的 2～10 倍。

据统计资料显示，2009 年北京市中等收入阶层比重达到了 46%[①]；2012 年 3 月底，北京市自行申报年收入 12 万元以上的高收入纳税人由 2008 年的 31.4 万人增加到 74.5 万人。中高收入阶层对于高档蔬菜果品的需求形成了一个巨大的市场，对冷链物流也提出了更高的要求。

（二）更加重视食品的安全性

北京市食品放心工程的推进以及全程温控和可追溯系统的运行，实现了肉类食品从生产到销售的全程冷链，提高了冷链的安全性，使全程监控冷链物流服务需求进一步增加。食品冷链信息追溯系统，不是对单一节点的监控，而是对整个产品从生产地到运输、销售，最后到消费者手中的全程监控。

为全面推进北京市食品放心工程，市工商局于 2005 年制定《北京市鲜肉批发市场管理规范》，要求批发鲜肉需使用冷藏车运输；肉类生产企业积极改造生产流水线及温控设施、加强产品排酸和预冷等低温加工设施建设；超市、专卖店等零售环节实现冷柜销售；

---

① 数据来源：《2011 中国城市发展报告》。

形成了肉类食品全程冷链物流体系。同时借助于龙头企业的市场交易信息平台建立便捷、高效的食品冷链物流追溯系统，如已运行的肉牛全程质量安全追溯管理系统等为冷链物流服务的安全性提供了有效监管。

北京市已形成了一个比较完整的生鲜食品加工体系，为生鲜食品就地加工增值提供了保障。生鲜食品加工企业发展对高品质冷链物流服务产生极大的需求。第一，首都农业集团、北京东升方圆种植农业开发有限公司、锦绣大地农产品有限责任公司等企业在扩大企业规模的同时，也在不断提高自身产品质量，开发自有生鲜食品品牌，全程冷链产品增加。目前，北京市农业局蔬菜质量安全追溯系统，已在东升方圆农业种植开发有限公司等40家蔬菜加工配送企业内进行了推广应用。第二，北京市利用首都市场的优势及工业集中地为载体，不断引进知名企业入驻京郊，品牌产品不断增加。如蒙牛乳业北京有限责任公司、北京汇源饮料食品有限公司等大型加工企业纷纷在北京郊区投资建厂，这些企业具有较高的知名度，品牌影响大，一旦产品出现质量问题会对企业造成严重影响，因此对冷链物流服务提出了高标准，促使一体化冷链物流服务需求增加。

（三）速食品和快餐业拉动冷链物流

随着工作节奏和生活方式的变化，人们逐渐倾向于节省“厨房时间”、给生活带来省时和便利的速食品，如速冻饺子、速冻包子、冷冻肉排等冷冻速食品以及速食米饭（自热）、速食粥、速食蔬菜等常温速食品，受到广大消费者欢迎，销售量持续增加。家庭规模的进一步缩小、生活节奏的加快、休闲时间的增加及娱乐方式的丰富，居民多数情况下选择在外就餐，特别青睐于吉野家、肯德基、麦当劳等经济快捷的快餐。

速食品和快餐均是工厂化生产的食品，这些产品的原材料在生产加工过程中以及产成品的保管、从工厂到销售店铺的运输配送过程等都需要在低温环境下进行。如速食品，消费者购买后只需简单加热即可食用；而快餐，销售店铺简单加热后即可出售。速食品和快餐等产品的流通、生产、保管等对冷链物流提出新的要求，支撑速食品和快餐业的冷链物流快速发展。

十年来，冷冻食品品种不断增加，米面主食品种由原来的20种增加到30余种，除传统的水饺、汤圆、包子等速冻点心产品已经发展到极致以外，菜肴等作为新型的冷冻冷藏品也受到企业的注重，使中华传统美食延伸到冷冻冷藏产品中。国内贸易局商业信息中心对1200家连锁店的监测结果表明，速冻食品已拥有205个品牌，其中湾仔码头、三全状元和思念金牌等高端产品成为消费首选。

据统计，全国速冻食品人均年占有量约10千克，其中，速冻米面食品为速冻食品的第一消费大类，占所有速冻食品总消费量的36.8%①。2010年，全国速冻米面食品产量为297.85万吨，人均占有量约2.3千克。根据国外发展速冻食品产业的经验，速冻食品的需求与经济发达程度相关，北京市人均GDP已达到中等发达国家水平，北京市速冻米面食品人均年消费量应在5千克，按照北京市2011年常住人口计算，北京市年速冻米面食品需求总量约为10万吨。

---

① 数据来源：凤凰网财经数据中心。

（四）食品消费结构变化拉动冷链物流

随着消费水平的提高，北京市居民食品消费从注重量的满足到追求质的提高，消费质量和消费结构都发生了明显变化，特别是农村居民食品消费结构中生鲜食品占比显著增加。对蔬菜、肉禽类、水产品、瓜果类及乳制品等冷链对象食品需求增加，必然带动食品冷链物流行业的发展。

农村居民改变了传统的以粮食为主的食品消费格局，粮食消费占比逐渐降低，由2000年的45.22%下降至2011年的35.69%；蔬菜、肉禽类、水产品、瓜果及乳制品等生鲜食品消费占比稳步增长，2011年分别达到37.01%、7.95%、1.83%、13.48%和4.04%（见图10－1）。

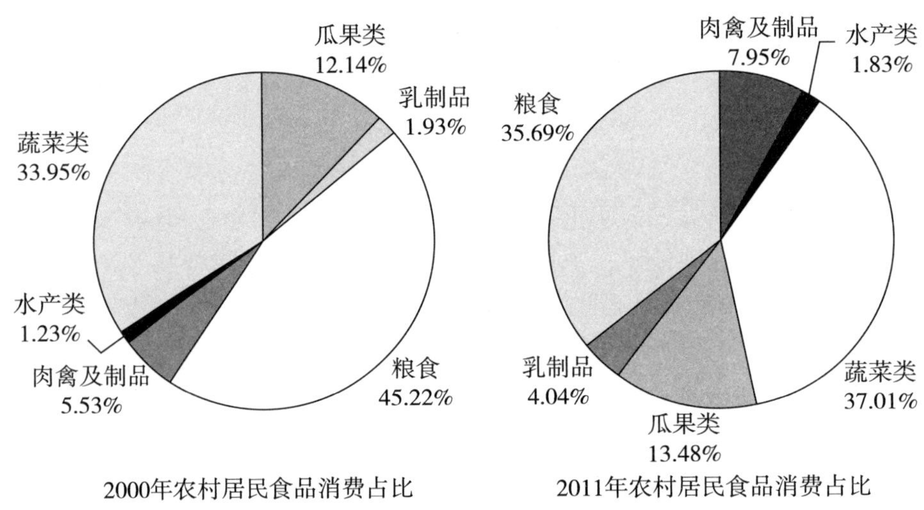

图10－1　北京市农村居民家庭人均年食品消费量占比趋势

依据北京市城镇居民人均年食品消费支出和北京市居民消费价格分类指数，得出扣除价格因素影响后的北京市城镇居民人均年食品消费支出指数（见表10－1），反映城镇居民人均年食品消费量变化的情况。1990—2011年，食品消费支出指数呈直线上升趋势，反映出食品消费量增加；肉禽类和蔬菜类消费量下降明显；瓜果类和水产品消费量呈直线上升趋势，其中，瓜果类增长幅度大于食品类增长幅度；粮食消费量呈波动上升趋势；受食品安全影响，乳制品消费量略有下降。

表10－1　1990—2011年北京市城镇居民人均年食品消费支出指数①

年份	肉禽类	水产品	蔬菜类	瓜果类	粮食	乳制品	食品类
1990	—	100.00	100.00	100.00	100.00	—	100.00
1991	—	108.33	95.98	106.66	83.08	—	101.78

① 北京统计年鉴只统计城镇居民消费支出等指标，没有城镇居民人均消费量的统计数据。因此课题组依据北京市城镇居民人均年食品消费支出和北京市居民消费价格分类指数计算得出城镇居民消费支出指数。

续　表

年份	肉禽类	水产品	蔬菜类	瓜果类	粮食	乳制品	食品类
1992	—	112.22	85.95	96.51	64.00	—	92.71
1993	100.00	134.10	92.15	119.65	104.06	—	209.31
1994	104.03	136.40	99.88	114.25	103.43	—	226.95
1995	106.85	171.10	102.51	136.93	83.97	—	238.24
1996	111.40	182.79	103.41	142.17	79.27	—	239.37
1997	116.91	186.10	115.51	128.02	76.44	—	245.02
1998	125.87	203.10	113.80	129.91	76.05	—	247.17
1999	89.47	155.83	88.95	188.90	73.80	—	205.24
2000	93.13	146.33	85.91	206.94	74.21	—	205.86
2001	92.92	165.11	86.06	218.73	76.73	—	208.49
2002	93.83	195.38	106.77	312.27	79.15	—	230.22
2003	94.49	187.69	78.74	280.04	79.93	100.00	264.37
2004	91.62	179.89	89.27	283.41	75.40	101.14	267.87
2005	93.41	180.97	81.92	294.55	72.28	103.31	271.20
2006	91.32	186.68	77.41	309.08	72.22	105.35	275.53
2007	92.07	195.88	81.96	335.78	81.57	102.73	295.56
2008	87.19	172.44	88.93	300.97	88.00	96.96	289.52
2009	85.12	183.85	81.80	312.38	81.38	96.43	286.50
2010	84.82	169.60	79.33	319.56	84.09	101.81	296.55
2011	80.02	157.00	81.77	315.30	81.90	100.67	289.66

数据来源：根据北京市统计年鉴计算所得。

二、冷链物流需求量持续增加

食品冷链物流需求总量是北京市城乡居民人均食品消费量、人口规模、各类食品的冷链流通率以及冷链环节等变量共同作用的结果，任意一个变量的变化均会带动食品冷链物流需求总量的变化。居民收入水平的提高，直接推动了食品消费升级，对生鲜食品人均消费需求增加，与不断扩大的城市人口总规模共同作用，使得冷链物流需求总量持续增加。

（一）伴随着城镇居民消费水平的提高，生鲜食品人均消费量不断增加

十年来，北京的经济持续高速增长，北京地区人均生产总值从2001年的3260美元增长到2011年的12643美元，平均增幅为26.17%。城镇居民人均消费水平由2001年的

10301 元增加到 2011 年 30037 元，农村居民人均消费水平由 4695 元增加到 13659 元①。随着经济发展水平和居民消费水平的提高，北京市居民生鲜食品人均年消费量呈稳步增长趋势。

表 10－2 和表 10－3 是依据中国统计年鉴城镇居民人均年食品消费支出以及人均年食品消费量计算出城镇居民消费的各类食品的全国平均价格，然后依据全国平均价格和北京市城镇居民人均年食品消费支出，计算得出的北京市城镇居民人均年食品消费量。从 2000—2011 年 12 年间的统计数据来看，城市居民生鲜食品人均消费量基本稳定，农村居民生鲜食品人均年消费量呈稳步增长趋势。

表 10－2　　2000—2011 年北京市城镇居民家庭人均年食品消费量②　　单位：千克

年份	粮食	肉禽类	水产类	蔬菜类	瓜果类	乳制品
2000	97.89	34.32	9.08	140.63	83.41	25.93
2001	93.36	33.46	9.81	141.06	90.01	29.57
2002	92.28	40.44	10.52	135.71	105.56	37.96
2003	91.79	40.03	10.51	133.45	101.25	44.57
2004	83.48	36.43	9.70	136.93	98.19	42.88
2005	81.27	37.76	9.75	126.91	104.53	42.28
2006	79.92	37.17	9.83	123.78	112.00	41.93
2007	87.78	37.04	8.77	123.58	107.09	38.56
2008	86.75	24.56	8.22	129.06	91.97	33.77
2009	87.87	36.05	8.63	119.09	95.61	33.59
2010	86.50	34.54	7.84	122.89	92.54	33.84
2011	81.42	33.23	7.20	116.63	81.76	29.41

数据来源：北京市统计年鉴。

表 10－3　　2001—2011 年北京市农村居民家庭人均年消费食品数量　　单位：千克

年份	粮食	肉禽及制品	水产类	蔬菜类	瓜果类	乳制品
2000	141.31	17.27	3.83	106.09	37.94	6.02
2001	133.50	16.50	4.80	108.90	37.88	9.06
2002	143.20	18.60	4.20	104.20	37.74	13.90
2003	134.10	16.80	4.20	92.80	32.80	14.45
2004	114.60	16.70	3.90	86.40	30.50	13.18

① 数据来源：《北京市统计年鉴》。

② 北京统计年鉴只统计城镇居民消费支出等指标，没有城镇居民人均消费量的统计数据。本课题依据中国统计年鉴城镇居民人均年食品消费支出以及人均年食品消费量计算出城镇居民消费的各类食品的全国平均价格，然后依据全国平均价格和北京市城镇居民人均年食品消费支出计算得出城镇居民人均年食品消费量。

续 表

年份	粮食	肉禽及制品	水产类	蔬菜类	瓜果类	乳制品
2005	128.60	20.30	4.90	92.40	31.90	14.50
2006	109.40	21.80	5.40	91.50	32.90	14.60
2007	110.00	19.60	5.10	94.90	34.00	14.60
2008	100.60	19.30	4.90	92.90	33.70	11.50
2009	99.40	21.50	5.70	96.30	38.80	12.69
2010	111.60	21.00	4.80	94.20	35.40	11.30
2011	105.10	23.40	5.40	109.00	39.70	11.90

数据来源：北京市统计年鉴。

（二）伴随北京城市人口规模的扩大，生鲜食品消费总量持续增加

2000 年北京市总人口规模达到 1381.9 万人，比 1990 年增加 300 万人；但到了 2011 年，北京市总人口规模达到 2018.16 万人（其中，城镇人口 1740.7 万人，乡村人口 277.9 万人），比 2000 年增加 636.7 万人，增幅是前十年的两倍多。

根据北京市常住人口数和表 10-2 城镇居民人均年食品消费量以及表 10-3 农村居民人均年食品消费量测算，北京市居民生鲜食品年消费量从 2001 年的 362.61 万吨增加到 2011 年的 519.53 万吨（增加 43.3%），其中蔬菜 233.31 万吨、瓜果类 153.35 万吨、乳制品 54.5 万吨、水产品 14.03 万吨、肉禽类 64.34 万吨。

表 10-4　　2000—2011 年北京市居民年生鲜食品消费量　　单位：万吨

年份	肉禽及制品	水产品类	蔬菜类	瓜果类	乳制品	合计
2000	41.58	10.77	181.18	99.82	29.26	362.61
2001	41.19	12.07	185.6	108.83	34.72	382.41
2002	50.89	13.04	183.52	129.54	46.68	423.67
2003	51.22	13.38	181.95	126.58	55.72	428.85
2004	48.35	12.71	188.96	125.89	54.94	430.85
2005	53.67	13.77	186.5	142.48	58.03	454.45
2006	54.96	14.45	187.7	157.48	59.53	474.12
2007	56.07	13.39	194.55	156.38	56.91	477.3
2008	40.28	13.08	209.5	140.97	51.54	455.37
2009	59.44	14.37	203.01	152.84	53.45	483.11
2010	64.04	14.54	233.19	165.81	60.18	537.76
2011	64.34	14.03	233.31	153.35	54.5	519.53

数据来源：课题组对居民人均食品消费量以及人口数计算所得。

三、冷链物流服务稳步发展

中外运、安得等企业通过强化与上下游企业的战略合作与资源整合，积极拓展冷链物流业务；光明乳业、双汇等食品生产企业，均加快物流业务与资产重组，组建独立核算的冷链物流公司，积极完善冷链网络，逐步向成熟的第三方冷链物流企业转变，成为冷链行业的主力军；大型连锁商业企业完善终端销售环节的冷链管理，加快发展生鲜食品配送，在做好企业内部配送的基础上逐步发展为社会提供公共服务的第三方冷链物流中心。冷链物流企业呈现出网络化、标准化、规模化、集团化发展态势。

根据冷链食品生产、流通、消费格局，为了提高冷链效率和满足不同用户的需求，冷链物流企业由传统的仓储型企业向流通型企业转变。如东方友谊集团冷链配送公司通过对原二商集团仓储型冷库进行改造，主要为北京市的250多家商超门店进行0～4℃冷藏食品的配送，北京快行线食品有限公司为北京市1700多个超市以及星巴克、呷哺呷哺等进行－23℃～－18℃冷冻食品的配送。

随着社会和企业对冷链物流认识的增强，对冷链物流服务质量要求越来越高，冷链行业竞争压力不断加强，冷链物流企业为保持其竞争优势，通过不断创新物流服务模式、整合资源等全面提升自身服务质量和水平，冷链服务由单一的仓储、运输等向跨行业、跨区域的一体化服务转变，专业化的冷链服务稳步发展。

四、冷链城市共同配送取得进展

北京市作为特大型城市，其高水平的商贸流通产业体系以及居民多元化消费方式，为城市冷链物流配送带来巨大潜力。完善的冷链物流配送节点设施和配送网络，使城市冷链物流配送快速发展，冷链配送能力得以提升。物流行业是一个存在显著规模经济效应的行业，只有通过不断地整合各种资源，实现高度集约化才能降低企业和社会的成本。共同配送是实现高度集约化的首选，也是城市冷链物流配送发展的最高阶段。

目前，政府积极推进城市冷链配送，鼓励企业以多种形式搭建共同配送平台，整合商贸企业物流需求和社会物流资源，优化共同配送管理运行模式，提高冷链食品流通配送的社会化、集约化水平。依托新发地，建设占地面积约300亩的北京城市鲜活农产品物流共同配送示范园区，建设场内智能配货系统，购置500辆小型绿色环保电动运输车，实现新发地市场内货物的调配，规范场内运输秩序。

冷链物流共同配送是指在当前冷链物流基础薄弱，在较长一段时期内难缩小与发达国家差距的情况下，一方面，充分整合现有冷链资源，建立以区域为核心的统一物流配送中心；另一方面，共同配送模式既包括一家第三方物流公司为多个客户提供服务，也包括多个配送企业联合一起进行配送，还包括多家工商企业联合投资兴建冷链物流设施，即物流配送共同化、物流资源利用共同化、物流设施设备利用共同化以及物流管理共同化。

从微观角度看，实现冷链物流的多温共配，能够提高冷链物流运作的效率，降低企业运营成本，可以节省大量资金、设备、土地、人力等。企业可以集中精力经营核心业务，促进企业的成长与扩散，扩大市场范围，消除有封闭性的销售网络，共建共存共享的环境。

从整个社会角度来讲，实现冷链物流的多温共配可以减少社会冷藏车的总量，减少因卸货妨碍城市交通的现象，改善交通运输状况；通过冷链物流集中化处理，有效提高冷链车辆的装载率，节省冷链物流处理空间和人力资源，提升冷链商业物流环境进而改善整个社会生活品质。

五、冷链物流运营网络化

近年来，随着北京城市化进程加快，农业生产规模已不能满足自身需求，从2001—2011年北京市鲜活农产品产量来看，蔬菜、肉类、水产、瓜果类等食品产量都有下降趋势，其中蔬菜下降趋势最为明显。

表10－5　　2000—2011年北京市主要农产品产量　　单位：万吨

年份	蔬菜	瓜果类	牛奶	肉类	禽类	水产品
2000	489.14	60.97	30.33	56.28	15.85	7.50
2001	491.00	71.90	42.90	55.90	15.60	7.40
2002	507.40	78.70	55.10	60.90	15.20	7.40
2003	486.70	84.10	63.30	60.60	16.20	7.10
2004	444.10	90.90	70.00	57.40	15.90	6.70
2005	373.10	93.90	64.20	53.30	16.00	6.40
2006	341.20	88.70	61.90	45.30	15.20	5.40
2007	340.10	91.10	62.20	47.90	15.60	6.00
2008	321.30	89.80	66.40	45.10	15.20	6.10
2009	317.10	90.30	67.40	47.20	15.40	5.80
2010	303.00	85.40	64.10	46.30	15.10	6.30
2011	296.90	87.80	64.00	44.40	15.10	6.10

数据来源：《北京市统计年鉴》。

依据“表10－4北京市居民食品消费总量”可知，北京市主要生鲜食品消费量分别为蔬菜233.31万吨、瓜果类153.35万吨、乳制品54.5万吨、水产品14.03万吨、肉禽类64.34万吨。通过与北京市本地生鲜食品产量比较分析，北京本地生产的瓜果类、水产类、肉禽类等生鲜食品的产量远不能满足居民的消费需求。尽管蔬菜总产量大于需求量，但在结构上和季节上，需要外埠蔬菜补充。据北京市农业局信息中心在主要批发市场调查显示，北京市的蔬菜、水果、肉类等食品主要依靠山东、河北、山西、广东、海南、内蒙古等地供应。

生鲜食品供应的地域性、远距离运销、反季节性的特点，对冷链物流服务规模和效率提出了更高的要求，特别是生鲜食品跨地区冷链干线运输和网络化的城市冷链配送服务。冷链物流区域性网络化运作体系已逐渐成熟，一是实现全程冷链的高价值特色果蔬跨区域、跨国家长途调运的一体化冷链物流体系；二是实现苹果、香梨、热带水果等特色水果产区冷藏，有计划地冷藏运输至销地的区域性冷链物流体系；三是实现蒜薹、芦笋等反季节蔬菜和特色蔬菜的南菜北运、东菜西输的网络化冷链物流体系。

六、冷链设备转向高效节能

食品冷链物流涉及原材料采购、加工、运输、储藏直至销售等多个环节。当前，各个环节均形成较为完善的技术体系，为冷链物流发展提供保障。采购环节的绿色养殖、栽培技术和有害物质检测技术，从源头上保证冷链物流质量；信息控制环节的 GPS、GIS、EDI、条码、MIS、温湿度红外遥感技术，实现全程控制；产地加工环节的真空预冷技术、冰温预冷技术，提高产品质量，延长保鲜期；储藏环节的自动化冷库、气调库、多温冷库等技术，有效延长储存保鲜期；运输环节的冷藏集装箱、“三段式”冷藏运输车等技术，实现“门对门”服务。

目前，适应北京市市情的低能耗、低成本的冷链处理技术被广泛推广，生鲜食品加工配送企业、龙头生产企业、专业冷链物流企业以及批发市场和连锁超市等，在技术改造和充分利用现有低温储藏设施的基础上，加大了先进、节能环保、高效适用的冷藏设施设备的投资力度。另外，国内外各种新型传导材料和冷链物流技术的研发成果得到有效转化，促使经济适用的预冷设施、移动式冷却装置、节能环保的冷链运输工具、先进的陈列销售货柜等冷链设施设备不断推陈出新。

七、冷链物流规模持续扩大

（一）采用冷链食品的增加扩大了冷链流通规模

2010 年我国果蔬、肉类、水产品冷链流通率分别达到 5%、15%、23%，冷藏运输率分别达到 15%、30%、40%。根据国家发展改革委编制的《农产品冷链物流发展规划》，到 2015 年我国果蔬、肉类、水产品冷链流通率分别达到 20%、30%、36% 以上，冷藏运输率分别提高到 30%、50%、65% 左右。北京市商务委和发展改革委编制的《北京市“十二五”时期物流业发展规划》指出，冷链物流发展的预期目标是到 2015 年果蔬、肉类、水产品冷链流通率分别提高 15% 左右。

由于冷链物流不仅仅是物流领域的事情，它涉及生产、流通和消费的多个领域，站在什么样的一个角度，如何提出冷链物流发展目标是一个值得深入研究的问题，但是，就目前国家和北京市提出的食品冷链物流发展目标来看，其中有以下几个动向将影响着未来冷链物流的发展。

第一，消费品位的提高要求生产者和商业经营者不断提高和保持食品的品质。冷链物流过程不会改变食品的品质，但可以保持食品的品质。随着消费者质量意识的改变和提高，消费者不仅关心食品生产完成时点的品质状态，更关心到达消费者消费时点的品质状态，保质期、货架期的严格区分，对新鲜度的苛刻要求，成为生鲜食品实施低温运输和储存销售的推动力。

第二，在冷链物流系统下流通的生鲜食品，由于保持了良好品质，提高了食品档次，延长了销售期，对于生产者和流通者来说，可以获得由于采用冷链物流服务产生的“附加价值”带来的超额利润，提高流通领域满足消费者需求的程度。

以草莓为例：同一个农户生产草莓，在低温下完成流通全过程与在常温下流通，相比其结果是完全不一样的。尽管生产出来的草莓在品质上是一致的，但在流通过程中处于不同温度下，其产品的品质是有显著区别的，由此在流通过程中可以将不同温度下的草莓分为不同的品质，对于全程采用了低温运输和储存销售的视为高端产品。

依据日本农产品流通技术研究会相关研究资料，假设草莓采摘后鲜度为100，当鲜度降到25时，即达到腐败临界点。在20℃环境下，草莓销售周期不足5天；在6℃环境下，其销售周期可达1周左右，如果在此期间采取预冷措施将温度降到1℃，销售周期可延长至2周左右；如果采摘后立即预冷至1℃，草莓销售周期可以达到20天以上。

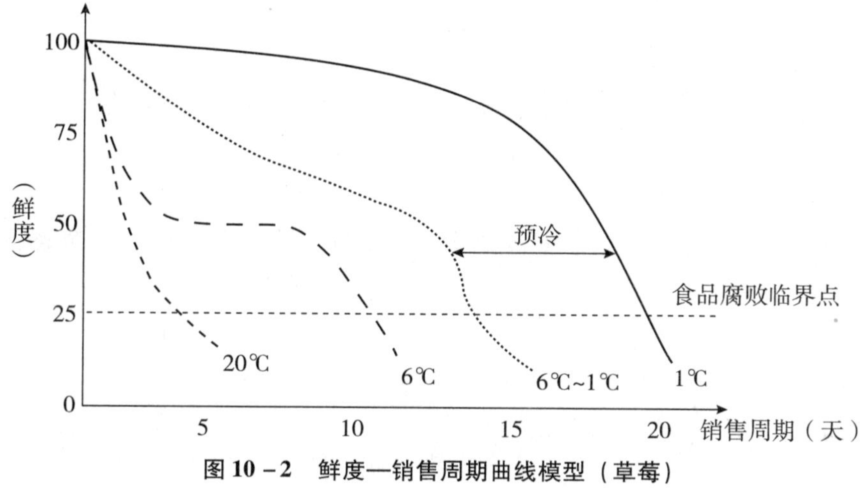

图10－2　鲜度—销售周期曲线模型（草莓）

第三，我国人口多耕地少，食品供应保障任务艰巨。在农产品流通过程中，由于没有较好的运输和保管条件，浪费现象十分严重。减少农产品流通过程浪费的一种有效方式是采用冷链物流。从这个意义上讲，减少流通领域的浪费也会成为推动冷链物流发展的动力。当然，采用低温运输和储藏是需要资源投入，也要发生费用，物流无论作为生产者还是经销者都要考虑投入与产出的关系。

在实际中，根据产品品质定位不同，可以使用相对成本支出较小的方式保持生鲜食品鲜度，例如进口、有机、绿色、无公害等高档产品采用冷藏车运输、冷库储存、冷藏货柜销售，实现全程冷链和追溯；中档产品使用低成本的冷藏手段来延长货架期，如采用加冰运输、冰柜储存等；大众化的低档产品，除长期保管外，在什么环节采用冷链是由经营成本决定的，当冷链投入成本可以弥补损失成本时，考虑使用冷链；运销量小、稀缺的果蔬类食品，由于资源的稀缺性以及产品的价值高，为了减少损失，会采用冷链。冷链的采用由收益与成本的关系决定，当冷链投入成本能通过市场价格得到合理补偿时，才会采取冷链。如第三方物流企业采用更多先进技术的动力是生产厂家对食品质量的要求，而生产企业需要给出较高的价格，物流企业才能够采用良好的温控系统。

（二）食品流通渠道多样性扩大了冷链市场容量

北京市食品流通模式如图 10－3 所示，食品由生产企业产出后，经批发企业和零售企业最终到达消费者，各环节均可能有冷链物流企业或生鲜加工配送企业参与。食品的不同流通模式决定冷链环节数量，而不同运作主体主导的流通模式其冷链发展水平存在很大的差异，需要视产品的品质定位决定是否采取冷链措施。

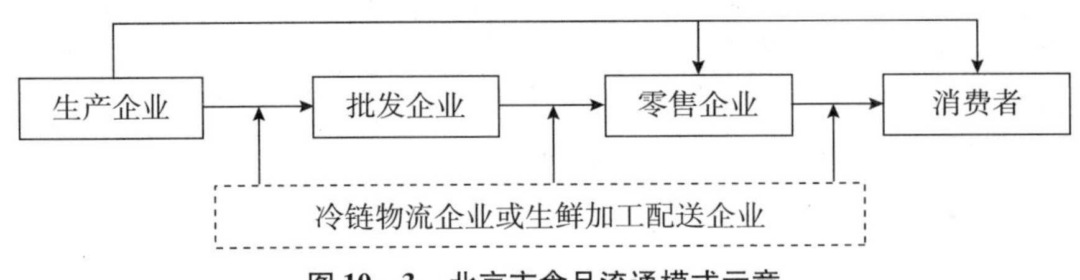

图 10－3　北京市食品流通模式示意

冷链在批发环节主要通过批发市场建设配送冷库发挥作用，服务进驻商家的临时产品存储；在零售环节主要以冷藏货柜和超市生鲜配送中心发挥作用，保证产品质量和品质，减少损耗；在流通加工环节主要以蔬菜、水果等加工配送中心发挥作用；在城市末端配送环节主要通过冷链物流城市配送企业冷藏储存和冷藏配送进行，冷链是企业实现专业化服务的必备手段。

1. 批发市场主导的冷链需求

北京市生鲜食品对外埠省市依赖程度高，外埠省市生鲜食品进京的主要渠道是北京市内的各大批发市场，目前北京市已形成以批发市场为主导的生鲜食品流通模式，以满足生鲜食品跨区域流通需求。北京市批发市场发展迅速，截至 2011 年拥有食品综合批发市场 241 个，农产品专业市场 79 个，食品饮料市场 23 个①。

大型生鲜食品批发市场通过建设冷库发挥作用，服务进驻商家的临时产品存储；使生鲜食品的储存保鲜更加专业化、规模化，有利于控制批发零售环节，为消费者提供新鲜、安全的食品。根据对北京市主要批发市场的调查，各大批发市场都自建一定的冷库，并围绕冷库资源向食品冷链上下游延伸，提供冷链加工和冷藏运输及冷储服务。批发企业对在批发市场内冷库控制力较强，但对两端控制力较弱，常出现上下游不协调现象。

从 2006 年以来有关支持农产品批发市场的政策文件来看，都涉及完善冷链系统的内容，具体包括：加强冷链物流加工配送中心建设，配置农产品预选、分级、包装、配送等设施设备，建设改造冷库等仓储设施；加强对交易厅、棚的温控改造，配置电动拖车或叉车等设备。

2. 连锁超市主导的冷链需求

随市场格局变化，零售企业特别是大型连锁超市逐渐成为市场主导力量，地位日渐上升。连锁零售集团和大型超市拥有先进的冷藏设备，使冷链产品质量和卫生能够得到有效保障；冷链产品在这里可以发挥品牌效应，得到全程质量监控。超市冷柜的出现将

---

① 数据来源：《北京市统计年鉴 2012》。

果蔬、禽、蛋等销售从农贸市场带进了干净卫生的冷藏柜，实现生鲜食品、速冻食品和冷冻食品等产品在终端的冷藏销售，课题组调研数据显示，72%的消费者选择在超市购买上述产品[①]，使得连锁超市主要的冷链需求增加。

连锁超市对冷链的需求不仅仅通过冷藏销售体现，还通过超市生鲜食品配送中心得以体现。连锁经营企业向生鲜食品冷链物流上游延伸，同生鲜食品经销商、批发商、生产基地及加工企业联合，或与规模大、货源充足的生鲜食品供应商进行长期合作，或者企业自己投资建立生鲜食品生产基地，通过建设生鲜配送中心向连锁超市及其他业态的店铺进行小批量、多批次、多品种配送新鲜安全的生鲜食品。如易初莲花、京客隆等超市自建生鲜食品配送中心，通过产地合作、食品检测、全程冷链化管理和统一配送，保证食品在冷链环境下流通。

超市生鲜食品配送中心有利于保障生鲜食品质量，统一加工和管理标准，有助于实现店铺“零库存”及减少生鲜食品的损耗，提高了生鲜食品物流效率，确保生鲜食品在整个供应链上始终处在低温状态，形成连锁经营企业自创品牌，并树立良好的企业形象。

相对于常温运输、简单存储的供应链过程，经由超市生鲜物流配送中心的食品冷链水平相对较好，保证生鲜食品品质的同时降低了生鲜食品的损耗。现代化的连锁超市配送中心的功能，不仅包括商品的储存、配送，还包括对初级生鲜产品的再加工。超市生鲜物流配送中心对于冷链物流的需求主要体现在冷藏库、冷冻库以及低温加工车间、封闭式低温分拣区和装卸月台以及冷藏车等设施设备。

3. 生鲜加工配送企业主导的冷链需求

为促进北京市蔬菜等生鲜食品现代流通体系建设、带动农民增收、保障市场供应安全，近年来北京市从政策、项目、技术、资金等方面加大了对生鲜食品加工配送企业支持力度，使生鲜加工配送企业以及社区便民菜店有了较快发展，促进了蔬菜等生鲜食品流通体系建设，带动了订单生鲜食品、品牌生鲜食品的生产。

生鲜加工配送企业主要以市内直销业务为主，主要客户包括企业和事业单位的公共食堂、连锁超市等零售企业、各种社区零售小店等团体消费者。北京市生鲜加工配送企业大体上可分为三种类型：

第一，是由农业推广部门、示范农场或科技示范园区发展起来的集技术推广、生产和销售于一体的配送企业。如北京市农业技术推广站小汤山基地北京天安农业发展有限公司，以配送超市为主，目前配送超市71家，日配送量逾20吨，年配送营业额3000万元。

第二，是依托于批发市场由流通企业发展起来的配送合作经济组织，其有一定的市场基础，并且市场开发能力较强，企业效益较好。如位于新发地批发市场内的北京市路路通生鲜加工配送中心，与广东、海南、东北、河北、山东、内蒙古等地长年合作并建有基地，发展蔬菜配送业务，在大兴区建有养殖基地，在通州西集建立蔬菜种植基地并建设产量稳定的日光温室和食用菌棚种植500余亩。

第三，是在各区、乡政府的支持下成立的配送企业，一般都与各村农民专业经济合

① 数据来源：课题组关于消费者对冷链物流认识的调查分析。

作组织建立紧密的或松散的合作，此类企业数量较大，正逐步发展壮大，其特点是与菜农联系比较紧密，如通州大运河农产品配送中心，年配送蔬菜达3000万吨，配送营业额6500万元。

为落实《北京市商业服务业迎奥运三年行动计划》，进一步解决社区居民买菜难问题，完成到2008年全市新增300家以上社区便民配送菜店的工作目标，北京市建立了几百个社区便民配送菜店。在国家相关部门和北京市政府及各区政府的指导与支持下，新发地农产品批发市场依托产品和信息优势，增加物流配送功能，与各社区街道合作，在全市六区成立120家社区菜店，其采取“统一采购、统一配送（配货、运输）、统一标准、统一品牌、统一销售”形式。

4. 第三方冷链物流企业主导的冷链需求

所谓第三方冷链物流是指独立于生鲜食品的生产商、加工商、批发商及零售商以外，为冷链物流需求方提供高效和完备的冷链解决方案，实现冷链物流的全程监控，具有整合冷链产品供应链的能力的服务模式。生鲜食品的生产商、加工商、批发商及零售商将一部分或全部的生鲜食品物流活动委托给专业的第三方冷链物流企业来完成，并与之签订契约，建立利益共享、风险共担的长期合作伙伴关系。在整个生鲜食品供应链中，第三方冷链物流企业是连接生鲜食品供销的桥梁纽带，将生产者、加工企业、批发市场、零售商和最终消费者紧密地衔接起来。

东方友谊集团冷链配送系统通过对原二商集团冷库进行改造，现有配送终端主要为北京市的250多家商超门店进行0～4℃冷藏食品的配送，包括华普全部门店，京客隆、家乐福、物美、沃尔玛、欧尚等企业的部分门店。北京快行线食品有限公司主要是为北京市1700多个超市以及星巴克、呷哺呷哺等进行－23℃～－18℃冷冻食品的配送，同时承做沃尔玛华北区生鲜配送中心所有业务。为麦当劳服务的夏晖物流在北京经济技术开发区建造冷链配送中心，已形成相对完善的冷链物流服务体系。

第三方冷链物流专业化和规模化冷链运作，能够降低冷链物流系统成本，提高冷链运作效率，有效保证生鲜食品的新鲜度，更好地满足消费者的需求。目前北京第三方冷链物流企业以传统的单一的仓储和运输服务为主，对冷链的需求体现在冷藏运输车辆和仓储型冷库两方面。而专业的第三方冷链物流城市配送企业，业务范围还较窄，主要针对冷冻冷藏食品城市配送等，再加工能力较弱，对冷链的需求体现在带低温理货区和封闭式月台的流通型冷库以及冷藏运输车辆。

第二节　北京市冷链物流服务体系现状

食品冷链物流服务体系是一个涉及食品生产、批发、零售和物流服务等多个主体和环节的复杂系统，北京市食品冷链物流服务体系包括干线冷藏运输、城市冷链配送和冷藏存储、流通加工和销售等环节，目前已形成生产加工企业冷链服务体系、批发市场冷链服务体系、面向商超的冷链配送服务体系、面向餐饮企业的冷链配送服务体系、冷链宅配服务体系、冷链干线运输服务体系以及商品储备冷链服务体系（见图10－4）。

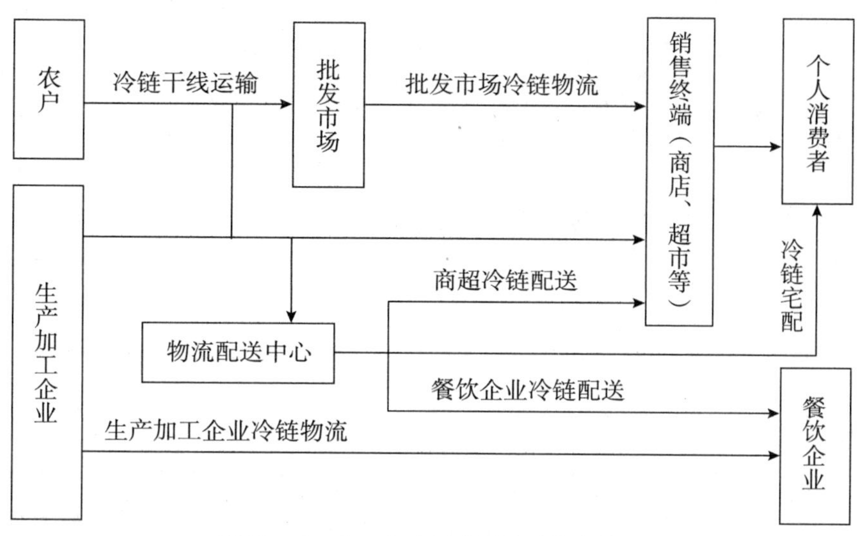

图 10－4　北京市食品冷链物流服务体系

一、批发市场冷链服务体系

批发市场冷链服务体系是指生鲜食品批发市场同生鲜食品的生产基地、经销商、专业合作社、零售商建立供应链，自建冷库和购置冷藏运输工具或整合上下游企业拥有的冷库和冷藏运输工具，负责生鲜食品在储存、运输配送、批发等环节处于低温状态的一体化的冷链服务体系。批发市场冷链服务体系是社会生鲜食品冷链物流系统的重要组成部分，批发市场中的冷链服务对于完善食品冷链物流系统和批发市场自身的升级改造具有重要意义。

（一）批发市场冷链服务模式

批发市场冷链服务模式主要包括以下几种：一是冷库服务，是批发市场内主要的冷链服务内容；二是交易场所的温控建设，目前此项冷链服务在批发市场内出现断链；三是冷藏运输车辆配置，是未来批发市场冷链服务的主要方向，即要求进出批发市场生鲜农产品的货运车辆（含送货、采购以及市场内配送车辆）根据所运产品的需要，配置冷藏车辆，如批发市场对猪肉冷藏运输车辆的规定。

从 2006 年以来有关支持农产品批发市场的政策文件来看，都涉及完善冷链系统的内容，具体包括：加强冷链物流加工配送中心建设，配置农产品预选、分级、包装、配送等设施设备，建设改造冷库等仓储设施；加强对交易厅、棚的温控改造等。如《物流业调整与振兴规划》指出，进一步加强农副产品批发市场建设，完善鲜活农产品储藏、加工、运输和配送等冷链物流设施，提高鲜活农产品冷藏运输比例，支持发展农资和农村消费品物流配送中心。

政府及其有关部门在农产品批发市场改造中，采取了财政专项资金、贴息等多种支持方式。如《农村物流服务体系发展专项资金管理办法》指出，在“双百市场工程”项目中，支持大型鲜活农产品批发市场对冷链系统，质量安全可追溯系统，仓储、分拣包装、加工配送等设施升级改造；支持县乡农贸市场对经营设施进行标准化改造。对批发市场质量安全、冷链系统等准公益项目给予直接补贴。

（二）批发市场冷链服务现状

目前，冷链在批发市场内主要通过建设冷库发挥作用，服务进驻商家的临时产品存储。冷库对生鲜食品的保鲜具有重要作用，尤其是产地农产品批发市场的冷库是农产品冷链流通的源头。目前受北京地价高、冷库运营成本高等因素影响，生鲜食品批发商倾向于在产地建冷库，然后根据市场销售情况，有计划地小批量调运商品，因此对北京市农产品批发市场内的冷库依赖较小。北京市农产品批发市场内的冷库主要用于储存少量的周转货物或者销售不完的货物。

1. 北京市农产品批发市场内各类型冷库的分布情况

目前各批发市场均建有蔬菜保鲜库、水果气调库、冷冻库等，以商户自建和市场租赁两种经营模式为主（见表10－6）。市场租赁冷库多以大型冷库为主，采用集中式制冷系统，能量调节能力低，通常被分为多个区域分别出租，由于商户经营的产品品种不同、节奏差异等，常见大型冷库内仅存少量商品运行。商户在经营区内自建小型冷库，由于对制冷技术生疏等原因，尚未完全消除食品的损耗。

表10－6　新发地和八里桥批发市场部分冷库统计

市场名称	冷库类型	数量（个）	容量	冷库租金或建设成本
八里桥批发市场	蔬菜保鲜库	15	约155吨	租金1600元/吨/年
	水果气调库	17	约333吨	租金1600元/吨/年
	门店小冷冻库	66	约450吨	自建成本3万～4万元
	大型冷冻库	41	约960吨	自建成本5万～6万元
新发地批发市场	蔬菜保鲜库	26	约312吨	租金6666元/吨/年
	政府蔬菜储备库	12	约10000吨	
	水果气调库	215	约18000吨	租金3333元/吨/年
	冷冻库	118	约12000吨	租金3500元/吨/年
	规划建设储备库		冷冻库3.6万吨 保鲜库8.4万吨	总投资2.5亿元

数据来源：课题组调研。

蔬菜保鲜库主要分布于蔬菜配送中心、特菜批发厅、菌类批发厅以及政府储备库，批发市场内交易的其他蔬菜均在露天车载市场待销；水果气调库主要分布于进口水果批发区、精品水果批发区和香蕉批发区，批发市场内交易的苹果、梨、西瓜、哈密瓜、山楂、蜜橘、柑橘、甘蔗等水果在露天车载市场待销。冷冻库主要分布在猪肉厂家直销店和专卖店、牛羊肉批发区、冷冻产品（水产品、分割鸡、牛羊肉）批发区，鲜肉多在常温下待销。

通过对新发地农产品批发市场等市场的调研，北京新发地农产品批发市场内冷冻品摊位每家有1～2个冷柜和一个小型冷库，冷柜的功率因冷柜大小而不同，但2000W左右的较多，温度基本保持在－10℃以下，小型冷冻库成本在3万元左右，可放10吨货物，纯制冷电费消耗约为2000元/月。而摊位租金为3000元/月，制冷的费用约占租金的2/3。冷库根据存放的货物不同，最低温也有区别，海鲜类、肉类货物最低温度在－18℃，水果在0～3℃。大部分商户对货源不进行加工，直接对外销售，属于纯批发作业。从以上分析可以看出，电费是运行成本的一个重要组成部分，电费的调整与冷库使用率息息相关。

2. 北京市农产品批发市场内各类型冷库的使用情况

由于缺乏先进的冷库管理理念，导致冷库的利用率并没有随着库容总量增加而增加。当生产淡季或者原料资源不足时，冷库往往处于闲置耗能状态，造成了极大的资源浪费。目前北京市农产品批发市场内各类型冷库的使用情况如下：

第一，蔬菜保鲜库利用率与销售季节直接相关。目前，由于销地冷库建设成本高、市场内限电、蔬菜销售利润低、销售时间短等原因，蔬菜批发商拥有冷库的仅占15.93%。蔬菜冷库使用率最大是在5月至10月，最高利用率可达到90%以上。在气温较高时期，批发商会将销售不完的蔬菜进行冷藏，其中菌类等蔬菜需要冷库进行储存待销；而对于其他菜种，批发商会采用较低成本的冷藏方法，如把菜放入泡沫或塑料箱子并加冰的方法保持蔬菜的新鲜度，还有一些商户会将蔬菜腐烂的部分去除后继续销售。

第二，水果气调库利用率与产品品类直接相关。各个批发市场内水果批发商户拥有冷库的约占40%，其中，香蕉、荔枝等热带特果和进口水果的经营商户用冷库进行保存水果。水果冷库的利用情况与经营者所经营的水果品种有关，大部分经营应季水果的商贩都不用冷库保存水果，尤其是经营不适宜冷藏保存的西瓜、甜瓜、部分南方水果的商户；夏季时经营易腐水果的商户会租用市场内冷库进行水果的保鲜。

第三，肉禽类冷库利用率较高。由于肉禽类的易腐性非常高，大部分冷鲜肉、冻肉以及肉制品的经营商户都会租用市场内的冷库或自建冷库，冷库利用率可以达到80%～90%。销售量少的商户也会使用冷柜对产品进行保存，部分商户在销售鲜肉过程中会采用加冰的方式减少肉类产品鲜度的损耗。

第四，水产品冷库利用率较高。对于冻品大部分小型商户由于销量小，通常采用冰柜对产品进行保存，而大型商户由于存货量大，通常会租用市场内的冷库进行储存待销产品，冷库利用率可以达到80%～90%。市场内鲜活水产品的经营商户不需要租用或者自建冷库，在运输和保存过程中只用加水和打氧就能保持水产品的鲜活。

二、生产加工企业冷链服务体系

（一）生产加工企业冷链物流服务模式

生鲜食品生产加工业是农业产业化发展的核心，是延长农业产业链的关键环节。伴随着农产品加工业的发展，生鲜食品生产加工企业逐步从分散零乱向园区聚集、从家庭作坊向现代企业转变，生产加工产品也从低质普通型向优质品牌型转变。生鲜食品加工企业利用企业资源，首先自建或联合建设社区专卖店，控制销售终端，进而建设生鲜食品物流中心或配送中心，再进一步向原料供应商延伸，这种“产供销一体化”的自营冷链物流是为了将企业做大做强，并逐渐形成以加工为核心节点，从原材料生产供应、产品加工、物流、销售到最终消费者的供应链，见图 10－5 生产加工企业冷链物流服务运作流程图。

生鲜食品生产加工企业自营的冷链物流服务，由于整个流程物流环节少，便于冷链物流的全程控制和质量安全跟踪，有利于冷链各环节的有效沟通和信息一体化，信息能够及时传递，对市场变化能够迅速做出反应，有助于提高生鲜食品附加值。但是“产供销一体化”冷链物流服务模式适用范围较窄，低温生鲜食品易发生变质，导致该模式的物流辐射半径特别是配送半径相对较小。

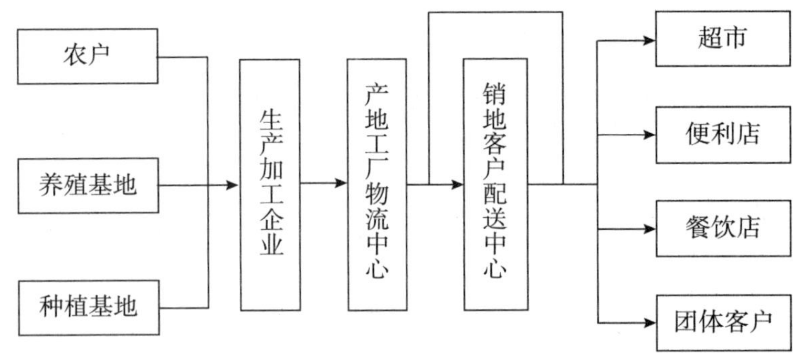

图 10－5　生产加工企业冷链物流服务运作流程

（二）生产加工企业冷链物流服务现状

农业龙头生产企业和大型食品生产加工企业，在冷链物流发展中起带头作用，发展了以龙头企业为主，辐射供应链上下游，逐步形成覆盖各类食品产业的冷链保障体系。目前提供“产供销一体化”的自营冷链物流服务的典型生鲜食品加工企业是北京顺鑫农业集团等肉类联合企业、乳制品生产加工企业等。

2010 年，北京市本地乳制品加工企业 15 个，销售额达到 64.77 亿元，液态奶产量 49.95 万吨，干乳制品产量 2.35 万吨。在北京市乳品市场上，巴氏奶，三元独占鳌头；UTH 奶，伊利、蒙牛、三元三分天下；酸奶，伊利、蒙牛、三元、光明四雄逐鹿。正是由于该行业产业集中度高，大企业收益稳定，且皆为上市公司，融资能力、抗风险能力也很强。因而，企业本身完全有能力投资最现代化冷链设备与系统。在我国第三方物流整体水平落后情况下，以巴氏奶与酸奶为主营产品的乳业集团，为了保证冷链配送品质，都组建自己的运输车队，建立自己的配送网络系统。如三元在北京的物流公司负责自己产品的仓贮、运输与配送系统。蒙牛已在全国主要的生产销售网点投建 14 个立体仓库，其中和林第六期工程的高度现代化立体化仓库，可堪称全国样板；且在和林至京津的运输车辆上安装了 GPS 卫星定点系统，以监察运输状况。另外，还聘请双汇计算机软件公司，通过采用双汇软件的 SW－ECAP 企业协同应用平台打造全程供应链管理系统，以实现蒙牛在高速扩张过程中始终能够对运营进行灵敏控制，能够对市场做出快速反应。

由于北京生猪屠宰定点规制，目前北京市定点屠宰已集中在 14 家企业手中，已形成 5 个供应市区为主、单班屠宰 3000 头的大型机械化屠宰肉类联合企业，以及 5 个以销地为主，单班屠宰 1500 头的中型机械化屠宰场。这 14 家屠宰企业基本控制北京市 2000 多家年产 1500 头的规模养猪场，以及年出栏 100 头的养猪大户，形成生猪养殖—屠宰企业—超市（专卖店）的供应链。虽然产业集中度远低于乳品加工业，但作为供应链核心的屠宰企业，也有一定能力投资专用冷链设施。北京顺鑫农业股份有限公司鹏程食品分公司是一家集种猪繁育、生猪养殖、屠宰加工、肉制品深加工及物流配送于一体的农业产业化龙头企业，是北京地区最大的安全猪肉生产基地，单厂屠宰量位居全国首位，生鲜产品在北京占有 40% 以上的市场份额，始终位居北京市场领导者地位。公司拥有国内领先专业冷却库，配备了对温度、湿度自动记录装置和运行状态进行监控的设备，采用先进的冷却工艺，进行低温冷却，抑制微生物生长，保证了肉品新鲜、营养、卫生、健康。在产品流通环节，公司配备了 200 多辆专业冷藏车，并对车辆安装了 GPS 全球定位系统，实现了生产运输全程冷链，全程监控，真正实现了从田园到餐桌的全程质量控制。

三、面向商超的城市冷链配送服务体系

商务部于 2006 年 12 月颁布《超市食品安全操作规范（试行）》，大型连锁超市对肉类、熟肉制品、豆制品、乳制品和速冻食品等需要低温冷藏、冷冻的食品，在运输、储存、销售整个流通链条中的各环节都要保证低温冷藏或冷冻，低温冷藏温度为 0 ~ 4℃，冷冻温度必须低于 - 18℃。在商场销售时，各种食品储存专柜有专人负责，定期测温、定期记录，使食品保存条件符合食品安全标准要求。从超市冷链物流配送来看，主要有自营配送模式、生产企业或供应商直接配送模式、第三方物流配送模式以及共同配送模式。

（一）面向商超的城市冷链配送模式

第一，自营配送模式。这是指商超自行创建并完全为本企业生产经营提供配送服务的组织模式。这种模式对供应链各环节有较强的控制能力，实现从商品采购到商品配送的一体化过程。但其一次性投资大，运作成本较高，容易造成资源的浪费和配送人员与设备的闲置。

第二，生产企业或供应商直接配送模式。这是指有生产企业或供应商直接将连锁企业所需商品送到各连锁门店甚至上架的配送方式。其优点是密切生产企业或供应商与连锁超市的联系；由生产企业或供应商直接配送，减少连锁超市的物流成本和实际操作步骤。缺点是不能满足连锁超市商品多品种、小批量、配送频率高、配送地点多的要求。

第三，第三方物流配送模式。连锁超市将物流配送业务部分或全部委托给专业的物流企业来运营的一种运作模式。其专业配送机制通过规模性操作能够大幅度降低成本，取得规模经济效益，减少经营风险；配送中心人员具有专业的配送知识，提高了服务水平，提高顾客的响应能力。不过连锁超市要承担连带经营责任；企业不能保证供货的正确和及时性。

第四，共同配送模式。共同配送也称共享第三方物流服务，指多个客户联合起来共

同由一个第三方物流服务公司来提供配送服务。它是在配送中心的统一计划、统一调度下展开的，是由多个企业联合组织实施的配送活动。共同配送服务有两种运作形式：第一，由一个配送企业对多家用户进行配送。即由一个配送企业综合某一地区多个用户的要求，统筹安排配送时间、次数、路线和货物数量，全面进行配送。第二，送货环节的混搭配送。仅在送货环节上将多家用户待运送的货物混载于同一辆车上，然后按照用户要求分别将货物运送到各个接货点，或运到多家用户联合设立的配送货物接收点。共同配送是指企业采取多种方式，进行横向联合、集约协调、求同存异以及效益共享，其本质是通过作业活动的规模化降低作业成本，提高物流资源的利用效率。

（二）面向商超的城市冷链配送服务现状

随着连锁超市的快速发展，人们生活习惯的改变，各类连锁超市成为市民选购鲜活农产品的重要场所。连锁超市企业纷纷开始改革经营模式，对鲜活农产品实行直采直营，采用自营冷链配送模式，减少中间供应环节。近几年，异军突起的永辉超市成为全市大型超市生鲜直采直营的典范，其卖场生鲜经营面积一般占整个超市的50%以上，经营鲜活农产品从生产基地采收的比重达60%以上，带动了市内大型超市企业纷纷仿效。但是，由于冷链物流不是连锁经营企业的主营业务，生鲜食品仅是连锁经营企业众多经营品类中的一部分，而且物流、销售、采购易形成各自为政的局面，供应链节点企业之间经常竞争而不是合作，造成冷链物流交易费用上升，冷链环节“断链”等问题。根据有关统计数据，北京市12.50%①的超市由自己的配送中心送货，在连锁企业配送中心到店面的配送过程中的控制力较强，对于供应商到配送中心上游冷链过程控制力较弱，常出现“断链”现象。

另外，农业产业化龙头加工企业、专业合作经济组织、种养大户也纷纷改变以往主要依托产地、销地农产品批发市场分销交易鲜活农产品的传统做法，逐渐直接将产品配送到超市等连锁零售企业终端。目前面对商超的冷链配送逐渐由自营配送向第三方物流服务过渡，综合考虑连锁超市的单店规模普遍较小、连锁店数不多、管理能力有限、经营的商品品种较少和范围较窄、融资难度较大等发展环境与现状，连锁超市冷链配送比较适合走共同配送的道路。

第三方物流对共同配送的促进使城市配送物流更加集约化。现在商超进货讲究少批量多频次，由于同类商品品牌多，对单一商品的需求量有限，共同配送将送达同一个门店的很多品牌的商品集中到一起，解决了单次单送少批量多品种的问题。不仅降低生产企业的物流成本，也降低超市的各品牌入库的操作难度，同时减少了整个社会的交通总流量，所以说共同配送是实现高度集约化的首选，也是城市冷链物流配送发展的最高阶段。

例如快行线负责沃尔玛华北区DC，在北京有12家门店，比如生鲜供应商有12家，在使用共同配送之前的线路是12家供应商配送12家门店要144条线路，使用共同配送后，供应商将商品送到DC，由DC统一将商品送到沃尔玛的12家门店，整个的配送线路

① 数据来源：《中国冷链物流发展报告2010》。

就变为24条线路，配送线路减少了83%，大幅度降低了城市配送用车辆的总量，减少了交通拥堵和尾气的污染。近年来，不仅快行线一直积极开展共同配送的业务模式，同时整个行业和政府都在倡导发展集约化共同配送，多方合力共同促进物流业的发展，同时也创造了社会效益。

四、面向餐饮企业的冷链配送服务体系

（一）面向餐饮企业的冷链配送服务模式

连锁餐饮行业发展势头强劲，从快餐到火锅再到饭店，连锁经营已经成为北京市餐饮业的主要经营模式。为了使餐饮企业产品的品质得到保证、服务质量得到保证以及减少损耗等，面向餐饮企业的冷链配送服务体系应运而生，冷链在连锁餐饮企业以中央厨房的模式发挥作用。餐饮业冷链配送中心最早起源于“洋快餐”，“洋快餐”的冷链物流服务体系相对比较完善，从生产基地冷链物流中心、生鲜加工中心至城市配送的冷链物流中心已形成一个完整的冷链物流体系。

面向餐饮企业的冷链配送商必须配备配送餐饮产品所需的冷冻保鲜设备，开发餐饮产品物流的冷冻保鲜技术，建立餐饮产品冷藏链，发展冷链物流，使产品可以一直处于产品生理需要的低温状态，并形成一条冷链：餐饮产品原材料、半成品—冷藏车运输—餐饮企业冷柜—厨房。只有这样才能提高餐饮产品配送效率，保证餐饮产品的质量，减少餐饮产品的损耗。

众所周知，快餐连锁企业一般都有专门的食材产地和固定的加工场所，大部分门店的食材都是由总部统一配送的，如百胜餐饮集团自营冷链物流配送为肯德基、必胜客服务，此外还有海底捞和久久丫等餐饮企业也采用自营模式。但是目前一些餐饮企业不具备专业的冷链物流运作体系，也没有专门的冷链物流配送中心，而冷链物流配送中心的建设是一项投资巨大、回收期长的服务性工程，所以这些企业与社会性专业物流企业结合，采用第三方冷链配送，进一步实现冷链物流业务的发展，麦当劳一直是采取第三方物流的合作方式，夏晖是麦当劳的全球物流服务提供商，在北京、上海、广州都建立了分发中心，有力地保障了麦当劳在中国的迅速扩张。

（二）面向餐饮企业的冷链配送服务现状

1. 百胜支持下的肯德基物流配送服务①

中国百胜餐饮集团是目前中国最大的餐饮集团，是肯德基和必胜客的母公司。百胜从1987年进入中国到现在，一直都找不到一家理想的第三方物流公司，因而该公司创造出了业内公认的“灵活而实用”的物流运营模式：自我服务+供应商提供物流服务+第三方物流服务。百胜自我的物流服务比例占50%，主要进行核心业务以及有特殊要求的产品的物流服务，配送核心城市和餐厅密集型区域的核心产品，如必胜客餐厅的沙拉、肯德基餐厅的薯条（温度要求高）；第三方提供物流服务的比例占40%，主要是在分散的

---

① 数据来源：《中国冷链物流发展报告2011》。

区域以及对温度要求不是很高的产品；供应商提供物流服务的比例占10%，如湖南省长沙市有一家面包供应商。

位于北京经济技术开发区的北京配销中心于2004年正式投入使用。北京配销中心占地面积15500平方米，建筑面积5736平方米，其中，干仓面积3002平方米，冻库面积1400平方米，冷藏库面积为400平方米。仓储部和运输部每天连续24小时营运，为超过250家的肯德基和必胜客餐厅提供最优质的服务，年配送量500万箱，年行驶350万千米。在管理方面，中心也采用了FEFO的国际标准，先到期，先出货，为食品安全和品质提供了有力保证。

百胜打造了一条完整的冷链。货物在冷库、冷藏库以及冷藏车之间周转时，都将在低温卸货码头暂存。低温卸货码头为全封闭结构，拥有充气式门封，有效控制了卸货区域的温度，这样冷藏车、低温卸货码头、冷藏库以及冻库就形成了恒定温度的货物保存空间，可以使货物在恒定温度下保存、运输、确保冷链的完整性，从而保障食品的安全与品质。

2. 海底捞冷链物流配送

海底捞是一家以经营川味火锅为主的连锁餐饮企业，为保证菜品质量，海底捞制定了完善的食品安全监督体系，还按照麦当劳全球物流配送标准建立了物流配送中心，并引进了一整套的清洗、加工、检验、冷藏和冷冻设备。

海底捞在菜品冷链中的主要做法有：

在原料采购上。所有蔬菜类菜品直接来源于农户，农户将菜从地里采摘后直接送往海底捞，没有中间商的参与，这样就缩短了菜品的市场滞留期，保证了新鲜度。同时，品质监控人员会对每一样蔬菜进行农药残留检测，只有合格的才允许收货，首先在源头上保证了菜品质量。

在菜品清洗加工上。海底捞物流配送中心的蔬菜加工车间控制在6～8℃，每天有专门的品质监控人员对食品的验货标准、各车间和库房的温度、湿度进行严格控制，并对生产现场的卫生标准进行检测监督。

在产品配送和储存上。海底捞要求整个过程必须保持在0～4℃，这就对配送的车辆有了严格的温度控制和设备要求。为了保证食品安全，对配送车辆也进行了检查、清理、消毒，并在车辆中安置好温度记录仪，以便第二天对异常温度进行分析处理，特别是在每年的5—10月和冬季，以防食物在温度不合适时不能保持鲜度或在低温下蔬菜被冻伤。海底捞每年在运输方面的投资达150万～200万元。对于时间的控制也极为严格，蔬菜类产品在物流配送中心保存时间不超过36小时，门店0～4℃保鲜库的保存也不超过36小时。

同时，海底捞还建立了菜品安全的追溯制度，从原材料的产生地开始，到加工、配送、上桌的全过程都建立了严格把关检验、记录制度；门店还专设48小时各类菜品留存制度，以保证一旦发生食品安全问题，能迅速反应，门店同时还制定了各类菜品保鲜、保质的标准和时间，建立了对过期菜品和陈菜、色泽不好的菜品的处理制度。

通过标准化的生产链条，海底捞物流配送中心每天向全国40余家直营门店输送绿色健康菜品。2008年8月，海底捞还成为北京残奥会的菜品配送商。

3. 久久丫冷链物流配送

从构成上来讲，久久丫的冷链系统主要由冷冻加工、冷冻储藏、冷冻运输及冷冻销售四个环节组成，每个环节都必须保证产品处于必要的低温环境下，以保证食品质量安全，减少损耗。除终端销售环节外，久久丫将大部分流程控制在自己手里，这种标准化生产管理模式使得“全程冷链”成为了可能。

以经典鸭脖为例，鸭脖生产出来后，必须在0～4℃的冷库里保存，为此久久丫斥巨资建立了数个自有冷库。在由工厂送往门店的过程中，久久丫在每辆车上都配了冷冻数据，下载后会有专业人士进行分析。目前久久丫有14条物流储运线，未来还会根据情况增加。为了最大程度地保鲜保质，他们希望将产品生产出来到门店的时间压缩为4小时。

久久丫还要求产品到店后必须保证在陈列柜里0～8℃环境下冷藏保存，为此每个门店都配备了冷柜，而冷柜的成本在5000元左右，加上空调的话，成本会更高。为保证经销商严格执行总部要求，久久丫特设了督导系统每天抽查，若查到违反规章制度行为，罚款几百到几千元，甚至取消加盟商资格。

4. 呷哺呷哺物流配送中心

近年来，连锁餐饮行业景气度一直处于上升阶段，各地连锁餐饮企业的规模都在迅速扩大。呷哺呷哺的扩张速度惊人，每年新开门店都在40～50家。根据呷哺呷哺的战略规划，该公司要在未来3～5年时间内，确定和巩固在国内中式快餐市场的领头羊地位。

呷哺呷哺选址北京大兴第二机场建设带，积极规划新物流配送中心。其目的是整合现有物流能力，包括常温仓库和冷库的仓储作业整合、蔬菜分拣模式的调整，使冷链仓储与配送进一步规范化。新物流配送中心于2009年7月开始规划设计，当年年底开工建设，2010年下半年竣工，2011年上半年正式投入运营。新物流中心总占地面积超过5万平方米，建筑用地面积约为3万6千平方米，其中物流与加工中心的建筑面积约为1万平方米。

物流中心建筑分为两层，主要作业区位于一层，包括：常温货架储存区、冷冻冷藏库区、生鲜作业加工区、进货验收，出货分播合流/待装车区、物流容器回收清洗区。常温货架储存区贯穿两层楼，主要采用重型货架储存大宗原材料。冷藏库兼具存储、暂存、发货三项功能，分两个温度层，0～4℃和7℃～15℃，共分三个隔间，其中一间以驶入式货架为主，另两间以后推式货架为主（用以储存多品种、大批量冷藏类货物），该货架底层为暂存区。冷冻库区位于冷藏库区的里面，温度设置为－25℃～－18℃，共分三个隔间，设备以5层高驶入式货架为主，主要储存少品项、大批量的冷冻类商品。

生鲜作业加工区的主要功能为火锅调料加工，按照各个生产工序的需要进行温度调节。进货验收/出货分拨合流，待装车区的主要功能为货物的分播、暂存、打包与蔬菜加工。收货、出货均设在同一侧月台。为避免各个作业流程互相干扰，提高物流效率，该区域根据呷哺呷哺不同温度要求的货物的不同出货时间，实行不同作业分时段操作。物流中心二层主要有核心原料的生鲜加工作业区、常温地面堆叠区、低值易耗品库区、一/二楼货品传递货梯与办公区。

目前，新物流中心运营状况良好，预计能够满足呷哺呷哺未来3～5年在华北地区门店数量增加至260～300家的物流配送需求。此外，在物流中心建筑两侧还预留有扩建空间，以备物流需求超速增长之需。据悉，按照规划，呷哺呷哺将在该项目结束后继续建设全国储备中心。

五、冷链宅配服务体系

（一）冷链宅配服务模式

凭借现代IT系统的有力支持，配送体系的逐步健全，以及人们对于高水平生活质量的追求，消费者已由网购传统的日用品过渡到蔬菜、水果等生鲜食品以及速冻食品、冰激凌等。电子商务是社会发展的趋势，但其配送过程是否能保证食品的温度及品质，需要特别的关注，由此与之相匹配的冷链宅配应运而生，冷链宅配服务的发展由市场经济的发展决定。

同时，随着冷链市场的进一步扩大，从田间到餐桌的“全程冷链”理念进而出现，要想实现“全程冷链”，其关键是实现消费品与终端消费者之间的无缝对接。冷链宅配这种从源头与消费者直接对接的冷链配送方式，既满足了电商配送的需求，保证食品的品质和质量，又使全程冷链得以实现，让人们的生活水平、生活质量得到更大的提升。冷冻、生鲜等食品的在线销售市场一经打开，冷链宅配的服务需求将急剧上升。

冷链宅配是一种个人消费者通过电子商务，订购一定数量和一定品种的冷冻冷藏食品，由服务提供方采用相应的物流技术，把指定的物品在指定的时间送到指定地点的B2C业务。冷链宅配服务在日本、中国台湾已经发展得十分成熟，北京、上海作为国内两大电商发展的领先城市，对于这一服务领域已经抢先做了尝试，并效果可鉴。目前，冷链宅配主要有三种服务模式，一是由冷链物流企业借助于电子商务平台，开展的B2C冷链配送业务，如北京快行线食品有限公司开展的宅配业务。二是垂直电商采用自建冷链物流方式开展的宅配业务，如电果网（北京）农产品有限公司运营的“宅鲜配”等。三是绿色有机食品生产基地通过自建物流或者凭借第三方物流开展的冷链宅配业务。如上海多利农庄通过雅玛多黑猫宅急便开展冷链宅配，北京顺义沱沱工社通过自建冷链物流进行冷链宅配。

（二）冷链宅配服务现状

1. 冷链物流企业冷链宅配服务

目前冷链物流企业普遍运营B2B业务，主要在供货商与销售网点之间进行物流配送，宅配业务极少。有稳定宅配业务的冷链物流公司只有进入中国不久、且局限在上海的雅玛多黑猫宅急便，而受限于投入规模和服务质量，黑猫对业务量也有着严格的限制。作为北京市食品冷链企业快行线已经做出前瞻性举措，即与京东商城、淘宝网、1号店等进行业务合作，将服务对象延伸至最终消费者，成为北京冷冻食品宅配物流中的先驱者。北京市快行线食品有限公司于2012年首试冷链宅配业务，计划通过逐步的网络推广，把快行线冷库内的2000多种速冻食品全部上线，通过冷链宅配的形式，为速冻食品打通一条新的销售通路。

目前淘宝网上有“顶点生鲜速冻食品”和“盛邦罗兰”两家网店销售快行线的冷冻

食品，而淘宝商城网店和1号店的产品上线工作也正在运作之中。普通速冻食品的售价+普通快递的物流费用，使快行线冷冻食品更具竞争优势。

快行线冷链宅配的主要运作方式是：散户订单与物流伙伴共同完成宅配；成箱订单由快行线物流自己完成。每日18点之前，北京快行线食品物流有限公司的工作人员会为来自淘宝网店的订单进行备货，将散户所需的速冻食品独立包装并放入快行线特殊的配有冰袋的-18℃冷藏保温盒，第二天便可由其物流伙伴“城市100”以常温快递的费用配送到北京消费者的家中。为了确保产品不会因温度而出现质量问题，顶点公司在城市100的全部15个配送站配备了15台冰柜，可以及时处理无人收货的状况；而成箱的订单由快行线公司为北京市各区域超市进行配送的50多辆冷藏车承担配送任务，每箱产品一般会收取30元的配送费。

随着业务量与运营熟练度的双双增大，快行线已经建立起北京宅配物流的框架，冷链食品的宅配体系也越来越完善。同时，快行线愿意配合相关职能部门共同建立北京市宅配物流体系，以解决实际困难。快行线正在努力打造其2000多种冷冻食品全部上线来开展北京市食品冷链宅配服务，业务成熟后复制此模式于全国其他城市共同进行。

2. 垂直电商冷链宅配服务

面对亟待开发的市场，为了占据先机，一些实力雄厚的垂直电商采用自建冷链的方式，硬投入进行着陆。

电果网（北京）农产品有限公司由北大光华MBA陈肇隆先生和清华经管MBA王霜女士联合创立于2006年10月10日，仰仗投资人的大力扶持，公司全体同事6年如一日，艰苦奋斗、不屈不挠、持续投入、勤奋耕耘，业务收入由创业初期每年不到50万元，增长到2011年的2000万元。

公司旗下的“电果网”是中国水果B2C电商领导品牌，专注于为中国城市高端消费者提供新鲜、优质、平价的水果产品，以及快捷贴心的宅配服务。目前在北京、上海、广州三地开展线上销售和线下配送业务，拥有忠实会员超过10万元，每天配送订单量约5000单，是目前国内公认最大的水果B2C垂直网上商城。

公司旗下的“宅鲜配”是国内领先的生鲜食品冷链宅配独立第三方服务品牌，专注于为生鲜电商、礼品公司、郊区农场等客户提供落地宅配服务。目前北京、上海、广州三地拥有冷藏库1200平方米，冷冻库2000平方米，遍布北京、上海和广州三市区的冷链配送站35个，冷链厢式货车12台，冷链宅配车150辆，专业的冷链物流送货员超过200人，每天可处理冷链宅配订单10000个。

公司旗下的“宅鲜配优选”是目前中国高端生鲜礼品领导品牌，专注于为送礼客户提供高品质生鲜食品礼品整体解决方案：种植与养殖基地及产品遴选、干线冷链仓储物流、礼品卡个性化定制、财务咨询、第三方送礼、冷链宅配、售后服务等。基于公司旗下的“宅鲜配”物流体系，实现了高品质原生态农产品、高科技冷链物流、高素质宅配员工贴心服务三者的完美结合，为收礼客户提供贴心、满意的产品和服务，帮助送礼客户实现客户关系维护、员工福利关怀等。

尽管“冷链宅配”市场受欢迎，各方人士也很热情，但是一些问题已经困扰了

“冷链宅配”的发展。中国制冷学会调查资料表明，由于没有低温保障，在“最后一公里”物流配送上，即从分销点到客户家里这一段配送路程出现“冷链断链”。导致食品、水果、蔬菜等易腐食品的品质被损坏。“断链”问题已经导致消费者对“冷链宅配”失望。

目前，在“冷链宅配”最后一公里的冷链配送上，配送设备还停留在泡沫箱和纸箱加冰这些落后的保鲜、降温设备上，有的甚至都不放冰块降温。这些设备显然不能保证冰激凌、蛋糕、蔬菜、水果等易腐食品的保鲜和保质。可以说，从定制专业的冷藏箱、保温箱、冷冻箱等冷链宅配设备到具体解决方案。这些都是“冷链宅配”所必需要解决的问题。

3. 生产基地冷链宅配服务

目前，生产基地冷链宅配服务主要是针对绿色、有机食品来展开。试图打造“都市有机农业第一品牌”的上海多利农庄宅配市场做得如火如荼。其运作方式是：自建农场种植有机果蔬，每日采摘后由玛雅多黑猫宅急便冷链配送到各户家中。随着业务量的增多，黑猫已经无法满足其冷链宅配业务，由此多利农庄已经自建冷链物流体系，并着手研发自己的QC体系，并与中国生态农业第一村称号的留民营生态农场强强携手，成功进驻北京市场。

位于平谷马昌营镇的沱沱工社农场以“当季产出、精心采摘、全程冷链、新鲜直达”为口号，专业致力于提供新鲜生态食品的网上超市。其运作模式为：早晚两次采摘与分拣，包装后每日两次配送，北京市六环以内基本能做到3小时内送达，实现农产品采摘到直达餐桌的过程。但是在北京，并没有像雅玛多那样成熟的第三方冷链宅配物流，为了实现冷链宅配服务，沱沱工社自建冷链物流体系。

沱沱工社的冷链物流配送模式是SDC（Site District Center，站点—区域站点—仓库）区域站点模式。北京近郊处有其自建的5000平方米大型冷藏仓库，作为SDC的第一站点“保鲜点”，并拥有10辆冷藏车及200多名配送人员。同时在市区设立十几个区域分站点（包括门店和小型社区房），并配备冰箱、冰柜等冷藏设备。最后在各分站点用装有保温箱及冰袋的电动三轮车、面包车进行最后一公里配送至客户家中。目前，沱沱工社正在致力于缩短其配送时间段至两小时甚至一小时，减少消费者的等候时间，真正实现“大仓储中心+小仓储站点”的新鲜有机食品冷链宅配模式。

4. 冷链宅配技术设备现状

中国制冷学会调查资料表明，目前，在最后一公里的冷链配送上，配送设备还停留泡沫箱和纸箱加冰等保鲜、降温设备上。这些设备不能保证冰激凌、冷冻及生鲜等食品的保鲜和保质。由于没有低温保障，在最后一公里物流配送上，即从分销点到客户家里这一段配送路程出现“冷链断链”，导致食品、水果、蔬菜等易腐食品的品质被损坏。

针对冷链宅配最后一公里断链问题，北京华夏通商科技发展有限公司推出适于“小批量、多批次、多品种、多温区”的“最后一公里”冷链宅配设备定制服务，从定制专业冷藏箱、保温箱等冷链宅配设备到设备的具体应用方案。设备可以满足客户不同的温度需求、不同的保温时间、不同的尺码规格、不同的外观造型以及各种搬运方式。目前，此项定制服务已经应用于 B2C 领域，设备种类主要是各种车载冷链箱、鲜奶箱、水果冰激凌箱等，用于装配在面包车、电动三轮车上。既缓解了冷链运输难、运费贵等难题，又符合打造绿色环保科技产品的理念。

六、冷链干线运输服务体系

（一）冷链干线运输服务模式

北京市主要食品需求量日益剧增，而这些食品大多为高附加值的生鲜食品，而北京本地生鲜食品的产量远不能满足居民的消费需求，这样就需要大量的外埠生鲜食品运进北京。干线运输处于商品流通中间环节，把商品从生产引入流通，从产地运往销地，从农村运往城市，是生产与销售、农村与城市以及地区之间商品流通的枢纽，干线运输一直是冷链市场最主要的运输方式，冷链在中转环节主要通过干线运输企业冷藏运输发挥作用。

目前大型冷链干线运输企业有双汇物流、荣庆物流、永贵冷链物流、河南众荣物流、中铁铁笼冷藏集装箱、康新物流、安得物流、重庆雪峰冷链、华日飞天等，冷链干线运输服务呈现出如下特点：

第一，完善的冷链物流服务设施。能提供冷链高端物流服务需要完善的冷链服务设施，从预冷的冷库、低温仓储设施到符合温度要求的长途运输冷藏车、市内冷藏配送车等冷链各环节必须保证冷链运行。

第二，以现代科技为支撑。所有运输车辆上装备了 GPS 定位系统，采用 GPS 卫星全球定位系统进行车辆调度、跟踪。冷藏车上安装车载温控仪，配合 GPS 使用 TMS（运营管理系统）、WMS（仓储管理系统）。通过统一的信息管理系统，实现信息的快速传递。完善从公司接单、调度、运输、回单、财务结算及客户信息反馈的所有业务有机结合的信息系统，以提高整体管理水平及整体协作能力。

第三，遍布全国的服务网络。如荣庆物流形成以长三角、珠三角为业务龙头、集团公司为后勤保障基地，“二纵一横”辐射全国二十多个省市公路货物营运网络。在上海、北京、广州、杭州、武汉等 110 多个大中城市设立分公司和办事处。

第四，管理规范。企业拥有严格的管理制度和操作规范，通过制定冷藏货物从接单到预冷、运输、装卸、仓储，再到市内配送每一个环节的严格管理制度、衔接制度和操作规范，保证货物流通的数量和质量，实现管理的规范化。

（二）冷链干线运输服务现状

目前，北京市食品干线运输以汽车公路运输为主，依据食品的来源地不同和产品特性，其冷链干线运输率有所不同。据课题组调查数据显示，北京市批发市场交易的果蔬等生鲜食品主要来源于北京郊区及周边、北京本地批发市场、国外进口和外埠省市（见图 10－6）。其中北京郊区及周边占 26.9%，以蔬菜、水果、肉禽类为主；北京本地批发市场占 25.75%，以蔬菜、水果为主；国外进口占 3.45%，以水果、水产品为主；外埠省市占 43.91%，以蔬菜、水果为主。蔬菜类冷藏运输率为 12.78%、水果类冷藏运输率为

21.37%、肉禽类冷藏运输率为100%、水产类冷藏运输率为47.06%①。

批发市场内不同来源地的生鲜食品的运输方式有所不同，调研数据显示，随着运输距离的增加，冷藏运输率不断上升。批发商户从北京郊区及周边采购的冷藏运输占比达13.68%，其中肉禽类占75%；从北京本地批发市场采购的冷链运输比重小，集中在水果和菌类；外埠省市采购的冷藏运输率达26.1%，蔬菜占52%；而国外进口水果、水产品等冷藏运输比例最大，部分批发商在短途接驳时，将冷的生鲜食品用厢式货车运输，在短途运输过程中也可保证产品鲜度和质量。

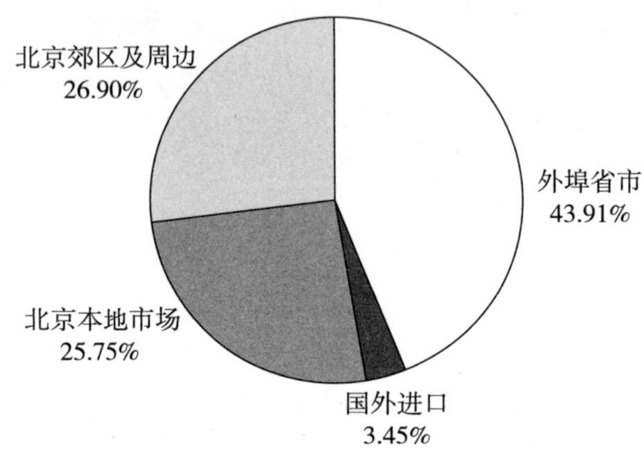

图10－6　北京市生鲜食品主要来源地分布

冷链干线运输过程中，车辆为节约成本，经常会在半途关闭制冷设备或调高车厢温度等接近目的地的时候再调到客户要求的温度。在这种情况下，尽管食品质量已出现问题，但由于尚未影响到外观及气味，很难被察觉到。直接带来两大问题：一是食品安全隐患，二是大量损耗导致食品行业效率低下，成本升高。同时，目前“一刀切”的交通管制不符合食品运输卫生和保质时效性的严格要求。由于对于载货能力一样的车辆而言，冷藏车的运输成本比普通车高出很多，而冷藏车却很少有特权，不能享受绿色通道，也比普通运输车辆承受更大的成本压力，极不利于冷链物流的发展。

七、商品储备冷链服务体系

商品储备冷链服务模式主要分为以下两种模式：一是国家战略储备，为了应对紧急情况，避免生鲜食品价格大幅波动，北京市政府在市内建设储备库储存蔬菜和猪肉等产品，并及时更新循环调配，确保储备库内生鲜食品的品质；为补充北京市场供应量，在北京周边地区储备产地蔬菜等。二是商业储备，为了规避市场风险、调解流通、平抑物价，在果蔬类产品大量上市时通过冷库储存，然后合理安排上市时间，实现延迟上市或者跨季销售。

为了应对紧急情况，避免生鲜食品价格大幅波动，北京市政府建设储备库储存蔬菜和猪肉等产品，并及时更新循环调配，确保储备库内生鲜食品的品质，其中新发地批发市场承担蔬菜储备任务、二商集团承担猪肉储备任务。

---

① 数据来源：课题组调研。

新发地市场储备库承担蔬菜政府储备任务，该库承储量为1万吨，储存品种为土豆、萝卜、胡萝卜、洋葱、冬瓜、南瓜、圆白菜、大白菜8个品种，储备期限为180天，为两节、两会、春节期间蔬菜供应充足、价格稳定提供有力保障。根据市政府储备蔬菜应急机制，遇到菜价将波动时及时抛出；行情趋稳时，及时回购补充储备，实现蔬菜储备动态平衡，尽可能保证市民及时买到新鲜蔬菜。新发地批发市场正在规划建设一个12万吨的储备库，30%为低温库，用于储备肉类，70%为高温库，用于储备普通蔬菜，预计总投资2.5亿元。

北京市新发地农产品批发市场与海南省合作，共同高标准建设一座3万吨的储备库，主要用于冬春季储存海南瓜果菜。冬季每天进入北京新发地批发市场的海南农产品达到4000~8000吨，在新发地批发市场占有率达40%。储备库建设，不仅能有效保障首都“菜篮子”供应，还能提高海南农产品品质，避免冻伤。同时储备库也起到蓄水池的作用，防止农产品价格大起大落。

产地储备冷链系统建立步伐加快，使蔬菜采摘后直接进入可以延长保鲜期的冷链体系，可以实现蔬菜错季销售，避免因蔬菜过于集中上市而导致价跌滞销的状况，保证农民利益，实现增收的目的。例如，山东烟台的苹果采摘基本入库储存，当季价低时不销售，等到春节价格上涨时才适当出库销售，甚至可以填补翌年市场淡季；而陕西的苹果由于没有冷库储存，在当季采摘后要立即销售，造成苹果大量滞销，农民收入减少。樱桃、葡萄等保鲜期短的产品通过冷库储存，可以延迟上市时间长达2~3个月；苹果、梨、胡萝卜、山药、土豆、蒜薹等保鲜期较长的产品通过产地冷库储存，气调库储藏的产品可以填补翌年4~7月市场淡季，实现跨季销售。

北京新发地农产品批发市场目前正在加紧建设“环北京农产品供应圈”或称“环北京农产品供应护城河”，在北京周边农产品主产区布局多个分市场储备产地蔬菜，以补充北京市场供应量。2010年，新发地在北京周边农产品主产区建设了涿州、定兴、高碑店、张家口、承德、滦平、遵化、大同8个分市场。北京每年夏冬两个蔬菜自给淡季时，山西、内蒙古等地区通过大同农产品批发冷链物流基地，将向北京直供蔬菜40余万吨，菜价可降低6%左右。基地冷库项目的建成，有利于新鲜蔬菜的保鲜，保证首都食品的供应安全，促进农产品扩大流通范围，促进当地农民增收。

第三节　北京市冷链物流服务能力分析

一、北京市食品冷链物流基本服务能力分析

（一）冷链资源环境

冷链资源主要包括仓储资源、运输资源、信息系统资源等。根据调研，北京市各冷链物流资源现状如下①。

① 资料来源：《北京食品冷链物流调查报告》。

1. 冷库资源分析

冷库是冷链物流中最重要的仓储资源，是冷链中不可缺少的物流节点。近年来北京市冷库容积增长速度较快。据北京食品科学研究所不完全统计，北京市2008年冷库总容量为130万立方米，折合容积为39万吨（假设全是冻结库）。《中国冷链物流发展报告2011》统计数据显示，2010年北京市冷库资源总量约为60万吨。其中商业型冷库容量为42.6万吨，企业自用冷库容量为10万~16万吨，另外还有大量农民自建的小型冷库。除传统的冷藏库、冷冻库外，还有专业性冷库，如变温库、气调库、立体自动化冷库、超低温冷库等。按本市冷库容量上限60万吨计算，北京市2010年人均冷库占有量为0.031吨，仅为美国的5%左右。

储备型冷库居多。北京市大部分冷库是在原有的储备型冷库的基础上改造而来的，20世纪七八十年代建造的比例高。为了满足低温配送需要，冷库需要温度控制的分拣区和封闭月台。据调研，13.95%的企业能够对冷库分拣区进行温度控制；冷链企业88座冷库共有封闭月台68个，平均每个冷库拥有0.77个，其中66座冷库没有封闭月台，常温露天装卸，做不到冷藏车与冷库的无缝衔接。北京市冷链企业拥有冷库分拣区的平均面积为335平方米，其中，大型企业冷库可达1000平方米以上，小型企业冷库不足80平方米。分拣作业机械化程度低，物流响应速度受到制约。

冷库以氨制冷系统为主。近几年，新建的冷库多采用氟制冷系统，但是传统大型冷库制冷系统大多采用氨制冷系统。在调研的能够确定制冷剂的67座冷库中，45%的使用氟制冷剂，55%的使用氨制冷剂。由于氟制冷存在环保问题，而氨制冷剂是绿色制冷剂，因此也是国际发展趋势。

北京市冷库节能降耗较好。政府的政策支持和电价的调整对冷库运营成本影响很大，而北京的电价比较稳定，因此冷库的运营成本的变动相对较小。北京市冷库平均用电为每天每立方米0.4度，按每度电0.75元算，每天冷库每立方米的电费就有0.3元。相对来说，北京市冷库的年耗电量和全国冷库平均年耗电量相比少很多，但与先进国家地区相比存在较大差异（如表10-7所示）。

表10-7　北京市冷库与中国、日本、英国吨冷藏库年耗电量对比

单位：千瓦时/米^3·年

中国			日本		英国	
北京平均	上海平均	全国平均	日本先进	日本平均	英国先进	英国平均
74	62	106	32	52	16	60

资料来源：《中国冷链物流发展报告》。

2. 冷藏车资源分析

近年来，北京市冷藏车增长速度较快且制冷机质量较好，但人均占有量低。截至2009年9月底，北京市拥有冷藏车2405辆，约为2007年的1.8倍，2006年的2.3倍。在所调研的841辆冷藏车中，82.8%使用的制冷机为价格较高、质量较优的国外品牌，17.2%使用国内品牌；50%的冷藏车拥有温度监控设备。据北京市统计年鉴，2006年冷藏车占全部货车的0.60%，2007年为0.74%，远低于美国1.5%的比例。北京市约7200人使用1辆冷藏车，而美国约1500人、日本约867人使用1辆冷藏车。

表10－8　　2009年北京市各类冷藏车数量及占比统计

类　型	2吨以下	2～4吨（含）	4～8吨（含）	8吨以上	总计
数量（辆）	1882	239	189	95	2405
占比（%）	78.25	9.94	7.86	3.95	100

资料来源：《中国冷链物流发展报告》。

冷藏车运输业务以市内配送为主。2吨（含）以下的冷藏车1882辆，占比高达78.25%（见表10－8）。在冷藏车通行方面，为缓解北京交通压力，从2009年11月15日起，"外省、区、市载货汽车全天禁止在五环路（含）以内道路行驶。但为北京市运送生产生活物资的外省、区、市载货汽车，在办理进京货运通行证后，准许每天0时至6时进入五环路（含）以内道路行驶。"

由于只有拥有通行证的货车才能方便进入市区进行配送，而在进入北京的冷藏车中超过40%没有市内通行证，因此冷链车运载能力尚未充分发挥。市内配送业务中每辆冷藏车平均每日配送点较多。食品冷链物流企业每辆冷藏车平均每日配送26个网点，网点以大型零售连锁企业和餐饮企业为主。物流企业冷藏车每次配送网点多、每个网点配送食品数量少、停车开门次数多、冷量损耗大，配送效率较低。

3. 信息技术资源分析

2008年奥运会的召开，促进了北京市食品冷链企业信息技术的提升。参与奥运会服务的食品冷链企业能做到仓库温度数据自动采集、作业现场操作摄像监控、冷藏车运输途中温度监控和GPS车辆监控。

北京市冷链信息化建设情况。在信息化建设方面，据调研，北京市冷链相关企业冷库管理中有40%拥有仓库管理系统（WMS），49%的企业拥有仓库温度自动记录监控设备，56%的企业能进行摄像监控，9%的企业应用了射频技术。在冷藏车的管理中，26%的企业拥有运输管理系统（TMS），37%的企业能做到运输途中的温度监控，30%的企业能做到GPS车辆监控。所调研的企业都是行业内规模较大的企业，信息系统仍有待完善，可见整个冷链行业的信息技术应用水平有待提高。企业间信息共享程度低。企业所使用的信息系统基本独立，相互分割，缺少一个供应链上的物流信息平台实现信息共享，信息不畅造成企业间协作困难、效率低。

目前，国家出台相关政策加大食品冷链物流信息化建设扶持力度，同时大力推进食品冷链物流技术应用。财政部和商务部于2012年2月发布《关于2012年开展肉菜流通可追溯体系建设试点有关问题的通知》，通过建立肉类蔬菜流通追溯管理平台、建立流通节点追溯子系统、探索适用的追溯技术手段、大力发展现代流通方式和加强配套规章和制度建设完善肉菜流通可追溯体系试点建设。其中专项资金支持重点包括肉类蔬菜流通追溯管理平台建立和流通节点追溯子系统建立。商务部于2012年6月发布《关于推进现代物流技术应用和共同配送工作的指导意见》，支持标准化配送中心建设、改造，鼓励企业建设立体化仓库、采用先进的分拣设备、设施，引导企业加大冷库设备更新改造，鼓励建设低耗节能型冷库。

食品安全溯源系统是依托现代数据库管理技术、网络技术和条码技术，将整个食品链，从生产、加工、包装、储运、流通和销售所有环节进行信息记录、采集和查询的系统，可以溯源查询到食品源头和流向，当食品发生问题时，可以追溯查询到每个环节，为食品的安全保障提供了有效监管。

2002 年北京市商委制定了食品信息可追溯制度，明确要求食品经营者购进和销售食品要有明细账，即对购进食品按产地、供应商、购进日期和批次建立档案。2004 年由北京市农业局和河北省农业厅共同承担农业部的“进京蔬菜产品质量溯源制度试点项目”，由河北 6 县市蔬菜试点基地使用统一的包装和产品标签信息码，向北京市新发地和大洋路两地批发市场供货。北京市顺义区于 2005 年 9 月 20 日率先启动蔬菜分级包装和质量可追溯源制。2006 年北京市政府将“初步建立北京市蔬菜质量安全追溯系统，在全市 20 家蔬菜加工配送企业推广应用质量安全追溯标识”列入为市民办的 59 件实事任务之一。

通过一年的努力，建立了北京市农业局食用蔬菜质量安全追溯系统。北京市农业局蔬菜质量安全追溯系统是北京市农业局为实施农产品质量安全管理，界定生产与经销主体责任，保障消费者知情权而建立的管理系统。目前在蔬菜品种上选择部分企业先行试点。该系统的主要功能是实现农产品生产加工、包装、储运和销售全过程的信息跟踪。从 2006 年年初确立到 2007 年已经基本开发完成，开通了 4 种查询模式（网站、短信、电话、触摸查询屏），该系统由最初的 15 家试点单位扩大到在北京天安农业发展有限公司、东升方圆农业种植开发有限公司等 40 家蔬菜加工配送企业内进行了推广应用，覆盖生产基地面积 12 万亩，其中有 5 个生产基地可实现生产过程查询，在华堂商场亚运村店、美廉美超市北太平庄店、易初莲花通州店、沃尔玛石景山店等多家超市内安放了触摸查询屏。2007 年，随着北京奥运会的临近，食品安全追溯管理列入《2008 年北京奥运食品行动纲要》的实施意见中。通过近四年的探索和实践，北京市农产品质量安全体系已经初步形成了政府负责、社会协同、公众参与的管理格局。另外还有由中国农业大学和北京华芯同源科技有限公司研制的中国肉牛全程质量安全追溯管理系统以及北京世纪三农食品安全解决方案“食品安全溯源管理系统”已经在试运行。

（二）冷链政策环境

1. 国家食品冷链物流产业政策

发展冷链物流有利于减少食品等在流通过程中的损失，也有利于提高食品等的安全性，对提升企业竞争力、改善民众生活都有积极的作用。基于此，国务院、国家发展和改革委、商务部等部门近年来均出台了相关的产业政策，以促进冷链物流行业的发展。主要包括：积极发展以鲜活农产品冷藏和低温仓储、运输为主的冷链物流系统；加强生鲜食品冷链物流的整体规划，制定有利于冷链物流发展的相关法规、标准和制度，强化冷链物流相关标准的推广应用和衔接工作；加强鲜活农产品产地预冷、预选分级、加工配送、冷藏冷冻、冷链运输、包装仓储、电子结算、检验检测和安全监控等设施建设；鼓励和支持多家企业联合建立生鲜配送中心，推动产地配送中心的建设；鼓励第三方物流企业强化低温冷链系统建设，实现冷链物流配送的专业化、规模化、组织化。

2006年12月8日，商务部正式颁布了《超市食品安全操作规范（试行）》（以下简称《规范》），对超市经营的冷冻冷藏食品的运输、验收、储存、销售以及流程管理等各个环节操作程序和方法都做了详细说明和要求，具有较强的操作性。《规范》旨在通过大型连锁超市执行《规范》的示范作用，逐步带动食品零售企业执行，并发挥对企业经营的指导作用，推动连锁超市的规范化运营，提高超市食品安全管理水平，增强消费者购物信心，提升流通领域的食品安全管理水平。

2. 国家冷链物流扶持政策

除了在大行业政策方面的规划外，政府主管部门和相关行业协会、学术委员会也积极在行政、财政、法律、行业标准方面对冷链物流行业给予支持。

2002年国家劳动和社会保障部批准颁布了《冷藏工国家职业标准》，为在食品冷冻、冷藏行业内从事冷藏商品的搬运、堆码、保管和对库房内设备进行维护保养的人员制定了职业标准。2005年发布的《商务部、财政部、税务总局关于开展农产品连锁经营试点的通知》指出，对试点企业建设的冷藏和以低温仓储、运输为主的农产品冷链系统，可以实行加速折旧的办法进行财政支持。2009年1月发布的《财政部　商务部关于做好支持搞活流通扩大消费有关资金管理的通知》指出，农村物流服务体系发展专项资金重点支持“双百市场工程”建设，支持大型鲜活农产品批发市场对冷链系统、质量安全可追溯系统、废弃物处理系统以及仓储、分拣包装、加工配送等设施升级改造。

3. 北京市食品冷链物流政策

《北京市食品安全监督管理规定》和《北京市鲜肉市场管理规范》都明确规定肉禽类使用封闭式冷藏车运输，冷却肉销售要备有0～7℃的冷藏货柜。自2008年1月1日起施行《北京市食品安全条例》，规定运输、销售需低温保存的食品，应当使用冷藏车辆、冷藏设施；冷藏温度应当符合食品标签明示温度以及食品安全要求。为北京市食品安全的源头管理和全过程控制提供了法律保障，严格市场准入，加强食品安全风险管理，强化食品安全责任，构建了安全食品供应体系和食品安全保障体系。

《北京市“十二五”时期物流业发展规划》提出，物流现代化水平持续提升，到2015年，果蔬、肉类、水产品冷链流通率分别提高15%左右。支持连锁经营的商业、餐饮企业调整优化配送中心布局；支持冷链物流专用设施建设；实施食品冷链技术应用示范工程；完善食品冷链物流体系。在试点的基础上，推动以信息技术和冷冻冷藏技术为代表的现代科技在冷链物流中的推广应用，提高冷链物流发展的整体水平。

表10－9　冷链物流法律法规一览表

分类	颁布单位	文件名称	施行时间
规划	国务院	国家食品安全监管体系“十二五”规划	2012.6
	国务院	物流业调整和振兴规划	2009.3
	国家发展和改革委、农业部、科技部	全国食品工业“十一五”发展纲要	2006
	国家发展和改革委	农产品冷链物流发展规划	2010.6

续　表

分类	颁布单位	文件名称	施行时间
规划	商务部、发展和改革委、供销总社	商贸物流发展专项规划	2011.3
	农业部	农产品加工业“十二五”发展规划	2011.4
	北京市食品安全办	《北京市食品安全行动计划（2011—2015年）》	2011.7
	北京市商务委	北京市物流业调整和振兴实施方案	2010.2
	北京市商务委员会 北京市发展和改革委	北京市“十二五”时期物流业发展规划	2011.11
法律	全国人大	中华人民共和国农业法	2002.12
	全国人大	中华人民共和国农产品质量安全法	2006.12
	北京人大	北京市食品安全条例	2008.1
法规	国家质监局	有机产品认证管理办法	2005.4
	商务部	超市食品安全操作规范（试行）	2006.12
	商务部	流通领域食品安全管理办法	2007.1
	国家工商总局	流通环节食品安全监督管理办法	2009.7
	北京市人民政府	北京市食品安全监督管理规定	2003.1
法规性文件	国务院	关于进一步加强农村工作提高农业综合生产能力若干政策的意见	2004
	国务院	促进流通业发展的若干意见	2005.8
	国务院	关于进一步加强鲜活农产品运输和销售工作的通知	2008.1
	国务院	促进物流业健康发展政策措施的意见	2011.8
	国务院	加强鲜活农产品流通体系建设的意见	2011.12
	国务院	深化流通体制改革加快流通产业发展的意见	2012.8
	商务部	推进现代物流技术应用和共同配送工作的指导意见	2012.6
	商务部	关于加快我国流通领域现代物流发展的指导意见	2008
	商务部 农业部	关于开展农超对接试点工作的通知	2008.12
	交通运输部	关于进一步完善和落实鲜活农产品运输绿色通道政策的通知	2009.12
	财政部、商务部、税务总局	关于开展农产品连锁经营试点的通知	2005
	财政部 商务部	关于做好支持搞活流通扩大消费有关资金管理的通知	2009.1
	财政部 商务部	关于2012年开展肉菜流通可追溯体系建设试点有关问题的通知	2012.2

续 表

分类	颁布单位	文件名称	施行时间
法规性文件	市食品安全委员会	加强北京市水产品市场准入管理的意见	2006. 11. 1
	市食品安全委员会	关于进一步完善北京蔬菜市场准入制度的意见	2006. 11. 1
	北京市工商总局	北京市鲜肉市场管理规范	2005. 7
标准	国家标准	食品工业基本术语（GB 15091—95）	1994. 12
	国家劳动和社会保障部	冷藏工国家职业标准	2009
	全国物理标准化技术委员会	冷冻食品物流包装标志运输和存储标准	2009
		冷藏食品物流包装标志运输和存储标准	2009
	上海市质督局	食品冷链物流技术与管理规范（DB31/T 388—2007）	2007. 7

4. 北京市食品冷链物流标准

已颁布相关冷链标准按国家、行业、地方标准分类统计（见表 10 – 10）。

表 10 – 10　冷链物流标准统计

类别	国家标准	行业标准	地方标准	总计
数目	70	86	35	191

在冷冻、冷藏标准制定上，上海率先出台冷链物流标准。2007 年 8 月，作为国内第一个食品冷链物流的地方标准，上海市《食品冷链物流技术与管理规范》地方标准通过评审，并于当年 10 月 1 日正式实施。

2009 年 11 月，浙江省正式开始实施省级标准的《药品冷链物流技术与管理规范》。这是我国冷藏药品物流的首项管理标准，目前正申请上报为国家标准。这预示着我国冷藏药品冷链物流服务质量将有规可循。

2010 年 5 月，江苏省食品药品监督管理局出台《江苏省药品冷链物流操作规范》，进一步规范全省各地药品冷链物流的操作行为。

迄今为止，还没有北京市的冷链物流标准，从这个角度北京市没有走到前面。

（三）冷链管理体制

1. 食品安全监管机构

根据 2004 年 9 月印发的《国务院关于进一步加强食品安全工作的决定》（国发〔2004〕23 号），以及中央编办《关于进一步明确食品安全监管部门职责分工有关问题的通知》（中央编办发〔2004〕35 号）两个文件，确定食品安全行政监管职能主要由 4 个部门承担。农业部门负责初级农产品生产环节的监管；质检部门负责食品生产加工环节的监管，将由卫生部门承担的食品生产加工环节的卫生监管职责划归质检部门；工商部门负责食品流通环节的监管；卫生部门负责餐饮业和食堂等消费环节的监管。从横向职能配置看，中央一级食品安全监管职责涉及环保、农业、质检、商务、工商、卫生、药监、科技、公安等部门。在纵向配置上，有垂直管理、半垂直管理和分级管理，造成职能交叉分散，相关设施不配套，阻碍监管作用发挥。

2. 食品冷链物流管理机构

北京市食品冷链物流管理主要是按照物流的各个环节和流程进行管理，如国家食品药品监督管理局的食品安全监管司、国家质量监督检验检疫总局的食品生产监督司、国家工商行政管理总局的食品流通监督管理司、国家发展和改革委经济运行调节局、商务部的流通发展司和市价秩序司及市场建设司等国家机构，以及北京市发展和改革委、商务委员会、市规划委等市属机构都对冷链负有职责。虽然有相应的工作协调机制，在一定程度上能够弥补管理分割的缺陷，但仍然难以做到日常管理高度协调一致和有效避免由此导致的冷链物流发展资金、项目和资源分散等问题。在制定食品冷链物流发展相关政策时，很难做到系统性、集成性和创新性。

3. 冷链标准化管理组织

2009 年不仅是中国冷链的发展年，更是冷链标准的起航年，其中，一个重要标志便是于当年 11 月 30 日成立的全国物流标准化技术委员会冷链物流分技术委员会（冷标委），据悉，2009 年获批的冷链国家标准就有 8 项，《冷链物流企业服务条件评估》等六项标准都会作为“冷标委”2010 年的工作重点相继启动，此外，冷标委还将进行关于冷链物流信息化示范工程及“十二五”冷链产业政策的调查及讨论。

同时，中国物流与采购联合会历经数月调研，在充分听取了中外运集团、中农发集团、山东鲁商集团、中集集团、烟台冰轮等冷链行业企业建议后，决定组织设立具有行业特色、跨部门、跨行业、跨区域的冷链物流专业组织——中国物流与采购联合会冷链物流专业委员会（冷专委），以充分整合分散的冷链市场，优化社会冷链资源，推动中国冷链物流健康持续发展。

由于我国按照产品属性进行部门纵向管理的特色，冷链物流服务资源被分散在食品、初级农产品、生物医药等各个领域。在中国物流与采购联合会的统一领导下，“冷专委”筹备秘书处与“冷标委”的合署办公，将有利于突破产品行业和政府部门分离的界限，整合行业力量，规范市场秩序，推动冷链物流产业长期可持续发展。

二、北京市食品冷链物流高端服务能力分析

（一）冷链高端服务现状

高端服务主要包括技术服务、供应链战略服务、市场预测和响应服务、项目管理服务、供应链设计服务、管理创新服务、流程再造服务、信息化平台服务等。就北京市整体冷链物流服务体系而言，能提供综合性、全过程、集成化、一体化的现代冷链物流服务的专业企业不多，目前服务主要以货物代理、仓储、库存管理、搬运和定向性运输为主。为了提高冷链效率和满足不同用户的需求，冷链服务由单一的仓储、运输等服务向跨行业、跨区域的一体化服务等高端服务转变。

第三方冷链物流发展以食品生产企业为母体的第三方物流企业和独立第三方物流企业共存并进。目前主要的冷链物流企业有山东荣庆、天津康新、河南双汇物流、河南众

品冷链物流、永贵冷藏、重庆雪峰、中外运上海冷链物流有限公司、北京华日飞天、北京市快行线食品物流有限公司、东方友谊食品配送公司以及与麦当劳长期合作的冷链物流体系相对完善的夏晖物流。

专业冷链物流企业多以区域性服务为主，企业规模以中小型居多。特别是在奶业，专业冷链物流服务的发展比较缓慢，利用专业冷链物流的乳品企业为数不多。专业冷链物流企业建立“服务至上”的准则，将企业之间的竞争转化为服务上的竞争。只有提高了服务水平，才能够获得更多客户。在冷链物流服务中，诸如“断链”之类的情况应严格杜绝，从各方面着手来保证产品质量。另外，专业冷链物流企业根据客户的产品特征、业务流程、顾客特征、竞争需求等方面的不同要求提供针对性强的个性化服务，帮助客户将产品按时、保质送达，帮助客户的同时也有利于物流企业自身的发展。

几乎所有的冷链物流企业均意识到，不断提升服务质量和水平，提高客户满意度，才能促进企业的健康发展。在实际操作过程中，一些冷链物流企业通过内部考核指标，对配送及时率和损失率进行统计和考核，并努力通过提高及时率，降低损失率，不断加强品牌建设，提升服务质量和水平。

（二）冷链高端服务模式

1. 全程冷链物流解决方案服务

凭借多年食品物流运作经验，快行线食品有限公司的服务范围涉及日配、副食、加工各个领域；商品包括冷冻、冷藏、常温不同种类；服务网络覆盖北京市内各种业态的大卖场、综合超市、便利店及大中型购物中心、百货商场、酒店。“快行线”的物流服务产品是完全以客户为中心，按照其特点与需求量身定制个性化物流运作方案。除了配送以外，还有仓储管理和增值服务，单据及信息服务，包括供应链服务。而“快行线”的专业服务更体现在每个细小的流程上，因为专注，所以专业。快行线专业服务主要包括以下几方面：

第一，城市配送，采用统一的服务标准使冷链商品在全国 23 个城市的 2160 家卖场、超市、酒店等终端实现今日订单次日达，加急订单可在 4 小时内送达。第二，点对点运输，为客户提供从本地冷库至超市配送中心、经销商、集散地等异地冷库的大宗货物运输服务。第三，保管及仓储服务，现代化、高标准冷库保证商品存储及品质，专业仓储服务保证库存准确，提高库存周转。第四，信息服务，通过信息化控制，实现产供销一体化，缩短订货周期，提高供应链水平。第五，规划与业务流程再造，推物流运作模式进行规划、实施和执行，不断优化再造客户的业务流程，强调供应链的集成化管理及增值服务。第六，物流支持与咨询，为客户提供一切商务活动的物流支持和物流咨询服务。第七，成本核算，有利于成本核算、简化操作流程。

2. 冷链集成服务

在面对国内外肉食品行业发展的新形势、新挑战下，河南众品以“中国肉类产业链整合商”和“冷链食品服务集成商”战略定位，并已逐步构建起了现代食品加工制造和冷链物流服务产业体系。

目前行业的发展阶段已到了供应链与供应链之间的竞合关系，众品通过第一产业、第二产业、第三产业之间的联动，整合产业链资源，构建起统一、高效、安全、舒畅、便捷的供应链体系，并利用加工制造业和冷链物流服务业的联动，率先发展起以冷链物流为基础的温控供应链集成服务业务。

众品食业以冷链物流为核心的产业链整合服务，不但打造了贯通养殖、研发、生产、物流、终端在内的"全产业链"体系，而且还积累了行业领军的冷链物流实力，这在满足众品自身冷链物流需求的同时，也为众品与国内外知名餐饮品牌、知名肉企巨头建立冷链物流集成服务合作关系奠定了前提条件。

以冷链物流为核心促进肉类产业链整合。现今，众品在全国已规划建设了15个销地生鲜物流配送中心和10个产地生鲜加工配送中心，以及3个连接产销两地的综合物流基地，物流服务和市场网络覆盖全国26个省、区，形成了以大中原为中心，辐射华东、华北、中南、东北等主要产地和销地的物流网络。

在这样庞大的冷链物流网络体系配合下，河南众品在每个加工基地都配套了生鲜物流加工配送中心，把仓储、运输、库存管理、信息服务、供应链优化、航空物流、金融以及为客户提供原料基地管理、流通加工、检测、包装等增值服务融为一体，以开放带动了全产业链资源整合。

聚焦冷链集成服务，成国内、国际企业值得信赖合作伙伴。而今，众品不仅与许昌胖东来、洛阳大张、新郑好想你，以及小肥羊建立了紧密合作关系，还在为国际知名餐饮品牌如百胜、棒约翰、麦德龙提供着冷链物流服务。其实早在2010年年底，众品就对原有的ERP系统进行了更新升级，并实现了自有冷链系统与客户监控系统的对接，方便客户实时监测货物仓储状态及配送情况。

除此之外，众品还特别看重与国际领先肉制品企业建立和发展冷链物流业务的合作。据了解，目前在建的、总投资12亿元的昆山众品冷链物流基地建设项目，是众品集团全球供应链联盟合作的重要平台。该项目建成达产后，预计年物流量可达到150万吨，并将成为长三角区域规模最大、标准化程度最高、技术最先进、服务功能最完善的国际级冷链物流枢纽。

第四节　北京市冷链物流发展制约因素分析

北京是特大型消费城市，正朝着世界城市目标迈进，对冷链食品需求量大且对品质要求高，健全的冷链物流体系建设尤为重要。尽管北京的食品冷链物流体系经过近二十年的建设有了较大发展，生产企业、超市、批发市场等生产和流通环节的冷链物流设施和管理运作水平有了较大提高，但就城市整体而言，发展水平与北京作为首都和以世界城市为建设目标的要求相比，在冷链物流基础设施、食品冷链物流服务效率、食品冷链物流管理体制等方面还存在诸多不足，成为制约北京冷链物流发展、上水平的制约因素。

一、来自冷链物流行业方面的制约

1. 冷藏设备保有量低

近年来，本市冷藏车增长速度较快且其制冷机质量较好，但人均冷藏车占有量低。

截至2009年9月底，北京市拥有冷藏车2405辆，约为2007年的1.8倍，2006年的2.3倍。但是，北京市冷藏车占全部货车的比例较低，人均冷藏车拥有量大大低于发达国家。据北京市统计年鉴，2006年冷藏车占全部货车的比例为0.60%，2007年为0.74%，远低于美国1.5%的比例。北京市约7200人使用一辆冷藏车，而美国约1500人、日本约867人使用一辆冷藏车。

政府为缓解交通压力，规定冷藏车要取得通行证才能进入城区进行配送，而且只能在非交通高峰期进行配送，冷藏车实际运载能力尚未充分发挥出来。易腐食品的消耗量逐年增长，配送任务逐年增加，因此企业也只能用面包车配送。事实表明，由于面包车的载重量远远小于冷藏车，反而使城市交通更加拥挤，冷链物流市场更加混乱。

2. 冷库功能性短缺，且分布不均衡

冷库是冷链物流中最重要的仓储资源，是冷链中不可缺少的物流节点。近年来本市冷库容积增长速度较快，但制冷设备状况不容乐观，多数冷库仍存在装卸设施不完善，环保安全等问题。根据2011年中国冷链物流发展报告统计数据，2010年北京市冷库资源总量约为60万吨。但是，北京市人均冷库占有量较低。按本市冷库容量上限60万吨计算，北京市2010年人均冷库占有量为0.031吨，仅为美国的5%左右。

北京市冷库总量很大，但是大部分是由传统存储型冷库改造而成，冷库是功能性短缺，存储型冷库没有缺口，适合某种产品或者某种特殊要求的冷库存在缺口，如流通型冷库。此外，北京市冷库分布不均，冷库建设中就存在着重视肉类冷库建设，轻视果蔬冷库建设；重视城市经营性冷库建设，轻视产地加工型冷库建设；重视大中型冷库建设，轻视批发零售冷库建设的现象。

3. 信息技术应用比例较高，但信息共享程度低

现代物流是在信息技术基础上发展起来的，食品冷链的一体化对信息技术要求更高，既要通过信息技术掌握冷链物流全程动态，又要在各环节间传递和流转信息，还应该具有信息的可追溯性，因此信息技术是食品冷链物流的主要支撑要素。

据调研，北京市冷链相关企业冷库管理中有40%拥有仓库管理系统（WMS），49%的企业拥有仓库温度自动记录监控设备，56%的企业能进行摄像监控，9%的企业应用了射频技术。在冷藏车的管理中，26%的企业拥有运输管理系统（TMS），37%的企业能做到运输途中的温度监控，30%的企业能做到GPS车辆监控。所调研的企业都是行业内规模较大的企业，信息系统仍有待完善，可见整个冷链行业的信息技术应用水平有待提高。但是，企业间信息共享程度低。企业所使用的信息系统基本独立，相互分割，缺少一个供应链上的物流信息平台实现信息共享。信息不畅造成企业间协作困难、效率低。

二、来自食品冷链物流需求方面的制约

1. 收入分配失衡，冷链发展动力不足

北京快速发展的地区经济成为食品冷链物流发展的直接推动力。根据发达国家食品冷链物流发展的经验，人均GDP达到4000美元，冷冻冷藏食品市场将呈现快速发展的特点。2011年年末，北京市人均GDP已达到16251.9亿元，折合12643美元，恩格尔系数几年稳定在32%左右，这两项指标显示北京社会生产力发展的综合水平和整体的富裕程

度已经在中等偏上收入水平的上限，接近发达国家的水平，预示着北京市冷链物流行业已经进入快速发展时期。但是，北京不断增大的基尼系数表明收入差距有夸大的趋势，占多数的中等以下收入阶层是推动食品冷链物流发展的主体，分配失衡将使食品冷链物流发展失去持续动力。

2. 冷链物流价值认识缺乏，冷链需求驱动力缺失

生鲜食品未使用合理的运输方式会使其变质甚至腐烂。而课题组调研数据显示，仅有40%的消费者认为食品会严重变质，且影响使用；22%的消费者认为虽然会变质，但是不影响使用；其他消费者则认为不合理的运输方式只是会使食品外观变化或者口感不新鲜，不会造成严重的后果；说明消费者缺乏对食品冷链物流价值认识①。从食品冷链物流企业到消费者等利益相关者对食品冷链物流价值的认识程度会影响整个行业发展。各相关主体认识到食品冷链物流对食品流通的重要价值后，会产生相应的冷链物流需求信息，在企业间以及企业利益相关者之间进行传播，最终形成需求驱动力推动整个行业发展。因此，缺乏食品冷链物流的价值认识是北京市冷链物流发展的一大制约因素。

三、来自食品冷链物流服务体系的制约

1. 上下游企业运作不协调，冷链一体化服务水平低

根据北京市食品供需状况分析，北京市食品供应源对外依赖度较高，食品冷链系统复杂，整个链条参与企业多，跨区域供应链协调难度大，常出现“断链”现象。由于中国冷链物流专业化和产供销一体化水平不高，从农业的初级产品来看，虽然产销量巨大，但在初级农产品和易腐食品供应链上，既缺乏食品冷链的综合性冷链物流服务企业，也缺乏供应链上下游之间的整体协调，因此在一些局部发展中存在严重的失衡和无法配套的现象。例如，在冷库建设中就存在着重视肉类冷库建设，轻视果蔬冷库建设；重视城市经营性冷库建设，轻视产地加工型冷库建设；重视大中型冷库建设，轻视批发零售冷库建设的现象。

2. 冷链物流企业发展不均衡，冷链专业化服务水平低

食品冷链的市场化程度很低，缺乏大型的第三方食品冷链物流企业。冷链物流需要先进的设施和严格的管理，从专业分工的视角考虑食品企业通常把产品委托给第三方物流企业运输（例如，麦当劳把食品物流全部交给夏晖第三方冷链物流企业来做）。但目前北京市流通领域缺少具有地区乃至全国影响力的大型第三方物流企业，缺乏行业规范，引起物流企业间恶意的价格竞争，不利于冷链发展。当前，北京市主要冷链物流企业包括北京市东方友谊食品配送公司、北京三新冷藏储运有限公司、北京市快行线食品物流有限公司、夏晖物流（北京）有限公司、中外运裕和冷链物流有限公司、北京中冷物流有限公司等，这些冷链物流企业多数服务于占冷链食品较小比例的高端食品企业和连锁零售企业，多数鲜活农产品、速冻食品、冷饮等仍以自营或由力量分散、竞争无序的小微个体经营者和小微企业承担。由于行业发展环境不成熟，外资或中外合资冷链物流服务商理由自身的管理和技术优势，掌控冷链食品高端市场，形成快速发展态势，而国内

① 数据来源：课题组关于消费者对冷链物流认知的调查分析。

多数小规模服务商在中低端市场艰难经营，形成冷链物流市场不平衡发展态势。

3. 企业运营管理重视不够，冷链流程合理化程度低

食品冷链作为一个环节多、跨度大的系统工程，需要各部分紧密的配合协作，因此，应该采用先进的运营管理手段及技术推进物流的合理化。食品冷链是一个跨行业、多部门有机结合的系统工程，需要各环节紧密配合协作。因此，要保证一体化食品冷链的高效运作，除了各类冷藏专业技术之外，更需要有先进的冷藏链管理技术来进行有效管理，应用先进的冷链管理技术推进物流合理化。

4. 城市末端冷链配送不畅，冷链配送服务效率低

北京市冷链物流城市配送受交通管制措施、配送节点不完善、微循环系统不畅等因素的影响，超市门店收货排队长、货车在城市的通行受限，没有专门的物流车辆停车装卸车位、零售终端收货标准低导致冷链中断等城市末端配送不畅的问题较突出，制约和影响着“最后一公里”的食品冷链物流服务效率。

四、来自食品冷链物流管理体制的制约

1. 冷链物流条块分割管理，冷链监管不力

食品冷链物流管理主要是按照物流的各个环节和流程进行管理，北京市食品冷链物流发展缺乏冷链行业政策法规和标准推广和执行的监测监管机制。由于管理部门对食品冷链物流的重视程度不够，冷链的行业标准制定缓慢且没能有效普及推广，可以说目前还没有形成完整的冷链标准体系。此外，地区政府法律、法规和政策体系不健全，国家冷链物流监管体系的建设速度也有待提高。因为只有对冷链各环节标准执行情况进行有效监管，才能使得标准得以更加彻底的实施和推广。目前，大部分批发零售企业没有严格执行相关法律法规，而政府的各相关管理部门对这种违反规定的行为缺乏应有的监督和查处，造成了批发零售企业的食品冷链断链严重，冷链食品存在安全隐患。而且食品冷链市场较混乱，行业门槛太低，很容易让一些卫生管理不规范的企业进入。

2. 行业协会作用未充分发挥，冷链协调不畅

行业协会对北京市冷链相关行业的发展进行有效的协调和引导，在政府与企业之间起着桥梁与纽带作用，并在完善行业管理过程中发挥重要作用。行业协会一方面应积极宣传政府的方针、政策和法规，推广贯彻行业相关标准；另一方面应代表企业利益反映企业的呼声，对政府完善政策及改善企业经营提出意见和建议。同时，行业协会还从不同角度起到沟通情况、协调关系、提供信息、咨询服务等作用。然而通过本次调查发现，相关行业协会在对加强北京市食品冷链相关企业之间的沟通、协调和发展引导方面做得还不够，对企业执行相关行业标准宣传贯彻力度不足，其职能并没有得到充分发挥。

第五节　北京市冷链物流发展对策与趋势

随着我国经济的持续快速稳定发展，人民生活水平不断提高，国家越来越重视食品、药品安全，许多行业例如肉制品业、冷饮业、奶业、速冻行业等都有了飞速发展，这些都引发和带动了冷链物流业的发展。目前冷链物流已成为热点话题，冷链物流将会是物

流市场中极具发展潜力与发展空间的一个亮点，未来它将会朝着绿色、环保、优质、安全、快速、低成本的方向发展。为了达到适应北京国际大都市发展的冷链物流发展目标，更好地促进北京市食品冷链物流发展，应从以下几个途径出发：

1. 从宏观的政策扶持到微观的设计与选用，注重冷链设施设备的适用性

首先，要重视现有冷链物流基础设施的利用和改造，通过对其规模、布局、功能进行科学的整合，提高其使用效率，发挥其综合效能。在终端零售环节，由于食品的交易量小，冷藏货柜和冰柜等简易的冷藏设施设备即可满足要求，如果店铺面积较小，可以采用家用空调制冷；在流通环节，食品出入库频率高，需要封闭式月台和低温分拣理货区的流通型冷库；在产地储存环节，食品大批量入库，出入库频率低，传统仓储型冷库即可满足要求。有些食品对温度要求较高，但是对湿度要求同样高，采用冷藏车运输，会造成水分流失，而采用加冰方式运输既能保证温度，又能保证湿度；根茎类等食品在地窖中储藏，与土接触可以有效地防止食品空心。

其次，加大冷链物流基础设施投资，优化基础设施布局。通过合理的规划和适当的投入，达到冷链物流上下游设施设备资源的合理配置、城乡冷链物流资源的平衡发展、区域冷链物流设施设备的合理配置，形成完善的冷链物流网络，从而提高冷链物流系统的运营效率，降低冷链物流对象产品物流过程中的损耗。冷链硬件设施投入侧重于冷库设施建设、冷库技术水平提高和多元化发展冷藏车辆等方面。在冷库方面，逐步建立一批符合北京市经济发展需要的现代化冷藏库和冷链物流配送中心，快速发展适合农户建造使用的微型冷库。进一步整合冷藏车市场，开发不同用途的车辆，如适用于超市冷饮、牛奶、冰激凌、冷藏药品等配送中心短途和小批量运输所使用的小吨位车型和适用于长途运输需要的大容量、大吨位的车型。

冷链物流设施设备要具有良好的适用性，只有适应市场的设施设备，才能给冷链行业起到推动的作用。先进的设施设备，一次性投入大，一些企业会在成本和利润之间作一个平衡，倾向于采用相对投资较低的传统设施设备。因而在冷链物流设施设备建设的前期可通过政府财政支持、贴息贷款、给予税收优惠等产业引导和激励政策引导企业投资冷链物流，发挥税收政策的调节作用，对易腐食品采取全程冷链的供应链节点企业给予税收减免等优惠政策等。并指定专门的部门管理冷链事务，引导企业走向良性的发展，最终过渡到以企业为主、政府为辅的模式。当然，这是一个漫长的过程，不会在一朝一夕中实现，但可以在像北京这样的大都市试点。

2. 提高冷链物流服务质量，积极推进城市冷链物流共同配送

所谓共同配送就是多家企业共同组建配送中心，或者共同委托第三方物流的一种高度集约化的物流配送模式。物流行业是一个存在显著规模经济效应的行业，只有通过不断地整合各种资源，实现高度集约化才能降低企业和社会的成本。共同配送就是实现高度集约化的首选，也是城市冷链物流配送发展的最高阶段。

共同配送之所以能够降低物流的成本，是因为集约化程度的提高，使得人工、设备和设施费用分摊到了很多共享的客户身上。这些零散客户共享所带来的生意就像大客户所带来的生意量一样大，从而发挥物流的规模效益，进而节约成本，这些成本的节约反过来又可以使销售企业实施更加优惠的低价优惠。发展适合中国国情的共同配送模式从以下几方面入手：第一，完善和提高终端零售企业的收货标准，由需求方按照收货标准监督供应方，商业流通管理部门应该要求零售终端建立科学的、切实可行的冷链商品收货标准，通过规范化的测温、控制收货时间、控制损耗率等手段，提高冷链的品质；第二，实行城市冷链夜间配送，有效解决城市交通拥堵问题，给企业和社会带来很大效益；第三，政策性扶持参与共同配送模式的相关企业，对参与共同配送模式的企业给予一定的税收或资金支持；第四，实现冷链物流的多温共配，提高冷链物流运作的效率，降低企业运营成本，减少运输车辆的使用，提升冷链商业物流环境进而改善整个社会生活品质。

3. 鼓励冷链物流技术创新，积极推广各环节冷链技术的运用

冷链物流技术创新是促使冷链物流发展的技术保障，在技术创新的同时，积极推进先进技术的在冷链物流各环节的运用，来提升冷链物流产业的整体水平。与此同时，加快标准化技术认证体系的建设，还要大力培养冷链物流技术的中高端人才，以支撑先进冷链物流技术的研发、应用和推广。

第一，在标准化原料基地建设方面积极采用 GAP、GVP 等先进的管理规范，使用环境友好型栽培（养殖）管理技术和先进、快速的有害物质分析检测技术等，从源头上保证冷链物流的质量与安全。第二，使用先进的产地加工技术，提高产品质量、延长保鲜期。预冷作为冷藏品生产加工中的第一道工序，其关键在于一个“快”字，包含了许多在不伤害产品质量的情形下快速降温的先进技术。第三，在储藏技术装备方面，积极采用自动化技术及库房管理系统等，延长产品的贮藏期。第四，在运输技术与装备方面，将朝着多品种、小批量和标准化、法规化的方向发展，节能和注重环保将未来发展的主要方向。第五，在信息技术方面，依托各类生鲜农产品优势产区、重要集散地区和大中城市等集中消费地区，建立区域性各类生鲜农产品冷链物流公共信息平台，实现数据交换和信息共享，优化配置冷链物流资源，为建立冷链物流产品监控和追溯系统奠定基础。

4. 提高冷链物流市场化程度、加强冷链物流市场管理

冷链物流在物流业务中，其基础设施、技术含量和操作要求都很高，是一种高端物流，往往是企业的薄弱环节。冷链物流的专业化、高难度以及基础设施的高投入，使得一般企业很难进入该领域。冷链物流服务需求企业的物流业务外包是一个发展趋势。提高冷链物流的市场化程度，加速第三方物流企业的介入加速第三方物流企业的加入有三个理由：由于冷链物流的专业化以及基础设施的高投入，进入的门槛很高，一般的企业很难依靠自身的力量达到冷链运输的要求。从冷链物流行业的发展趋势、市场的需求导向以及企业长期发展来看，专业的第三方冷链物流企业是未来参与冷链物流市场竞争的主体。第三方物流企业的服务网络和信息系统相对来说比较健全，这能很好地提高冷链物流的在途质量、准确性和及时性，同时食品冷链的成本和商品损耗也能有所降低。因此，要大力发展第三方冷链物流企业，提高第三方冷链物流供应商的冷链物流能力。

政府主管部门制定与冷链物流发展相适应的政策和激励措施。逐步加强冷链物流及相关行业的综合管理，完善市场机制，建立市场准入机制，规范和整顿市场秩序，打破行业和地区的分割和垄断，为第三方冷链物流企业创造良好的市场公平竞争环境。

规范食品冷链物流市场。要建立完整独立的冷链物流体系，首先建设的初始就要有一个规范的市场，要用道德和法律的手段保证冷链物流市场在良性中竞争、发展。在对冷链行业发展现状进行深入调研分析和对未来发展进行科学预测的基础上，科学地制订冷链发展规划，引导企业在冷链行业进行良性发展，从而避免大打价格战导致冷链市场混乱以及各地引发新的“冷链热”而盲目投资重复建设局面的出现。同时要加强供应链上下游之间的整体规划与协调。

5. 完善冷链政策和监管机制，提高冷链行业管理的规范性

冷链物流关系食品的质量安全，需要对整个冷链过程实现无缝化监管，以避免少数企业不端行为损害企业和广大消费者的利益。完善的监管体系需要政府、行业组织、企业多方参与，形成长久有效的互动机制，借助现代的信息技术手段，实现冷链物流的全程监管。

政府应当完善冷链发展的政策和鼓励措施，加强行业规划的方向性引导；行业组织应发挥沟通协调作用，制定并落实行业整体规划和行业规范；相关企业应根据市场规则具体运作，形成多方互动的监管机制，合力推动冷链物流的发展。国家有关部门要制定有利于冷链物流产业发展的相关法规和制度。从冷链物流全程的角度进行制约，应尽快建立食品冷链标准，将其纳入食品市场准入制度中。

针对我国当前冷链物流标准化存在的问题和国际冷链物流标准化的发展方向，结合我国冷链物流相关企业的实际需求，政府和企业应加强对物流标准化工作的重视，制定数量合理、易于推广实施的冷链物流标准，冷链物流标准化建设和标准的推广任重而道远，是一个长期、逐步、不断调整完善的过程。

加强对冷链操作标准执行的监督力度。国外的冷链物流之所以做得如此的好，一方面是政府制定了严格的标准要求和行业行为规范，另一方面是企业受到了多方面的监督，这种监督包括：国家相关部门的监督、企业员工的监督、社会上的监督。

参考文献

［1］王树祥．中国农产品现代物流发展战略研究［M］．北京：科学出版社，2012.

［2］黄德林，安岩．农产品流通研究［M］．北京：中国农业科学技术出版社，2010.

［3］邓汝春．冷链物流运营实务［M］．北京：中国物资出版社，2007.

［4］刘佳霓．冷链物流系统化管理研究［M］．武汉：湖北教育出版社，2011.

［5］李学工．农产品物流框架体系构建［M］．北京：中国物资出版社，2009.

［6］李碧珍．农产品物流模式创新研究［M］．北京：社会科学文献出版社，2010.

［7］刘芳，Sherri D. Clark 等．易腐品冷链百科全书［M］．2 版．上海：东华大学出版社，2011.

［8］中国物流与采购联合会冷链物流专业委员会，全国物流标准化技术委员会冷链物流分技术委员会，中国物流技术协会．中国冷链物流发展报告（2012）［M］．北京：中国物资出版社，2012.

［9］SHERRI D CLARK，周水洪，欧阳军．易腐食品冷链百科全书［M］．上海：东华大学出版社，2009.

［10］李晓锦．现代农产品物流组织模式研究［M］．北京：中国农业出版社，2008.

[11] 中国物流与采购联合会. 中国物流统计年鉴（2012）[M]. 北京：中国财富出版社，2012.
[12] 中国物流与采购联合会冷链物流专业委员会，全国物流标准化技术委员会冷链物流分技术委员会，中国物流技术协会. 中国冷链物流发展报告（2011）[M]. 北京：中国物资出版社，2011.
[13] 中国物流与采购联合会冷链物流专业委员会，全国物流标准化技术委员会冷链物流分技术委员会，中国物流技术协会. 中国冷链物流发展报告（2011）[M]. 北京：中国物资出版社，2010.
[14] 兰红杰，李援朝，等. 北京市冷链物流报告 [M]. 北京：中国财富出版社，2012.
[15] 孙红菊. 农产品冷链物流浅析 [J]. 物流技术，2009 (3)：158－159.
[16] 郝教敏. 肉制品贮藏与加工 [M]. 北京：中国社会出版社，2008.
[17] 兰洪杰. 食品冷链物流系统协同对象与过程研究 [J]. 中国流通经济，2009 (2).
[18] 焦必方，方志权. 中日鲜活农产品流通体制比较研究：从生产者到消费者 [M]. 上海：上海财经大学出版社，2002.
[19] 孙明燕，兰洪杰，黄锋权. 冷链定义浅析 [J]. 物流技术，2007 (10)：29－32.
[20] 张琳. 乳制品企业冷链物流共同配送研究 [J]，企业经济，2011 (12)：70－71.
[21] 叶勇. 中国冷链物流的最新发展和对策研究 [J]. 华中农业大学学报（社会科学版），2009 (1).
[22] 李宛蒸. 冷链物流：农产品市场建设的重中之重 [J]. 农业经济，2012 (1).
[23] 丁俊发. 农产品物流与冷链物流的价值取向 [J]. 中国流通经济，2010 (1)：9－11.
[24] SYMANTHA HOLBEN. 美国冷链标准发展的历史概况以及冷链标准的制定及实施 [J]. 中国食品工业，2010 (10)：78－80.
[25] 王强. 国外冷链物流发展的做法与主要经验 [J]. 物流技术与应用，2007 (2)：15－17.
[26] 苏凌. 我国食品冷链物流发展刍议 [J]. 经济师，2008 (10)：40－41.
[27] 周丹. 我国农产品冷链物流的现状与发展 [J]. 企业研究，2008 (8)：69－71.
[28] 徐剑，姜跃. 我国物流服务标准化实施研究 [J]. 中国高新技术企业，2009 (23)：68－70.
[29] 齐睿. 标准化助力冷链物流发展 [J]. 品牌与标准化，2009 (18)：35－37.
[30] 毋庆刚. 我国冷链物流发展现状与对策研究 [J]. 中国流通经济，2010 (4).
[31] 徐莎莎. 第三方食品冷链物流的发展（利润）空间研究 [J]. 物流科技，2011 (9).
[32] 叶勇，张友华. 中国冷链物流的最新发展和对策研究 [J]. 华中农业大学学报（社会科学版），2009 (1)：69－72.
[33] 孙红菊. 农产品冷链物流浅析 [J]. 物流技术，2009 (3)：158－159.

[34] 张革．当前我国冷链物流存在的问题及完善对策［J］．科技情报开发与经济，2009（4）：128－130.

[35] 周乾．我国冷链物流业的经营目标、模式与对策［J］．科技创业月刊，2008（11）：70－71.

[36] 彭欣．全球经济发展中的国际物流标准化研究［J］．技术与市场，2009（7）：77.

[37] 杜宁．关于当下中国的物流标准化［J］．物流工程与管理，2009（10）：66－67.

[38] 万宇．中国物流标准化基础仍然薄弱［J］．市场周刊（新物流），2009（4）：16－17.

[39] 何劲，祁春节．中外果蔬冷链物流比较与借鉴［J］．世界农业，2009（6）：34－36.

[40] 李学工．我国农产品冷链物流现状及发展趋势［J］．综合运输，2010（4）：6－7.

[41] 刘卫战．中国冷链物流发展状况分析［J］．物流技术与应用，2009（1）.

[42] 潘福斌．对物流标准化建设主要问题的思考［J］．厦门理工学院学报，2007（3）：76－80.

[43] 田红英，黄远新，杨竟洵．试论SCM时代我国物流标准化建设［J］．中国市场，2008（36）：46－48.

（北京物资学院翁心刚、安久意）

第十一章

北京市应急物流发展状况及发展趋势

“十二五”时期，推动首都科学发展，加快经济发展方式转变，全面实施“人文北京、科技北京、绿色北京”战略，建设中国特色世界城市，履行“四个服务”的职责，面临诸多可以预见和难以预见的风险挑战。自然灾害、事故灾难、公共卫生事件和社会安全事件等风险交织并存，首都城市安全面临的挑战和考验更加复杂严峻，防范与处置突发事件工作任务更加繁重艰巨。应急物流作为北京市应急保障体系中的重要一环，是防范和应对突发事件的重要保障和有力支撑。“十一五”以来北京市切实重视应急物流，应急物流体系建设取得较大成绩，应急物流保障能力得到加强。

第一节　北京市应急物流体系现状分析

应急物流一般是指以提供重大公共卫生事件、严重自然灾害、事故灾难、社会安全事件等突发事件所需应急物资为目的，以追求时间效益最大化和灾害损失最小化为目标的特殊物流活动。应急物流最显著特征包括社会公益性、弱经济性、超常规性、事后选择性和不均衡性等特点。“十一五”期间，全市妥善应对各级各类突发事件和突出情况1.3万余起，其中，为河北山火蔓延本市北部山区、京广桥附近路面塌陷、地铁苏州街站工地塌方、央视新址大火、甲型H1N1流感疫情、2010年年初低温冰雪天气、2012年“7·21”暴雨灾害、2012年“11·3”暴雪灾情、2008年奥运会、残奥会等情况复杂、难度大的突发事件平稳处置提供了有力的应急物流保障。应急物流是应对突发事件保障体系中的重要一环，北京市应急事件的处置检验了应急物流保障能力，积累了丰富经验，为进一步完善体系、提升能力，向更高目标和更高水平发展奠定了坚实基础。

一、北京市应急体系

1. 北京地区突发事件的特点①

北京地区突发事件以频发的非自然因素为主，灾害种类多、损失重、影响大、连发

① 北京市突发事件总体应急预案。

性强、处置难度大，主要呈现以下特点：一是人为致灾因素突出。随着北京城市建设步伐的加快，道路交通、城市生命线、生产安全、旅游安全、环境污染、化学、火灾等事故灾难频发；各种重大传染病疫情、重大动植物疫情、食品安全事件发生的可能性大大增加；城市居民拆迁、农村占地补偿、企业拖欠工资以及其他经济社会问题引发的重大群体上访事件、影响校园安全稳定事件、民族宗教群体性突发事件、个人极端暴力事件以及涉外突发事件呈上升趋势。在今后很长一段时间内，这些仍将是北京发生频率高、伤亡多、危害大的突发事件。二是危害程度严重。由于突发事件的连发性强，次生、衍生灾害严重，损失的放大效应显著，往往会对社会秩序、社会功能、环境与资源等造成严重的破坏，给人民群众的生产生活、经济社会的正常运转造成强烈的冲击。三是处置协调难度大。北京地区有众多的中央单位、驻京部队、涉外机构和大量流动人口，机构和人员情况复杂，增加了协调处置突发事件的难度。三是大风及沙尘暴、浓雾、冰雪、暴雨和雷电等城市气象灾害以及地质、地震灾害仍将是北京地区的主要自然灾害。环境污染、信息安全、有限空间及地下营业场所空间安全、城市轨道交通安全、超高层建筑火灾事故、城市路桥事故等仍将是北京的主要事故灾难。新发或烈性传染病、重大动植物疫情、食品安全、重大群体性事件、恐怖袭击等将是主要潜在致灾因素。

北京市主要突发事件可划分为自然灾害、事故灾难、公共卫生事件和社会安全事件4大类、23分类、51种（见表11－1）。

表11－1　北京地区主要突发事件

4大类	分类	主要种类
自然灾害	水旱灾害	水灾
		旱灾
	气象灾害	气象灾害（暴雨、大风、沙尘暴、浓雾、冰雪、雷电、冰雹、高温等）
	地震灾害	破坏性地震
	地质灾害	突发地质灾害（滑坡、泥石流、地面塌陷等）
	生物灾害	突发林木有害生物事件
		植物疫情
		外来生物入侵
	森林火灾	森林火灾
事故灾难	工矿商贸企业等安全事故	危险化学品事故
		矿山事故
		建设工程施工突发事故
	火灾事故	火灾事故

续　表

4大类	分类	主要种类
事故灾难	交通运输事故	道路交通事故
		轨道交通运营突发事件
		公共电汽车运营突发事件
		铁路行车事故
		民用航空器飞行事故
	公共设施和设备事故	供水突发事件
		排水突发事件
		电力突发事件
		燃气事故
		供热事故
		地下管线突发事件
		道路突发事件
		桥梁突发事件
		网络与信息安全事件（公网、专网、无线电）
	公共设施和设备事故	人防工程事故
		特种设备事故
	核事件与辐射事故	辐射事故
		核事件
	环境污染和生态破坏事件	重污染天气
		突发环境事件
公共卫生事件	传染病疫情	重大传染病疫情（鼠疫、炭疽、霍乱、非典、流感等）
	群体性不明原因疾病	群体性不明原因疾病
	食品安全和职业危害	食品安全事件
		职业中毒事件
	动物疫情	重大动物疫情（高致病性禽流感、口蹄疫等）
	其他严重影响公众健康和生命安全的事件	药品安全事件
社会安全事件	恐怖袭击事件	恐怖袭击事件
	刑事案件	刑事案件
	经济安全事件	生活必需品供给事件
		粮食供给事件

续 表

4大类	分类	主要种类
社会安全事件	经济安全事件	能源资源供给事件
		金融突发事件
	涉外突发事件	涉外突发事件
	群体性事件	上访、聚集等群体性事件
		民族宗教群体性事件
		影响校园安全稳定事件
	其他	新闻舆论事件
		旅游突发事件

资料来源：北京市突发事件总体应急预案。

2. 北京市应急体系

截至2011年，北京市完成14个专项应急指挥部及办公室整合组建，北京市紧急报警服务中心和非紧急救助服务中心投入运行，街道（乡镇）、社区（村）应急责任体系和工作机制初步建立，形成了以“北京市突发公共事件应急委员会”“北京市专项应急指挥部”和“区县应急委（应急指挥中心）”三级应急管理机构，“北京市紧急报警服务中心（号码120）”和“北京市非紧急救助服务中心（号码12345）”两个服务中心，以及一个“基层应急体系”为基本框架的市政府综合应急管理“3+2+1”模式的应急管理组织体系框架（见图11-1）。建立了以北京市总体预案为核心，专项、保障和部门预案及区县总体预案为依托，单位预案为基础的应急预案体系，全市共制定各级各类应急预案48.1万个。构建起以市应急指挥平台为龙头、区县应急指挥平台和专项应急指挥平台为支撑、移动应急指挥平台为辅助的应急指挥技术支撑体系。

二、北京市应急物流体系

应急物流及其管理体系与整体的应急管理体制及其演变有着密切关系。北京市应急物流体系是北京应急体系的重要组成部分，其主要包括应急物流相关应急法规和应急预案组成的应急物流法规体系，北京市交通局、民政局、卫生局、粮食局、民防局等市属单位参与构建的应急物资储备体系和调配体系，北京市突发公共事件应急委员会、专项应急指挥部、区县应急委（应急指挥中心）、三级应急管理机构组成的应急物流管理机构。此外，通过联动机制建设，国家、周边外省市、北京市辖区军队应急物流体系也为北京市提供应急物流保障，形成了国家统一领导、综合协调、分类管理、分级负责、属地管理为主的应急物流管理体制。应急物流体系中应急物资储备体系建设作为核心内容已经建立较为清晰的体系架构，应急物流预案和法规建设和应急管理机构仍融合在应急体系之中，尚未形成专业体系。北京应急物流体系框架见图11-2。

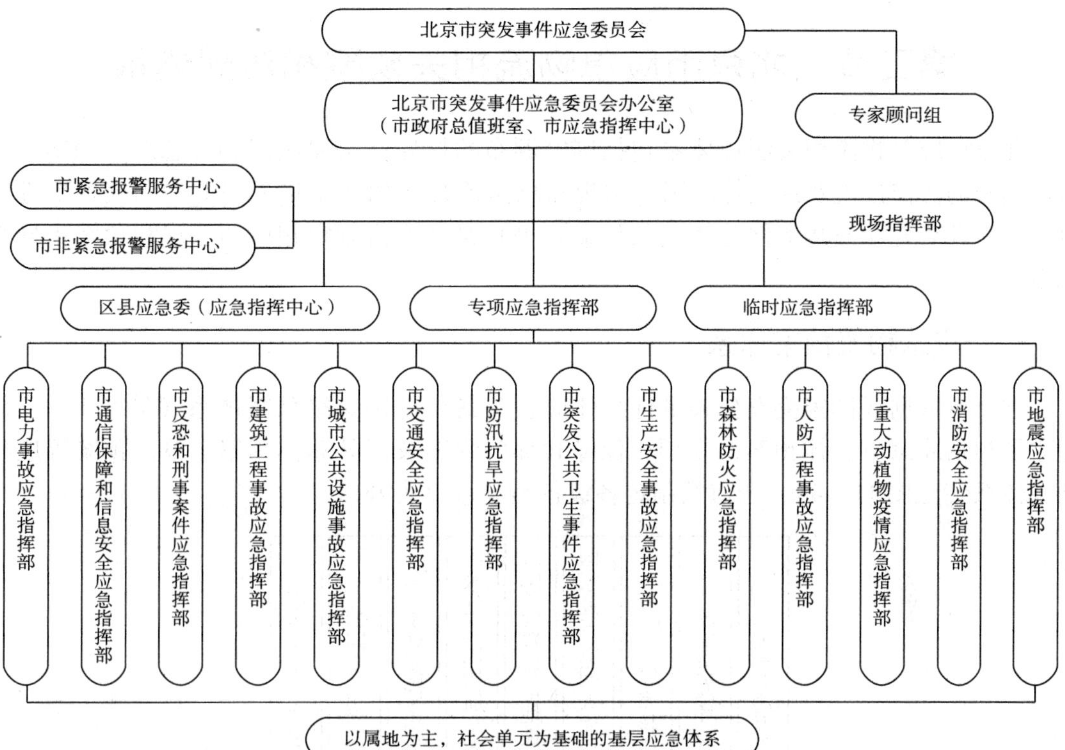

图 11－1　北京市应急管理架构框架

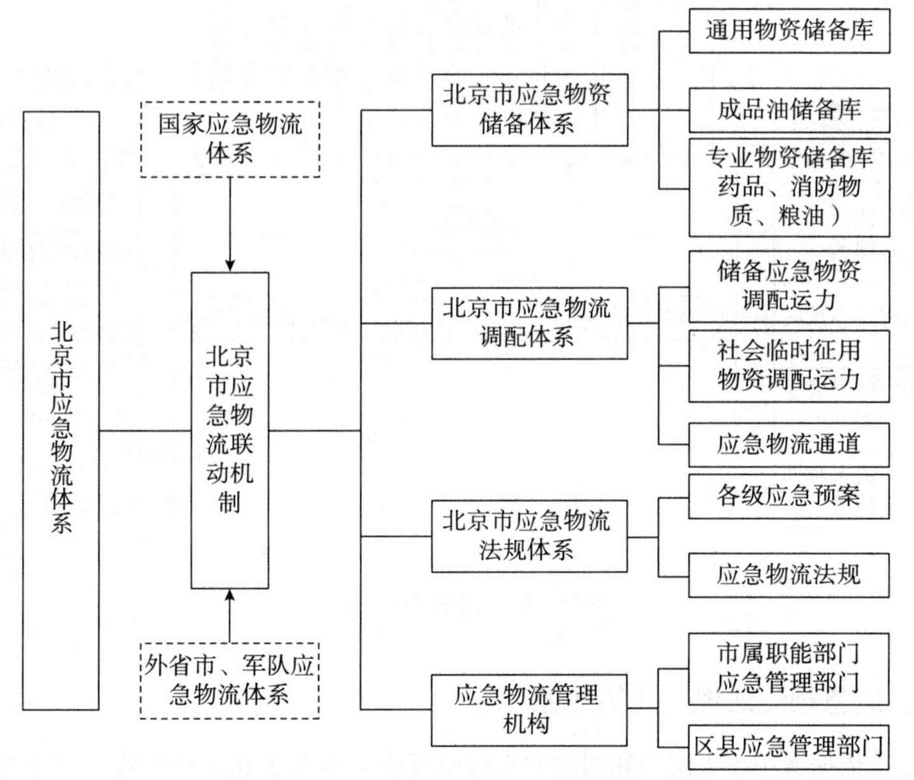

图 11－2　北京应急物流体系框架

第二节　北京市应急物流相关预案和法规体系

北京市应急物流相关法规体系包括国家颁布的指导性法律法规和应急总体预案、北京市颁布的法律法规及预案等。国家法规和总体预案（如《中华人民共和国突发事件应对法》《国家突发公共事件总体应急预案》等）是北京市制定相应的法规和预案指导性总纲。

一、应急物流预案体系

北京市依据《国家突发公共事件总体应急预案》等国家级预案体系（见图 11－3），建立了包括北京市总体预案，专项、保障和部门预案及区县总体预案，单位预案等应急预案体系（见图 11－4），全市共制定各级各类应急预案 48.1 万个。

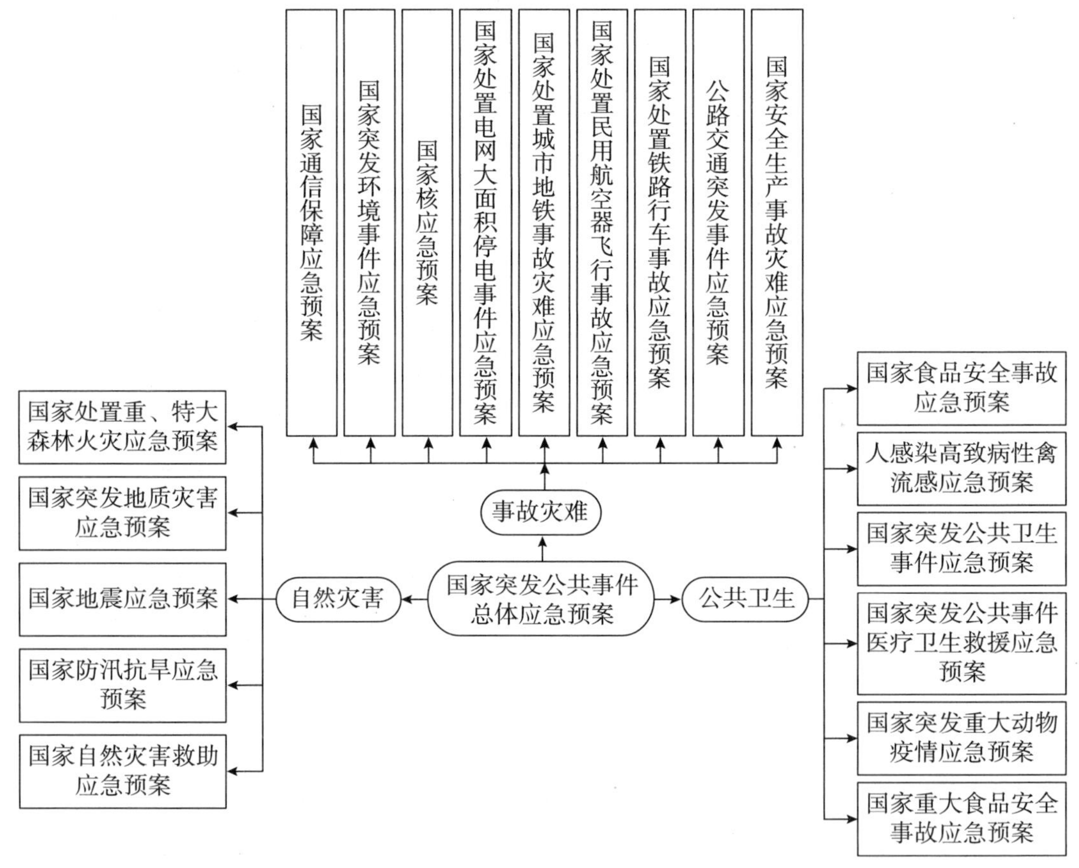

图 11－3　国家应急预案体系

二、应急物流法规、政策体系

北京市依据《中华人民共和国突发事件应对法》颁布了北京市实施《中华人民共和国突发事件应对法》办法，完善了《北京市实施〈中华人民共和国防震减灾法〉办法》

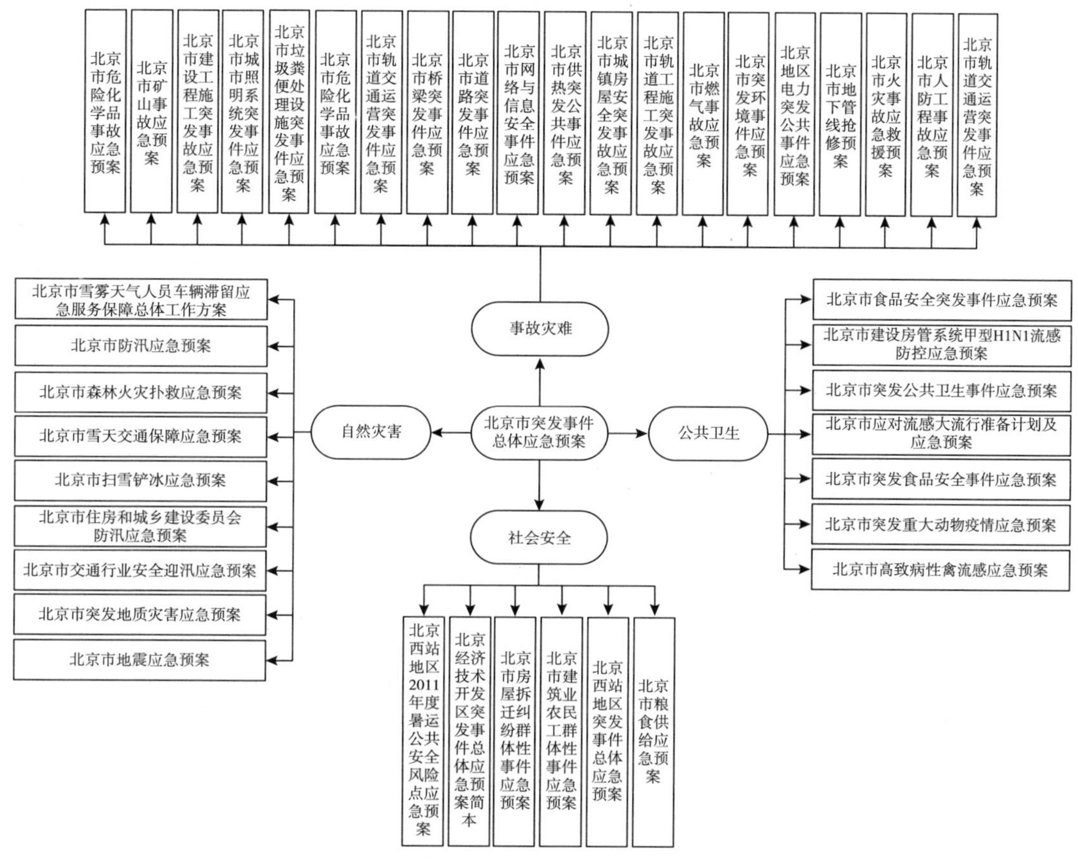

图 11－4　北京应急预案体系

《北京市实施〈自然灾害救助条例〉办法》《北京市安全生产条例》《北京市消防条例》等法规规章，形成了应急物流相关法律体系（见表 11－2）。

近年来，国家和地方已经开始推进应急物资储备的法律法规进程，北京市先后出台了《北京市储备粮管理办法》《北京市医药物资储备管理办法》《北京市安全生产监督管理局关于加强重点生产经营单位应急物资储备的指导意见》《北京市市级危险化学品事故应急救援物资储备和使用管理办法》等，为应急物资储备规范化管理提供法律保障。

表 11－2　北京市应急物流相关法律文件

序号	名称	实施时间
	北京市实施《中华人民共和国突发事件应对法》办法	2008－07－01
	一、自然灾害	
1	北京市人民政府印发北京市关于进一步加强地质灾害防治工作意见的通知	2012－06－26
2	北京市森林防火办法	2011－11－01
3	北京市教育委员会等部门关于印发北京地区中小学校舍抗震鉴定与加固技术细则的通知	2009－09－29

续 表

序号	名称	实施时间
4	北京市农业植物检疫实施办法	1987-09-01
5	北京市实施《中华人民共和国水法》办法	2004-10-01
6	北京市实施《中华人民共和国防洪法》办法	2001-06-01
7	北京市实施《中华人民共和国大气污染防治法》办法	1988-07-07
	二、事故灾难	
1	北京市人民政府关于进一步加强和改进消防工作的意见	2012-07-27
2	关于在部分人员密集场所开展安全生产应急自救知识宣传的方案	2012-05-30
3	北京市市政市容管理委员会关于印发北京市燃气供应与安全生产约谈制度（试行）的通知	2012-03-31
4	北京市市政市容管理委员会关于加强燃气设施应急抢修作业管理的意见	2011-12-29
5	北京市人民政府办公厅转发市公安局关于做好火灾隐患情报信息工作切实加强消防安全管理意见的通知	2011-09-27
6	北京市人民政府关于废止《北京市体育馆（场）防火安全管理规定》的决定	2011-08-01
7	北京市人民政府关于修改《北京市人民防空工程和普通地下室安全使用管理办法》的决定	2011-07-11
8	北京市市政市容管理委员会关于印发燃气行业安全生产监督管理办法（试行）的通知	2011-08-10
9	北京市市政市容管理委员会关于实施挖掘工程地下管线安全防护机制工作意见（试行）的通告	2011-09-01
10	北京市市政市容管理委员会 北京市重大项目建设指挥部办公室关于印发北京市轨道交通建设地下管线安全防护机制监督检查工作方案（试行）的通知	2011-03-10
11	北京市安全生产监督管理局关于印发《北京市非煤矿矿山企业安全生产许可证实施办法》的通知	2010-12-21
12	北京市安全生产监督管理局关于印发《北京市危险化学品重大危险源安全管理办法（试行）》的通知	2010-12-22
13	北京市人民政府办公厅关于加强施工安全管理防止发生破坏地下管线事故的通知	2010-12-12
14	北京市安全生产监督管理局关于印发《北京市社会影响较大的一般生产安全事故调查处理暂行规定》的通知	2010-11-29
15	关于建立本市安全生产综合监管工作制度的指导意见	2009-08-03

续　表

序号	名称	实施时间
16	北京市安全生产监督管理局办公室关于印发《北京市安全生产新闻通讯员管理办法（试行）》的通知	2011－04－01
17	北京市安全生产监督局、市建委、市公安局消防局关于发布《北京市楼宇内生产经营单位安全生产规范（试行）》的通知	2009－04－01
18	北京市安全生产监督管理局关于印发《北京市生产安全事故技术鉴定和技术分析管理办法（试行）》的通知	2009－03－11
19	北京市安全生产监督管理局关于发布《北京市有限空间作业安全生产规范（试行）》的通知	2009－02－01
20	北京市安全生产监督管理局关于印发生产安全事故调查处理有关问题指导意见（二）的通知	2008－12－09
21	北京市安全生产监督管理局关于规范安全生产违法行为罚款处罚程序的通知	2008－01－01
22	关于印发《北京市煤矿、金属和非金属矿山等重点行业（领域）生产经营单位安全生产事故隐患统计报告暂行办法》的通知	2009－01－01
23	关于发布《北京市非煤矿山、危险物品生产经营单位主要负责人和安全生产管理人员安全生产知识和管理能力考核管理办法》的通知	2009－01－01
24	北京市危险化学品重大危险源安全管理办法（试行）	2011－01－01
25	北京市生产经营单位生产安全事故应急预案演练管理办法（试行）	2010－09－30
26	北京市矿山救护队资质认定管理办法	2010－06－01
27	北京市矿山、危险化学品企业安全生产应急救援队伍建设管理规定（试行）	2010－08－27
28	北京市烟花爆竹安全管理规定	2005－12－01
29	北京市安全生产监督管理局关于印发《北京市涉及使用危险化学品生产经营单位安全生产监督管理办法（试行）》的通知	2009－07－20
30	北京市安全生产监督管理局关于在污水井等有限空间作业现场设置警示标志的通知	2009－09－16
31	北京市安全生产监督管理局关于本市危险化学品、烟花爆竹和矿山有关安全生产管理措施的通告	2008－05－29
32	北京市安全生产监督管理局等部门关于印发《北京市高处悬吊作业安全生产规定》的通知	2009－05－01
33	北京市安全生产监督管理局关于印发《安全生产事故隐患和违法行为举报投诉管理暂行办法（试行）》的通知	2009－03－27

续　表

序号	名称	实施时间
34	北京市人民政府办公厅转发市安委会办公室关于2009年本市安全生产宣传教育工作要点的通知	2009－05－08
35	北京市安全生产监督管理局 北京市公安局关于加强部分化学品管理的通告	2009－07－23
36	北京市住房和城乡建设委员会关于印发《北京市建筑施工高处作业吊篮安全监督管理规定》的通知	2009－10－01
37	北京市人民政府关于天安门广场和其他指定烟花燃放区域及周边火灾预防特殊管控措施的通告	2009－08－28
38	北京市住房和城乡建设委员会关于印发《北京市建设工程有限空间作业安全生产管理规定》的通知	2009－07－13
39	北京市人民政府办公厅转发市安全监管局关于进一步加强乡镇街道安全生产监管工作意见的通知	2009－06－30
40	北京市农业机械安全监督管理办法	1996－09－01
41	北京市工程建设监理管理办法	1995－03－10
42	北京市燃气管理条例	2007－05－01
三、公共卫生		
1	北京市药品监督管理局、北京市邮政管理局关于进一步规范药品寄递行为严厉打击利用寄递渠道销售假劣药品违法行为的通告	2012－08－31
2	北京市卫生局关于应对紧急突发事件保障孕产妇安全的通知	2012－07－27
3	北京市人民政府办公厅转发市食品办关于进一步明确部分领域食品安全监管职责补充意见的通知	2012－04－06
4	北京市人民政府办公厅关于印发北京市食品安全行动计划（2011—2015年）及重点工作任务分解方案的通知	2011－08－03
5	北京市人民政府办公厅关于严厉打击食品非法添加行为切实加强食品添加剂监管的通知	2011－05－10
6	北京市人民政府办公厅关于切实做好本市当前甲型H1N1流感防控工作的通知	2009－11－16
7	北京市突发公共卫生事件应急指挥部办公室、北京市卫生局关于落实社会单位防控甲型H1N1流感管理责任的通告	2009－06－26
8	北京市人民政府办公厅转发市政府食品安全监督协调办公室关于进一步明确部分领域食品安全监管职责意见的通知	2009－09－16
9	北京市人民政府关于进一步明确责任突出重点加强甲型H1N1流感预防控制工作的通知	2009－06－19

续　表

序号	名称	实施时间
10	北京市卫生局关于印发《北京市生活饮用水事件应急处置采样和监测规范（试行）》的通知	2008－11－20
11	北京市食品安全条例	2008－01－01
12	北京市实施《中华人民共和国水污染防治法》办法	2002－09－01
13	北京市实施《中华人民共和国动物防疫法》办法	2004－10－22
	四、社会安全	
1	北京市人民政府办公厅印发关于集中开展“消防平安行动”实施方案的通知	2011－01－30
2	北京市人民政府办公厅转发市公安局关于全面加强本市春节庙会活动组织管理工作意见的通知	2011－01－20
3	北京市公安局关于印发《北京市大型群众性活动安全风险评估工作规范（试行）》的通知	2010－12－01
4	北京市社会治安综合治理条例	2010－12－23
5	北京市旅游局关于印发《北京市旅游突发事件报告制度规定》的通知	2009－01－05
6	北京市大型社会活动安全检查办法	2008－03－01
7	北京市大型群众性活动安全管理条例	2010－11－10
	五、其他	
1	北京市卫生局关于应对紧急突发事件保障孕产妇安全的通知	2012－07－27
2	关于切实做好高温天气防暑降温工作的通知	2007－07－17
3	北京市教育委员会北京市红十字会关于在全市中小学开展应急疏散演练活动的通知	2012－04－19
4	北京市教育委员会办公室关于做好教育系统“7·21”特大自然灾害救灾善后工作确保按时开学的通知	2012－08－06
5	北京市突发事件应急委员会关于做好2012年防灾减灾日有关工作的通知	2012－04－20
6	北京市突发事件应急委员会关于全面加强应急管理宣教培训工作的意见	2012－04－20
7	北京市人民政府办公厅关于印发北京市“十二五”时期应急体系发展规划的通知	2011－06－14
8	北京市突发事件应急委员会办公室关于印发北京市突发事件应急演练实施指南的通知	2011－06－16
9	北京市突发事件应急委员会办公室转发市地震局关于北京市地震应急避难场所疏散安置预案编制指南（试行）的通知	2011－09－21
10	北京市人民政府办公厅关于加强全市应急队伍建设的意见	2011－05－27

续 表

序号	名称	实施时间
11	北京市人民政府办公厅关于印发北京市城市安全运行和应急管理领域物联网应用建设总体方案的通知	2011－03－24
12	北京市突发事件应急预案管理办法	2012－07－09
13	北京市突发事件应急委员会关于印发北京市突发事件应急演练管理办法的通知	2010－03－30
14	北京市突发事件应急委员会关于公共安全风险管理重点工作安排（2010—2011 年）的通知	2011－05－13
15	北京市人民政府关于加强公共安全风险管理工作的意见	2010－04－09
16	北京市安全生产监督管理局关于开展安全文化建设示范企业创建活动的指导意见	2011－04－07
17	北京市安全生产委员会办公室关于印发《贯彻落实〈北京市人民政府关于进一步加强企业安全生产工作的通知〉宣传工作方案》的通知	2011－03－29
18	北京市安全生产委员会办公室关于印发《2011 年北京市安全生产宣传教育工作指导意见》的通知	2011－03－28
19	北京市人民政府办公厅转发市应急委关于进一步加强基层应急管理工作意见的通知	2010－06－18
20	北京市人民政府关于实施北京市突发事件总体应急预案的决定	2010－04－26
21	北京市人民政府办公厅关于调整北京市电力事故应急指挥部组成人员有关事项的通知	2008－05－12

资料来源：根据北京应急网整理。

第三节　北京市应急物资储备体系现状

目前，我国已经形成了中央、省（自治区、直辖市）、市（县级市）三级政府应急物资储备体系。

一、北京市应急物资储备

（一）国家物资储备

国家民政部建设的中央级应急物资储备是国家应对大规模突发事件的重要物资保障。中央级应急物资储备库的建设始于 1998 年的张北地震之后，1998 年 7 月，民政部、财政部发出《关于建立中央级救灾物资储备制度的通知》，要求中央和地方以及经常发生自然灾害的地区要储备一定的救灾物资。2003 年，民政部、财政部联合制定了《中央级救灾储备物资管理办法》，规定对储备物资购置、储备、管理的权限统一到民政部，中央财政只负责安排资金。截至2009年，财政部和民政部在天津、沈阳、哈尔滨、合肥、郑州、武汉、长沙、成都、南宁、西安等城市设立10个中央物资储备库，由当地省级民政部门实行代储管理；在31个省、自治区、直辖市和新疆生产建设兵团建立了省级应急物资储备库；在251个地市建立了地级储备库，1079个县建立了县级储备库，形成了中央、省、市、县的四级应急物资储备网络，基本保证了灾后24小时首批救灾物资运送到灾区。2008年汶川地震之后，财政部已经与发展和改革委联合作出规划，将中央应急物资储备库由原来的10个增加到24个，使中央应急物资储备库的布局更加合理，应急物资的数量和种类也显著增加，大大提高了突发事件的应急处置能力。另外，国家储备局直属的国家储备库在应急救灾中也发挥了重要作用，为国家应急物资储备提供支持。

此外，国家职能部门针对特定突发事件也建设有专门的物资储备库，如国家粮食局的应急粮油储备库、水利部的防汛物资储备库、农业部的草原防火物资储备库、林业局的森林防火物资储备库、地震局及地震重点防御区的应急物资储备库和红十字会的应急物资储备库、商务部的食糖和肉类储备等。

（二）北京市物资储备

结合国家应急物资保障体系建设，北京市统筹规划全市应急物资的储备种类和数量，对粮油、能源物资（煤炭、天然气、成品油）、医药等主要应急物资建立了市、区县两级应急物资保障体系。

1. 能源物资储备

北京市能源物资储备由北京市发展和改革委员会根据北京市经济形势发展和保障城市正常运行需要，牵头组织全市能源储备总体方案，并负责做好燃煤电厂煤炭储备，北京市市政市容委、市商委等行业管理部门负责做好供暖用煤、天然气、成品油等能源物资储备。

2. 粮油储备

1990年9月，国务院颁布《关于建设国家专项粮食储备制度的决定》，这一《决定》标志着我国的粮食储备进入了一个新的阶段。北京市于20世纪90年代初开始探索地方粮油储备体系，其中成品粮油储备起步于2003年“非典”之后。北京市粮油储备主要由北京市粮食局负责垂直储备管理，由北京市粮油企业承储或代储。北京市粮食局以20余家北京市属粮油企业和各区县粮油企业为主要储备力量（如大兴区粮油总公司是北京市大兴区区属国有粮油贸易龙头企业，重点承担着国家、北京市、大兴区三级粮食储备任务），以异地企业代储储备为补充（如存放于河北古船、山西古船、青岛古船的异地的北京市储备成品），构建了国家、北京市、区县三级应急粮食储备体系。

3. 医药储备

北京市医药物资储备由市卫生局根据本市公共卫生事件类别和特点，制定本市医药物资储备目录和计划。北京市药监局负责落实各项医药物资储备任务，并组织储备物资应急供应，保障公共卫生事件处置需要。

北京市医药物资储备主要依托北京市区域内信誉好、实力强的11家医药生产和流通企业，进行医药物资实物储备和能力储备，截至2012年，北京市对医药500多个品种的储备达到3亿元规模。

4. 危险化学品事故应急救援物资储备

2006年，北京市安全生产监管局下发了《关于设立危险化学品事故应急救援物资储备库的通知》，推动各区县建立了42个危险化学品事故应急救援物资储备库，储备了危险化学品事故应急救援的物资。2009年，北京市安全生产监管局申请专项经费500余万元，购置了泄漏处置、现场照明、现场快速检测和个体防护等危险化学品应急救援物资，分别在危险化学品从业单位较为集中的房山、大兴、通州3个远郊区和西城、朝阳2个城市核心区建立了5座市级危险化学品应急救援物资库，配备了涵盖危险化学品气体和液体泄漏、蒸气爆炸、燃烧等事故类型及个体防护类应急救援器材和物资共计24类，救援区域分别覆盖北京市东、西、南、北、中5个方位。这些物资在北京市生产安全监管部门有效应对和处置近几年突发的各类危险化学品事故、特别是道路运输事故中发挥了较大作用。

5. 民防物资储备

按照北京市民防局规划，截至2010年，北京市东、南、西、北四面建立了4个大规模储备库，全市各区县已建成规模不同的物资库近80个，储备物资包括食物、药品、衣物棉被、救生工具等17类应急物资。在未来3～5年的时间里，将在两万人以上的大型社区配建民防应急物资库，物资库至少保障灾民最基本的存活条件（备注：调研北京市民防局核实数据）。

此外，北京市加强了各专业应急物资储备库和救灾物资储备库建设，充分利用市场资源和商业储备，建立专业储备与社会储备相结合、实物储备与能力储备相结合、集中储备与分散储备相结合的多层次储备体系。逐步完善了应急物资生产、储备、调拨、紧急配送和监管机制，强化应急物资综合、动态管理。

粮食储备典型企业案例

大兴区粮油总公司是北京市大兴区区属国有粮油贸易龙头企业，重点承担着国家、北京市、大兴区三级粮食储备任务。粮油贸易、面粉加工、饲料加工业务在大兴区粮油企业中占有举足轻重的地位，对支持国家粮食战略、稳定区域民生起到了重要作用，成为大兴区粮油贸易、面粉加工、饲料加工等业务发展的主体。大兴区粮油总公司现有职工301人，下属22家企业，管控模式为总—子公司模式，独立核算。包括主干收储企业5家，已转型收储企业11家，其他企业4家，商业零售企业2家（城镇粮管所、军粮供应中心），参股金融企业2家（北京兴融小额贷款公司、九江村镇银行）。公司占地1273.2亩，其中收储企业占地562亩、非收储企业占地711.2亩，下属主干收储企业有房式仓27栋、建筑面积49963平方米，设计仓容4.4亿斤，铁路专用线2750米。11个已转型收储企业有房式仓10栋，建筑面积7863平方米。公司以粮食仓储为主，正在走向资产运营等多种经营。现有业务以粮食储备、粮油贸易为主营业务，涉及面粉加工、饲料加工、军粮供应等其他业务。

二、北京市应急物资保障机制[①]

根据北京市2010年11月发布的《北京市突发事件总体应急预案》，北京市应急保障体系中对应急物资保障机制作出明确规定。

北京市建立应急物资储备制度。北京市发展和改革委、商务委定期组织征集应急物资储备需求，负责应急物资储备的综合管理工作。市各专项指挥部办公室、相关部门、有关单位根据不同突发事件的种类，会同发展和改革委、规划、财政等部门，制定本领域、本部门应急物资储备计划，建设应急物资储备库，开展应急物资的监管、生产、储备、更新、补充、调拨和紧急配送体系建设等工作。

北京市相关部门、有关单位应根据应对突发事件的需要，采取生产力储备等方式，与有关企业签订合同，保障应急物资的生产和供给。市发展和改革委、市商务委、市农委、市工商局、市粮食局等部门按照职责分工，负责掌握本市生活必需品市场的总需求及储备库存、经营库存、生产能力和销售、价格的变化情况，负责应急机制启动后的市场监测和应急方案实施，调动生活必需品大型生产企业、经营企业的现有库存投放市场，组织郊区生产基地和社会商业库存充实零售市场。市卫生局负责编制应急药品和物资储备目录和计划，组织落实应急医疗救治基地的应急药品、物资装备；市药监局负责应急药品的储备和供应。市民政局负责保障基本生活物资的实物储备。

保障现场救援和工程抢险装备。北京市各专项指挥部办公室、相关部门、有关单位根据自身应急救援业务需求，按照平战结合的原则，配备现场救援和工程抢险装备和器材，建立相应的维护、保养和调用等制度。

负责突发事件处置的主责部门根据处置需要提出应急物资需求，经分管市领导批准后下达应急物资调拨指令。国务院及其有关部门、其他省区市需要调拨本市应急物资时，由市应急委统一协调。

北京市各专项指挥部办公室、相关部门应充分利用外部资源，积极建立与国家有关部门、部队、其他省区市的物资调剂供应渠道，作为本市应急物资储备体系的有效补充，以备物资短缺时迅速调入。

必要时，市、区县应急委可以以政府名义向单位和个人征用应急救援所需设备、设施、场地、交通工具和其他物资，要求生产、供应生活必需品和应急救援物资的企业组织生产、保证供给。

第四节　北京市应急物资调配体系现状

应急物资的调运主要研究如何运用合适的交通工具把符合所需种类和数量的应急救援物资从应急储存库或应急中转站快速安全的运送到指定的灾害发生区域。合理及时的物资调运可以迅速地降低灾损程度和遏制灾害的进一步扩大和蔓延，较为有效地控制灾害。

① 北京市突发事件总体应急预案。

一、北京市应急物资调配运力储备体系

北京市应急物资调配运力有应急物资储备库自有铁路和公路运输力量、社会专业物流企业运输能力储备、属地军队运力储备和应急事件发生后临时征用社会运力等。应急物资调配通道由北京市交通委牵头，民航华北地区管理局、北京铁路局等单位配合构建公路、交通干线、地铁、铁路、机场等立体应急通道网络，应急物资调配体系（见图 11－5）①。

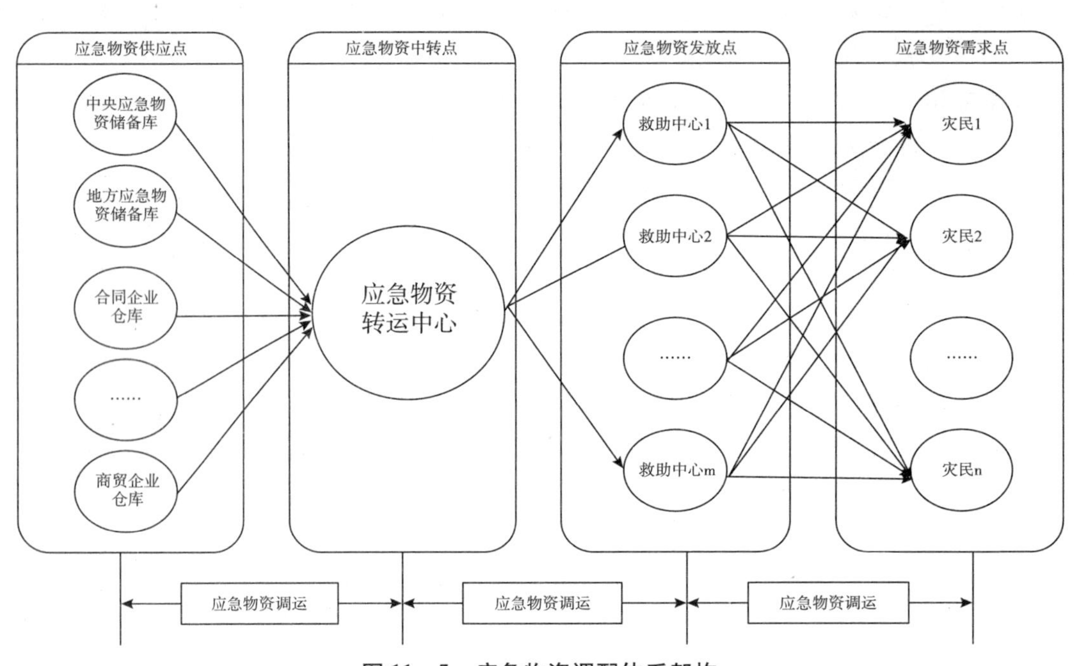

图 11－5　应急物资调配体系架构

二、应急交通运输保障机制

根据北京市 2010 年 11 月发布的《北京市突发事件总体应急预案》，北京市应急保障体系中对交通运输保障机制作出明确规定。

由北京市交通委牵头，民航华北地区管理局、北京铁路局等单位配合，建立健全交通运输保障联动机制。突发事件发生后，市交通委、市住房城乡建设委、市市政市容委和市水务局等部门组织专业应急救援队伍，尽快恢复被毁坏的公路、交通干线、地铁、铁路、机场及有关设施，保障交通路线的畅通。必要时，可紧急动员和征用其他部门及社会的交通设施装备。

北京市应急办牵头，会同市公安局公安交通管理局、市交通委等部门建立完善应急通行机制。市公安局公安交通管理局负责建立健全突发事件现场的交通管制等保障制度，突发事件发生后，要根据需要开设应急救援“绿色通道”。

① 董全周．基于应急物资调运的节点物流能力研究［D］．北京：北京交通大学，2010。

第五节　北京市应急物流发展对策与趋势

基于北京市应急物流体系现状分析，北京市应急物流发展将侧重协调机制、应急通道、应急物资储备体系、信息化和标准法规等方面建设。

1. 应急物流协作一体化

应急物流本身具有弱经济性和公益性的特征，这必然要求政府在应急物流系统的构建和实施过程中发挥重要作用，北京市应根据政府机构设置和物流的运作流程，整合国家军队、地方的相关机构，建立专业应急物流指挥中心。北京市逐步强化市应急办、各专项应急指挥部、各有关部门、各区县政府与国家有关部门，驻京部队、武警，周边省区市，中央在京企业等重点单位的信息沟通与应急协作，逐步建立联络会商等工作制度，强化联合监测预警、信息沟通、技术支持和应急资源共享，形成多层次的联动应急物流体系。一是推进北京市应急指挥机制与部队指挥机制的有效衔接的步伐加快。以军民融合式发展战略思想为指导，加强驻京部队和本市民兵、预备役部队的非战争军事行动能力建设，整合利用军地资源，构建市、区县两级联合应急指挥协调机制，形成军地一体、协调联动、资源共享的突发事件应对物流体系。二是推进北京市与周边省市应急物流体系衔接的步伐加快。北京市利用周边省市地缘优势，不断强化构建环北京物资储备体系，重视建设进京应急物流通道，有效提升北京市应急物流能力。

2. 应急通道建设立体化

为了提高应急物流保障能力，北京市加强了加强公路、铁路、民航等部门的联动机制建设。强化应急车道建设和管理，建立重大突发事件情况下的区域临时限行机制，缩短应急救援队伍到达现场的时间。健全市交通大范围严重拥堵缓解与应急机制。加强重要公路交通枢纽监控、道路清障及修复能力建设。整合社会运输力量，强化交通运输应急保障。依法建立紧急情况下社会交通运输工具征用程序、补偿机制和绿色通道制度。充分发挥交通战备系统的优势和作用，建立交通战备保障与应急交通保障统筹协调机制。

应急物流的特性决定了运输环节的重要性和特殊性，通常选择运输途径时节约运输成本的原则已不重要，有效压缩应急物资的运输时间则是关键。因此，北京市着手探索建立公路、铁路、水路、航空多维立体的运输网络，确保一种方式中断时其他方式能及时补充。在灾难发生时，通过应急保障机构与一些大型的运输企业预先签订协议或临时签订协议，提出紧急运输要求，开辟专用通道。实行优先安排计划、优先停靠、优先入关、优先装卸、优先运输、免费通行、优先放行，加大对危险路段、桥梁、隧道的排查，加强对超限超载车辆的管理，避免发生次生灾害，确保运输安全。面对异常复杂严酷的环境，非常规通道（如空运）往往是救急的有效通道，还可与军方合作，动用军用运输装备，军用运输专用线路及设施，实现应急物资的运输快速化，提高效率。

3. 应急物资储备体系扁平化、动态化

北京市应急物资储备体系是应急物流体系的基础，储备体系呈现出扁平化和动态化趋势。加强各项专项物资储备制度是应急储备物资体系建设的根本保证。根据国家各部门的统一部署，北京市政府有力的组织指挥，初步构建了布局合理、规模适度、结构优化、质量可靠的储备体系，实现国家、军队、地方、市场和家庭“五位一体”的中国特色的应急物资储备系统，有效保障应对突发公共事件的物资需求。北京市对应急物资储备实行垂直管理，有效削减了储备体系纵向层级，推动储备体系朝向扁平化趋势发展。北京市应急物资储备实行实物储备与能力储备相结合，政府储备与市场储备相结合的储备方式，推动应急物资储备由静态储备向动态储备转变。未来将实行市场化储备和政府储备相结合，从单一的政府行为转变为政府主导、全民参与。应急物资的来源一般有国家储备、政府采购和社会捐赠。当发生大范围的严重突发事件时，政府应急物资储备可能无法满足需求，并且许多基本生活物资和医疗卫生物资不适宜进行大规模储备，故应急储备可采取实物储备和合同储备相结合的方式。

4. 应急物流信息技术应用广泛化

由于自然灾害及突发事件的不确定性，应急物流信息系统应该是一个适应性强、功能强、反应灵敏的信息网络中心和管理中心。通过建立高效的应急物流信息网络，与应急物流指挥系统的中心领导机构、各子系统，以及相关的政府各部门譬如地震、气象、卫生防疫、环保、交通等部门以及各加盟物流中心或企业保持密切的联系，保持数据的不断更新。应急物流信息系统还应是政府向公众发布信息的平台和公众向政府反馈信息的渠道，因此，应急物流信息化将成为未来应急物流建设的重要内容之一。

5. 应急物流法规和标准体系化

加强对应急物流的立法工作，明确危机发生时的处理机构、责权划分、动员依据和经费来源，使应急物流有法可依，确保应急物流朝着高效、正规的方向发展，这是推进应急物流保障的基础所在。随着应急法规体系进程不断加快和规范领域的不断细化，应急物流专项法规建设是必然趋势。

（北京物资学院安久意、翁心刚）

第十二章

北京物流公共信息平台建设问题

经济增长与物流发展有着内在的密切关系，物流对经济增长起着支撑作用。完善的物流基础设施、高效的物流信息平台和比较发达的第三方物流企业是发展现代物流的“三驾马车”。

物流公共信息平台是指基于计算机通信网络技术，提供物流信息、技术、设备等资源共享服务的信息平台。具有整合供应链各环节物流信息、物流监管、物流技术和设备等资源，面向社会用户提供信息服务、管理服务、技术服务和交易服务的基本特征。

现代物流公共信息平台是为物流企业、物流需求企业和政府及其他相关部门提供物流信息服务的公共的平台，代表了现代电子商务物流发展方向，具有很大的发展潜力。

我国《国民经济和社会发展第十一个五年规划纲要》中，第一次明确提出要“大力发展现代物流业”，并特别提出物流信息化是建设重点。2009 年 3 月 10 日，国务院正式出台了《物流业调整和振兴规划》（以下简称《规划》），物流业被国家列为十大振兴产业之一。在《规划》中明确提出了“十大任务”和“九大工程”，其中：提高物流信息化水平是“十大任务”之一，要求加快行业物流公共信息平台建设，鼓励城市间物流平台的信息共享；并把物流公共信息平台工程列为“九大工程”之一，要求“加快建设有利于信息资源共享的行业和区域物流公共信息平台项目，重点建设电子口岸、综合运输信息平台、物流资源交易平台和大宗商品交易平台”。2009 年 4 月，国家发展和改革委发布的《国家发展改革委关于印发落实物流业调整和振兴规划工作部门分工方案的通知》（发改经贸〔2009〕1018 号），明确提出“加快行业物流公共信息平台建设，建立全国性公路、航空及其他运输与服务方式的信息网络。实施物流公共信息平台工程。推动区域物流信息平台建设，加快各政府部门的物流管理与服务公共信息平台，扶持一批物流信息服务企业”。《国民经济和社会发展第十二个五年规划纲要》中，再次提出加快建立社会化、专业化、信息化的现代物流服务体系，大力发展第三方物流，优先整合和利用现有物流资源，加强物流基础设施的建设和衔接，提高物流效率，降低物流成本。可见，建设物流公共信息平台是推动我国传统物流业向现代物流业转变的重要手段之一，已经成为党和政府部门都非常重视的一件大事。

第一节 北京物流公共信息平台建设现状

一、北京物流公共信息平台建设目标

北京物流公共信息平台（亦称“北京物流门户”）是在北京市商务委、北京市发展和改革委等政府相关部门的大力支持下，由北京物流协会组织建设北京首发物流枢纽有限公司主导运营的北京第一官方综合物流门户，是北京市政府“十一五”重点规划的三大平台之一。

通过北京物流公共信息平台的建设，支撑政府与物流企业、工商企业所需的各种应用规范化、高效率的运行，推动应用之间的紧密集成，实现政府、物流企业、工商企业之间实时、可靠的信息交互与共享，降低社会物流总成本，提高客户服务满意度，降低能耗，减少城市环境污染，缓解交通压力，加快物流产业结构调整，推动物流产业升级；通过北京物流公共信息平台的建设，把分散在不同区域、实力较弱的单一运输与物流企业紧密联系在一起，通过提高物流服务能力，推动物流服务企业从粗放经营向集约经营的转变，增强企业核心竞争力，最终实现信息共享，供应链中上下游企业协同联动，最大限度发挥网络的优势，实现社会资源的最优配置；通过北京物流公共信息平台的建设，为政府更好地制定相关政策提供数据支持，推动整个物流行业的市场协调、有序、健康地发展。

第一期建设初步完成北京市物流公共信息平台核心系统建设（包括：物流交易信息服务平台、电子采购平台、中小物流企业应用平台、货运及场站联盟平台、政府监管平台等），同时各大物流场站设置 20 个信息网点，作为北京物流公共信息平台信息采集点；形成基础性、战略性物流数据库；各相关信息系统实现有效的互联互通，信息资源共享程度明显提高；初步形成物流信息化信息安全保障体系。通过物流公共信息平台的使用运行，提升物流企业的竞争能力，促进政府在物流行业管理和公共信息服务方面的能力。

二、北京物流公共信息平台一期建设具体工作内容

北京物流公共信息平台一期建设具体工作内容包括：

充分利用现有网络条件及现有场地条件，进行北京市物流公共信息平台的机房建设。

在北京市内的各大物流场站设立 20 个信息网点，每个信息网点设信息大厅，直接面向物流企业提供信息服务。信息网点可以作为平台的信息采集点并直接面向物流企业提供信息服务。

通过搭建数据共享交换平台、内容发布与管理平台，进一步提高交通物流的信息采集与资源整合能力。

在数据共享交换平台基础上建设 11 大应用平台（系统）：

信息交易平台：生产企业、物流企业可以发布货源或车源的需求和供给信息，系统对货源信息和车辆信息进行自动匹配，车货信息包含城市配送和长途运输两部分；仓库、物流设备、人才、劳务等供给和需求信息发布、查询；法律法规、政策信息、行业新闻、

出行信息等信息发布展示。

电子采购平台：主要提供在线招投标服务，可以发布招标信息，标书下载、网上资格预审、在线投标、竞标，同时平台组织专家进行在线评标，中标公告公示。

物流业务管理应用托管平台：面向广大中小物流企业，提供紧凑、高效、低成本的物流管理专业工具，包括提供给仓储类物流企业使用的仓储管理系统、提供给专线运输企业使用的运输管理系统、提供给货物代理企业使用的货代管理系统、提供给城市配送企业使用的配送管理系统、提供给物流园区经营企业使用的物流园区管理系统、提供给物流各类企业使用的办公自动化软件、客户管理软件等。

货运联盟及场站联盟平台：货源企业和运输企业之间进行订单传输、账务信息交换的平台；货运企业管理、货主企业管理、货运订单分配、账务管理、场站信息共享等功能联盟管理平台。

第三方支付平台：解决物流领域在线支付问题，提供电子回执以及类似支付宝的第三方支付服务。

车辆定位及货物追踪系统：实时对车辆进行速度、轨迹回放等日常安全管理，还可以用于应急时的报警和远程控制。

GIS 应用平台：为 GPS 应用平台和车辆救援与维修服务系统提供基础支撑。

短信平台：短信平台为车辆定位及货物追踪系统、车辆救援与维修服务系统、电子采购平台、货运联盟及场站联盟提供支撑服务。

政府监管平台：行业运营报表：行业信息收集，报表生成；基于历史数据分析、挖掘，为政府的行业监管和辅助决策提供信息服务。

营运车辆及从业人员资质认证系统：包括 IC 卡证件的发放管理、身份认证管理、身份验证与稽查管理等。

车辆救援与维修服务系统：依托公共信息平台吸纳维修企业、检测站、汽车配件生产厂家通过紧急救援热线为社会公众提供救援维修服务。

搭建北京物流公共信息平台基础网络平台，包括网络硬件、网络管理软件及线路租用。

搭建物流公共信息平台的系统软硬件环境，包括主机及存储设备和系统支撑软件。

搭建本次工程项目系统安全环境，主要包括网络安全、数据安全、应用安全等。

搭建本次工程数据容灾中心，包括机房建设、线路租用、主机及存储系统、数据库及备份软件。

搭建面向工商企业、物流企业的信息交易服务、车辆救援与维修等服务的热线呼叫中心。

形成和完善北京物流公共信息平台的建设与运营模式上的保障体系，确保工程顺利建设、长效运行、可持续深化提高。

三、北京物流公共信息平台总体架构

北京市物流公共信息平台总体架构如图 12－1 所示，具体可分为网络平台层、软硬件支撑层、资源整合与交换层等七部分组成。

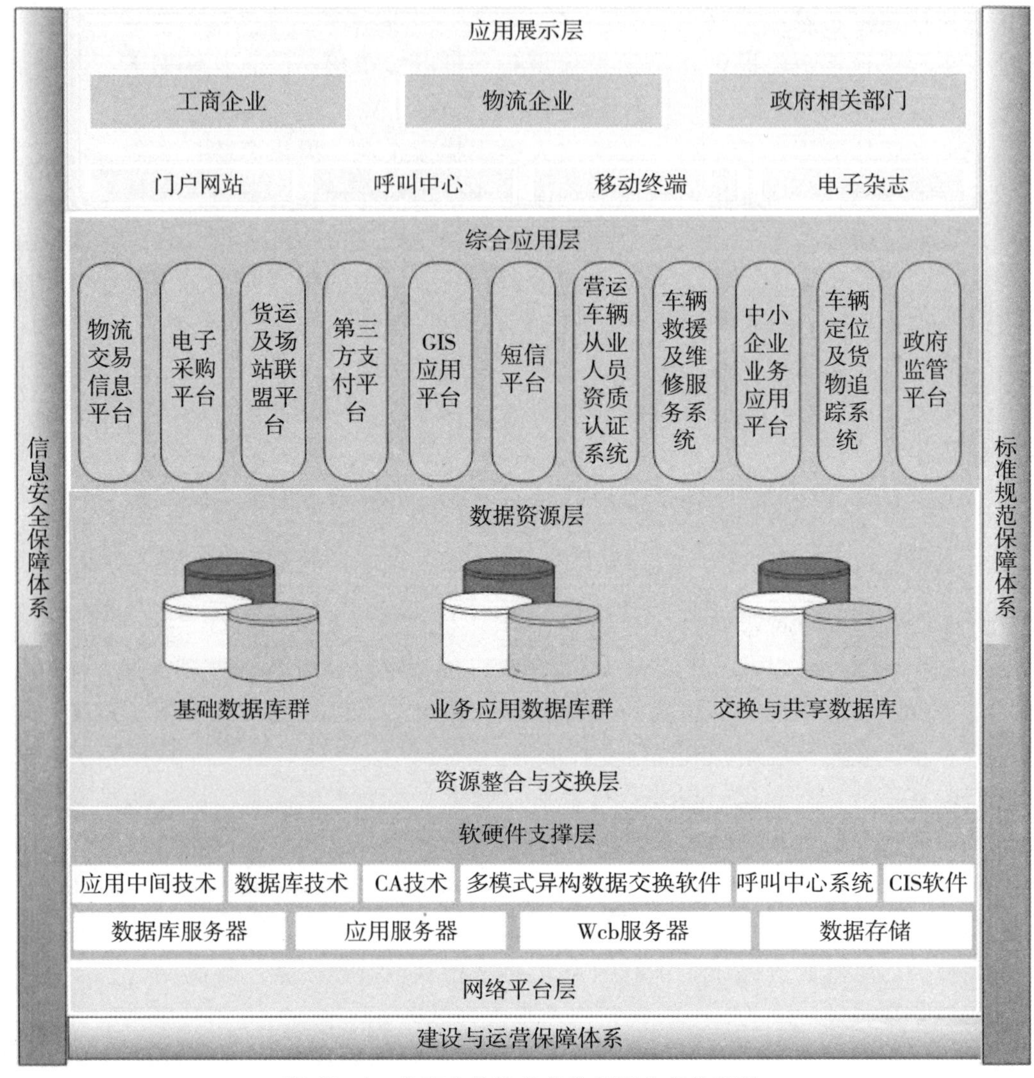

图 12－1　北京市物流公共信息平台总体架构

1. 网络平台层

网络平台层是承载数据传输、交换的基础条件，网络平台层包括基础通信网络、网络设备、网络安全设备等。通信网络包括交通行业信息专网、无线通信网络、VPN 和因特网。网络设备包括路由器、交换机等。网络安全设备包括防火墙、入侵检测等设备。

本次工程主要依托因特网，实现信息的采集、交换、处理、分析和展现，为数据整合与交换、数据资源层、业务应用层等在网络传输方面提供支撑服务。

2. 软硬件支撑层

软硬件支撑层为应用系统的运行提供了基础的硬件平台支撑和软件平台支撑，软硬件平台层主要包括：主机及存储系统、数据库软件、数据交换软件、中间件软件、数据分析展现软件等。

在深入分析本工程项目的应用系统的基础上，选择各种成熟、稳定的主机及存储系统为本工程应用系统的运行提供硬件支撑。采用成熟、稳定、先进的操作系统及数据库软件构建基础的系统及数据平台；采用各种成熟、先进的中间件软件构建系统的应用支撑环境，以提高软件构件的复用程度，形成统一的业务分析架构、编码框架，从而最终提高开发效率、降低开发成本，实现业务协同、数据交换、信息共享、快速部署等功能。采用CA技术，保障订单、运单等业务数据防篡改、防泄密、防抵赖。

3. 数据整合与交换层

整个工程的核心是物流信息资源整合的建设。依据国家、交通行业等相关数据规范，使用稳定、成熟的异构数据采集、交换软件对工商企业、物流企业已有异构系统进行数据采集、整合、交换、共享，形成北京物流公共信息平台的基础数据库、应用数据库和交换共享数据库。在数据采集、整合、交换、共享过程中注重数据来源的原始性和唯一性。

本次工程物流信息资源整合库涉及工商企业物流数据资源、物流企业的数据资源、政府部门等相关物流数据资源。通过统一的信息共享接口，一方面为部级层面提供了数据共享、交换基础和通信机制；另一方面也为将来与各类外部应用（公安、工商等）进行数据共享打下了扎实的基础。

4. 数据资源层

数据资源层是通过数据整合与交换层对现有业务系统中的数据进行整合的基础上产生的。通过对物流信息资源进行科学的分类组织，采用统一的建设规范和数据交换标准，确保信息资源在采集、处理、传输以及分析、管理和共享的整个流程中在各系统间顺利地交换，以实现知识管理和决策支持的目标。

在对各类数据进行深入分析的基础上，建成分类明确、标准统一、来源唯一、准确一致的基础数据库、应用数据库和交换与共享数据库。数据资源层包括基础数据库、应用数据库和交换与共享数据库。

基础数据库包括公路空间地理数据库、公路基础数据库、车辆基础信息数据库、从业人员信息数据库、经营业户数据库，它的基础是业务数据库，同时与应用数据库之间有数据交换的需要。

应用数据库包括信息交易数据库、电子采购数据库、中小物流企业业务应用数据库等各类应用数据库，它的基础是供应链中上下游企业、政府相关数据资源。通过对供应链中上下游企业、政府相关数据资源及基础数据库的整合产生，同时与供应链中上下游企业、政府有数据交换的需要。数据资源层为各类应用系统的应用开发提供了数据支撑。

5. 综合应用层

在应用支撑层及整合资源库的基础之上，通过对北京物流公共信息平台的需求进行深入分析，整合、设计开发业务应用系统。为以降低社会物流总成本，提高客户服务满意度，降低能耗，减少城市环境污染，缓解交通压力，加快物流产业结构调整，推动物流产业升级，为政府更好地制定相关政策提供数据支持。

6. 应用展现层

应用展现层是面向用户的统一服务窗口，将直接反映本次工程的建设成果和应用效果。前端展现层应为用户提供风格统一、界面友好的虚拟服务平台，实现各类应用系统界面及功能的全面整合和集中展现，在整合的统一平台上为用户提供综合性的信息服务应用，并以多种视图进行直观展现，以便于各类用户使用。前端展现层包括：门户网站、呼叫中心、移动终端、电子杂志。

7. **保障体系层**

保障体系包括信息安全保障体系、建设与运营保障体系。信息安全保障体系采用相应技术、权限管理手段和管理体制等，充分保证系统信息等数据的安全；建设与运营保障体系包括基于建设模式及运营模式上的保障体系。落实机构、人员和资金，制定一整套科学合理的建设管理体系以及长效运营机制，规范系统的建设管理。

北京物流公共信息平台网络采用星型拓扑结构，传输协议采用 TCP/IP 协议。该系统的拓扑结构如图 12－2 所示：

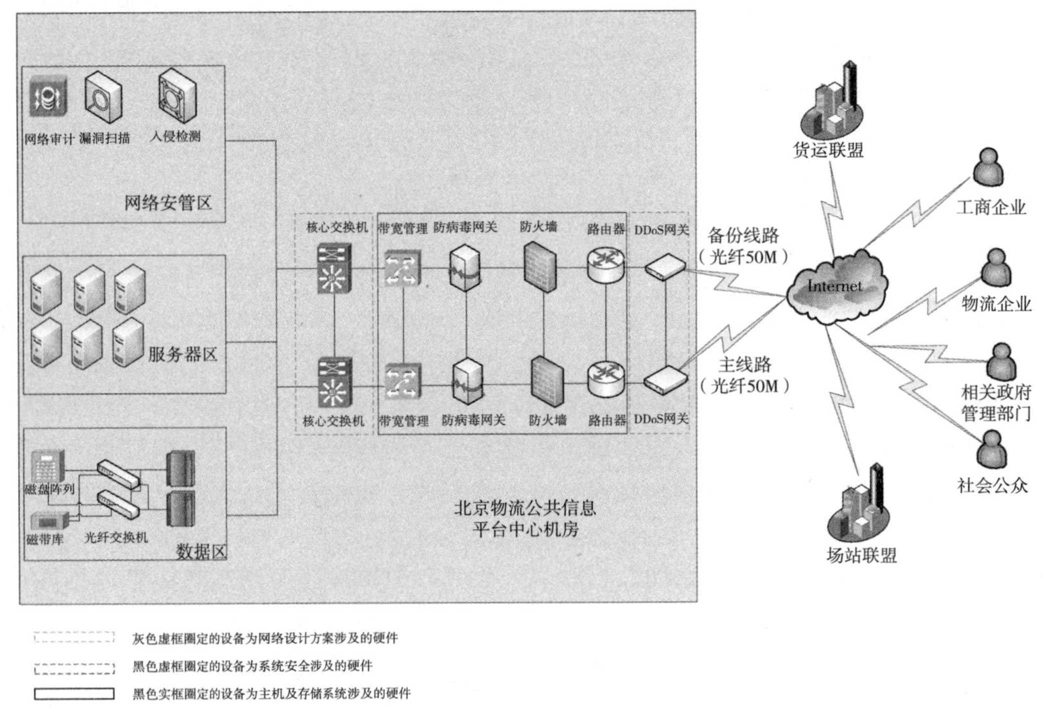

图 12－2　北京物流公共信息平台网络拓扑图

四、北京物流公共信息平台建设成果

北京物流公共信息平台第一期投资四千余万元，于 2009 年组织建设，2011 年 3 月正式上线运营，二期项目正在研发中。该平台一直秉承“沟通、协作、共赢”的理念，以立足北京覆盖环渤海服务全国为发展目标，致力打造成中国首家物流产业链功能性的综合服务平台。

平台自创建以来，曾多次获得交通委员会、发展和改革委、商务委员会及协会等部门的肯定，在业界享有较高的知名度；还曾获得中国物流与采购联合会颁发的 2010 年科技进步二等奖。

平台的核心价值在于可以实现企业间的信息与业务流程的对接，从而有力地促进制造业、商贸流通业（物流需方）与物流业（物流供方）的行业融合，加强企业间的纵向（跨行业的）与横向（物流行业内的）协作，促进物流行业整合与产业升级，达到降低成本、提高效率的目的。

平台目前主要产品体系由 7 个应用服务中心和 1 个公共服务中心组成（简称：7 +1）。

七个应用服务中心为：

（1）提供“在线发货”及“车货信息交换”服务的网上业务中心；

（2）提供库房、设备、人才、劳务信息服务的物流资源中心；

（3）提供在线招投标服务的物流行业电子采购中心；

（4）提供车辆货物监控的车辆监控与管理中心；

（5）提供物流企业找车找货询价的网上业务中心；

（6）提供物流企业车辆管理系统的网上停车场；

（7）提供物流企业表单数据交互的数据交换系统。

一个公共服务中心主要为社会用户提供物流企业官方认证、物流保险、融资贷款、行业新闻、政策法规、行业培训考试、企业征信查询、交通路况等公共服务。

截至 2012 年 6 月，平台已汇集北京市物流相关企业 2600 余家，其中认证企业近 1000 家；汇集北京市库房资源 1000 余处；组织在线招投标 50 余次，直接参与在线招投标的用户达 60 家；持续组织行业内具规模的物流相关会议 10 余次。平台网站首页如图 12 –3 所示。

目前，北京物流公共信息平台已经上线的主要信息服务可归纳如表 12 –1 所示。

表 12 –1　　北京物流公共信息平台主要信息服务功能

一级栏目	二级栏目主要功能
首页	注册、发布物流信息、开通企业黄页、线上企业推广、认证企业、推荐企业
资讯	最新资讯、本地看点、行业聚焦、观点争鸣、企业动态、政府信息、人物专访、会议会展、交通路况、热点专题
企业库	
招投标	
库房	
设备	
市场信息	
服务	保险服务、融资服务、物流软件、长城润滑油、网上业务室
法规	法规解读、合同范本、风险防范、案例分析、法规问答
会员中心	平台公告、站内短信、收藏、我的客户、我的评价、我的业务系统、应用帮助等
学院信息	物流实务、考试培训、考试题库、考试用书、论文荟萃、物流英语、基础知识
会员专享资料推送	
物流实用工具	里程查询、国内天气查询、邮编区号、全球 IP 查询、车牌查询、手机号码查询、在线实时路况、集装箱参数表、货物运输查询、车辆违章查询、在线翻译、船舶定位、航班查询、高速公路大全、商品编码查询、运输三证查询

图 12－3　北京物流公共信息平台

资料来源：www. 56beijing. org。

五、北京物流公共信息平台存在的问题

经过多年的努力，北京初步建立了一个高效、安全的物流公共信息平台，不仅促进了工业、商业、企业和客户之间的信息交流，而且使得政府职能部门能够更好地服务和监管物流市场，对各类物流资源进行有效的整合，提高了物流资源使用率，初步达到优化供应链的目标，从而提高了物流整体服务水平。物流公共信息平台已经成为物流信息化建设的核心，推动整个社会的物流信息化建设向规范化、个性化、集成化、专业化进一步发展。然而在我国物流公共信息平台的建设不容乐观，大大小小的物流公共信息平台有上千家，真正能做到良性循环的却少之又少。北京物流公共信息平台也只是在一定程度上解决物流信息化中存在的问题，但同时该平台还存在以下几个方面的不足：

第一，物流公共信息平台的功能较为简单，并且较为分散，例如，咨询的查询与发布包括本地看点、行业聚焦、观点争鸣、企业动态等，招投标、库房管理，设备管理，市场信息的发布与查询等，但缺少对货物跟踪、报关、与其他政府职能部门的接口。不能给客户提供系统的端到端、全方位服务。

第二，缺乏对供应链的支持，现有的物流公共信息平台仅仅实现的是简单的供需交易，而不能实现从原材料供应商到制造商、分销商、零售商之间的集成。不能实现整个供应链条的信息实时共享。

第三，企业尤其是中小企业的内部管理支持有限。一般的大型物流企业都有完善的信息系统，但对中小企业而言，由于规模和资金等原因，企业信息化的典型功能网上办公、内部作业信息化、车辆监控等功能都还没有，纵观国内的其他物流信息平台，具备这样功能的也没有。

第四，物流公共信息平台运行的两大瓶颈是"交互难，交易更难"，由于物流公共信息平台是连接企业信息系统和政府职能部门信息系统的数据枢纽，这些系统通常都是在不同的时间建立的，异构数据之间的互联是需要解决的迫切问题，一方面，从企业自身的角度考虑，这些数据之间的交互是否会造成企业内部数据的泄露，进而影响其对销售策略、销售渠道、产品信息等的保密。这些信息如果被竞争对手获得，将会对企业造成很大的损失；另一方面，由于缺乏诚信机制的建立，对企业在网上发布信息的准确性和企业交易的诚实性也缺乏必要的监管。

第五，随着现代 IT 信息技术的普及与发展，不仅深刻改变了我们的生活方式，也在某种程度上影响着信息化系统的建设，目前比较突出的两类技术就是云计算和物联网技术。而已建成的物流公共信息平台对这类新技术的应用考虑不是很周全，造成该平台的扩展性和兼容性尚有很大的提升空间。

第二节　北京物流公共信息平台建设的国际借鉴

一、物流公共信息平台建设受到发达国家的普遍重视

发达国家或地区都从政府长期规划角度对于物流信息平台的发展给予了大力支持。日本政府先后于 1997 年 4 月和 2001 年 7 月两次出台《综合物流施政大纲》，促使物流信息平台从出现到壮大。香港政府正在推动建设数码贸易运输网络，着力打造一个区域级的开放、稳定、安全的物流信息服务平台。发达国家或地区在进行物流信息平台建设时，对于关系区域乃至国家物流发展的物流信息平台，多由政府投资。比较典型的物流公共信息平台包括：新加坡的"Portnet"口岸物流服务平台、荷兰的"W@ VE"服务平台（鹿特丹港）、英国的"FCPS/Destin8"货物处理系统（菲利克斯托港）、德国的"Dakosy"数据通信系统（汉堡港）、澳大利亚的"Tradegate"服务平台、美国的"First"服务平台（纽约港和新泽西港）。

在上述系统中，"Dakosy""FCPS/Destin8""Tradegate"和"Portnet"是"全面型"系统，其目标是为广泛的港口园区组织提供一个多功能的服务平台。美国的"FIRST"为"服务中心型"系统，着重为广泛的相关组织提供一系列深入的服务。鹿特丹的"W@

VE”是一个“小市场型”系统，为确定的目标组织提供一系列深入的相关功能。

Portnet、FCPS和Dakosy早期运行在大型计算机上，主要是利用增值网络进行电子数据交换，整合海港与海关、提供多种运输方式的信息服务，如内河运输、公路运输、铁路运输等。德国的Dakosy凭借其覆盖海运、空运、河运、铁路运输和公路运输网络，提供高效的联合运输集成服务。新加坡的“Portnet”将港口与海运和公路运输连接，为承运人提供完善的服务，同时提供独特的空柜和仓位的市场交易服务，提高承运人资源利用效率。英国的FCPS/Destin8系统将港口跟海运、铁路及公路运输连接，为英国各种港口对进口、出口、转运及危险货品的处理与海关的连接提供广泛的服务，特别的系统具有强大转运业务处理功能，通过对进口与出口系统的整合，使每一次转运活动共享同一套进/出口信息，实现进/出口货物的海关手续无纸化，并在船只到达之前就得到处理。澳大利亚的“Tradegate”为澳大利亚贸易与运输团体成员间的文件和信息的电子化建立了一个全国范围内的通信“中枢”网络，与澳大利亚海关服务处达成协议、对澳大利亚的特别增值服务有专有享用权。

“Tradegate”提供的港口社区服务还包含了金融（银行）的服务内容，可以为其使用者提供网上结算服务，也提供铁路运输与海运的转运服务。美国的“First”网络和荷兰的“W@ VE”网络在2000年年初开始发展他们自己统一的物流公共信息平台，从网络基础平台入手，可以实现电子数据交换。“W@ VE”主要包括海运和公路运输。美国的“First”网络为公路运输、海运公司及码头的整合提供完整的服务，将向使用者提供与铁路和海关相关的一系列功能。

二、公共物流信息平台分类及特征

1. 物流公共信息平台按层次结构分类

根据服务领域、支持环境、技术要素和运营主体的不同，现代物流公共信息平台可以分为：企业级别的物流公共信息平台、区域物流公共信息平台、行业物流公共信息平台和政府监管物流公共信息平台。

其中，政府监管物流公共信息平台是其他物流公共信息平台的核心，对其他物流公共信息平台发挥着监督和指导的作用，与其他物流公共信息平台是相互联系和相互关联的。几种物流公共信息平台的层次结构如图12－4所示。

（1）企业级别的物流公共信息平台

企业级物流公共信息平台是由企业建设并且有其他公司共同参与，这些企业间已经形成了互惠互利的合作和共享信息资源。企业物流公共信息平台，将面临该公司的核心业务系统。

根据企业的核心业务系统在企业级物流信息平台的电子商务平台，整合各种业务数据，以实现准确、及时的业务信息。支持实时动态的网上交易与现代通信手段相结合，为客户提供高效的物流信息服务。企业物流公共信息平台，通常是在公司的ERP系统的基础上提供物流信息服务，相应的系统建立在一个核心的ERP系统的业务管理子系统，如物流管理系统、物流业务系统和物流客户服务系统等。现有的ERP系统如SAP、用友中的物流模块都具有企业级物流公共信息平台的性质。

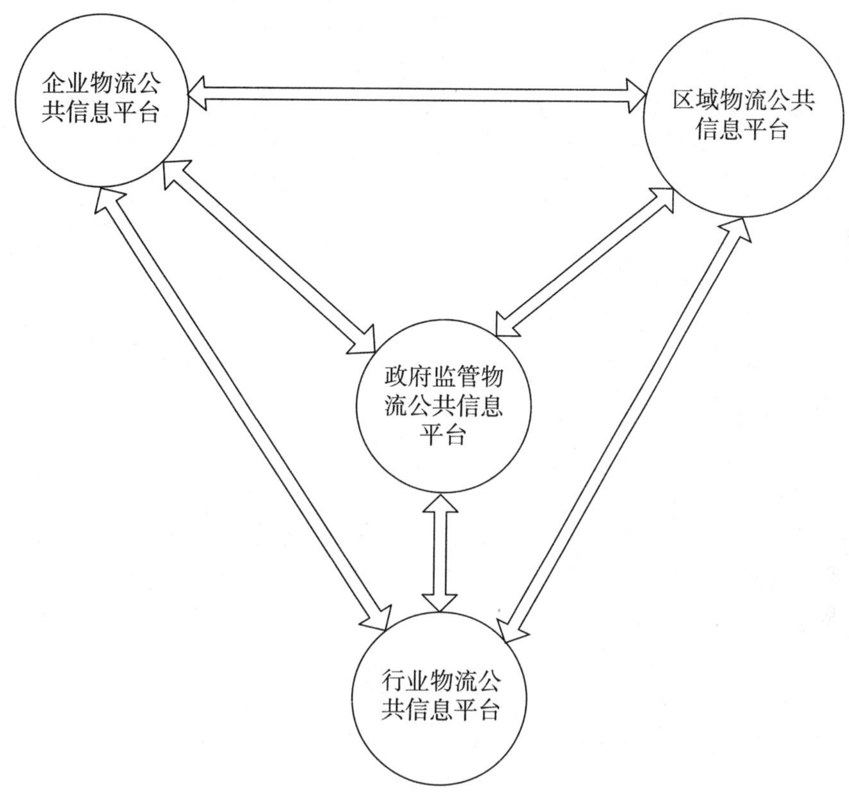

图 12－4　物流公共信息平台的层次结构

（2）行业物流公共信息平台

行业物流公共信息平台在促进现代物流产业的发展中起到了重要的作用。行业物流公共信息平台根据对行业物流的理解，可以分为以下三类：

第一类是针对物流行业本身，物流枢纽如港口、物流园区、城市配送中心等为载体的物流公共信息平台。

第二类是针对物流运输方式的不同，比如公路运输物流公共信息平台、铁路运输公共信息平台、水路运输公共信息平台、航空运输公共信息平台等。

第三类是针对物流服务的行业的不同而进行划分的。由于行业的不同，有些行业具有很强的专业性，相应的需要的物流服务业需要很强的专业性，如制造业的物流公共信息平台、汽车运输业的物流公共信息平台、医药类的物流公共信息平台、冷链类的物流公共信息平台、烟草行业的物流公共信息平台、危险品的物流公共信息平台等。

这些信息平台通过整合物流供需信息资源，提高物流效率，降低物流成本。

（3）区域物流公共信息平台

区域物流公共信息平台是指对一个特定的自然或行政区域内的物流业务及物流过程中产生的物流信息进行采集、分类、筛选、存储、分析、评价、反馈、发布、管理的一个公共的信息交换平台。不同于企业或者行业物流公共信息平台，区域物流公共信息平台重点对一个区域内的整理物流资源和物流信息进行整合，其目的是提高整个区域内的物流效率和降低物流成本，而不是某一个具体的企业或者行业的物流效率和物流成本。

（4）政府物流监管公共信息平台

政府物流监管公共信息平台职能是相关政府部门的行政职能，其投资主要依靠国家财政投资。例如铁路运输管理信息系统（TMIS），铁路调度部门覆盖全国所有的列车，机车，火车，集装箱及所运货物的位置变化提供实时的状态，道路运输管理信息系统的建设分为联网收费、安全监控、公共信息服务、数字地图和地理信息数据库四个部分。近年来，政府监管物流公共信息平台出现了一些新的趋势，一是需要跨部门合作的信息平台越来越多。例如，在铁道部门和海关进口货物信息的电子传输和共享交换之间的联网；二是开放程度逐步扩大，社会服务功能的不断完善，如商务部和海关，银行，准备以内贸和外贸业务的单独的企业安全证书逐步过渡到建立一个联合认证系统，建立“一卡通”和系统集成服务。

2. 物流公共信息平台主要特征

上述各种类型的物流公共信息平台，由于投资主体不同、建设目的也不同，因此其特点各不相同，但作为一个公共信息平台有其共同的特点。在一般情况下，物流公共信息平台应具备以下基本特征。

（1）物流公共信息平台以提供基本公共服务为基础

物流公共信息平台特别是区域性的物流公共信息平台和行业物流公共信息平台的建设属于基础建设的范畴，主要是解决我国企业信息化水平低、物流信息系统分散、单个企业的物流服务平台的建设和运营成本高等基本问题。物流公共信息平台使用者是物流活动中的利益相关方，包括政府职能部门、第三方物流、货主企业、公众等众多参与者，其可以大大降低物流信息系统建设过程中的成本。

由于服务者众多，其应该以提供基本物流公共服务为基础，包括物流信息的传递和共享、政府职能部门的网上办公、信用认证等。

（2）物流公共信息平台更重视物流信息资源的整合

整合区域物流资源，提高物流运作的整体效率是物流公共信息平台建设的目标之一。因此，公共信息平台，强调政府信息资源、行业信息资源、物流信息资源以及其他信息资源的不同需求主体的有机结合。

（3）物流公共信息平台的建设和运营具有一定程度的垄断性

物流公共信息平台的一个基本功能实现区域内资源的整合，它是决定物流公共信息平台的建设和运行，必须结合政府资源，政府资源的公共属性决定了公共信息平台有一定程度的垄断。正常情况下，由政府下属的机构负责，如区域内依托电子口岸，行业协会中心和其他机构的主管部门，或委托一些物流公共信息平台的建设和运作，企业内部物流信息平台建设由企业自行建设和操作，因为没有政府资源的整合功能不具备的基本条件，提供基本公共服务，它不能被归结为物流公共信息平台。

三、北京物流公共信息平台运营模式的借鉴问题

借鉴发达国家经验，结合北京实际情况，北京物流公共信息平台建设应注意以下几点。

1. 遵循原则

公益性：作为服务于全北京的北京物流公共信息平台，属于城市功能的范畴，不以利润的追求为目标，而是从政府职能及社会效益角度出发，降低社会物流总成本，减轻环境压力为目标，因此，具有极强的社会公益性质。

规范性：通过北京物流公共信息平台的推广，使得北京物流公共信息平台可参与到广泛的物流环节中，从而使物流行业的运行逐渐规范。

广泛性：通过北京物流公共信息平台的使用，使得广泛的零售企业、生产企业、运输企业、仓储企业、从业人员、社会公众、政府汇集在平台上，最终北京物流公共信息平台成为相关企业、政府、公众最重要的沟通交流平台。

目前在北京区域内存在着诸如京联网、中国配货网、物流招标网、中国库房网和中国厂房网的物流信息服务机构，这些机构具有一定的市场优势，积累了一定的客户资源，这些机构的服务内容和方式决定了他们成为北京物流公共信息平台潜在的竞争对手。但这些机构都存在这样或那样的不足，如经营实体实力差（基本私人公司经营）、覆盖面大而深度不够、营销力度小、服务诚信度低、服务内容，都没有很强的竞争优势。此外，上述竞争者没有一家是专门针对北京市场进行服务的，也没有一家具有政府和行业协会的支持背景，业内影响有限。因此，北京物流公共信息平台可以在政府和协会的引导、支持下，通过服务内容的全面权威性、服务模式的全方位、服务效率及差异化定位等取得竞争优势。

2. 运作模式

政府引导：北京“北京物流公共信息平台”的构建是一项跨行业跨部门的系统工程，最终要实现如下的目标：

（1）降低社会物流总成本；

（2）促进物流行业集约化运营；

（3）促进物流行业良性发展，提高物流行业服务水平；

（4）为政府充分发挥市场监管和服务职能提供有力的技术保障；

（5）节能减排，减少环境污染。

该平台的建设具有前期投入较大，投资收益较慢的特点，首先，需要政府在资金投入上给予扶持和补贴；其次，政府掌握着行业大量的基础数据，可以为平台的运营提供有力的基础数据的支撑；最后，平台的运营需要一个过程，政府需要发挥引导作用，加强部门之间、行业之间、企业之间的协调配合，引导平台使用者使用该平台，逐渐形成良性循环，最终实现平台、用户、政府多赢的目标。最终平台可作为政府物流政策宣传和指导的媒体，同时可为政府的职能机构进行决策和市场监管提供基础的数据支撑。

协会组织：北京物流协会作为北京物流公共信息平台的主要参与方，积极发挥行业协会组织的作用，进一步加强企业与政府间桥梁纽带作用，增强其行业服务、行业自律以及维护行业合法权益的职能。推广行业标准与认证、行业统计、行业培训和市场秩序。同时，北京物流协会可利用其在北京物流行业内的影响力，有效促进各物流及物流相关行业对北京物流公共信息平台的参与和交流，可以起到良好的协调作用。

企业运作：北京物流公共信息平台的良性发展，需要有一定的可持续发展动力（包括财力、人力、物力），因此，除了公益性的一面，北京物流公共信息平台还要适应市场经济发展规律，政府及协会不适合参与市场运营的直接管理，而由行业内企业来进行是比较合适的。通过推行市场化运作的原则，鼓励有实力的企业积极参与运作，提高平台的运行效率，并建立可持续发展的长效机制。北京物流公共信息平台的承办单位北京首发物流枢纽有限公司具有多年物流行业从业经验，熟悉物流行业的市场情况，具备运作北京物流公共信息平台的基础条件。

第三节　信息技术创新趋势及北京物流公共信息平台发展建议

一、信息技术创新趋势

1. 物联网技术的应用趋势

在国务院推出十大产业振兴规划的同时，物联网正成为全社会的信息技术热点，被公认为是继计算机、互联网与移动通信网之后的第三次信息产业浪潮。物联网在我国经历了从前些年的宣传炒作到现在产业链各环节的实际部署，对物流行业的影响也是全方位的，产生了很多具备物联网技术特征的物流行业局部应用。

物联网的本质是通过信息技术赋予网络全新的含义，从而实现万物之间的互联互通，使其具有全面感知、可靠传送和智能处理的三大本质特征，实现人与物之间、物与物之间的智能化感知、定位、追踪、管理、控制。

物联网的理念最初是基于 MIT Auto－ID EPC 系统技术而提出的，并最先在物流行业得到了应用。自 2008 年经济危机以来，为了控制国际新一轮信息技术竞争的关键点，占领未来产业链制高点，各发达国家纷纷建立了与物联网相关的信息化战略，在技术研究和商业部署上获得了相当大的进展，物联网的理念也随着各种感知技术和网络技术的突破而得到提升和完善，越来越多的物联网业务应用得到推广，商业模式也日臻成熟。

我国在推进信息化和工业化深度融合的背景下充分认识到物联网应用的重要性，已经拥有了从材料、技术、器件、系统到网络的完整产业链，是世界上为数极少能实现物联网产业化和制定国际标准的国家之一。

在国家政策方面，国务院、发展和改革委、工信部、科技部等部门相继出台了相关产业扶持政策，加速促进我国物联网产业发展，工信部在物联网“十二五”规划中提出了智能电网、智能交通、智能物流等十大重点应用领域，其中智能交通和智能物流主要应用于在车辆信息通信、车队管理、商品货物监测、互动式汽车导航、车辆追踪与定位等，为物联网技术在物流行业中的应用指明了方向。

经过多年发展，我国目前具备物联网本质特征的独立网络系统为数很多，创新也不少，应用范围逐步扩大，以北京、上海、无锡、广州、深圳为代表的很多城市也进行了物联网的应用试点，涉及从身份识别、电子票证，到资产管理、食品与药物的安全监控、仓储物流等各个领域，但总体而言，目前国内物联网应用还大都集中在电力和交通运输行业，这两大行业占 M2M（机器与机器）终端总数的 86.5%。

纵观国内物联网应用，主要可分为两大类，其一是已经被接受并商用的产品，这些产品比较成熟，贴近用户的真实需求，商用的前景、路径、模式比较清晰；其二是还受制于某些因素，尚未上市的应用，制约这些产品的不是技术层次，而是涉及多部门和组织的利益协调。

随着物联网技术的日益成熟，相信越来越多的物联网的应用会渗透到物流行业的方方面面。物流公共信息平台应该充分考虑这些成熟的物联网实际应用，并将其技术融合进来，从而实现中国的“智慧物流”。

2. 云计算技术的应用趋势

近年来，随着并行计算（Parallel Computing）、分布式计算（Distributed Computing）和网格计算（Grid Computing）的发展，一种新兴的商业计算模式即云计算（Cloud Computing）受到广泛的关注，得到了产业界和学术界的普遍认可，被评为2009年IT业五大科技发展趋势之首。显而易见，这种新的计算模式将给传统的IT产业带来一场革命性的变革，并成为一种发展趋势。

由于云计算具有超强的计算能力和低成本、高安全性、以用户为中心等特性，在网络资源共享等方面具有明显的优势，因此在各个领域有着广泛的应用前景。

虽然产业界和学术界由于各自的理解能力不同，基于不同的利益出发点考虑，演变了众多的云计算定义和分类，如私有云和公有云等，但云计算最关键的特点即计算资源能够被动态地有效分配，消费者能够最大限度地使用计算资源而无须管理底层复杂技术是各方普遍认同的。总体而言，云计算具有以下鲜明的特点：

（1）灵活的自治性，云计算系统提供的是服务，服务的实现机制对于用户来说是透明的，不需要了解云计算的具体机制和技术，系统软硬件能够自动进行配置，提供需要的服务。

（2）可靠的数据存储中心，云计算系统由大量的计算机构成集群向用户提供数据管理服务，由数据中心的管理者对数据进行统一的管理、分配资源、负载均衡、安全管理等，利用数据冗余和分布式存储保障数据的可靠性。

（3）高可靠性、可用性和可扩展性，云计算系统可以自动检测失效节点，并将后续服务请求分配给负载轻的节点，从而提供可靠的服务，保证服务的可用性，当用户的系统规模发生变化时，云计算系统可根据用户需求自由伸缩。

（4）极高的经济性和服务多样性，通常组建超大规模的服务器集群相比同样性能的超级计算机成本低很多，并且各业务系统可以根据自己的需要灵活地租借适合自己的云计算能力。此外在云计算平台上，用户可以支付不同的费用，获得不同等级、不同功能的服务。

（5）通过虚拟化提高系统利用率，云计算系统可以看成是一个虚拟资源池，各种服务和资源都保存在云端，通过在服务器上部署虚拟机，最大程度上利用系统的运算能力，负载可以在各种虚拟资源上平滑地进行迁移。

目前，国内外对于物流公共信息平台的研究主要集中在业务层，更关注平台承载哪些服务和功能、覆盖了哪些行业领域，而鲜有借助云计算平台从架构、技术、资源整合、标准化接口、互联互通、外延扩展等方面进行深入研究。

而实际上，通过分析物流公共信息平台的应用场景以及实际需求，可以发现平台显示出以下几点云计算特征：

（1）对信息资源有大规模海量的需求，区域内的物流公共信息平台整合了现有各大物流企业、政府部门众多的信息系统，同时需要实时跟踪商品物流信息状态，对这些海量的信息进行汇总、拆分、统计、备份，这需要弹性增长的存储资源和大规模并行计算能力。

（2）资源负载变化大，物流公共信息平台有些应用在峰值负载、闲时负载和正常负载之间差距明显，如网上报关、结算等应用，会在某些特定的时间资源负载呈现爆发式增长，而平常时候可能很稳定，呈现低负载状态。

（3）以服务方式提供计算能力，目前国内大中型物流企业虽然都已经建立起自己的物流信息系统，但这些系统只是些信息孤岛，在数据一致性和信息共享方面有先天性的缺陷。而在物流行业中占95%以上的中小企业更谈不上有自己的信息系统，也不可能花费巨资采购大而全的物流软件。虽然各个物流企业在业务流程方面存在较大差异，但从行业运营角度来看，其计算控制需求是相同的，因此可以将这部分功能剥离出来，封装成面对不同行业不同企业的服务，以平台服务的方式提供给客户，客户只要满足服务接口要求，就能享受到这些服务能力。

二、措施建议

（一）基础技术架构方面措施建议

针对上述的云计算特征，考虑引入云计算技术构建和改造物流公共信息平台。基于云计算架构的物流公共信息平台最主要是实现了资源共享、动态分配，从而达到帮助企业降低IT方面的投入和支出的目的。此外，在构建云计算架构的物流公共信息平台的同时，还需要充分考虑物联网各类应用的接入，在平台层要支持物联网系统信息数据的采集、传输、转换、存储、共享、交换，在应用层融合各类信息传感设备、全球定位等系统，向用户提供各种智慧物流的信息服务。

1. 总体系统架构建议

物流公共信息平台的设计可采用典型的云计算体系架构，主要包括五个组成部分，分别为基础设施层、平台层、软件应用层、接入层和管理层，如图12－5所示。

（1）基础设施层

基础设施层是指在基础架构层面提供的云服务，主要是向用户提供虚拟化的各类基础架构资源（服务器、网络、存储等支撑能力），从而屏蔽真实各类物理资源的复杂性。

（2）平台层

平台层将各种业务能力进行整合，主要向用户提供对基础设施层服务以及开发环境服务的封装，主要包含定制化的数据库处理、可扩展的消息中间件、事务处理中间件等服务。

（3）软件应用层

软件应用层向各类用户提供更贴近终端用户实际需求的各类企业应用、个人应用服

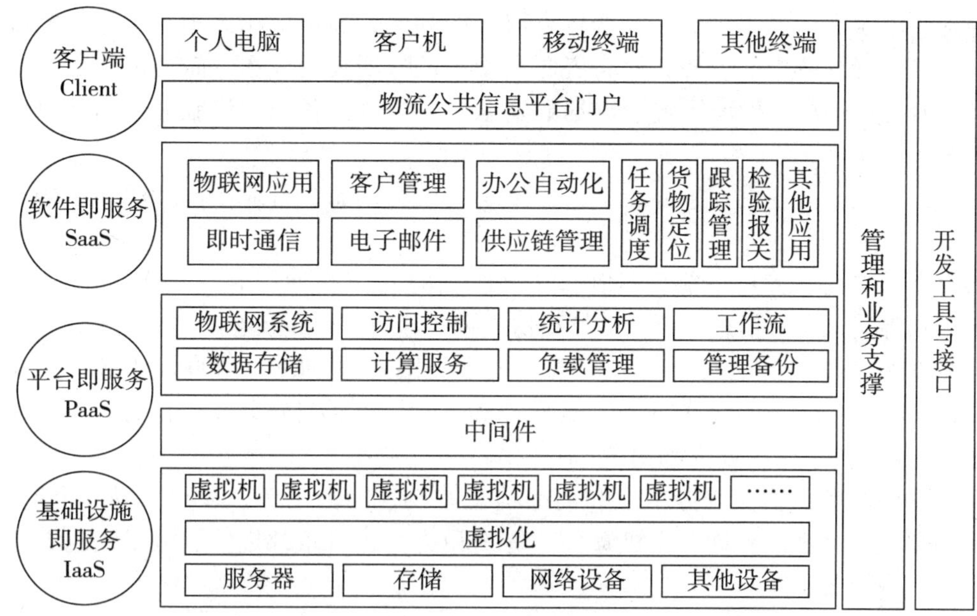

图 12－5　基于云计算架构的物流公共信息平台总体体系架构

务，这些应用基于互联网技术进行封装，并按照使用者的需求进行应用服务的交付。

（4）接入层

接入层是为了方便不同用户访问平台所需要的各种支撑服务，包括服务目录列表、订阅管理、访问服务接口等。

（5）管理层

管理层是对所有层面的云计算服务进行管理的功能，包括安全管理、服务组合管理、服务目录管理、服务计量、服务质量、部署、监控、测试等功能。

2. 主要服务功能实现建议

在进行物流公共信息平台各层的具体设计实现时，最底层即基础设施层可以采用目前成熟的 IaaS 产品来实现，例如 Windows Azure 等，平台层可以采用目前第三方中间件产品，例如 VMforce 等，或者基于开源的 Hadoop 进行设计实现，而物流公共信息平台主要开发工作集中在各种共享基础服务组件和开放给用户的各种标准化服务上。在具体实现方面主要分为两种方式，一种是依托 PaaS（平台即服务）平台的开发工具，另一种是采用多租户架构和元数据模式，运用 Web2.0、Struts、Hibernate 等技术来实现，目前大部分 SaaS 系统均采用后者方式开发。云计算架构的一个典型的特点就是将各种服务和应用进行标准化封装，以供系统内部和外部进行调用，这些封装的功能应用主要包括：

（1）部署在 SaaS 层的应用信息服务

物流公共信息平台的 SaaS 层封装了物流行业各类应用的业务流程，同时也可以集成第三方物流（Three party logistics，3PL）企业应用服务，从而演变为第四方物流（Fourth party logistics，4PL）信息平台。在 SaaS 层可以充分调动各个参与方的积极性，开发出丰富的贴近现实市场需求、贯穿整个供应链各个环节的各项增值服务，从而吸引社会各方更有效地使用这个信息平台。在整合各方服务的同时，通过应用虚拟化技术，实现多租户共享存储、计算能力等资源，提高资源利用率，降低运营成本，而多租户之间在共享资源的同时互相隔离，保证了客户数据的安全性。提供的各项增值服务在初期可以包括以下几类：

标准门户服务：各类信息介绍、人才招聘、市场动态、行业新闻、法律法规、企业名录等。

信息资源查询服务：路况、环境、气象信息的发布查询，港口、航运、公路货运、航空、铁路等货运实时信息，企业货物和物流企业运力、仓储状态的实时动态展示等。

会员管理服务：会员登录注册、单证管理、权限管理、ISP（互联网服务提供商）服务、CA（电子商务认证中心）证书认证申请和管理、会员货物状态和位置跟踪、交易跟踪管理、会员资信评估、交易统计等。

交易管理服务：物流服务信息和商品信息查询、网上下单、在线交易、合同签写、订单查询和统计、客户管理、商机管理、货物和流程实时跟踪定位、电子支付、资金结算等。

远程物流信息系统外包服务：建立应用服务提供商（Application Service Provider, ASP）子平台，帮助广大的中小企业实现物流节点企业的信息化。

电子政务服务：为物流服务外包企业提供一站式、一体化服务，包括与政府部门相关的网上报税、交税、海关保税区监管、海关网上报关、网上通关及通关数据支持、网上出入境检验、灾害救急，与服务机构关联的电子结算、信用融资、物流保险等。

决策分析服务：为用户提供数据统计和报表服务，通过建立物流业务的数学模型，对已有数据进行分析，鉴别、评估、对比物流战略和策略上的可选方案，例如车辆日程安排、设施选址、顾客服务分析等。

货物跟踪服务：集成先进的GPS、GIS、GMS、物联网等一系列跟踪定位技术实现货物及运输车辆的实时跟踪定位，将货物与车辆跟踪、物流资源信息查询、运输信息平台、网上物流管理等有机结合，实现物流管理的全过程控制，提高物流作业的准确性和安全性，加强物流运作对客户的透明性，减少货物损失和延时。

（2）部署在PaaS层的支撑组件服务

基础数据交换处理服务：该服务负责平台上各种物流信息的采集、分类、加工、标准化、储存、分析、评价、中转、发送、反馈、管理和控制，实现平台与接入各信息系统之间的数据规范、格式转换。不仅要实现平台上交易双方的无缝对接，还要和其他区域或上一级物流公共信息平台的连接与数据交换。在具体实现方面可以采用成熟的企业服务数据总线（ESB）产品，辅以强大的接口适配器，采用消息触发传递机制对现有的信息系统进行数据集成。

（二）平台运营模式方面措施建议

目前物流公共信息平台的主要运营模式有两种，从前面建设经验的分析中可知，政府主导模式存在与市场结合不够紧密，需要政府长期投入的问题；企业主导模式存在企业投资资金压力大、整体性不强等弊端。

可以采用政府推动、行业约束、企业经营、市场化运作的建设运营模式。此种模式，充分利用了政府部门的组织协调能力、企业的高效率市场化运作方式，同时充分的考虑了各种用户的实际需求。

在平台具体运营过程中，通过政府相关政策和行业协会制度的制约，应用行业准入机制和会员制管理方式，对加入平台的用户和会员通过收取服务费、广告费、租赁费、会费、中介费等方式进行市场化运营，提供有偿服务，即采用“谁应用、谁付费”方式进行市场运作的自主运营，实现平台的良性发展。同时，政府应该行使宏观调控职能，积极负责指导物流公共信息平台共享信息服务价格的制定和市场引导政策的出台。

物流公共信息平台的建设运营是一个庞大的系统工程，既需要企业、单位、社会相关服务机构等的积极参与，也需要各级政府的有效支持和监督，还需要国家给予的政策支持和制度约束等。政府在物流公共信息平台的建设运营过程中有着不可替代的地位和作用。

北京市运管局作为地方交通运输主管部门，具有交通运输管理职能，交通基础设施建设职能，在物流公共信息平台建设中应发挥先导作用。基于对北京物流公共信息平台的需求分析和功能定位，分析政府在物流平台建设运营中的作用和地位，研究政府在相关工作中的切入点，有以下几点建议：

（1）为了改变物流管理体制条块分割、部门分割的局面，政府必须加强各行业或各部门之间的组织协调。政府部门应该转变职能，强化服务意识，积极帮助解决企业的实际问题，建立与国家接轨的、面向企业的服务体系。同时，需要各级政府部门从职能划分入手，进一步明确各级政府部门的权利和职责，理顺管理关系。建议成立一个由政府和各监管部门共同参加的专门的管理机构，在满足各监管部门要求的条件下，共同协商和处理北京市物流公共信息平台建设和运营中所存在的问题，保障平台的建设和运营进展顺利。

（2）为了改变政出多门、相互交叉又存在盲区的现状，建议在省政府层面建立协调机制进行统筹管理。由综合管理部门牵头，有关政府部门和行业协会参与，负责制定与协调对平台建设的各项支持政策。对分散在各部门的支持政策进行梳理，统筹规划、整合资源，形成合力，逐步建立各地区、部门相统一、协调、规范的政策法规体系。

（三）平台建设管理方面措施建议

1. 建设管理

北京物流公共信息平台属于物流基础设施建设的范畴，它投资大、回收期长，是一项复杂的建设工程，这必将牵涉到众多物流相关信息资源的资产重组和数据接口的开放等问题。另外，物流信息平台的建设需要吸收大量资金，需要众多企业的参与。平台建设的开拓性及其本身的复杂性，决定了它需要在政府的宏观指导和统一协调下，充分调动各方面的积极性，集中社会有效资源来共同完成。因此，平台建设的参与者应包括政府、企业、物流相关政府职能部门、相关行业协会、高等院校和科研院所。同时，必须要有一个权威的领导小组来协调和沟通建设中遇到的困难。另外，信息平台应紧紧围绕对平台的需求进行建设，避免投资浪费。

物流公共信息平台是一个复杂的大系统，其建设涉及多种高技术的集成、物流企业的内部和外部、物流服务全生命周期以及大量的高层次人才、大量的硬件和软件、技术与管理的集成。传统的物流信息化系统的实施对物流企业，尤其是中小物流企业来说涉及大量设备的采购，企业需要保持一定数量的 IT 技术人员以进行系统的开发、维护升级和管理，项目的建设实施周期长而且实施难度较大，实施的成功率也不是很高。云计算技术的出现及其发展，为物流公共信息平台在物流企业的建设实施和应用提供了一种新的模式和思路。基于云计算的物流公共信息平台的建设实施管理已经成为物流企业实施信息化管理和优化物流系统的重要途径。

基于云计算的物流公共信息平台建设管理如图 12－6 所示：

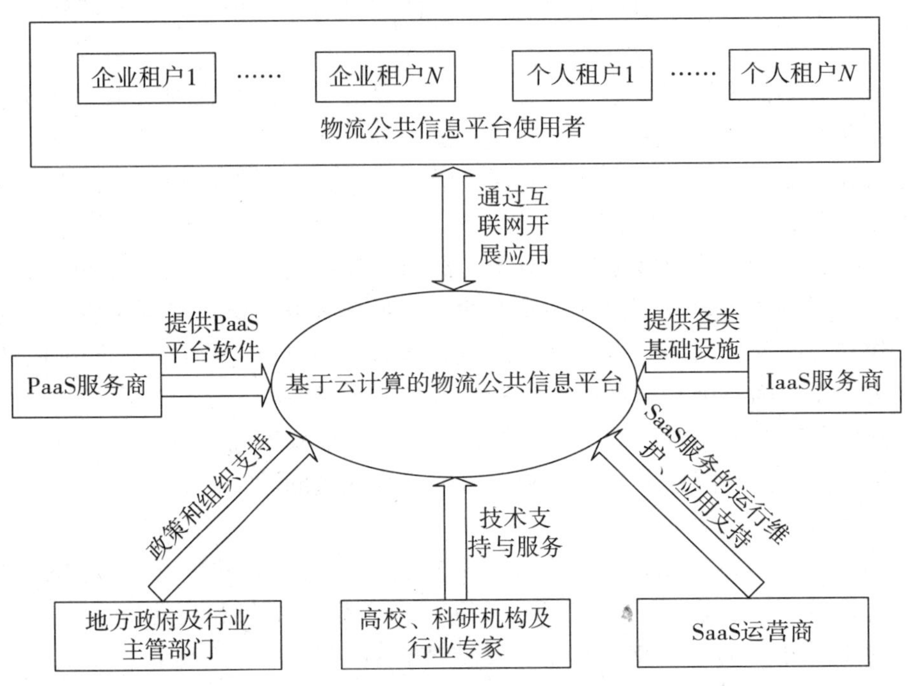

图 12－6　基于云计算的物流公共信息平台建设管理

基于云计算技术的物流公共信息平台的建设实施包含以下几个参与方：

（1）地方政府及行业主管部门：地方政府及行业主管部门给予物流公共信息平台的运作提供有关的政策和组织支持。

（2）高校、科研机构及行业专家：高校、科研机构及行业专家是物流公共信息平台运行的中介服务体系，负责物流公共信息平台的技术支持和服务，具体包括技术咨询、人才培养以及物流系统运作和优化的相关技术支持与服务。

（3）SaaS 运营商：SaaS 运营商负责物流公共信息平台的运行和维护，为物流企业和各类客户提供 SaaS 平台各项服务和应用的支持。

（4）PaaS 服务商：负责平台上各种物流信息的采集、分类、加工、标准化、储存、分析、评价、中转、发送、反馈、管理和控制，实现平台与接入各信息系统之间的数据规范、格式转换。此外，不仅要实现平台上交易双方的无缝对接，还要采用成熟的企业服务数据总线（ESB）产品，辅以强大的接口适配器，采用消息触发传递机制对现有的信息系统进行数据集成，和其他区域或上一级物流公共信息平台建立连接与数据交换。

（1）IaaS 服务商：为物流公共信息平台提供平台所需的各类物理以及逻辑的硬件资源（如网络设备、服务器、存储设备等）和软件资源（如操作系统、数据库管理系统、系统管理软件、应用软件等）。

（2）物理公共信息平台的使用者：信息平台的使用者包括各类物流企业和个人客户，物流企业通过物流公共信息平台发布其物流服务能力，并通过平台为客户服务；而客户则可以在物流公共信息平台查找和发布物流服务需求，并对物流服务的执行过程进行查询以及对物流服务的结果通过平台进行绩效评价。

基于云计算技术的物流公共信息平台建设实施具有以下优点：

（1）从技术方面来看，物流企业无须再配备 IT 方面的专业技术人员，同时又能得到最新的技术应用，满足企业对物流信息管理的需求。

（2）从投资方面看，物流企业只以相对低廉的“月费”方式投资，不用一次性投资到位，不占用过多的营运资金，从而缓解企业资金不足的压力；不用考虑成本折旧问题，并能及时获得最新硬件平台及最佳解决方案。

（3）从维护和管理方面来看：由于物流企业采取租用的方式来进行物流业务管理，不需要专门的维护和管理人员，也不需要为维护和管理人员支付额外费用。很大程度上缓解企业在人力、财力上的压力，使其能够集中资金对核心业务进行有效地运营。

在平台建设运营资金问题上，需要政府投入部分启动资金，并采用加强综合财税金融支持力度如税收优惠、财政补贴、贷款援助、风险投资和直接融资等来解决。

第一，通过财政补贴、贷款援助、风险投资和直接融资的方式，解决行业物流公共信息平台的建设资金投入问题。政府应该制定物流公共信息平台建设中财政补贴和贷款援助的基本原则和方针，各级财政根据实际情况进行因地制宜的实施；同时，政府还应该积极引入风险投资基金，解决平台建设的资金问题。在平台建设过程中，政府财政应该重点支持物流公共信息平台的基础设施建设（如网络基础设施、通信设施等）、电子数据转化和传输协议的规范等。

第二，通过税收优惠的方式，为物流公共信息平台运营提供良好的财税环境。为了引入众多企业参与，扩大平台影响力，政府可以制定税收减免等优惠措施。比如：在平台建设运营过程中，根据平台的建设时期的不同制定不同的税收优惠幅度，鼓励企业参与物流公共信息平台的建设与运营工作。

2. 运营管理

信息平台原则上应坚持谁建设谁运营的策略，采取政府引导、行业约束、企业自主的市场化运营模式，并建立相应的运营机制和信息共享机制。信息平台在建设招标或组建企业法人集团时就应该考虑到运营的问题。它的运营机制可采用高速公路类似的模式——收取高速公路通行费。如果信息平台具有合理的赢利空间，企业就有积极性参与平台的建设，正如现在有私营企业投资公路建设一样。由于交通物流信息平台具有垄断运营的特点，需要考虑信息的共享机制和定价问题。

北京市物流公共信息平台应面向企业，通过政府相关政策和行业协会制度的制约，引入行业准入机制和会员制管理方式。政府主要行使宏观调控职能，负责指导物流公共信息平台共享信息服务价格的制定和市场引导政策的出台等。

（北京物资学院周三元）

第十三章

北京市绿色物流发展现状及趋势

绿色物流是城市经济可持续发展的一个重要组成部分，它对城市经济的不断发展和居民生活质量的不断提高具有重要意义。作为一种新兴的服务业，由于人们观念、政策、技术上的原因，在我国尚处于起步阶段，很多方面还存在较大的差距。绿色物流的实施是一项系统工程，不但涉及政府、企业，同时还需要每一个人在观念上重视绿色物流。政府可以借鉴发达国家的实践经验，从交通、库存保管、装卸搬运、包装、流通加工和企业绿色管理等具体环节上入手来制定政策法规。物流企业也要从保护环境的角度制定其经营管理战略。每一个公民都要转变观念，认识到绿色物流对社会经济发展和个人切身利益的重要性，维护自己生活的环境，促进绿色物流的顺利发展。

本章首先介绍了绿色物流的主要基本理论，在介绍发达国家绿色物流发展现状的基础上，对北京绿色物流发展现状、北京市绿色物流发展瓶颈制约因素及发展趋势进行了分析。最后从新能源的角度对促进北京绿色物流发展提出有益的建议。

第一节　北京市绿色物流发展现状及问题分析

一、绿色物流概述

（一）绿色物流的概念

绿色物流是20世纪90年代中期被提出的一个新的物流概念，又称为环保物流，就是以减少资源消耗和降低对环境的污染为目的，利用先进的物流规划和管理以及物流技术，实施运输、包装、装卸、仓储、流通加工、搬运、配送和废弃物回收等过程的物流活动过程。它是一种融合了环境保护理念的物流决策模式，是连接绿色消费和绿色制造之间的桥梁。绿色物流是可持续发展模式在物流行业中的一种具体表现，开始出现并且渐渐成为物流管理的新方向。

国内外不同的学者对绿色物流的概念有不同的概述，S. Dunn 和 H. J. wu 认为绿色物流就是对环境负责的物流系统，包括从原材料的获取、产品生产、仓储、运输、包装、直到送到最终用户手中的这一系列正向流过程中的绿色化。

美国逆向物流执行委员会在研究报告中对绿色物流的定义是：绿色物流也称为“生态型的物流”，是一种对在物流过程中产生的生态环境影响进行认识并使其最小化的过程。丹麦出版的《Green Logistics》中定义：绿色物流就是对前向物流和逆向物流的生态管理。

我国对绿色物流的定义为：绿色物流是指物流过程中通过抑制物流活动对环境造成危害的同时，实行对物流过程中环境的净化，从而充分利用物流资源。它包括物流管理和物流作业环节全过程的绿色化。从物流作业环节来看，包括绿色包装、绿色运输、绿色流通加工等。从物流管理过程来看，主要是从保护环境和节约资源的目的出发，改进物流体系，不仅要考虑到正向物流环节的绿色化，又要考虑到供应链上的逆向物流环节的绿色化，它要求从环境的角度去改进物流体系，形成一个保护环境和节约资源的共生型的物流系统。这种物流系统是建立在保护地球环境和可持续发展的基础上，它通过改变原来的物流消费生活、经济发展与物流的单向作用关系，在减少传统直线型物流体系对环境造成危害的同时，采取与社会环境和谐相处的理念和态度，去设计和建立一个循环的物流系统，使得到达传统物流末端的废旧物质能够继续回流到物流过程中来。目前，在我国社会主义市场经济提倡大生产、大市场、大消费，并要求建立与之相适应的现代物流的同时，创建我国企业的绿色物流体系，提倡高效节能、绿色环保，不仅是必要的，而且是迫切的。绿色物流的最终目标是可持续性发展，实现该目标的准则是经济利益、社会利益和环境利益的统一。

（二）绿色物流的本质

1. 绿色物流的最终目标是可持续发展

绿色物流是对生态环境友好的物流，亦称生态型物流。其根本目的是减少资源消耗、降低废物排放。这一目的实质上是经济利益、社会利益和环境利益的统一，这也是可持续发展的要求。因此，绿色物流也可称为可持续的物流。

一般的物流活动主要是为了实现企业的赢利、满足顾客需求、扩大市场占有率等，这些目标最终均是为了实现某一主体的经济利益。而绿色物流的目标是在上述经济利益的目标之外，还追求节约资源、保护环境这一既具经济属性又具社会属性的目标。尽管从宏观角度和长远的利益看，节约资源、保护黄金与经济利益是一致的，但对某一特定时期、某一特定的经济主体却是矛盾的。按照绿色物流的最终目标，企业无论在战略管理还是战术管理都必须从促进经济可持续发展这个基本原则出发，在创造商品的时间效益和空间效益并满足消费者需求的同时，严格按生态环境的要求，保持自然生态平衡和保护自然资源，为子孙后代留下生存和发展的权利。实际上，绿色物流是可持续发展原则与现代物流理念相结合的一种现代物流观念。

2. 绿色物流的活动范围涵盖产品的整个生命过程

产品在从原材料获取到使用消费、直至报废的整个生命过程，都会对环境有影响。而绿色物流既包括对从原材料的获取、产品生产、包装、运输、分销、直到送达最终用户手中的前向物流过程的绿色化，也包括对退货品和废物回收逆向物流过程的生态管理与规划。因此，其活动范围包括了产品从产生到报废处置的整个生命过程。

生命过程不同阶段的物流活动不同，其绿色化方法也不同。从生命过程的不同阶段看，绿色物流活动分别表现为绿色供应物流、绿色生产物流、绿色分销物流、废弃物物流和逆向物流；从物流活动的作业环节来看，一般包括绿色运输、绿色包装、绿色流通加工、绿色仓储等。

3. 绿色物流的行为主体包括公众、政府和供应链上的全体成员

专业物流企业对运输、包装、仓储等物流作业环节的绿色化负有责任和义务。处于供应链上核心地位的制造企业，既要保证产品及其包装的环保性，还应该与供应链的上、下游企业、物流企业协调起来，从节约资源、保护环境的目标出发，改变传统的物流体制，制定绿色物流战略和策略；实现绿色产品与绿色消费之间的连接，使企业获得持续的竞争优势。

另外，各级政府和物流行政主管，在推广和实施绿色物流战略中具有不可替代的作用。由于物流的跨区域和跨行业特性，绿色物流的实施不是仅靠某个行业或在某个地区就能完成的，也不是仅靠企业的道德和责任就能主动实现的，他需要政府的法规约束和政策执行。

（三）绿色物流特征

1. 绿色物流的特征学科交叉性

绿色物流是物流管理与环境科学、生态经济学的交叉。由于物流与环境之间的密切关系，在研究社会物流与企业物流时必须考虑环境问题和资源问题，又由于生态系统与经济系统之间的相互作用和相互影响，生态系统也必然会对经济系统的子系统物流系统产生作用和影响。因此，必须结合环境科学和生态经济学的理论、方法进行物流系统的管理、控制和决策，这也正是绿色物流的研究方法。学科的交叉性，使得绿色物流的研究方法复杂，研究内容十分广泛。

2. 多目标性

绿色物流的多目标性体现在企业的物流活动要顺应可持续发展的战略目标要求，注重对生态环境的保护和对资源的节约，注重经济与生态的协调发展，追求企业经济效益、消费者利益、社会效益与生态环境效益四个目标的统一。系统论观念告诉我们，绿色物流的多目标之间通常是相互矛盾、相互制约的，一个目标的增长将以另一个或几个目标的下降为代价，如何取得多目标之间的平衡这正是绿色物流要解决的问题。从可持续发展理论的观念看，生态环境效益的保证将是前三者效益得以持久保证的关键所在。

3. 多层次性

绿色物流的多层次性体现在三个方面，首先，从对绿色物流的管理和控制主体看，可分为社会决策层、企业管理层和作业管理层三个层次的绿色物流活动。其中，社会决策层的主要职能是通过政策、法规的手段传播绿色理念。企业层的任务则是从战略高度与供应链上的其他企业协同，共同规划和控制企业的绿色物流系统，建立有利于资源再利用的循环物流系统。作业层主要是指物流作业环节的绿色化，如运输的绿色化、包装的绿色化、流通加工的绿色化等。其次，从系统的观点看，绿色物流系统是由多个单元或子系统构成的，如绿色运输子系统、绿色仓储子系统、绿色包装子系统等。这些子系统又可按空间或时间特性划分成更低层次的子系统，每个子系统都具有层次结构，不同层次的物流子系统通过相互作用，构成一个有机整体，实现绿色物流系统的整体目标。最后，绿色物流系统还是另一个更大系统的子系统，这就是绿色物流系统赖以生存发展的外部环境，包括法律法规、政治、文化环境、资源条件、环境资源政策等，它们对绿色物流的实施将起到约束作用或推动作用。

4. 时域性和地域性

时域特性指的是绿色物流管理活动贯穿于产品的生命周期全过程，包括从原材料供应，生产内部物流，产成品的分销、包装、运输，直至报废、回收的整个过程。绿色物流的地域特性体现在两个方面。一是指由于经济的全球化和信息化，物流活动早已突破地域限制，呈现出跨地区、跨国界的发展趋势。相应地，对物流活动绿色化的管理也具有跨地区、跨国界的特性。二是指绿色物流管理策略的实施需要供应链上所有企业的参与和响应。例如，欧洲一些国家为了更好地实施绿色物流战略，对于托盘的标准、汽车尾气排放标准、汽车燃料类型等都进行了规定，其他国家的不符合标准要求的货运车辆将不允许进入本国。跨地域、跨时域的特性也说明了绿色物流系统是一个动态的系统。

二、北京市绿色物流的发展现状

（一）国外绿色物流的发展现状

1. 美国

美国经济高度发达，也是世界上最早发展物流业的国家之一。美国政府推行自由经济政策，其物流业务数量巨大，且异常频繁，因而就决定了美国对绿色物流的更大关注。美国政府在物流高度发达的经济社会环境下，不断通过政府宏观政策的引导，确立以现代物流发展带动社会经济发展的战略目标，其近景远景目标十分明确。美国在其到2025年的《国家运输科技发展战略》中，规定交通产业结构或交通科技进步的总目标是“建立安全、高效、充足和可靠的运输系统，其范围是国际性的，形式是综合性的，特点是智能性的，性质是环境友善的”。一般企业在实际物流活动中，对物流的运输、配送、包装等方面应用诸多的先进技术，如电子数据交换、准时制生产、配送规划、绿色包装等，为物流活动的绿色化提供强有力的技术支持和保障。

2. 欧洲

欧洲是引进“物流”概念较早的地区之一，而且也是较早将现代技术用于物流管理，提高物流绿色化的先锋。如在20世纪80年代欧洲就开始探索一种新的联盟型或合作式的物流新体系，即综合物流供应链管理。它的目的是实现最终消费者和最初供应商之间的物流与信息流的整合，即在商品流通过程中加强企业间的合作，改变原先各企业分散的物流管理方式，通过合作形式实现原来不可能达到的物流效率，从而减少无序物流对环境的影响。欧洲最近又提出一项整体运输安全计划，目的是监控船舶运行状态。通过测量船舶的运动、船体的变形情况和海水的状况，就可以提供足够的信息，避免发生事故，或者是在事故发生之后，能够及时采取应急措施。这一计划的目的就是为了尽量避免或者减少海洋运输对环境的污染。欧洲的运输与物流业组织——欧洲货代组织（FFE）也很重视绿色物流的推进和发展，对运输、装卸、管理过程制定出相应的绿色标准，加强政府和企业协会对绿色物流的引导和规划作用，同时鼓励企业运用绿色物流的全新理念重点规划和兴建物流设施时，应该与环境保护结合起来，要限制危害人类生态最大的公路运输的发展，大力推进铁路电气化运输来经营物流活动，加大对绿色物流新技术的研究和应用，如对运输规划进行研究、积极开发和试验绿色包装材料等。

3. 日本

日本自1956年从美国全面引进现代物流管理理念后，大力进行本国物流现代化建设，将物流运输业改革作为国民经济中最为重要的核心课题予以研究和发展。把物流行业作为本国经济发展生命线的日本，从一开始就没有忽视物流绿色化的重要意义，除了在传统的防止交通事故、抑制道路沿线的噪声和震动等问题方面加大政府部门的监管和控制作用外，还特别出台了一些实施绿色物流的具体目标值，如货物的托盘使用率，货物在停留场所的滞留时间等，来减低物流对环境造成的负荷。早在2001年出台的《新综合物流实施大纲》中，其重点之一就是要减少大气污染排放，加强地球环境保护，对可利用的资源进行再生利用，实现资源、生态和社会经济良性循环，建立适应环保要求的新型物流体系。目前日本正在积极推行 Advanced Information System，(高级信息系统)，这一系统减少了卡车由于分散派送而乱停影响交通的情况，通过网络收集派送信息，整体发送。

4. 新加坡

新加坡是一个人口仅400多万的城市，位于马来半岛最南端的一个岛屿，勤劳勇敢的人民在这片弹丸之地创造出了许多世界奇迹，成为亚洲乃至世界的航运中心。得天独厚的地理优势使得其海上航线把新加坡与123个国家的600个港口连接起来，其航空网络节点已经延伸到了57市国家的182个城市。它也是世界上最繁忙的交通枢纽之一。

目前，新加坡与物流业密切相关的网络有贸易网、港口网、裕廊港口网站、海事网、空运货物社群网络。利用电子政务，将与物流有关的申请、申报、审核、许可、管制等全部手续均通过网络进行。高速的数据交换和通信将航运业的各方面连接起来，简化点到点的信息流程。电子政务涉及新加坡物流的运行中多个环节，物流营运中实现了无纸化和自动化，节省了人力、物力、财力，提高物流配送效率，成为绿色物流的典范。政府各部门也积极效仿和响应这种高效率的运作模式。

（二）北京市发展绿色物流的现状

1. 物流存量资源相当丰富，空间布局趋于合理

截至2014年年底，北京城市道路总长4125.8千米，道路面积4921.4万平方米。城市公路总长13597千米，公路密度每百平方千米80.9千米。国道系统相对发达，按照北京市干线公路网规划（2014—2020）年，本市国道系统规划公路总里程2200千米。其中，国家高速公路长度达到803千米，按照“7条首都放射线、1条南北向纵线、1条绕城环线、1条首都地区环线和1条并行线”进行布局。根据国家统计局数据显示，2014

年北京公路货运量25416万吨，同比增长3.1%。

北京铁路局是最早试点铁路货物快运班列的路局，2014年7月开通快运班列试运行后日均发件量仅为124吨，但自9月中旬正式开行铁路货物快运班列以来，铁路散货运输日增幅惊人。至10月日均发件量已达2494吨。根据国家统计局数据显示，2014年北京市铁路货运量25416万吨，货运周转量871.52亿吨千米。

全市现有物流基础设施规模较大，有着丰富的可利用资源。特别是制造业、批发业内部蕴藏着强大的运力，沉淀着大量的仓库、货场、运输装卸设备资源。工业企业和批发业企业自建仓储设施占总仓储面积的80.7%，自有货运车辆占总车辆数的65%。从仓储设施的分布看，北京市物流空间布局得到一定优化。改变了原来仓储设施主要集中在三环路以内的格局，市区内物流设施减少，向交通便利、适宜物流发展的四环路以外区域集中。82%的仓储设施已经分布到四环路以外，四环路以外的仓库达到11434个。

2. 回收资源总量丰富，逆向物流发展潜力巨大

北京市逆向物流市场主要的回收对象有报废的汽车、工业机械设备、电脑等价值较高的产品以及价值较低的产品如废钢铁、废纸、废塑料、废玻璃等。随着经济的发展，北京市可回收利用的资源总量及其价值越来越显现出重要性。但是目前北京的逆向物流管理还比较落后，物流活动中大量的产品损坏，以及本身脆弱的信息系统而导致的额外逆向物流成本，占物流总成本的20%左右。

由于体制、管理等各方面原因，物流业的成本高、效率低，已成为提升企业竞争力的制约因素，也是国民经济发展的瓶颈。据有关单位调查，我国可回收利用而没有利用的再生资源价值300多亿元，每年有大约500万吨废钢铁、20多万吨废有色金属、1400万吨废纸及大量的废塑料、废玻璃、废电池没有回收利用。自2003年后，我国便迎来了一个家电更新换代的高峰期，平均每年进入更新期的电视机500万台以上，电冰箱500万台以上，洗衣机400万台以上，而电脑、手机的使用量更大，更新周期更短。目前，北京市的统计资料暂不全，但根据北京市人口占全国人口的比值来算，北京市每年的废旧资源总量也是相当丰富的。但如果社会逆向物流不畅通，将无法达到循环经济需遵循的减量化、再利用和资源化三原则，这会制约北京市循环经济的发展。逆向物流成本的控制是物流成本中最棘手的问题之一，美国通过多年退货管理控制的经验积累，成本已逐步降到物流总成本的4%左右。而在北京，甚至整个中国，逆向物流管理仍然是空白，供应链活动中大量的产品损坏，以及本身脆弱的通信信息系统而导致了我们的逆向物流成本远远超过美国。

3. 第三方物流凸现端倪，社会物流市场空间巨大

新型第三方物流公司经历了从无到有的发展过程，专业化服务能力有所提高。北京市从1994年第一家在工商局注册物流企业起，目前在工商局注册的物流企业72家，注册资本7亿元，营业收入超过10亿元人民币，创收能力是传统运输、仓储企业的15～20倍。据调查，北京市自营物流与社会物流比为3：1，制造业和批发贸易业自营物流量2.87亿吨，占全部物流量的74.2%，主营物流企业物流量占25.8%，即70%以上的物流量是由工业批发业自我实现，只有近1/3的物流量由社会物流承载。物流相关产业中存在巨大的发展空间。

三、北京市绿色物流的发展问题

北京作为中国四大直辖市之一，全国第二大城市及政治、交通和文化中心，有着极其优越的地理位置，恰如古人所言："幽州之地，左环沧海，右拥太行，北枕居庸，南襟河济，诚天府之国。"依靠其发达便捷的交通优势、雄厚的工业基础、科技教育优势和丰富的自然资源优势和密集的骨干城市群五大优势，近年来北京物流业的发展势头十分强劲。但不可否认，北京绿色物流的现状仍不容乐观。

1. 法律法规和行业政策不健全

绿色物流是当今经济可持续发展的一个重要组成部分，它对社会经济的不断发展和人类生活质量的不断提高具有重要的意义。正因为如此，绿色物流的实施不仅是企业的事情，而且还必须从政府约束的角度，对现有的物流体制强化管理，构筑绿色物流建立与发展的框架，做好绿色物流的政策性建设。尽管自《中华人民共和国环境保护法》后，又相继颁布了一系列有关逆向回收与治理的有关法规条例，如《中华人民共和国循环经济促进法》《中华人民共和国固体废弃物污染防治法》《城市生活垃圾管理暂行规定》《电子信息产品污染控制管理办法》《废弃电器电子产品回收处理管理条例》等，为北京市绿色物流体系的建立提供了法律依据。但是由于物流涉及的有关行业、部门、系统过多，而这些部门又都自成体系，独立运作。目前，现有的这些法律制度无法完全规范物流市场，导致物流行业的无序发展，造成资源配置的巨大浪费，也为以后物流运作上的环保问题增加了过多的负担。

一个行业、一个市场的发展，离不开政策的鼓励与扶持。绿色物流的实施不仅是企业的事情，而且还必须从政府约束的角度，对现有的物流体制强化管理，构筑绿色物流建立与发展的框架，做好绿色物流的政策性建设。此外，因为物流行业固有的特点——涉及的行业太多，一些部门、系统都自成体系，"各自为政"，都有自己的规划和设计，这些部门体系也没有相互联系，都在做着自己的建设，导致了资源的巨大浪费，物流行业运作上的负担与包袱也随之加大，致使绿色物流的目标迟迟难以实现。

2. 绿色物流观念尚未形成

因为长期以来的技术水平不高的弱势，造成了几十年粗放型经济增长方式，资源利用率与发达国家相去甚远，对资源的开发强度却在不断加大。同时，人口的持续增长和人民日益增长的物质文化需求，对经济建设以及资源、环境造成了巨大的压力。而绿色物流的理念对政府和企业而言都还是一个全新的课题，政府如何从政策、法规方面推进企业绿色物流的全面实施，市场该以怎样的方式接受这个新事物，还有待深入研究。同时，绿色物流的行为主体企业，认为绿色物流只是一种环保理念，不能带来任何经济效益，还会增加企业物流成本；经营者和消费者对绿色经营消费理念仍很淡薄，绿色物流的思想更少；对连接绿色供给主体和绿色需求主体的绿色通道物流环节，也没有给予足够的重视和关心。这些认识与观念都不利于绿色物流系统的建设。在社会中，一些观望、排斥的观念都亟待改变，解放思想改革创新。

3. 物流研究相对落后，绿色物流专业人才短缺

物流产业需要大批人才，相比较而言，我国在物流研究和教育方面还有待提高，从

事物流研究的大学和专业研究机构还较少。企业层面的研究和投入更微乎其微，物流教育水平不高主要表现在缺乏规范的物流人才培育途径。在高等院校中，开设物流专业课程的大学数量有限，研究生教育刚刚起步，物流职业教育则更加贫乏，企业的短期培训仍然是目前物流培训的主要方式。根据教育部官网的信息，截至2014年，北京市共有66所本科院校，在31省市高校数量中排名第4位；但其中开设物流管理专业的院校有15所，仅占北京市高校总数的22.73%，此百分比在31省市中排名第29位。而相比之下，2014年度50强物流企业排名中，有20个物流企业的总部位于北京，排名前20名中有7个位于北京。由此可见，北京市物流人才极其短缺，人才的培养有待提高。

4. 废弃物的回收利用率低

电视、电脑、手机……围绕着我们的电子产品越来越多，随之而来的电子垃圾也越来越多。根据统计，北京市每年淘汰的废旧电器电子产品数量突破1000万台，但得到环保处理的却不足1/6。大部分的电子垃圾，部分经过翻新进入旧货市场，更多的是大量小作坊私人非专业拆解电器，这对环境造成了严重污染。为破解这一难题，政府扶持建立正规废旧电器处理企业介入市场，但却遭到了冷遇。没有正规的回收体系，让正规化处理的愿景一时难以企及。相比之下，西方一些发达国家的废弃物回收利用率都较高。如纸包装的回收率美国为47.8%，日本为37.1%。又如塑料废弃物回收利用，西方国家主要采用回收利用，焚烧和深埋处理。西欧，日本，美国塑料废弃物的回收利用率分别为15%、5%、10%，焚烧率分别为30%、70%、5%，深埋率分别为55%、25%、85%。再如玻璃的回收率，西欧国家平均为30.5%，日本为49%。2010年4月15日，北京市首个“周四垃圾减量日”宣传活动在中关村广场举行。公众人物在现场向广大市民发出勤俭节约、减少废弃，学会垃圾分类，促进资源循环利用的倡议。像这样的活动可以让老百姓有兴趣参加，并学到一定的知识，使回收意识深入人心。四年来，此活动从未中断，但尽管如此，近年来北京在废弃物的回收上仍不容乐观，如废纸回收率仅为20.4%，塑料废弃物回收率为10%左右，玻璃瓶为20%左右。比之发达国家，还存在很大的差距。

5. 绿色物流技术未得到有效发展利用

绿色技术有效应用是发展绿色物流的关键点。而目前物流技术发展还没有形成规模效应，物流行业基本上是各自闭门自行研发，局域网、公共信息网不能得到合理规划，物流行业内部的技术开发处于无序发展和无序竞争状况，运输工具机械化程度与绿色物流要求存在距离、信息集成化科技水平不高，绿色物流仓储配送中心的合理布置不合理，存在着重复建设，土地资源和人力资源没有得到有效使用，效率不高。同时，物联网及无限射频技术对于绿色仓储、绿色运输以及绿色包装起着重要的作用，影响广泛。但目前，北京市的物联网处在建设之中，还有待进一步发展。

绿色物流发展离不开物流信息技术集成化、共享化等智能化，目前北京市一些物流行业自行开发的各种软件种类繁多，信息集成化比较低，各家开发各家使用，高昂的信息软件开发费用、维护费用并不能形成物流行业优势互补、资源共享、集成公共信息服务平台。即便某些软件比较适用，但是不能提供给客户一站式信息查询状态。为把北京建设成为绿色物流典范城市，为促进绿色物流快速发展，需要政府部门建立卓有成效的激励政策，推动绿色物流的驱动机制，运用经济杠杆指引带动行业物流朝着绿色化方向前进。

第二节　北京市绿色物流发展趋势

一、加强政府的政策推动

目前，我国法律尚不存在专门规制绿色物流的法律法规。有关绿色物流的规定在相关条例、通知、规定、办法中有所提及，但法律位阶较低，效力较弱，绿色物流企业及相关主体的权利与义务划分不明确，绿色物流行为认定无法可依，致使众多绿色物流企业主体的利益不能得到强有力的法律保障，纠纷解决困难。同时，现有的有关绿色物流的规定存在着不系统、不具体、不协调的问题。绿色物流行为大多分散在不同的规范中，例如，《中华人民共和国环境保护法》《中华人民共和国大气污染防治法》《中华人民共和国清洁生产促进法》《中华人民共和国固体废弃物污染环境防治法》《中华人民共和国环境噪声污染防治法》《废弃电气电子产品回收处理管理条例》等法律及管理条例在法律精神上对于绿色物流加以肯定，但却未对绿色物流法律行为记忆系统规制，不同规定在某些方面相互矛盾或应废止而未废止，应修改而未修改。

绿色物流对于提高人民生活质量和促进经济的发展意义重大。绿色物流作为经济可持续发展的重要组成部分，强调了全方位对环境的关注，考虑了全局发展和未来发展的整体利益。绿色物流需要全社会、物流行业、各级相关政府部门的积极大力推进，上升到战略层面上来。

绿色物流虽然是顺应环保要求而产生的，但绿色物流是不可能完全依靠市场而自发实现。根据物流活动的外部性，与物流活动有关的环境立法主要是与固体废弃物、回收再循环、空气污染控制等方面有关的法规。为了规范绿色物流行业发展进程中无序现象的发生，北京市需要建立一个完善的绿色物流制度体系，以适应绿色物流国际化发展的需要。

此外，由于物流系统的功能环节涉及不同的行业、不同的管理部门，如果没有各环节统一的技术标准，很难保证各环节的有效衔接，也很难实现一贯到底的物流模式，这样一来，既增加了货物中间损失的概率，也增加了能量消耗和资源占用，使物流费用上升，效率下降，环境影响增加。因此，政府制订有关的绿色物流标准是十分必要的。并且绿色物流标准应成为物流企业的行业准入标准，实行绿色物流企业的行业许可制度。

二、加强绿色理念的教育与传播

推进绿色物流发展除了加强政府政策法规的约束和激励，还需要广大公众的积极参与，因此，必须重视对绿色理念的教育，重视对消费者和企业的绿色物流的宣传教育。

（一）教育的主体

1. 要重点对企业和消费者的环境教育，促进生产模式和生活模式的全面改进

具有投资、消费能力的企业和消费者，通过其行为可以现实地对环境产生更多的负面或正面影响，因而应当成为环境教育的重点对象。对企业决策人的环保教育，使企业自觉转向可循环的生产方式。

2. 应增加和强化对各级领导的环保教育和考核

领导干部的社会经济决策权、监管权更大，其相应的环境影响力也更大。因此，强化各级领导的环保教育，制定相应的学习和考核制度，以提高综合决策能力。

（二）教育的内容

1. 可持续消费观教育

可持续消费是指提供服务以及相关产品以满足人类基本需求、提高生活质量，同时使自然资源和有毒材料的使用量最少，使服务或产品生命周期的废物和污染物最少。开展可持续发展观的教育可以使广大公众真正了解环境问题的严重性、认识到地球资源的有限性，使更多的公众意识到环境问题。另外，绿色消费行为能鼓励和监督企业的环境行为，公众通过选择绿色产品，支持回收活动，支持再生资源产品等行为，刺激企业的绿色经营行动，产生良好的联动效应。

2. 企业绿色理念传播

包含资源缩减和废弃物最少化目标的绿色物流，实际上涉及供应链上的制造企业、物流企业、销售企业和消费者。企业在环境保护方面的作用是最重要的，除了受到政府规制和政策影响外，企业环境自律和管理对绿色物流的推进也是至关重要的。企业从领导层到员工层都要具有强烈的环境意识和绿色理念。仅有领导层的认识而没有一线员工的积极参与和配合，即使制订了最佳的绿色物流战略，也很难得到很好的执行，使战略的作用降低。因此，有必要从上至下进行绿色理念的传播，培养各层次员工的环境意识和环保行为。

（三）教育的机制

环保教育应依托多元主体，面向不同受教育层次，丰富教育载体。如通过电视、网络、广播等媒体进行教育。按照不同的认知能力，对不同年龄层进行相应的教育。北京市可以充分依托其丰富的媒体资源优势，采用创新的教育的方式，为公众了解绿色物流提供便利。同时加大环保实用技能培训的比例，切实帮助人们提高环保技能和行为能力。

三、实现各物流环节“绿色”化

物流活动由运输、仓储、包装、流通加工、搬运装卸等功能组成。企业要实施绿色物流，首先要从物流各功能的绿色化开始。

1. 绿色运输管理

首先要开展共同配送：共同配送指由多个企业联合组织实施的配送活动。几个中小型配送中心联合起来，分工合作对某一地区客户进行配送，它主要是指对某一地区的客户所需要物品数量较少而使车辆实载率低、配送车辆利用率不高等情况。共同配送可以分为以货主为主体的共同配送和以物流企业为主体的共同配送两种类型。从货主的角度来说，通过共同配送可以提高物流效率。如中小批发者，如果各自配送难以满足零售商多批次、小批量的配送要求。而采取共同配送，送货者可以实现少量配送，收货方可以进行统一验货，从而达到提高物流服务水平的目的。从物流企业角度来说，特别是一些中小物流企业，由于受资金、人才、管理等方面制约，运量少、效率低、使用车辆多、独自承揽业务，在物流合理化及效率上受限制。如果彼此合作，采用共同配送，则筹集资金、大宗货物，通过信息网络提高车辆使用率等问题均可得到较好的解决。因此，共同配送可以最大限度地提高人员、物资、资金、时间等资源的利用效率，取得最大化的经济效益。同时，可以去除多余的交错运输，并取得缓解交通、保护环境等社会效益。

其次要采取多式联运：多式联运是指吸取铁路、汽车、船舶、飞机等基本运输方式的长处，把它们有机地结合起来，实行多环节、多区段、多运输工具相互衔接进行商品运输的一种方式。这种运输方式以集装箱作为连接各种工具的通用媒介，起到促进复合直达运输的作用。为此，要求装载工具及包装尺寸都要做到标准化。由于全程采用集装箱等包装形式，可以减少包装支出，降低运输过程中的货损、货差。多式联运的优势还表现在它克服了单个运输方式固有的缺陷，从而在整体上保证了运输过程的最优化和效率化。另外，从物流渠道看，它有效地解决了由于地理、气候、基础设施建设等各种市场环境差异造成的商品在产销空间、时间上的分离，促进了产销之间紧密结合以及企业生产经营的有效运转。

再次要大力发展第三方物流：第三方物流是由供方与需方以外的物流企业提供物流服务的业务方式。发展第三方物流，由这些专门从事物流业务的企业为供方或需方提供物流服务，可以从更高的角度、更广泛地考虑物流合理化问题，简化配送环节，进行合理运输，有利于在更广泛的范围内对物流资源进行合理利用和配置，可以避免自有物流带来的资金占用、运输效率低、配送环节烦琐、企业负担加重、城市污染加剧等问题。

最后要积极构建智能运输系统：智能运输系统是一种实时、高效的交通运输综合管理和控制系统，它综合运用先进的信息通信、网络、自动控制、交通工程技术，改善交通运输系统的运行情况，提高运输系统的效率和安全性，减少交通事故，降低环境污染。该系统由先进的运输管理系统、先进的交通信息系统、先进的车辆控制系统、先进的公共交通系统、营运车辆系统、自动高速公路系统等组成。它的主要目标就是要充分地利用现有的交通资源，达到现有交通资源的效益最大化。

当车辆配送大为饱和时，专业物流企业的出现使得在大城市的运输车量减少，从而缓解了物流对城市环境污染的压力。除此之外，企业对各种运输工具还应采用节约资源，减少污染和环境的原料作动力，如使用液化气、太阳能作为城市运输工具的动力或响应政府的号召，加快运输工具的更新换代。

2. 绿色包装管理

绿色包装是指采用节约资源、保护环境的包装。绿色包装的途径主要有：促进生产部门采用尽量简化的、以及由可降解材料制成的包装；在流通过程中，应采取措施实现包装的合理化与现代化：①包装模数化：确定包装基础尺寸的标准，即包装模数化。包装模数标准确定以后，各种进入流通领域的产品便需要按模数规定的尺寸包装。模数化包装利于小包装的集合，利用集装箱及托盘装箱、装盘。包装模数如能和仓库设施、运输设施尺寸模数统一化，也利于运输和保管，从而实现物流系统的合理化。②包装的大型化和集装化：有利于物流系统在装卸、搬迁、保管、运输等过程的机械化，加快这些环节的作业速度，有利于减少单位包装，节约包装材料和包装费用，有利于保护货体。如采用集装箱、集装袋、托盘等集装方式。③包装多次、反复使用和废弃包装的处理：采用通用包装，不用专门安排回返使用采用周转包装，可多次反复使用，如饮料、啤酒瓶等梯级利用，一次使用后的包装物，用毕转化他用或简单处理后转作他用对废弃包装物经再生处理，转化为其他用途或制作新材料。开发新的包装材料和包装器具发展趋势是包装物的高功能化，用较少的材料实现多种包装功能。

3. 绿色流通加工

流通加工指物品在从生产地到使用地过程中，根据需要施加包装、分割、计量、分拣、组装、价格贴付、标签贴付、商品检验等简单作业的总称。流通加工具有较强的生产性，也是流通部门对环境保护可以大有作为的领域。绿色流通加工主要包括两个方面措施：一是变消费者加工为专业集中加工，以规模作业方式提高资源利用效率，减少环境污染。如饮食服务业对食品进行集中加工，以减少家庭分散烹调所带来的能源和空气污染；二是集中处理消费品加工中产生的边角废料，以减少消费者分散加工所造成的废弃物的污染，如流通部门对蔬菜集中加工，可减少居民分散加工垃圾丢放及相应的环境治理问题。

4. 废弃物物流的管理

废弃物物流指将经济活动中失去原有的使用价值的物品，根据实际需要进行收集、分类、加工、包装、搬运、储存，并分送到专门处理场所时形成的物品实体流动。废弃物物流的作用是，无视对象物的价值或对象物没有再利用价值，仅从环境保护出发，将其焚化化学处理或运到特定地点堆放、掩埋。从环境的角度看，今后大量生产、大量消费的结果必然导致大量废弃物的产生，尽管已经采取了许多措施加速废弃物的处理并控制废弃物物流，但从总体上看，大量废弃物的出现仍然对社会产生了严重的消极影响，导致废弃物处理的困难，而且会引发社会资源的枯竭以及自然资源的恶化。

降低废弃物物流，需要实现资源的再使用回收处理后再使用、再利用处理后转化为新的原材料使用，为此应建立一个包括生产、流通、消费的废弃物回收利用系统。要达到上述目标，企业就不能只考虑自身的物流效率化，而是需要从整个产供销供应链的视野来组织物流，而且随着这种供应链管理的进一步发展还必须考虑废弃物的循环物流。即管理型物流追求与交易对手共同实现的效益化，供应链型物流追求从生产到消费流通全体的效益化，循环型物流应追求从生产到废弃物全过程的效率化，这是世纪绿色物流管理亟待解决的重大课题。

5. 文明装卸，科学库存

绿色装卸搬运是指为尽可能减少装卸搬运环节产生的粉尘烟雾等污染物而采取的现代化的装卸搬运手段及措施。文明有序的装卸，可以提高工作效率，缩短装卸时间。不文明的野蛮装卸，容易发生货损，造成资源浪费。先进、科学的保质保鲜技术，可以保障存货的质量和安全。落后的、不科学的库存，不能保证存货的质量和安全，特别是一些易燃、易爆的物品，如果保管不当，容易引起爆炸或泄漏，从而给周边环境造成污染和破坏。

6. 充分利用信息资源

信息时代，社会生活的方方面面离不开信息。及时准确的物流信息可以帮助物流企业合理调度车辆，减少不必要的运输和因交通堵塞所造成的资源浪费。充分利用信息资源，可以减少物流成本，更好地发挥绿色运输在高效节能、减少污染等方面的作用，也可以为企业创造更好的经济效益。

为降低物流成本，提高产品质量安全，运用信息网络技术，把产品生产监测管理、运输监测管理、仓储监测管理、智能交易管理、质量检测管理及过程控制管理等节点有机结合起来，建立绿色物流信息系统。在配送方面，多个企业可以联合组织共同配送；利用 GPS 和手机等通信网络进行动态管理，有效地调动集配车辆，随时可查询运输配送状况，提高了物流企业的服务水准。通过使用条码、二维码技术建立追踪系统，使企业知道自己供应链的物流流出状况，并对供应链上游流入产品的质量安全进行回溯。另外，政府应该大力支持建设公共网络信息平台，构筑全国和区域性绿色物流网络，实现不同物流企业、物流部门的数据共享、资源共享和信息互通，为绿色物流信息交流的畅通和高效创造条件。

（四）提高绿色物流的核心思想认识

在一个无论政府机构、生产企业还是物流企业、消费者都缺乏绿色物流的思想的社会里，要建设一套完善的绿色物流体系，是不可能完成的事情。我们现在面临的，就是这样一种情况：思想观念滞后，缺乏对物流业发展的前瞻性认识——包括政府、企业、消费者。一个赢利行业想要占据全球竞争日趋激烈的市场份额，必须注重经济发展与环境发展同步进行，和谐共存，不能边发展边破坏。绿色物流的核心思想正是实现物流活动与社会和生态效益的协调，从而在激烈的竞争中获得持续生存。

绿色物流的核心一言以蔽之，即减少污染，实现资源优化配置。生产者向我们提供绿色产品，倡导绿色营销，消费者也渴求绿色消费，而在绿色物流系统中的物流环节——绿色通道只有通过绿色包装、绿色运输和配送才能保证消费者对绿色产品的绿色消费，而发展绿色物流的同时，要尽快转变观念，改革思想，真正认识到绿色物流可以整合资源、优化配置，提高资源利用率、保护环境、降低成本的作用，才会得到社会和市场的接受。

提高绿色物流、绿色消费、绿色包装文化的舆论共识，在可持续发展理论、生态经济学理论指导下通过强化人们的绿色采购、绿色包装、绿色物流的意识，定期开展有关绿色物流方面的培训和讲座、访谈、户外媒体宣传活动。在精神文化发展中加入绿色物流方面的内容，使更多的民众能够意识到绿色物流发展是多么重要，进而敦促绿色物流有效实施运用。

第三节　北京市新能源

我国自党的十七大把建设生态文明作为实现全面建设小康社会奋斗目标的一项新要求，并首次写入党的报告后，新能源发展备受关注。对于我国来说，新能源的开发利用不仅可以有力地推动我国节能减排和环境保护事业，同时在经济危机背景下，也将大大降低消费成本和企业的生产经营成本，对降低经济危机对我国工业生产和社会生活的冲击具有极为显著的积极意义。正如专家所说“能源有价、文明无价”。新能源产业是经济发展的主力军，是未来经济竞争的核心因素，其经济意义不可小觑。

一、新能源车打造北京城市绿色物流

2015 年 3 月 18 日，交通运输部发布了《关于加快推进新能源汽车在交通运输行业推广应用的实施意见》（以下简称《意见》）。《意见》明确提出，到 2020 年，新能源汽车在城市公交、出租汽车和城市物流配送等领域的总量达到 30 万辆。《意见》的正式出台，明确了交通运输行业是新能源汽车推广应用的重要领域，对新能源汽车在交通运输行业推广应用的重点领域、目标规模、技术标准和相关支持配套政策作出详细规定，得到了行业的充分关注。

在城市推广新能源物流车辆非常有必要，城市货运物流车辆对交通和环境的影响是非常巨大的。物流配送是城市居民生活多样化的支柱，传统的城市配送散乱差的格局使得城市造成了严重的污染，尤其是城市物流车辆和乘用车。目前北京市城市配送车辆大概是 30 万辆，按配送车辆与乘用车 16∶1 的排放比来算，就相当于 500 万辆乘务车排放的尾气。随着城市消费需求的快速递增，引发了城市物流车辆规模的急剧扩大，对城市交通影响巨大。北京市城市采取了限行、限牌，但是这未能从根本上解决问题，所以优化城市配送模式势在必行。

发展新能源物流车也是符合国家发展战略规划的，推广新能源汽车是环境保护和产业结构升级的重要突破口，也是推动国家经济可持续发展的战略性新兴产业。2012 年 7 月，国务院发文要求给予新能源汽车各项补贴，以扶持、推动新能源汽车的发展。在国家政策的强力影响下，新能源汽车形成了强大的市场空间。在城市配送中物流车推广新能源车显得非常有必要，这是因为新能源物流车辆在载重能力、能耗等方面可基本满足需求，而且运营方式、技术应用、运营成本也符合国家发展低碳经济的发展战略。目前新能源物流车的营运成本与传统车辆相比可降低 20% 左右。机动车方面的代表是特斯拉，运营成本优势明显，仅为传统车辆的 20%，尤其是车辆技术与互联网技术高度结合，使新能源车能很好地实现与新能源的对接。

早在 2013 年，顺丰就已开始使用纯电动汽车。第一批车辆成功投入酒仙桥、三元桥、望京、中关村、中发、亚运村、平安里、动物园分部运营使用，目前运营状况良好。

二、太阳能发电走进物流园区

进入 21 世纪以来，人类社会正面临着一系列的严峻挑战，能源危机就是当今世界各国最关心的焦点之一。从 200 多年前的工业革命开始，人类工业化所需的能量就是由煤、石油等传统化石能源提供的，但是这不仅是一种有限的资源，而且产生 CO_2，NO_x、烟尘等严重破坏了人们的生态环境。能源的短缺、环境的恶化促使人类开发新的能源，在水能、风能、海洋能、地热能、太阳能这 5 种新能源中，太阳能是最具发展潜力的，它是一种取之不尽、用之不竭的洁净安全可再生能源。通过对太阳能多年的开发，太阳能发电得到了长足的发展，根据所利用资源的不同，分为太阳能热发电和太阳能光发电，后者就是人们常说的太阳能光伏发电。

太阳能与建筑一体化，已经成为发展节能建筑的必然趋势。住建部、财政部发布的《关于进一步推进可再生能源建筑应用的通知》（以下简称《通知》）中明确指出，“十二五”可再生能源建筑应用推广目标为：切实提高太阳能、浅层地能、生物质能等可再生能源在建筑用能中的比重，到2020年，实现可再生能源在建筑领域消费比例占建筑能耗的15%以上。未来5年，太阳能与建筑的结合将会“大展宏图”。在物流园区内积极推进光伏建筑一体化项目，即把太阳能光伏产品集成到园区建筑上，充分利用建筑外表面，安装多种光伏发电产品，所产生的电能既可以供物流园区自身使用，又可以并网输送。

早在2008年北京奥运会就提出了“绿色奥运、科技奥运、人文奥运”的理念，光伏发电开始融入奥运建筑。采用太阳能、风能和地热等绿色能源技术，使北京奥运场馆绿色能源提供比例高达26%以上，北京奥运场馆成为世界上利用太阳能发电量最多的建筑群之一。但目前光伏发电应用于北京市物流园区的案例比较少，相比之下，全国其他园区有部分应用。例如潍坊佳乐家物流园、湖南金霞粮食物流园、牡丹江市哈牡绥东国际物流园区、浙江升华临杭物流有限公司等，太阳能光伏发电不仅能够很大程度地解决企业用电，还与国家电网成功并网发电。

目前，环保、健康已经成为每个中国人关注的话题。相信在国家政策的大力倡导下，绿色新能源一定会越来越多地融入到物流产业的发展中来。

（北京物资学院刘丙午、李俊韬）

第十四章

北京市物流教育、人才培养现状及前景

当国民经济开始进入“新常态”的运行轨道之后，以及在京津冀协同发展的新趋势下，北京市的经济发展将会更加开放，同时也将步入中高速的运行态势。本市的物流行业必须要适应新的环境并继续保持相对稳定的增长。实现此长期目的重要保障是完善本市的物流教育体系，为物流行业持续稳定的发展输送各个层次的专业人才。就目前的北京市物流行业的发展形势而言，总体上将在“十三五”规划期以及今后的较长一段时间内，面临更加复杂的挑战，更主要的是面临较大的人才供需缺口问题，无法满足北京物流产业当前快速演进的变革及未来增长的需要。因此，如何调整北京市的物流教育体系，为北京物流产业的发展提供长久的发展动力，是北京物流产业亟须关注的战略性问题。

北京物流行业的发展及从业队伍有其历史延续性和稳定的发展节奏，与物流总量有着密切的动态关系。北京商务委员会早在《北京市“十二五”时期物流业发展规划》中提出了社会物流总额20%的年均增长目标。① 以2010为基数，我们可以大致测算出截至2015年，北京社会物流总额将达到12.55万亿元。但是2010—2013年北京市实际的社会物流总额均低于这个目标，而且预期目标与实际数之间的差距增加的趋势，三年来分别差885亿元、6760亿元和14835亿元，说明当初制定的目标偏高，没有预计到经济在高速增长之后会下降进入“新常态”的情况，或者没有预料到下降的速度很快，年增长率不但没有上升，反而逐年减速，三年来分别只增长了18.24%、10.44%和9.79%，意味着前期的规划目标实际上难以实现。如果估计未来五年间物流总的增长率稳定在6%，2015年估计会达到8.12万亿元，2020年到达10.87万亿元。

---

① http://www.bjmbc.gov.cn/zwgk/fzgh/ndgh/201201/t20120111_57658.html［发布时间：2012-01-11 物流发展处］.

社会物流总额是指第一次进入市内需求领域，产生从供应地向接受地实体流动的物品的价值总额。包括六个方面的内容：进入需求领域的农产品物流总额、工业品物流总额、进口货物物流总额、外省市调入物品物流总额、再生资源物流总额、单位与居民物品物流总额。

依照北京市统计局提供的2008—2013年物流从业人员数量和物流总额的数据,① 同时假定二者的比例稳定在0.06%，预计到2015年，北京的物流从业人员将上升到48万人，2020年约可达65万人。预估行业的劳动生产率提升15%～30%，物流行业将在2016—2020年需要增加4.9万～5.95万人。若考虑到“京津翼”一体化协同发展的带动效应，那么从业人员的总缺口可能还要更高，相应的专业人才的缺口也将成比例增加。

与北京物流从业人员总量亟须快速增长相矛盾的现状是，本地区物流人才的供给明显滞后，人才瓶颈成为了真正制约北京物流业的长期稳健发展的关键所在。考虑到物流行业的日益广泛的影响力和关联效应，要切实推动北京市物流教育的发展，需要北京市的各级教育机构和单位、物流企业和行业协会前瞻性地共同努力，同时与其他地区和相关部门的机构和部门展开定期或不定期的协作与交流，使北京物流行业的人才发展融入全行业人才发展的大环境中，以当地人才的发展推动行业人才的共同发展，更要以整体人才发展促进当地人才推进。最终可以为北京的物流产业、京津冀一体化建设持续培养满足物流产业发展的不同层次和不同领域的专业人才。

同其类别的专业教育一样，物流教育同样是一个系统工程，涵盖了高等教育、中职和高职物流教育，以及物流企业的内部培训以及职业资格培训等多种方式和途径。形成的是金字塔型的教育培养体系。这是因为物流领域所涉及的产业众多，需要各方面的专业人才，如软件开发专业人才、会计专业人才、财务管理专业人才、人力资源管理专业人才等。因此，广义上讲，凡是进入物流行业从事物流工作的各种专业人才，都可统称为物流专业人才。但是，为更集中分析物流专业的人才，本报告中所采用的是狭义的物流人才概念，只限于物流管理和物流工程专业及方向两大类。

横向比较而言，北京物流教育的突出优势是有深厚的物流高等教育的历史积淀，由此也为当地的中、高职教育以及其他类型的职业资格教育开辟了广泛的领域。反过来，中、高职物流教育与职业资格教育实际上也是对物流高等教育的有效补充，使得整个教育体系更加完整，更加符合物流发展的立体式需求结构。

第一节　北京市物流教育的历史演变

北京市的物流高等教育可上溯到1946年②，当时北平铁道管理学院（现在的北京交通大学）为支持抗战胜利后铁路事业的发展，设立了材料管理系[1]。新中国成立之后，该学院的材料管理系调整为材料工程系后被并入唐山铁道学院，之后被并入北京钢铁学院（现在的北京科技大学）的材料系。培养过一批专业人才之后，囿于当时的历史背景，该系被取消，相关的专业人才培养陷入停滞阶段。直到1954年，北京铁道学院才恢复了材料管理专业，更名为材料技术供应专业，继续培养专业人才。自1961年，北京矿业学

① 按照《北京统计年鉴》中对物流从业人员的界定，是指企业中直接或间接从事物流活动的人数。包括直接从事物流活动的人员，如在企业中从事运输、配送、装卸搬运、仓储保管等物流活动并取得劳动报酬的从业人员，也包括间接从事物流活动的人员，如在企业中从事物流管理活动并取得劳动报酬的从业人员。

② 国内物流最早可以上溯到20世纪30年代初，上海交通大学管理系最先开设了材料门——材料管理专业，但是因条件所限仅办一期而止。

院、北京经济学院、北京机械学院三所院校先后开设了物资管理专业来培养高考物流人才，部分中等专业学校也相继开始培养更多的物流专门人才，北京市已经启动了物流专业人才的梯队培养体系。1961 年北方交通大学（现在的北京交通大学）在物流高端人才的培养上升级，该校的材料技术供应专业开始招收硕士研究生。后因“文革”爆发一度迫使物流教育工作中断。直到 1978 年 8 月，以北京经济学院的物资管理系为基础成立的北京物资学院，重新启动了物流专业人才的培养工作，当时设立的是储运管理专业。1979 年，北方交通大学也恢复了物流专业人才的培养工作，当年开始招收材料和供应管理本科生，1980 年开始招收硕士生，设立的研究方向是采购和储运。1984 年，北方交通大学将材料技术供应专业转入了物资管理专业，硕士层面首次改为物流管理工程方向。1996 年开始招收物流管理工程方向的博士研究生。北京科技大学从 1984 年开始培养物流专业的硕士生，当时将物流专业设在冶金机械方向下，次年开始培养物流工程研究方向硕士研究生，并拥有了全国第一所专门从事物流教育和研究的学术机构。

步入 20 世纪 90 年代后，北京物流教育加速推进。1993 年，国家教委将物资管理专业列入了新修订的本科专业目录，将“仓储运输管理”等专业变为“物流管理”专业。北京商学院（现在的北京工商大学）设立了“物流管理”专业。1993 年，北京科技大学设立了“物流工程”专业。专业合并后，在机械工程专业中保留了物流工程方向，将“机械工程及自动化”“热能与动力工程”“工业工程”和“物流工程”四个专业按“机械类”大类统一招生。2003 年在机械工程学院下设置了“物流工程系”。北京物资学院于 1994 年将储运管理专业更名为物流管理专业。

1998 年之前，物流本科教育中的专业设置包括了物资管理、物资经济、材料技术供应、交通运输管理（货运管理）、商业储运管理等专业；硕士与博士层面的专业设置方向在 1996 年将物流管理工程方向并入管理科学与工程方向。然而，1998 年教育部组织的第四次本科专业目录修订时，又取消了物流管理等相关专业。原物资管理专业被并入经济类或管理类专业，如将“物流管理”放到“市场营销”专业中。

21 世纪伊始，由于经济的快速发展，对物流产业产生了非常迫切的广泛需求，甚至物流业被称为了“第三利润源”，该行业重新受到了各方面的重视，相应对物流专业的人才需求也快速升温。在中国物流与采购联合会等组织的共同推动下，经教育部批准，北京物资学院恢复了物流管理本科专业，成立了物流系，现已经发展为物流学院。2001 年，北方交通大学、北京工商大学、中国人民解放军军事后勤学院先后向教育部、解放军后勤部申请新设物流管理本科专业。物流管理方向硕士研究生和博士生的培养工作在很多高校展开，研究方向主要集中在产业经济、管理科学与工程、交通运输规划与管理工业工程、企业管理等方向。2002 年，北京工商大学和北京交通大学经教育部批准开始设立物流管理专业，同年获得批准的还有北京物资学院的物流管理第二学士。

截至 2014 年年底，北京的物流教育体系已经形成了博士、硕士、本科、大专、中专五个层次的学历教育，以及职业资格培训的非学历教育架构。北京市开设物流管理与物流工程专业本科层面教育的高等院校有 10 所，开设研究生层面专业教育的高等院校有 13 所。

第二节　物流人才的供需现状

一、专业人才的需求

物流行业的稳步发展对于人才的需求有相对的稳定性。课题组在2012年4—10月调查了北京七大物流园区内的一百多家物流企业，包括顺义区的北京天竺空港物流基地①，通州区的北京通州马驹桥物流基地②，丰台、大兴、房山三区交界处的北京亿发物流园区③、房山区的北京西南良乡物流园区④，朝阳区的北京物流港⑤，大兴区的北京新神龙丰物流园，以及其他地区的物流企业，收回有效问卷114份。调查对象包括国有独资企业（12%）和私营企业（65%）、股份制企业（13%）、中外合资企业合作企业（2%）和外商独资企业（8%）。被调查的企业中，从事铁路运输业的企业占9%，公路运输的企业占48%，水上运输业占6%，航空运输业占13%，管道运输业占4%，装卸搬运和其他运输服务业占16%，谷物、棉花等农产品仓储业占1%，冷库仓储业占3%，集装箱等物流设备租赁业占1%。调查对象范围广泛，可大体反映北京市物流行业的整体现状。

调查统计的结果表明，截至2012年，北京物流企业中人才缺乏的困境并没有得到实质性的改观。从学历看，本科以下学历占从业人员的86.07%，其中初中及以下占27.86%，高中或中专占35.82%，大专占22.39%，而本科占11.94%，硕士研究生占1.49%，博士研究生占0.50%。企业内部，专业技术和管理人员所占比重同样也不高。其中专业技术人员数量不足10人的企业占企业总数的19.16%，管理人员不足10人的企业占企业总数的16.09%。其他情况如图14－1所示。

与北京物流业总额快速增长情况不相匹配的状况是，被调查的物流企业在最近三年中，从业人员的需求数量并未相应的快速增长。多数物流企业基本上维持在年均增长1～10人的规模，这类企业占到了所有企业的44.44%。需求规模是11～50人的企业数量占总数量的比重平均是20.56%，合计平均占到了65%。如图14－2所示。

① 北京空港物流基地于2002年经北京市政府批准设立，是北京市唯一的航空—公路国际货运枢纽型物流基地。位于北京市临空经济区的核心区。目前，基地完成了一期1.55平方千米范围内“八通一平”的市政基础设施建设；共引进包括TNT、日本邮船、日本住友等7家世界500强企业以及中外运、近铁、宅急送等70家物流企业。

② 北京通州物流基地于2003年开工建设，位于北京东南的通州区马驹桥镇，规划面积5.04平方千米，是北京市物流发展规划确定的三大物流基地之一。基地集现代物流功能、内陆口岸功能、流通加工功能于一体，为北京市进出货物的集散和大型厂商在环渤海地区、全国采购和分销提供物流平台，定位于公路—海运国际货运枢纽型物流基地。

③ 北京亿发物流园位于大兴区京良路芦求路口，占地面积80余万平方米。园区紧邻京石高速和107国道。是大兴通向市中心的主要交通要道。

④ 北京西南良乡物流基地，坐落于房山区府所在地良乡，是北京市一级四大物流基地之一。基地周边有京石、京开、六环路等高速公路及107国道等主干道，及京原、京周、黄良公路等辅助型公路交织成网。基地周边还有京九、京广、京山、京原等支干线铁路的顺畅连接。

⑤ 北京物流港于2003年2月动工，由京泰实业集团、香港集团、北京市华远集团、SOHO中国有限公司联合投资110亿元。位于北京市朝阳区十八里店乡，紧邻东南四环，是京津塘高速路的起点，东南为京丰铁路环线，西边是北京市朝阳口岸。总规划范围为471.28公顷，总建筑面积为318.28万平方米。

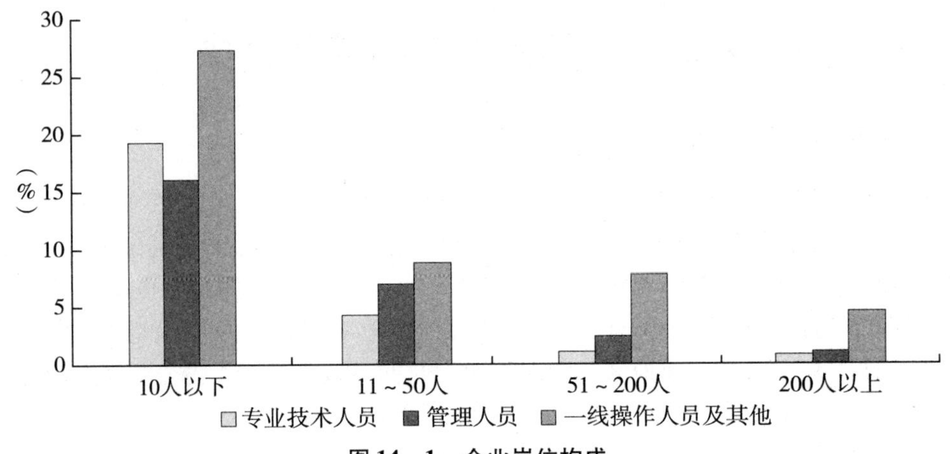

图 14－1　企业岗位构成

资料来源：调查数据。

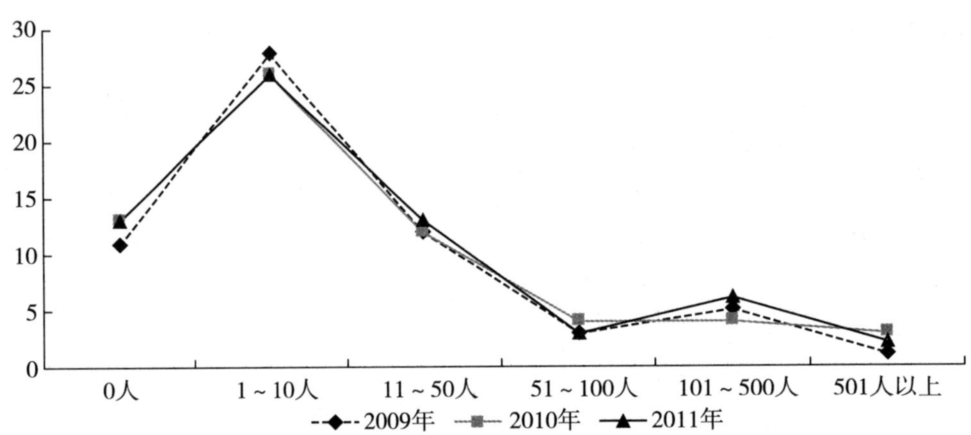

图 14－2　2009—2012 年人员需求数量

资料来源：调查数据。

对于未来的人员需求的调查结果表明，这些企业对人员需求并不强烈，有 38.33% 的企业没有招聘计划，计划招收 1～10 人的企业占 41.67%，计划招收 11～50 人的企业占 35.00%，计划招收 51～100 人的企业占 6.67%，有更大规模的招聘计划的企业仅占到 5%。从侧面反映出物流企业对于人才的供给预期并不乐观。

综合 2009—2012 年的人员需求数量，可以估算出被调查企业的从业人员年均增速是 4.81%。如果区分物流企业对于管理、技术以及一般工作人员的招聘需求结构来考察，结果发现，企业对于开拓业务与拓展新业务的人才需求比重最高，因人员流失和其他原因招聘的比重较少（如图 14－3 所示）。

综上，北京物流产业对从业人员的需求现状呈现四个特点：第一，当前及今后较长一段时间内，北京物流领域最需要的是具备团队合作精神、专业学习和应用能力，能敏锐发现和开拓市场的人才，这在很大程度上是由物流行业的系统性和一体化，以及跨行

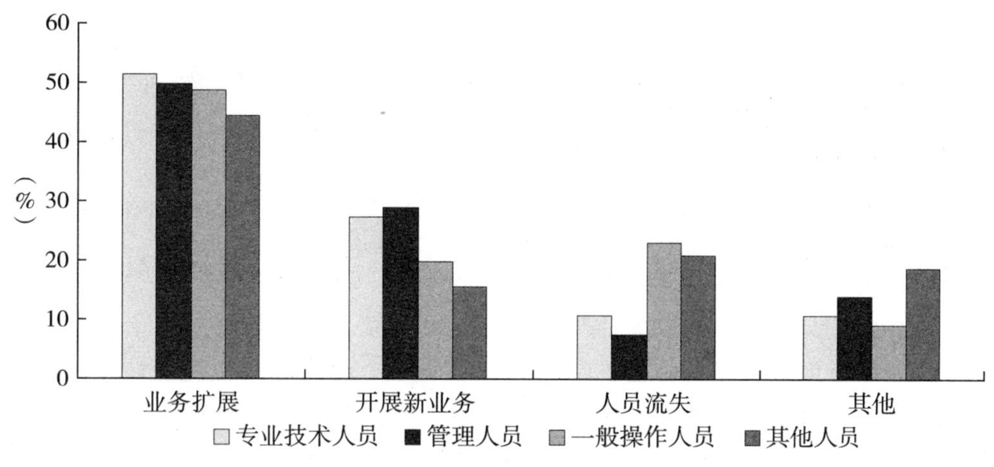

图 14-3 物流企业人才需求领域

资料来源：调查数据。

业、跨部门、跨地域运作的特点所决定的。第二，北京物流业的从业人员增长在短期内依然不会出现快速增长的形势，新增岗位数与物流业的预计增长速度并不一致。第三，物流教育与物流产业对人才的需求并未成功对接，物流学历教育与非学历教育之间的衔接滞后，由此制约了物流人才市场的潜力，造成教育资源与企业资源的错配和低效利用。第四，物流教育需要高校、物流企业、行业协会和北京市相关部门的高效配合，也需要与其他地区相关机构的合作与交流，推动教育资源与企业资源实现优化配置，以扎实提升物流产业的升级发展。

二、高校的人才培养现状

目前北京已经形成了以高等教育为主、以专科和中等职业教育为辅的梯度教育体系。同时，中等职业教育呈现出更强大的生命力。这将是适应“新常态”经济下物流人才培养的一个重要方向。

从专业设置来看，物流管理或者物流经济学均划归于工商管理类，因此被授予管理学或经济学学位。主要的专业课程包括物流系统设计与分析、供应链管理、包装学、物流技术、运输学、仓储管理与库存控制、采购管理等。物流工程专业属于工科类，授工学学位。主要专业课程包括物流技术、运筹学、计算机辅助设计、系统仿真、传感器及测试技术、电子商务及平台设计等。其中，高等教育机构是人才培养的重要渠道，下面分学校和分层次（研究生和本科生）的教育展开分析。

1. 本科人才的教育与培养

截至 2015 年年底，北京地区开设物流工程或物流管理本科专业的高校共有 19 所。以下并分别讨论各高校的专业特色、课程设置，更重要的是了解其专业人才的培养规模以及未来的培养规模预计。对于未来人才培养规模的估计，均是以每年的招生规模平均数计算，对于新建专业的学校则按照最近的招生规模为预计基础。采用这种方法的主要原因一是招生规模数据与毕业生规模很接近，二是招生规模的数据权威性和易获取性。相关数据摘自历年各高校的招生简章和阳关高考网提供的相关信息。

（1）清华大学

清华大学将物流管理设为工业工程的一个研究分支，本科阶段以“工业工程”专业招生。专业培养目标是使学生既懂工程技术又掌握管理科学知识。

本科学生的课程设置包括三个层次：基础课、专业基础课、专业课。专业课分两个方向课组：工业工程方向课组和物流管理方向课组，学生可根据自己的爱好和兴趣任选一个方向课组。部分优秀学生可直接攻读硕士或博士学位。

专业基础课主要包括工业工程概论、工程经济学、制造工程概论、人因工程基础、运筹学、数据结构与算法、数据库原理、管理信息系统、建模与仿真。专业方向限选课中，对于流管理方向开设的课程包括需求与库存管理、企业生产与物流管理、物流网络系统规划、交通系统规划与控制、服务运作管理、物流装备与信息化等。该校培养的毕业生以数学基础好、兼有工程背景，又善于综合平衡技术、经济、效率等方面的特长。

该系每年招生2个本科生班，约60名本科学生。现有本科生规模大致是240余人。如果以将来从事物流管理方向的毕业生占全系学生总数50%的比例计算，每年可培养物流管理方向的本科生有30余名。据此预计未来五年内，将累计培养物流管理专业本科生150余人。

（2）北京邮电大学

该校是在自动化学院开设了物流工程专业。专业培养目标是使学生能够熟练运用现代物流工程理论、系统规划设计方法和计算机技术，具有物流系统自动化技术知识和物流信息技术知识，具备从事大型物流工程项目规划与设计、实施、管理工作的能力。

专业的主干课程包括信息技术、机械制造基础、电路分析基础、模拟电子技术、数字电子技术、运筹学、供应链管理、物流信息系统、系统建模与仿真、物流配送中心设计、物流设施规划与设计、现代物流信息技术、现代邮政技术、C++高级语言程序设计、数据库应用基础等。设置电路课程设计、物流软件设计实践、物流信息系统课程设计、机械设计课程设计、物流系统综合课程设计、专业实习等实践教学环节。

从2008年开始，该校已经培养物流工程专业的本科生252名，目前在校生有199人。按此规模，预计在未来五年可累计培养200名物流工程专业的本科生。

（3）北京交通大学

该校在培养物流人才方面具有丰厚的积淀。目前已经形成专科、本科、硕士、博士的多层次的教学与研究体系。该校的物流管理专业本科生的培养宗旨是使学生具备扎实的经济和管理理论基础、掌握物流基础理论和基本方法，具备物流管理、规划、设计等较强实务运作能力的懂管理、善经营的现代物流管理人才。

主要课程有运筹学、ERP理论与实践、供应链管理、物流成本管理、物流系统分析、采购学、物流系统模拟、仓储管理、运输管理、物流信息管理等课程，并安排专业实习环节。

该校2008—2011年物流管理专业的招生规模年均60人，现有240余名学生。预计五年间学校为社会培养的累计培养物流管理专业本科生约300余人。

（4）北京科技大学

北京科技大学于2003年在机械工程学院下设置了“物流工程系”，培养目标是使学生具备现代工业工程和系统管理方面的知识和能力，能够从事生产、经营、服务等管理系统的规划、设计、评价和创新等工作的高等工程技术人才。主要课程包括物流学、配送与配送中心、现代生产管理、系统建模仿真、设施规划与设计、物流装备及控制、供应链管理、物流信息系统等。

现在，该校的培养方式是先将“机械工程及自动化”“热能与动力工程”“工业工程”和“物流工程”四个专业按“机械类”统一招生，学生入学后实行宽口径培养模式，然后在一年半后根据人才市场需求和本人志愿进入不同的专业继续学习。

2005—2012年间，学校年均招生53人，目前在校生约198人。以目前的专业人才培养规模，预计未来五年内将培养物流工程专业本科生将累计增加260余人。

（5）北京物资学院

该校目前已经形成了专科、本科、硕士三个层次的教学和研究体系。开设了物流管理与物流工程两个专业。物流管理专业的培养目标是使学生掌握物流系统化的理论和方法，能从事商业企业物流管理、制造业物流管理、物流企业管理的应用型人才。主干课程包括线性规划与运筹、物流学、物流系统论、信息系统管理、运输经济与运输管理、配送中心规划与运营、供应链管理、采购战略与库存控制等。

物流工程专业的培养目标是使学生具备物流系统优化设计和工程技术应用能力，能从事物流信息技术集成、物流系统集成与仿真、物流资源优化配置等现代物流工程方面的工作。主要专业课程包括物流工程、布局规划与设计、系统集成与仿真、信息系统管理、自动化仓库规划与设计、交通运输规划及分析、物流装备、物流软件及应用、采购战略与库存控制、仓储规划与管理、包装工程与技术。

自1994年，北京物资学院已经向社会输送了物流管理专业本科生共有1584人，物流工程专业本科生310人。截至2012年年底，在校生中物流管理专业有421人，物流工程专业学生有241人，合计有663人。如果学校每年培养物流管理专业105人和物流工程专业60人的规模预计，未来五年学校将为社会分别输送物流管理专业毕业生575名，物流工程专业毕业生300名。

（6）北京工商大学

该校开设的是物流管理专业。专业培养目标是使学生具备从事物流业务管理、进行企业物流系统规划设计、评价与选择物流技术方案、从事物流科学研究的复合性应用型物流专业人才。

主干课程包括运筹学、物流战略与运作管理、电子商务与现代物流、流通技术与方法、连锁经营与配送、物流设施设备、物流信息系统分析与设计、供应链管理等。

北京工商大学现有物流管理专业本科生280余名，2012年物流管理专业本科毕业生达70余名。该校从2009年起开始按照工商管理的大类招生，每年规模在70~80名。在未来五年，将为社会培养本科生预计累计增加370余名。

（7）首都经济贸易大学

首都经济贸易是在工商管理学院开设了物流管理专业。培养目标是使学生具备经济、管理、法律等方面的基础知识，掌握现代物流管理理论与方法，具有物流实务运作能力的复合型物流管理人才。

专业主干课程有管理信息系统、运筹学、商品学、运营管理、物流管理概论、仓储与配送管理、运输管理、供应链管理、物流系统规划与设计、物流设施与设备管理。

目前是按工商管理学科大类招生。2012 年在北京招收物流管理专业 117 人，京外招生 110 人，合计是 227 人。预计该校在未来五年累计培养的物流管理毕业生达 1130 余人。

（8）对外经济贸易大学

该校是在国际经济贸易学院的国际运输与物流学系，为经济学专业学生开设了国际运输与物流方向。实际上属于物流管理专业。专业培养目标是使学生掌握国际运输的基本理论框架、操作技能和先进物流系统管理技术，获取从事物流运输、物流产业经营和大型企业集团物流规划的专门技能，成为掌握国际运输的基本理论和基本技能，能从事国际物流操作的人才。主要特点在于使学生掌握海、陆、空运和多式联运等具体操作环节，熟悉国际物流操作。

主要专业课程包括国际运输与物流管理、国际海上运输、采购学原理、运输经济学、国际陆空运输、海上保险、仓储管理、生产管理、供应链管理、国际经济学等。充分体现了传统国际服务贸易与现代商业模式相结合的特点。

自 2010 年以来，该校招生规模维持在每年 40 人左右。现在校学生为 150 人左右。预计未来五年可累计增加培养 200 名物流专业的本科生。

（9）北京联合大学

该校开设了物流工程和物流管理两个专业，分别是在自动化学院和商务学院的市场营销专业中开设国际物流管理方向。

物流工程专业的培养目标使学生掌握工程科学和管理科学的基础理论知识和良好的计算机和外语能力，掌握现代物流专业知识，在物流领域具有较强的适应能力和可持续发展能力的高素质应用性人才。主要课程有运筹学、供应链管理、计算机软件技术基础、控制工程基础、交通运输学、物流工程、物流管理信息系统、条码与射频技术、物流装备自动控制技术、物流仓储规划与管理、物流运输与配送规划等。

国际物流管理方向的培养目标是使学生具备现代市场营销学、管理学、国际贸易、现代物流管理理论与实务、掌握相关产品生产与检测技术，具有一定的计算机网络知识及网站运作、网页设计能力，能在工商企业、进出口贸易公司、国际物流企业从事市场营销管理与策划、网络营销与策划、国际贸易、现代物流管理的高级应用型人才。主要课程有物流与供应链管理、国际物流管理、物流信息系统分析与设计、现代物流技术、电子商务与物流管理、市场调查与预测、网络营销等。

该校每年招生规模有不同程度的变动，按最近两年学校招生平均规模 50 人估计，在未来五年中，可累计培养物流工程专业本科毕业生达到 250 人左右，市场营销专业国际物流管理方向毕业生 150 名左右。

（10）北京邮电大学世纪学院

北京邮电大学世纪学院于 2005 年成立，是北京邮电大学与锡华未来教育实业股份有限公司合作举办的全日制本科普通高校。学院现设有物流工程专业，培养目标是使学生掌握物流工程的基本理论，具备物流中心规划与设计、物流信息系统的开发与应用以及物流运营管理与技术管理的能力，为物流企业、制造企业、电子商务企业以及政府机关部门、科研院所等提供物流技术与管理服务。

该校的物流工程专业按制造业、流通业、运输业、第三方物流企业和政府部门等方向培养高级技术人才。具体培养方向包括物流规划设计、采购管理、现代立体仓库管理、供应链管理、信息系统管理、物流系统仿真、物流设备管理、物流成本控制等。

该校近四年的招生规模约60人，预计未来五年可累计为社会输送物流工程专业本科毕业生300余人。

（11）近几年新物流管理专业的高校

最近几年，还有一些院校开展了物流管理专业的本科教学，如北京化工大学、北京印刷学院、北京石油化工学院、中央财经大学、华北电力大学和北京吉利学院。

2. 硕士研究生的物流教育

与物流本科教育规模快速增长形成对比的是物流专业硕士和博士的培养在稳步推进。目前，北京地区已经有13所高校在培养物流管理和物流工程方面的硕士生。从今后的发展趋势来看，物流管理与物流工程专业的研究生培养规模将会不断扩大。那么，估计未来五年的高级人才的培养规模，我们采取相对保守的估计方法，按近一年的招生规模预计。

（1）清华大学

清华大学是在“管理科学与工程”一级学科下，设立了“物流工程与管理”研究生培养二级学科。招收物流工程专业硕士生。实行学分制和本、硕贯通培养，大多数学生在六年半左右的时间内完成学士和硕士学位。其中一部分优秀学生可直接攻读博士学位。

2013年物流工程招收硕士生6人，按此规模今后五年可累计培养30余人。

（2）北京交通大学

该校的经济管理学院的招收物流工程专业硕士生，2013年拟招收25人，研究方向有物流管理工程、物流系统规划与设计、供应链管理与现代物流。经济管理学院的物流管理与工程专业拟于2013年招收33人。研究方向有物流与供应链管理、综合物流工程、物流信息管理三个。交通运输学院2013年拟招收物流工程专业硕士生18人，交通运输学院招收的物流工程专业不区分研究方向。按此规模，预计未来五年将累计培养物流工程专业硕士生215人，物流管理与工程专业硕士生165人。

（3）北京理工大学

该校管理与经济学院招收物流工程专业硕士生，但不区分研究方向。学校拟于2013年招收15人。按此规模，未来五年可累计培养物流工程专业硕士生75人。

（4）北京工商大学

该校计算机与信息工程学院培养物流工程硕士生，研究方向包括智能物流和供应链管理，两个方向分别招收10名学生。按此规模，未来五年可累计培养物流工程专业硕士生100人。

北京工商大学还开设有MBA项目设有物流管理、财务与投资、会计与审计、企业管理、市场营销、金融与保险、创业投资与创业、项目管理等方向。

（5）北京邮电大学

该校的自动化学院设有物流工程专业硕士点。研究方向有物流设备及自动化、物流信息系统和物流系统规划、供应链系统仿真及控制、运输系统规划、供应链金融、物流信息系统及设备自动化、物联网技术与物流信息化、电子商务、嵌入式系统与测控网络、测控系统与控制网络、物联网技术及其在自动化物流系统中的应用、物流信息系统和物流系统规划、供应链管理、物流工程系统分析与仿真。

2013 年物流工程专业硕士点招生规模在 18 人左右。预计未来五年可累计为培养物流工程专业硕士生 90 人左右。

（6）北京外国语大学

该校的国际商学院培养物流与供应链管理专业的硕士生，不分研究方向。2013 年招收 5 名学生。按此规模，未来五年可累计培养物流工程专业硕士生 25 人。

（7）中国矿业大学（北京）

该校的管理学院培养物流工程专业硕士生，但不区分研究方向。2013 年招收 10 名学生。按此规模，未来五年可累计培养物流工程专业硕士生 50 人左右。

（8）北京科技大学

在管理科学与工程学科下设“物流工程”硕士点和“物流工程”博士点。物流工程硕士点设有物流系统分析与仿真、物流系统规划、物流信息管理、物流技术及自动化、供应链管理及应用、配送与配送中心、物流信息采集与监控技术、物流信息技术、图像处理与模式识别和物流系统优化十个研究方向。

物流工程专业拟于 2013 年招收物流工程专业 32 人。按此规模，未来五年可累计培养物流工程专业硕士生 160 人左右。

（9）北京物资学院

该校是从 1986 年招收硕士研究生。目前设有物流工程和物流管理硕士学位授权点。物流工程硕士专业的研究方向包括物流信息技术、物流金融工程。

从 2003—2010 年间，学校累计培养企业管理（物流管理方向）的硕士生达 125 名，管理科学与工程（物流工程方向）的学生 185 名，物流工程专业学位毕业生 40 名。按照近两年招生规模平均数 16 人估计，未来五年可培养物流管理方向硕士生 80 余人，而管理科学与工程（物流工程方向）可达 120 余人，物流工程专业学位毕业生 100 余人。

（10）北京印刷学院

该校的信息与机电工程学院培养物流工程专业硕士生。研究方向包括物流自动化技术与装备、物流系统安全与信息化和物流系统规划与仿真。2013 年拟招收 7 名硕士生。按此规模，未来五年可累计培养物流工程专业硕士生 35 人左右。

（11）北京建筑工程学院

该校的物流工程硕士点于 2010 年获批。现分别在机电与汽车工程学院和经济与管理学院开设物流工程专业。

机电与汽车工程学院设置了 6 个研究方向。学科培养特点是以建筑工程、机电工程和管理科学为学科基础，以企业物流管理与运作、供应链管理、物流产品研制与运用、物流信息系统、物流设施、物流系统的运输管理与优化、物流系统的优化为专业主干，依托先进生产制造过程仿真系统、物流仿真系统、物流实践基地、建筑业和机电行业，形成自身的特色。2013 年招收 5 名物流工程专业学生。工业工程专业招收 6 名学生，其中设有先进物流系统研究的研究方向。

经济与管理工程学院的学科培养特点是以物流系统为研究对象，研究物流系统的规划设计与资源配置、物流运作过程的控制、经营和管理的工程领域。2013 年招收物流工程专业学生 3 名（研究方向分别是建筑企业物流管理和物流工程设计）。招收工商管理专业学生 19 名，其中设有物流与信息管理研究方向。

综合以上信息，按照 2013 年的物流工程专业招生 8 名学生的规模，以及从事物流研究方向 3 名的规模，未定五年学校可累计培养物流工程专业学生 40 名，相关研究方向的学生 15 名。

（12）华北电力大学

该校开设供应链管理和物流工程与管理研究方向，设在经济与管理学院。

培养方式是按照管理科学与工程的大类招生。2013 年拟招生总数是 28 人。在工商管理专业下开设现代物流管理研究方向，2013 年工商管理按大类招生是 90 人。该专业设有 6 个研究方向，预计未来五年累计可培养 70 余名物流管理研究方向的硕士生。

该校的物流工程专业的学术型硕士设有四个研究方向，物流系统规划与设计、物流系统优化与信息化，以及物流系统建模与仿真。2011 年招生 8 人，2012 年招收硕士生 10 人。2013 招 12 人。如按照 2013 年的招生规模，未来五年累计培养的物流工程专业研究生 60 余人。

（13）北京信息科技大学

该校是由原北京机械工业学院和原北京信息工程学院两所全日制普通高等学校合并组建。学校的信息管理学院培养物流工程专业硕士生，设有物流系统工程、物流系统规划与设计以及先进制造技术与物流管理三个研究方向。

该校的招生规模在逐年增加。2011 年招收物流 8 人，2012 年招收计划 8 人，2013 年拟招收 15 名学生。如果按 2013 年的招生规模，预计今后五年将累计培养 75 名物流工程专业的硕士生。

3. 博士研究生的教育与培养

截至 2012 年 12 月，北京地区共有四所高校在培养物流专业或物流管理方向的博士生。

清华大学是在工业工程系招收管理科学与工程专业（运筹学与物流管理方向）的博士生，2011 年只公开招收了 1 名，2012 年和 2013 年均未公开招收。

北京交通大学的经济管理学院 2013 年拟招收 8 名物流管理与工程专业博士生，信息管理专业（物流信息化与电子商务方向）拟招收 1 名博士生。该校的交通运输学院拟招收 55 名博士生。由于四个专业及其 13 个研究方向几乎都与物流有着内在的密切联系，故可以将这些专业统一归为物流专业。预计未来五年可以培养累计 200 余名物流专业的博士生。

北京科技大学 2013 年招收物流工程专业博士生 5 名，管理科学与工程专业（物流管理和绿色物流与供应链管理方向）各1人。研究方向有物流系统分析与仿真、复杂网络理论及应用、物流信息系统规划与设计和企业物流管理。未来五年预计的培养规模大致会在30余人。

北京理工大学的机械与车辆学院2013年招收在载运工具运用工程专业运输安全与现代物流方向的博士生，按照15个研究方向共招生82名学生来看，平均估计将招收5名该方向的博士生。未来五年预计累计培养30余人。

综上数据，截至2012年年底，物流管理本科专业的在校生规模是1830余名，物流工程专业本科生的在校生规模是680余名，合计达2510余名。未来五年高校可为社会累计培养物流管理本科专业2300余名，物流工程专业本科生800余名，总计3100余名。

物流管理和物流工程以及管理科学与工程（物流工程）专业的硕士生总体规模达到870余人，今后五年累计可为社会培养1460余名硕士毕业生。

博士研究生的培养相对更少，预计今后的五年这四所高校可为社会培养260余名博士生。因此，未来五年北京地区的全部高校可以培养的本科生和硕士生总计为6000余名。实际上，出于估计的简便，我们并未考虑本科生考取硕士和硕士考取博士的情况，以及考生地区间的流动问题，这些情况必然会影响预计数据的准确性，但从总体趋势方面不会有太大的差异。

如果我们按照调查数据保守来估计物流领域人才占到总从业人员的10%，未来五年内北京物流行业对物流专业人才的需求至少在9万~11万人（以92万~112万人规模10%的比例预计），人才缺口至少在8万~10万。如果考虑到北京的人才聚焦效应导致的地区间和职业间的人才流动因素，人才的缺口即使可缓解一半，保守估计至少4万~5万人的缺口。

三、职业教育

北京物流教育体系中的一个不可或缺的部分是职业教育。据全国职业院校专业设置与公共信息服务平台的统计结果，截至2013年，我国有近3000所职业院校中开设与物流相关的专业，物流管理专业的数量最大，达953个。以前北京主要有两所，一所是北京市商业学校，另一所是北京市商贸学校，分别在2014年计划招生规模是60人和40人，专业是物流服务与管理。2015年，已经有11所学校开展高职教育，主要是物流管理专业，具体是北京农学院、首都经济贸易大学、北京信息职业技术学院、北京京北职业技术学院、北京城市学院、首钢工学院、北京农业职业学院、北京财贸职业学院、北京吉利学院、北京科技职业学院、北京交通运输职业学院①。

职业教育的课程设置主要包括两个部分，一是理论课程，二是实务课程。理论课程的内容基本与高等院校的课程相似，区别在于侧重点倾向于实务教学方面，往往有着较强的实际操作能力，可以在短时间内上岗担任工作。

由于北京市物流产业发展迅速，对人才的需求总量在不断增加，尤其是对处于人才金字塔结构基层的操作人员的需求。传统的物流企业往往由于技术水平落后，以及人工

① http：//gaokao. chsi. com. cn/zsjh/.

成本相对较低，所以对从事这类工作的人员知识和能力的要求并不高，只要具备较好的体力、耐力即可。然而，随着信息化技术的应用，以及先进设备的引入，对在一线从事操作以管理的工作人员的要求也在不断提升。在北京物流产业进入“十三五”规划之后，将会更加凸显物流职业教育的必要性和迫切性。

四、继续教育

继续教育是物流教育中的不可或缺环节，同样有着历史积淀。如北京物资学院继续教育学院已经成立二十多年，培养了大量的专业人才。最近几年，该校为适应北京物流快速发展对于人才的需要，引进了中国物流与采购联合会主办的物流师资格认证培训课程，以及国际贸易中心（International Trade Center，ITC，是联合国贸易与发展大会（UNCTAD）和世贸组织（WTO）联合设置的机构）主办、中国物流与采购联合会承办的ITC 采购与供应链管理国际资格（注册采购师）认证培训课程。还有中央财经大学继续教育学院、北京交通大学远程与继续教育学院、北京现代职业技术学院、北京京北职业技术学院、北京锡华国际经贸职业学院开设了物流管理专业。北京北大方正软件技术学院开设了工商企业管理（国际物流管理）专业。

北京市的物流资格教育培训方面也已取得阶段性成果。如中国物流与采购联合会的物流师资格培训，全国物流标准化技术委员会和中国物流与采购联合会共同组织的培训认证工作在北京取得了较好的成绩。①

截至 2014 年，北京物流师培训中心共有 17 家，包括北京恒信高科管理科学研究院、北京市物资贸易职工学院、北京物资学院继续教育学院、北京中关村学院、中国铁道建筑总公司北京培训中心、北京市经济管理干部学院房山分院、中国水利电力物资流通协会、中国物资储运协会、博瑞管理人才培训学校、汽车物流分会、北京浩天亮物流信息咨询中心、北京睿博远景管理顾问有限公司、北京中怡通应急物流发展中心、中国石油企业协会、北京航空航天大学教育培训学院、北京瑞博文化交流中心韩国事务所、北京吉利大学（物流学院）。②

全国注册采购师/ITC 的培训中心有 5 家，包括北京航空航天大学教育培训学院、北京财经管理高级培训中心、北京恒信高科管理科学研究院、北京市华孚经济教育培训学校、北京物资学院继续教育学院。

物流教育中另外一个不可或缺的组成部分是物流企业提供的在职培训。这种培训的最大价值在于可根据不同岗位的具体要求提供有针对性的培训，形成不同层次和不同类别的物流实战培训。然而，调查的结果表明，多数物流企业对于物流教育并未给予足够的支持，同时企业对于教育经费也并没有充分利用。前期的调查表明，仅有 29.41% 的企业非常重视在职培训，有 36.27% 的企业属于比较重视，有 25.49% 的企业属于是一般重视，有 5.88% 的企业不重视，有 2.94% 的企业属于很不重视。这是态度方面的结果，另一个重要的方面是企业是否真正建立并维护起来相关的在职教育机制。数据显示，被调

① 贺登才．回首十年：2001—2011 年《中国物流发展报告》综述［M］．北京：中国物资出版社，2011.

② http：//search. clpp. org. cn/cxdtxs. asp？dq = 北京。

查企业中，仅有57.28%的公司建立了正式培训制度，有29.13%的企业没有建立，13.59%的企业拟建立培训制度。

物流教育投资方面，可以真实反映物流企业对于物流教育的支持程度。结果显示，2009—2011年的培训经费在1万元以下的企业平均占35.19%，2万~20万元的平均占38.89%，21万~50万元的平均占12.96%，51万~200万元的占12.96%，200万元以上投入没有。具体的培训对象，主要是新员工，所占的比重是35.04%，其次是基层管理人员，占18.80%，再次是中高层管理人员15.81%，普通员工占15.81%，最后是专业技术人员，占14.53%。从培训的方式来看，师带徒或及日常工作指导方式所占的比重最高，是20.60%；其次是内部讲师的主题内训，占19.85%；组织员工在线学习，占11.99%；员工自学占11.99%；外聘讲师主题内部培训占11.61%；外派学习，占10.86%；外派参观考察交流，占6.74%；邀请专家提供咨询式培训，占5.24%；其他占1.12%。

然而，目前北京市的物流职业教育还存在一些特殊的问题。与其他类型的教育情况相似的情况是师资力量不足和实践环节缺位，但最主要是由于收入水平和社会地位方面的预期导致社会认知度偏低。这也是制约物流职业教育前进的社会原因。因此，要全面提升物流教育，需要北京物流产业本身的发展壮大。目前来看，随着“京津冀”一体化的推进，北京物流产业所面临的机遇也较以往会更多，相应对于物流从业人员的数量和结构也会有相应的变化。所以物流教育必须适应北京市经济发展的新要求，在职业教育方面加大改革的步伐，但要避免“大跃进”式的建校方式。同时调动北京市目前的高校、企业以及行业协会的资源，共同推进物流教育的发展，形成互补的金字塔形的物流教育体系。

五、研究中心与实验室建设

北京地区目前开设物流专业教育的十三所高校，不仅承担着培养物流专业人才的使命，还承担着国家、北京市以及和相关单位和企业的物流科研工作，部分高校先后建立了各有特色的专业物流研究机构。经过多年的建设，这些机构或发展成为物流理论研究中心，或成为信息发布及物流科研成果转化的中心。如清华大学物流研究中心、北京物资学院的物流研究基地、对外经济贸易大学大田物流研究中心、北京科技大学物流研究所、铁道部、中国物资总公司与北京交通大学于1986年成立的北京交通大学物流研究中心。尤其是北京交通大学是我国第一个具有物流学博士学位授予权的专业学术单位。2001年经国家教育部批准成立博士后流动站，目前正积极进行着博士后流动站的建设工作。

一些高校则在为培养学生的操作能力方面，加强了实验室建设工作。如清华大学物流系统实验室，无论是硬件还是软件建设都加大了建设力度，给学生提供了利用系列建模的仿真手段，对复杂的物流系统进行设施规划、设计、过程优化以及流程管理，既检验了学生专业知识的掌握程度，也提升了学生的理论理解程度。该实验室的主要硬件设备包括了自动化立体仓库、电子标签分拣中心、混流组装线、RFID等，主要软件有仓储管理系统、分拣作业管理系统、自动化立体仓库管理系统、制造执行系统、物流网络平台等。实验室还能够模拟现代生产型企业在产品的生产、存储、运输和销售过程的一般情况。物流系统实验室的整体结构布局也贴近现代物流业的实际情况，包括了混流组装线、自动化立体仓库系统、分拣中心及网络平台四个主要组成部分。

其他院校的实验室建设也有各自的特色。如北京交通大学拥有综合物流工程实验室和铁道部重点实验室——交通运输系统模拟实验室，在交通运输方面领域有较强的实力。北京工商大学与络捷斯科技发展有限公司达成合作协议，共同建设了物流专业的教学实验室。北京科技大学建设了“数字化企业及仿真实验室”“物流信息采集和跟踪实验室”“配送中心实验室”。北京物资学院于 1999 年就成立了北京市物流系统与技术重点实验室，2001 年被北京市教委和北京市科委联合评定为北京市级重点实验室，是国内首家以物流为背景的省部级重点实验室。实验室结合现代物流产业和首都发展需要，定位成为“国内领先、国际知名的综合性的物流教学、科研和社会服务中心”，在物流新产品新技术的研发、应用和推广、物流规划设计咨询、物流人才培养方面都积累了丰富的经验。现在已成为拥有实验场地 3000 余平方米、实验设备总资产超过 3000 余万元的综合性物流实验室，拥有自动化立体仓库、AGV 等一大批高端大型物流设备，形成包括智能化、自动化、机械化、手工化等在内的综合性软硬件测试平台，可以为企业提供全方位的物流系统规划、设计、仿真、优化以及实施服务。

北京建筑工程学院建有物流工程实验室、物流系统仿真实验室、供应链仿真实验室、物流企业模型实验室、交通工程实验室等，也在培养学生的实际应用能力方面发挥了较大的作用。

综上，北京市良好的教学资源和科研配套设施，为本市物流教育的教学和科研工作，以及物流业的发展所提供的支持是长期和深远的。下一步的发展方向将是如何动态的与物流企业建立起更紧密的关系，将实践教学与物流领域的现实问题及时关联，共同探讨物流教育和物流产业的发展。

第三节　北京市物流人才问题分析

形成目前北京物流产业中人才供需较大缺口的主要原因可从三个方面分析，一是教育机构本身，二是物流企业，三是二者的联系机制与渠道。

一、教育机构的视角

北京的物流教育虽然已具备相当的基础条件，然而真正取得实质性的进展也只是近十年期间。主要原因来自于北京物流产业的迅速增长。在这种发展态势下，许多高校为适应经济快速发展对于物流行业人才的迫切需要，相继设立了物流管理或物流工程等相关专业或者专业方向。然而，囿于高校师资规模、专职教师的专业知识结构，以及硬件教学资源的短缺，无法在短期内缓解北京物流产业对于专业人才的需求压力。再加上一些高校缺乏对物流专业人才需求的微观和即时的市场调查分析，导致以下三个结果：第一，物流专业人才的培养目标不明确，盲目性大，对于物流人才的分层梯队式培养模式未能体现。第二，课程结构设置滞后于物流行业对人才知识结构的实际需求，知识结构不适应现代物流业的发展。[2]第三，各校在物流专业教材的建设方面也缺乏系统性。

此外，由于非学历教育的运行机制尚不健全，培训机构的操作不够规范、培训质量不高。尤为突出的问题是部分经国家有关部门批准的培训机构在管理上却并不规范，包括培训与认证的资质、专业师资、教学大纲和教材，在认证管理方面均存在不同程度的问题。

二、物流企业的视角

调查结果还表明，目前绝大多数物流企业并没有积极主动地与高校、中等职业学校等教育机构建立与维持起有效的长期合作机制。物流企业对员工的在职培训投入相对偏低，主要是出于降低人才流动造成企业培训投资损失的考虑，由此也导致了教育资源和企业资源的闲置与浪费并在的现象。

大多数物流企业都不愿意在在职培训方面投入更多财力的情况下，必然造成物流企业整体培训投入偏低的状况，从而制约了物流教育质量的有效提升，更无法真正满足物流行业的人才需求。

实际上，企业是真正检验教育机构及相关部门教学质量的重要主体之一，教育体系及课程设计的合理性，物流企业具有非常重要的发言权。恰恰是这一点，在根本上制约着物流产业的长期发展。

三、教育机构与物流企业的动态联系机制

物流专业人才的培养，是一项系统过程，高等教育机构与物流产业或行业协会是两个重要环节。目前来看，一个迫切而现实的任务是打通与完善这两个环节之间的沟通渠道。实现此目标，需要由北京的相关教育机构、物流企业和行业协会（如中国）共同探索物流专业的实践性教学、实验室建设和物流实习基地建设的方式。以缓解物流专业毕业生的理论水平与实际操作能力之间的不足。然而，物流企业往往由于人才的流动性高以及业务发展的预期不稳定，在与高等院校合作培养人才方面的投入相对不足，行业协会则在企业与高校之间沟通方面的潜力尚未充分发挥出来，更深层的问题是行业协会的内在动力不足。导致“产学研”的结合只停留于形式，而没有在实践层面真正落实。因此，探讨教育机构与物流企业的建立动态联系机制的内在动因是北京物流教育发展的关键所在。

第四节　北京市物流人才发展趋势

一、综合和专业化的趋势

物流系统的七大功能——运输、仓储、装卸搬运、流通加工、包装、信息处理和配送决定了物流产业的综合性特征与趋势，相应要求物流专业人才要具备更加广泛的知识。在全球化趋势和北京成为国际大都市的背景下，尽管北京今后的经济增速将低于前期的增速，但是科技进步和基础设施不断改善的大环境下，物流行业对于其他行业的渗透性

将会进一步体现，业务领域会进一步拓展。不但涵盖物流规划与建筑、库存控制与管理、物流中心配送中心运作、运输组织、配送规划与调度、供应链物流管理、电子商务物流管理、物流信息管理、物流作业机械化与自动化、货物维护与保管、商品检验，而且在国际化发展方向上，如国际运输、包装与集装、货物通关与保险业务等方面也会快速发展。因此，未来的物流领域对物流人才的综合素质要求会日益提升。

这一趋势对物流教育机构要求在“宽口径、厚基础”上着力，使受教育者成为基础知识扎实、适应面广的物流管理专业人才。所以，各高校的专业教育课程体系的综合化发展是大势所趋。这就要求物流专业的课程体系形成一个有机整体，课程内容将依据不同的培养要求而设置。

同时，由于物流业务与技术跨度将随着业务范围的拓展而拓展，以及专业人才本身的知识结构与学习能力所限，人才的培训也应注重专业化的分工。从教育的层面讲，就是要在确定培养人才层次和业务领域的基础上，选定一定的专业范围作为培养目标，才能更有效率。

二、信息化

信息化对于包括物流行业的所有行业已经产生了前所未有的影响。物流的信息化、网络化和社会化是现代物流的发展趋势。目前，基于互联网的 GIS、GPS 技术在现代物流及供应链管理领域有着广阔的应用前景，对于物流企业优化资源配置、提高市场竞争力有着重要的作用。物流行业的信息化工作中，主要的信息技术种类有信息采集类技术，如条码、射频等，以及信息传输方面的技术，如早期的 EDI 和近期的互联网和丰富的管理软件。正是这些信息技术在物流产业的应用，很大程度上推动了北京物流的发展。尤其是 EDI 的运用与专家系统的应用。①

同时，电子商务将成为物流业发展的重要趋势。新兴的电子物流已把其服务覆盖面延伸至北京乃至全国各地，以较短周期的运作满足客户的需求。因此，北京物流业亟须加速推广电子商务的进程，实现物流业的高质量增长。北京市拥有较好的网络资源优势和基础建设的积累，两方面的优势为物流行业的信息化的发展奠定了良好的基础。物流教育也完全可以在信息化的基础上进行改革和突破，推进物流教育的网络化改革，提高物流教育的覆盖面和深度化发展。

三、国际化趋势

在世界经济市场化、竞争国际化的背景下，物流的国际化的发展趋势已不可逆转，北京物流业的国际化进程也必然将持续推进。这种趋势要求未来物流教育必然注重国际化的内容，引进先进的物流管理理念和系统的教育体系，加强与国外先进物流企业、教

---

① EDI 是计算机之间不需要任何书面信息媒介或人力介入的一种构造化、标准化的信息传递方法，这种信息传递不仅提高了传递效率和信息的正确性，而且带来了交易方式的变革，为物流纵深化发展带来了契机。专家系统的推广也为物流管理提高了整体效果，现代物流为了保障效率和效果，一方面通过 POS 系统、条码、EDI 等收集、传递信息；另一方面利用专家系统使物流战略决策实现最优化，从而共同实现商品附加价值。现代物流是以物流企业为主，以运输和信息为平台，涉及生产、流通和消费全过程的现代化供应链管理系统。

育机构的沟通交流。

必须注意的是，北京市的物流业有其自身的发展路径和规律，相关的教育也自然遵循着特有的规律，如果照搬西方已经成熟的物流教育体系，反而会制约北京物流产业的发展。因此，北京的物流教育要重视“国际化”与“本土化”的有机结合。

第五节　发展物流教育的对策

一、物流教育体系建设

物流教育的体系建设是一个战略性问题，人才的结构应呈金字塔形，包括中等职业教育、专科教育、本科教育和研究生教育的完整体系。美国的物流教育体系有一定的参考意义，形成了包括本科生、研究生在内的多层次物流专业体系[3]。美国麻省理工学院斯隆学院（MIT Sloan School of Management）、密歇根州立大学（Michigan State University）、迈阿密大学（University of Miami）、西北大学（Northwestern University）等50多所大学开设了物流管理或者供应链管理专业，且学士、硕士、博士学位设置齐全。据欧洲物流协会（European Logistics Association）① 于2000年公布的信息显示，欧洲已经有87所大学在开展物流高等教育。德国科隆大学、英国克兰菲尔德商学院、瑞典斯德哥尔摩经济学院、日本早稻田大学、日本流通经济大学、新加坡国立大学等开设了物流管理本科专业。[4]

美国奥尔良州立大学所主持的一项为期20年的物流职业类型调查资料显示：在物流管理者的受教育程度和专业结构的情况中，大约92%的被调查者有学士学位，41%的人有硕士学位，22%的人有正式的资格证书。其中，本科毕业生的专业及结构分别为物流12%、商科52%、工程23%、其他专业13%；研究生毕业的从业人员的专业及结构分别为物流13%、商科73%、工程12%、其他专业2%。尤其突出的是，发达国家的物流专业学生基本上是由理工学院培养的。物流管理等专业设在理工学院，培养的都是理工方面的工程师，主要是服务于工业。基本是2年学历，是大专的技术学历。很多班级的教学模式是在学校上一周课，再去工厂实践一周，这些专业的学生就业率往往较高。

从教育对象看，既包括在基层从事基础性工作——运输、仓储、装卸搬运、流通加工、包装、信息处理和配送等公众的人员，也包括在中层从事管理的专业人才，更有在高层负责战略规划的高端专业人才。对于基层人员的培训与教育，主要是由中等和高等职业教育机构承担，以及企业内部的培训完成。这一层面的物流教育相对容易，可以在短期内根据行业发展的需要提供足够的人才供给。对于高层专业人员的培养和开发，需要高等教育机构和企业相应的在职锻炼与高级培训的共同推动。由于高端人才成长的特殊性，这是单纯的高等教育机构所无法完成的，更重要环节是在企业层面的内部长期历练，并配合企业内部的继任计划。因此，从物流教育的角度来讲，需要物流产业一个长

---

① 欧洲物流协会（European Logistics Association，ELA）成立于20世纪80年代，是欧洲历史最悠久、规模最庞大、理念最先进和最具权威性的物流机构联盟。由30多个国家级物流协会组成，会员几乎覆盖了整个欧洲大陆。网址 http：//www. elalog. org/。

期的发展过程。对于物流企业中的中层专业人才，主要是由高等教育机构来和后续的企业培训来承担。这是比较现实和有效的人才培训途径，这一层面的物流教育有着承上启下的重要作用。

因此，北京物流教育的发展重点应放在高等物流专业教育层面，既可以在中长期内缓解物流人才的供给相对不足，也可以为高端人才培养建立人才库。

与之相配套的政策是，政府应当鼓励和允许各高等院校按照市场对人才的需要，引导和组织民办教育机构的发展，参与并开展多层次的物流人才培养与教育机会。积极鼓励高校结合本身的特点探索和完善物流专业的课程设置和专业培养方案。

发达国家对于各种正规及非正规培训同样给予了高度重视。如行业协会和高校开展物流职业教育。这些教育机构所开设的课程既涉及整个物流流程，又具有专业针对性，设有明确的培养目标、课程大纲，能够使学员有针对性地选择所需学习深化的专业课程，更新相关的知识。同时，欧美日等国都建立了物流职业资格认证体系。国外物流课程的设置一般基于配送和运输等物流核心要素展开，典型的课程包括物流战略、配送系统设计、运输与仓储的规划管理、配送信息系统及应用软件的开发与使用。强调全球化或地区的运输、配送及案例式教学。各学校的物流专业设置也会结合学校本身的特点，而各有侧重。

二、联合办学模式探讨

物流工程、物流管理专业是科学性、实践性非常强的专业，要求有现代化的物流实验室，对物流实践非常熟悉的教师，企业指导人员以及学生的实践过程。这些资源很大程度上可以保证学生有机会在物流企业得到初步的实践机会，以更好地理解物流运行原理，同时能够成为物流管理的专业工作人员，并在实践中历练成长为熟练的物流工程人才。德国在这方面的教育体系最为著名和有效。德国实施的是双元制职业教育①。如德国巴符州州立合作教育大学乐哈克分校，学生在毕业前一年，不但要准备正规的学术性毕业论文，而且要有半年以上的到企业单位的物流岗位实习，撰写质量要求相当高的实践报告。

物流实验室虽然在一些高校中建立起来，但是要真正发挥实验室的作用，需要在教学中灵活运用导向式的问题来设计与实验检验，不仅仅成为一个闭门造车或者新的“教绩工程”。成熟的实验室建设应该能够培养学生的专业敏感性。这种专业敏感性一旦建立起来，很可能就会使之在物流专业发展的道路上打通第一个关键环节——兴趣的培养。一个可行的方法是一年级新生就开始实践课导师制，开始培养他们的社会实践，进入高年级后再提供难度更大的专业实践和毕业实习，使学生得到全程的专业培养。

由物流企业与高校以及协会组织的校外实践基地，则可以根据企业面临的实际专业问题，使学生更深入地理解物流企业的基本流程和运行特点，为学生提供丰富的鲜活案

① 双元制职业教育，是指一元在企业、一元在学校；培训时间为企业每周 3～4 天，职业学校每周 1～2 天。总共校企学习时间介于 2.5～3 年，实习生享受国家的实习津贴，可以满足其基本的生活费。每年大约有占同龄人数 2/3 的初、高中毕业生接受“双元制”职业教育。

例教学素材，进一步培养学生的专业敏感性。而现代高校的多媒体技术和视频网络技术等现代化教学手段，使企业与高校理论教学的结合也更为有效。也在更高的层次上实现了校企之间的紧密结合。

从企业的角度，可以构建起专业人才的人才库或者广泛的社会联系渠道。从高校的视角，要提升学生的学习兴趣，并加强学业管理，以严格的标准保证学生的学业有成，通过合格毕业生的培养树立起学校的社会知名度和认知度。同时，高校教师也可以通过参加规模的路径参与到企业的实务工作中来，以提升自己的感性认识以及对理论的反思，并运用于教学和科研中来。以此形成的教育动态机制，无论是对科研还是对教学都会产生潜移默化的积极而长远的促进效应，同时物流企业也可以借助高校的科研优势和理论成果解决现实问题。

教育过程中，当前很有必要构建起高校与物流企业的人才供求信息平台。行业协会，如中国物流采购与联合会，以及北京当地的相关协会和机构，完全可以发挥非常重要的桥梁作用。人才信息库的更新频率可以随着教育教学工作的展开逐渐增加完善，从年度报告到半年度报告、季度报告和月度报告。鉴于物流企业规模不等，从事的业务类型繁多，对于从业人员的数量要求和资质要求异质性大、时间性强，因此及时获得企业所需要的人员信息非常必要。对于从事物流教育的单位而言，在短期内可以为学生提供最有价值的用人信息，提升就业率。更可以借助于这个信息平台的历史及相关数据，分析影响物流人才需求总量和结构的各种影响因素，相对准确地预测未来的人才需求趋势与结构特征，前瞻性的制定符合物流行业发展的人才培养计划。这是目前北京市物流行业在物流教育方面亟须建立的一项创新性工作。

三、专业培养目标和课程设置

物流行业本身发展的特色决定了对于专业人才的素质结构，适应这一趋势的教育方向就是向“宽口径、厚基础”的方向着力。实际上，包括北京地区高校的全国许多院校在招收本科生时，已经开始淡化专业教育，往往是对相近专业的学科按照大类来招生，在高年级时再分专业，以适应物流行业对于人才需求的多样化要求。然而，试行按照大类招生办法执行的不利后果是，在进入高年级分专业时，学生往往会跟风一些“热门”专业，不利于人才的长期有序培养。现在，很多院校已经变更了按大类招生的办法，回到按专业招生的培养办法上来。

物流课程的设置上，宜从物流产业的发展情况出发，有前瞻性地进行设计。课程体系应向综合化和信息化方向发展，形成一个有机整体。根据不同层次的培养目标，设立具体可行的培养方案和体系。在形成了规模的课程体系之后，要有相对的稳定性，局部的微观调整不应影响体系的完整性和规范性。

对于本科人才培养方案及课程体系，突出理论与实践相结合，体现国际视野与地域、行业的特色，物流高职培养方案要落实应用性操作能力的培养。培养方案的设计要落实到基础课、专业基础课、专业课以及实践课的结构、具体课程设置以及课程改革。专业基础课的设计上根据专业要求加深和拓宽专业基础课程的设置，使学生具有扎实的专业理论基础。在专业课程的设计上，专业面不宜过宽，突出主线课程，保证课程内容的深度。一是通过课程教学，完成对物流人才外语、计算机、数学运算、人文素质与物流业务能力的全面培养，适应现代物流工程与物流管理的要求。二是要注意防止教材陈旧、教学内容和方法老化的问题。借鉴德国、法国培养物流工程师需通过大量实践教学的做法，在教学方案上一定要保证实践项目的实施。

在现代物流管理实践中，特别是随着计算机与网络技术的发展，管理信息系统的使用使物流活动与数量化分析方法更紧密地结合起来。因此，未来的物流教育要强化定量分析，加强学生数理知识，尤其是统计学、运筹学和计算机知识的培养。[5]

四、教师的进修与发展

物业人才的培养更需要一支精于理论、善于教学的师资队伍。北京市受益于一些全国知名的高校资源，这方面具备得天独厚的条件。现代的发达的交通和先进的网络技术，也使各相关院校之间，以及与国外高校之间的相互交流。因此，可以充分发挥首都的教育资源优势，高校可以采取“培养”与“引进”两种方式充实与完善老师人才队伍的建设，至少可以在北京市内的各高校之间形成物流专业师资互聘、共享的建设，形成动态的师资队伍的发展机制。[6]第一，制定物流人才激励政策，也可以引进国内外优秀物流专业人才，尤其是熟悉国际物流业务运作的高级人才。第二，实施定期选送优秀的中青年教师到国内外物流专业办得成功的院校进修学习与交流的教师发展机制。第三，支持和鼓励专业实践类的教师参加物流实践活动，为从事实践教育的教师构筑起可与物流实际工作实践紧密结合的平台。例如，选择现代化程度较高的物流企业，让实践应用类教师深入到物流企业及相关企业的各个工作环节；或者利用科研和教学实习活动进行现场调查研究，增强教师的物流实践能力。以德国职业学校理论课教师为例，该校要求老师的最低学历为大学本科。至少有两年从事本专业实际工作的经验，必须经过两次国家考试，合格后到学校任教还需两年试用期；每周在课堂教课 25 小时左右，知识更新时间不少于 4 小时；两年试用合格后，政府终身雇用，享受公务员待遇，免交社会保险，年收入为 5 万～10 万欧元。德国的物流教学非常重视学生的动手能力。德国巴符州州立合作教育大学乐哈克分校，除了普通专业课程教师以外，还有专门的实践课程教师。而且，这些教师需要在物流企业有五年以上的正式工作经历，才能担任实验实践专门课程教师。

基于北京市独特的地理位置、信息化资源、人文教育资源、经济资源，完全有基础、有能力和条件走出自身的物流教育的创新之路，形成由物流企业、中高等院校、行业协会共同组织政府以及相关部门形成的多种形式的培养模式。然而，其中的关键环节是建立起相关各方的利益与风险共担的机制。

参考文献

[1] 王欣兰．高等院校物流类专业人才培养模式 [J]．中国物流与采购，2009 (4).

[2] 张声书，曹佩文．发展物流教育及其对策 [J]．重庆职业技术学院学报，2005，14 (1)：6－9.

[3] 蒋长兵．美国高校物流教育目录 [J]．物流科技，2009，32 (12)：120－124.

[4] 刘家珉．国外物流教育与我国物流教育的比较与思考 [J]．物流技术，2010，

29（12）：235－237.
[5] 潘安定，刘会平．发展我国现代物流教育的探讨［J］．广州大学学报（自然科学版），2003，2（3）：286－290.
[6] 季靖，崔介何．北京市物流高等教育的现状分析与思考［J］．物流技术，2005（5）：1－4，22.
[7] 陈工孟．中国职业教育年鉴［M］．北京：经济管理出版社，2015.

（北京物资学院刘江、王旭东）